스테디셀러
1위
법률문제 부문

LEET PSAT
법률문제 222

문제편

여성곤 편저

· LEET/PSAT 법률문제 7개 유형에 대한 [이론] + [대표예제]를 통한 체계적·효율적 전략 제시

· 법학전공 전문강사 + 추리논증 수석 합격생과의 교차검토를 통한 실전적 풀이법

· 222제 모든 문항에 대한 [접근 방법] + [서울대 로스쿨 합격생의 풀이법] 탑재

최신기출 및 주요문항 YouTube 저자직강 무료강의 업로드 예정

박영사

여성곤

2007년부터 현재에 이르기까지 LEET 및 PSAT 강의를 통해 수많은 합격생을 배출하였다. 현재 메가로스쿨에서 추리논증을 강의하고 있으며, 법률저널적성시험연구소를 담당하고 있다. 최고의 응시자수를 자랑하는 법률저널 LEET 전국모의고사 총감수자이며, 법률저널 PSAT 전국모의고사 언어논리 총감수를 역임한 바 있다. 과거 서울신문 기고위원으로 활동하였고 현재까지 법률저널 기고위원으로 활동 중이다.

고려대학교 법학과 일반대학원 박사과정을 수료하였으며 고려대학교 자유전공학부 및 법학전문대학원에서 튜터를 담당하였다. 또한 한국외국어대학교에서 〈공직적격성평가〉를, 금강대학교에서 〈법학개론〉을 맡아 강의한 바 있으며 서울대, 고려대, 연세대, 성균관대, 한양대, 이화여대, 중앙대, 한국외대, 동국대, 홍익대, 숙명여대, 국민대, 세종대, 인하대, 한동대, 성신여대, 덕성여대, 경북대, 전남대, 전북대, 충남대, 충북대, 제주대, 영남대, 계명대, 공주대, 순천향대, 한밭대, 금강대, 목포대 등 다수 대학에서 LEET 및 PSAT 강의를 진행하였다.

새로운 가치창조
박영사가 함께합니다

LEET PSAT

문제편

법률문제 222

여성곤 편저

박영사

〈2026 LEET·PSAT 법률문제 222〉는 추리논증 및 상황판단 법률문제의 고득점에 결정적인 기여를 할 수 있는 최고의 책입니다. 그간 출제되었던 모든 법률문제 중 엄선문항들을 유형별로 분류하고 각 문항에 대한 심도 있는 다양한 접근방법과 상세한 해설을 시도하였습니다. 이 책의 초판은 2016년 출간된 바 있는데 벌써 제7판에 해당하는 책을 출간하게 되어 감개무량하고 그동안 많은 독자들이 이 책에 성원을 보내주신 것에 깊은 감사를 전합니다. 매번 집필 및 개정과정에서 좀 더 완성도 높고 알찬 수험서가 되어야 한다는 일념으로 작업하였고, 추리논증 수석을 차지한 서울대학교 법학전문대학원 합격생들, 입법고시 직렬별 수석 및 최연소합격생들, 5급 공채 최종합격생들에게 고득점자로서의 풀이요령, 독자의 눈높이에서의 검토를 수차례 의뢰하는 등 부단한 노력을 기울여왔습니다. 이제는 어느 정도 법률문제에 대한 기본서의 역할을 할 수 있는 책으로 거듭났다는 자부심을 가지고 있습니다. 또한 이 책에 수록된 여러 가지 접근방법들을 반복하여 숙독하여 잘 정리한다면 실제 시험장에서 그 어떤 문제가 출제되더라도 자신감을 가지고 푸실 수 있을 것이라 확신합니다.

본 교재의 구성 및 특징은 다음과 같습니다.

1. LEET 추리논증/PSAT 상황판단의 법률문제 엄선 222문항을 수록한 법률문제 기본서입니다. 가장 최근 기출인 2025학년도 추리논증 12문항, 2024학년도 5급 공채/입법고시 상황판단 10문항 등을 추가하였습니다.
2. 총 7가지의 유형(규정형, 지문형, 사례형, 입장형, 판례형, 계산형, 퀴즈형)의 목차로 유형별 문제 파악의 안목을 기를 수 있게 구성하였습니다. 문제는 연도별 순서로 배열하였고, 정답률을 최대한 수록하였습니다.
3. 이론 및 문제편에서 각 유형의 서두에 이론 및 예제를 전격수록했으며, 해설편에서 〈서울대 로스쿨 합격생의 풀이법〉, 심화학습을 위한 〈더 알아보기〉 등을 대폭 보강하였습니다. 특히, 최근 3개년간 법학적성시험에 응시하여 추리논증 수석을 차지한 서울대 로스쿨 합격생과 치열하게 논의한 내용을 오롯이 담고자 노력하였습니다.
4. 출간 직후 메가로스쿨 및 주요 대학에서 특강이 있을 예정이며, 유튜브 채널을 통해서 주요문항에 대한 무료해설강의를 업로드할 예정입니다.

책이 만들어지기까지 많은 분들의 도움이 있었습니다. 이 책의 출간의도와 기획을 이해해주신 박영사 조성호 이사님 이하 출판사 관계자분들께 마음깊이 감사를 드리고, 늘 제게 격려의 말씀을 아끼지 않으시며 배려해주시는 고려대학교 법학전문대학원 김제완 교수님의 학은에 감사드립니다. 또한, 좋은 책이 될 수 있도록 조언을 아끼지 않고 수차례에 걸쳐 검토해 준 서울대학교 법학전문대학원 12기 이채영 변호사(법무법인 율촌), 전형철 변호사(법무법인 광장), 13기 강수림 변호사(법무법인 태평양), 14기 곽민식(추리수석), 이정민(추리수석), 15기 오민아(추리수석), 이상빈, 16기 김선우(추리수석), 정다혜, 고려대학교 법학전문대학원 15기 강태구(추리수석)님께 감사의 말씀을 드립니다. 또한, 자신의 재능, 경험치를 최대한 발휘하여 해설 제작 및 검토에 수고하였을 뿐 아니라 함께 논의하는 시간도 아낌없이 내어준 한 분 한 분 모두의 앞길에 시온의 생수가 늘 흐르기를 기도합니다. 끝으로 끊임없이 기도로 격려해주시고 묵묵히 지켜봐주시고 기다려주신 가족, 모든 것을 선하게 이루시는 하나님께 감사드립니다. 바라건대 이 책을 통해 독자 여러분들이 원하시는 목표를 이루시기를 진심으로 기원합니다.

여성곤

　법학적성시험 중 법률문제와 관련하여 문의하는 학생들이 많았지만 권장할 만한 마땅한 교재가 없어 늘 아쉬움을 느껴왔습니다. 그런 가운데 지난 10여 년간 활동해 온 여성곤 강사의 저작인 법률문제 책이 출간되는 것은 매우 고무적인 일이라 생각합니다.

　여성곤 강사는 고려대학교 법과대학 일반대학원에서 민법을 전공한 법학박사 수료생이면서 오랜 기간 LEET 전문강사로 강의를 담당해 왔습니다. 그러한 경험이 녹아 있는 이 책이 수험생들에게 적지 않은 도움을 줄 수 있을 것으로 생각합니다.

　교재의 구성과 내용을 보고 느낀 점은 법학을 전공하지 않은 대부분의 수험생들이 법률문제를 어떻게 접근해야 하고 어떻게 풀어야 하는지에 관하여 꼭 필요한 내용을 적절한 분량으로 잘 소개하였다는 점, 각 문제에 있어 시험장에서 활용할 수 있을 만한 적합한 형태의 접근법을 강의를 하듯 상세하게 제시하고 있다는 점입니다. 이러한 점들이 수험생 여러분에게 큰 도움이 될 것으로 생각하여 추천하는 바입니다.

　다시 한 번 법률문제 교재출간을 축하하며, 수험생 여러분에게도 건강과 행운이 가득하기를 기원합니다.

김제완(고려대학교 법학전문대학원 교수)

목차

2026 LEET · PSAT 법률문제 222

풀이기법

풀이기법 |

LEET추리논증과 PSAT상황판단에 출제되는 법률문제는 일반적으로 '규정'형, '지문'형, '사례'형, '입장'형의 4가지 영역으로 구성됩니다. 좀 더 세부적인 유형으로 '판례'형, '계산'형 그리고 '퀴즈'형을 추가할 수 있습니다.

	사례형	계산형	입장형	판례형	퀴즈형
규정형					
지문형					

이 중 가장 기본이 되는 영역은 규정형입니다. 규정형을 기본으로 나머지 유형들은 규정(또는 지문)에 상황/사례를 추가하거나 판례를 추가하는 등 나름의 변형을 거쳐 출제합니다. 따라서 규정형에 대한 접근법을 어느 정도까지 숙지할 수 있는가에 따라 나머지 유형들에 대한 접근도 용이해질 수 있기에 이를 우선적으로 숙달한 후, 나머지 유형을 학습하는 것이 좋습니다. 참고로 최근 LEET추리논증의 경우 위의 7가지 영역이 골고루 출제되는 반면, PSAT상황판단의 경우 규정형, 사례형, 계산형에서 집중적으로 출제되고 있습니다.

본격적인 법률문제의 접근에 앞서 법률이 무엇인지 살펴보겠습니다.

Ⅰ 법률이란

1. 법률의 정의

법률(法律)은 국민의 대의기관인 국회의 의결을 거쳐 대통령이 서명하고 공포함으로써 성립하는 국가의 강제력을 수반하는 법 규범입니다. 법률은 '형식적 의미의 법률'과 '실질적 의미의 법률'로 나눌 수 있습니다.

형식적 의미	국회의 의결을 거쳐 대통령의 서명·공포로 성립하는, 국가의 강제력이 수반되는 법 규범
실질적 의미	법 일반을 말하는 용어. 형식적인 의미의 '법률'과 구분하여 '법'이라고 부름(법철학이나 법해석 등에서 말하는 '법'이 이에 해당).

2. 법률의 제정과 공포

법률은 국회의원이나 정부가 제출한 법률안에 대하여 국회가 심의·의결하고, 대통령이 의결되어 이송된 법률안을 공포함으로써 제정됩니다. 일반적으로 대통령은 법률이 이송된 날부터 15일 이내에 공포하고, 공포된 법률은 특별한 규정이 없는 한 공포된 날부터 20일이 경과함으로써 효력이 발생합니다. 이때 국회에서 의결된 법률안에 대해 대통령이 이의가 있을 때에는 재의를 요구할 수 있으며, 이에 따라 국회가 다시 의결을 하면 법률로 확정됩니다.

국회의원이 법률안을 제출하는 경우	정부가 법률안을 제출하는 경우
10인 이상의 의원에 의한 법률안 발의 ↓ 본회의 보고 ↓ 위원회 심사 ↓ 법제사법위원회 심사 ↓ 본회의 심사 ↓ 정부이송 ↓ 대통령의 재의요구 또는 공포	법률안 입안 ↓ 법제처 심사 ↓ 차관회의/국무회의 ↓ 국회제출 ↓ 국회의 의결절차 ↓ 공포안의 정부 이송 ↓ 국무회의 후 제정

3. 법령의 체계

법령은 '법률'과 '명령'을 의미합니다. 현행 대한민국의 법령체계는 최고규범인 헌법을 비롯하여 그 헌법이념을 구현하기 위한 법률, 법률의 효과적인 시행을 위한 대통령령, 총리령, 부령 등의 시행령, 행정기관 내에서 구속력을 갖지만 일반 국민에게는 구속력을 갖지 않는 고시와 훈령 등 시행규칙으로 체계화되어 있습니다. 이들 법령에는 일정한 위계가 있습니다.

헌법

법률, 대통령긴급명령,
대통령긴급재정경제명령,
조약 및 국제법규

법규명령(대통령령, 총리령, 부령)
국회규칙, 대법원규칙, 헌법재판소규칙 등

행정규칙(훈령, 예규, 고시, 지침 등)

자치법규(조례, 규칙)

　　하위법령은 상위법령의 위임에 따라, 또는 상위법령의 집행을 위하여 제정됩니다. 따라서 하위법령은 상위법령에 저촉되는 내용을 담을 수 없는데 이를 '상위법 우선의 원칙'이라고 하며 법률은 헌법을 위반할 수 없습니다. 그리고 대통령령인 ○○법 시행령은 그 모법인 ○○법을 위반할 수 없으며, 총리령·부령인 ○○법 시행규칙은 ○○법 시행령과 ○○법을 위반해서는 안 됩니다. 상위법령에 대한 저촉 여부를 판단해야 할 경우, 예컨대 법률이 헌법에 위반되는지 여부가 문제되는 경우 헌법재판소가 위헌법률심판 또는 헌법소원심판을 통해 판단합니다. 그리고 명령·규칙이나 행정규칙에 따른 처분 등이 헌법이나 법률에 위반되는지의 여부는 법원(최종적으로는 대법원)이 심사할 권한을 가집니다.

　　법률문제는 법조문의 세부유형인 '조' – '항' – '호' – '목' 등의 체계로 등장하며, 경우에 따라 헌법과 법률 또는 법률과 시행령이 함께 출제되기도 하였습니다. 이런 유형의 문제를 풀기 위해 법조문을 어떻게 효과적으로 분석해야 하는지 그리고 문제로 자주 출제되는 부분은 어떠한 것이 있는지 등을 유의해서 살펴볼 필요가 있습니다.

Ⅱ 조문의 구성방식에 대한 이해

　　조문의 체계는 어떻게 구성되어 있는지, 각 조항 등이 어떤 의미를 담고 있는지에 대해 살펴보겠습니다.

1. 법률 및 조문의 구성방식

각 법률을 구성하는 조문은 편·장·절·관의 목차로 이루어져 있고, 이를 통해 수십 또는 수백여 개의 조항을 묶어 편제합니다. 또한 각 조항의 하위 목차로 항과 호 그리고 목 등으로 구성되어 있습니다.

1) 조(條)와 표제

'조'는 법령을 구성하는 기본적인 단위입니다. 대부분의 법령은 일련의 순서에 따라 배열된 조로 구성되어 있으며 규율하고자 하는 범위나 내용에 따른 목차로 구성되어 있습니다. 실제 기출문제에서는 제00조 또는 제00조(표제)의 형태로 출제됩니다.

2018학년도 추리논증 2번 문제의 〈규정〉을 보겠습니다.

〈규정〉

제1조(합당) ① 정당이 새로운 당명으로 합당(이하 '신설합당'이라 한다)할 때에는 합당을 하는 정당들의 대의기관의 합동회의의 결의로써 합당할 수 있다.
② 정당의 합당은 제2조 제1항의 규정에 의하여 선거관리위원회에 등록함으로써 성립한다.
③ 본조 제1항 및 제2항의 규정에 의하여 정당의 합당이 성립한 경우에는 그 소속 시·도당도 합당한 것으로 본다. 다만, 신설합당의 경우 합당등록신청일로부터 3개월 이내에 시·도당 개편대회를 거쳐 변경등록신청을 해야 한다.
④ 신설합당된 정당이 제3항 단서의 규정에 의한 기간 이내에 변경등록신청을 하지 아니한 경우에는 그 기간만료일의 다음 날에 당해 시·도당은 소멸된다.
제2조(합당된 경우의 등록신청) ① 신설합당의 경우 정당의 대표자는 제1조 제1항의 규정에 의한 합동회의의 결의가 있은 날로부터 14일 이내에 선거관리위원회에 합당등록신청을 해야 한다.
② 제1항의 경우에 시·도당의 소재지와 명칭, 대표자의 성명 및 주소는 합당등록신청일로부터 120일 이내에 보완해야 한다.
③ 제2항의 경우에 그 기간 이내에 보완이 없는 때에는 선거관리위원회는 시·도당의 등록을 취소할 수 있다.

'표제'는 해당 조가 규율하려는 바가 무엇인지를 담고 있는 제목이며 위의 〈규정〉처럼 제1조(합당), 제2조(합당된 경우의 등록신청)와 같이 표제가 제시된다면 해당 조문의 내용을 파악하기 전 살펴봄으로써 체계와 내용을 짐작할 수 있습니다.

각 조문의 관계는 대체적으로 원칙과 예외로 구성됩니다.

2020학년도 추리논증 8번의 〈규정〉을 살펴보겠습니다.

〈규정〉

제1조 ① 익명출산을 하고자 하는 자(이하 신청자라 한다)로부터 익명출산 신청을 받은 의료기관은 의료기록부에 신청자의 이름을 가명으로 기재한다.

② 신청자는 자녀가 출생한 때로부터 7일 내에 다음 사항을 포함하는 신상정보서를 작성하여 출산한 의료기관에 제출한다.

(1) 자녀의 이름을 정한 경우 그 이름, 성별, 출생 일시, 출생 장소 등 자녀에 관한 사항

(2) 신청자의 이름 및 주소, 익명출산을 하게 된 사정 등 자녀의 부모에 관한 사항

제2조 신청자는 신상정보서를 작성한 때로부터 2개월이 경과한 때 자녀에 관한 모든 권리를 상실한다.

제3조 국가심의회는 성년에 이른 자녀(자녀가 사망한 경우에는 성년에 이른 그의 직계 후손)의 청구가 있으면 제1조 ②의 신상정보서의 사항을 열람하게 한다.

제4조 제3조에도 불구하고 제1조 ② (2)의 사항은 신청자의 동의를 받은 때에만 열람하게 한다. 그러나 신청자가 신상정보서 작성 시 자신이 사망한 이후에 이를 공개하는 것에 대하여 명시적으로 반대하지 않으면, 신청자가 사망한 이후에는 청구에 따라 언제든지 열람할 수 있게 한다.

제4조에 '제3조에도 불구하고'라고 되어 있습니다. 이를 통해 제3조가 원칙, 제4조가 그에 대한 예외임을 알 수 있습니다. 주의할 것은 출제자가 이런 예외를 활용하여 출제하는 습관이 있다는 것입니다.

2) 항(項)

'항'은 조문이 규율하는 사항이 복잡하고 길어 단 하나의 문장으로 나타내기 어렵거나, 경우에 따라 달리 규율해야 할 때에 사용되는 입법기술입니다. 항은 일반적으로 원칙과 예외의 관계로 이루어져 있고, 추가적인 요건과 효과 등으로 규정되어 있어 이를 정확히 파악하는 것이 매우 중요합니다.

항은 ①, ②, ③의 형태와 순서로 표기되며, 각각 제1항, 제2항, 제3항이라고 읽으면 됩니다.

대체적으로 제1항과 제2항의 관계는 1) 제1항이 원칙을 제2항이 예외를 규정하는 경우 2) 제1항의 요건에 따른 추가적인 효과를 제2항에 규정하는 경우 등으로 나눕니다. 특히 뒤에서 살펴볼 '규정형', '사례형'의 경우 제1항과 제2항 이하가 원칙과 예외의 관계에 있는 경우가 많습니다. 또한 제1항에 해당되는 내용처럼 보이더라도 제2항 이하의 내용에 해당되지 않는지 검토해 보아야 하는 경우도 있습니다.

3) 호(號)

'호'는 일정한 사항, 특히 요건을 열거하는 경우에 사용하는 입법기술입니다. 주로 '법률요건'과 관련이 있으며, 조나 항보다 세부적인 사항을 나타내는 내용으로 이루어져 있습니다.

호는 1. 2. 3. 또는 (1), (2), (3)의 형태와 순서로 표기되며, 각각 제1호, 제2호, 제3호라고 읽으면 됩니다.

2020학년도 추리논증 8번의 〈규정〉 일부를 다시 살펴보겠습니다.

〈규정〉

제1조 ① 익명출산을 하고자 하는 자(이하 신청자라 한다)로부터 익명출산 신청을 받은 의료기관은 의료기록부에 신청자의 이름을 가명으로 기재한다.

② 신청자는 자녀가 출생한 때로부터 7일 내에 다음 사항을 포함하는 신상정보서를 작성하여 출산한 의료기관에 제출한다.

    (1) 자녀의 이름을 정한 경우 그 이름, 성별, 출생 일시, 출생 장소 등 자녀에 관한 사항

    (2) 신청자의 이름 및 주소, 익명출산을 하게 된 사정 등 자녀의 부모에 관한 사항

제1조 제2항에 (1), (2)가 제시되어 있고 이것이 '호'의 역할을 한다는 것에 주목해야 합니다. 그리고 이런 때에는 출제자가 틀림없이 '호'를 근거로 문제를 출제했음을 확신하면서 읽어 내려가는 것이 바람직합니다.

4) 목(目)

'목'은 호에 열거된 내용을 하위목차로 세부적으로 열거해야 할 필요가 있을 때 사용하는 입법기술입니다. 목이 등장할 경우에는 조문을 매우 세밀하게 파악해야 하기 때문에 유의해서 접근해야 합니다. 목은 가. 나. 다.의 형태와 순서로 표기되며, 각각 가목, 나목, 다목이라고 읽으면 됩니다.

아래 규정은 2011년도 5급 공채 상황판단 27번 문제의 지문 중 일부입니다.

제00조 ① 국가는 임기만료에 의한 지역구국회의원선거(이하 '국회의원선거'라 한다)에서 여성후보자를 추천하는 정당에 지급하기 위한 보조금(이하 '여성추천보조금'이라 한다)으로 직전 실시한 임기만료에 의한 국회의원선거의 선거권자 총수에 100원을 곱한 금액을 임기만료에 의한 국회의원선거가 있는 연도의 예산에 계상하여야 한다.

② 여성추천보조금은 국회의원선거에서 여성후보자를 추천한 정당에 대하여 다음 각 호의 기준에 따라 배분·지급한다. 이 경우 제1항의 규정에 의하여 당해 연도의 예산에 계상된 여성추천보조금

의 100분의 50을 국회의원선거의 여성추천보조금 총액(이하 '총액'이라고 한다)으로 한다.

   1. 여성후보자를 전국지역구총수의 100분의 30 이상 추천한 정당이 있는 경우
      총액의 100분의 50은 지급 당시 정당별 국회의석수의 비율만큼, 총액의 100분의 50은 직전
      실시한 임기만료에 의한 국회의원선거에서의 득표수의 비율만큼 배분·지급한다.
   2. 여성후보자를 전국지역구총수의 100분의 30 이상 추천한 정당이 없는 경우
      가. 여성후보자를 전국지역구총수의 100분의 15 이상 100분의 30 미만을 추천한 정당
         제1호의 기준에 따라 배분·지급한다.
      나. 여성후보자를 전국지역구총수의 100분의 5 이상 100분의 15 미만을 추천한 정당
         총액의 100분의 30은 지급 당시 정당별 국회의석수의 비율만큼, 총액의 100분의 30은
         직전 실시한 임기만료에 의한 국회의원선거에서의 득표수의 비율만큼 배분·지급한다.
         이 경우 하나의 정당에 배분되는 여성추천보조금은 '가목'에 의하여 각 정당에 배분되
         는 여성추천보조금 중 최소액을 초과할 수 없다.

해당 조문은 제1항과 제2항의 2개의 항으로 구성되어 있습니다.

그리고 제2항은 제1호와 제2호의 2개의 호로 구성되어 있습니다.

또한, 제2호는 가목과 나목의 2개의 목으로 구성되어 있습니다.

일반적으로 '조', '항'의 경우 문장의 형태로, '호', '목'의 경우 항목의 형태로 서술됩니다.

중요한 것은 호와 목은 반드시 출제자가 활용하는 사항임을 포착하여 이 부분부터 살펴보는 습관을 가져야 한다는 것입니다.

5) 시행령(施行令), 별표(別表)

규정 또는 글에 '시행령'과 '별표'가 제시되는 경우도 있습니다. 특히 '별표'는 요건과 관련된 사항(수치 등)이 포함되어 있습니다.

먼저, '시행령(대통령령)'을 제시한 예로 2015년도 민간경력자 상황판단 16번 문제의 규정을 살펴보겠습니다.

법 제○○조(학교환경위생 정화구역) 시·도의 교육감은 학교환경위생 정화구역(이하 '정화구역'이라 한다)을 절대정화구역과 상대정화구역으로 구분하여 설정하되, 절대정화구역은 학교출입문으로부터 직선거리로 50미터까지인 지역으로 하고, 상대정화구역은 학교경계선으로부터 직선거리로 200미터까지인 지역 중 절대정화구역을 제외한 지역으로 한다.

법 제△△조(정화구역에서의 금지시설) ① 누구든지 정화구역에서는 다음 각 호의 어느 하나에 해당하는 시설을 하여서는 아니 된다.

[이하 생략]

② **제1항에도 불구하고 대통령령으로 정하는 구역에서는** 제1항의 제2호, 제3호, 제5호부터 제8호까지에 규정된 시설 중 교육감이 학교환경위생정화위원회의 심의를 거쳐 학습과 학교보건위생에 나쁜 영향을 주지 아니한다고 인정하는 시설은 허용될 수 있다.

대통령령 제□□조(제한이 완화되는 구역) 법 제△△조 제2항에서 '대통령령으로 정하는 구역'이란 법 제○○조에 따른 상대정화구역(법 제△△조 제1항 제7호에 따른 당구장 시설을 하는 경우에는 정화구역 전체)을 말한다.

법 제△△조 제2항의 내용 중 "제1항에도 불구하고 대통령령으로 정하는 구역에서는"을 통해 규정 밑 부분에 위치하는 대통령령이 예외규정의 기능을 하고 있음을 알 수 있습니다.

또한, 규정에 [별표]를 제시할 때도 있는데, 한 예로 2011년도 민간경력자 상황판단 23번 문제를 살펴보겠습니다.

제00조(여비의 종류) 여비는 운임·숙박비·식비·일비 등으로 구분한다.
 1. 운임 : 여행 목적지로 이동하기 위해 교통수단을 이용함에 있어 소요되는 비용을 충당하기 위한 여비
 2. 숙박비 : 여행 중 숙박에 소요되는 비용을 충당하기 위한 여비
 3. 식비 : 여행 중 식사에 소요되는 비용을 충당하기 위한 여비
 4. 일비 : 여행 중 출장지에서 소요되는 교통비 등 각종 비용을 충당하기 위한 여비

제00조(운임의 지급) ① 운임은 철도운임·선박운임·항공운임으로 구분한다.
 ② 국내 철도운임은 [별표 1]에 따라 지급한다.

제00조(일비·숙박비·식비의 지급) ① 국내 여행자의 일비·숙박비·식비는 [별표 1]에 따라 지급한다.
 ② 일비는 여행일수에 따라 지급한다.
 ③ 숙박비는 숙박하는 밤의 수에 따라 지급한다. 다만, 출장기간이 2일 이상인 경우에 지급액은 출장기간 전체의 총액 한도 내 실비로 계산한다.
 ④ 식비는 여행일수에 따라 지급한다.

[별표 1] 국내 여비 지급표   (단위 : 원)

철도운임	선박운임	항공운임	일비(1일당)	숙박비(1박당)	식비(1일당)
실비 (일반실)	실비 (2등급)	실비	20,000	실비 (상한액 : 40,000)	20,000

2. 조문의 문장 구성

1) 본문(本文)·단서(但書)

일반적으로 '조'와 '항'은 1~2개의 문장으로 이루어져 있습니다. 그리고 문장과 문장 사이에 '단', '다만', '그러나', '(그럼에도) 불구하고', '~을 제외하고는' 등의 어구가 존재하는 경우가 있는데 앞 문장을 '본문'이라 하고, 뒷 문장을 '단서'라고 합니다.

'본문'은 원칙규정으로 구성되어 있는 반면 '단서'는 예외규정으로 구성되어 있습니다.

한 예로 민법 제5조 제1항을 살펴보겠습니다.

> 미성년자가 법률행위를 함에는 법정대리인의 동의를 얻어야 한다. 그러나 권리만을 얻거나 의무만을 면하는 행위는 그러하지 아니하다.

'그러나'를 기준으로 앞의 문장과 뒤의 문장이 나누어져 있습니다. 이때 앞 문장인 '미성년자가 법률행위를 함에는 법정대리인의 동의를 얻어야 한다.'를 본문이라고 하고, 뒷 문장인 '그러나 권리만을 얻거나 의무만을 면하는 행위는 그러하지 아니하다.'를 단서라고 합니다.

이 단서의 적용은 매우 중요합니다. 문제에서 선택지로 구성되는 경우가 많기 때문입니다. 특히 주체, 요건, 효과, 절차 등에 대해 다양한 단서들이 등장합니다. 즉, 주체가 예외적 적용을 받아 배제되는 경우도 있고, 요건 및 효과, 절차 등도 그러합니다. 따라서 법률문제에서 단서임을 나타내주는 '단, 다만, 그러나, 그럼에도 불구하고'와 같은 표현이 보이면 해당 문장을 반드시 눈여겨보면서 체크해두어야 합니다.

2008년도 5급 공채 상황판단 35번 문제를 살펴보겠습니다.

> 2008년 1월 1일 A는 B와 전화통화를 하면서 자기 소유 X물건을 1억 원에 매도하겠다는 청약을 하고, 그 승낙 여부를 2008년 1월 15일까지 통지해 달라고 하였다. 다음 날 A는 "2008년 1월 1일에 했던 청약을 철회합니다." 라고 B와 전화통화를 하였는데, 같은 해 1월 12일 B는 "X물건에 대한 A의 청약을 승낙합니다."라는 내용의 서신을 발송하여 같은 해 1월 14일 A에게 도달하였다. 다음 법 규정을 근거로 판단할 때, 옳은 것은?

> 제○○조 청약은 계약이 체결되기까지는 철회될 수 있지만, 상대방이 승낙의 통지를 발송하기 전에 철회의 의사표시가 상대방에게 도달되어야 한다. **다만 승낙기간의 지정 또는 그 밖의 방법으로 청약이 철회될 수 없음이 청약에 표시되어 있는 경우에는 청약은 철회될 수 없다.**

① 계약은 2008년 1월 15일에 성립되었다.
② 계약은 2008년 1월 14일에 성립되었다.
③ A의 청약은 2008년 1월 2일에 철회되었다.

④ B의 승낙은 2008년 1월 1일에 효력이 발생하였다.
⑤ B의 승낙은 2008년 1월 12일에 효력이 발생하였다.

문두에서 승낙기간이 2008년 1월 15일로 지정되어 있기에 단서부분이 적용된다는 것을 알 수 있습니다.

2) 제1문·제2문, 전단·후단

각 조문에서 사용된 하나의 조나 항 가운데 둘 이상의 문장이 있고 뒤의 문장이 대등한 내용으로 구성된 경우에는 앞의 문장을 '제1문'이라 하고, 뒤의 문장을 '제2문'이라고 합니다. 또한 하나의 문장이 '~하거나', '~하며' 등의 형태로 구성되기도 하는데, 그 경우 앞부분을 '전단(前段)', 뒷부분을 '후단(後段)'이라고 합니다.

가령 민법 제128조는 다음과 같습니다.

법률행위에 의하여 수여된 대리권은 전조의 경우 외에 그 원인된 법률관계의 종료에 의하여 소멸한다. 법률관계의 종료 전에 본인이 수권행위를 철회한 경우에도 같다.

이 조문은 제1문과 제2문이 각각 완전한 문장으로 구분되어 있습니다.

또한, 헌법 제37조 제2항을 살펴보겠습니다.

국민의 모든 자유와 권리는 국가안전보장·질서유지 또는 공공복리를 위하여 필요한 경우에 한하여 법률로써 제한할 수 있으며, / 제한하는 경우에도 자유와 권리의 본질적인 내용을 침해할 수 없다.

/ 부분을 경계로 앞부분을 전단, 뒷부분을 후단이라고 합니다.

3. 조문의 내용과 법적용의 과정

1) 조문의 내용

일반적으로 조문은 '주체(및 객체)'와 '요건'과 '효과'로 구성되어 있습니다. 입법자가 의도하는 사실이 발생하도록 하기 위해 갖추어야 할 조건이나 특별한 방식·절차를 '요건'이라고 합니다. 한편, 요건이 충족되었을 때 발생·변경·소멸의 결과를 낳는 것을 '효과'라 합니다.

한 예로 형법 제250조 제1항을 살펴보겠습니다.

<u>사람을 살해한 자는 사형, 무기 또는 5년 이상의 징역에 처한다.</u>
　(객체와 요건)　　　　　　　　(효과)

'사람을 살해'라는 요건을 갖추면 '사형, 무기 또는 5년 이상의 징역'이라는 효과가 발생합니다.

또한 민법 제162조를 살펴보겠습니다.

<u>채권은 10년간 행사하지 아니하면 소멸시효가 완성한다.</u>
　　　(요건)　　　　　　　　　(효과)

'채권을 10년간 행사하지 아니하면'이라는 요건을 갖추면 '소멸시효가 완성'이라는 효과가 발생합니다.

앞서 살펴 본 두 조문 또한 'P하면, Q다' 또는 'P하지 않으면 Q다'라는 조건문의 형식을 취하고 있습니다.

즉, 조문의 구조는 일반적으로 조건문의 형태로 되어 있습니다. 이는 사회규범이라는 법률의 속성상 모든 상황을 조문으로 규율하기가 어려워 일반조항으로 입법하는 경우가 대부분이기 때문이며, 조건문 형태로 규정하여 규정의 효력이 미치지 않는 범위를 최소화하기 위한 것입니다.

이렇기에 법조문을 보았을 때 '주체(및 객체)가 어떠한 경우에 해당되면, 그에 맞는 효과가 발생한다'는 내용을 조건문화하여 판단하는 것이 중요합니다.

실제 시험에서는 다소 복잡한 형태의 요건/효과로 규정이 제시되기도 합니다. 한 예로 2010학년도 추리논증 8번을 살펴보겠습니다.

〈규정〉
　국내의 상표권자와 외국의 상표권자가 동일인이거나 계열회사 관계 등 동일인으로 볼 수 있는 경우에는 외국에서 적법하게 상표가 부착되어 유통되는 진정상품을 제3자가 국내의 상표권자의 허락 없이 수입하더라도 상표권 침해가 되지 않는다.

여기에서 'P하면, Q다' 중 P 즉 요건에 해당하는 것은 '국내의 상표권자와 외국의 상표권자가 동일인이거나 계열회사 관계 등 동일인으로 볼 수 있는 경우'입니다. 그리고 Q 즉 효과에 해당하는 것은 '상표권 침해가 되지 않는다.'입니다. 그리고 규정 중간에 '외국에서 적법하게 상표가 부착되어 유통되는 진정상품을 제3자가 국내의 상표권자의 허락 없이 수입하더라도(이를 가령 R이라고 하겠습니다)'가 들어있는 구조입니다.

이를 논리적 구조로 분석해보면, P가 충분조건의 역할을 하고 있기에, R에 상관없이 Q가 발생한다는 것이며, 이러한 구조를 빠르게 파악하는 것을 연습해야 합니다.

2) 법의 적용

법의 적용은 법조문을 근거로 구체적 사실을 적용하여 결론을 도출하는 것을 말합니다.

형식적 측면에서 법조문이 대전제, 구체적 사실이 소전제를 이루는 삼단논법의 형태로 이루어집니다.

특히, 법철학 및 법학방법론에서는 법적용의 과정에 있어 법적 삼단논법 상의 포섭을 매우 중요하게 취급합니다.

법학방법론상의 표현을 활용한다면, '포섭'이란 법적 사태(구체적 사실)가 조항의 추상적인 법률표지(법조문)에 해당하는가를 검토해서 법적 사태를 법률표지에 포함시키는 것입니다. 이는 개별적인 법률표지를 대전제로, 구체적인 법적 사태를 소전제로 해서 이루어지는 법적 삼단논법의 구조를 지닙니다.

이를 다음과 같이 정리할 수 있습니다.[1]

대전제 : 추상적인 법규범
소전제 : 구체적인 법적 사태
결　론 : 법적 사태가 법규범에 해당하는가의 여부

이러한 방법론을 활용한 법률가의 고유한 작업방식인 법적용의 과정 또한 다음과 같습니다.
1) 법조문의 추상적인 법률표지를 해석한다.
2) 해석의 결과는 개념의 정의를 통해 요약된다.
3) 대전제인 추상적인 법률표지의 정의와 구체적인 법적 사태를 서로 비교한다.
4) 법적 사태가 법률표지의 개념정의와 일치되면 법적 사태는 법률개념에 포섭된다.

---

[1] 김영환, '법철학의 근본문제(제3판)' 260~267쪽 참조

'포섭'에 대한 대표적인 문제인 2011학년도 추리논증 2번을 살펴보겠습니다.

1. 국민의 자유와 권리는 헌법 제37조 제2항에 따라 제한할 수 있다.
2. (a) 헌법 제10조의 행복추구권에서 나오는 일반적 행동자유권은 모든 행위를 할 자유와 행위를 하지 않을 자유로서 가치 있는 행동만 보호하는 것은 아닌 것으로, 그 보호영역에는 개인의 생활방식과 취미에 관한 사항도 포함된다.
   (b) 좌석안전띠를 매지 않을 자유는 일반적 행동자유권의 보호영역에 속한다.
3. 좌석안전띠를 매지 않을 자유는 공공복리를 위하여 필요한 경우에 제한할 수 있다.
4. 운전자는 약간의 답답함이라는 경미한 부담을 지는 데 비해, 좌석안전띠 착용으로 인하여 달성되는 공익은 운전자뿐 아니라 동승자의 생명과 신체의 보호, 교통사고로 인한 사회적 비용 감소 등 사회공동체 전체의 이익이므로 국가의 개입이 정당화된다.
5. 좌석안전띠 착용 의무 위반에 대한 제재방법으로 형벌인 벌금보다는 정도가 약한 범칙금을 선택한 입법자의 판단이 잘못된 것이라고 보기 어렵다.
6. A조항은 헌법에 위반되지 않는다.

〈규정〉
• 헌법 제10조 "모든 국민은 인간으로서의 존엄과 가치를 가지며, 행복을 추구할 권리를 가진다. (후략)"
• 헌법 제37조 제2항 "국민의 모든 자유와 권리는 국가안전보장, 질서유지 또는 공공복리를 위하여 필요한 경우에 한하여 법률로써 제한할 수 있다. (후략)"

아래의 선지 ①에 '포섭'의 예가 제시되어 있으므로 유심히 살펴보면 좋겠습니다.

① 2(a)가 규범의 적용범위에 관한 일반적 명제의 설정이라면, 2(b)는 여기에 구체적 행동유형을 포섭시키고 있다.

이러한 '포섭'에 대한 훈련을 통해 수험에서도 진일보할 수 있고, 나아가 실제 법조항의 분석에 있어서도 유용한 훈련을 할 수 있습니다. 본격적인 풀이는 후술하는 사례형, 계산형의 문제풀이를 통해서 자세히 살펴보도록 하겠습니다.

4. 법률의 구성과 특징

대부분의 법률은 다음의 순서로 규정되기 마련입니다.

제1조(목적)
제2조(정의)
제3조(적용범위)
　　⋮

이러한 항목들이 제시되는 경우 '목적'을 잘 봐야 하는 때도 있고, '적용범위'를 잘 봐야 하는 때도 있습니다.

아래 글은 2013년도 민간경력자 상황판단 5번 문제의 글 중 일부이며, 재외동포의 출입국과 법적지위에 관한 법률과 시행령이 제시되었습니다.

법 제00조(정의) 이 법에서 "재외동포"란 다음 각 호의 어느 하나에 해당하는 자를 말한다.
　1. 대한민국의 국민으로서 외국의 영주권을 취득한 자 또는 영주할 목적으로 외국에 거주하고 있는 자(이하 "재외국민"이라 한다)
시행령 제00조(재외국민의 정의) ① 법 제00조 제1호에서 "외국의 영주권을 취득한 자"라 함은 거주국으로부터 영주권 또는 이에 준하는 거주목적의 장기체류자격을 취득한 자를 말한다.
제00조(외국국적동포의 정의) 법 제00조 제2호에서 "대한민국의 국적을 보유하였던 자(대한민국정부 수립 이전에 국외로 이주한 동포를 포함한다) 또는 그 직계비속으로서 외국국적을 취득한 자 중 대통령령이 정하는 자"란 다음 각 호의 어느 하나에 해당하는 자를 말한다.
　1. 대한민국의 국적을 보유하였던 자(대한민국정부 수립 이전에 국외로 이주한 동포를 포함한다. 이하 이 조에서 같다)로서 외국국적을 취득한 자

다음은 2009년도 5급 공채 상황판단 11번 문제의 규정 일부입니다.

제1조(목적) 이 법은 사람의 생명 또는 신체를 해하는 범죄 행위로 인하여 사망한 자의 유족이나 중장해를 당한 자를 구조함을 목적으로 한다.
제2조(적용범위) 국가는 범죄피해를 받은 자가 가해자의 불명 또는 무자력의 사유로 인하여 피해의 전부 또는 일부를 배상받지 못하거나, 자기 또는 타인의 형사사건의 수사 또는 재판에 있어서 고소, 고발 등 수사단서의 제공, 진술, 증언 또는 자료제출과 관련하여 피해자로 된 때에는 이 법이

정하는 바에 의하여 피해자 또는 유족에게 범죄피해구조금을 지급한다.

제3조(구조금의 종류 등) ① 구조금은 유족구조금과 장해구조금으로 구분하며, 일시금으로 지급한다.

제4조(유족의 범위 및 순위) ① 유족구조금을 지급받을 수 있는 유족은 다음 각 호의 어느 하나에 해당하는 자로 한다.

해당 법률은 〈(구) 범죄피해자구조법〉이며, '목적', '적용범위' 등으로 시작되는 구조를 확인할 수 있습니다.

다음은 2010년도 5급 공채 상황판단 39~40번 문제의 글 중 일부입니다.

제00조(목적) 이 법은 외국적 요소가 있는 법률관계에 관하여 국제재판관할에 관한 원칙과 준거법을 정함을 목적으로 한다.

제00조(혼인의 성립) ① 혼인의 성립요건은 각 당사자에 관하여 그 본국법에 의한다.

② 혼인의 방식은 혼인거행지법 또는 당사자 일방의 본국법에 의한다.

제00조(혼인의 일반적 효력) 혼인의 일반적 효력은 다음 각 호에 정한 법의 순위에 의한다.

    1. 부부의 동일한 본국법

    2. 부부의 동일한 상거소지법(常居所地法)

    3. 부부와 가장 밀접한 관련이 있는 곳의 법

제00조(부부재산제) ① 부부재산제에 관하여는 제00조(혼인의 일반적 효력) 규정을 준용한다.

② 부부가 합의에 의하여 다음 각 호의 법 중 어느 것을 선택한 경우에는 부부재산제는 제1항의 규정에 불구하고 그 법에 의한다. 다만, 그 합의는 일자(日字)와 부부의 기명날인 또는 서명이 있는 서면으로 작성된 경우에 한하여 그 효력이 있다.

    1. 부부 중 일방이 국적을 가지는 법

    2. 부부 중 일방의 상거소지법(常居所地法)

    3. 부동산에 관한 부부재산제에 대하여는 그 부동산의 소재지법

해당 법률은 〈국제사법〉인데, 역시 '목적'으로 시작되는 구조로 되어 있음을 확인할 수 있습니다.

하나 더 2012년도 5급 공채 상황판단 25번 문제의 글 중 일부를 보겠습니다. (이 법률은 〈통합방위법〉입니다.)

제00조(목적) 이 법은 적의 침투·도발이나 그 위협에 대응하기 위하여 국가 총력전의 개념을 바탕으로 국가방위요소를 통합·운용하기 위한 통합방위대책을 수립·시행하기 위하여 필요한 사항을 규

정함을 목적으로 한다.

제00조(정의) 이 법에서 사용하는 용어의 뜻은 다음과 같다.

  1. "통합방위사태"란 적의 침투·도발이나 그 위협에 대응하여 제2호부터 제4호까지의 구분에 따라 선포하는 단계별 사태를 말한다.

  2. "갑종사태"란 일정한 조직체계를 갖춘 적의 대규모 병력침투 또는 대량살상무기 공격 등의 도발로 발생한 비상사태로서 통합방위본부장 또는 지역군사령관의 지휘·통제 하에 통합방위작전을 수행하여야 할 사태를 말한다.

제00조(통합방위사태의 선포) ① 통합방위사태는 갑종사태, 을종사태 또는 병종사태로 구분하여 선포한다.

② 제1항의 사태에 해당하는 상황이 발생하면 다음 각 호의 구분에 따라 해당하는 사람은 즉시 국무총리를 거쳐 대통령에게 통합방위사태의 선포를 건의하여야 한다.

이러한 법률의 구성을 보여주는 경향은 특히 PSAT 상황판단에서 중요하게 다루어졌습니다. 앞으로의 출제에서도 지속되리라 봅니다. 물론, LEET 추리논증에서도 출제될 수 있습니다. 지면의 한계상 수록되지 못한 다양한 법률들의 목적, 정의, 적용범위 등을 틈틈이 읽어두시기 바랍니다.

Ⅲ 조문해석의 기술

매우 긴 문장 하나로 이루어진 아래 조문(행정절차법 제35조 제3항)을 살펴봅시다.

청문 주재자는 당사자 등의 전부 또는 일부가 정당한 사유로 청문기일에 출석하지 못하거나 제31조 제3항에 따른 의견서를 제출하지 못한 경우에는 상당한 기간을 정하여 이들에게 의견진술 및 증거제출을 요구하여야 하며, 해당 기간이 지났을 때에 청문을 마칠 수 있다.

입법자는 조문을 통해 일정한 목적의식 하에 요건 및 효과 등을 규정하되, 유기적이고 완결된 문장으로 표현하고 또한 명확성을 추구하려고 합니다. 이렇듯 길이가 매우 긴 조문이 등장하면 어렵게 느껴질 수밖에 없을 것입니다.

그렇기에 입법의도에 주목하면서 조문을 효과적으로 해석하기 위한 연습이 필요합니다.

아래의 내용은 조문을 효과적으로 해석하기 위한 방법들입니다.

1. 끊어 읽기

비교적 장문으로 된 조문을 해석하기 위해 주어, 서술어, 관형어·부사어 등의 각종 수식어가 문장 내에서 어떻게 자리잡고 있는지 파악해야 합니다. 또한, 쉼표나 마침표 등 문장부호에도 유의하면서 문장을 적절히 끊어 읽어야 합니다.

일반적으로 ① 주어, 서술어 등 문장 요소에 따라 끊어 읽는 방법, ② 내용이 유사한 것들끼리 묶어서 끊어 읽는 방법 등을 사용할 수 있을 것입니다. 앞서 제시한 조문을 다음과 같이 끊을 수 있을 것입니다.

청문 주재자는 / 당사자 등의 전부 또는 일부가 / 정당한 사유로 / 청문기일에 출석하지 못하거나 / 제31조 제3항에 따른 의견서를 제출하지 못한 경우에는 / 상당한 기간을 정하여 / 이들에게 / 의견 진술 및 증거제출을 요구하여야 하며, / 해당 기간이 지났을 때에 / 청문을 마칠 수 있다.

민법 제829조 제2항으로 다시 살펴보겠습니다. 해당 조문은 2개의 문장으로 구성되어 있습니다.

부부가 혼인성립 전에 그 재산에 관하여 약정한 때에는 혼인 중 이를 변경하지 못한다. 그러나 정당한 사유가 있는 때에는 법원의 허가를 얻어 변경할 수 있다.

이 조문을 아래와 같이 끊을 수 있을 것입니다.

부부가 / 혼인성립 전에 / 그 재산에 관하여 약정한 때에는 / 혼인 중 / 이를 변경하지 못한다. // 그러나 정당한 사유가 있는 때에는 / 법원의 허가를 얻어 / 변경할 수 있다.

2. 주체, 객체, 시기, 장소, 행위에 대한 구분

각 조문의 내용을 살펴보면 주체, 객체, 대상, 시기, 장소, 행위 등의 요소로 이루어져 있음을 확인할 수 있습니다.

이러한 요소들을 잘 파악하는 것이 보다 원활한 조문분석에 유용합니다.

다음 조문은 국민투표법 제92조입니다.

국민투표의 효력에 관하여 이의가 있는 투표인은 투표인 10만인 이상의 찬성을 얻어 중앙선거관리위원회 위원장을 피고로 하여 투표일로부터 20일 이내에 대법원에 제소할 수 있다.

조문을 잘 살펴보면 원고와 피고가 규정되어 있고 시기와 관할의 순서로 규정되어 있음을 확인할 수 있습니다.

국민투표의 효력에 관하여 이의가 있는 투표인은(**원고**) / 투표인 10만인 이상의 찬성을 얻어 중앙선거관리위원회 위원장을 피고로 하여(**피고**) / 투표일로부터 20일 이내에(**시기**) / 대법원에 제소할 수 있다(**관할**).

이렇듯 평소 조문을 살펴보면서 나름의 규칙성을 파악해보는 것이 조문읽기의 기술입니다. 특히 최근 기출문제에서 주체, 객체, 시기, 장소, 행위 등을 일부 변경하거나 왜곡하여 출제하는 경우가 있기 때문에 중요한 부분이기도 합니다.

아래 글은 2015년도 5급 공채 상황판단 8번 문제의 글입니다.

제○○조(군위탁생의 임명) ① 군위탁생은 육군, 해군 및 공군(이하 '각군'이라 한다)에서 시행하는 전형과 해당 교육기관에서 시행하는 소정의 시험에 합격한 자 중에서 각군 참모총장의 추천에 의하여 <u>국방부장관</u>이 임명한다. 다만 부사관의 경우에는 <u>각군 참모총장</u>이 임명한다.
② 군위탁생은 임명권자의 허가 없이 교육기관을 옮기거나 전과(轉科)할 수 없다.

② 육군 부사관인 군위탁생이 다른 학교로 전학을 하기 위해서는 국방부장관의 허가를 받아야 한다.

제시된 조문에는 군위탁생의 임명이 가능한 주체로 '국방부장관'이 우선 등장하고, '다만'이라는 단서 문장 이후에 부사관인 경우에는 '각군 참모총장'이 군위탁생을 임명함을 알 수 있습니다. 또한, ②번에서 주체를 '각군 참모총장'이 아닌 '국방부장관'으로 변경하여 출제하였음을 확인할 수 있습니다. 이렇듯 출제자는 조문에 등장하는 주체들을 변경하여 선지화하는 경향이 있음에 유의해야 합니다.

3. 요건을 AND(연언) / OR(선언)의 형태로 구성

여러 개의 요건이 조문에 규정되어 있을 때 이들 요건 간의 관계는 크게 AND나 OR로 구분할 수 있습니다.

AND란 '~와/과', '모두', '다음 각 호(목)의 요건을' 등의 단어로 연결된 경우입니다.

OR이란 '또는', '~거나', '혹은', '다음 각 호(목)의 어느 하나' 등의 단어로 연결된 경우입니다.

요건이 AND로 연결된 경우라면 해당 요건들을 모두 갖추어야 요건이 발생할 수 있지만, OR로 연결된 경우라면 제시된 요건들 중 하나만 충족시키더라도 요건이 발생할 수 있다는 것에 유의해야 합니다. 다시 말해 요건을 모두 충족하여야 효과가 발생하는지, 어느 하나만 충족해도 효과가 발생하는지를 조문을 통해 구별하는 것이 중요합니다.

실제 시험에서 이를 활용하여 출제한 경우는 열거하기 힘들 정도로 매우 많습니다. 그리고 통상적으로 문제되는 지점은 당연히 '요건'과 관련한 것입니다.

다음은 2022학년도 추리논증 14번에 제시된 규정 일부입니다.

제2조(사실상 동일인) '사실상 동일인'이란 다음 각호 중 어느 하나에 해당하는 자를 말한다.
  1. 해당 자연인의 부모, 배우자, 자녀
  2. 해당 자연인이 50% 이상 지분을 보유하고 있는 법인
  3. 해당 자연인이 제1호에 규정된 자와 합하여 50% 이상 지분을 보유하고 있는 법인

'다음 각호 중 어느 하나에 해당하는 자'라는 의미는 제2조 각 호의 요건들이 OR로 연결되어 있음을 나타내는 것으로 제1호에서 제3호까지 각 호 중에서 하나의 요건만 충족시키면 '사실상 동일인'에 해당함을 알 수 있습니다.

다른 예시로는 2010학년도 추리논증 4번을 들 수 있습니다.

제13조(관할권의 행사) 국제형사재판소는 다음 어느 하나에 해당하는 경우, 집단살해죄에 대하여 관할권을 행사할 수 있다.
  (가) 회원국이 집단살해죄 혐의사건을 국제형사재판소의 검사에게 회부한 경우
  (나) 국제형사재판소의 검사가 집단살해죄 혐의사건에 대하여 수집한 정보를 근거로 독자적으로 수사를 개시한 경우
  (다) 국제연합 안전보장이사회가 집단살해죄 혐의사건을 국제형사재판소의 검사에게 회부한 경우

위의 규정에서 집단살해지에 대하여 관할권을 행사할 수 있는 요건이 (가), (나), (다) 중 어느 하나에 해당하는 경우임을 알 수 있고, 주어진 선지와 각각 대응하여 살펴보면 되는 문제였습니다.

한편, 각 문제에 주어진 제시문 또는 규정에 OR(~거나)이 활용되어 그 부분이 정답과 직결되는 경우가 셀 수 없이 많았습니다.

아래의 예시는 2010학년도 추리논증 4번입니다.

> 제13조 (가)와 (나)의 경우, 집단살해죄 혐의 행위가 발생한 영역국이나 그 범죄혐의자의 국적국 중, 어떤 국가가 이 규정의 회원국이거나 국제형사재판소의 관할권을 수락한 경우에만 국제형사재판소는 관할권을 행사할 수 있다.

규정에서 제13조 (가)와 (나)의 경우 집단살해죄 혐의 행위가 발생한 영역국이나 그 범죄혐의자의 국적국임을 전제로 국제형사재판소가 관할권을 행사할 수 있는 요건 두 가지가 제시되고 있습니다. 1) 어떤 국가가 이 규정의 회원국인 경우 또는 2) 국제형사재판소의 관할권을 수락한 경우가 그것입니다. 이에 주어진 선지를 각각 대응하여 빠르게 풀 수 있는 문제였습니다.

이와 같은 출제는 같은 연도인 2010학년도 추리논증 8번에서도 확인할 수 있습니다.

⟨규정⟩

> 국내의 상표권자와 외국의 상표권자가 동일인이거나 계열회사 관계 등 동일인으로 볼 수 있는 경우에는 외국에서 적법하게 상표가 부착되어 유통되는 진정상품을 제3자가 국내의 상표권자의 허락 없이 수입하더라도 상표권 침해가 되지 않는다.

국내의 상표권자와 외국의 상표권자가 1) 동일인인 경우 또는 2) 계열회사 관계 등 동일인으로 볼 수 있는 경우는 상표권 침해가 되지 않음을 확인한 후, 각 선지에 이를 적용하면 되는 문제였습니다.

비교적 최근 문제인 2021학년도 추리논증 7번에 제시된 규정의 일부에서도 이를 확인할 수 있습니다.

> 제2조 외국에서 증권을 발행하는 외국 회사가 X국 주식시장에 상장되어 있거나 X국 거주자의 주식 보유비율이 20% 이상인 경우 제1조를 준용한다.

제1조를 준용하는 요건이 1) 외국에서 증권을 발행하는 외국 회사가 X국 주식시장에 상장되어 있는 경우 또는 2) 외국에서 증권을 발행하는 외국 회사가 X국 거주자의 주식보유비율이 20% 이상인 경우임을 알 수 있습니다. 이를 염두에 두고 주어진 각 선지가 1) 또는 2) 중 어느 부분에 해당하는지 혹 해당하지 않는지를 살펴보면 매우 빠르게 풀 수 있는 문제였습니다.

또한, 각주에 제시된 내용임에도 이러한 원리를 이용한 경우가 있었습니다(2022학년도 추리논증 10번).

> ※ **유포** : 1인 이상의 타인에게 반포·판매·임대·제공하거나 타인이 볼 수 있는 방법으로 전시·상영하는 행위를 포함하여 촬영물이나 그 복제물을 퍼뜨리는 행위

위의 내용을 보면 유포에 해당하는지 여부는 1인 이상의 타인에게 반포하거나 판매하거나 임대하거나 제공하거나 타인이 볼 수 있는 방법으로 전시하거나 상영하는 행위를 포함하여 촬영물이나 그 복제물을 퍼뜨리는 행위는 유포에 해당함을 알 수 있으므로, 실전에서는 주어진 선지에 있어서 이 중 어느 부분에 해당하는지 빠르게(기계적으로) 살펴보는 것이 시간절약의 첩경일 수 있습니다.

추가로, 2020학년도 추리논증 7번 제시문의 일부를 살펴보겠습니다.

> 전문위원회는 대의원회의 의장이 필요하다고 인정하거나 전문위원회 재적위원 4분의 1 이상의 요구가 있을 때에만 개최될 수 있다.

이를 통해 전문위원회의 개최요건이 1) 대의원회의 의장이 필요하다고 인정하는 경우 또는 2) 전문위원회 재적위원 4분의 1 이상의 요구가 있는 경우 중 한 가지임을 알 수 있고, 이를 통해 주어진 문제를 풀 수 있었습니다.

아래는 2023학년도 추리논증 4번 제시문의 일부인데, 앞서 살펴본 2020학년도 추리논증 7번의 구조를 좀 더 심화시켰다고 보고 풀면 좋습니다.

> • **감사청구제도 개요**
> 지방정부의 장의 업무 처리가 법률을 위반하거나 공익을 현저히 해친다고 인정되면 … 감사를 청구할 수 있다.

- 시민소송제도 개요

  … 감사청구를 한 시민은 그 감사청구의 결과에 따라 해당 지방정부의 장이 행정부장관의 조치
  요구를 성실히 이행하지 아니한 경우, 그 감사청구한 사항과 관련이 있는 위법한 행위나 업무를
  게을리한 사실에 대하여 해당 지방정부의 장을 상대로 시민소송을 제기할 수 있다.

감사청구의 요건은 지방정부의 장의 업무 처리가 1) 법률을 위반한 경우 또는 2) 공익을 현저히
해친다고 인정된 경우입니다. 한편, 시민소송의 제기요건은 감사청구를 이미 하였음을 전제로, 이
와 관련이 있는 1) 위법한 행위 또는 2) 업무를 게을리한 사실임을 알 수 있고, 이에 기반하여 주
어진 선지를 판단하면 되는 문제였습니다.

Ⅳ 법률용어에 있어 빈출표현

법률용어는 일정한 표현이 반복적으로 제시되는 경우가 있습니다. 그 중 반드시 알아두어야 하
는 대표적인 것을 살펴보겠습니다.

1. '포함' / '제외'

'~을 포함'하거나 '~을 제외'한다는 표현은 법조문에 매우 빈번하게 등장합니다. 그리고 법률문
제의 정답을 확정하는데에도 매우 중요한 역할을 합니다.

아래는 2015학년도 추리논증 6번이고, 〈규정〉으로부터 추론한 것으로 옳은 것만을 〈보기〉에서
있는 대로 고르는 문제입니다.

〈규정〉

(가) A법은 상시 사용하는 근로자 수가 5명 이상인 모든 사업장에 적용한다. 다만, 사용자가 그와
    동거하는 친족만을 사용하는 사업장에 대하여는 적용하지 아니한다.

(나) (가)에서의 '상시 사용하는 근로자 수'는, 해당 사업장에서 법 적용 사유 발생일 전 1개월 동안
    사용한 근로자의 '연인원'을 같은 기간 중의 '가동일수'로 나누어 산정한다. 여기서 '연인원'이
    라 함은 특정 업무를 위해 일정한 기간 동안 동원된 총 인원수를 말하는데, 예를 들면 열흘 동
    안 매일 다섯 사람이 근로하여 완성한 일의 연인원은 50명이다. 그리고 '가동일수'는 실제 사업장
    이 운영된 일수를 말한다.

(다) 위 (나)에 따라 해당 사업장에서 상시 사용하는 근로자 수를 산정한 결과 법 적용 사업장에 해당하는 경우에도, 가동일수의 일별로 근로자 수를 파악하였을 때 법 적용 기준에 미달한 일수가 가동일수의 2분의 1 이상인 경우, A법이 적용되지 않는다.

(라) 연인원의 산정 시, 사용자에게 고용되어 있지 않은 파견근로자는 **제외**되지만 해당 사업장의 사용자에 고용된 단시간 근로자(하루 중 일부 시간만 근무하는 근로자)는 **포함**된다.

〈규정〉 중 '제외'와 '포함'에 주의하여 읽어봅시다. 그리고 〈보기〉를 살펴봅니다.

───────────────── 〈보 기〉 ─────────────────

ㄴ. 법 적용 사유 발생일 전 1개월 동안, 사용자에게 고용된 4명의 근로자가 오전 중 3시간을 매일 근무하고, 사용자에게 고용된 또 다른 4명의 근로자가 오후 중 3시간을 매일 근무한 사업장에 A법은 적용된다.

ㄷ. 법 적용 사유 발생일 전 1개월 동안, 동거하는 친족 3명과 단시간 근로자 2명이 당해 사업장에서 사용자에게 고용되어 고정적으로 매일 근무하였고 이에 더하여 사용자에게 고용되어 있지 않은 파견근로자 2명이 함께 매일 근무하였다면 당해 사업장에 A법은 적용되지 않는다.

───

① ㄱ   ② ㄴ   ③ ㄱ, ㄷ
④ ㄴ, ㄷ   ⑤ ㄱ, ㄴ, ㄷ

단시간 근로자의 '포함'과 파견근로자의 '제외'를 활용할 수 있는 선지 ㄷ부터 살펴보겠습니다.

(라)에 따라 사용자에 고용되어 있지 않는 파견근로자는 연인원의 산정에서 제외됩니다. 따라서 당해 사업장에 상시 사용하는 근로자 수는 5명(친족 3명＋단시간 근로자 2명)이므로 (가)에 의해 당해 사업장에 A법은 적용됩니다. 그러므로 ㄷ이 옳지 않게 되고, ③④⑤번을 소거할 수 있습니다.

다음으로, 단시간 근로자의 '포함'과 파견근로자의 '제외'를 활용할 수 있는 또 다른 선지 ㄴ을 살펴보겠습니다.

(라)에 의할 때, 연인원 산정 시 단시간 근로자는 포함되므로, 상시 사용하는 근로자 수는 8명입니다. 8명의 근로자가 매일 근무하였으므로 예외규정인 (다)에 해당하지 않기에 당해 사업장에 A법은 적용됩니다. ㄴ이 옳기에 정답은 ②번임을 알 수 있습니다. 그리고 이렇듯 (라)에 집중함으로써 선지 ㄷ과 선지 ㄴ의 정오를 파악하여 정답을 확정할 수 있었습니다.

이 책에 '포함'과 '제외'를 활용한 수많은 다른 문제들이 있습니다. 이 표현이 나올 때마다 주의해서 보시면 좋을 것입니다.

2. 당일 / 다음 날

아래 [규정]은 2022학년도 추리논증 4번 지문 중 일부입니다.

[규정] 제3조 제1항에서 최종 교통법규위반일 '다음날'부터 운전면허가 정지된다고 하였고, 제3항에서 운전면허정지처분은 집행 중인 운전면허정지처분의 기간이 종료한 '다음날'부터 집행한다고 하였습니다. 이에 주의하여 〈사실관계〉를 살펴보아야 하는 문제였습니다.

[규정]

제3조(운전면허정지처분 등) ① 처분벌점이 40점 이상이 되면 운전면허정지처분을 하되, 최종 교통법규위반일 **다음날**부터 운전면허가 정지되며 처분벌점 1점을 정지일수 1일로 계산하여 집행한다.

② 운전면허정지 중에 범한 교통법규위반행위에 대해서는 벌점을 2배로 배점한다.

③ 운전면허정지 중에 새로운 운전면허정지처분을 추가로 받는 경우, 추가된 운전면허정지처분은 집행 중인 운전면허정지처분의 기간이 종료한 **다음날**부터 집행한다.

〈사실관계〉

갑은 그 이전까지는 교통법규위반 전력이 없었는데, 2017. 5. 1.에 신호위반을 하고, 2020. 7. 1.에 정지선위반을 하고, 2021. 3. 1.에 갓길통행을 하고, 2021. 4. 1.에 규정속도를 45km/h 초과하여 속도위반을 하였다. 갑은 위 모든 교통법규위반행위들에 대해 위반일자에 [규정]에 따른 벌점 또는 운전면허정지처분을 받았다.

아래 〈견해〉와 〈사례〉는 2023학년도 추리논증 7번 지문 중 일부입니다. 견해1에 의하면 형의 집행 종료일 '다음날'이 기산점이 되고, 견해2에 의하면 형의 집행 종료 '당일'이 기산점이 됩니다. 이에 주의하여 〈사례〉를 살펴보아야 하는 문제입니다.

〈견해〉

견해1 : 「범죄처벌법」에서 '형의 집행을 종료한 후'란 형의 집행 종료일 이후를 의미한다고 해석하여야 하므로 반복범의 기간 2년을 계산하는 시작점은 형의 집행 종료일 **다음날**이 되어야 한다.

견해2 : 「범죄처벌법」에서 '형의 집행을 종료한 후'란 문언 그대로 형의 집행이 종료된 출소 이후를 의미한다고 해석하여야 하므로 반복범의 기간 2년을 계산하는 시작점은 형의 집행 종료 **당일**이 되어 종료 당일도 2년의 기간에 포함된다.

〈사례〉

갑은 절도죄로 징역 6월을 선고받아 2014. 3. 15. 형집행이 종료되었고 이후 다시 저지른 절도죄로 징역 1년을 선고받아 2017. 9. 17. 형집행이 종료되었는데 다시 2019. 9. 17. 정오 무렵에 절도를 저질렀다(기간 계산에 있어서 시작일은 하루로 계산한다).

이처럼 법조문에서는 '당일'과 '다음날'을 규정하는 경우가 많고, 이를 활용한 법률문제들이 최근 계속 출제되고 있다는 것에 주목할 필요가 있습니다.

3. ~하지 않는 한 / ~를 제외한다면

법률문제 영역에서는 '~하지 않는 한' / '~를 제외한다면'이라는 표현이 나왔을 때, 이 내용을 반드시 선지에 활용한다는 것을 유념해야 합니다(물론 다른 내용영역인 인문, 사회, 과학기술에서도 중요합니다.). 아래의 내용은 추리논증 법률문제에서 지금까지 출제된 것을 총망라한 것입니다. ~하지 않는 한 / ~를 제외한다면 부분에 주목했을 때, 매우 쉽고 명확하게 문제를 풀 수 있음을 확인해보시면 좋겠습니다.

[11추리-6] 외국인이란 이유로 부당한 차별을 받지 않는 한, 외국인의 국적 국가는 이 문제에 개입할 수 없다.

[11추리-7] 비밀유지의무는 의뢰인이 포기하지 않는 한 '변호사-의뢰인 관계'가 종료된 후에도 지속된다.

[16추리-17] 이러한 로크의 제한조건이 의미하는 바는 "다른 사람들의 상황을 더 나쁘게 하지 않는 한에서만" 소유권이 인정된다는 것이다.

[17추리-5] 미성년자의 평온안전을 해치지 않는 한 부모 일방이 다른 일방의 동의 없이 미성년자의 거소를 옮기는 행위만으로는 정당한 권한 없이 사실상의 힘을 사용한 것에 해당하지 않는다.

[17추리-7] 일단 출간된 작품은 인쇄비용 문제를 제외하면 무한정 출판될 수 있다.

[17추리-10] 다른 사람에게 직접적인 물리적 위해를 줄 것이 분명히 예상되는 경우를 제외한다면, 어떤 행위도 할 수 있는 권리가 보장되어야 해.

[19추리-2] 인간은 타인에게 피해를 주지 않는 한 자신의 생명과 신체, 건강에 대해서 스스로 결정할 자기 결정권을 가지고 있는데 그 권리 행사를 처벌하는 것은 최후의 수단이 되어야 할 형벌의 역할에 맞지 않아.

[20추리−5] 개명 신청이 있으면, 법원은 과거의 범죄행위를 은폐하여 새로운 범죄행위를 할 위험이 있는 경우를 <u>제외하고는</u> 모두 허가해 주는 것이 마땅해.

[20추리−6] 무죄추정의 원칙은 재판 과정에서 검사가 피고인의 유죄를 증명하<u>지 못하는 한</u> 피고인을 처벌할 수 없다는 의미일 뿐이고 다른 의미는 없어.

[21추리−3] 법원은 파산한 자가 지급능력이 있음에도 일부러 돈을 갚지 않는 악의적인 경우를 <u>제외하고</u> 빚 탕감을 허가해준다.

[22추리−1] 사람들이 이러한 최소한의 합리성 기준을 일반적으로 충족하지 못한다는 것을 신경과학이 보여 주<u>지 않는 한</u>, 그것은 책임에 관한 법의 접근 방식의 근본적인 변화를 정당화하지 못한다.

[24추리−1] 가해자나 제3자가 아닌 피해자의 관점에서 불법행위 이전의 상태로 완전하게 회복되<u>지 않는 한</u> 진정한 피해자 구제는 실패한 것이다.

[24추리−4] 하나의 대지가 둘 이상의 용도지역등에 걸치는 경우에 다음 각호를 <u>제외하고는</u> 그 대지 중 가장 넓은 면적이 속하는 용도지역등에 관한 규정을 적용한다.

[25추리−2] 개정안은 전학 및 퇴학의 경우를 <u>제외하고는</u> 재심을 허용하지 않음으로써 학부모의 이러한 권리를 침해한다.

[25추리−8] 국민은 공공재를 국가가 직접 관리하는 경우에 자기가 부담하는 비용을 초과하여 부담하<u>지 않는 것을 조건으로</u> 국가에 관리방법의 재량을 부여한 것이다.

[25추리−8] 국가는 편익감소를 막아야 하는 경우를 <u>제외하고는</u> 공공재의 관리에 직접 관여해서는 안 되며, 공공재를 이용하는 사회 구성원들이 그에 의해 발생하는 문제를 자치적으로 해결할 수 있도록 해야 한다.

[25추리−11] 기존 시행자가 선택한 개발사업 시행방식은 제3조에 따라 변경되<u>지 않는 한</u> 변경될 수 없다.

PART 1.

2026 LEET · PSAT 법률문제 222

PART 1. | 규정형

'규정형'은 규정이 명시적으로 나열된 경우를 말하며, 조문으로 제시된 내용을 해석하고 이를 바탕으로 문제를 해결하는 능력을 평가합니다. 일반적으로 규정형 문제에서는 2~5개 정도의 법조문을 제시해주고 이를 해석하고 추론하는 과정을 묻는 유형이기에 법률문제의 기본적인 형태라 할 수 있습니다. 대다수 법학을 전공하지 않은 학생들의 경우 내용이 생소하므로 규정형이 까다롭다고 생각할 수 있습니다. 그러나 일단 법조문의 구성과 체계를 숙달하면 득점가능성이 올라가는 유형입니다. 가령 규정형에서 주어지는 조문은 대체적으로 원칙을 먼저 제시하고 뒤에 예외규정을 주는 경우가 많으며, 이때 예외규정이 문제화되는 경우가 많으므로 이에 유의해야 한다는 등의 몇 가지 팁만 익혀도 점수가 금방 상승할 수 있는 영역이라 할 수 있습니다.

또한 문제의 모든 답은 규정 속에 존재한다는 확신이 필요합니다. 비록 명시적으로 선지와 일치하는 규정이 보이지 않을 수 있을지언정, 규정에 제시되지 않은 사항을 묻는 선지는 존재하지 않기 때문입니다. 즉 조문을 기반으로 연역추리를 해야 합니다. 배경지식과 주관적 상식만으로 추리하는 것은 바람직하지 않습니다. 그렇기에 주어진 조문을 몇 가지 방식으로 효율적으로 이해하고 분석하는 것을 훈련해야 합니다. 한편, LEET 추리논증은 PSAT 상황판단에 비해 규정형의 비중이 다소 낮은 편이지만, 규정형을 통해 조문의 체계와 형태에 익숙해진 후 지문형, 사례형, 계산형 등을 하나하나 숙달시켜 나가는 것이 바람직합니다.

아래는 규정형 문제를 대하는 기본적인 사고의 단계입니다.

STEP 1 전체 몇 조, 몇 항으로 구성되어 있으며, 핵심 내용과 조항 간의 우선순위에 대한 파악

규정형 문제에 등장하는 여러 개의 조와 항을 먼저 살펴보며, 용어의 정의를 내리고 있는 조항이 있는지, 각 조항이 어떤 내용이나 주제를 다루고 있는지, 그리고 어떤 조항이 특별한 역할을 하는지 등을 살펴봅니다. 이때는 가벼운 마음으로 넓은 시야를 견지하며 훑어본다는 느낌으로 보아도 충분합니다.

거시적으로 흐름을 살펴본 후 본격적으로 각 조항을 집중적으로 읽어야 합니다. 이때 예외규정이 있다면(대부분의 경우 눈에 잘 보이게 문제를 구성합니다.) 반드시 선지제작에 활용되었을 것이라는 확신을 가지고 체크하면 좋겠습니다. 예외규정은 '단', '다만', '그러나/하지만', '~에도 불구하고' 등의 문구를 통해 표현됩니다(또한 '이때' 등 예외를 함축하는 단어를 통해 서술되기도 합니다). 그리고 이 부분을 색깔펜으로 표시하는 습관을 길러두는 것도 효과적일 수 있습니다.

STEP **3** 선지에 해당 규정을 찾아 적용할 때 가능한 한 모든 규정 확인

어떠한 대상에 적용될 수 있는 조항이 두 개 이상일 수 있음을 염두에 두어야 합니다. 자칫 하나에만 집중해서 풀거나 빠르게 결론을 내려서 오답을 고르는 경우가 있기 때문입니다. 습관적으로 '속단하지 말고 원칙적으로는 모든 규정을 다 확인하겠다'는 마음가짐을 굳게 가지는 것이 좋습니다.

STEP **4** 다소 어려운 선지는 피해가기

규정은 어느 정도 이해했지만 이를 적용해 정오를 판별하는데 시간이 많이 걸리는 선지를 마주하였을 때 판단이 보다 쉬운 다른 선지를 분석하겠다는 자세를 가지면, 시간 내에 하나라도 더 풀고 득점할 수 있습니다. 또한, 법률문제 전체는 문항별로 난이도가 차이가 크기에, 가급적 쉬운 규정형 문제에서 시간을 벌겠다는 생각으로 기계적으로 빠르게 푸는 습관을 형성하는 것이 바람직합니다.

규정형 문제를 실전에서 보다 빠르게 풀이하기 위한 기본기를 알아보겠습니다.

1. 단서규정/예외규정

규정에서 '단', '다만', '그러나', '(그럼에도) 불구하고' 등의 부사어 뒤에 나오는 단서로 시작하는 문장, '~을 제외하고는' 다음에 등장하는 문장, 그리고 '~는 적용되지 않는다'로 끝나는 문장을 단서규정 또는 예외규정이라 합니다. 이는 정답으로 직결되는 중요한 포인트이며, 규정형 문제의 포인트는 선지에 존재하는 요소들이 원칙인지 예외인지 파악하는 것에 있습니다(다만 무리하게 '이 선지는 예외에 해당하는 함정일 것이다'라고 예단하여 규정을 지엽적으로 바라보는 것은 지양하는 것이 좋습니다.).

2015학년도 추리논증 6번 문제의 규정을 살펴보겠습니다.

〈규정〉

(가) A법은 상시 사용하는 근로자 수가 5명 이상인 모든 사업장에 적용한다. **다만, 사용자가 그와 동거하는 친족만을 사용하는 사업장에 대하여는 적용하지 아니한다.**

(나) (가)에서의 '상시 사용하는 근로자 수'는, 해당 사업장에서 법 적용 사유 발생일 전 1개월 동안 사용한 근로자의 '연인원'을 같은 기간 중의 '가동일수'로 나누어 산정한다. 여기서 '연인원'이라 함은 특정 업무를 위해 일정한 기간 동안 동원된 총 인원수를 말하는데, 예를 들면 열흘 동안 매일 다섯 사람이 근로하여 완성한 일의 연인원은 50명이다. 그리고 '가동일수'는 실제 사업장이 운영된 일수를 말한다.

(다) 위 (나)에 따라 해당 사업장에서 상시 사용하는 근로자 수를 산정한 결과 법 적용 사업장에 해당하는 경우에도, **가동일수의 일별로 근로자 수를 파악하였을 때 법 적용 기준에 미달한 일수가 가동일수의 2분의 1 이상인 경우, A법이 적용되지 않는다.**

ㄱ. 법 적용 사유 발생일 전 1개월 동안, 가동일수가 20일이며, 처음 10일은 6명, 나중 10일은 4명이 사용자에게 고용되어 근무하였다면 당해 사업장에 A법은 적용된다.

(다)의 적용제외 부분은 선지 ㄱ을 판단할 때 직접적인 판단 근거가 됩니다. (나)에 따라 법 적용 사업장에 해당하는 경우라도 (다)에 의해 A법이 적용되지 않기 때문입니다.

아래 규정은 2011년도 5급 공채 상황판단 7번 문제입니다.

제00조 ① 식품에 대한 허위표시 및 과대광고의 범위는 다음 각 호의 어느 하나에 해당하는 것으로 한다.

 1. 질병의 치료와 예방에 효능이 있다는 내용의 표시·광고

 2. 각종 감사장·상장 또는 체험기 등을 이용하거나 '인증'·'보증' 또는 '추천'을 받았다는 내용을 사용하거나 이와 유사한 내용을 표현하는 광고. **다만 중앙행정기관·특별지방행정기관 및 그 부속기관 또는 지방자치단체에서 '인증'·'보증'을 받았다는 내용의 광고는 제외한다.**

 3. 다른 업소의 제품을 비방하거나 비방하는 것으로 의심되는 광고나, 제품의 제조방법·품질·영양가·원재료·성분 또는 효과와 직접적인 관련이 적은 내용 또는 사용하지 않은 성분을 강조함으로써 다른 업소의 제품을 간접적으로 다르게 인식하게 하는 광고

 ② **제1항에도 불구하고 다음 각 호에 해당하는 경우에는 허위표시나 과대광고로 보지 않는다.**

 1. 일반음식점과 제과점에서 조리·제조·판매하는 식품에 대한 표시·광고

 2. 신체조직과 기능의 일반적인 증진, 인체의 건전한 성장 및 발달과 건강한 활동을 유지하는 데 도움을 준다는 표시·광고

 3. 제품에 함유된 영양성분의 기능 및 작용에 관하여 식품영양학적으로 공인된 사실

제1항 제2호에 제시된 '다만' 이하의 문장과 제2항 '제1항에도 불구하고' 이하의 문장에 주목해야 합니다. '다만'은 대체로 익숙하기 마련이겠지만, '~에도 불구하고'로 시작하는 문장도 예외조항으로 기능한다는 것을 알아두셔야 합니다.

추가로, 2011년도 5급 공채 상황판단 9번 문제와 2015년도 민간경력자 상황판단 16번 문제에서도 '~에도 불구하고'로 시작하는 예외조항의 예를 확인할 수 있습니다. 그리고 이 부분들이 문제에서 핵심적인 역할을 한다는 것을 확인할 수 있습니다.

③ **제2항의 규정에도 불구하고** 전문계고등학교운영위원회 위원의 구성비율은 다음 각 호의 구분에 의한 범위 내에서 위원회규정으로 정한다. 이 경우 지역위원 중 2분의 1 이상은 제2항 제3호의 규정에 의한 사업자로 선출하여야 한다.

(2011년도 5급 공채 상황판단 9번)

② **제1항에도 불구하고** 대통령령으로 정하는 구역에서는 제1항의 제2호, 제3호, 제5호부터 제8호까지에 규정된 시설 중 교육감이 학교환경위생정화위원회의 심의를 거쳐 학습과 학교보건위생에 나쁜 영향을 주지 아니한다고 인정하는 시설은 허용될 수 있다.

(2015년도 민간경력자 상황판단 16번)

2. 숫자

그간 출제된 규정형 기출문제 중 숫자(기한, 기간, 시간 등)가 등장했던 부분에서 정답과 직결되었음을 수도 없이 확인할 수 있습니다. '규정에 제시된 숫자들 중 선지 판단에서 필요 없는 숫자는 하나도 없다'라고 확신해도 좋을 정도입니다. 그러므로 숫자가 등장했을 때 집중하여 꼼꼼히 살펴보아야 빠른 시간 안에 명확한 선지를 고를 수 있습니다.

2021학년도 추리논증 4번 문제를 살펴보겠습니다.

〈규정〉

제1조 ① 근로자는 자녀가 만 8세 이하인 동안 양육을 위한 휴직을 신청할 수 있다. 사업주는 근로자가 양육휴직을 신청하는 경우 이를 허용하여야 한다.
　② 양육휴직 기간은 자녀 **1명당 1년**이다.
제2조 ① 근로자는 자녀가 만 8세 이하인 동안 양육을 위하여 근로시간 단축을 신청할 수 있다. 사업주는 근로자가 근로시간 단축을 신청하는 경우 이를 허용하여야 한다.

② 제1항의 경우 단축 후의 근로시간은 주당 15시간 이상이어야 하고 주당 35시간을 초과할 수 없다.

③ 근로시간 단축 기간은 자녀 **1명당 1년**이다. 다만 제1조제1항의 양육휴직을 신청할 수 있는 근로자가 제1조제2항의 휴직 기간 중 사용하지 않은 기간이 있으면 그 기간을 가산한다.

제3조 ① 근로자는 양육휴직 기간을 **1회에 한하여** 나누어 사용할 수 있다.

② 근로자는 근로시간 단축 기간을 나누어 사용할 수 있다. 이 경우 나누어 사용하는 1회의 기간은 **3개월 이상**이어야 한다.

ㄷ. 만 4세 아들을 양육하는 병이 그 아들이 만 1세일 때 6개월간 연속하여 양육휴직을 하였을 뿐 지금까지 근로시간 단축을 한 적이 없다면, 앞으로 그 아들을 위해 근로시간 단축을 최대 6개 기간으로 나누어 사용할 수 있다.

해당 문제에서는 '1명당 1년', '1회 3개월 이상' 등 매우 단순한 숫자가 제시되었음에도 결정적인 역할을 합니다.

이렇듯 법조문에 숫자가 보인다면 거의 확실히 문제에 나온다고 생각하여야 합니다. 사실, 규정에 법조문에 숫자가 나오면 언뜻 해결이 복잡하겠다는 생각에 '버려야 하나'는 생각을 들 수 있지만 어느 정도 숙달이 되면, 오히려 확실하게 정답이 도출되는 경우가 대부분이기에, '반드시 건져가는' 점수의 획득 포인트가 될 수 있기도 합니다. 이때, 제시된 숫자를 단순히 훑으며 읽기보다는, 각 숫자가 어떤 의미를 갖고 있는지 명확하게 파악한 후 넘어가는 것이 좋습니다. 또한, 숫자가 등장하는 규정에 색깔 표시를 해두어 실제 시험장에서 문제풀이 시 긴장 속에서 숫자를 놓치지 않고, 해당 규정을 재차 검토할 수 있도록 하는 것이 효과적일 것입니다.

3. '호'와 '목'의 중요성

조문의 실질적인 내용은 조·항·호·목에 포함되어 있습니다. 제시된 규정의 체계가 조·항·호로 구성된 경우는 '호'에서 정답 선지를 출제하고, 제시된 규정의 체계가 조·항·호·목으로 구성된 경우는 '목'에서 정답 선지를 출제하는 것은 아무리 강조해도 지나치지 않을 정도로 중요한 내용입니다.

다음은 2016년도 민간경력자 상황판단 15번에 등장하는 규정입니다.

제00조 ① 법령 등을 제정·개정 또는 폐지(이하 "입법"이라 한다)하려는 경우에는 해당 입법안을 마련한 행정청은 이를 예고하여야 한다. 다만, 다음 각 호의 어느 하나에 해당하는 경우에는 예고를 하지 아니할 수 있다.

1. 신속한 국민의 권리 보호 또는 예측 곤란한 특별한 사정의 발생 등으로 입법이 긴급을 요하는 경우
2. 상위 법령 등의 단순한 집행을 위한 경우
3. 예고함이 공공의 안전 또는 복리를 현저히 해칠 우려가 있는 경우

① 행정청은 신속한 국민의 권리 보호를 위해 입법이 긴급을 요하는 경우 입법예고를 하지 않을 수 있다.

해당 문제는 옳은 것을 고르는 것이었는데, 선지의 내용이 제시된 각 호 중 제1호의 내용임을 빠르게 체크하여 옳음을 확인한 후 정답으로 골랐다면 시간을 절약할 수 있었을 것입니다.

또한 2012년도 5급 공채 상황판단 9번을 보겠습니다.

제00조 특허권 관련 수수료는 다음 각 호와 같다.
1. 특허권의 실시권 설정 또는 그 보존등록료
   가. 전용실시권 : 매건 7만 2천 원
   나. 통상실시권 : 매건 4만 3천 원

④ T소유의 특허권 1건의 통상실시권에 대한 보존등록료

해당 문제는 '수수료 총액이 가장 많은 것'을 고르는 문제였기에 모든 선지를 봐야만 했습니다. 그 중 선지 ④번의 특허권 1건의 통상실시권에 대한 보존등록료를 구하기 위해 제00조 제1호 나목을 검토해야 했음을 확인할 수 있습니다.

위에서 소개한 문제들을 포함하여 그간 출제된 규정형 기출문제서 '호'와 '목'이 등장하는 경우, 문제풀이의 포인트는 바로 그 '호'와 '목'에 있을 수밖에 없다는 생각을 하면서 해당 부분을 파악한다면 실전적 효과를 거둘 것입니다.

4. 각주

법률문제에 등장하는 각주는 용어정의의 역할을 합니다. 특히 PSAT 상황판단에서 출제된 그간의 문제들을 검토해보면 각주는 정답 내지 문제해결에 매우 중요한 단서로 사용되었음을 알 수 있습니다. 문제풀이에 필요하지 않은 내용을 각주로 제시하는 경우는 사실상 거의 없다고 보아도 될 정도입니다. 최근에는 LEET 추리논증에서도 각주가 등장하고 있습니다. 대표적인 예로 2022학년도 추리논증 10번 문제를 살펴보겠습니다.

〈1안〉

① 성적 의도로 다른 사람의 신체를 그 의사에 반하여 촬영한 자는 4년 이하의 징역에 처한다.

② 제1항에 따른 촬영물 또는 그 복제물을 **유포**한 자는 6년 이하의 징역에 처한다.

③ 영리를 목적으로 제1항의 촬영물 또는 그 복제물을 정보통신망을 이용하여 유포한 자는 10년 이하의 징역에 처한다.

… 후략 …

※ 유포 : 1인 이상의 타인에게 반포·판매·임대·제공하거나 타인이 볼 수 있는 방법으로 전시·상영하는 행위를 포함하여 촬영물이나 그 복제물을 퍼뜨리는 행위

⑤ 타인의 의사에 반하여 그의 신체를 성적 의도로 촬영한 사진을 한적한 도로변 가판대에서 유상 판매하는 행위에 대해 가장 중한 처벌을 규정한 입법안은 〈1안〉이다.

해당 문제에서는 〈1안〉에 제시되어 있는 '유포'의 의미를 명확히 하기 위하여 각주를 제시하였습니다. 선지 ⑤번과 관련하여, '사진을 한적한 도로변 가판대에서 유상 판매하는 행위'가 유포에 해당하는지를 알아야 올바른 판단을 내릴 수 있었습니다. 일상적인 의미의 '유포'와는 다소 거리가 있는 사례일 수 있지만, 문제에 제시된 각주의 정의에 따라 위 행위는 '유포'에 해당하는 것입니다. 자칫 각주를 대충 읽고 넘어갔다면, 올바른 판단을 할 수 없었을 것입니다. 이와 같이 각주는 보통 특별한 용어 혹은 일상적인 쓰임과는 다른 의미를 같은 용어가 제시되는 경우 재차 강조하기 위해 등장합니다. 그러므로 규정 밑에 각주가 제시되었다면 반드시 확인하는 습관을 길러야 할 것입니다.

다른 예로 2015년도 5급 공채 상황판단 28번 문제를 살펴보겠습니다.

제00조(의사정족수) ① 지방의회는 재적의원 3분의 1 이상의 출석으로 개의(開議)한다.
  ② 회의 중 제1항의 정족수에 미치지 못할 때에는 의장은 회의를 중지하거나 산회(散會)를 선포한다.
제00조(의결정족수) ① 의결사항은 재적의원 과반수의 출석과 출석의원 과반수의 찬성으로 의결한다.
  ② 의장은 의결에서 표결권을 가지며, 찬성과 반대가 같으면 부결된 것으로 본다.
  ③ 의장은 제1항에 따라 의결하지 못한 때에는 다시 그 일정을 정한다.

※ 지방의회의원 중 사망한 자, 제명된 자, 확정판결로 의원직을 상실한 자는 재적의원에 포함되지 않는다.

─〈상 황〉─

• A지방자치단체의 지방의회 최초 재적의원은 111명이다. 그 중 2명은 사망하였고, 3명은 선거법 위반으로 구속되어 재판이 진행 중이며, 2명은 의회에서 제명되어 현재 총 104명이 의정활동을 하고 있다.
• A지방자치단체 ○○조례 제정안이 상정되었다.
• A지방자치단체의 지방의회는 의장을 포함한 53명이 출석하여 개의하였다.

조문에 제시되어 있는 '재적의원'이 현재 몇 명인지를 파악하기 위해 각주에 주의해야 하는 문제였습니다. 현재 재적의원 수가 〈상황〉에 제시되어 있는 104명이라고 잘못 판단할 수 있기 때문입니다.

5. AND(연언) / OR(선언) 구별

규정형에서 특히 중요한 것이 AND(연언)와 OR(선언)의 구별입니다. 요건이 AND(와, 과, 및, 그리고)로 연결된 경우 해당 요건들을 모두 갖추어야 요건이 발생할 수 있지만, OR(또는, 혹은, ~하거나)로 연결된 경우 제시된 요건들 중 하나만 충족시키더라도 요건이 발생할 수 있습니다. 매우 자주 출제됨에도 실전에서 제한된 시간 내에 풀이할 때 정확하게 구분하는 것이 쉽지 않은 부분이어서 주의가 필요합니다.

이와 관련하여 2011학년도 추리논증 3번 문제를 보겠습니다.

〈규정〉

제2조 어떤 국가도 자국의 국내 생산을 보호하기 위하여 자국에서 생산되는 국산품과 직접 경쟁**하거나** 대체가 가능한 수입 상품에 대하여 국산품에 부과되는 내국세와 유사한 정도를 넘는 내국세를 부과해서는 안 된다.

제2조의 경우 'OR'로 이루어진 요건을 보여줍니다. 즉 '자국에서 생산되는 국산품과 직접 경쟁' OR '대체가 가능한' 두 경우 모두를 금지하고 있습니다. 그렇기에 선지를 판단할 때, 두 경우 중 어느 한 경우에라도 해당되는지 꼼꼼히 확인해야 합니다.

다른 예로 2015년도 5급 공채 상황판단 5번을 보겠습니다.

② 출입국관리공무원은 다음 각 호의 해당 여부를 심사하여 관광상륙을 허가한다.
   1. 본인의 유효한 여권을 소지하고 있는지 여부
   2. 대한민국에 관광 목적으로 하선(下船)하여 자신이 하선한 기항지에서 자신이 하선한 선박으로 돌아와 출국할 예정인지 여부
   3. 외국인승객이 **다음 각 목의 어느 하나에 해당하는지** 여부
      가. 사증면제협정 등에 따라 대한민국에 사증 없이 입국할 수 있는 사람
      나. 제주특별자치도에 체류하려는 사람

③ 대한민국 사증이 없으면 입국할 수 없는 사람은 관광상륙허가를 받더라도 제주특별자치도에 체류할 수 없다.

제2항에 제시된 '다음 각 호'라는 표현은 'AND'를 의미합니다. 그러나 이하에 등장하는 제3호에서의 '다음 각 목의 어느 하나에 해당하는지'는 'OR'을 의미하며, '가목'과 '나목' 중 하나만 충족하더라도 요건이 충족됩니다.

이를 선지 ③번과 연결하여 설명하면, 대한민국 사증이 없더라도 제주특별자치도에 체류하려고 하는 시점에서 제3호를 충족하게 되며, 옳지 않은 선지임을 알 수 있습니다. 이를 빠르게 구분하기 위해서는 조문에 등장하는 'AND'와 'OR'의 의미를 가진 문구를 정확하게 포착해야 함을 확인할 수 있었습니다.

6. 괄호

조문 중 괄호가 제시되는 경우가 있습니다. 대체적으로 괄호 속의 정보를 무심코 넘겨버릴 수 있는데 실전에서는 치명적일 수도 있다는 것을 명심해야 합니다. 그러나 괄호는 대체적으로 규정된 내용에 대한 예외, 특정 상황을 제시하는데 활용되며, 출제의 중요한 도구가 됩니다. 그러므로 실제 시험장에서 규정에 괄호가 보인다면 먼저 확인하고 풀이에 활용하는 것이 좋습니다.

대표적인 예로 2021학년도 추리논증 5번 문제를 살펴보겠습니다.

〈규정〉

제2조 ① 유실물 공고 후 3개월이 경과하도록 소유자가 권리를 주장하지 않으면 습득자는 유실물의 소유권을 취득한다.
② 소유자는 자신의 권리를 포기할 수 있다. 이 경우 제1항에도 불구하고 습득자가 유실물을 습득한 때에 그 소유권을 취득한 것으로 본다.
제3조 습득자 및 보관자는 소유자(제2조에 의해 소유권을 상실한 자는 포함하고 이를 취득한 자는 제외한다)에게 유실물의 제출·교부 및 가치보존에 소요된 비용을 청구할 수 있다. 다만 제2조가 적용되는 경우의 습득자는 이를 청구할 수 없다.

〈사례〉

2020. 1. 13. 갑은 자기 소유의 염소 A를 팔러 시장에 가던 중에 A가 달아나자 뒤쫓다가 놓쳤다. 2020. 1. 14. 을은 길에서 다리에 상처를 입은 A를 발견하고 집으로 데려가 먹이를 주고 상처를 치료해 주었다. 2020. 1. 23. 을은 경찰서에 A의 습득사실을 알리고 A를 제출하였다. 경찰서장은 2020. 1. 24. 지역신문에 A의 발견 및 보관 사실을 공고하였다.

제3조의 괄호 안에 들어 있는 정보는 '습득자 및 보관자'의 범주에 누가 포함되고 누가 포함되지 않는지에 대한 핵심적인 역할을 하며, 제2조와의 연결고리로 작용합니다. 이를 〈사례〉에 적용하여

습득자 및 보관자'가 을임을 알 수 있습니다.

다른 예로, 2020학년도 추리논증 8번 문제를 살펴보겠습니다.

〈규정〉

제3조 국가심의회는 성년에 이른 자녀(자녀가 사망한 경우에는 성년에 이른 그의 직계 후손)의 청구
가 있으면 제1조 ②의 신상정보서의 사항을 열람하게 한다.

위에 제시된 괄호의 내용인 성년에 이른 자녀(자녀가 사망한 경우에는 성년에 이른 그의 직계 후
손) 부분이 아래의 보기 ㄷ에 활용되었음을 알 수 있는데, 이런 부분에 주의하면서 문제를 풀어야
한다는 것을 늘 명심해야 합니다.

ㄱ. 丙이 사망한 후 그의 딸 丁(23세)이, 丙이 출생할 당시 甲이 丙에게 지어 준 이름, 丙의 출생 일시, 출생 장소
에 관한 정보의 열람을 청구한 경우, 국가심의회는 甲의 명시적인 반대의 의사에도 불구하고 해당 정보를 열
람하게 할 수 있다.

[대표예제 1]

B국의 다음 〈규정〉을 근거로 판단할 때 병이 상표Ⓣ 상품을 수입하는 것이 상표권 침해가 되지 <u>않는</u> 경우만을 〈보기〉에서 있는 대로 고른 것은? [10추리-8]

〈규정〉

　국내의 상표권자와 외국의 상표권자가 동일인이거나 계열회사 관계 등 동일인으로 볼 수 있는 경우에는 외국에서 적법하게 상표가 부착되어 유통되는 진정상품을 제3자가 국내의 상표권자의 허락 없이 수입하더라도 상표권 침해가 되지 않는다.

───────── 〈보 기〉 ─────────

ㄱ. 갑은 A국과 B국에서 상표Ⓣ에 대한 상표권을 가지고 있다. 병은 A국에서 상표Ⓣ 진정상품을 구매하여 B국으로 수입, 판매하고 있다.

ㄴ. 상표Ⓣ에 대한 상표권을 A국에서는 갑이, B국에서는 을이 가지고 있다. 갑과 을은 계열회사 등의 특별한 관계에 있지 않다. 병은 A국에서 상표Ⓣ 진정상품을 구매하여 B국으로 수입, 판매하고 있다.

ㄷ. 상표Ⓣ에 대한 상표권을 A국에서는 갑이, B국에서는 을이 가지고 있다. 갑과 을은 계열회사이다. 을은 B국에서 상표Ⓣ 상품을 제조하여 A국으로 수출하였다. 병은 A국에서 상표Ⓣ 진정상품을 구매하여 B국으로 수입, 판매하고 있다.

① ㄱ　　　　　　　　② ㄴ　　　　　　　　③ ㄱ, ㄷ
④ ㄴ, ㄷ　　　　　　⑤ ㄱ, ㄴ, ㄷ

───────────────

〈규정〉의 내용이 'P인 경우에는 R하더라도 Q가 되지 않는다'의 형태 즉, 조건문의 형태입니다.

(국내의 상표권자와 외국의 상표권자가 동일인) 또는 (계열회사 관계 등 동일인으로 볼 수 있는 경우) → 외국에서 적법하게 상표가 부착되어 유통되는 진정상품을 제3자가 국내의 상표권자의 허락 없이 수입 → 상표권 침해×

이와 같은 문장 구조에서는 R의 내용이 Q라는 결론에 어떠한 영향을 미치지 않습니다. 다시 말해, "국내의 상표권자와 외국의 상표권자가 동일인이거나 계열회사 관계 등 동일인으로 볼 수 있다면, 상표권 침해가 되지 않는다."와 같이 독해해야 하며, 선지에서 동일인이거나 계열회사인 경우와 그렇지 않은 경우를 구분해야 합니다.

각 선지를 살펴보겠습니다.

ㄱ. (○) 갑은 국내 B국 및 외국 A국의 상표권자입니다(국내 및 외국의 상표권자가 동일인). 제3자인 병은 외국 A국에서 상표ⓣ 진정상품을 국내 B국으로 수입 판매하는데, 이 경우 갑의 허락 없이 수입 판매가 이루어졌더라도 상표권 침해가 되지 않습니다.

ㄴ. (×) 국내 B국 및 외국 A국의 상표권자는 각각 을과 갑이며 이 둘은 특별한 관계에 처해 있지도 않으므로 동일인으로 간주될 수 없습니다. 따라서 〈규정〉에서 정하고 있는 상표권 침해 예외사례의 조건에 부합하지 않습니다.

ㄷ. (○) 국내 B국 및 외국 A국의 상표권자는 각각 을과 갑으로 동일인물이 아니지만, 이 둘은 계열사로 사실상 동일인으로 볼 수 있습니다. 따라서 이 경우 〈규정〉의 조건을 충족합니다. 이때 제3자인 병이 수입, 판매를 진행할 경우 상표권자의 허락과 무관하게 상표권 침해가 되지 않습니다.

[대표예제 **2**]

다음 글을 근거로 판단할 때 옳은 것은? [15행상−8]

제00조(군위탁생의 임명) ① 군위탁생은 육군, 해군 및 공군(이하 '각군'이라 한다)에서 시행하는 전형과 해당 교육기관에서 시행하는 소정의 시험에 합격한 자 중에서 각군 참모총장의 추천에 의하여 국방부장관이 임명한다. 다만 부사관의 경우에는 각군 참모총장이 임명한다.

② 군위탁생은 임명권자의 허가 없이 교육기관을 옮기거나 전과(轉科)할 수 없다.

제00조(경비의 지급) ① 군위탁생에 대하여는 수학기간 중 입학금·등록금 기타 필요한 경비를 지급한다.

② 국외위탁생에 대하여는 왕복항공료 및 체재비를 지급하며, 6개월 이상 수학하는 국외위탁생에 대하여는 배우자 및 자녀의 왕복항공료, 의료보험료 또는 의료보조비, 생활준비금 및 귀국 이전비를 가산하여 지급할 수 있다. 이 경우 체재비의 지급액은 월 단위로 계산한다.

제00조(성적이 우수한 자의 진학 등) ① 국방부장관은 군위탁생으로서 소정의 과정을 우수한 성적으로 마친 자 중 지원자에 대하여는 소속군 참모총장의 추천에 의하여 해당 전공분야 또는 관련 학문분야의 상급과정에 진학하여 계속 수학하게 할 수 있다.

② 국방부장관은 군위탁생으로서 박사과정을 우수한 성적으로 마친 자 중 지원자에 대하여는 소속군 참모총장의 추천에 의하여 해당 전공분야 또는 관련분야의 실무연수를 하게 할 수 있다.

① 해군 장교가 군위탁생으로 추천받기 위해서는 해군에서 시행하는 전형과 해당 교육기관에서 시행하는 시험에 합격하여야 한다.

② 육군 부사관인 군위탁생이 다른 학교로 전학을 하기 위해서는 국방부장관의 허가를 받아야 한다.

③ 석사과정을 우수한 성적으로 마친 군위탁생은 소속군 참모총장의 추천이 없어도 관련 학문분야 박사과정에 진학하여 계속 수학할 수 있다.

④ 군위탁생의 경우 국내위탁과 국외위탁의 구별 없이 동일한 경비가 지급된다.

⑤ 3개월의 국외위탁교육을 받는 군위탁생은 체재비를 지급받을 수 없다.

규정을 훑어보면서 단서규정(예외규정)이 보인다면 잘 체크해야 합니다. 즉, 본문과 단서로 이루어진 조항인 제00조(군위탁생의 임명) 제1항에 집중해야 합니다.

제00조(군위탁생의 임명) ① **군위탁생**은 육군, 해군 및 공군(이하 '각군'이라 한다)에서 시행하는 전형과 해당 교육기관에서 시행하는 소정의 시험에 합격한 자 중에서 각군 참모총장의 추천에 의하여 **국방부장관이 임명**한다. **다만 부사관의 경우에는 각군 참모총장이 임명**한다.

해당 조문을 분석하면 제1항이 요건과 요건이 '~과', '~중에서' 등은 'AND'의 의미를 가지고 있고, 이에 주의하여 각 요건을 살펴야 함을 알 수 있습니다.

제1항	본문	주체	국방부장관
		요건	① 육·해·공군에서 시행하는 전형 합격 ② 해당 교육기관에서 시행하는 소정의 시험에 합격 ③ 각군 참모총장의 추천
		효과	요건을 갖춘 자를 군위탁생으로 임명
	단서	주체	각군 참모총장
		요건	① 제1항 본문의 요건을 충족 ② 부사관일 것
		효과	요건을 갖춘 자를 군위탁생으로 임명
제2항		주체	군위탁생
		요건	임명권자의 허가 없이
		효과	교육기관을 옮기거나 전과할 수 없음

중요한 것은 단서규정입니다. 즉 부사관일 경우 '국방부장관'이 아니라 '각군 참모총장'이 임명권자가 되기 때문입니다. 이를 염두에 두면서 선지를 살펴보겠습니다.

제00조(군위탁생의 임명) 제1항과 관련된 선지는 ①번과 ②번입니다.

제1항 본문에 따르면 '육군, 해군, 공군에서 시행하는 전형'과 '해당 교육기관에서 시행하는 시험에 합격'이라는 요건과 '각군 참모총장의 추천'이라는 요건을 모두 구비할 경우 군위탁생으로 임명될 수 있습니다. 선지 ①번에 따르면 해군 장교가 군위탁생으로 추천받기 위해서는 해군에서 시행하는 전형과 해당 교육기관에서 시행하는 시험에 합격하여야 한다고 되어 있으며, 이러한 부분은 제1항 본문의 요건과 일치하므로 정답선지가 됩니다. 제1항 본문과 단서를 살펴보면서 부사관일 경우 군위탁생의 '임명권자'가 '각군 참모총장'임을 살펴보았습니다. 따라서 제2항의 내용 중 '임명권자'에 해당되는 주체라고 할 수 있는 각군 참모총장의 허가가 필요합니다. 그런데 선지 ②번에는 국방부 장관의 허가를 받아야 한다고 되어 있습니다. 즉 주체를 왜곡한 선지이며, 옳지 않습니다.

선지 ③번은 '성적이 우수한 자의 진학'과 관련된 선지임을 파악할 수 있습니다.
해당 선지와 관련된 조문은 제00조(성적이 우수한 자의 진학 등)입니다.

제00조(성적이 우수한 자의 진학 등) ① 국방부장관은 군위탁생으로서 소정의 과정을 우수한 성적으로 마친 자 중 지원자에 대하여는 **소속군 참모총장의 추천에 의하여** 해당 전공분야 또는 관련 학문분야의 상급과정에 진학하여 계속 수학하게 할 수 있다.

성적이 우수한 자가 진학하기 위해서는 소속군 참모총장의 허가가 있어야 하지만 ③번은 소속군 참모총장의 추천이 없어도 된다는 내용으로 되어 있기 때문에 옳지 않습니다.

선지 ④번과 ⑤번은 제00조(경비의 지급)를 근거로 해결할 수 있습니다.

제00조(경비의 지급) ① 군위탁생에 대하여는 수학기간 중 입학금·등록금 기타 필요한 경비를 지급한다.
② 국외위탁생에 대하여는 왕복항공료 및 체재비를 지급하며, 6개월 이상 수학하는 국외위탁생에 대하여는 배우자 및 자녀의 왕복항공료, 의료보험료 또는 의료보조비, 생활준비금 및 귀국 이전비를 가산하여 지급할 수 있다. 이 경우 체재비의 지급액은 월 단위로 계산한다.

조문에 따르면 일반적인 군위탁생과 국외위탁생, 6개월 이상 수학하는 국외위탁생으로 주체가 구분된다는 점을 구분할 수 있습니다. 주의할 부분은 '군위탁생'과 '6개월 이상 수학하는 국외위탁생', '국외위탁생'이 완전히 분리되는 것이 아니라 포함관계라는 점입니다.

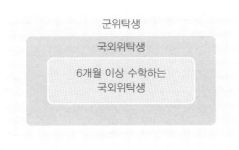

따라서 군위탁생에게 지원되는 경비는 국외위탁생과 6개월 이상 수학하는 국외위탁생에게도 지원되며, 국외위탁생에게 지원되는 것 또한 6개월 이상 수학하는 국외위탁생에게도 마찬가지로 지원됩니다.

④번 선지에서는 국내위탁과 국외위탁이 동일한 경비를 지급받는다고 되어 있으나, 제2조 제1항과 제2항을 살펴보면 일반적인 군위탁생에게는 수학기간 중 입학금, 등록금 등이 지원되는 반면 국외위탁생에게는 추가로 왕복항공료 및 체재비까지 지원된다는 점을 파악할 수 있습니다. 따라서 옳지 않습니다.

⑤번 선지의 경우 3개월의 국외위탁교육을 받는 군위탁생은 체재비를 지급받을 수 없다고 되어 있습니다. 그런데 3개월의 국외위탁교육을 받는 군위탁생도 엄연히 국외위탁생에는 포함되는 상황이므로 국외위탁생에 대한 지원인 왕복항공료와 체재비는 지원을 받게 됩니다. 따라서 옳지 않습니다.

001

조직폭력단의 일원으로 알려진 갑이 소년 K를 차에 태우고 간 것이 목격되었고 이후 K가 실종되었다. K를 납치한 혐의를 받고 있는 갑은 친구 을을 변호사로 선임하였다. 〈규정〉에 근거한 판단으로 옳은 것만을 〈보기〉에서 있는 대로 고른 것은? [11추리-7]

〈규정〉

제3조【변호사 비밀유지의무】
　변호사 또는 변호사이었던 자(이하 '변호사')는 의뢰인이 법적 자문을 구하기 위해 변호사에게 알려준 비밀을 누설하여서는 아니 된다. 다만, 타인의 생명이나 신체에 대한 중대하고 임박한 위해를 방지하기 위한 경우에는 그러하지 아니하다.

제4조【비밀유지의무의 대상】
　비밀유지 대상은 변호사와 의뢰인 간 직무상 나눈 비밀 대화 및 문서를 포함한다.

제5조【비밀유지의 기간】
　비밀유지의무는 의뢰인이 포기하지 않는 한 '변호사-의뢰인 관계'가 종료된 후에도 지속된다.

─────〈보 기〉─────

ㄱ. 갑이 납치사실을 인정하고 비밀을 지켜 달라고 부탁하면서 K의 소재를 알려주었다면, 을은 이 사실을 경찰에 알려주어서는 안 된다.

ㄴ. 갑의 소송 진행 중, 갑의 사무실을 청소하던 직원이 갑 몰래 을에게만 갑이 살해한 K의 소재를 알려주었다면, 을은 이 사실을 경찰에 알려줄 수 있다.

ㄷ. 갑의 소송 진행 중, 갑과 을이 친구들과 함께 한 술자리에서 자신이 K를 납치했다고 갑이 공개적으로 실토하여 을이 K의 소재를 알게 되었다면, 을은 이 사실을 경찰에 알려주어서는 안 된다.

ㄹ. 갑으로부터 K를 잔혹하게 살해하였다는 것을 듣게 된 을이 변호사의 양심상 더 이상 갑의 변호사가 될 수 없어 사임하였더라도, 을은 K의 소재를 경찰에 알려주어서는 안 된다.

① ㄱ, ㄴ　　　　　　② ㄴ, ㄹ　　　　　　③ ㄷ, ㄹ
④ ㄱ, ㄴ, ㄷ　　　　⑤ ㄱ, ㄷ, ㄹ

002

〈C국 법원의 판단〉의 근거로 가장 적절한 것은? [13추리-5]

〈사안〉

　A국의 국민 X는 배우자 Y와 B국에 주소를 두고 생활하던 중 사망하였다. X의 상속재산으로는 C국 소재 부동산이 있었다. Z는 자신도 X의 상속인임을 주장하면서 C국 법원에 Y를 상대로 상속인 지위의 확인을 구하는 취지의 소를 제기하였다.

　A, B, C국 모두에서 고려되어야 할 법률은 〈당해 재판에 적용할 법률〉과 상속법이며, 〈당해 재판에 적용할 법률〉은 상속법에 우선하여 적용된다.

각국의 〈당해 재판에 적용할 법률〉 규정

A국 : 상속에 관하여는 사망자의 최후 주소지의 법률에 따른다.
B국 : 상속에 관하여는 상속재산 소재지의 법률에 따른다.
C국 : 상속에 관하여는 사망자의 본국의 법률에 따른다.

〈C국 법원의 판단〉

　이 사건 재판에 A국의 상속법이 적용되어야 한다.

① C국의 〈당해 재판에 적용할 법률〉이 다른 나라의 〈당해 재판에 적용할 법률〉에 따르도록 하는 경우 그 다른 나라는 자국의 법률을 따라야 한다.

② C국은 자국의 〈당해 재판에 적용할 법률〉은 물론 A국, B국의 〈당해 재판에 적용할 법률〉에 따라 적용할 법률을 결정해야 한다.

③ C국의 〈당해 재판에 적용할 법률〉에서 언급되고 있는 법률에는 다른 나라의 〈당해 재판에 적용할 법률〉 자체는 포함되지 않는다고 해석해야 한다.

④ C국의 〈당해 재판에 적용할 법률〉이 다른 나라의 〈당해 재판에 적용할 법률〉에 따르도록 하는 경우 재판을 하는 C국 법원은 그 다른 나라의 〈당해 재판에 적용할 법률〉을 따라야 한다.

⑤ C국의 〈당해 재판에 적용할 법률〉에 따른 결과가 다시 C국의 법률을 적용하도록 명하는 경우 C국의 〈당해 재판에 적용할 법률〉은 적용하지 않는 것이 타당하다.

003

〈규정〉을 적용한 것으로 옳지 않은 것은? [14추리-2]

〈규정〉

혼인무효의 소는 다음 각 호에 해당하는 가정법원에 제기하여야 한다.

1. 부부가 같은 가정법원의 관할구역 내에 주소지가 있을 때에는 그 가정법원
2. 부부가 최후의 공통의 주소지를 가졌던 가정법원의 관할구역 내에 부부 중 일방의 주소지가 있을 때에는 그 가정법원
3. 위 1 및 2에 해당하지 아니하는 경우로서 부부의 일방이 타방을 상대로 하는 때에는 상대방의 주소지, 제3자가 부부의 쌍방을 상대로 하는 때에는 부부 중 일방의 주소지의 가정법원
4. 부부의 일방이 사망한 경우에는 생존한 타방의 주소지의 가정법원
5. 부부 쌍방이 사망한 경우에는 부부 중 일방의 최후 주소지의 가정법원

① A-B 부부가 서울에 주소지를 두고 있던 중 A가 B를 상대로 혼인무효의 소를 제기하고자 할 때에는 서울가정법원에 제기하여야 한다.
② 서울에 주소지를 두고 있던 A-B 부부 중 A가 홀로 부산으로 이사하여 자신의 주소지를 변경한 후 A가 B를 상대로 혼인무효의 소를 제기하고자 할 때에는 서울가정법원에 제기하여야 한다.
③ 서울에 주소지를 두고 있던 A-B 부부 중 A가 홀로 부산으로 이사하여 자신의 주소지를 변경하였고, 그 후 B가 A를 상대로 혼인무효의 소를 제기하고자 할 때에는 부산가정법원에 제기하여야 한다.
④ 서울에 주소지를 두고 있던 A-B 부부 중 A는 부산으로, B는 광주로 이사하여 각각 자신의 주소지를 변경하였고, 그 후 A의 모친(대구에 주소지를 두고 있음)이 A와 B를 상대로 혼인무효의 소를 제기하고자 할 때에는 부산가정법원에 제기할 수 있다.
⑤ 서울에 주소지를 두고 있던 A-B 부부 중 A가 홀로 부산으로 이사하여 자신의 주소지를 변경한 후 A가 사망한 상태에서 B가 혼인무효의 소를 제기하고자 할 때에는 서울가정법원에 제기하여야 한다.

004

다음 설명이 적용될 수 있는 예를 〈보기〉에서 고른 것은? [14추리-6]

X국의 형법 B조의 구성요건은 형법 A조의 구성요건의 모든 요소를 포함하고 그 이외의 다른 요소를 구비한다. B조에 해당하는 모든 경우는 A조에도 해당되지만, 이 경우 법원은 A조를 적용하지 않고 B조를 적용한다. A조는 "사람의 신체에 대하여 폭행을 가한 자는 2년 이하의 징역 또는 500만원 이하의 벌금에 처한다."라고 규정하고 있다. B조는 "단체 또는 다중의 위력을 보이거나 위험한 물건을 휴대하여 사람의 신체에 대하여 폭행을 가한 자는 5년 이하의 징역에 처한다."라고 규정하고 있다. 일방이 상대방의 신체에 대하여 폭행을 가한 경우에는 A조가 적용되지만, 일방이 위험한 물건을 휴대하여 상대방의 신체에 대하여 폭행을 가한 경우에는 B조가 적용될 것이다.

―――――〈보 기〉―――――

ㄱ. ┌ ○ 타인의 재물을 절취한 자는 6년 이하의 징역 또는 1,000만원 이하의 벌금에 처한다.
　　└ ○ 야간에 사람의 주거, 간수하는 저택, 건조물이나 선박 또는 점유하는 방실에 침입하여 타인의 재물을 절취한 자는 10년 이하의 징역에 처한다.

ㄴ. ┌ ○ 미성년자를 약취 또는 유인한 자는 10년 이하의 징역에 처한다.
　　└ ○ 추행, 간음 또는 영리의 목적으로 사람을 약취 또는 유인한 자는 1년 이상 30년 이하의 징역에 처한다.

ㄷ. ┌ ○ 부녀의 촉탁 또는 승낙을 받아 낙태하게 한 자는 1년 이하의 징역 또는 200만원 이하의 벌금에 처한다.
　　└ ○ 의사, 한의사, 조산사, 약제사 또는 약종상이 부녀의 촉탁 또는 승낙을 받아 낙태하게 한 때에는 2년 이하의 징역에 처한다.

ㄹ. ┌ ○ 사람의 궁박한 상태를 이용하여 현저하게 부당한 이익을 취득한 자는 3년 이하의 징역 또는 1,000만원 이하의 벌금에 처한다.
　　└ ○ 사람을 공갈하여 재물의 교부를 받거나 재산상의 이익을 취득한 자는 10년 이하의 징역 또는 2,000만원 이하의 벌금에 처한다.

① ㄱ, ㄴ 　　② ㄱ, ㄷ 　　③ ㄴ, ㄷ
④ ㄴ, ㄹ 　　⑤ ㄷ, ㄹ

005

〈규정〉으로부터 추론한 것으로 옳은 것만을 〈보기〉에서 있는 대로 고른 것은? [15추리-6]

〈규정〉

(가) A법은 상시 사용하는 근로자 수가 5명 이상인 모든 사업장에 적용한다. 다만, 사용자가 그와 동거하는 친족만을 사용하는 사업장에 대하여는 적용하지 아니한다.

(나) (가)에서의 '상시 사용하는 근로자 수'는, 해당 사업장에서 법 적용 사유 발생일 전 1개월 동안 사용한 근로자의 '연인원'을 같은 기간 중의 '가동일수'로 나누어 산정한다. 여기서 '연인원'이라 함은 특정 업무를 위해 일정한 기간 동안 동원된 총 인원수를 말하는데, 예를 들면 열흘 동안 매일 다섯 사람이 근로하여 완성한 일의 연인원은 50명이다. 그리고 '가동일수'는 실제 사업장이 운영된 일수를 말한다.

(다) 위 (나)에 따라 해당 사업장에서 상시 사용하는 근로자 수를 산정한 결과 법 적용 사업장에 해당하는 경우에도, 가동일수의 일별로 근로자 수를 파악하였을 때 법 적용 기준에 미달한 일수가 가동일수의 2분의 1 이상인 경우, A법이 적용되지 않는다.

(라) 연인원의 산정 시, 사용자에게 고용되어 있지 않은 파견근로자는 제외되지만 해당 사업장의 사용자에 고용된 단시간 근로자(하루 중 일부 시간만 근무하는 근로자)는 포함된다.

─── 〈보 기〉 ───

ㄱ. 법 적용 사유 발생일 전 1개월 동안, 가동일수가 20일이며, 처음 10일은 6명, 나중 10일은 4명이 사용자에게 고용되어 근무하였다면 당해 사업장에 A법은 적용된다.

ㄴ. 법 적용 사유 발생일 전 1개월 동안, 사용자에게 고용된 4명의 근로자가 오전 중 3시간을 매일 근무하고, 사용자에게 고용된 또 다른 4명의 근로자가 오후 중 3시간을 매일 근무한 사업장에 A법은 적용된다.

ㄷ. 법 적용 사유 발생일 전 1개월 동안, 동거하는 친족 3명과 단시간 근로자 2명이 당해 사업장에서 사용자에게 고용되어 고정적으로 매일 근무하였고 이에 더하여 사용자에게 고용되어 있지 않은 파견근로자 2명이 함께 매일 근무하였다면 당해 사업장에 A법은 적용되지 않는다.

① ㄱ
② ㄴ
③ ㄱ, ㄷ
④ ㄴ, ㄷ
⑤ ㄱ, ㄴ, ㄷ

006

〈규정〉에 따라 〈사례〉를 판단한 것으로 옳은 것만을 〈보기〉에서 있는 대로 고른 것은? (단, 기간을 계산할 때 초일(初日)은 산입하지 않고, 공휴일 여부는 무시한다.) [18추리-2]

〈규정〉

제1조(합당) ① 정당이 새로운 당명으로 합당(이하 '신설합당'이라 한다)할 때에는 합당을 하는 정당들의 대의기관의 합동회의의 결의로써 합당할 수 있다.

② 정당의 합당은 제2조 제1항의 규정에 의하여 선거관리위원회에 등록함으로써 성립한다.

③ 본조 제1항 및 제2항의 규정에 의하여 정당의 합당이 성립한 경우에는 그 소속 시·도당도 합당한 것으로 본다. 다만, 신설합당의 경우 합당등록신청일로부터 3개월 이내에 시·도당 개편대회를 거쳐 변경등록신청을 해야 한다.

④ 신설합당된 정당이 제3항 단서의 규정에 의한 기간 이내에 변경등록신청을 하지 아니한 경우에는 그 기간만료일의 다음 날에 당해 시·도당은 소멸된다.

제2조(합당된 경우의 등록신청) ① 신설합당의 경우 정당의 대표자는 제1조 제1항의 규정에 의한 합동회의의 결의가 있은 날로부터 14일 이내에 선거관리위원회에 합당등록신청을 해야 한다.

② 제1항의 경우에 시·도당의 소재지와 명칭, 대표자의 성명 및 주소는 합당등록신청일로부터 120일 이내에 보완해야 한다.

③ 제2항의 경우에 그 기간 이내에 보완이 없는 때에는 선거관리위원회는 시·도당의 등록을 취소할 수 있다.

〈사례〉

A당과 B당은 국회의원 선거를 앞두고 2017년 5월 1일 대의기관 합동회의에서 합당 결의를 하고 C당으로 당명을 변경하였다.

─────── 〈보 기〉 ───────

ㄱ. C당으로의 합당이 성립하려면 그 대표자에 의한 합당등록신청 외에 그 소속 시·도당의 합당이 전제되어야 한다.

ㄴ. C당 소속 시·도당이 개편대회를 통해 변경등록신청을 하지 않은 경우 당해 시·도당이 소멸되는 시점은 2017년 8월 16일이다.

ㄷ. C당의 대표자가 2017년 5월 10일 합당등록신청을 한 경우 늦어도 2017년 9월 7일까지 그 소속 시·도당의 대표자의 성명을 보완하지 않으면 당해 시·도당의 등록이 취소될 수 있다.

① ㄴ   ② ㄷ   ③ ㄱ, ㄴ
④ ㄱ, ㄷ   ⑤ ㄱ, ㄴ, ㄷ

007

〈규정〉과 〈견해〉로부터 추론한 것으로 옳은 것만을 〈보기〉에서 있는 대로 고른 것은? [19추리-11]

〈규정〉
(1) CCTV란 일정한 공간에 지속적으로 설치되어 사람 또는 사물의 영상을 촬영하는 장치이다.
(2) 누구든지 CCTV를 설치·운영할 수 있으나, 공개된 장소에서의 설치·운영은 범죄의 예방 및 수사를 위하여 필요한 경우에만 가능하다.
(3) CCTV를 설치·운영하는 자는 CCTV를 설치하여 운영하고 있다는 내용을 알리는 CCTV 설치·운영 안내판을 설치하여야 한다.

〈견해〉
갑 : 택시 안은 공개된 장소가 아니다.
을 : 일정한 공간에 지속적으로 설치되어 사람의 영상을 촬영하는 휴대전화 카메라는 CCTV에 해당한다.
병 : 비공개된 자동차 내부에 설치·운영되며, 외부를 촬영하고 있는 블랙박스도 CCTV에 해당한다.

〈보 기〉

ㄱ. 갑에 따르면, 택시 안에서는 CCTV 설치·운영 안내판을 설치하기만 하면 언제든지 CCTV를 설치·운영할 수 있다.
ㄴ. 을에 따르면, 비공개된 자신의 서재에 휴대전화 카메라를 지속적으로 설치하여 촬영할 경우에 CCTV 설치·운영 안내판을 설치하여야 한다.
ㄷ. 병에 따르면, 범죄의 예방 및 수사를 위하여 필요한 경우에만 블랙박스를 설치·운영할 수 있다.

① ㄱ   ② ㄷ   ③ ㄱ, ㄴ
④ ㄴ, ㄷ   ⑤ ㄱ, ㄴ, ㄷ

008

〈규정〉에 따라 〈사례〉를 판단한 것으로 옳은 것만을 〈보기〉에서 있는 대로 고른 것은? [19추리-12]

〈규정〉
(1) 회사가 새로이 발행하는 주식의 취득을 50인 이상의 투자자에게 권유하기 위해서는 사전에 신고서를 금융감독청에 제출해야 한다.
(2) 위 (1)에서 50인을 산정함에 있어 투자자에게 주식의 취득을 권유하는 날로부터 그 이전 6개월 이내에 50인 미만에게 주식 취득을 권유한 적이 있다면 이를 합산한다.
(3) 다만, 위 (1)에서 50인 이상의 투자자에게 취득을 권유하는 경우에도 주식 발행 금액이 10억 원 미만인 경우에는 신고서의 제출 의무가 면제된다.
(4) 위 (3)에서 10억 원을 산정함에 있어 투자자에게 주식의 취득을 권유하는 날로부터 그 이전 1년 이내에 신고서를 제출하지 아니하고 발행한 주식 금액을 합산한다.

〈사례〉
A회사는 아래 표와 같은 순으로 주식을 새로이 발행하였다.

회차	주식 발행일	주식 발행 금액	취득 권유일	취득을 권유받은 투자자 수
1	2017년 3월 10일	7억 원	2017년 3월 3일	70명
2	2017년 10월 4일	9억 원	2017년 9월 27일	40명
3	2018년 3월 27일	8억 원	2018년 3월 20일	10명

───── 〈보 기〉 ─────

ㄱ. 1회차에는 신고서를 제출하지 않아도 된다.
ㄴ. 2회차에는 신고서를 제출해야 한다.
ㄷ. 3회차에는 신고서를 제출해야 한다.

① ㄱ   ② ㄴ   ③ ㄱ, ㄷ
④ ㄴ, ㄷ   ⑤ ㄱ, ㄴ, ㄷ

009

〈비행기준〉에 따를 때, 신고와 비행승인이 모두 없어도 비행이 허용되는 경우만을 〈보기〉에서 있는 대로 고른 것은? [19추리-13]

〈비행기준〉

1. 무인비행장치는 사람이 탑승하지 아니하는 것으로 연료의 중량을 제외한 자체 중량(이하 '자체 중량')이 150 kg 이하인 무인비행기와 자체 중량이 180 kg 이하이고 길이가 20 m 이하인 무인비행선을 말한다.
2. 무인비행장치를 소유한 자는 무인비행장치의 종류, 용도, 소유자의 성명 등을 행정청에 신고하여야 한다. 다만 군사목적으로 사용되는 무인비행장치와 자체 중량이 18 kg 이하인 무인비행기는 제외한다.
3. 오후 7시부터 이튿날 오전 6시 사이에 무인비행장치를 비행하려는 자는 미리 행정청의 비행승인을 받아야 한다.
4. 무인비행장치를 사용하여 비행장 및 이착륙장으로부터 반경 3 ㎞ 이내, 고도 150 m 이내인 범위에서 비행하려는 사람은 미리 행정청의 비행승인을 받아야 한다. 다만 군사목적으로 사용되는 무인비행장치와 자체 중량이 10 kg 이하인 무인비행기는 제외한다.

〈보 기〉

ㄱ. 자체 중량이 120 kg인 공군 소속 무인비행기를 공군 비행장 내 고도 100 m 이내에서 오전 10시부터 오후 2시까지 군수물자 수송을 위하여 비행하려는 경우
ㄴ. 택배회사가 영업을 위하여 새로 구입한 자체 중량 160 kg, 길이 15 m인 무인비행선을 오후 4시부터 오후 5시 사이에 대학병원 헬기 이착륙장 반경 200 m에 있는 사무실로 물품 배달을 위하여 비행하려는 경우
ㄷ. 육군 항공대가 자체 중량이 15 kg인 농업용 무인비행기를 빌려서 군사훈련 보조용으로 공군 비행장 반경 2 ㎞ 이내에서 오후 2시부터 오후 3시까지 고도 100 m로 비행하려는 경우
ㄹ. 대학생들이 자체 중량이 8 kg인 무인비행기를 김포공항 경계선 2 ㎞ 지점에서 15 m 이내의 높이로 오후 8시부터 30분 동안 취미로 비행하려는 경우

① ㄱ, ㄷ   ② ㄱ, ㄹ   ③ ㄴ, ㄹ
④ ㄱ, ㄴ, ㄷ   ⑤ ㄴ, ㄷ, ㄹ

010

다음으로부터 〈사례〉를 판단한 것으로 옳은 것만을 〈보기〉에서 있는 대로 고른 것은? [20추리-8]

X국은 출산과 관련된 산모의 비밀 유지를 보장하고 신생아의 생명과 신체의 안전을 보장하기 위하여 익명출산제를 시행하기로 하였다. 이에 따라 의료기관의 적극적인 협조를 포함하는 다음의 〈규정〉이 제정되었다.

〈규정〉

제1조 ① 익명출산을 하고자 하는 자(이하 신청자라 한다)로부터 익명출산 신청을 받은 의료기관은 의료기록부에 신청자의 이름을 가명으로 기재한다.

② 신청자는 자녀가 출생한 때로부터 7일 내에 다음 사항을 포함하는 신상정보서를 작성하여 출산한 의료기관에 제출한다.

    (1) 자녀의 이름을 정한 경우 그 이름, 성별, 출생 일시, 출생 장소 등 자녀에 관한 사항

    (2) 신청자의 이름 및 주소, 익명출산을 하게 된 사정 등 자녀의 부모에 관한 사항

제2조 신청자는 신상정보서를 작성한 때로부터 2개월이 경과한 때 자녀에 관한 모든 권리를 상실한다.

제3조 국가심의회는 성년에 이른 자녀(자녀가 사망한 경우에는 성년에 이른 그의 직계 후손)의 청구가 있으면 제1조 ②의 신상정보서의 사항을 열람하게 한다.

제4조 제3조에도 불구하고 제1조 ② (2)의 사항은 신청자의 동의를 받은 때에만 열람하게 한다. 그러나 신청자가 신상정보서 작성 시 자신이 사망한 이후에 이를 공개하는 것에 대하여 명시적으로 반대하지 않으면, 신청자가 사망한 이후에는 청구에 따라 언제든지 열람할 수 있게 한다.

〈사례〉

X국에 살고 있는 甲(여)은 乙(남)과의 사이에 丙을 임신하였고, 甲은 익명출산을 신청하였다.

〈보 기〉

ㄱ. 甲과 乙이 혼인관계에 있다면, 乙이 甲의 출산 사실 및 丙에 대한 신상정보의 열람을 청구한 경우, 국가심의회는 甲의 동의를 받아 열람을 허용한다.

ㄴ. 성인이 된 丙이 신상정보서상 자신의 혈연에 관한 정보, 출생 당시의 정황에 관한 정보의 공개를 청구한 경우, 甲의 사망 사실이 확인되는 이상 국가심의회는 해당 정보를 열람할 수 있게 허용하여야 한다.

ㄷ. 丙이 사망한 후 그의 딸 丁(23세)이, 丙이 출생할 당시 甲이 丙에게 지어 준 이름, 丙의 출생 일시, 출생 장소에 관한 정보의 열람을 청구한 경우, 국가심의회는 甲의 명시적인 반대의 의사에도 불구하고 해당 정보를 열람하게 할 수 있다.

---

① ㄱ   ② ㄷ   ③ ㄱ, ㄴ

④ ㄴ, ㄷ   ⑤ ㄱ, ㄴ, ㄷ

011

〈규정〉으로부터 추론한 것으로 옳은 것만을 〈보기〉에서 있는 대로 고른 것은? [21추리-4]

〈규정〉

제1조 ① 근로자는 자녀가 만 8세 이하인 동안 양육을 위한 휴직을 신청할 수 있다. 사업주는 근로자가 양육휴직을 신청하는 경우 이를 허용하여야 한다.

② 양육휴직 기간은 자녀 1명당 1년이다.

제2조 ① 근로자는 자녀가 만 8세 이하인 동안 양육을 위하여 근로시간 단축을 신청할 수 있다. 사업주는 근로자가 근로시간 단축을 신청하는 경우 이를 허용하여야 한다.

② 제1항의 경우 단축 후의 근로시간은 주당 15시간 이상이어야 하고 주당 35시간을 초과할 수 없다.

③ 근로시간 단축 기간은 자녀 1명당 1년이다. 다만 제1조제1항의 양육휴직을 신청할 수 있는 근로자가 제1조제2항의 휴직 기간 중 사용하지 않은 기간이 있으면 그 기간을 가산한다.

제3조 ① 근로자는 양육휴직 기간을 1회에 한하여 나누어 사용할 수 있다.

② 근로자는 근로시간 단축 기간을 나누어 사용할 수 있다. 이 경우 나누어 사용하는 1회의 기간은 3개월 이상이어야 한다.

〈보 기〉

ㄱ. 만 6세 딸과 만 5세 아들을 양육하는 갑이 지금까지 딸을 위해서만 8개월간 연속하여 양육휴직을 하였다면, 앞으로 그 자녀들을 위해 양육휴직을 할 수 있는 기간은 최대 16개월이다.

ㄴ. 만 2세 두 자녀를 양육하는 을이 지금까지 양육휴직 및 근로시간 단축을 한 적이 없고 앞으로 근로시간 단축만을 하고자 한다면, 그 자녀들을 위해 근로시간 단축을 할 수 있는 기간은 최대 2년이다.

ㄷ. 만 4세 아들을 양육하는 병이 그 아들이 만 1세일 때 6개월간 연속하여 양육휴직을 하였을 뿐 지금까지 근로시간 단축을 한 적이 없다면, 앞으로 그 아들을 위해 근로시간 단축을 최대 6개 기간으로 나누어 사용할 수 있다.

---

① ㄱ   ② ㄴ   ③ ㄱ, ㄷ

④ ㄴ, ㄷ   ⑤ ㄱ, ㄴ, ㄷ

012

〈규정〉에 따라 X국 감독당국에 신고의무가 있는 경우만을 〈보기〉에서 있는 대로 고른 것은? [21추리-7]

X국은 X국 회사가 외국에서 증권을 발행하는 경우뿐만 아니라 외국 회사가 외국에서 증권을 발행하는 경우에도 다음 〈규정〉에 따라 X국 감독당국에 대한 신고의무를 부과하고 있다.

〈규정〉

제1조 X국 회사가 외국에서 증권을 발행하는 경우 X국 감독당국에 신고하여야 한다. 다만, 그 증권이 X국 거주자가 발행일부터 2년 이내에 그 증권을 취득하는 것을 허용하지 않는 때에는 그러하지 아니하다.

제2조 외국에서 증권을 발행하는 외국 회사가 X국 주식시장에 상장되어 있거나 X국 거주자의 주식보유비율이 20% 이상인 경우 제1조를 준용한다.

제3조 제2조의 외국 회사가 외국에서 외국 통화로 표시한 증권을 발행하는 경우 그 증권이 X국 거주자가 발행일부터 1년 이내에 그 증권을 취득하는 것을 허용하지 않는 때에는 제1조의 신고의무가 없다.

───── 〈보 기〉 ─────

ㄱ. X국 주식시장에 상장된 Y국 회사(X국 거주자의 주식보유비율 10%)가 '발행일로부터 2년이 경과하지 않으면 X국 거주자가 취득할 수 없다'는 조건이 포함된 증권(X국 통화로 표시)을 Y국에서 발행하는 경우

ㄴ. Y국 주식시장에 상장된 Z국 회사(X국 거주자의 주식보유비율 15%)가 '발행일로부터 1년이 경과하면 X국 거주자가 취득할 수 있다'는 조건이 포함된 증권(X국 통화로 표시)을 Y국에서 발행하는 경우

ㄷ. Y국 주식시장에 상장된 Z국 회사(X국 거주자의 주식보유비율 20%)가 '발행일로부터 6개월이 경과하면 X국 거주자가 취득할 수 있다'는 조건이 포함된 증권(Z국 통화로 표시)을 Y국에서 발행하는 경우

① ㄱ ② ㄷ ③ ㄱ, ㄴ
④ ㄴ, ㄷ ⑤ ㄱ, ㄴ, ㄷ

013

다음으로부터 추론한 것으로 옳은 것만을 〈보기〉에서 있는 대로 고른 것은? [21추리-9]

X국은 소셜 네트워크상 명예훼손, 혐오표현 등이 포함된 위법 콘텐츠의 무분별한 확산에 대응하기 위해 소셜 네트워크 사업자의 의무와 책임을 규정하는 법을 제정하였다.

제1조 ① 이 법은 등록기준지가 국내인 소셜 네트워크 사업자('국내 사업자')에 적용된다. 다만 등록기준지가 국외인 사업자('국외 사업자')로서 국내 등록이용자 수가 100만 명 이상인 경우에는 적용 대상이 된다.
② 제1항의 적용 대상 중 국내 등록이용자 수가 150만 명 이하인 플랫폼을 운영하는 국내 사업자는 제2조제2항의 의무를 면한다.
③ 제1항의 적용 대상 중 국내 등록이용자 수가 200만 명 이하인 플랫폼을 운영하는 국내 사업자 및 국외 사업자는 제2조제3항의 의무를 면한다.
제2조 ① 사업자는 이용자가 위법 콘텐츠 신고를 할 수 있도록 자신의 플랫폼에 알기 쉽고 투명한 절차를 제공하여야 한다.
② 사업자는 위 신고가 있는 경우 지체 없이 위법 여부를 심사하여야 하며 위법 콘텐츠에 해당하는 경우 신고일부터 7일 이내에 이를 삭제하여야 한다.
③ 사업자는 신고자 및 콘텐츠 제공자에게 위 심사 결과와 이유를 통지하여야 한다.
제3조 국외 사업자는 국내에 송달대리인을 임명하고 플랫폼에 이를 공시해야 한다.
제4조 이 법을 위반한 행위에 대해 최대 50억 원 이하의 과태료를 부과한다. 다만 제3조 위반에만 해당하는 경우 과태료는 5억 원 이하로 한다.

─────── 〈보 기〉 ───────

ㄱ. X국 내 등록이용자 수가 120만 명인 플랫폼을 운영하는 국외 사업자가 위법 콘텐츠 신고에 대한 심사 결과를 통지하지 않고 X국 내 송달대리인의 정보를 공시하지 않은 경우 5억 원을 한도로 과태료가 부과된다.
ㄴ. X국 내 등록이용자 수가 150만 명인 플랫폼을 운영하는 국내 사업자가 위법 콘텐츠 신고가 있었음에도 심사를 게을리 하고 심사 결과도 통지하지 않은 경우 최대 50억 원 이하의 과태료가 부과된다.
ㄷ. X국 내 등록이용자 수가 180만 명인 플랫폼을 운영하는 국외 사업자는 위법 콘텐츠 신고에 대한 심사 결과 위법 콘텐츠에 해당하지 않는다고 결론을 내린 경우 해당 콘텐츠 제공자에게 심사 결과를 통지하여야 한다.

① ㄱ
② ㄷ
③ ㄱ, ㄴ
④ ㄴ, ㄷ
⑤ ㄱ, ㄴ, ㄷ

014

〈규정〉에 따라 〈사례〉의 갑이 추가로 갖추어야 할 최소 주차대수는? [21추리-10]

〈규정〉

제1조 주차수요를 유발하는 건축물 등('시설물')을 건축하거나 설치하려는 자는 〈표〉의 용도별 설치기준에 따라 부설주차장을 설치하여야 한다.

제2조 ① 부설주차장에 설치된 기계식주차장치가 노후·고장 등의 이유로 작동이 불가능하거나 안전상 철거가 불가피한 경우 이를 철거할 수 있다.

② 시설물의 소유자는 제1항에 따라 기계식주차장치를 철거함으로써 제1조에 따른 부설주차장의 설치기준에 미달하게 되는 경우에는 부설주차장을 추가로 설치하여야 한다.

③ 구청장은 제1항에 따라 기계식주차장치를 철거하는 경우 〈표〉의 부설주차장 설치기준을 2분의 1로 완화하여야 한다.

④ 제3항에 의해 완화된 설치기준에 따라 부설주차장을 설치한 이후 해당 시설물이 증축되거나 부설주차장 설치기준이 강화되는 용도로 변경될 때에는 그 증축 또는 용도변경하는 부분에 대해서만 〈표〉의 부설주차장 설치기준을 적용한다.

제3조 시설물의 용도를 변경하는 경우 용도변경 시점의 부설주차장 설치기준에 따라 변경 후 용도의 최소 주차대수를 갖추도록 부설주차장을 설치하여야 한다.

〈표〉

시설물의 용도	설치기준(최소 주차대수)
위락시설	시설면적 100 ㎡당 1대
판매시설	시설면적 150 ㎡당 1대

〈사례〉

갑은 판매시설로 사용되는 시설면적 6,000 ㎡의 시설물의 소유자이다. 40대를 수용하는 기존 기계식주차장치가 고장으로 작동이 불가능하자 갑은 이 기계식주차장치를 전부 철거하고, 구청장으로부터 부설주차장 주차기준을 2분의 1로 완화 적용받아 20대를 수용하는 부설주차장을 설치하였다. 갑은 이 시설물의 시설면적 중 3,000 ㎡를 위락시설로 용도변경하려 한다.

① 0대 ② 5대 ③ 10대
④ 15대 ⑤ 20대

015

[규정]과 〈사례〉를 근거로 판단할 때 〈보기〉에서 [규정]을 준수한 것만을 있는 대로 고른 것은? [22추리-6]

[규정]

제1조 ① '개인정보처리자'란 업무를 목적으로 개인정보를 처리하는 자를 말한다.

② '업무수탁자'란 개인정보처리자가 본래의 개인정보 수집·이용 목적과 관련된 업무를 위탁한 경우 위탁자의 이익을 위해 개인정보를 처리하는 자를 말한다.

③ '제3자'란 개인정보처리자와 업무수탁자를 제외한 모든 자를 말한다.

제2조 ① 개인정보처리자는 정보주체의 동의를 받은 경우에 한하여 개인정보를 수집할 수 있으며 그 수집 목적의 범위에서 이용할 수 있다.

② 전항의 개인정보처리자는 수집 목적 범위에서 개인정보를 제3자에게 제공(공유를 포함)할 수 있다. 다만 제공 후 1주일 이내에 제공사실을 정보주체에게 알려야 한다.

③ 개인정보처리자는 정보주체의 이익을 부당하게 침해할 우려가 없는 경우에 한하여 정보주체로부터 별도의 동의를 받아 개인정보를 수집 목적 이외의 용도로 이용하거나 이를 제3자에게 제공할 수 있다.

④ 개인정보처리자는 개인정보 처리업무를 위탁하는 경우에 위탁 후 위탁사실을 정보주체에게 알려야 하고, 정보주체가 확인할 수 있도록 공개하여야 한다.

〈사례〉

숙박예약 전문사이트를 운영하는 P사는 숙박예약 및 이벤트 행사를 위한 목적으로 회원가입시 이용자의 동의를 받아 개인정보를 수집하였다.

─────── 〈보 기〉 ───────

ㄱ. P사는 회원들로부터 별도의 동의 없이 숙박시설 운영자 Q에게 해당 숙박시설을 예약한 회원의 정보를 제공하고 즉시 그 회원에게 제공사실을 알려주었다.

ㄴ. P사는 여행사 S사와 사업제휴를 맺고 회원들로부터 별도의 동의 없이 S사가 S사의 여행상품을 홍보할 수 있도록 회원 정보를 공유하였다.

ㄷ. P사는 항공권 경품이벤트를 알리기 위해 홍보업체 R사와 이벤트안내 메일발송업무에 관한 위탁계약을 체결하고 회원정보를 R사에게 제공한 후, 10일이 경과한 후에 제공사실을 회원들에게 알리고 공개하였다.

ㄹ. P사는 인터넷 불법도박사이트 운영업체 T사가 불법도박을 홍보할 수 있도록, 회원들로부터 별도의 동의를 받아 T사에게 회원정보를 유료로 제공하였다.

① ㄱ, ㄷ　　　　　　② ㄱ, ㄹ　　　　　　③ ㄴ, ㄹ
④ ㄱ, ㄴ, ㄷ　　　　⑤ ㄴ, ㄷ, ㄹ

016

입법안 〈1안〉, 〈2안〉, 〈3안〉에 대한 분석으로 옳지 <u>않은</u> 것은? [22추리-10]

PART 1.

〈1안〉

① 성적 의도로 다른 사람의 신체를 그 의사에 반하여 촬영한 자는 4년 이하의 징역에 처한다.

② 제1항에 따른 촬영물 또는 그 복제물을 유포한 자는 6년 이하의 징역에 처한다.

③ 영리를 목적으로 제1항의 촬영물 또는 그 복제물을 정보통신망을 이용하여 유포한 자는 10년 이하의 징역에 처한다.

〈2안〉

① 성적 의도로 다른 사람의 신체를 그 의사에 반하여 촬영하거나 그 촬영물 또는 그 복제물을 유포한 자는 5년 이하의 징역에 처한다.

② 제1항의 촬영이 촬영 당시에는 촬영대상자의 의사에 반하지 아니한 경우에도 촬영 후에 그 의사에 반하여 촬영물 또는 그 복제물을 유포한 자는 3년 이하의 징역에 처한다.

③ 영리를 목적으로 제1항 또는 제2항의 촬영물 또는 그 복제물을 정보통신망을 이용하여 유포한 자는 7년 이하의 징역에 처한다.

〈3안〉

① 성적 의도로 사람의 신체를 촬영대상자의 의사에 반하여 촬영한 자는 5년 이하의 징역에 처한다.

② 제1항에 따른 촬영물 또는 그 복제물을 유포한 자는 7년 이하의 징역에 처한다. 제1항의 촬영이 촬영 당시에는 촬영대상자의 의사에 반하지 아니한 경우에도 그 촬영물 또는 그 복제물을 촬영대상자의 의사에 반하여 유포한 자는 7년 이하의 징역에 처한다.

③ 영리를 목적으로 정보통신망을 이용하여 제2항의 죄를 범한 자는 8년 이하의 징역에 처한다.

④ 제1항 또는 제2항의 촬영물 또는 그 복제물을 소지·구입·저장 또는 시청한 자는 1년 이하의 징역에 처한다.

※ 유포 : 1인 이상의 타인에게 반포·판매·임대·제공하거나 타인이 볼 수 있는 방법으로 전시·상영하는 행위를 포함하여 촬영물이나 그 복제물을 퍼뜨리는 행위

① 〈1안〉과 〈3안〉은 성적 의도로 타인의 신체를 그의 의사에 반하여 촬영하는 행위보다 그 촬영물을 유포하는 행위가 더 중한 범죄인 것으로 보고 있다.

② 성적 의도로 타인의 신체를 그의 의사에 반하여 촬영한 동영상을 인터넷에서 다운로드 받아 개인 PC에 저장하는 행위는 〈3안〉에서만 처벌대상이다.

③ 성적 의도로 촬영대상자의 허락을 받아 촬영한 나체사진을 그의 의사에 반하여 다른 사람에게 이메일로 전송하는 행위는 〈2안〉과 〈3안〉에서만 처벌대상이다.

④ 〈3안〉에 의하면 촬영자가 성적 의도로 촬영자 자신의 나체를 촬영하여 SNS로 보내온 사진을 그 촬영자의 의사에 반하여 다른 사람들에게 SNS로 보낸 행위도 처벌대상이다.

⑤ 타인의 의사에 반하여 그의 신체를 성적 의도로 촬영한 사진을 한적한 도로변 가판대에서 유상 판매하는 행위에 대해 가장 중한 처벌을 규정한 입법안은 〈1안〉이다.

017

[규정]의 적용으로 옳은 것만을 〈보기〉에서 있는 대로 고른 것은? [23추리-5]

[규정]

제1조 행정청은 무도장업자의 위반사항에 대하여 아래의 〈처분기준표 및 적용 방법〉에 따라 처분한다.

제2조 무도장업자가 그 영업을 양도하는 경우에는 행정청에 신고하여야 하며, 양수인은 그 신고일부터 종전 영업자의 지위를 이어받는다. 종전 영업자에게 행한 제재처분의 효과는 그 제재처분일부터 1년간 양수인에게 미치고, 제재처분을 하기 위한 절차가 진행 중인 경우 그 절차는 양수인에 대하여 계속하여 진행한다. 다만, 양수인이 양수할 당시에 종전 영업자의 위반 사실을 알지 못한 경우에는 그 절차를 계속하여 진행할 수 없다.

〈처분기준표 및 적용 방법〉

위반사항	처분기준		
	1차위반	2차위반	3차위반
주류판매	영업정지 1개월	영업정지 3개월	영업정지 5개월
접대부 고용	영업정지 2개월	영업정지 5개월	등록취소
호객행위	시정명령	영업정지 10일	영업정지 20일

가. 위반사항이 서로 다른 둘 이상인 경우(어떤 위반행위에 대하여 제재처분을 하기 위한 절차가 진행되는 기간 중에 추가로 다른 위반행위가 있는 경우 포함)로서 그에 해당하는 각각의 처분기준이 다른 경우에는 전체 위반사항 또는 전체 위반행위에 대하여 하나의 제재처분을 하되 각 위반행위에 해당하는 제재처분 중 가장 무거운 것 하나를 택한다.

나. 어떤 위반행위에 대하여 제재처분을 하기 위한 절차가 진행되는 기간 중에 위반사항이 동일한 위반행위를 반복하여 한 경우로서 처분기준이 영업정지인 때에는 각 위반행위에 대한 제재처분마다 처분기준의 2분의 1씩을 더한 다음 이를 모두 합산하여 처분한다.

다. 위반행위의 차수는 최근 1년간 같은 위반행위로 제재처분을 받은 횟수의 순서에 따르고, 이 경우 기간의 계산은 위반행위에 대하여 제재처분을 받은 날과 그 처분 후 같은 위반행위를 하여 적발된 날을 기준으로 한다.

──── 〈보기〉 ────

ㄱ. 무도장업자 갑이 주류판매로 2019. 6. 20. 영업정지 1개월을 받은 후, 이를 알고 있는 을에게 2020. 6. 30. 그 영업을 양도하고 신고를 마쳤는데, 을이 2020. 7. 25. 접대부 고용과 주류판매로 적발되었다면, 행정청은 을에게 영업정지 3개월의 처분을 한다.

ㄴ. 호객행위로 2020. 3. 15. 시정명령을 받은 무도장업자 병이 2020. 5. 15. 호객행위로 적발되었고 제재처분 전인 2020. 5. 30. 또 호객행위로 적발되었다면, 이 두 위반행위에 대하여 행정청이 병에게 처분할 영업정지 기간의 합은 45일이 된다.

ㄷ. 주류판매로 2019. 5. 10. 영업정지 5개월을 받은 무도장업자 정은 2020. 5. 5. 접대부 고용으로 적발된 후 그 제재처분을 받기 전에 이를 모르는 무에게 2020. 5. 7. 이 무도장을 양도하고 신고를 마쳤다. 무가 이 무도장 운영 중 2020. 5. 15. 주류판매로 적발되었다면, 행정청은 무에게 영업정지 2개월의 처분을 한다.

① ㄱ   ② ㄴ   ③ ㄱ, ㄷ

④ ㄴ, ㄷ   ⑤ ㄱ, ㄴ, ㄷ

갑, 을, 병이 언급한 모든 사항을 충족하는 A 조항의 내용으로 가장 적절한 것은? [23추리-8]

'알선'이란 어떤 사람과 그 상대방 간에 일정한 사항을 중개하여 편의를 도모하는 것을 의미한다. X국 「범죄법」 A 조항은 특정한 알선행위를 처벌하고 있다.

갑 : 공무원 신분을 가지지 않은 사람도 학연, 지연 등 개인의 영향력을 이용하여 공무원의 직무에 영향을 미칠 수 있으므로, A 조항은 이러한 사람의 알선행위도 처벌한다.

을 : 공무원의 직무집행에 대한 사회적 신뢰 보호가 중요하므로, A 조항은 실제로 알선행위를 하였는지와 상관없이 공무원의 직무에 관하여 알선 명목으로 자신의 이익을 추구하는 행위를 처벌한다.

병 : 선의의 알선행위를 금지할 필요는 없으므로, A 조항은 자신의 이익을 취득하기 위한 공무원의 직무에 관한 알선행위를 금지한다. 이때 A 조항은 일정한 예방 효과를 거두기 위해서 알선에 관련하여 취득된 재산을 보유하지 못하도록 강제하고 있다.

① 공무원의 직무에 속한 사항의 알선에 관련하여 금품이나 이익을 받거나 받기로 약속한 사람은 5년 이하의 징역 또는 1천만 원 이하의 벌금에 처한다.

② 금품이나 이익을 받거나 받기로 약속하고 공무원의 직무에 속한 사항에 관하여 알선한 사람은 5년 이하의 징역에 처하고, 이로 인하여 취득한 재산은 몰수한다.

③ 공무원이 그 지위를 이용하여 다른 공무원의 직무에 속한 사항의 알선에 관련하여 금품이나 이익을 받거나 받기로 약속한 사람은 5년 이하의 징역 또는 1천만 원 이하의 벌금에 처한다.

④ 공무원의 직무에 속한 사항의 알선에 관련하여 금품이나 이익을 받거나 받기로 약속한 사람은 5년 이하의 징역 또는 1천만 원 이하의 벌금에 처하고, 이로 인하여 취득한 재산은 몰수한다.

⑤ 공무원의 직무에 속한 사항의 알선에 관련하여 금품이나 이익을 제공하거나 제공의 의사를 표시한 사람은 5년 이하의 징역 또는 7년 이하의 자격정지에 처하고, 이로 인하여 취득한 재산은 몰수한다.

019

[규정]의 적용으로 옳은 것만을 〈보기〉에서 있는 대로 고른 것은? [24추리-7]

[규정]

제1조 ① 도로관리청은 도로와 도로구역을 관리한다.

② '도로'란 차도, 보도를 말하며, 도로의 부속물(도로관리청이 도로의 이용과 관리를 위하여 설치하는 주차장, 버스정류시설, 휴게시설 등)을 포함한다.

③ '도로구역'이란 도로를 구성하는 일단의 토지를 말한다.

제2조 ① 도로관리청은 도로 노선의 지정 또는 폐지의 고시가 있으면 해당 도로구역을 지정 또는 폐지하여야 한다. 도로구역의 지정 또는 폐지의 효력은 고시함으로써 발생한다.

② 도로(도로구역 포함)로 지정된 국유지 또는 사유지를 점용하려는 자는 도로관리청의 허가를 받아야 하고, 매월 일정한 토지점용료(이하 '월 토지점용료')를 납부하여야 한다.

제3조 ① 도로관리청은 도로점용허가를 받지 아니하고 도로를 점용(이하 '무단점용')한 경우 무단점용한 기간에 대하여 무단점용한토지에 부과되어야 하는 월 토지점용료의 100분의 150에 상당하는 금액을 변상금으로 징수한다.

② 도로점용허가를 받은 자가 도로점용허가의 내용을 초과하여 도로를 점용(이하 '초과점용')한 경우 초과점용한 기간에 대하여 초과점용한 토지에 부과되어야 하는 월 토지점용료의 100분의 120에 상당하는 금액을 변상금으로 징수한다. 다만 초과점용이 도로 점용자의 고의·과실로 인한 것이 아닌 경우에는 도로관리청은 초과점용 부분에 대한 토지점용료 상당액을 징수한다.

〈보 기〉

ㄱ. 도로의 초과점용에 대하여 6,000만 원의 변상금 부과처분을 하였으나, 고의·과실 없이 초과점용한 것으로 밝혀져 변상금부과처분이 취소된 경우, 도로관리청이 초과점용을 이유로 부과할 토지점용료 상당액은 5,000만 원이다.

ㄴ. 신도로 완공 후, 구도로 노선의 도로구역으로 지정되었던 토지에 도로관리청의 도로점용허가 없이 농지를 조성한 경우가 변상금부과처분 대상이 아닌 것으로 확정되었다면, 구도로 노선의 도로구역 폐지의 고시가 있었을 것이다.

ㄷ. 도로인 X 국유지(월 토지점용료 1,200만 원)를 도로점용허가 없이 1개월간 점용한 경우 부과처분된 변상금액은 X국유지에 대하여 도로점용허가를 받은 후 인근의 도로구역인 사유지 (월 토지점용료 1,500만 원)를 고의로 1개월간 초과점용한 경우 부과처분될 변상금액과 같다.

① ㄱ
② ㄷ
③ ㄱ, ㄴ
④ ㄴ, ㄷ
⑤ ㄱ, ㄴ, ㄷ

020

[규정]과 〈약관〉으로부터 추론한 것으로 옳은 것만을 〈보기〉에서 있는 대로 고른 것은? [24추리 – 9]

　　렌터카 사업을 하는 P사는 포인트 적립 계약과 관련한 〈약관〉을 두고 있었는데, 〈약관〉의 일부 조항을 개정하여 즉시 시행한다고 공지하자 기존 가입자 중 일부가 개정된 조항이 [규정]에 위반되는 불공정약관조항이라고 주장하고 있다.

[규정]
제1조 '불공정약관조항'이란 사업자에게만 이익이 되고 고객에게 일방적으로 불리한 내용을 정하고 있는 약관조항을 말한다.
제2조 위원회는 사업자가 제1조를 위반한 경우 사업자에게 해당 불공정약관조항의 삭제·수정 등 시정에 필요한 조치를 권고할 수 있다.

〈약관〉
1. 소비자는 렌터카를 이용하여 1년간 주행할 것으로 예상되는 거리에 따라 A, B 플랜 중 하나만 선택하여 가입할 수 있다.
2. 각 플랜의 계약기간은 1년으로 하고, 적립포인트의 유효기간은 각 플랜의 계약기간이 종료된 날로부터 2년으로 한다.
3. 포인트는 다음 표에 따라 적립된다. A 플랜에서는 기준거리를 초과한 경우에만 전체 주행거리에 대해서 포인트가 적립된다.

플랜	기준거리	적립포인트(km당)	
		개정 전	개정 후
A	1,000 km	1.5	2.0
B	없음	1.0	0.5

―――――――――――――〈보기〉―――――――――――――

ㄱ. 〈약관〉 개정 후 A 플랜 계약자는 〈약관〉 개정 전과 동일한 포인트를 적립하기 위하여 25% 더 적은 거리를 주행하여도 충분하나, B 플랜 계약자는 100% 더 많은 거리를 주행하여야 한다.
ㄴ. 위원회가 개정된 〈약관〉의 '개정 후' 부분에 대해서 [규정] 제2조에 따라 시정조치를 권고하는 경우, 기존 가입자에게 개정된 〈약관〉을 잔여 계약기간에 적용할지를 선택할 수 있도록 함으로써 기존 가입자의 그 기간에 대한 불공정성을 완화할 수 있다.
ㄷ. 위원회의 시정조치 권고에 따라 개정 후 〈약관〉의 B 플랜을 선택하는 계약자에게 1,000 km를 초과한 부분에 대해서는 1.5 포인트를 적립해주기로 한다면, 2,000 km를 초과하여 운행해야만 개정 전 〈약관〉에 따라 B 플랜을 선택한 경우보다 더 많은 포인트가 적립된다.

① ㄱ　　　　　　　　② ㄴ　　　　　　　　③ ㄱ, ㄷ
④ ㄴ, ㄷ　　　　　　⑤ ㄱ, ㄴ, ㄷ

021

〈견해〉에 대한 분석으로 옳은 것만을 〈보기〉에서 있는 대로 고른 것은? [25추리-2]

학교폭력 피해가 날로 심각해지는 현실에서도 현행 규정이 피해학생의 보호와 신속한 권리구제에 미흡하다는 여론이 높아지자 개정안이 국회에 제출되었다.

현행	개정안
제○조(가해학생의 재심청구) 자치위원회가 내린 가해학생에 대한 모든 조치에 대하여 이의가 있는 가해학생 또는 그 보호자는 그 조치를 받은 날부터 15일 이내에 시·도학생징계조정위원회에 재심을 청구할 수 있다.	제○조(가해학생의 재심청구) 자치위원회가 내린 가해학생에 대한 조치 중 전학 또는 퇴학 조치에 대하여 이의가 있는 가해학생 또는 그 보호자는 그 조치를 받은 날부터 15일 이내에 시·도학생징계조정위원회에 재심을 청구할 수 있다.

이에 대해 다음과 같은 〈견해〉가 제시되었다.

〈견해〉

부모는 미성년 자녀의 교육 과정에 참여할 권리가 있으므로 학교가 학생에게 불리한 조치를 할 경우 이에 대한 의견을 제시할 권리도 갖는다. 개정안은 전학 및 퇴학의 경우를 제외하고는 재심을 허용하지 않음으로써 ㉠학부모의 이러한 권리를 침해한다. 또한 전학 또는 퇴학 조치를 받은 가해학생에게만 재심을 허용하고 있어 ㉡그 밖의 조치를 받은 가해학생과 그 보호자를 부당하게 차별하는 결과를 초래한다. 그러므로 현행 규정을 유지하여야 한다.

─────── 〈보 기〉 ───────

ㄱ. 재심이 허용되지 않는 조치에 대해 다른 방법을 통한 법적 구제가 가능하다면, ㉠은 강화된다.

ㄴ. 가해학생에게 내려진 전학 또는 퇴학 조치는 다른 조치와 달리 추후 별도의 소송을 통해 번복되더라도 그 조치에 따른 가해학생의 피해가 회복 불가능하다면, ㉡은 약화된다.

ㄷ. 모든 가해학생에게 재심 기회를 부여하여 모범적인 사회인으로 성장할 수 있도록 하는 것이 학교와 사회의 책임이라면, ㉠은 약화되고 ㉡은 강화된다.

① ㄴ   ② ㄷ   ③ ㄱ, ㄴ
④ ㄱ, ㄷ   ⑤ ㄱ, ㄴ, ㄷ

022

다음으로부터 추론한 것으로 옳은 것만을 〈보기〉에서 있는 대로 고른 것은? [25추리-6]

X국의 법에 의하면 의료인이 그 의료행위에서 주의의무를 다하지 못하여 사고가 발생한 경우에는 의료인 자신이 그 피해에 대한 배상책임을 부담한다. 그러나 의료인이 주의의무를 다하였으나 불가항력으로 인하여 사고가 발생한 경우에는 배상책임이 없다.

또한 의료사고가 발생한 경우 일반인으로서는 의료인의 주의의무 위반을 밝혀내기 극히 어렵고, 주의의무 위반이 밝혀지더라도 배상에 시간이 오래 소요된다. 따라서 의료사고 피해자를 보호해주기 위하여 국가가 피해를 보상하는 법안이 다음과 같이 제출되었다.

〈1안〉
제○조 의료인이 주의의무를 다하였으나 불가항력으로 인한 의료사고로 피해가 발생한 경우 그 피해는 국가가 보상한다.

〈2안〉
제○조 의료사고로 피해가 발생한 경우 의료인이 주의의무를 다하였는지 여부를 묻지 아니하고 그 피해는 국가가 보상한다. 국가는 보상 후 의료인이 주의의무를 다하지 못한 경우에 한하여 그에게 보상액을 청구할 수 있다.

〈3안〉
제○조 의료인이 주의의무를 다하지 못하여 의료사고로 피해가 발생한 경우 그 피해는 국가가 보상한다. 국가는 보상 후 그 의료인에게 보상액을 청구할 수 있다.

───── 〈보 기〉 ─────

ㄱ. 의료인이 주의의무를 다하였으나 불가항력으로 인하여 의료사고가 발생한 경우에는 〈1안〉에 따르든 〈2안〉에 따르든 환자는 국가로부터 피해의 보상을 받을 수 있다.
ㄴ. 의료인이 주의의무를 다하지 못하여 의료사고가 발생한 경우에는 〈2안〉에 따르든 〈3안〉에 따르든 환자는 국가로부터 피해의 보상을 받을 수 있다.
ㄷ. 의료인이 주의의무를 다한 경우에는 〈1안〉, 〈2안〉, 〈3안〉 중 어느 것에 따르더라도 국가는 의료인에게 보상액을 청구할 수 없다.

① ㄱ　　　　　　　　② ㄷ　　　　　　　　③ ㄱ, ㄴ
④ ㄴ, ㄷ　　　　　　⑤ ㄱ, ㄴ, ㄷ

023

다음으로부터 추론한 것으로 옳은 것만을 〈보기〉에서 있는 대로 고른 것은? [25추리─10]

P사는 2023. 8. 1. 출시한 제품 A를 2023. 8. 1.부터 2023. 8. 31.까지는 정가 15,000원에 판매하다가, 할인율을 표시하지 않고 2023. 9. 1.부터 2023. 9. 10.까지는 14,500원, 2023. 9. 11.부터 2023. 9. 20.까지는 13,500원, 2023. 9. 21.부터 2023. 9. 30.까지는 11,000원에 판매하였다. P사는 2023. 10. 1.부터 6개월간 신문 및 전단을 통하여 A에 대한 '1+1 행사'를 한다고 광고하면서 A의 1개 판매가격을 15,000원으로 기재하였다. 규제기관 Q는 2024. 2. 1. P사의 '1+1 행사' 광고가 [규정]을 위반하였다는 이유로 과태료를 부과하였다. Q는 ㉠ 판매방식과 관계없이 소비자들은 종전거래가격에 대비하여 50% 할인된 가격으로 구매한다고 생각하므로 '1+1 행사'는 할인판매에 해당한다고 본 것이다.

[규정]

제○조(할인판매) ① 사업자가 상품의 할인판매를 하는 경우 할인율을 표시하고 광고 개시 직전 30일간의 종전거래가격을 기재한다. 다만, 30일간의 가격이 계속 변동된 경우에는 '30일간의 가격의 평균'과 '30일간의 가격 중 최저가격과 최고가격의 평균' 중 낮은 가격을 종전거래가격으로 기재한다.
② 제1항에도 불구하고 서로 다른 조건으로 연달아 할인판매를 하는 경우에는 최초의 할인판매 직전 30일간의 종전거래가격을 기재한다.
③ 제1항 또는 제2항을 위반한 경우에는 3,000만 원 이하의 과태료를 부과한다.

〈보 기〉

ㄱ. P사의 '1+1 행사'는 할인율을 직접 표시하지 않았으므로 15,000원을 판매가격으로 기재한 행위가 증정판매를 위한 것에 불과하다는 해석은 ㉠을 약화한다.
ㄴ. Q에 따르면, P사는 A의 판매가격을 13,000원으로 기재했어야 한다.
ㄷ. 할인율을 표시하지 않고 할인하여 판매한 경우도 할인판매로 본다면, P사의 '1+1 행사'가 할인판매로 인정되더라도 P사가 이 행사에서 15,000원을 판매가격으로 기재한 것은 [규정] 위반이 아니다.

① ㄱ   ② ㄴ   ③ ㄱ, ㄷ
④ ㄴ, ㄷ   ⑤ ㄱ, ㄴ, ㄷ

024

다음으로부터 추론한 것으로 옳은 것만을 〈보기〉에서 있는 대로 고른 것은? [25추리-12]

P사 주주는 12명이고 각 주주의 지분은 동일하다. 갑은 2022. 3. 1. P사 대표이사로 선임되었고 임기는 2022. 3. 1.부터 2024. 2. 29.까지였다. P사 [정관] 제1조 제2항에 따라 갑이 주주총회를 소집하고 주주총회 의안을 제안하면, 모든 주주가 출석하여 갑이 제안한 의안을 당일 의결하였다. 2023. 6. 30.까지는 9명, 2023. 7. 1.부터는 8명의 주주가 갑이 제안한 주주총회 의안에 찬성하였다. 갑은 임기 중 서로 다른 날에 〈의안 1〉, 〈의안 2〉, 〈의안 3〉을 주주총회에 각 1회 제안하여 P사 [정관]을 개정함으로써 대표이사를 연임하였다.

[정관]
제1조 ① 대표이사 임기는 2년이고 연임할 수 없다.
　② 대표이사는 주주총회를 소집할 수 있고 주주총회 의안을 제안할 수 있다.
제2조 정관 개정은 주주총회에서 전체 지분의 4분의 3 이상의 동의에 의한다.
제3조 ① 주주총회에서 정관 개정이 의결되면 그때부터 개정된 정관이 효력을 갖는다.
　② 제1조 제1항은 개정되더라도 개정 당시 대표이사에게는 개정의 효력이 없다.
　③ 제3조 제2항이 삭제되기 전에 제1조 제1항이 개정되더라도 개정 당시 대표이사에게는 제1조 제1항 개정의 효력이 없다.
　〈의안 1〉 [정관] 제1조 제1항의 '없다'를 '있다'로 개정한다.
　〈의안 2〉 [정관] 제2조의 '4분의 3'을 '3분의 2'로 개정한다.
　〈의안 3〉 [정관] 제3조 제2항을 삭제한다.

――――――――― 〈보 기〉 ―――――――――

ㄱ. 〈의안 1〉과 〈의안 3〉이 2023. 7. 1. 이후에 제안되었다면, 〈의안 2〉는 2023. 6. 30. 이전에 제안되었을 것이다.

ㄴ. 〈의안 2〉가 2023. 7. 1. 이후에 제안되었다면, 〈의안 1〉과 〈의안 3〉은 2023. 6. 30. 이전에 〈의안 3〉, 〈의안 1〉의 순서로 제안되었을 것이다.

ㄷ. 〈의안 3〉이 2023. 6. 30. 이전에 제안되었고 〈의안 1〉이 2023. 7. 1. 이후에 제안되었다면, 〈의안 2〉는 2023. 7. 1. 이후에 〈의안 1〉보다 먼저 제안되었을 것이다.

① ㄴ　　　　　　　② ㄷ　　　　　　　③ ㄱ, ㄴ
④ ㄱ, ㄷ　　　　　　⑤ ㄱ, ㄴ, ㄷ

025

[규정]에 따라 〈사례〉를 분석한 것으로 옳은 것만을 〈보기〉에서 있는 대로 고른 것은? [25추리-11]

[규정]

제1조(개발사업 시행자) ① 국가는 개발구역의 전부 또는 일부에 대한 개발사업을 위하여 지방자치단체 또는 개발조합 중에서 시행자를 지정한다.

② 국가는 개발사업 시행 전에 시행자를 변경할 수 있다. 다만, 기존 시행자가 선택한 개발사업 시행방식은 제3조에 따라 변경되지 않는 한 변경될 수 없다.

③ 제1항 및 제2항에도 불구하고 개발구역 전부에 대하여 제2조 제1호의 방식으로 개발사업을 시행하는 것은 시행자가 지방자치단체인 경우에 한한다. 이는 시행자 또는 시행방식의 변경으로 인한 경우에도 같다.

제2조(개발사업 시행방식) 시행자는 다음 중 어느 하나의 방식을 선택하여 개발구역의 전부 또는 일부에 대한 개발사업을 시행한다. 다만, 개발구역 일부의 시행자 또는 시행방식이 변경되는 경우에 다음 중 둘 이상의 방식이 개발구역 전부에 대하여 혼용되는 때에는 제3호를 선택한 것으로 본다.

　　1. 토지 소유권 취득 후 보상금 지급 방식

　　2. 대체 토지 소유권 이전 방식

　　3. 제1호와 제2호를 혼용하는 방식

제3조(개발사업 시행방식의 변경) 시행자는 다음 중 어느 하나에 해당하는 경우에만 개발사업 시행방식을 변경할 수 있다.

　　1. 지방자치단체가 개발구역의 전부 또는 일부에 대하여 개발사업 시행방식을 제2조 제2호 또는 제3호에서 제2조 제1호로 변경하는 경우

　　2. 개발조합이 개발구역의 전부 또는 일부에 대하여 개발사업 시행방식을 제2조 제3호에서 제2조 제1호 또는 제2호로 변경하는 경우

〈사례〉

　A토지, B토지로만 구성된 X개발구역에 대한 개발사업 시행자로 A토지는 P지방자치단체, B토지는 Q개발조합이 지정되었다. P지방자치단체는 제2조 제1호, Q개발조합은 제2조 제3호의 방식을 선택하여 개발사업을 시행하기로 하였다.

─────〈보 기〉─────

ㄱ. Q개발조합은 B토지 개발사업 시행방식을 제2조 제1호로 변경하여 개발사업을 시행할 수 있다.

ㄴ. A토지 개발사업 시행자가 Q개발조합으로 변경되는 경우 Q개발조합은 X개발구역 전부에 대한 개발사업 시행방식을 제2조 제2호로 변경하여 개발사업을 시행할 수 있다.

ㄷ. B토지 개발사업 시행자가 P지방자치단체로 변경되는 경우 P지방자치단체는 B토지에 대한 개발사업 시행방식을 제2조 제1호로 변경하여 개발사업을 시행할 수 있다.

① ㄱ 　　　　② ㄴ 　　　　③ ㄱ, ㄷ

④ ㄴ, ㄷ 　　　⑤ ㄱ, ㄴ, ㄷ

026

다음의 종합부동산세에 관한 법률규정을 근거로 판단할 때 옳지 않은 것은? [07행상 - 32]

제○○조(과세기준일) 종합부동산세의 과세기준일은 재산세의 과세기준일(6월 1일)로 한다.

제○○조(납세의무자) 과세기준일 현재 주택분 재산세의 납세의무자로서 국내에 있는 재산세 과세 대상인 주택의 공시가격을 합산한 금액(개인의 경우 세대별로 합산한 금액)이 10억원을 초과하 는 자는 종합부동산세를 납부할 의무가 있다.

제○○조(과세표준) 주택에 대한 종합부동산세의 과세표준은 납세의무자별로 주택의 공시가격을 합산한 금액에서 10억원을 공제한 금액으로 한다.

제○○조(세율 및 세액) ① 주택에 대한 종합부동산세는 과세표준에 다음의 세율을 적용하여 계산 한 금액을 그 세액으로 한다.

과세표준	세율
5억원 이하	1천분의 10
5억원 초과 10억원 이하	1천분의 15
10억원 초과 100억원 이하	1천분의 20
100억원 초과	1천분의 30

② 주택분 종합부동산세액을 계산함에 있어 2008년부터 2010년까지의 기간에 납세의무가 성립하 는 주택분 종합부동산세에 대하여는 제1항의 규정에 의한 세율별 과세표준에 다음 각호의 연도별 적용비율과 제1항의 규정에 의한 세율을 곱하여 계산한 금액을 각각 당해 연도의 세액으로 한다.

    1. 2008년 : 100분의 70
    2. 2009년 : 100분의 80
    3. 2010년 : 100분의 90

① 각각 단독세대주인 갑(공시가격 25억원 주택소유)과 을(공시가격 30억원 주택소유)이 2008년 5월 31일 혼인신고 하여 부부가 되었다. 만약 혼인하지 않았다면 갑과 을이 각각 납부하였을 2008년 종합부동산세액의 합계는 혼인 후 납부하는 세액과 동일하다.

② 2008년 12월 31일 현재 A의 세대별 주택공시가격의 합산액이 15억원일 경우 재산변동이 없다 면 다음 해의 종합부동산세액은 400만원이다.

③ 종합부동산세를 줄이기 위해 주택을 처분하기로 결정하였다면, 당해 연도 6월 1일 이전에 처분 하는 것이 유리하다.

④ 2008년부터 2010년까지의 적용비율을 점차적으로 상승시킴으로써 시행 초기에 나타날 수 있는 조세저항을 줄이려고 했다.

⑤ 종합부동산세를 줄이기 위해 기혼 무주택 자녀에게 주택을 증여하여 재산을 분할하는 일이 증 가할 수 있다.

027

다음 글과 〈상황〉을 근거로 판단할 때 옳은 것은? (단, 기간을 일(日)로 정한 때에는 기간의 초일은 산입하지 않는다) [17행상-25]

제○○조(위원회의 직무) 위원회는 그 소관에 속하는 의안과 청원 등의 심사 기타 법률에서 정하는 직무를 행한다.

제△△조(안건의 신속처리) ① 위원회에 회부된 안건을 제2항에 따른 신속처리대상안건으로 지정하고자 하는 경우 의원은 재적의원 과반수가 서명한 신속처리대상안건 지정요구 동의(이하 "신속처리안건지정동의")를 국회의장에게, 안건의 소관 위원회 소속 위원은 소관 위원회 재적위원 과반수가 서명한 신속처리안건지정동의를 소관 위원회 위원장에게 제출하여야 한다. 이 경우 의장 또는 안건의 소관 위원회 위원장은 지체 없이 신속처리안건지정동의를 무기명투표로 표결하되 재적의원 5분의 3 이상 또는 안건의 소관 위원회 재적위원 5분의 3 이상의 찬성으로 의결한다.
② 의장은 제1항에 따라 신속처리안건지정동의가 가결된 때에는 해당 안건을 제3항의 기간 내에 심사를 마쳐야 하는 안건(이하 "신속처리대상안건")으로 지정하여야 한다.
③ 위원회는 신속처리대상안건에 대한 심사를 그 지정일부터 180일 이내에 마쳐야 한다. 다만, 법제사법위원회는 신속처리대상안건에 대한 체계·자구심사를 그 지정일, 제4항에 따라 회부된 것으로 보는 날 또는 제□□조에 따라 회부된 날부터 90일 이내에 마쳐야 한다.
④ 위원회(법제사법위원회를 제외한다)가 신속처리대상안건에 대하여 제3항에 따른 기간 내에 신속처리대상안건의 심사를 마치지 아니한 때에는 그 기간이 종료된 다음 날에 소관 위원회에서 심사를 마치고 체계·자구심사를 위하여 법제사법위원회로 회부된 것으로 본다.
⑤ 법제사법위원회가 신속처리대상안건에 대하여 제3항에 따른 기간 내에 심사를 마치지 아니한 때에는 그 기간이 종료한 다음 날에 법제사법위원회에서 심사를 마치고 바로 본회의에 부의된 것으로 본다.
⑥ 제5항에 따른 신속처리대상안건은 본회의에 부의된 것으로 보는 날부터 60일 이내에 본회의에 상정되어야 한다.

제□□조(체계·자구의 심사) 위원회에서 법률안의 심사를 마치거나 입안한 때에는 법제사법위원회에 회부하여 체계와 자구에 대한 심사를 거쳐야 한다.

〈상황〉
- 국회 재적의원은 300명이고, 지식경제위원회 재적위원은 25명이다.
- 지식경제위원회에 회부된 안건 X가 3월 2일 신속처리대상안건으로 지정되었다.

① 안건 X는 국회 재적의원 중 최소 150명 또는 지식경제위원회 위원 중 최소 13명의 찬성으로 신속처리대상안건으로 지정되었다.
② 지식경제위원회는 안건 X에 대해 당해년도 10월 1일까지 심사를 마쳐야 한다.
③ 지식경제위원회가 안건 X에 대해 기간 내 심사를 마치지 못했다면, 90일을 연장하여 재심사할 수 있다.

④ 지식경제위원회가 안건 X에 대해 심사를 마치고 당해년도 7월 1일 법제사법위원회로 회부했다면, 법제사법위원회는 당해년도 9월 29일까지 심사를 마쳐야 한다.

⑤ 안건 X가 당해년도 8월 1일 법제사법위원회로 회부되었고 법제사법위원회가 기간 내 심사를 마치지 못했다면, 다음 해 1월 28일에 본회의에 부의된 것으로 본다.

028

다음 글을 근거로 판단할 때 옳은 것은? [24행상 – 25]

제○○조(어장청소 등) ① 양식업면허를 받은 자는 그 양식업면허를 받은 날부터 3개월 이내에 해당 어장의 퇴적물이나 어장에 버려진 폐기물을 수거·처리(이하 '어장청소'라 한다)해야 하고, 어장청소를 끝낸 날부터 정해진 주기에 따라 어장청소를 해야 한다.

② 제1항의 어장청소 주기는 다음의 표와 같다. 단, 같은 면허 내에서 서로 다른 양식방법을 혼합하거나 두 종류 이상의 수산동식물을 양식하는 경우, 어장청소 주기는 그중 단기로 한다.

면허의 종류	양식방법	양식품종	주기
해조류 양식업	수하식 (지주망식)	김, 매생이 등	5년
	수하식 (연승식)	미역, 다시마, 톳, 모자반 등	4년
어류 등 양식업	가두리식	조피볼락, 돔류, 농어, 방어, 고등어, 민어 등	3년
	수하식 (연승식)	우렁쉥이, 미더덕, 오만둥이 등	4년

③ 제1항에도 불구하고, 양식업면허의 유효기간이 만료된 자가 해당 어장에서 기존 면허와 동일한 신규 면허를 받은 경우에는 면허의 유효기간 만료 전 마지막으로 어장청소를 끝낸 날부터 제2항의 주기에 따라 어장청소를 할 수 있다.

④ 시장·군수·구청장(이하 '시장 등'이라 한다)은 양식업면허를 받은 자가 제1항을 위반하여 어장청소를 하지 아니하는 경우 어장청소를 명하되, 60일 이내의 범위에서 이행기간을 부여해야 한다.

제□□조(이행강제금) ① 시장 등은 제○○조 제4항에 따른 명령을 받고 그 정한 기간 내에 명령을 이행하지 아니한 자에게 어장 규모 등을 고려하여 이행강제금을 부과한다.

② 시장 등은 제○○조 제4항에 따른 최초의 명령을 한 날을 기준으로 1년에 2회 이내의 범위에서 그 명령이 이행될 때까지 반복하여 제1항의 이행강제금을 부과할 수 있다.

③ 제1항에 따른 이행강제금은 면허면적 0.1 ha당 5만 원이며, 1회 부과하는 이행강제금은 250만 원을 초과할 수 없다.

① 유효기간이 10년인 해조류 양식업면허를 처음으로 받은 甲이 수하식(지주망식)으로 매생이를 양식하는 경우, 유효기간 동안 어장청소를 두 번은 해야 한다.

② 어류 등 양식업면허를 받은 乙이 가두리식으로 방어와 수하식(연승식)으로 우렁쉥이를 양식하는 경우, 어장청소 주기는 4년이다.

③ 유효기간이 만료된 후 해당 어장에서 기존 면허와 동일한 신규 면허를 받은 丙은 신규 면허를 받은 날부터 3개월 이내에 어장청소를 해야 한다.

④ 6 ha 면적의 어류 등 양식업면허를 받은 丁이 지속적으로 어장청소를 하지 않을 경우, 1회 300만 원의 이행강제금이 부과된다.

⑤ 2020. 12. 11. 어류 등 양식업면허를 받아 수하식(연승식)으로 미더덕을 양식하는 戊가 2024. 3. 11.까지 어장청소를 한 번밖에 하지 않는다면, 2024. 3. 12.에 이행강제금이 부과된다.

029

다음 글을 근거로 판단할 때 옳은 것은? [24행상-5]

　　제○○조(특허표시 및 특허출원표시) ① 특허권자는 다음 각 호의 구분에 따른 방법으로 특허표시
　　를 할 수 있다.
　　제○○조(건축물에 대한 미술작품의 설치 등) ① 일정 규모 이상의 건축물을 건축하려는 자(이하
　　'건축주'라 한다)는 제4항에 따른 금액을 사용하여 회화·조각·공예 등 건축물 미술작품(이하 '미
　　술작품'이라 한다)을 설치하여야 한다.
　　② 건축주는 건축물에 미술작품을 설치하려는 경우 해당 건축물이 소재하는 지역을 관할하는
　　시·도지사에게 해당 미술작품의 가격과 예술성 등에 대한 감정·평가를 받아야 한다.
　　③ 제1항에 따라 미술작품을 설치해야 하는 건축물은 다음 각 호의 어느 하나에 해당되는 건축
　　물로서 연면적이 1만 제곱미터(증축하는 경우에는 증축되는 부분의 연면적이 1만 제곱미터) 이
　　상인 것으로 한다.
　　　　1. 공동주택(기숙사 및 공공건설임대주택은 제외한다)
　　　　2. 문화 및 집회시설 중 공연장·집회장 및 관람장
　　　　3. 업무시설
　　④ 미술작품의 설치에 사용해야 하는 금액은 다음과 같다.
　　　　1. 제3항 제1호의 공동주택 : 건축비용의 1천분의 1
　　　　2. 제3항 제1호 이외의 건축물 : 건축비용의 1천분의 5
　　　　3. 제1호 및 제2호에도 불구하고 제3항 제1호부터 제3호까지의 건축물로서 건축주가 국가
　　　　　또는 지방자치단체인 건축물 : 건축비용의 1백분의 1
　　제□□조(건축물에 대한 미술작품의 설치 등) ① 건축주(국가 및 지방자치단체는 제외한다)는 제
　　○○조 제4항에 따른 금액을 미술작품의 설치에 사용하는 대신에 문화예술진흥기금에 출연할
　　수 있다.
　　② 제1항에 따라 문화예술진흥기금에 출연하는 금액은 제○○조 제4항에 따른 금액의 1백분의
　　70에 해당하는 금액으로 한다.
　　③ 건축물의 설계변경으로 건축비용이 인상됨에 따라 제○○조 제4항에 따른 금액이 종전에 제
　　○○조 제2항에 따른 감정·평가를 거친 금액보다 커진 경우에는 그 차액을 문화예술진흥기금에
　　출연하는 것으로 미술작품을 변경하여 설치하는 것을 갈음할 수 있다.

① A지방자치단체가 건축비용 30억 원으로 연면적 1만 5천 제곱미터의 공연장을 건립하려는 경우,
　미술작품 설치에 1천 5백만 원을 사용하여야 한다.
② B지방자치단체가 건축비용 25억 원으로 연면적 1만 제곱미터 이상의 업무시설을 건립하려는
　경우, 미술작품을 설치하는 대신에 1,750만 원을 문화예술진흥기금에 출연하여도 된다.
③ C회사가 건축비용 10억 원으로 기존 연면적 7천 제곱미터의 업무시설을 전체 연면적 1만 2천
　제곱미터의 업무시설로 증축하려는 경우, 미술작품을 설치할 필요가 없다.

④ D대학교가 건축비용 20억 원으로 연면적 1만 제곱미터의 기숙사를 건립하려는 경우, 미술작품의 설치에 200만 원을 사용하여야 한다.

⑤ E회사가 건축비용 40억 원으로 연면적 1만 제곱미터의 집회장을 건립하면서 2천만 원의 미술작품을 설치하기로 한 후, 설계변경으로 건축비용이 45억 원으로 늘어났다면 2천만 원을 문화예술진흥기금에 출연하여야 한다.

030

다음 글과 〈상황〉을 근거로 판단할 때 옳은 것은? [23입상-6]

제○○조

① 환경분쟁조정제도는 국가 또는 지방자치단체를 당사자로 하는 환경분쟁을 소송절차를 통하지 않고 전문성을 가진 행정기관에서 신속히 해결하도록 하기 위해 마련된 제도이다.

1. 조정은 사실조사 후 조정위원회가 조정안을 작성하여 당사자 간 합의를 수락할 것을 권고하고 합의 불성립시 조정결정을 하는 절차이다. 시·도지사, 시장·군수·구청장 또는 유역환경청장·지방환경청장은 필요하다고 판단되는 분쟁에 대해서는 중앙 또는 지방환경분쟁조정위원회에 직권조정을 요청할 수 있다.

2. 조정위원회의 조정안을 당사자가 수락한 때에는 조정이 성립되며, 합의 불성립시 조정위원회는 조정결정을 할 수 있다.

3. 조정위원회가 조정결정을 하였을 때에는 지체 없이 조정결정문서의 정본을 당사자나 대리인에게 송달하여야 한다.

4. 당사자는 조정결정문서 정본을 송달받은 날부터 14일 이내에 불복사유를 명시하여 서면으로 이의신청을 할 수 있다. 14일 이내 당사자의 이의신청이 없으면, 조정결정은 재판상 화해의 효력이 있다.

② 중앙환경분쟁조정위원회는 조정사무 중에서 다음의 업무를 관장한다.

1. 신청금액이 1억원을 초과하는 재정

2. 국가 또는 지방자치단체를 당사자로 하는 분쟁의 재정, 조정, 알선

3. 둘 이상의 시·도의 관할구역에 걸치는 분쟁의 재정, 조정, 알선

4. 중대한 환경피해가 발생하여 이를 방치하면 사회적으로 중대한 영향을 미칠 우려가 있다고 인정되는 분쟁으로서 조정가액이 50억원 이상인 분쟁에 대하여는 당사자의 신청이 없는 경우에도 직권으로 조정절차를 개시할 수 있다.

〈상황〉

A시가 관내 B동에 쓰레기 매립장 신설 예정 결정을 한 것에 대해 C시가 반대하고 있다. C시는 환경피해보상으로 30억원을 A시에 요구하고 있다.

① B동 쓰레기 매립장 신설 관련 분쟁의 조정가액이 40억원인 경우 사회적으로 중대한 영향을 미칠 우려가 인정된다면 중앙환경분쟁조정위원회가 직권으로 조정절차를 개시할 수 있다.

② 조정위원회의 조정결정문서의 정본을 송달받은 날부터 A시와 C시가 14일 이내에 수락해야 재판상 화해의 효력을 갖는다.

③ C시의 주민대표는 중앙환경분쟁조정위원회에 직권조정을 요청할 수 있다.

④ 조정위원회의 조정안에 대해 A시와 C시의 합의가 성립되지 않을 경우 조정위원회는 조정결정을 할 수 없다.

⑤ C시가 조정결정에 불복하고자 할 경우 조정결정문서의 정본을 송달받은 날부터 14일 이내에 서면으로 이의신청을 할 수 있다.

다음 글을 근거로 판단할 때 옳은 것은? (단, 기간 계산 시 초일은 산입하지 않는다) [23입상-27]

제○○조 건물에 대하여 구분소유 관계가 성립되면 구분소유자 전원을 구성원으로 하여 건물과 그 대지 및 부속시설의 관리에 관한 사업의 시행을 목적으로 하는 관리단이 설립된다.

제□□조
① 구분소유자가 10인을 초과할 때에는 관리단을 대표하고 관리단의 사무를 집행할 관리인을 선임하여야 한다.
② 관리인은 구분소유자 중에서 선임하며, 그 임기는 2년의 범위에서 규약으로 정한다.

제◇◇조
① 관리단에는 규약으로 정하는 바에 따라 관리위원회를 둘 수 있다.
② 관리위원회의 위원은 구분소유자 중에서 관리단집회의 결의에 의하여 선출한다.
③ 관리인은 규약에 달리 정한 바가 없으면 관리위원회의 위원이 될 수 없다.

제△△조
① 관리인은 필요하다고 인정할 때에는 관리단집회를 소집할 수 있다.
② 구분소유자의 5분의 1 이상이 관리단집회의 소집을 청구하면 관리인은 관리단집회를 소집하여야 한다. 이 정수(定數)는 규약으로 가중할 수 없으며 감경만 할 수 있다.
③ 제2항의 청구가 있은 후 1주일 내에 관리인이 청구일부터 2주일 이내의 날을 관리단집회일로 하는 소집통지 절차를 밟지 아니하면 소집을 청구한 구분소유자는 법원의 허가를 받아 관리단집회를 소집할 수 있다.

① 구분소유자가 10인(人)인 A집합건물의 관리단은 관리인을 선임하여야 한다.
② B집합건물의 구분소유자가 아닌 갑은 B집합건물의 관리인으로 선임될 수 있다.
③ 관리위원회 위원은 관리인의 추천에 의해 선출한다.
④ 구분소유자가 15인(人)인 C집합건물의 규약은 관리단집회 소집 청구에 필요한 정수를 4인(人) 이상으로 규정할 수 있다.
⑤ 구분소유자가 20인(人)인 D집합건물의 구분소유자 4인(人)이 2023년 1월 2일 관리인 해임을 안건으로 하는 관리단집회 소집을 청구했음에도 불구하고, 2023년 1월 31일까지 관리인이 소집통지절차를 밟지 않았다면 소집을 청구한 구분소유자는 법원의 허가를 받아 관리단집회를 소집할 수 있다.

032

다음 글을 근거로 판단할 때 〈보기〉에서 옳은 것만을 모두 고르면? [24입상-5]

제○○조 이 법에서 사용하는 용어의 뜻은 다음과 같다.
    1. "수급권자"란 생계급여를 받을 수 있는 자격을 가진 사람을 말한다.
    2. "수급자"란 생계급여를 받는 사람을 말한다.
    3. "수급품"이란 이 법에 따라 수급자에게 지급하거나 대여하는 금전 또는 물품을 말한다.
    4. "보장기관"이란 생계급여를 실시하는 국가 또는 지방자치단체를 말한다.
    5. "부양의무자"란 수급권자를 부양할 책임이 있는 사람으로서 수급권자의 1촌의 직계혈족 및 그 배우자를 말한다. 다만, 사망한 1촌의 직계혈족의 배우자는 제외한다.
    6. "최저보장수준"이란 국민의 소득·지출 수준과 수급권자의 가구 유형 등 생활실태, 물가상 승률 등을 고려한 생계급여의 보장수준을 말한다.
    7. "소득인정액"이란 보장기관이 생계급여의 결정 및 실시 등에 사용하기 위하여 산출한 수 급권자의 소득평가액과 재산의 소득환산액을 합산한 금액을 말한다.
    8. "기준 중위소득"이란 보건복지부장관이 생계급여의 기준 등에 활용하기 위하여 중앙생활 보장위원회의 심의·의결을 거쳐 고시하는 국민 가구소득의 중위값을 말한다.
제○○조 ① 생계급여는 수급자에게 의복, 음식물 및 연료비와 그 밖에 일상생활에 기본적으로 필 요한 금품을 지급하여 최저보장수준을 달성하게 하는 것으로 한다.
  ② 수급권자는 부양의무자가 없거나, 부양의무자가 있어도 부양능력이 없거나 부양을 받을 수 없는 사람으로서 그 소득인정액이 기준 중위소득의 100분의 30 이하인 사람으로 한다.
  ③ 제1항에 따른 최저보장수준은 생계급여와 소득인정액을 합산하여 기준 중위소득의 100분의 30이 되도록 한다.
제○○조 ① 생계급여는 금전을 지급하는 것으로 한다. 다만, 금전으로 지급할 수 없거나 금전으 로 지급하는 것이 적당하지 아니하다고 인정하는 경우에는 물품을 지급할 수 있다.
  ② 제1항의 수급품은 수급자에게 직접 지급한다. 다만, 보장시설이나 타인의 가정에 위탁하여 생계급여를 실시하는 경우에는 그 위탁받은 사람에게 이를 지급할 수 있다.
  ③ 생계급여는 보건복지부장관이 정하는 바에 따라 수급자의 소득인정액을 고려하여 차등지급 할 수 있다.
  ④ 보장기관은 근로능력이 있는 수급자에게 자활에 필요한 사업에 참가할 것을 조건으로 하여 생계급여를 실시할 수 있다.

〈보 기〉

ㄱ. 1촌 이내 직계혈족이 모두 사망한 A의 소득인정액이 기준 중위소득의 100분의 30이라면, A는 수급권자에 해당한다.

ㄴ. 국가와 달리 지방자치단체는 수급자인 B에게 자활에 필요한 사업 참여를 전제로 수급품을 직접 지급할 수 없다.

ㄷ. 수급자인 C의 소득평가액이 기준 중위소득의 100분의 15이고, 수급자인 D의 소득평가액이 기준 중위소득의 100분의 10이라면, D의 수급품 금액은 C보다 기준 중위소득의 100분의 5만큼 더 높다.

① ㄱ   ② ㄴ   ③ ㄱ, ㄷ

④ ㄴ, ㄷ   ⑤ ㄱ, ㄴ, ㄷ

033

다음 글을 근거로 판단할 때 〈보기〉에서 가능한 것만을 모두 고르면? [24입상-6]

제○○조(기술수요조사) ① 중앙행정기관의 장은 정기적으로 기술수요조사를 하고, 그 결과를 반영하여 연구개발과제를 발굴하여야 한다. 다만, 시급하거나 전략적으로 반드시 수행할 필요가 있는 연구개발과제의 경우에는 기술수요조사 결과를 반영하지 아니할 수 있다.
② 제1항에 따른 기술수요조사에 포함될 사항은 다음 각 호와 같다.
    1. 제안하는 기술의 개발목표 및 내용
    2. 제안하는 기술의 연구개발 동향 및 파급효과
제△△조(신청) ① 국가연구개발사업을 수행하거나 참여하려는 자는 다음 각 호의 사항이 포함된 연구개발계획서를 작성하여 해당 중앙행정기관의 장 또는 전문기관의 장에게 연구개발과제를 신청하여야 한다.
    1. 연구개발의 필요성
    2. 연구개발의 목표와 내용
    3. 평가의 착안점 및 기준
    4. 연구개발의 추진 전략·방법 및 추진체계
② 제1항에도 불구하고 중앙행정기관의 장이 필요하다고 인정하는 국가연구개발사업에 대해서는 제1항제1호부터 제4호까지의 사항이 포함된 연구개발제안서를 작성하여 연구개발과제를 신청할 수 있다. 이 경우 제□□조에 따라 연구개발과제가 선정되기 전까지 중앙행정기관의 장이 정하는 바에 따라 제1항에 따른 연구개발계획서를 작성하여 제출하여야 한다.
제□□조(연구개발과제의 선정) ① 중앙행정기관의 장은 연구개발과제를 선정할 때에는 미리 연구개발과제 평가단을 구성·운영하여 선정의 객관성을 유지하여야 한다.
② 중앙행정기관의 장이 제1항에 따른 연구개발과제 평가단을 구성·운영하는 경우에는 평가위원 후보단 중에서 세부기술별로 적정규모의 전문가를 확보하여 평가의 전문성을 유지하고, 이해관계자를 연구개발과제 평가단에서 제외하여 평가의 공정성을 유지하여야 한다. 이 경우 이해관계자는 스스로 회피신청을 하여야 한다.

〈보 기〉

ㄱ. 산업통상자원부장관이 연구개발과제를 선정하기 위해 연구개발과제 평가단을 구성·운영하였다. 이때 평가위원 후보단 중 이해관계자에 해당하는 甲은 스스로 회피신청을 하였다.
ㄴ. 과학기술정보통신부장관은 제안하는 기술의 개발목표 및 내용, 제안하는 기술의 연구개발 동향 및 파급효과를 포함하여 기술수요조사를 하였으나, 4차 산업혁명에 대응하여 전략적으로 반드시 수행할 필요가 있는 인공지능 분야의 연구개발과제를 발굴할 때 기술수요조사 결과를 반영하지 아니하였다.
ㄷ. 보건복지부장관이 필요하다고 인정하는 국가연구개발사업을 수행하려는 자인 乙은 연구개발과제가 선정된 후에 연구개발계획서를 작성하여 제출하였다.

① ㄱ
② ㄴ
③ ㄱ, ㄴ
④ ㄱ, ㄷ
⑤ ㄴ, ㄷ

PART 2.

2026 LEET · PSAT 법률문제 222

PART 2. | 지문형

　'지문형'은 규정, 법이론, 판례 등을 글 또는 제시문의 형태로 구성하여 출제하는 문제입니다(과거에는 '제시문'으로 출제했고 최근에는 '글'로 출제하고 있습니다. 제시문과 글을 포괄하기 위해 '지문형'으로 정했습니다).

　지문형은 그 소재가 법학으로 출제될 뿐, 일반 독해 유형의 문제로 볼 수 있는 유형이고, 주로 법학에서의 학설, 법률 용어의 해석을 요구하기 때문에, 키워드와 개념 정의를 찾는 데 집중해야 합니다.

　한편, 지문형은 상대적으로 어렵고 시간을 많이 쓰게 만드는 면이 있는 '사례형', '계산형', '퀴즈형'보다 수월한 편에 속합니다. 그렇기에 이 부분의 문제는 반드시 맞추겠다는 마음으로 실수를 줄이고 푸는 시간을 줄이기 위한 연습을 해야 합니다. 즉, 지문형을 우선적으로 풀어 시간을 절약하고 보다 어려운 문제에 힘을 쓸 수 있어야 한다는 것입니다.

　일반적으로 지문형은 글을 바탕으로 '옳은 것/부합하는 것', '옳지 않은 것/부합하지 않은 것'의 문두로 등장합니다.

　이를 1) 어렵거나 낯선 개념이 등장하면서 해당 개념에 대한 정의, 예시를 제시하거나 요건과 효과 등을 제시하는 경우 2) 시간의 흐름에 따라 특정 대상의 변화에 관한 서술이 이루어지는 경우 3) 특정 개념을 세부적으로 제시하여 상위－하위항목으로 분류, 구별이 이루어지는 경우 4) 상반되는 2가지 이상의 개념이 등장하여 각각의 개념이 서로 대립, 대비되는 경우 5) 하나의 쟁점에 대하여 다양한 입장이 제시된 가운데 동일한 입장을 찾거나 내용을 입장별로 구분하는 경우 등으로 구분할 수 있습니다.

어렵거나 낯선 개념의 등장	① 개념의 정의와 이해 ② 특정 상황, 사례에 대한 적용
시간의 흐름에 따른 대상의 변화	① 대상의 변천과정 파악 ② 시점별 차이점 파악
개념의 분류, 구별	① 상위/하위관계, 포함관계 등 세부 내용 간의 관계 ② 분류의 기준

상반되는 대상 간의 대립, 대비	① 공통점과 차이점 파악 ② 특정 대상에 대한 정확한 파악
쟁점에 대한 입장 제시	① 입장의 구분 ② 특정 입장에 대한 정확한 파악

다음은 지문형 풀이와 관련한 TIP입니다.

1. 독해전략 확립

지문형은 글로 구성된 지문을 얼마나 빠르고 정확하게 파악할 수 있는지가 관건입니다. 너무 꼼꼼히 읽어 시간이 모자라는 등의 습관들을 해결하기 위해 독해전략을 확립하는 것이 필요합니다 (이하의 내용은 하나의 예입니다. 각자 자신에게 맞는 방법을 모색해야 합니다).

① 초벌독해 / 재벌독해

'초벌독해'는 문제를 확인한 후 글을 처음 읽을 때 빠르게 지문에 등장하는 핵심 키워드나 문장의 개수 등 지문 구조를 훑는 것이고, '재벌독해'는 선지에 제시된 내용과 글의 내용을 연결시켜서 확인하는 것을 말합니다. 이에 초벌독해를 진행한 후, 재벌독해를 진행하는 방식을 활용할 수 있으며, 이는 나름의 시간은 걸리지만 한편으로 내용을 정밀하게 파악할 수 있다는 장점이 있습니다.

② 선지부터 파악

글이 길거나 내용파악이 쉽지 않을 경우, 선지의 내용을 먼저 파악하는 것도 한 방법입니다. 글에서 중점적으로 파악해야 할 내용이 무엇인지를 정한 후 본격적인 독해를 진행하는 방법입니다. 선지에서 키워드를 뽑아내면 확실히 시간단축에 도움이 됩니다.

③ 머릿속으로 시나리오 구성하며 출제의도 간파

단순히 글을 '주르륵' 읽는 것만으로는 점수 향상에 도움이 되지 않을 것입니다. 글을 읽으며 머릿속으로 지문 상황을 그려보는 것이 좋습니다. 이를 통해 글의 취지에 공감하고 핵심 정보를 그려나갈 수 있을 것입니다. 적성시험의 특성상 잠깐이라도 집중력이 흐트러지면 정답률이 크게 감소할 수 있습니다. 이를 극복하기 위해 머릿속으로 글의 상황을 그려봄으로써 출제의도를 간파하고자 노력하는 한편, 밑줄이나 동그라미 표시를 하는 등 집중력을 유지하기 위한 습관을 형성하면 좋습니다.

2. 법률용어 숙지

생소한 법률용어들이 등장하면 체감 난이도가 상승할 수 있습니다. 그런데 어렵거나 낯선 법률

용어가 등장하는 경우 반드시 출제자는 해당 용어에 대한 정의 및 설명을 해주기 마련입니다. 그러므로 당황하지 말고, 이러한 부분에 유의하여 출제의 의중을 간파할 수 있어야 합니다.

한 예로 2015학년도 추리논증 3번 문제를 살펴보겠습니다.

법은 여러 종류의 규칙들이 결합하여 이루어지는 체계이고, 그 기저에는 '무엇이 법인가'에 대한 규칙인 '승인규칙'이 자리한다. **승인규칙은 '사회적 규칙'의 일종이다.** 사회적 규칙은 어떤 집단에서 구성원 대부분이 어떤 행위를 반복적으로 할 때 존재한다는 점에서 집단적인 습관과 비슷하지만, 그에 대한 준수의 압력이 있고, 그로부터의 일탈은 잘못된 것으로 비판받으며, 그래서 적어도 일부 구성원들이 그 행동을 집단 전체가 따라야 하는 일반적인 기준으로 보는 반성적이고 비판적 태도를 가진다는 점에서 습관과 구별된다. **사회적 규칙에 대하여 사회구성원 다수는 그것을 행동의 기준이나 이유로 받아들이고 사람들의 행위에 대한 비판적인 태도를 정당화하는 근거로 여기는 '내적 관점'을 취한다.**

승인규칙은 법관들과 공직자들 및 시민들이 일정한 기준에 비추어서 법을 확인하는 관행 또는 실행으로 존재한다. 그럴 때 그들은 그 규칙에 대하여 내적 관점을 가지고 있다. (후략)

ㄱ. 어떤 사회에 소수의 채식주의자가 있다면, "육식을 하면 안 된다."는 것이 그 사회의 사회적 규칙이다.

글에서 '승인규칙'이라는 낯선 법적 개념이 등장합니다. 이때 정의 또는 설명 부분을 찾아 표시해두면 선지 ㄱ을 판단할 때 해당 근거를 빠르게 찾을 수 있습니다.

또한, 다음의 글을 살펴보겠습니다.

그 중 **노령연금**은 국민연금에 10년 이상 가입하였던 자 또는 10년 이상 가입 중인 자에게 만 60세가 된 때부터 그가 생존하는 동안 지급하는 급여를 말한다. 노령연금을 받을 권리자(노령연금 수급권자)와 이혼한 사람도 일정한 요건을 충족하면 노령연금을 분할한 일정 금액의 연금을 받을 수 있는데, 이를 **분할연금**이라 한다.

글에 '노령연금'과 '분할연금'에 대한 정의가 제시되어 있습니다. 특히 '분할연금'이라는 용어가 생소할 수 있습니다. 그러나 오히려 이런 생소한 용어가 거의 예외 없이 정답과 직결되곤 합니다. 그러므로 노령연금보다 분할연금에 유의하여 해당부분을 확인하고 문제에 접근해야 합니다.

3. 예시의 중요성

어렵고 낯선 법률용어를 설명하기 위해 출제자가 글에서 구체적인 예시를 드는 경우가 많습니다. 출제자가 자신의 연구 분야와 관련한 일정한 법률적 개념을 소재로 문제를 출제하는 가운데 응시생에게 어렵거나 낯선 개념일 수도 있음을 감안하여 배려하는 것으로 볼 수 있으며, 이런 예시는 대부분 문제의 핵심 또는 정답과 직결됩니다. 그러므로 수험생의 입장에서는 이를 역으로 활용하여야 합니다.

소멸시효(消滅時效)는 권리자가 일정한 기간 동안 권리를 행사하지 않는 상태(권리불행사의 상태)가 계속된 경우에 그의 권리를 소멸시키는 제도를 말한다. 즉 소멸시효의 기간이 만료하면 그 권리는 소멸하게 된다. 소멸시효의 기간은 권리를 행사할 수 있는 때부터 진행한다. **예컨대 甲이 3월 10일 乙에게 1천만원을 1년간 빌려주고, 이자는 연 12%씩 매달 받기로 한 경우, 甲은 乙에게 4월 10일에 이자 10만원의 지불을 요구할 수 있으므로, 甲의 乙에 대한 4월분 이자채권은 그때부터 소멸시효의 기간이 진행된다.**

위의 글은 소멸시효라는 법률용어의 정의를 설명해주고, 용어에 대한 예시를 제시합니다.

문제는 다음과 같았습니다.

다음 제시문을 근거로 乙에 대한 채권의 소멸시효가 완성되기 전에 甲이 압류 또는 가압류를 통해 **가장 먼저 소멸시효를 중단시켜야 할 경우**는?(단, 2008년 2월 23일 현재를 기준으로 판단할 것)

소멸시효의 중단이라는 개념이 수험생에게 결코 쉽지 않은 낯선 내용일 수 있기에 출제자는 예를 들게 마련입니다. 소멸시효의 중단은 소멸시효의 진행과 밀접한 관련이 있습니다. 소멸시효 기간이 만료되면 지문의 내용과 같이 권리가 소멸합니다. 따라서 이를 피하기 위해 소멸시효가 진행되는 중에 이를 중단시켜야 하는 것입니다.

4. '~하여야 한다' / '~할 수 있다'의 구분

'~하여야(만) 한다'와 '~한다'는 반드시 해야 하는 내용을 다루고, '~할 수 있다'는 반드시 해야 하는 것이 아닌 것을 다룹니다(이는 입법기술의 핵심이기도 합니다). 전자를 '강행적 또는 필요적'이라 하며, 후자를 '임의적'이라 합니다. 이는 출제자가 선지를 제작할 시 늘 고민하게 되는 지점입니다. 그러므로 평소 이 부분에 대한 훈련을 해놓아야 하고, 구체적인 정답 확정의 범위를 선제적으로 정해 놓아야 합니다(이하에서 다루는 [대표예제1]를 통해 이 부분에 대한 감을 기를 수 있습니다).

참고로, 기출 이외에 전국모의고사에서도 '~할 수 있다'와 '~할 수도 있다'는 이에 대한 뉘앙스가 오묘하게 달라서 정답을 가르는 경우가 빈번하고 이에 대한 이의제기도 많은 편입니다. 시험이 임박할 즈음부터는 다양한 문제들을 풀면서 훈련하면 좋습니다.

5. 키워드의 중요성

지문형을 효율적으로 푸는 법 중 하나는 글에 등장하는 키워드를 빨리 찾는 것입니다. 때로는 여러 개의 키워드가 등장하기도 하므로, 섣불리 하나의 키워드에 치우친 판단을 하여 답을 고르는 것이 위험한 경우도 있습니다. 이에 여러 개의 키워드 중 가장 중요하고 출제의도와 직접적인 연관을 가지는 것을 찾는 훈련이 필요합니다.

다음은 2015학년도 추리논증 1번 문제의 지문입니다.

우리 헌법은 국가가 개인이 가지는 불가침의 기본적 인권을 확인하고 이를 보장할 의무를 진다고 규정함으로써, 소극적으로 국가가 국민의 기본권을 침해하는 것을 금지하는 데 그치지 않고 적극적으로 국민의 기본권을 타인의 침해로부터 보호할 의무를 부과하고 있다. 국가가 소극적 방어권으로서의 기본권을 제한하는 경우, 자유와 권리의 본질적 내용을 침해할 수는 없으며 침해 범위도 필요 최소한에 도에 그쳐야 한다. 그러나 국가가 적극적으로 국민의 기본권을 보호해야 하는 경우에는 설사 그 보호의 정도가 국민이 바라는 이상적인 수준에 미치지 못한다고 해서 헌법 위반으로 보기는 어렵다. 국가가 기본권 보호의무를 어떻게, 어느 정도로 이행할지는 국가의 정치·경제·사회·문화적인 제반 여건을 고려하여 정책적으로 판단해야 하는 재량의 범위에 속하기 때문이다. 따라서 헌법재판소는 이러한 재량을 존중하는 취지에서 소위 과소보호금지원칙을 적용하여 국가의 기본권 보호의무 위반 여부를 판단한다. 이 원칙에 따르면 국가는 국민의 기본권 보호를 위하여 적절하고 효율적인 최소한의 보호조치를 취해야 하고, 이에 미치지 못하는 경우에만 기본권 보호의무를 위반한 것으로 판단된다.

글이 그리 길지 않은 가운데 키워드가 '과소보호금지원칙'임을 찾을 수 있었을 것입니다. 글의 마지막 문장에 의하면 '국가는 국민의 기본권 보호를 위하여 적절하고 효율적인 최소한의 보호조치를 취해야 하고', '최소한의 보호조치에 미치지 못하는 경우에만' 기본권 보호의무를 위반한 것으로 판단된다고 하였습니다. 이 문장 하나로 선지를 모두 해결할 수 있는 문제로 출제되었습니다(39번 문제로 수록되었으므로 해당 부분에서 좀 더 상세히 살펴보겠습니다.).

이와 같이 지문형에서는 키워드를 찾는 작업이 선행되어야 하며, 출제자가 어떤 의도로 해당 용어를 등장시켰는지 고민해보는 것이 중요합니다.

아래의 내용은 글에서 키워드를 빠르게 찾을 수 있는 방법입니다.

- '인용부호'와 '괄호'가 있는 단어를 먼저 찾아본다.
- 지문과 선지에 반복 사용된 단어를 찾아본다.
- 낯설고 생소한 단어가 어떤 것인지 주의하며 찾아본다.
- 정의와 예시가 소개된 단어에 주의하여 찾아본다.
- 배타적 표현('오직 ~만', '~뿐', '가장 중요한~') 안에 있는 단어를 빠르게 찾아본다.
- 지문에서 물음과 답변 내에 등장하는 단어를 찾아본다.
- 마지막으로 등장하는 키워드가 가장 중요한 키워드일 수 있다.

6. 주체왜곡에 주의

최근 지문형 문제 중 유독 정답률이 매우 낮았던 문제들이 있습니다. 대부분 주체왜곡을 활용하여 수험생의 순간적인 판단에 대한 착각을 야기한 것들이었기에 면밀한 분석이 필요합니다.

대표적인 문제인 2020학년도 추리논증 10번 지문 중 일부를 살펴보겠습니다.

(1) '사이버몰판매'란 판매자가 소비자와 직접 대면하지 않고 사이버몰(컴퓨터, 모바일을 이용하여 재화를 거래할 수 있도록 설정된 가상의 영업장을 말한다)을 이용하고 계좌이체 등을 이용하는 방법으로 소비자의 청약을 받아 재화를 판매하는 것이다.
(2) '사이버몰판매중개'란 사이버몰의 이용을 허락하거나 중개자 자신의 명의로 사이버몰판매를 위한 광고수단을 제공하거나 청약의 접수 등 사이버몰판매의 일부를 수행하는 방법으로 거래 당사자 간의 사이버몰판매를 알선하는 행위이다.
(3) 사이버몰판매중개자는 사이버몰 웹페이지의 첫 화면에 자신이 사이버몰판매의 당사자가 아니라는 사실을 고지하면 판매자가 판매하는 상품에 관한 손해배상책임을 지지 않는다. 다만, 사이버몰판매중개자가 청약의 접수를 받거나 상품의 대금을 지급받는 경우 사이버몰판매자가 거래상 의무를 이행하지 않을 때에는 이를 대신하여 이행해야 한다.

ㄴ. Q는 모바일 어플리케이션을 이용하여 원룸과 오피스텔의 임대차를 전문적으로 중개하는 사업자이다. 이 경우 Q는 사이버몰판매중개자이다.

선지에 주어진 Q가 사이버몰판매중개자라면 사이버몰판매의 일부를 수행하여야 합니다. 그러나 사이버몰판매는 소비자의 청약을 받아 재화를 판매하는 것이며, 원룸과 오피스텔의 '임대차를 중개'하는 것과 '판매중개'는 같은 내용이 아닙니다. 그러므로 옳지 않은 선지입니다.

다음은 2016학년도 추리논증 9번 지문 중 일부입니다.

결심이 선 인간이 사회를 침해하는 것을 사형이 막지 못한다는 것을 모든 시대의 경험이 입증하고 있지만, 이것으로는 부족하다고 의심하는 이들을 설득하는 데는 인간의 속성을 살펴보기만 해도 된다. 인간의 정신에 무엇보다 큰 효과를 미치는 것은 형벌의 강도가 아니라 지속성이다. 우리의 감수성은 강력하지만 일시적인 충격보다는 미약하더라도 반복된 인상에 훨씬 쉽고도 영속적으로 영향을 받기 때문이다. 범죄자가 처형되는 무섭지만 일시적인 장면을 목격하는 것이 아니라, 일하는 짐승처럼 자유를 박탈당한 채 노동해서 사회에 끼친 피해를 갚아나가는 인간의 모습을 오래도록 보는 것이 범죄를 가장 강력하게 억제한다.

ㄷ. 형벌의 공개집행에 반대한다.

마지막 문장에서 "범죄자가 처형되는 무섭지만 일시적인 장면을 목격하는 것"과 "일하는 짐승처럼 자유를 박탈당한 채 노동해서 사회에 끼친 피해를 갚아나가는 인간의 모습을 오래도록 보는 것"을 말하고 있습니다. 즉, 글쓴이는 사형의 공개집행에는 반대하는 입장이지만, '징역'의 공개집행에는 반대하지 않는 입장입니다. 그래서 '형벌'의 공개집행에 반대한다고 할 수 없습니다. 이처럼 지문형에서는 주체 또는 객체를 바꿔치기하는 출제를 자주 하기 때문에 이를 대비한 철저한 준비가 필요합니다.

A국의 법에 대한 다음 글로부터 바르게 추론한 것만을 〈보기〉에서 있는 대로 고른 것은? [11추리-5]

　　국가기관이 하자 있는 처분을 한 경우 그 기관은 별다른 법적 근거가 없더라도 그 처분을 취소할 수 있다. 다만 상대방에게 이익을 주는 처분을 취소할 때에는 이를 취소하여야 할 공익상의 필요와 그 취소로 인하여 상대방이 입게 될 기득권이나 신뢰보호의 침해와 같은 불이익을 비교한 후, 공익상의 필요가 상대방이 입을 불이익을 정당화할 만큼 강한 경우에 한하여 취소할 수 있다. 그러나 국가기관의 하자 있는 처분이 당사자의 사실 은폐나 사기에 의한 신청에 근거한 것이라면 당사자는 자신이 받는 이익이 취소될 수 있다는 가능성도 예상하고 있었다고 보아야 하며, 이러한 개인의 불이익은 법이 보호하고자 하는 범위를 벗어나는 것이므로 그 처분은 취소되어야 한다.

---〈보 기〉---

ㄱ. 주변 환경과 미관을 해칠 수 있는 골프장의 건설을 불허하는 처분을 내린 지 1년 후 이 처분이 골프장법에 위반됨을 알게 된 경우, 국가기관은 이 처분을 취소할 수 있다.

ㄴ. 운전면허를 취소하여야 하는 사유가 있는 운전자에게 국가기관이 운전면허법을 위반하여 1개월 면허정지 처분을 내린 경우, 이 처분은 운전자에게 이익을 주는 것이므로 취소할 수 없다.

ㄷ. 노인이 나이를 속여 65세 이상에게만 지급되는 생활보조금을 받을 자로 지정된 경우, 엄격한 법의 집행으로 얻게 될 공익이 노인이 받을 불이익을 정당화시키지 못한다면 국가기관은 지정 처분을 취소하지 않을 수 있다.

① ㄱ　　　　② ㄴ　　　　③ ㄷ　　　　④ ㄱ, ㄴ　　　　⑤ ㄴ, ㄷ

글에 제시된 핵심내용을 원칙, 예외, 예외의 예외로 분석할 수 있습니다.

(원칙) 국가기관이 하자 있는 처분을 한 경우 그 기관은 별다른 법적 근거가 없더라도 그 처분을 취소할 수 있다.

(예외) 상대방에게 이익을 주는 처분을 취소할 때에는 취소하여야 할 공익상의 필요가 상대방이 입을 불이익을 정당화할 만큼 강한 경우에 한하여 취소할 수 있다.

(예외의 예외) 상대방에게 이익을 주는 하자 있는 처분이 당사자의 사실 은폐나 사기에 의한 신청에 근거한 것이라면 처분을 취소하여야 한다.

글에서 '취소할 수 있다. 취소되어야 한다'와 같이 취소하는 경우에 대해서만 서술하고 있으므로 선지 ㄴ, ㄷ과 같이 '취소할 수 없다, 취소하지 않을 수 있다.'의 서술어에 대한 반례를 떠올려보는 것이 효율적입니다.

각 선지를 해설해보겠습니다.

ㄱ. (○) 골프장법에 위반됨에 따라 골프장의 건설을 불허하는 처분을 취소하는 것은 상대방에게 이익을 주는 처분을 취소하는 것이 아니므로, 별다른 법적 근거가 없더라도 이 처분을 취소할 수 있습니다.

ㄴ. (×) 운전면허 취소 사유가 있는 운전자에 대해 1개월 면허정지 처분을 내린 것은 하자 있는 처분인 동시에 상대방에게 이익을 주는 처분입니다. 해당 처분이 운전자에게 이익을 주는 것이더라도 이를 취소하여야 할 공익상의 필요가 운전자가 입을 불이익을 정당화할 만큼 강한 경우에는 이 처분을 취소할 수 있습니다.

ㄷ. (×) 나이를 속여 생활보조금을 받은 것은 '국가기관의 하자 있는 처분이 당사자의 사실 은폐나 사기에 의한 신청에 근거한 것'이라고 볼 수 있습니다. 따라서 이 경우는 (예외의 예외)에 해당하여 법의 집행으로 얻게 될 공익과 노인이 받을 불이익을 형량할 필요 없이 국가기관은 지정처분을 취소하여야 합니다.

다음 글을 근거로 판단할 때 옳지 않은 것은? [13행외 – 23]

교정(矯正)에 대한 개념은 최협의(最狹義), 협의(狹義), 광의(廣義), 최광의(最廣義) 4가지로 나누어 설명할 수 있다.

최협의의 교정은 행형(行刑), 즉 형을 집행한다는 뜻이다. 형사절차에서 징역형, 금고형, 구류형 등을 받은 자(이른바 '수형자'를 말한다)에 대하여 형사재판의 결과대로 교정시설(교도소)에서 형을 집행하는 과정 중에 이루어지는 처우(處遇)를 말한다.

협의의 교정은 최협의의 교정에 형사피의자 또는 형사피고인에 대한 구속영장의 집행절차(이른바 '미결수용'을 말한다)를 추가한 것으로, 시설측면에서 보면 교정시설에서 이루어지는 수형자에 대한 교정과 구치소와 경찰서의 유치장에서 이루어지는 미결수용자에 대한 처우를 말한다.

광의의 교정은 협의의 교정에 구금성 보안처분을 포함한 것을 말한다. 구금성 보안처분에는 소년원 수용처분과 치료감호처분 등이 있다. 소년원 수용처분을 받은 자에 대한 처우로는 학과교육, 직업훈련, 교화활동 등이 있다.

최광의의 교정은 광의의 교정에 보호관찰, 갱생보호 등 사회 내 처우를 포함한 것을 말한다. 따라서 교도소나 소년원 출소 이후에 이루어지는 각종 갱생보호활동이나 사회복귀지원활동 및 재범예방활동도 여기에 해당한다.

① 교도소에서 만기출소한 자에 대한 갱생보호활동은 최광의의 교정 개념에 포함된다.
② 징역형을 선고 받고 교도소에 수용된 자에 대한 처우는 최협의의 교정 개념에 포함된다.
③ 수용된 소년을 대상으로 하는 소년원의 학과교육은 최광의의 교정 개념에 포함되지 않는다.
④ 구속 상태에서 법원의 재판을 받고 있는 자에 대한 각종 처우는 광의의 교정 개념에 포함된다.
⑤ 교도소에 수용되었다가 가석방된 자에 대한 보호관찰활동은 광의의 교정 개념에 포함되지 않는다.

글에 최협의 – 협의 – 광의 – 최광위의 '교정'에 대한 세부내용이 제시되고 있습니다.

최협의	협의	광의	최광의
• 행형(=형의 집행)	• 구속영장의 집행절차(미결수용)	• 구금성 보안처분 : 소년원 수용처분, 치료감호처분 등	• 사회 내 처우 : 보호관찰, 갱생처분 등
• 교정시설(교도소)	• 구치소 및 경찰서 유치장		• 갱생보호활동, 사회복귀지원,재범예방활동 등

최광의의 교정 개념에는 최협의의 교정부터 광의의 교정에 해당되는 모든 항목들이 포함될 뿐만 아니라 보호관찰, 갱생처분 등 사회 내 처우까지 포함된다는 점을 파악할 수 있습니다.

가장 마지막에 제시된 키워드가 핵심키워드일 가능성이 높다는 발상에 입각하여 '최광의의 교정'과 관련된 선지를 우선 검토해보는 것도 좋은 방법입니다.

① 만기출소한 자에 대한 갱생보호활동은 최광의의 교정개념에 포함된다는 점을 파악할 수 있습니다(5문단).

③ 광의의 교정에 포함되는 소년원의 학과교육이 최광의의 교정 개념에 포함되지 않는다고 서술하고 있으므로 옳지 않습니다.

나머지 선지도 살펴보겠습니다.

② 징역형을 선고받은 자에 대한 교도소 내에서의 처우는 최협의의 교정 개념에 포함된다는 점을 파악할 수 있습니다(2문단).

④ 구속 상태에서 법원의 재판을 받고 있는 자에 대한 각종 처우는 협의의 교정에 해당하며 광의의 교정은 협의의 교정을 포함한다는 것을 확인했기 때문에 선지와 같은 판단이 가능합니다(3문단).

⑤ 가석방된 자에 대한 보호관찰활동과 같은 경우 최광의의 교정 개념에는 속하지만 광의의 교정 개념에 포함되지 않는다는 것을 파악할 수 있습니다(4~5문단).

034

가상의 국가 P에서는 선지자가 정한 다음 4계명을 예외 없이 엄격하게 반영한 재산법을 통해 분쟁을 해결하였다. P국 재산법을 적용함으로써 선지자의 뜻에 부합하도록 판단한 것을 〈보기〉에서 고른 것은?

[11추리-4]

〈P국 재산규율 4계명〉

　재산관계에서 모든 인간은,

1. 태어나는 순간부터 독립되고 대등한 존재이어야 한다.
2. 거래를 함에 있어 오류를 저지르지 않는 존재이어야 한다.
3. 타인의 상황에는 전혀 관심이 없는 존재이어야 한다.
4. 항상 진정한 의사(意思)를 가지고 말하는 존재이어야 한다.

〈보 기〉

ㄱ. A가 스스로 진품으로 확신하고 구매했던 고려청자가 다음날 가품으로 밝혀진다면, A가 구매대금을 돌려달라고 요구하는 것은 정당하다.

ㄴ. 15세에 불과한 B가 자신의 돈 5만원으로 은반지를 C로부터 구매하였다면, 이후 이 사실을 알게 된 부모와 함께 온 B가 반지 대금 5만원을 돌려달라고 요구하는 것은 정당하지 않다.

ㄷ. D가 집을 비운 사이에 도둑이 들자 이웃인 E가 D를 돕기 위해 D의 집에 가서 도둑과 격투를 벌이다가 다쳤다면, E가 자신의 병원 치료비를 D에게 청구하는 것은 정당하다.

ㄹ. F는 친구 G에게 "어제 연못에 빠진 네 시계, 내가 찾아 줄게."라고 하고는 다음날 그와 유사한 시계를 사서 G에게 주었는데, G가 이를 거절하고 연못에 빠진 그 시계를 달라고 요구하였다면 F는 이에 응하여야 한다.

① ㄱ, ㄴ　　　　　② ㄱ, ㄹ　　　　　③ ㄴ, ㄷ
④ ㄴ, ㄹ　　　　　⑤ ㄷ, ㄹ

035

견해 (가), (나)와 〈전제〉에 기초한 판단으로 옳은 것만을 〈보기〉에서 있는 대로 고른 것은? [11추리-6]

(가) 외국인은 내국인과 동일한 대우를 받으며, 외국인에 대한 대우는 이것으로 충분하다. 일단 자발적으로 입국한 외국인은 현지의 조건에 자신을 맡겨야 하며, 그가 외국인이란 이유로 부당한 차별을 받지 않는 한, 외국인의 국적 국가는 이 문제에 개입할 수 없다.

(나) 외국인과 내국인의 동일한 대우는 외국인에 대한 대우의 적정성을 보장하는 주요 기준은 되지만 절대적 기준은 될 수 없으며, 외국인에 대한 대우 수준은 국제사회가 합의한 최소한의 수준에 합치되게 결정되어야 한다.

〈전제〉
- (가)와 (나)는 사적 영역에서의 논의이고 공적 영역에서의 외국인에 대한 대우는 배제한다. 또한 내란 또는 전쟁 등 국가위기 상황이 아닌 평시를 기준으로 한다.
- 자국민에 대해서는 선진국이 개발도상국보다 더 높은 수준으로 대우한다.
- 외국인에 대한 대우 수준은 (가)보다 (나)를 따를 때 더 낮아지지는 않는다.

───────── 〈보 기〉 ─────────

ㄱ. (가)는 개발도상국이 선진국의 과도한 요구로부터 스스로를 방어하기 위한 하나의 논거로 활용될 수 있다.

ㄴ. (나)는 결과적으로 개발도상국이 선진국에 있는 자국민에 대한 특별대우를 선진국에 요구하는 것으로 인식될 수 있다.

ㄷ. '외국인을 부당하게 대우하는 자는 그 외국인의 국적 국가를 간접적으로 침해하는 것'이라는 주장은 (가)와 (나) 모두에 적용 가능한 배경 진술이 될 수 있다.

ㄹ. 만약 (가)를 지지하는 어떤 국가가 다른 상황이나 조건의 변화 없이 (나)를 따르는 것으로 정책을 변경하였다면 자국민에 대한 역차별 문제가 나타날 수 있다.

① ㄱ, ㄴ   ② ㄱ, ㄹ   ③ ㄴ, ㄷ
④ ㄱ, ㄷ, ㄹ   ⑤ ㄴ, ㄷ, ㄹ

다음 법적 판단에 대한 진술로 가장 적절한 것은? [12추리-7]

(가) A법률에서 "미성년자가 혼인을 할 때에는 부모의 동의를 얻어야 한다."라는 규정은, 성년자의 혼인에 대해서는 부모의 동의 여부에 관한 특별한 규정이 없다 하더라도 부모의 동의를 요하지 않는다는 취지로 해석된다.

(나) B법률은 개발제한구역 내에 설치할 수 있는 시설로서 '경찰기동대'와 '전투경찰대'의 훈련 시설만을 규정하고 있으므로, '경찰기마대'의 훈련 시설은 이에 포함되는 것으로 볼 수 없다.

(다) C법률이 금지하고 있는 '경품제공행위'에는 경품을 실제 교부·지급하는 경우 이외에도, 경품을 교부·지급하겠다는 의사를 표시한 후 '진열·전시'한 경우도 포함한다고 보는 것이 입법취지에 비추어 타당하다.

(라) 최근 개정된 D법률에서 종전의 '제5항'을 '제6항'으로 항의 숫자를 바꾸어야 함에도 불구하고 이를 그대로 둔 것은 법률 개정 과정상의 실수에서 비롯된 것임이 분명하므로, 현행 개정 법률의 조문에 쓰인 '제5항'을 '제6항'으로 바로 잡아 적용해야 한다.

(마) E법률에서 노래연습장업자가 '접대부'를 고용·알선하는 행위를 금지한 것은 노래연습장에서의 퇴폐행위를 방지하는 데 그 취지가 있다. 당시 입법자의 의도를 고려할 때 접대부란 여성을 의미하는 것이었다 하더라도, 영업 형태가 다양화되는 시대 상황에 맞게 여성과 남성 모두 이에 포함되는 것으로 관련 규정을 적용할 수 있다.

① (가)와 (라)는 법령 규정의 문자·용어를 일반적으로 사용되는 의미보다 좁게 해석할 필요가 있다고 판단하고 있다.

② (가)와 (마)는 법령의 규정 내용과 반대의 경우에는 반대의 효과가 생기는 취지의 규정까지도 포함하는 것으로 해석할 필요가 있다고 판단하고 있다.

③ (나)는 법령의 문구로부터 상당히 벗어나게 되는 경우가 생기더라도, 그 문구의 본래 의미를 대체하여 다른 의미로 해석할 필요가 있다고 판단하고 있다.

④ (다)와 (라)는 법령에 명시적으로 규정되지 않은 사항에 대해서는 그와 충분히 비슷한 사안에 대한 규정을 적용할 수 있다고 판단하고 있다.

⑤ (마)는 법령의 문자·용어가 그것이 제정된 당시의 의미와 다르게 해석될 수 있다고 판단하고 있다.

037

다음 글로부터 바르게 판단한 것만을 〈보기〉에서 있는 대로 고른 것은? [13추리-3]

Z국은 A, B, C 세 인종으로 구성되어 있는데 전체 인구의 절반 가까이를 차지하여 온 A인종이 사회의 주류 세력으로서 타 인종들에 대한 배타적인 정책을 실시해 왔다. 교육에서도 A인종만의 입학을 허용하는 교육기관, 그 외의 인종만의 입학을 허용하는 교육기관, 그리고 모든 인종의 입학이 허용되는 교육기관을 분리하여 설치·운영하였다. 이후 인종 간의 통합이 강조되면서 재학생 중 A인종의 비율이 60%를 초과하는 교육기관을 대상으로 A인종의 비율이 60%를 넘지 못하도록 하는 정책을 시행하였다. 이러한 정책이 지나치게 일률적이라는 반발이 거세지자 정부는 교육기관마다 선별적으로 정책을 집행하기로 하고, 그 정책 적용의 제한기준에 대하여 법률가 갑, 을, 병에게 자문을 구하였다. 이들은 각각 아래와 같은 원칙을 제시하였다.

갑 : 이 정책은 특정 인종에 유리하도록 학생을 선발해 온 교육기관에 적용되어야 한다.
을 : 이 정책은 교육기관에 재학 중인 각 인종 학생들 모두의 학업성취도를 향상시키는 데 이바지하여야 한다.
병 : 이 정책은 교육기관에 보다 다양한 인종의 학생들이 다니는 결과를 낳아야 한다.

─── 〈보 기〉 ───

ㄱ. 교육기관 P의 입학생 중 A인종의 비율이 매년 평균 78%로 유지되고 있었다. 교육기관 P가 A인종이 다른 인종에 비하여 언어능력시험성적이 높다는 사실을 발견하고 이를 학생선발에 적극적으로 활용해 왔다면, 갑의 원칙에 따를 때 교육기관 P에 위 정책이 적용된다.
ㄴ. 교육기관 Q에는 A인종만이 재학하고 있는데 B, C인종의 학생들이 전학해 올 경우 그 학생들의 학업성취도는 이전 학교에서보다 상당히 상승할 것으로 예측된다. 을의 원칙에 따르면 교육기관 Q에 위 정책이 적용된다.
ㄷ. 교육기관 R은 B, C인종의 낙후된 교육수준을 높이기 위하여 설립되어 나름대로 훌륭한 교사진과 시설을 갖추고 인종을 기준으로 B, C인종의 학생들만 선발하여 왔다. 병의 원칙에도 불구하고 교육기관 R에는 위 정책이 적용되지 않는다.

① ㄱ   ② ㄴ   ③ ㄱ, ㄷ
④ ㄴ, ㄷ   ⑤ ㄱ, ㄴ, ㄷ

038

⟨원칙⟩을 적용한 것으로 옳은 것을 ⟨보기⟩에서 고른 것은? [14추리-3]

⟨원칙⟩

　자신의 권리를 주장하는 자는 그 권리의 발생에 필요한 사실을 증명할 책임이 있다. 권리가 발생하였으나 사후에 소멸하였다고 주장하는 자는 권리의 소멸에 관한 사실을 증명할 책임이 있다. 분쟁 당사자 사이에 이러한 권리 발생의 주장이나 그 사후 소멸에 관한 주장에 관한 다툼이 없으면 권리의 발생이나 그 소멸을 주장하는 자는 그 주장이 진실하다는 것을 증명할 필요가 없다.

─────── ⟨보 기⟩ ───────

ㄱ. 갑이 을에게 "당신이 빌려 간 100만원을 돌려 달라."라고 주장하였다. 을은 "돈이 생기면 갚겠다."라고 주장하였다. 이 경우에 갑이 을에게 100만원을 빌려 주었다는 사실을 증명할 책임이 갑에게 없다.

ㄴ. 갑이 을에게 "당신이 빌려 간 100만원을 돌려 달라."라고 주장하였다. 을은 "빌렸지만 그 후에 갚았다."라고 주장하였다. 이 경우에 갑으로부터 빌린 돈을 을이 갚았다는 사실을 증명할 책임이 을에게 있다.

ㄷ. 갑이 을에게 "당신이 빌려 간 100만원을 돌려 달라."라고 주장하였다. 을은 "당신으로부터 100만원을 빌린 적이 없다."라고 주장하였다. 이 경우에 갑이 을에게 100만원을 빌려 주었다는 사실을 증명할 책임이 갑에게 없다.

ㄹ. 갑이 을에게 "당신이 빌려 간 100만원을 돌려 달라."라고 주장하였다. 을은 "100만원을 받기는 하였지만 그것은 당신이 빌려 준 게 아니라 그냥 준 것이다."라고 주장하였다. 이 경우에 갑이 을에게 100만원을 빌려 주었다는 사실을 증명할 책임이 갑에게 없다.

① ㄱ, ㄴ　　　　　② ㄱ, ㄷ　　　　　③ ㄱ, ㄹ
④ ㄴ, ㄹ　　　　　⑤ ㄷ, ㄹ

039

다음 글로부터 추론한 것으로 옳은 것만을 〈보기〉에서 있는 대로 고른 것은? [15추리-1]

우리 헌법은 국가가 개인이 가지는 불가침의 기본적 인권을 확인하고 이를 보장할 의무를 진다고 규정함으로써, 소극적으로 국가가 국민의 기본권을 침해하는 것을 금지하는 데 그치지 않고 적극적으로 국민의 기본권을 타인의 침해로부터 보호할 의무를 부과하고 있다. 국가가 소극적 방어권으로서의 기본권을 제한하는 경우, 자유와 권리의 본질적 내용을 침해할 수는 없으며 침해 범위도 필요 최소한도에 그쳐야 한다. 그러나 국가가 적극적으로 국민의 기본권을 보호해야 하는 경우에는 설사 그 보호의 정도가 국민이 바라는 이상적인 수준에 미치지 못한다고 해서 헌법 위반으로 보기는 어렵다. 국가가 기본권 보호의무를 어떻게, 어느 정도로 이행할지는 국가의 정치·경제·사회·문화적인 제반 여건을 고려하여 정책적으로 판단해야 하는 재량의 범위에 속하기 때문이다. 따라서 헌법재판소는 이러한 재량을 존중하는 취지에서 소위 과소보호금지원칙을 적용하여 국가의 기본권 보호의무 위반 여부를 판단한다. 이 원칙에 따르면 국가는 국민의 기본권 보호를 위하여 적절하고 효율적인 최소한의 보호조치를 취해야 하고, 이에 미치지 못하는 경우에만 기본권 보호의무를 위반한 것으로 판단된다.

〈보 기〉

ㄱ. 건축 공사장의 먼지로 주변 주민들의 주거권이라는 기본권이 침해된다고 인정된다. 그런데 국가가 건축 경기 활성화를 이유로 아무 규제 조치도 취하지 않는다면 이는 주거권 보호의무 위반이다.

ㄴ. 농어촌 지역에 약국이 부족해서 주민들의 건강권이라는 기본권이 침해된다고 인정된다. 이에 주민 수와 상관없이 일정한 면적마다 약국을 설치하는 것이 적절하고 효율적인 최소한의 조치로 평가되는데, 제시된 면적보다 10배 이상 넓은 면적 단위마다 약국을 설치하도록 국가가 조치했다면 이는 건강권 보호의무 위반이다.

ㄷ. 확성장치 사용에 의한 소음으로 환경권이라는 기본권이 침해된다고 인정된다. 이에 확성장치의 '전면적 사용 금지', '특정 시간대별 사용제한', '사용 대수 제한' 등이 적절하고 효율적인 조치로 평가받고 있는데 국가가 그중 효율성이 중간 정도라 평가받는 '사용 대수 제한' 조치를 취했다면 이는 환경권 보호의무 위반이다.

---

① ㄴ ② ㄷ ③ ㄱ, ㄴ
④ ㄱ, ㄷ ⑤ ㄱ, ㄴ, ㄷ

040

다음 글로부터 추론한 것으로 옳은 것만을 〈보기〉에서 있는 대로 고른 것은? [15추리−2]

형사법은 형법과 형사소송법 등으로 구성된다. 형법은 범죄와 형벌에 관한 내용을, 형사소송법은 범죄의 수사, 공소의 제기, 공판절차, 유·무죄의 선고 등 형사절차를 규정하고 있다.

형법의 경우 원칙적으로 범죄와 형벌은 행위자가 행위할 당시의 법규정에 의해서만 결정되어야 한다. 행위할 당시 범죄가 되지 않았던 행위를 이후에 법을 제정 또는 개정하여 처벌하거나, 범죄를 저지를 당시에 규정되었던 처벌의 범위를 넘어서 나중에 중하게 처벌한다면, 어떠한 국민도 자유롭게 자신의 삶을 살아갈 수 없게 된다. 그러나 이러한 원칙은 국가 형벌권이 국민에게 불이익을 줄 경우에만 해당할 뿐, 만약 과거의 국가 형벌권이 남용되었다는 반성에 근거하여 형을 감경 또는 면제할 때에는 적용되지 않는다.

그런데 형사소송법의 경우에도 형법상의 원칙이 적용되어야 하는지에 대해서는 견해가 대립되고 있다. A견해는 형사소송법이 국가 형벌권을 실현하는 절차를 규율할 뿐 범죄와 형벌 그 자체를 정하는 것은 아니기 때문에 형법상 원칙이 적용될 필요는 없다는 입장이다. 반면, B견해는 형사소송법이 절차에 관한 규정이지만 이것을 새롭게 만들거나 바꾸는 것이 국가 형벌권을 이용하여 국민에게 불이익을 주는 경우와 실질적으로 다르지 않다면, 행위자가 행위를 할 당시의 규정이 적용되어야 한다는 입장이다.

─── 〈보 기〉 ───

ㄱ. 헌법재판소의 위헌결정으로 인하여 형벌에 관한 법률이 소급하여 효력을 상실하였다면, 당해 법률조항이 적용되어 공소가 제기된 사건에 대해 무죄판결이 선고되어야 한다.

ㄴ. 형사소송법상 친고죄는 고소기간 내에 고소가 있어야 검사가 공소를 제기할 수 있다. 만약 행위자가 친고죄에 해당하는 범죄를 저지른 후 고소기간이 경과되지 않은 상태에서 법률이 개정되어 친고죄의 고소기간이 연장되었다면, A견해에 의할 경우 개정된 법률은 당해 행위자에게 적용된다.

ㄷ. 행위자가 범죄를 저지른 후 외국에 도피해 있는 동안 공소시효가 완성되었음에도 불구하고, 만약 행위자가 외국에 있는 기간 동안은 공소시효가 정지되는 것으로 형사소송법이 개정되었다면, B견해에 의할 경우 행위자가 귀국하여 그에 대한 공소제기 여부를 판단할 때 외국에 도피해 있던 기간은 제외하고 공소시효 기간을 계산해야 한다.

① ㄱ　　　　　　　② ㄴ　　　　　　　③ ㄷ
④ ㄱ, ㄴ　　　　　　⑤ ㄱ, ㄷ

041

다음 글로부터 추론한 것으로 옳은 것만을 〈보기〉에서 있는 대로 고른 것은? [15추리-3]

　　법은 여러 종류의 규칙들이 결합하여 이루어지는 체계이고, 그 기저에는 '무엇이 법인가'에 대한 규칙인 '승인규칙'이 자리한다. 승인규칙은 '사회적 규칙'의 일종이다. 사회적 규칙은 어떤 집단에서 구성원 대부분이 어떤 행위를 반복적으로 할 때 존재한다는 점에서 집단적인 습관과 비슷하지만, 그에 대한 준수의 압력이 있고, 그로부터의 일탈은 잘못된 것으로 비판받으며, 그래서 적어도 일부 구성원들이 그 행동을 집단 전체가 따라야 하는 일반적인 기준으로 보는 반성적이고 비판적 태도를 가진다는 점에서 습관과 구별된다. 사회적 규칙에 대하여 사회구성원 다수는 그것을 행동의 기준이나 이유로 받아들이고 사람들의 행위에 대한 비판적인 태도를 정당화하는 근거로 여기는 '내적 관점'을 취한다.

　　승인규칙은 법관들과 공직자들 및 시민들이 일정한 기준에 비추어서 법을 확인하는 관행 또는 실행으로 존재한다. 그럴 때 그들은 그 규칙에 대하여 내적 관점을 가지고 있다. 그 체계의 다른 규칙들에 대한 효력기준을 제공하는 궁극적인 규칙이기 때문에, 승인규칙에 대하여는 다시 효력을 물을 수는 없고, 과연 그것이 실제와 부합하는지, 그런 승인규칙을 가진 법체계가 없는 것보다 나은지, 그것을 지지할 타산적 근거나 도덕적 의무가 있는지 등의 문제가 제기될 수 있을 뿐이다. 어딘가에 법이 있다고 할 수 있기 위해서는 법관들이 그 규칙을 내적 관점에서 올바른 판결의 공적이고 공통된 기준으로 여겨야 한다. 이는 법체계 존재의 필수조건이다. 통일적이고 계속적이지 않다면 법체계가 존재한다고 할 수 없고, 법체계의 통일성과 계속성은 법관들이 법적 효력에 대한 공통의 기준을 수용하는 데 달려 있기 때문이다.

〈보 기〉

ㄱ. 어떤 사회에 소수의 채식주의자가 있다면, "육식을 하면 안 된다."는 것이 그 사회의 사회적 규칙이다.
ㄴ. 법으로 음주를 금지하지 않는 나라의 국민이 법으로 음주를 금지하는 나라의 이야기를 하면서 "그 나라에서는 술을 마시면 안 된다."고 할 때, 그는 '내적 관점'을 취하고 있다.
ㄷ. 군주가 법을 제정하는 나라와 의회에서 법을 제정하는 나라의 승인규칙은 다르다.

① ㄱ
② ㄷ
③ ㄱ, ㄴ
④ ㄴ, ㄷ
⑤ ㄱ, ㄴ, ㄷ

042

다음에 대한 평가로 옳은 것만을 〈보기〉에서 있는 대로 고른 것은? [16추리-4]

　자유를 박탈하는 징역형의 경우, 기간이 동일하다면 신분, 경제력 등의 차이와 무관하게 범죄자들이 느끼는 고통은 동일하다고 간주되고 있다. 때문에 형벌 기간이 범죄자의 책임에 비례하도록 한다면, 동일한 범죄에 대해서는 동일한 고통을 부과해야 한다는 '고통평등의 원칙'뿐만 아니라, 형벌은 범죄자의 책임의 양과 일치해야 하며 이를 초과해서 안 된다는 '책임주의 형벌원칙'을 모두 충족할 수 있다.

　그러나 벌금형에 있어서 총액벌금형제를 채택하고 있는 A국 형법은 '고통평등의 원칙'이 적용되기 어렵다. 총액벌금형제란 벌금을 부과할 때 단순히 법률에 규정된 형량의 범위 내에서 벌금액을 결정하여 선고하는 것을 말한다. 이 경우 불법과 책임이 동일한 행위에 대하여 동일한 벌금을 부과할 수 있을 것이다. 하지만 범죄자마다 경제적 능력이 다르기 때문에 실제로는 경제적 능력이 작은 사람이 더 큰 고통을 받게 되어 '고통평등의 원칙'에 반하게 된다. 물론 법원이 선고할 때에는 범행의 동기, 범죄자의 연령과 지능 등 범죄자의 행위와 관련된 책임의 정도를 추론할 수 있는 것들을 참작하여 형량을 조정할 수 있다. 하지만 범죄자의 경제적 능력은 이러한 사유에 해당하지 않기 때문에 총액벌금형제의 문제점을 극복할 수 없다.

　이러한 이유로 일수벌금형제의 도입이 요구된다. 일수벌금형제란 행위의 불법 및 행위자의 책임의 크기에 따라 벌금 일수(日數)를 정하고, 고통평등의 원칙을 충족시키기 위해 행위자의 경제적 능력에 따라 일일 벌금액을 차별적으로 정한 뒤 이를 곱하여 최종벌금액을 산정하는 벌금부과 방식이다.

〈보 기〉

ㄱ. 범죄예방 효과는 형벌이 주는 고통에 비례한다고 전제한다면, 경제적 능력이 높은 사람에 대한 범죄예방 효과는 총액벌금형제보다 일수벌금형제가 클 것이다.

ㄴ. 경제적 능력이 같더라도 동일한 벌금을 통해 느끼는 고통의 정도는 다를 수 있다는 점은 일수벌금형제 도입론을 약화한다.

ㄷ. 일수벌금형제 도입론은 징역형에서 기간을 정할 때 충족되는 원칙들이 벌금형에서 일수를 정하는 것만으로도 충족된다고 본다.

---

① ㄱ　　　　　　　　　② ㄷ　　　　　　　　　③ ㄱ, ㄴ
④ ㄱ, ㄷ　　　　　　　⑤ ㄱ, ㄴ, ㄷ

043

다음에서 추론한 것으로 옳은 것만을 〈보기〉에서 있는 대로 고른 것은? [16추리-7]

권리를 가진 자만이 타인에게 권리를 이전해 줄 수 있다. 하지만 예외적으로, 물건의 일종인 동산에 대하여는 거래 시에 물건이 매도인의 것이라고 믿은 매수인이 유효한 거래에 의하여 넘겨 받는 경우라면 무권리자(소유권이 없는 자)로부터도 물건에 대한 권리를 취득할 수 있다. 예컨대, 갑이 병의 자전거를, 갑의 소유가 아니라는 사실을 모르고 있는 을에게 돈을 받고 넘겨주면, 그 자전거가 갑의 것이 아니기 때문에 원래는 을의 것이 되지 않는다고 보아야겠지만, 예외적으로 이러한 경우 을은 그 자전거가 갑의 소유가 아님을 알지 못하였기 때문에 즉시 을의 것이 된다. 거래의 안전을 보호하기 위해 이러한 예외가 필요하다.

그런데 거래의 목적물인 동산이 도품인 경우에는 도품의 성질 때문에, 거래 시에 그 물건이 매도인의 것이라고 매수인이 믿고 유효한 거래에 의하여 넘겨 받았다 하더라도 무권리자(소유권이 없는 자)로부터 그 물건에 대한 권리를 취득할 수는 없다고 보아야 한다. 즉 위의 예에서 자전거가 병으로부터 절취된 경우라면 거래의 안전보다는 진정한 소유자로서의 병의 권리를 우선적으로 고려하여 갑이 을에게 병의 자전거를 매도하고 넘겨주었다 해도 을의 것이 되는 것이 아니라 여전히 병의 것으로 남는 것으로 보아야 한다.

반면, 돈은 물건이라는 측면과 가치(비물건)라는 측면 모두를 가지고 있다. 돈을 물건으로 보면 동산과 동일하게 취급하여야 한다. 하지만, 돈을 가치로 본다면 돈은 물건으로서의 성질이 부정되며 그 돈을 가지고 있는 사람에게 속하는 것으로 보아야 한다.

〈보 기〉

ㄱ. 도품 아닌 시계를 갑이 을에게 매도하고 넘겨주었는데, 을은 그 시계가 갑의 것이 아님을 알고 있었다. 을이 다시 정에게 그 시계를 매도하고 넘겨주었는데, 이 때 정은 을이 시계의 소유자라고 믿었다. 정은 시계에 대하여 유효하게 권리를 취득한다.

ㄴ. 돈을 물건으로 보는 경우, 갑이 을에게 도품인 돈을 넘겨주었는데, 을은 그 돈이 도품이라는 사실을 몰랐으며 갑의 것이라고 믿었음에도 불구하고 그 돈은 을의 것이 되지 못한다.

ㄷ. 돈을 가치로 보는 경우, 갑이 을에게 돈을 주었는데, 을은 갑이 그 돈을 훔쳤다는 사실을 알고 있었다 하더라도 그 돈은 을의 소유가 된다.

① ㄱ ② ㄴ ③ ㄱ, ㄷ
④ ㄴ, ㄷ ⑤ ㄱ, ㄴ, ㄷ

다음에서 추론한 것으로 옳은 것만을 〈보기〉에서 있는 대로 고른 것은? [16추리-8]

　　행정청의 법적 행위의 위법 여부는 원칙적으로 각각의 행위별로 독립적으로 검토되어야 한다. 그러나 둘 이상의 행위가 연속적으로 행해지는 경우 일정한 요건 하에서 행정청의 앞선 행위의 하자를 이유로 후속 행위의 위법을 인정하는 경우가 있다.

　　만약 앞선 행위의 하자를 다툴 수 있는 제소기간이 지나서 취소소송으로 더 이상 다툴 수 없음에도 불구하고, 후속 행위를 다투는 취소소송에서 앞선 행위의 하자를 후속 행위의 위법사유로 계속해서 주장할 수 있게 한다면, 법적 안정성이나 제소기간을 둔 취지가 훼손되므로, 행정행위 상호 간의 하자는 승계되지 않는 것이 원칙이다. 그러나 앞선 행위와 후속 행위가 서로 결합하여 하나의 법적 효과를 완성하는 경우에는, 앞선 행위에 대한 하자를 다투는 제소기간이 경과하였더라도 앞선 행위의 하자를 후속 행위의 위법사유로 주장할 수 있도록 함으로써 후속 행위의 효력을 제거하는 것을 인정한다.

　　예컨대, 행정청이 갑에게 건축물의 철거명령(앞선 행위)을 내렸으나, 갑이 이를 스스로 이행하지 않아 행정청이 직접 갑의 건축물을 철거하는 대집행 절차(후속 행위)에 이르게 된 경우, 철거명령과 대집행 절차는 서로 별개의 법적 효과를 발생시키는 독립적 행위로 인정된다. 또한 대집행 절차를 구성하는 일련의 단계적인 행위들(대집행의 계고, 실행의 통지, 실행, 비용징수)은 서로 결합하여 하나의 법적 효과를 발생시키는 행위로 인정된다.

　　다른 한편으로 앞선 행위의 하자가 중대하고 명백하여 제소기간의 적용을 받지 않는 무효에 해당한다면, 법적 안정성의 가치에 비해 권리구제의 필요성이 크므로 앞선 행위와 후속 행위가 서로 결합하여 하나의 법적 효과를 발생시키는지 여부를 묻지 아니하고 앞선 행위의 하자를 후속 행위의 위법사유로 주장할 수 있다.

───── 〈보 기〉 ─────

ㄱ. 철거명령에 하자가 있었으나 이에 대한 제소기간이 지났고 그 하자가 무효가 아니라면, 대집행 계고 처분 취소소송에서 철거명령의 하자를 대집행 계고 처분의 위법사유로 주장할 수 없다.
ㄴ. 철거명령이 무효인 경우, 철거명령과 대집행 계고가 서로 결합하여 하나의 법적 효과를 발생시키는지 여부에 관계없이, 대집행 계고 처분 취소소송에서 철거명령의 하자를 대집행 계고 행위의 위법사유로 주장할 수 있다.
ㄷ. 철거명령과 대집행 절차상의 행위가 서로 결합하여 하나의 법적 효과를 발생시키는지 여부에 관계없이, 비용징수 처분 취소소송에서 대집행 계고 행위의 하자를 비용징수 행위의 위법사유로 주장할 수 있다.

① ㄱ
② ㄴ
③ ㄱ, ㄷ
④ ㄴ, ㄷ
⑤ ㄱ, ㄴ, ㄷ

045

다음에서 추론한 것으로 옳은 것만을 〈보기〉에서 있는 대로 고른 것은? [16추리-9]

제대로 조직된 국가에서 사형은 정말 유용하고 정당한가? 인간들은 무슨 권리로 그들의 이웃을 살해할 수 있는가? 주권과 법의 토대를 이루는 권리가 그것이 아님은 분명하다. 법은 각자의 개인적 자유 중 최소한의 몫을 모은 것일 뿐인데, 자신의 생명을 빼앗을 권능을 타인에게 기꺼이 양도할 자가 세상에 어디 있겠는가? 개인의 자유 가운데 희생시킬 최소한의 몫에 어떻게 모든 가치 중 최대한의 것인 생명 자체가 포함될 수 있겠는가? 만약 그렇다 하더라도, 자살을 금지하는 다른 원칙과 어떻게 조화될 수 있겠는가?

그러니 사형은 권리의 문제가 아니라, 사회가 자신의 존재를 파괴당하지 않기 위해서 시민에 대하여 벌이는 전쟁행위이다. 따라서 국가가 자유를 상실할 기로에 서거나, 무정부상태가 도래하여 무질서가 법을 대체할 때가 아니라면 시민의 죽음은 불필요하며, 그런 비상한 상황이 아닌 다음에는 한 사람의 죽음이 타인들의 범죄를 억제하는 유일한 방법이어서 사형이 필요하고 정당한 경우가 있을 수 있는지만이 문제된다.

결심이 선 인간이 사회를 침해하는 것을 사형이 막지 못한다는 것을 모든 시대의 경험이 입증하고 있지만, 이것으로는 부족하다고 의심하는 이들을 설득하는 데는 인간의 속성을 살펴보기만 해도 된다. 인간의 정신에 무엇보다 큰 효과를 미치는 것은 형벌의 강도가 아니라 지속성이다. 우리의 감수성은 강력하지만 일시적인 충격보다는 미약하더라도 반복된 인상에 훨씬 쉽고도 영속적으로 영향을 받기 때문이다. 범죄자가 처형되는 무섭지만 일시적인 장면을 목격하는 것이 아니라, 일하는 짐승처럼 자유를 박탈당한 채 노동해서 사회에 끼친 피해를 갚아나가는 인간의 모습을 오래도록 보는 것이 범죄를 가장 강력하게 억제한다.

— 베카리아(1738-1794), 「범죄와 형벌」 —

─────────〈보 기〉─────────

ㄱ. 법에 따른 지배가 구현되고 있는 평화로운 나라에서 사형은 허용되지 않는다.
ㄴ. 형벌의 주된 목적은 범죄자의 잘못된 습관을 교정하는 데 있다.
ㄷ. 형벌의 공개집행에 반대한다.

① ㄱ   ② ㄴ   ③ ㄱ, ㄷ
④ ㄴ, ㄷ   ⑤ ㄱ, ㄴ, ㄷ

046

다음 글로부터 추론할 수 있는 A국 법원의 입장으로 옳은 것은? [17추리-2]

　　1940년대 말 이후부터 A국은 제2차 세계대전의 패배에 따른 여러 가지 법적 청산 작업을 진행하였다. 이때 나치 체제에 협력하였던 나치주의자들은 형사상 책임을 졌을 뿐만 아니라 회사로부터도 해고되었다. 더 나아가 당시에는 회사의 사용자가 나치 체제에 동조한 '혐의'가 있는 근로자에 대하여도 해고하는 일이 자주 있었고, 이러한 해고의 유효 여부의 다툼에서 A국 법원은 혐의가 있다는 것만으로도 해고의 정당한 이유가 있다고 보았다. 그런데 당시 A국 Y사의 기능공이었던 갑은 1951년 3월 나치 체제에 동조한 사실이 있다는 혐의로 A국 검찰에 소환 조사를 받고 형사재판을 기다리고 있었는데, 이러한 일이 발생하자 Y사의 사용자 을은 갑에게 해고 통고를 하였다. 갑이 이 해고의 무효를 주장하였지만 A국 법원은 1951년 12월 을의 해고는 정당한 이유 있는 해고라고 판시하였다. 그런데 그 후 1954년 갑은 나치 체제에 동조한 사실이 없었던 것으로 최종 밝혀졌다. 이에 갑은 1955년 법원을 상대로 자신의 해고가 잘못된 것임을 주장하면서 해고 무효를 구했으나, 법원은 당시 해고가 무효는 아니라고 했다. 근로 계약의 양 당사자에게 중요한 것은 '신뢰'로서 사용자가 근로자에 대하여 인간적 신뢰를 잃게 되면 근로 관계를 지속하게 하는 것을 기대할 수 없기 때문이라는 것이 그 이유이다. 하지만 갑의 사정을 고려하여 특이한 청구권을 갑에게 인정하는 판결을 내렸다. 즉, 갑에게 Y사 사용자 을로 하여금 자신을 신규로 고용해 줄 것을 요구할 수 있는 청구권을 인정하였던 것이다. 그리고 이러한 청구권을 행사할 경우, 을은 갑을 고용할 의무가 발생한다고 판결하였다.

① 갑의 해고 결정은 무죄 판결에 의해 소급적으로 소멸한다.
② 갑의 해고에 대한 정당성의 판단 기준 시점은 해고 통고 시이다.
③ 해고의 정당한 사유나 원인이 없는 경우라도 갑의 해고는 적법하다.
④ 해고와 달리 갑의 신규 고용 여부를 정당화하는 사유에서는 신뢰관계가 고려되지 않는다.
⑤ 무죄 추정의 원칙에 따라 갑에게 범죄 혐의가 있다는 사실만 가지고는 근로 관계 지속을 위한 신뢰가 깨진다고 볼 수 없다.

다음 글로부터 추론한 것으로 옳은 것은? [17추리 - 3]

친자 관계는 자연적 출산 또는 입양에 의해 성립한다. 이에 따를 경우 보조 생식 의료를 통해 태어난 아이는 누구의 아이인가? '보조 생식 의료'라 함은 시험관 아기 시술, 배아이식 및 인공 수정을 가능하게 하는 임상적·생물학적 시술 및 이와 동일한 효과를 갖는 시술로, 자연적 과정 외의 생식을 가능하게 하는 모든 의료 기술을 말한다.

A국에서는 자신의 체내에 생식세포가 주입되거나 배아가 이식된 결과 아이를 출산하면 출산한 여성이 아이의 모(母)로 확정된다. 그리고 부(父)의 결정에 있어 가장 중요한 요건은 보조 생식 의료에 동의하였는지 여부인데, 법이 정한 동의 요건만 갖추면 자녀와의 혈연 관계와 여성과의 혼인 관계라는 요건이 없어도 법적 부의 지위가 인정된다. 더구나 남성뿐만 아니라 여성이라도 이 동의라는 요건만 갖추면 혼인 여부와 상관없이 부가 될 수 있다. 한편 대리모 계약을 금지하고 있지는 않지만 그 계약을 강제 이행할 수는 없는 것으로 하고 있다.

B국에서는 보조 생식 의료에 있어서 "사람은 생식 가능한 남녀로부터 태어난다."라고 하는 자연적 섭리를 중시한다. 따라서 보조 생식이 행해질 수 있는 경우는 '질병의 치료'라고 하는 목적에 의해 제한된다. B국에서 난자 또는 정자를 제3자로부터 받는 등 보조 생식 의료를 행하기 위해서는 남녀 모두 자연적으로 생식 가능하다고 간주되는 연령에 있고, 혼인 관계에 있어야 한다. 또한 시술 시점에 의뢰한 남녀가 함께 생존하고 시술에 동의해야 한다. 출산한 사람만이 모로 되고 이 여성과의 혼인 관계에 따라 부가 확정된다. B국에서는 대리모 계약을 선량한 풍속에 반한다고 하여 무효로 하고 있다.

① A국에서는 여성도 다른 여성의 보조 생식 의료에 동의할 경우 그 출산한 여성과 부부로 인정된다.
② A국에서 대리모에게 난자를 제공한 의뢰인이 모가 되기 위해서는 그 출생한 자를 입양하는 방법밖에 없다.
③ B국에서는 자연적으로 생식이 불가능한 모든 자가 보조 생식 의료를 통해 합법적으로 자녀를 가질 수 있게 되었다.
④ B국에서 아이를 갖기 위한 여성이 남편의 동의를 얻어 보조 생식 의료를 통해 다른 남성의 정자를 제공받아 출산하면 그 아이의 부는 정자를 제공한 자이다.
⑤ A국과 B국 모두 '제3자를 위해 출산을 하는 계약은 무효'라는 내용의 법규정을 가지고 있다.

〈사실 관계〉의 (가)와 (나)에 들어갈 방법으로 옳은 것은? [17추리-8]

　　채무자가 채무를 이행할 수 있는데도 하지 않을 경우, 채권자가 직접 돈을 뺏어오거나 할 수 없고 법원에 신청하여 강제적으로 채무를 이행하게 할 수밖에 없다. 이렇게 강제로 이행하게 하는 방법은 상황에 따라 다른데, K국에서 법으로 인정하고 있는 방법은 세 가지이다. 'A방법'은 채무자가 어떤 행위를 하여야 하는데 하지 않는 경우, 채무자의 비용으로 채권자 또는 제3자에게 하도록 하여 채권의 내용을 실현하는 방법이다. 'B방법'은 목적물을 채무자로부터 빼앗아 채권자에게 주거나 채무자의 재산을 경매하여 그 대금을 채권자에게 주는 것과 같이, 국가 기관이 직접 실력을 행사해서 채권의 내용을 실현하는 방법이다. 이 방법은 금전·물건 등을 주어야 하는 채무에서 인정되며, 어떤 행위를 해야 하는 채무에 대하여는 인정되지 않는다. 'C방법'은 채무자만이 채무를 이행할 수 있는데 하지 않을 경우에 손해배상을 명하거나 벌금을 과하는 등의 수단을 써서 채무자를 심리적으로 압박하여 채무를 강제로 이행하도록 만드는 방법이다. 'C방법'은 채무자를 강제하여 자유의사에 반하는 결과에 이르게 하는 것이므로 다른 강제 수단이 없는 경우에 인정되는 최후의 수단이다.

〈사실 관계〉
- K국은 통신회사가 X회사 하나였는데 최근 통신서비스 시장 개방에 따라 다수의 다른 통신회사가 설립되어 공급을 개시하였다.
- K국의 X회사는 소비자 Y에게 계약에 따라 통신서비스를 제공할 의무가 있는데 요금 인상을 주장하며 이행하지 않았다. Y가 X회사의 강제 이행을 실현할 수 있는 방법은 통신서비스 시장 개방 전에는 　(가)　 방법, 시장 개방 후에는 　(나)　 방법이다.

	(가)	(나)
①	A	C
②	B	A
③	B	B
④	C	A
⑤	C	C

049

다음 글로부터 추론한 것으로 옳은 것만을 〈보기〉에서 있는 대로 고른 것은? [17추리-9]

A국은 각 지방자치단체에 대한 재정적 지원제도인 교부금제도를 시행하고 있다. 각 지방자치단체의 수입은 국가로부터의 교부금과 지방자치단체의 자체수입금으로 구성된다. 국가는 지방자치단체가 제출한 자체수입예상액과 지출예상액을 고려하여 국가가 판단한 총지출규모를 수립한 후 필요한 교부금을 지급한다.

A국은 아래의 교부금 중 하나를 선택하여 모든 지방자치단체에 지급할 수 있다.

- 동액교부금 : 모든 지방자치단체에 대해 획일적으로 동일한 금액이 지급되는 교부금
- 동률교부금 : 각 지방자치단체의 자체수입금에 비례하는 금액이 지급되는 교부금
- 보통교부금 : 각 지방자치단체의 자체수입금이 국가가 수립한 총지출규모를 충당하지 못하는 경우 국가가 그 재정부족분만큼 지급하는 교부금. 다만 자체수입금이 풍부하여 재정부족분이 발생하지 않는 지방자치단체에 대해서는 보통교부금이 지급되지 않음(이를 '불교부단체'라 함).

―――――〈보 기〉―――――

ㄱ. A국이 보통교부금을 지급할 경우, 불교부단체를 제외한 모든 지방자치단체는 자체수입금 증대를 위한 최대의 재정적 노력을 기울일 것이다.

ㄴ. 국가가 수립한 각 지방자치단체의 총지출규모가 동일한 상황에서 재정부족분이 많이 발생하는 지방자치단체(갑)와 상대적으로 적게 발생하는 지방자치단체(을)가 있다면, 보통교부금을 지급받을 때에는 갑이 을에 비해, 동률교부금을 지급받을 때에는 을이 갑에 비해 언제나 많이 받는다.

ㄷ. 국가가 수립한 각 지방자치단체의 총지출규모가 같고 각 지방자치단체의 자체수입금액이 같다면, 어떠한 교부금에 의하더라도 각 지방자치단체가 지급받는 교부금의 액수는 동일하다.

① ㄱ   ② ㄷ   ③ ㄱ, ㄴ
④ ㄴ, ㄷ   ⑤ ㄱ, ㄴ, ㄷ

050

다음 글을 근거로 판단한 것으로 옳은 것만을 〈보기〉에서 있는 대로 고른 것은? [18추리-8]

행정청이 권한을 행사한 행위를 취소해 달라고 청구하는 소송을 취소소송이라 한다. 취소소송이 적법하기 위해서는 소송의 대상인 행정청의 행위가 다음 세 요소를 모두 갖추고 있어야 한다.

A : '행정청이 우월한 지위에서 한 공권력의 행사'여야 한다. 계약당사자처럼 행정청이 상대방과 대등한 관계에서 행한 행위는 이에 해당하지 않는다.

B : '구체적 사실에 관한 행위'여야 한다. 이는 관련자가 특정되거나 개별적이고 규율대상이 구체적인 행위를 말하고, 시행령 제정행위와 같이 규율대상이 일반적인 행위는 이에 해당하지 않는다.

C : '권리·의무에 직접적으로 영향을 미치거나, 변동을 일으키는 것'이어야 한다. 행정청의 행위에 의하여 비로소 변동이 발생하여야 하므로, 기존의 법률관계에 의하여 이미 발생한 의무를 이행하라고 독촉하는 행위는 이에 해당하지 않는다.

─────── 〈보 기〉 ───────

ㄱ. 행정청과 갑은 행정청이 갑에게 제품개발자금을 지급하되 갑의 책임으로 사업이 실패할 경우에는 행정청이 지급한 자금의 반환을 요구할 수 있도록 정한 계약을 체결하였다. 행정청은 이 계약에 따라 갑에게 개발자금을 지급하였는데, 갑의 책임으로 사업이 실패하자, 지급한 개발자금을 반환하라고 요구하였다. 행정청의 개발자금 반환 요구행위는 A, B, C 모두 갖추었다.

ㄴ. 감사기관이 P시의 공무원 을의 징계권자인 P시장에게 복무규정을 위반한 을을 징계하라고 요구하였으나, 감사기관의 징계요구는 강제성이나 구속력이 없어 P시장은 이에 따르지 않고 을에게 아무런 징계를 하지 않았다. 을이 감사기관의 징계요구에 대해 취소소송을 제기하는 것은 C를 갖추지 못하였다.

ㄷ. S시장은 S시 소유의 X토지를 병에게 적법하게 임대해 주었고, 그 후 임대차계약에서 정한 사용료산정방식에 따라 X토지를 사용한 기간 동안의 토지 사용료를 납부하라고 병에게 통보하였다. 시장이 병에게 한 X토지 사용료의 납부통보는 A와 C를 갖추지 못하였다.

① ㄱ 　　② ㄴ 　　③ ㄱ, ㄷ
④ ㄴ, ㄷ 　　⑤ ㄱ, ㄴ, ㄷ

051

다음 글로부터 추론한 것으로 옳지 <u>않은</u> 것은? [18추리-9]

행정청이 허가를 내린 후에 허가의 효력을 상실시키기 위해서 그 허가를 취소하는 경우가 있다. 이러한 허가 취소는 두 유형으로 나눌 수 있다.

유형 A는 허가를 내릴 당시에는 허가를 받을 요건을 모두 갖추고 있어 허가가 내려졌는데 그 후에 의무를 위반하는 등으로 허가를 받은 자에게 책임이 있거나 공익을 위해 허가를 거둬들여야 하는 새로운 사정이 발생하여 행정청이 장래를 향해 허가의 효력을 소멸시키는 것이다. 허가가 발령 당시에는 정당하게 내려진 허가이므로 행정청은 함부로 이 유형의 허가 취소를 할 수 없고, 법에 이러한 사정이 개별적으로 허가 취소의 사유로 규정되어 있어야 한다. 허가를 받은 자에게 책임이 있어서 내려지는 유형 A의 허가 취소는 제재적 의미를 갖기 때문에 허가를 받은 자가 이미 받은 허가에 대한 신뢰를 보호해 달라고 주장할 수 없지만, 공익을 위해 허가를 거둬들여야 하는 새로운 사정이 발생해서 내려지는 유형 A의 허가 취소에 대해서는 허가에 대한 신뢰를 보호해 달라고 주장할 수 있다.

유형 B는 애초에 허가를 받을 요건을 구비하지 못하였음에도 허가가 위법 또는 부당하게 내려진 것에 대하여 행정청이 이를 바로잡기 위해 허가의 효력을 소급해서 소멸시키는 것이다. 유형 B의 허가 취소는 법에 이를 할 수 있는 사유에 관한 규정이 없어도 이뤄질 수 있다. 또한 이 유형의 허가 취소는 허가를 받은 자가 스스로 위법 또는 부당한 방법으로 허가를 받았거나 허가가 위법 또는 부당하게 내려진 사실을 알 수 있었기 때문에, 허가를 받은 자가 허가에 대한 신뢰를 보호해 달라고 주장할 수 없다.

① 허가를 받은 자가 행정청의 정당한 약관변경명령을 이행하지 않아 행정청이 허가 취소를 하는 경우는 유형 A에 해당한다.
② 허가에 필요한 시설을 갖춘 것처럼 허위의 자료를 제출하여 허가를 받은 자에 대해 행정청이 허가 취소를 하는 경우는 유형 B에 해당한다.
③ 허가가 내려진 이후 해당 사업을 폐지하기로 행정정책이 바뀌어 행정청이 그 허가를 취소하려는 경우, 허가를 받은 자는 허가에 대한 신뢰를 보호해 달라고 주장할 수 있다.
④ 허가에 필요한 동의서의 수가 부족하였으나 이를 간과하고 허가가 내려진 것이 발견되어 행정청이 허가 취소를 하는 경우, 법에 이 사유가 허가 취소 사유로 규정되어 있지 않으면 행정청이 허가 취소를 할 수 없다.
⑤ 허가를 받은 자가 허가를 받은 날부터 정당한 사유 없이 2년이 지나도록 사업을 개시하지 않고 있어 이를 이유로 행정청이 허가 취소를 하는 경우, 법에 이 사유가 허가 취소 사유로 규정되어 있어야 행정청이 허가 취소를 할 수 있다.

다음 글로부터 추론한 것으로 옳지 <u>않은</u> 것은? [18추리-6]

    X국은 중소기업을 보호하기 위하여 2010년부터 중소기업 판단 규정을 적용하고 있다. 이 규정에 의하면, 1년간 매출액이 1,000억 원 이하이면 중소기업, 1,000억 원 초과이면 대기업에 해당한다. 그런데 중소기업의 매출액이 증가하여 대기업의 기준에 해당하게 되더라도 바로 그 해와 그 다음 해부터 3년간은 계속하여 중소기업으로 인정한다(이를 '중소기업보호기간'이라고 한다). 다만, 다음의 경우에는 중소기업보호기간을 인정하지 않는다.

- 중소기업(중소기업보호기간 중인 기업 포함)이 아닌 기업과 합병한 경우
- 중소기업보호기간을 적용받았던 기업이 매출액 감소로 원래 의미의 중소기업이 되었다가 매출액 증가로 다시 중소기업에 해당하지 않게 된 경우

    기업별 매출액은 다음과 같다.

(단위 : 억 원)

기업＼연도	2010	2011	2012	2013	2014	2015	2016
A	900	900	900	900	900	900	2,000
B	900	900	900	900	900	2,000	3,000
C	900	900	900	900	900	900	3,000
D	900	2,000	2,000	2,000	2,000	900	2,000
E	900	900	900	2,000	2,000	2,000	2,000
갑	900	900	900	900	900	900	
을	2,000	2,000	2,000	2,000	2,000	2,000	
병	900	900	2,000	2,000	2,000	2,000	

① 2015년 A가 갑을 합병한 경우, 2016년 기준 A는 중소기업이다.
② 2015년 B가 을을 합병한 경우, 2016년 기준 B는 대기업이다.
③ 2015년 C가 병을 합병한 경우, 2016년 기준 C는 중소기업이다.
④ 2015년 D가 어떤 중소기업을 합병한 경우, 2016년 기준 D는 중소기업이다.
⑤ 2015년 E가 어떤 중소기업을 합병한 경우, 2016년 기준 E는 중소기업이다.

다음으로부터 추론한 것으로 옳은 것만을 〈보기〉에서 있는 대로 고른 것은? [18추리-10]

　계약 위반을 두고 갑과 을이 다투는 소송에서 판사가 판결을 내리는 상황을 생각해 보자. 둘 사이의 계약에서 계약 위반이 발생하는 조건은, 첫째, 계약이 특정한 행위 X를 금지하고, 둘째, 계약 당사자가 그 금지된 행위를 하는 것이다. 갑은 을이 계약을 위반했다고 주장하는 반면, 을은 위반하지 않았다고 주장한다. 을이 계약을 위반했는지를 따지는 쟁점은 다음 두 쟁점에 달려 있다. 하나는 이 계약이 을로 하여금 행위 X를 하지 못하도록 금지하는지 여부이고, 다른 하나는 을이 실제로 행위 X를 했는지 여부이다.

　세 명의 판사가 내린 판단은 각각 달랐다. 판사1은 이 계약이 행위 X를 금지하고 을이 행위 X를 했다고 본다. 판사2는 이 계약이 행위 X를 금지하는 것은 맞지만 을이 행위 X를 한 것은 아니라고 본다. 판사3은 을이 행위 X를 한 것은 맞지만 이 계약이 행위 X를 금지하는 것은 아니라고 본다. 이 경우 우리는 어떤 결론을 내리는 것이 옳을까?

　각 쟁점에 대해서 다수의 판사들이 내리는 판단을 따른다는 원칙을 받아들이기로 하자. 만약 각 쟁점에 대해서 서로 다른 판단을 내리는 판사의 수가 같다면, 가장 경력이 오래된 판사의 판단에 따르기로 한다. 세 명의 판사 중 가장 경력이 오래된 판사는 판사1이다. 그렇다면 우리는 이 계약이 행위 X를 금지하고 있다고 받아들여야 하고 을이 행위 X를 한 것도 받아들여야 한다. 그럼에도 불구하고 을이 계약 위반을 한 것은 아니라고 판단해야 하는 ㉠ 곤란한 상황에 도달한다. 왜냐하면 이 다툼에서 을이 계약을 위반했다고 판단하는 판사는 한 명뿐이기 때문이다.

───── 〈보 기〉 ─────

ㄱ. 을은 자신이 행위 X를 하지 않았다고 주장하였을 것이다.
ㄴ. 만약 다른 조건은 동일한데 판사3이 '이 계약은 행위 X를 금지하는 것도 아니고 을이 행위 X를 한 것도 아니다'라고 판단했더라면, ㉠은 발생하지 않았을 것이다.
ㄷ. 만약 다른 조건은 동일한데 판사 한 명을 추가하여 네 명이 판단하도록 했다면, ㉠은 발생하지 않았을 것이다.

① ㄱ　　　　　　　　② ㄴ　　　　　　　　③ ㄱ, ㄷ
④ ㄴ, ㄷ　　　　　　⑤ ㄱ, ㄴ, ㄷ

054

다음으로부터 추론한 것으로 옳은 것만을 〈보기〉에서 있는 대로 고른 것은? [19추리-1]

국가는 국민의 기본권을 보장할 의무가 있다. 이를 위하여 국가는 입법·사법·행정의 활동을 행한다. 그중 행정은 법률에 근거해서 국민의 기본권을 적극적으로 실현하고, 때로는 다수 국민의 안전, 질서 유지, 공공복리를 위하여 국민의 권리를 제한하기도 한다. 그러나 원칙적으로 행정의 역할은 국민의 기본권을 실현하는 것이므로, 여하한 이유로 국민의 기본권을 제한함에 있어서는 선행 조건을 갖춰야 한다. 즉 행정으로 인하여 직접적으로 기본권을 제한받는 당사자 본인에게는 사전에 그 행정이 필요한 이유와 내용 및 근거를 알려야 한다.

행정은 다양하고 복합적인 형태로 이루어진다. 행정은 한 개인에게 권리를 갖게 하거나 권리를 제한하기도 하고, 한 개인을 대상으로 권리를 갖게 하는 동시에 일정 권리를 제한하기도 한다. 또한 행정은 국민 사이에 이해관계의 대립을 초래하기도 한다. 예컨대 신발회사가 공장설치 허가를 신청하고 행정청이 허가하는 경우에, 회사 측과 공장이 설치되는 인근 지역의 주민들은 대립할 수 있다. 회사는 공장설치 허가를 통해 영업의 자유라는 기본권을 실현하게 되는 반면, 주민들 입장에서는 환경권·건강권 등의 침해를 주장할 수 있다. 이러한 경우에도 행정 활동을 함에 있어 갖춰야 할 선행 조건은 엄격하게 요구된다.

─────〈보 기〉─────

ㄱ. 주유소 운영자 갑에게 주유소와 접하는 도로의 일부에 대해 행정청으로부터 점용 허가 처분과 점용료 납부 명령이 예정된 경우, 행정청은 사전에 갑에게 점용 허가 처분 및 점용료 납부 명령 각각의 이유와 내용 및 근거를 알려야 한다.

ㄴ. 행정청이 을 법인에게 원자로시설부지의 사전승인을 할 때 환경권·건강권의 침해를 직접 받게 되는 인근 주민 병이 있는 경우, 행정청은 원자로시설부지의 사전승인에 앞서 병에게 그 사전승인의 이유와 내용 및 근거를 알려야 하지만, 을 법인에게는 사전승인에 앞서 알릴 필요가 없다.

ㄷ. 대리운전기사 정이 음주운전으로 적발되어 행정청이 정의 운전면허를 취소하려는 경우, 행정청은 사전에 정과 그 가족에게 운전면허취소의 이유와 내용 및 근거를 알려야 한다.

① ㄱ
② ㄴ
③ ㄱ, ㄷ
④ ㄴ, ㄷ
⑤ ㄱ, ㄴ, ㄷ

055

다음으로부터 추론한 것으로 옳은 것만을 〈보기〉에서 있는 대로 고른 것은? [20추리-10]

인터넷이나 모바일 등에서 거래를 중개하는 사업 모델 중 포털사이트나 가격비교사이트는 판매 정보를 제공하고 판매자의 사이트로 연결하는 통로의 역할만 한다. 이에 비해 오픈마켓 형태의 모델은 사이버몰을 열어 놓고 다수의 판매자가 그 사이버공간에서 물건을 판매하도록 한다. 후자의 모델은 중개자가 거래 공간을 제공할 뿐만 아니라 계약 체결이나 대금 결제의 일부에 참여하기도 하여 소비자가 중개자를 거래 당사자로 오인할 가능성이 크다. 이러한 판매 중개와 관련하여 X국의 법률은 다음과 같이 규정하고 있다.

(1) '사이버몰판매'란 판매자가 소비자와 직접 대면하지 않고 사이버몰(컴퓨터, 모바일을 이용하여 재화를 거래할 수 있도록 설정된 가상의 영업장을 말한다)을 이용하고 계좌이체 등을 이용하는 방법으로 소비자의 청약을 받아 재화를 판매하는 것이다.

(2) '사이버몰판매중개'란 사이버몰의 이용을 허락하거나 중개자 자신의 명의로 사이버몰판매를 위한 광고수단을 제공하거나 청약의 접수 등 사이버몰판매의 일부를 수행하는 방법으로 거래 당사자 간의 사이버몰판매를 알선하는 행위이다.

(3) 사이버몰판매중개자는 사이버몰 웹페이지의 첫 화면에 자신이 사이버몰판매의 당사자가 아니라는 사실을 고지하면 판매자가 판매하는 상품에 관한 손해배상책임을 지지 않는다. 다만, 사이버몰판매중개자가 청약의 접수를 받거나 상품의 대금을 지급받는 경우 사이버몰판매자가 거래상 의무를 이행하지 않을 때에는 이를 대신하여 이행해야 한다.

─────── 〈보 기〉 ───────

ㄱ. P는 인터넷에서 주문을 받아 배달하는 전문 업체로서, 유명 식당에 P의 직원이 직접 가서 주문자 대신 특정 메뉴를 주문하고 결제하여 주문자가 원하는 곳으로 배달까지 해 주는 서비스를 제공한다. 이 경우 P는 사이버몰판매중개자가 아니다.

ㄴ. Q는 모바일 어플리케이션을 이용하여 원룸과 오피스텔의 임대차를 전문적으로 중개하는 사업자이다. 이 경우 Q는 사이버몰판매중개자이다.

ㄷ. R는 인터넷에서 테마파크의 할인쿠폰을 판매하는 업체이다. R는 인터넷 쇼핑몰 웹페이지에 자신이 사이버몰판매의 당사자가 아니라고 고지한 경우 상품에 관한 손해배상책임에서 면제된다.

① ㄱ
② ㄷ
③ ㄱ, ㄴ
④ ㄴ, ㄷ
⑤ ㄱ, ㄴ, ㄷ

056

다음으로부터 추론한 것으로 옳은 것만을 〈보기〉에서 있는 대로 고른 것은? [20추리−11]

여러 상품들을 취급하는 기업의 입장에서는 각 상품을 개별 단위로 판매하기보다 여러 조합으로 묶어서 판매하는 것이 비용 절감이나 시장 공략 측면에서 효과적인 전략일 수 있다. 휴대전화＋집 전화＋초고속인터넷＋IPTV 등 여러 상품을 묶어서 판매하는 경우가 자주 등장하는 이유도 그 때문이다. 예컨대 상품 A와 상품 B의 묶음상품 판매 방식은 다음 세 가지로 나눌 수 있다.

판매 방식 1 : A와 B를 묶어서 가격을 할인하여 판매하고 개별 상품은 별도로 판매하지 않는 방식

판매 방식 2 : A와 B를 묶거나 개별적으로 판매하는 방식. 다만 묶어서 판매하는 경우 가격을 할인

판매 방식 3 : A를 구입하려면 B도 반드시 구입해야 하는 방식. 다만 B만 구입하는 것은 가능

하지만 이와 같이 상품을 묶어서 판매하는 것은 소비자의 선택권을 제한하거나 다른 기업에 불리한 경쟁 환경을 조성하는 결과를 초래할 수 있기 때문에 법적 규제의 대상이 된다. 다만 묶어서 판매하는 방식에 가격 할인이 뒤따르는 경우에는 그로 인해 기대되는 소비자의 경제상 이익이나 가격 경쟁 촉진 효과 등을 종합적으로 고려하여 법 위반 여부를 결정하게 된다. 형식적으로는 소비자에게 선택권을 주고 있으나 개별 상품 가격의 총합이 묶음상품의 가격에 비해 현저히 높아서 소비자들이 개별 구매할 가능성이 낮은 경우나 가격 할인이 과도해서 효율적인 경쟁자를 배제하는 경우는 규제 대상에 포함된다.

─────〈보 기〉─────

ㄱ. A, B를 개별적으로 모두 구매하려는 소비자는 판매 방식 2를 판매 방식 3보다 선호한다.

ㄴ. 소비자의 선택권을 선택지의 개수로만 판단하면 판매 방식 3이 선택권을 가장 크게 제한한다.

ㄷ. 두 상품을 묶어서 판매하는 가격이 단일 상품만 취급하는 기업의 단일 상품 가격보다도 낮은 경우에는 규제 대상에 포함될 수 있다.

① ㄱ   ② ㄴ   ③ ㄱ, ㄷ

④ ㄴ, ㄷ   ⑤ ㄱ, ㄴ, ㄷ

057

다음 글을 분석한 것으로 옳지 <u>않은</u> 것은? [21추리-3]

X국과 Y국은 채권자나 채무자의 신청으로 법원의 선고를 받아 파산할 수 있는 제도를 운영하고 있다.

X국 : 개인이 빌린 돈을 갚지 못하는 경우, 파산하여 파산 당시에 가진 재산 모두를 채권자들에게 분배하면 남은 빚은 전부 탕감받는다. 법원은 파산한 자가 지급능력이 있음에도 일부러 돈을 갚지 않는 악의적인 경우를 제외하고 빚 탕감을 허가해준다. 파산하여 빚을 탕감받은 자는 국민으로서 일상생활에서 누릴 수 있는 자유와 권리를 전혀 제한받지 않는다.

Y국 : 개인이 빌린 돈을 갚지 못하는 경우, 파산하여 파산 당시에 가진 재산 모두를 채권자들에게 분배하지만, 채권자의 허락이 없으면 그 채권자에 대해서는 남은 빚을 탕감받지 못한다. 채권자는 자신이 빌려준 돈을 전부 받을 때까지 파산 후 취득한 재산에 대해 제한 없이 권리를 행사할 수 있다. 파산한 자는 일정 기간 구금되고 빚을 다 갚을 때까지 선거권이 박탈되며 파산 사실이 외부에 공개된다.

① 채권자들이 파산한 채무자에 대하여 빚을 갚도록 독촉하고 관련 소송이 끊임없이 이어질 것을 우려하는 사람은 X국 제도를 지지할 것이다.

② 개인은 스스로 결정하고 책임지는 이성적 존재이므로 무절제한 소비행위를 한 자를 국가가 나서서 도와줄 필요가 없다고 생각하는 사람은 X국 제도를 반대할 것이다.

③ 채권자가 자기 채권을 우선적으로 회수하기 위하여 파산 신청을 협박의 수단으로 사용할 수 있다고 우려하는 사람은 Y국 제도를 지지할 것이다.

④ 파산위기에 처한 자가 기존의 빚을 갚기 위하여 또 다른 빚을 지는 등 계속 채권·채무관계를 형성할 것을 우려하는 사람은 Y국 제도를 반대할 것이다.

⑤ 파산 후의 채권·채무관계를 채권자의 의사에 좌우될 수 있게 한 결과, 가공의 채권자가 등장하는 등 사회적 혼란이 일어날 것을 우려하는 사람은 Y국 제도를 반대할 것이다.

058

다음으로부터 추론한 것으로 옳은 것만을 〈보기〉에서 있는 대로 고른 것은? [21추리-26]

    X국에서 국회의원 후원회가 후원금을 기부 받은 때에는 그 날부터 30일 이내에 정치자금영수증을 후원인에게 교부해야 한다. 단, 1회 1만 원 이하의 후원금은 해당 연도 말일에 합산하여 일괄 발행·교부할 수 있다. 정치자금영수증은 '정액영수증'과 '무정액영수증'으로 구분된다. 정액영수증은 1만·5만·10만·50만·100만·500만 원이 표시된 6종이다. 무정액영수증은 10만 원 미만 후원금에 한해 발행할 수 있다. 또한 10만 원을 초과해 기부한 경우라도 10만 원 미만 금액에 한해 발행할 수 있다. 예컨대 13만 원을 기부받았다면 10만 원 정액영수증 1장과 3만 원 무정액영수증 1장을 발행할 수 있다.

    다음 중 하나에 해당하는 경우 정치자금영수증을 교부하지 않을 수 있다. 첫째, 후원인이 정치자금영수증 수령을 원하지 않는 경우, 둘째, 후원인이 연간 1만 원 이하의 후원금을 기부한 경우이다. 그러나 후원회는 위 두 가지 경우에도 정치자금영수증을 발행하여 원부와 함께 보관해야 한다.

    갑은 2020년 5월 국회의원 을, 병, 정의 후원회에 후원금을 기부했다. 을 후원회에 1만 원 3회, 2만 원 1회, 병 후원회에 1회 72만 원, 정 후원회에는 1회 100만 원을 기부했다.

──────── 〈보 기〉 ────────

ㄱ. 을 후원회는 2020년 12월 31일에 5만 원에 해당하는 정치자금영수증 1장을 발행하여 갑에게 교부할 수 있다.

ㄴ. 병 후원회가 갑으로부터 기부받은 금액에 대해 정액영수증과 무정액영수증을 함께 발행했다면, 발행된 정치자금영수증은 4장 이상이다.

ㄷ. 갑이 정 후원회에 기부한 금액에 대해 정치자금영수증 수령을 원하지 않았다면, 정 후원회는 정치자금영수증을 발행하지 않아도 된다.

① ㄴ   ② ㄷ   ③ ㄱ, ㄴ
④ ㄱ, ㄷ   ⑤ ㄱ, ㄴ, ㄷ

059

다음 글에 대한 평가로 옳은 것만을 〈보기〉에서 있는 대로 고른 것은? [22추리−1]

머지않은 미래에 신경과학이 모든 행동의 원인을 뇌 안에서 찾아내게 된다면 법적 책임을 묻고 처벌하는 관행이 근본적으로 달라질 것이라고 생각하는 사람들이 있다. 어떤 사람의 범죄행동이 두뇌에 있는 원인에 의해 결정된 것이어서 자유의지에서 비롯된 것이 아니라면, 그 사람에게 죄를 묻고 처벌할 수 없다는 것이 이들의 생각이다. 그러나 이는 법에 대한 오해에서 비롯된 착각이다. 법은 사람들이 일반적으로 합리적 선택을 할 수 있는 능력을 가지고 있다고 가정한다. 법률상 책임이 면제되려면 '피고인에게 합리적 행위 능력이 결여되어 있다는 사실'이 입증되어야 한다는 점에 대해서는 일반적으로 동의한다. 여기서 말하는 합리적 행위 능력이란 자신의 믿음에 입각해서 자신의 욕구를 달성하는 행동을 수행할 수 있는 능력을 의미한다. 범행을 저지른 사람이 범행 당시에 합리적이었는지 아닌지를 결정하는 데 신경과학이 도움을 줄 수는 있다. 그러나 사람들이 이러한 최소한의 합리성 기준을 일반적으로 충족하지 못한다는 것을 신경과학이 보여 주지 않는 한, 그것은 책임에 관한 법의 접근 방식의 근본적인 변화를 정당화하지 못한다. 법은 형이상학적 의미의 자유의지를 사람들이 갖고 있는지 그렇지 않은지에 대해서는 관심을 두지 않는다. 법이 관심을 두는 것은 오직 사람들이 최소한의 합리성 기준을 충족하는가이다.

〈보 기〉

ㄱ. 인간의 믿음이나 욕구 같은 것이 행동을 발생시키는 데 아무런 역할을 하지 못한다는 것을 신경과학이 밝혀낸다면, 이 글의 논지는 약화된다.

ㄴ. 인간이 가진 합리적 행위 능력 자체가 특정 방식으로 진화한 두뇌의 생물학적 특성에서 기인한다는 것을 신경과학이 밝혀낸다면, 이 글의 논지는 약화된다.

ㄷ. 범죄를 저지른 사람들 중 상당수가 범죄 유발의 신경적 기제를 공통적으로 지니고 있다는 것을 신경과학이 밝혀낸다면, 이 글의 논지는 강화된다.

① ㄱ   ② ㄷ   ③ ㄱ, ㄴ
④ ㄴ, ㄷ   ⑤ ㄱ, ㄴ, ㄷ

060

다음으로부터 추론한 것으로 옳은 것만을 〈보기〉에서 있는 대로 고른 것은? [23추리-4]

X국은 지방정부의 공정한 업무 처리를 위하여 다음과 같이 감사청구제도 및 시민소송제도를 도입하였다.

• 감사청구제도 개요

지방정부의 장의 업무 처리가 법률을 위반하거나 공익을 현저히 해친다고 인정되면 해당 지방의 18세 이상 시민은 해당 지방의 18세 이상 시민 100명 이상의 연대서명을 거쳐 행정부장관에게 감사를 청구할 수 있다. 감사 청구된 사항에 대하여 행정부장관은 감사를 한 후, 그 결과를 감사청구인과 해당 지방정부의 장에게 서면으로 알려야 한다. 행정부장관은 감사결과에 따라 필요한 경우 해당 지방정부의 장에게 필요한 조치를 요구할 수 있으며, 조치 요구를 받은 지방정부의 장은 이를 성실히 이행하고, 그 조치 결과를 해당 지방의회와 행정부장관에게 보고하여야 한다.

• 시민소송제도 개요

지방정부의 장의 공금 지출에 관한 사항, 재산의 취득에 관한 사항 또는 지방세 부과·징수를 게을리한 사항에 대하여 감사청구를 한 시민은 그 감사청구의 결과에 따라 해당 지방정부의 장이 행정부장관의 조치 요구를 성실히 이행하지 아니한 경우, 그 감사청구한 사항과 관련이 있는 위법한 행위나 업무를 게을리한 사실에 대하여 해당 지방정부의 장을 상대로 시민소송을 제기할 수 있다. 이 시민소송이 계속되는 중에 소송을 제기한 시민이 사망한 경우 소송의 절차는 중단되나, 시민소송 전에 이뤄진 감사청구의 연대서명자가 있는 경우 해당 연대서명자는 이 시민소송절차를 이어받을 수 있다.

─────── 〈보 기〉 ───────

ㄱ. Y지방정부의 장이 Y지방정부의 재산 취득 시 법률을 위반하자, Y지방 시민 갑은 Y지방 시민 을 등의 연대서명을 거친 후 단독으로 적법하게 감사청구를 하였고 행정부장관은 감사결과에 따른 조치 요구를 하였으나 Y지방정부의 장이 이를 이행하지 않았다. 이 경우 을은 Y지방정부의 장을 상대로 시민소송을 제기할 수 있다.

ㄴ. V지방의 시민 병이 V지방정부의 장의 공금 지출에 관한 사무처리가 공익을 현저히 해쳐 적법하게 감사청구를 하였고, 행정부장관은 감사결과에 따른 조치 요구를 하였으나 V지방정부의 장이 이를 이행하지 않았다. 이 경우 병은 V지방정부의 장을 상대로 공금 지출이 공익을 현저히 해쳤다는 이유로 시민소송을 제기할 수 있다.

ㄷ. W지방정부의 장이 지방세 부과를 게을리한 부분이 법률에 위반되어 W지방의 시민 정이 적법하게 감사청구를 하였고 감사결과에 따른 행정부장관의 조치 요구가 있었음에도 W지방정부의 장은 이를 이행하지 않았다. 이 경우 정은 감사청구한 사항과 관련이 있는 위법한 행위에 대해서도 W지방정부의 장을 상대로 시민소송을 제기할 수 있다.

① ㄱ
② ㄷ
③ ㄱ, ㄴ
④ ㄴ, ㄷ
⑤ ㄱ, ㄴ, ㄷ

061

다음으로부터 추론한 것으로 옳은 것만을 〈보기〉에서 있는 대로 고른 것은? [25추리─3]

　　X국 정부는 담합 등 경쟁을 제한하는 위법한 행위를 규제한다. 위법성 여부는 시장 규모, 경쟁 정도, 규제를 통해 보호되는 법익, 담합을 규제하는 경우에 발생하는 역효과 등 모든 상황을 종합적으로 고려하여 판단한다. X국 정부는 담합에 대한 위법성 평가의 기준을 제시하면서, 시장 환경의 변화에 따라 서비스업에서 종전에 비하여 경쟁이 심해진 경우, 서비스의 질적 저하를 막기 위해 가격을 담합한 경우, 그리고 담합을 규제한 결과로 이용자가 부담하는 가격이 상승하여 이용자에게 더 불리하게 작용하는 경우 등은 위법성의 정도가 낮은 것으로 평가하겠다고 공표하였다.

　　변호사업과 같은 지식 서비스업에서 경쟁이 심화되면 서비스 이용가격은 계속 내려갈 수밖에 없다. 이러한 이유에서 X국 변호사들은 변호사회를 결성하여 ㉠ 의뢰인이 승소 여부와 관계없이 부담하는 최저수임료를 정하는 규정 및 ㉡ 의뢰인이 승소한 경우에는 성공보수를 지급하도록 하고 그 최저보수를 정하는 규정을 두었다. 그러자 ㉠과 ㉡이 변호사들의 가격 담합에 해당한다는 고발이 증가하였다.

〈보 기〉

ㄱ. ㉠의 최저수임료 이하로 수임료가 낮아지는 경우에 서비스의 질적 하락이 가격의 하락보다 더 큰 폭으로 발생한다면, X국 정부는 ㉠에 의한 담합은 위법성의 정도가 낮다고 평가할 것이다.

ㄴ. 변호사들의 성공보수약정 담합을 규제하는 경우 그 약정금액이 승소와 관계없이 의뢰인이 부담하는 수임료로 전부 전가된다면, X국 정부는 ㉡에 의한 담합은 위법성의 정도가 낮다고 평가할 것이다.

ㄷ. X국 정부가 종전의 제도를 변경하여 변리사도 관련 업무에 대한 국내 소송사건을 수임할 수 있게 한다면, X국 정부는 ㉠과 ㉡에 의한 담합은 모두 위법성의 정도가 낮다고 평가할 것이다.

---

① ㄱ　　　　　　　　　② ㄷ　　　　　　　　　③ ㄱ, ㄴ
④ ㄴ, ㄷ　　　　　　　⑤ ㄱ, ㄴ, ㄷ

062

다음 글을 근거로 판단할 때 옳은 것은? [19행상-24]

- 가뭄 예·경보는 농업용수 분야와 생활 및 공업용수 분야로 구분하여 발령한다.
- 예·경보 발령은 '주의', '심함', '매우심함' 3단계로 구분하며, '매우심함'이 가장 심각한 단계이다.
- 가뭄 예·경보는 다음에서 정한 날에 발령한다.
  - 주의 : 해당 기준에 도달한 매 월 10일
  - 심함 : 해당 기준에 도달한 매 주 금요일
  - 매우심함 : 해당 기준에 도달한 매 일마다 수시

〈가뭄 예·경보 발령 기준〉

주의	농업용수	영농기(4 ~ 9월)에 저수지 저수율이 평년의 70 % 이하 또는 밭 토양 유효수분율이 60 % 이하에 해당되는 경우
	생활 및 공업용수	하천여유수량을 감량 공급하는 상황에서 현재 하천유지유량이 고갈되거나, 장래 1~3개월 후 하천 및 댐 등에서 농업용수 공급이 어려울 것으로 판단되는 경우
심함	농업용수	영농기(4~9월)에 저수지 저수율이 평년의 60 % 이하 또는 밭 토양 유효수분율이 40 % 이하에 해당되는 경우
	생활 및 공업용수	하천유지유량을 감량 공급하는 상황에서 현재 하천 및 댐 등에서 농업용수 공급이 부족하거나, 장래 1~3개월 후 생활 및 공업용수 공급이 어려울 것으로 판단되는 경우
매우 심함	농업용수	영농기(4~9월)에 저수지 저수율이 평년의 50 % 이하 또는 밭 토양 유효수분율이 30 % 이하에 해당되는 경우
	생활 및 공업용수	현재 하천 및 댐 등에서 농업용수, 생활 및 공업용수 공급이 부족하고, 장래 1~3개월 후 생활 및 공업용수 공급에도 차질이 발생할 것으로 판단되는 경우

※ 단, 상황이 여러 기준에 모두 해당되는 경우 더 심각한 단계에 해당되는 것으로 판단

① 영농기에 저수지 저수율이 평년의 50 %라면 농업용수 가뭄 예·경보 기준의 심함에 해당한다.
② 영농기에 밭 토양 유효수분율이 70 %일 경우 농업용수 가뭄 예·경보를 그 달 10일에 발령한다.
③ 하천유지유량을 감량 공급하는 상황에서 현재 하천 및 댐 등에서 농업용수 공급이 부족한 경우, 농업용수 가뭄 예·경보 기준의 심함에 해당한다.
④ 12월 23일 금요일에 저수지 저수율이 평년의 60 % 이하이거나 밭 토양 유효수분율이 40 % 이하이면 농업용수 가뭄 예·경보가 발령될 것이다.
⑤ 5월 19일 목요일에 생활 및 공업용수 가뭄 예·경보가 발령되었다면, 현재 하천 및 댐 등에서 농업용수, 생활 및 공업용수 공급이 부족하고, 장래 1~3개월 후 생활 및 공업용수 공급에도 차질이 발생할 것으로 판단되는 경우일 것이다.

063

다음 글을 근거로 판단할 때 옳지 <u>않은</u> 것은? [21행상-4]

A협회는 매년 12월 열리는 정기총회에서 다음해 협회장을 선출한다. 협회장의 선출은 ① 입후보자가 1인인 경우에는 '찬반투표'로 이루어지고, ② 입후보자가 2인 이상인 경우에는 '선거'를 통해 이루어진다.

'찬반투표'에 참여할 수 있는 회원의 자격은 투표일 현재까지 A협회의 정회원인 사람으로 한정한다. A협회의 정회원은 A협회의 준회원으로 만 1년 이상을 활동한 후 정회원 가입 신청을 하고 연회비를 납부한 자를 말한다. 기준에 따라 정회원 가입을 신청하고 연회비를 납부한 그 날부터 정회원 자격이 부여된다. 정회원은 정회원 자격을 획득한 다음해부터 매해 1월 30일까지 연회비를 납부하여야 그 자격이 유지된다. 기한 내에 연회비를 납부하지 않은 정회원은 그 자격이 유보되어 권리를 행사할 수 없고, 정회원 자격을 회복하기 위해서는 그 다음해 연회비 납부일까지 연회비의 3배를 납부하여야 한다. 2년 연속 연회비를 납부하지 않은 사람은 A협회의 회원 자격이 영구히 박탈된다.

한편 '선거'에 참여할 수 있는 회원의 자격은 선거일을 기준으로 정회원 자격을 얻은 후 만 1년을 경과한 정회원으로 한정한다. 연회비 미납부로 정회원 자격이 유보된 사람도 정회원 자격을 회복한 후 만 1년을 경과하여야 선거에 참여할 수 있다.

① 2019년 10월 A협회 정회원 자격을 얻은 甲은 '2020년 협회장' 선출을 위한 '선거'에 참여할 수 있었다.

② 2018년 10월 A협회 정회원 자격을 얻은 乙은 2019년 연회비 납부 여부와 관계없이 '2019년 협회장' 선출을 위한 '찬반투표'에 참여할 수 있었다.

③ 2017년 10월 A협회 정회원 자격을 얻은 丙이 연회비 미납부로 자격이 유보되었다가 2019년에 정회원 자격을 회복하였더라도 '2020년 협회장' 선출을 위한 '선거'에 참여할 수 없었다.

④ 2017년 10월 A협회 준회원 활동을 시작한 丁이 최소 요구 연한 경과 직후에 정회원 자격을 획득하였다면 '2019년 협회장' 선출을 위한 '찬반투표'에 참여할 수 있었다.

⑤ 2016년 10월 처음으로 A협회 정회원 자격을 얻은 戊가 2017년부터 연회비를 계속 납부하지 않았다면 협회장 선출을 위한 '선거'에 한 번도 참여할 수 없었다.

PART 3.

2026 LEET · PSAT 법률문제 222

사례형

PART 3. | 사례형

　'사례형'(또는 '상황형'/'사실관계형'이라고도 합니다)은 조문 또는 글과 더불어 사례, 사실관계, 상황 등을 결부시킨 추론적 유형의 문제입니다. 이는 '규정형'의 응용 형태로 조문과 함께 어떠한 상황을 가정하여 제시하고 규정의 해석을 통해 해결할 것을 요구하는 유형이며, 글의 분량이 긴 편이고, 그 내용 또한 까다롭게 출제됩니다. 최근 출제빈도가 높아지고 있는 만큼 매우 중요한 유형입니다.

　사례형은 ① 글＋〈사례〉, ② 규정＋〈사례〉, ③ 글＋규정＋〈사례〉, ④ 글＋규정＋〈사례〉＋논쟁 등의 형태로 출제됩니다. 대부분의 경우 〈사례〉는 글이나 관련 규정 아랫부분에 제시됩니다. 또한, 〈사례〉와 선지가 따로 구성되는 경우가 대부분이지만, 선지가 다소 길이가 긴 사례로 등장하는 경우도 있습니다.

　이 책에서는 사례형을 '일반사례형', '인물관계형', '타임라인형'으로 분류해보았습니다. '일반사례형'에서는 가상의 사례를 구상하여 일정한 인물 간의 관계를 제시하고, 포섭시킬 수 있는 관련 규정을 함께 제시하여 결론을 도출하게끔 합니다. '인물관계형'에서는 사례에 등장하는 인물 간 구조도를 그려보거나 가계도를 그려보거나 할 수 있습니다. '타임라인형' 즉 시간적 순서가 제시될 때 단지 머릿속으로만 생각하지 말고 직접 손으로 그려가면서 해결하는 것이 실수를 줄이는 좋은 방법입니다. (물론 '인물관계형'과 '타임라인형'이 융합되어 출제되기도 합니다)

　아래의 내용은 사례형을 다루는 다소 총론적인 내용입니다(각 세부유형은 각 절에서 다시 다루기로 합니다).
　다음은 주어진 〈사례〉를 효율적으로 정리하는 방법입니다.

① 각 등장인물에 대한 정보 파악하기
　등장인물들을 A, B, C 또는 ○, △, ☆ 등의 기호를 활용하여 구분을 명확하게 하는 것이 좋습니다.
② 등장인물 간 관계 설정에 유의하기
　구조도(가계도, 삼면관계)를 활용하여 등장인물 간 관계를 그림이나 표로 정리하는 것이 좋습니다.

③ 규정 또는 글을 등장인물이 처한 상황 또는 선지에 바르게 대응하기

각 등장인물에게 적용될 수 있는 조문이 반드시 있기 마련이며, 특히 조문에 '~경우, ~때, ~면'이 있다면 등장인물의 상황과 대응되는 부분임에 주목해야 합니다. 해당 부분에 밑줄을 긋고 사례에 등장한 주체와 연결하는 습관을 들이는 것이 좋습니다.

또한, 이하의 내용은 사례형이 어렵게 출제될 때 대처방식입니다.

1) 문두 파악

일반적으로 글 이하에 친절하게 〈사례(상황)〉으로 한 눈에 파악이 가능하도록 제시되지만, 특히 PSAT상황판단의 경우에는 문두에 제시되는 경우도 있습니다. 이런 때 문두를 정확히 읽지 않고 성급하게 글이나 선지로 넘어가는 일이 없어야 합니다. 아래의 예를 살펴보겠습니다.

다음 글과 〈상황〉을 근거로 판단할 때, 甲국 A정당 회계책임자가 2011년 1월 1일부터 2012년 12월 31일까지 중앙선거관리위원회에 회계보고를 한 총 횟수는?

법 제00조 정당 회계책임자는 중앙선거관리위원회에 다음 각 호에 정한 대로 회계보고를 하여야 한다.
1. 공직선거에 참여하지 아니한 연도
매년 1월 1일부터 12월 31일까지의 정치자금 수입과 지출에 관한 회계보고는 다음 연도 2월 15일에 한다. (후략)

─────── 〈상 황〉 ───────

- 甲국의 A정당은 위 법에 따라 정치자금 수입과 지출에 관한 회계보고를 했다.
- 甲국에서는 2010년에 공직선거가 없었고, 따라서 A정당은 공직선거에 참여하지 않았다.
- 甲국에서는 2011년 12월 5일에 대통령선거를, 2012년 3월 15일에 국회의원 총선거를 실시하였고, 그 밖의 공직선거는 없었다.
- 甲국의 A정당은 2011년 대통령선거에 후보를 공천해 참여하였고, 2012년 국회의원 총선거에도 후보를 공천해 참여하였다.

문두에 제시된 기간에 대한 정보를 놓쳤다면 정답을 정확하게 고르기 쉽지 않았을 것입니다. 실전에서 마음이 급해지면 문두 즉, 문제를 제대로 읽지 않은 채 〈상황〉부터 보고 풀 수도 있는데, 이런 실수를 범하지 않으려면 평소 문두에 제시된 내용을 정확하게 파악하는 습관을 가지는 것이 좋습니다.

2) 〈사례〉+규정+논쟁 등 복합형 풀이의 어려움

사례형은 어떠한 글과 규정이 추가로 주어지는지에 따라 난도가 급격하게 오를 수 있습니다. 2013학년도 추리논증 9번 문제가 대표적입니다.

〈상황〉

평민 A, B와 관리 C가 금주기간에 술을 마신 혐의를 받고 있었는데 각자 자백이 있어야 처벌이 가능하였다. 수사를 하기 위해 포도청 소속 X가 이들을 포박하려던 중 A가 X를 폭행하여 장출혈을 야기하였다. 수사과정에서 수사관 Y가 모두에게 "술을 마셨는지 마시지 않았는지 숨김없이 말해라!"라고 명령하자 A와 C는 술을 마셨다고 자백하였다. 하지만 나름대로 적용법률과 형량을 모두 따져 자신이 자백을 하면 『일반 형사령』 제10조에 따라 처벌될 것이라 생각한 B는 차라리 ⓒ대를 맞을 것을 작심하고 아무런 말도 하지 않아 『일반 형사령』 제50조 공무집행방해죄를 범하였다. 이에 국왕은 아래 <사법관리들간의 논의>를 토대로 판단을 내리려 하고 있다.

〈관련법률〉

『금주에 관한 왕령』 금주기간에 술을 마신 자는 곤장 ⓐ대에 처한다.

『일반 형사령』

제10조(왕령위반죄) 왕령을 위반하였을 경우 곤장 60대에 처한다.

제50조(공무집행방해죄) 공무를 담당하는 자의 명령에 저항하여 복종하지 아니하거나 파견된 사람을 폭행한 경우에는 곤장 ⓒ대에 처한다. 폭행의 정도가 심하여 상해에 이르렀을 경우 20대를 가중한다.

제91조(2개의 죄) 2개의 죄를 저질렀을 경우 형을 합산하여 처벌한다.

제92조(곤장형) 곤장형은 가중 또는 감경 전 기준으로 최하 40대부터 최고 120대까지이며 10대 단위로 부과한다.

〈사법관리들의 논의〉

갑 : 관리와 달리 평민이 금주기간에 술을 마셨다면 『금주에 관한 왕령』에 따라 처벌해야 합니다.

을 : 아닙니다. 금주기간에 술을 마신 경우 어떻든 왕령을 위반했으니 평민, 관리 모두 『일반 형사령』 제10조 왕령위반죄에 따라 처벌해야 합니다.

갑 : 『일반 형사령』 제10조부터 제19조까지는 체계상 '제3장 관리들의 죄'에 포함된 조문입니다. 전에는 이를 잘못 적용하여 평민에게도 적용했기 때문에 모든 평민들이 왕령 위반 시 제10조에 따라 60대를 맞는 줄 오해하고 있지만, 이제부터는 관리에게만 적용해야 합니다.

을 : 하지만 왕령위반죄 조문 어디에도 '관리'라는 단어가 나오지 않으므로 그러한 해석은 불가능합니다. 왕령 위반의 경우 관리뿐만 아니라 평민에게도 『일반 형사령』 제10조가 적용되어야 합니다.

갑 : 그러한 잘못된 해석으로 인하여 평민들이 어리석은 판단을 내리는 것입니다. B의 경우만 하더라도 만약 술을 마셨다고 자백했다면, 공무집행방해죄에 의해 처벌받는 것보다 유리하였을 것입니다.

일반적으로는 규정 또는 글이 먼저 제시되고 〈상황〉이 맨 뒤에 오는 반면, 이 문제에서는 〈상황〉이 먼저 제시되었습니다. 이런 경우 바로 주요 쟁점이 무엇인지 바로 파악하기 어려울 수 있습니다. 논리적 틀 없이 처음부터 사실관계를 해석해야 하기 때문입니다(이 문제는 110번으로 뒤에서 살펴볼 예정이므로, 자세한 접근방법 및 해설은 생략하도록 하겠습니다.) 이럴 때에는 〈관련법률〉 등을 대강 훑은 뒤 쟁점을 확인한 후 글을 읽는 것도 좋은 방법입니다. 또한, 〈상황〉에 여러 명의 주체들이 등장하고 이들에 대한 나름의 정보가 제시되며 또한 이들을 둘러싸고 있는 법적인 갈등상황이 제시됩니다.

앞서 살펴본 '등장인물 간 관계 설정에 유의하기'를 적용하여 구조도(가계도, 삼면관계)를 활용하여 등장인물 간 관계를 그림이나 표로 정리하는 것이 좋습니다. 가령 아래와 같이 그릴 수 있습니다. (이는 하나의 사례일 뿐이며 자신만의 방법으로 한눈에 들어올 수 있게 빠르고 명확하게 그리는 것이 중요합니다.)

	자백여부	공무집행 방해
A(평민)	○	○ (수사관 폭행)
B(평민)	×	○ (수사관 비협조)
C(관리)	○	×

제1절 일반사례형

이미 살펴본 것처럼 '사례형'은 조문 또는 글과 더불어 사례, 사실관계, 상황 등을 결부시킨 추론적 유형의 문제이며, '일반사례형', '인물관계형', '타임라인형'으로 구분됩니다. 이 중에서 '일반사례형'은 가장 기본적인 형태로 〈사례〉, 〈사실관계〉, 〈상황〉 및 〈규정〉을 제시하고 이를 통해 일정한 결론을 도출할 것을 요구합니다.

[대표예제 **1**]

X국의 다음 〈규정〉과 〈사실관계〉에 근거한 판단으로 옳은 것만을 〈보기〉에서 있는 대로 고른 것은?
[10추리-3]

〈규정〉

(가) 누구든지 자기의 현재 배우자가 피고인인 형사재판에서 증언을 거부할 수 있다.

(나) 누구든지 결혼 기간 중 배우자로부터 들은 내용에 대해서는, 상대방이 피고인인 형사재판에서 증언을 거부할 수 있고, 그 내용을 말한 자도 자신이 피고인인 형사재판에서 상대방이 그 내용에 대하여 증언하는 것을 금지시킬 수 있다.

〈사실관계〉

A는 여자친구 B에게 자신이 마약조직의 두목이라는 사실을 은밀히 고백하였다. A의 부하는 A가 고백한 사실을 알게 된 후, B를 죽여서 나중에 A가 마약범죄로 기소될 경우에 증언할 가능성을 막아야 한다고 A에게 조언했다. A는 B와 결혼하면 B가 남편인 자기에 대하여 증언하는 것이 법률상 불가능하다고 대답한 후 B와 결혼하였다. 그 후 A는 마약범죄로 기소되었고 검사는 B를 증인으로 신청하였다.

─────── 〈보 기〉 ───────

ㄱ. (가)에 규정된 권리는 B가 주장할 수 있는 권리이다.

ㄴ. (가)에 규정된 권리는 A와 B가 이혼하면 B가 주장할 수 없는 권리이다.

ㄷ. (나)의 '증언을 거부할 수 있는 권리'는 고백 당시 B가 A의 배우자가 아니므로 B가 주장할 수 없는 권리이다.

ㄹ. (나)의 '증언을 금지시킬 수 있는 권리'는 고백 당시 A가 B의 배우자가 아니므로 A가 주장할 수 없는 권리이다.

① ㄱ, ㄴ 　　　　② ㄷ, ㄹ 　　　　③ ㄱ, ㄴ, ㄷ

④ ㄴ, ㄷ, ㄹ 　　⑤ ㄱ, ㄴ, ㄷ, ㄹ

〈사실관계〉에 주어진 내용의 주요 사건들의 내용과 발생 순서를 아래와 같이 정리할 수 있습니다.

〈규정〉의 구체적인 내용은 다음과 같습니다.

(가) : B는 A(B의 현재 배우자)가 피고인으로 기소된 형사재판에서 증언을 거부할 권리를 지님.

(나) : B가 A로부터 '결혼 기간 중' 배우자가 마약조직의 두목이라는 사실을 들었다면, (1) A가 피고인인 형사재판에서 B는 증언을 거부할 권리를 지님. (2) 자신이 마약조직의 두목이라는 사실을 고백한 A 본인 역시 자신이 피고인인 형사재판에서 상대방 B의 증언을 금지할 권리를 보유함.

주의할 것은 〈규정〉은 모두 '결혼 기간 중 배우자로부터 들은 내용'에 한정되었다는 것입니다. 〈사실관계〉에서 A의 마약범죄에 대한 사실 고백은 A와 B의 결혼 이전에 이루어진 것입니다. 결국 〈규정〉 (나)는 본 상황에 적용되지 않습니다.

이에 기반하여 각 선지를 해설해보겠습니다.

ㄱ. (○) A가 피고인인 형사재판이므로, A의 배우자인 B는 해당 형사재판에 대한 증언을 거부할 권리를 지닙니다.

ㄴ. (○) (가)에 규정된 권리는 자기의 '현재' 배우자가 피고인인 형사재판에 대한 증언을 거부할 권리입니다. 따라서 A와 B가 이혼할 시, B는 과거 배우자였던 A가 피고인인 형사재판에 대한 증언 거부 권리를 주장할 수 없습니다.

ㄷ. (○) (나)에 규정된 배우자의 형사재판에서 '증언을 거부할 수 있는 권리'는 재판과 관련된 내용을 상대방으로부터 결혼 기간 중에 들었을 경우에 행사될 수 있는 것입니다. 그러나 주어진 사실관계에 의하면 A가 B에게 범죄 사실을 고백한 이후에 A와 B가 결혼을 하였으므로, B는 현 상황에서 해당 권리를 주장할 수 없습니다.

ㄹ. (○) (나)에서 인정하는 피고인 본인과 상대방의 권리 모두 결혼 기간 중 범죄 사실을 고백하였을 때에만 적용되는 것이므로, 이 경우 A는 결혼 이전 B가 들었던 A의 범죄사실에 대한 '증언을 금지시킬 수 있는 권리'를 지니지 못합니다.

다음 글과 〈상황〉을 근거로 판단할 때 옳은 것은? [15행외-6]

불법 주·정차 등 질서위반행위에 대하여 관할행정청은 과태료를 부과한다. 관할행정청으로부터 과태료 부과처분의 통지를 받은 사람(이하 '당사자'라 한다)은 그 처분을 다투기 위하여 관할행정청에 이의를 제기할 수 있고, 이의제기가 있으면 과태료 처분은 효력을 상실한다. 관할행정청이 당사자의 이의제기 사실을 관할법원에 통보하면, 그 법원은 당사자의 신청 없이 직권으로 과태료를 부과하는 재판을 개시한다. 과태료 재판을 담당하는 관할법원은 당사자의 주소지 지방법원 또는 지방법원지원이다.

법원은 정식재판절차 또는 약식재판절차 중 어느 하나의 절차를 선택하여 과태료 재판을 진행한다. 정식재판절차로 진행하는 경우, 법원은 당사자 진술을 듣고 검사 의견을 구한 다음에 과태료 재판을 한다. 약식재판절차에 의하는 경우, 법원은 당사자 진술을 듣지 않고 검사 의견만을 구하여 재판을 한다.

정식절차에 의한 과태료 재판에 불복하고자 하는 당사자 또는 검사는 그 재판의 결과(이하 '결정문'이라 한다)를 고지받은 날부터 1주일 내에 상급심 법원에 즉시항고하여야 한다. 그러나 약식절차에 의한 과태료 재판에 불복하고자 하는 당사자 또는 검사는 결정문을 고지받은 날부터 1주일 내에 과태료 재판을 한 법원에 이의신청하여야 한다. 이의신청이 있으면 법원은 정식재판절차에 의해 다시 과태료 재판을 하며, 그 재판에 대해 당사자 또는 검사는 상급심 법원에 즉시항고할 수 있다.

─────── 〈상 황〉 ───────

청주시에 주소를 둔 甲은 자기 승용차를 운전하여 인천에 놀러갔다. 며칠 후 관할행정청(이하 '乙'이라 한다)은 불법주차를 이유로 과태료를 부과한다는 통지를 甲에게 하였다. 이 과태료 부과에 대해 甲은 乙에게 이의를 제기하였고, 乙은 甲의 주소지 법원인 청주지방법원에 이의제기 사실을 통보하였다.

① 甲은 乙에게 이의제기를 하지 않고 직접 청주지방법원에 과태료 재판을 신청할 수 있다.
② 甲이 乙에게 이의를 제기하더라도 과태료 처분은 유효하기 때문에 검사의 명령에 의해 과태료를 징수할 수 있다.
③ 청주지방법원이 정식재판절차에 의해 과태료 재판을 한 경우, 乙이 그 재판에 불복하려면 결정문을 고지받은 날부터 1주일 내에 상급심 법원에 즉시항고하여야 한다.
④ 청주지방법원이 甲의 진술을 듣고 검사 의견을 구한 다음 과태료 재판을 한 경우, 검사가 이 재판에 불복하려면 결정문을 고지받은 날부터 1주일 내에 청주지방법원에 이의신청을 하여야 한다.
⑤ 청주지방법원이 약식재판절차에 의해 과태료 재판을 한 경우, 甲이 그 재판에 불복하려면 결정문을 고지받은 날부터 1주일 내에 청주지방법원에 이의신청을 하여야 한다.

〈상황〉은 시간순서상 아래와 같습니다.

① 乙(관할행정청)이 청주시에 주소를 둔 甲(운전자)에게 불법주차를 이유로 과태료 부과 통지
② 과태료 부과 통지를 받은 甲이 乙에게 이의제기
③ 乙은 甲의 주소지 법원인 청주지방법원에 이의제기 사실 통보

이러한 〈상황〉을 아래와 같이 그림으로 나타낼 수도 있습니다.

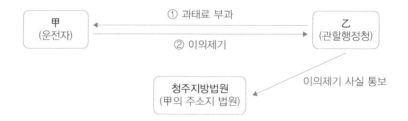

또한, 글에서 과태료 재판과 관련하여 '과태료 부과 → 이의제기 → 관할행정청의 이의제기 사실 통보 → 법원의 직권 과태료 재판'의 절차로 진행된다는 것을 알 수 있습니다.

법원의 과태료 재판은 정식재판 또는 약식재판 절차로 진행됩니다.

	정식재판	약식재판
재판과정	당사자 진술을 듣고 검사 의견을 구한 뒤 재판	검사의 의견만 구하여 재판
불복절차	(당사자/검사) 결정문을 고지받은 날부터 1주일 내에 상급심 법원에 즉시항고	(당사자/검사) 결정문을 고지받은 날부터 1주일 내에 과태료 재판을 한 법원에 이의신청

즉시항고나 이의신청을 할 수 있는 주체는 '당사자 또는 검사'이며, 1문단에서 괄호로 표시된 '당사자'에 관한 정의를 내리고 있습니다. 이에 따르면 '당사자'는 과태료 부과처분의 통지를 받은 사람이므로 〈상황〉에서는 甲이 당사자입니다.

2~3문단에서 정식재판절차와 약식재판절차에 관한 내용을 자세히 다루고 있으며 이에 '정식재판절차'와 '약식재판절차'가 키워드라는 것에 착안하여 이 단어가 제시된 ③번, ⑤번 선지부터 우선적으로 검토하는 것도 가능합니다.

③ 청주지방법원이 정식재판절차에 의해 과태료 재판을 한 경우, 乙이 그 재판에 불복하려면 결정문을 고지받은 날부터 1주일 내에 상급심 법원에 즉시항고하여야 한다.

이미 즉시항고를 할 수 있는 주체는 당사자 또는 검사임을 파악하였습니다. 즉 당사자는 과태료 부과처분의 통지를 받은 甲입니다. 관할행정청인 乙은 당사자에 해당되지 않습니다. 그런데 ③번에

따르면 관할행정청인 乙이 즉시항고를 해야 한다고 제시되어 있으므로 옳지 않습니다.

⑤ 청주지방법원이 약식재판절차에 의해 과태료 재판을 한 경우, 甲이 그 재판에 불복하려면 결정문을 고지받은 날부터 1주일 내에 청주지방법원에 이의신청을 하여야 한다.

또한, 약식재판절차에 대한 불복은 결정문을 고지받은 날부터 1주일 이내에 과태료 재판을 한 법원에 당사자인 甲 또는 검사가 신청해야 한다는 점을 파악하였습니다. 이를 ⑤번에 적용하면 청주지방법원이 약식재판절차에 의해 과태료 재판을 한 경우, 甲은 당사자이므로 그 재판에 불복하기 위해서 결정문을 고지받은 날부터 1주일 내에 청주지방법원에 이의신청을 할 수 있음을 알 수 있습니다. 따라서 옳은 선지이며 정답입니다.

나머지 선지도 검토해보겠습니다.

① 甲은 乙에게 이의제기를 하지 않고 직접 청주지방법원에 과태료 재판을 신청할 수 있다.

과태료를 부과하는 재판과 관련하여 관할행정청이 당사자의 이의제기 사실을 관할법원에 통보하면, 그 법원은 당사자의 신청 없이 직권으로 과태료를 부과하는 재판을 개시하게 됩니다(1문단). 이를 ①번에 적용하면 과태료 재판은 관할행정청이 당사자의 이의제기 사실을 통보할 때 개시되므로 당사자인 甲이 이의제기 없이 과태료 재판을 직접 신청할 수는 없다는 점을 알 수 있습니다.

② 甲이 乙에게 이의를 제기하더라도 과태료 처분은 유효하기 때문에 검사의 명령에 의해 과태료를 징수할 수 있다.

이의제기가 있으면 과태료 처분은 효력을 상실합니다(1문단). 따라서 甲이 이의제기를 하면 과태료 처분의 효력이 상실됩니다. 과태료 처분이 유효하다고 한 ②번은 옳지 않습니다.

④ 청주지방법원이 甲의 진술을 듣고 검사 의견을 구한 다음 과태료 재판을 한 경우, 검사가 이 재판에 불복하려면 결정문을 고지받은 날부터 1주일 내에 청주지방법원에 이의신청을 하여야 한다.

글에 따르면 재판절차는 크게 정식재판절차와 약식재판절차로 나뉘는데, 이러한 단어 대신 '甲의 진술을 듣고 검사 의견을 구한 다음 과태료 재판을 한 경우'라는 표현이 등장하므로, 정식재판절차에 관한 내용임을 유의해서 봐야 합니다. 이때 정식재판절차에 대한 불복절차는 과태료 재판절차를 진행한 법원의 상급심 법원에 해야 합니다. 따라서 과태료 재판절차를 진행한 청주지방법원에 이의신청을 할 수 있다고 한 ④번은 옳지 않습니다.

이와 같이 조문이나 글에 등장한 내용이 선지에서 변형되어 등장하는 패러프레이징(paraphrasing)에 주의해야 합니다. 규정에 사용된 용어 대신 풀어서 서술된 표현이 선지에 나와도 당황하지 말고 변형이 이루어졌는지 여부를 검토해 보는 습관을 가지는 것이 좋습니다.

064

다음 〈규정〉과 〈사실관계〉를 근거로 판단할 때 국제형사재판소의 관할권 행사가 가능한 경우를 〈보기〉에서 고른 것은? [10추리−4]

〈규정〉

제12조【관할권 행사의 전제조건】

제13조 (가)와 (나)의 경우, 집단살해죄 혐의 행위가 발생한 영역국이나 그 범죄혐의자의 국적국 중, 어떤 국가가 이 규정의 회원국이거나 국제형사재판소의 관할권을 수락한 경우에만 국제형사재판소는 관할권을 행사할 수 있다.

제13조【관할권의 행사】

국제형사재판소는 다음 어느 하나에 해당하는 경우, 집단살해죄에 대하여 관할권을 행사할 수 있다.

  (가) 회원국이 집단살해죄 혐의사건을 국제형사재판소의 검사에게 회부한 경우
  (나) 국제형사재판소의 검사가 집단살해죄 혐의사건에 대하여 수집한 정보를 근거로 독자적으로 수사를 개시한 경우
  (다) 국제연합 안전보장이사회가 집단살해죄 혐의사건을 국제형사재판소의 검사에게 회부한 경우

〈사실관계〉

  국제형사재판소의 검사는 A국의 대통령 갑이 집단살해죄의 혐의가 있다는 정보를 수집하였다. 대통령 갑의 집단살해의 대상은 A국에 거주하고 있는 B국 국적의 사람들이고, 그 행위가 발생한 영역국은 A국이었다. A국은 위 규정의 회원국이 아니었으나 B국과 C국은 회원국이었다.

───────── 〈보 기〉 ─────────

ㄱ. A국이 국제형사재판소의 관할권을 수락한 후 C국이 이 사건을 국제형사재판소의 검사에게 회부하였다.
ㄴ. B국이 이 사건을 국제형사재판소의 검사에게 회부하였다.
ㄷ. 국제형사재판소의 검사가 이 사건에 대하여 수집한 정보를 근거로 독자적으로 수사를 개시하였다.
ㄹ. 국제연합 안전보장이사회가 이 사건을 국제형사재판소의 검사에게 회부하였다.

① ㄱ, ㄷ   ② ㄱ, ㄹ   ③ ㄴ, ㄷ
④ ㄴ, ㄹ   ⑤ ㄷ, ㄹ

065

X, Y, Z 세 국가가 합의한 〈규정〉과 주어진 〈사실관계〉만을 토대로 판단할 때 옳은 것을 〈보기〉에서 고른 것은? [11추리-3]

〈규정〉

제1조 어떤 국가도 수입 상품에 대하여 자국에서 생산되는 동종(同種) 상품에 부과하는 내국세를 초과하는 내국세를 부과해서는 안 된다.

제2조 어떤 국가도 자국의 국내 생산을 보호하기 위하여 자국에서 생산되는 국산품과 직접 경쟁하거나 대체가 가능한 수입 상품에 대하여 국산품에 부과되는 내국세와 유사한 정도를 넘는 내국세를 부과해서는 안 된다.

〈사실관계〉

X국은 자국에서 생산되는 국산품 A에 대해서 5%의 내국세를 부과하고 있다. 한편 X국은 Y국으로부터 수입된 상품 B와 C에 대해서는 각각 6%와 8%, Z국으로부터 수입된 상품 D에 대해서는 10%의 내국세를 부과하고 있다.

─────── 〈보 기〉 ───────

ㄱ. 만약 상품 A와 B가 동종 승용차라면 X국은 〈규정〉을 위반한 것이다.

ㄴ. 만약 상품 A와 C가 각각 음주(飮酒) 용도의 소주와 위스키라면, X국이 〈규정〉을 위반했다고 주장하기 위해서 Y국은 상품 A와 C를 동종 상품으로 보는 것이 유리하다.

ㄷ. 만약 상품 A와 D가 각각 냉장고와 휴대전화라면 X국은 〈규정〉을 위반한 것이다.

ㄹ. 만약 상품 C와 D가 각각 X국이 수입한 사과와 배이고 이 두 상품이 유사하게 과세되지 않았다고 본다면 X국은 〈규정〉을 위반한 것이다.

① ㄱ, ㄴ   ② ㄱ, ㄹ   ③ ㄴ, ㄷ

④ ㄴ, ㄹ   ⑤ ㄷ, ㄹ

066

다음으로부터 바르게 추론한 것만을 〈보기〉에서 있는 대로 고른 것은? [13추리-6]

〈사실관계〉

A국과 B국은 지역안보조약을 체결하면서 지역 내 C국과 D국에도 안보적 지원을 하되 약소국인 C국이 요청하는 경우 무상으로 지원을 제공하는 조항(a조항)과 자원 부국인 D국이 그 비용의 일부를 부담하도록 하는 조항(b조항)을 규정하였다. 이 과정에서 C국은 명시적으로는 동의하지 않았으나 해당 조약의 내용은 인지하고 있었다. 그리고 D국은 C국에 대한 지원 비용을 A, B, D 3국간에 균등하게 분배하는 것을 내용으로 하는 b조항에 서면으로 동의하였다.

〈조약에 관한 법적용을 규정하는 협약〉

제35조 (제3국의 의무 또는 권리의 발생)

1. 조약은 원칙적으로 조약 당사국이 아닌 제3국에 대해서는 그 국가의 동의 없이 의무 또는 권리를 창설하지 아니한다.
2. 조약 당사국이 조약을 통해 제3국에게 의무를 설정하고, 해당 제3국이 서면으로 그 의무를 명시적으로 수락하는 경우에는 해당 제3국에게 의무가 발생한다.
3. 조약 당사국이 조약을 통해 제3국에게 권리를 부여하고, 해당 제3국이 이에 동의하는 경우에는 해당 제3국에게 권리가 발생한다. 다만, 제3국의 동의는 반대의 표시가 없는 동안 있은 것으로 추정된다.

제37조 (제3국의 의무 또는 권리의 취소 또는 변경)

1. 제35조에 따라 제3국에게 의무가 발생된 때에는 그 의무는 조약 당사국과 제3국의 동의를 얻는 경우에만 취소 또는 변경될 수 있다.
2. 제35조에 따라 제3국에게 권리가 발생된 때에는 그 권리는 제3국의 동의 없이도 조약 당사국에 의하여 취소 또는 변경될 수 있다.

〈보 기〉

ㄱ. 조약의 b조항은 D국에게 의무를 창설한다.
ㄴ. 조약 체결 당시 C국이 조약의 a조항에 반대의 의사표시를 하더라도 조약의 a조항은 유효하다.
ㄷ. C국의 동의가 없어도 조약의 a조항에 따라 발생된 권리는 조약 당사국에 의해 변경될 수 있다.
ㄹ. D국의 동의가 없어도 조약의 b조항에 따라 발생된 의무는 조약 당사국에 의해 취소될 수 있다.

① ㄱ, ㄴ   ② ㄱ, ㄷ   ③ ㄴ, ㄹ
④ ㄱ, ㄷ, ㄹ   ⑤ ㄴ, ㄷ, ㄹ

다음 글로부터 추론한 것으로 옳지 <u>않은</u> 것은? [15추리-7]

  민사소송에서는 원칙적으로 당사자가 절차의 개시와 종결을 주도하고, 심판의 대상과 범위를 정한다. 그리하여 법원은 당사자가 판결을 신청한 사항에 대하여 그 신청 범위 내에서만 판단하여야 한다. 따라서 당사자가 신청한 사항과 별개의 사항에 대해서 판결하여서는 안 된다. 예컨대, 원고가 불법행위를 이유로 손해배상을 청구한 경우에 계약불이행과 같이 그와 다른 이유를 근거로 하여 손해배상을 명할 수는 없다. 또, 당사자가 신청한 것보다 적게 판결하는 것은 허용되지만, 신청의 범위를 넘어서 판결하여서는 안 된다.

  이와 관련하여, 신체상해로 인한 손해배상을 청구하는 경우에 심판대상을 어떻게 볼지 견해가 엇갈린다. A견해는 치료비 등의 적극적인 손해와 치료기간 동안 얻지 못한 수입 등의 소극적인 손해, 그리고 정신적 손해를 구별하여 서로 다른 세 개의 심판대상으로 보고, B견해는 그 전체가 하나의 심판대상이라고 본다.

〈사례〉
- 갑은 을에게 1,000만 원을 빌려주었다.
- 병은 정의 잘못으로 교통사고를 당하였고, 정에게 치료비 2,000만 원, 치료기간 동안 얻지 못한 임금 7,000만 원, 정신적 손해 1,000만 원의 손해에 대한 배상을 청구하였다. 법원은 병이 입은 손해를 치료비 3,000만 원, 치료기간 동안 얻지 못한 임금 4,000만 원, 정신적 손해 3,000만 원으로 평가하였다.

① 갑은 을에게 빌려준 돈 1,000만 원을 지급하라고 청구하였지만 법원이 판단하기에 빌려준 돈은 500만 원이고 을에게 받을 매매대금이 500만 원이라면, 법원은 500만 원을 한도로 하여 갑의 청구를 받아들이는 판결을 할 수 있다.
② 갑이 을에게 빌려준 돈 500만 원을 지급하라고 청구하였다면, 법원이 판단하기에 빌려준 돈이 1,000만 원이라도 법원은 500만 원을 한도로 하여 갑의 청구를 받아들이는 판결을 할 수 있다.
③ A견해에 따르면, 법원은 치료비의 경우 2,000만 원을 한도로 하여 병의 청구를 받아들이는 판결을 할 수 있다.
④ B견해에 따르면, 법원은 1억 원을 한도로 하여 병의 청구를 받아들이는 판결을 할 수 있다.
⑤ 어떤 견해에 따르든, 원고가 신청한 교통사고 손해배상액의 총액이 법원이 인정한 손해배상액의 총액보다 적은 경우에 원고가 신청한 액수보다 적은 금액을 배상하라고 판결할 수는 없다.

068

〈규정〉에 따라 〈사례〉를 판단한 것으로 옳은 것만을 〈보기〉에서 있는 대로 고른 것은? [18추리-4]

〈규정〉

(1) 주주가 소유하는 주식 1주 당 의결권 1개가 인정된다. 다만, 어떤 안건에 특별한 이해관계가 있는 주주는 주주총회에서 그 안건에 의결권을 행사하지 못한다.

(2) 이사는 주주총회의 특별결의로 해임될 수 있다.

(3) 주주총회의 특별결의는 출석 주주의 소유 주식 수가 회사 발행주식 총수의 3분의 1 이상이고, 출석 주주 중에서 의결권을 행사할 수 있는 주주의 의결권 수의 3분의 2 이상 찬성이라는 두 가지 요건을 모두 충족하는 결의를 말한다.

〈사례〉

X 주식회사의 발행주식 총수는 1,000주인데 모두 의결권이 있는 주식이다. 갑은 발행주식 총수의 34%, 을은 26%, 병은 40%를 갖고 있다. 병은 이 회사의 이사이다. 한편, 병의 이사해임 안건이 주주총회에 상정되었다. 병이 자신의 해임 안건에 대하여 특별한 이해관계가 있는 주주인지 여부가 다투어지고 있다.

─────── 〈보 기〉 ───────

ㄱ. 병이 해임 안건에 특별한 이해관계가 있다면, 갑, 을, 병이 모두 출석한 경우 갑과 을이 모두 해임에 찬성해야만 병의 해임 안건이 가결된다.

ㄴ. 병이 해임 안건에 특별한 이해관계가 없다면, 갑과 을은 불참하고 병만 출석한 경우 해임에 대한 가부의 결의를 할 수 없다.

ㄷ. 병이 해임 안건에 특별한 이해관계가 있다면, 을은 불참하고 갑과 병은 참석한 경우 갑의 찬성만으로 병의 해임을 가결할 수 없다.

① ㄱ   ② ㄴ   ③ ㄱ, ㄷ
④ ㄴ, ㄷ   ⑤ ㄱ, ㄴ, ㄷ

다음으로부터 〈사례〉를 판단한 것으로 옳은 것은? [19추리-9]

지방자치단체의 구역변경이나 설치·폐지·분할 또는 합병이 있는 때에는 다음과 같이 당해 지방의회의 의원정수를 조정하고 의원의 소속을 정한다.

첫째, 지방자치단체의 구역변경으로 선거구에 해당하는 구역의 전부가 다른 지방자치단체에 편입된 때에는 그 편입된 선거구에서 선출된 의원은 종전의 지방의회의원의 자격을 상실하고 새로운 지방의회의원의 자격을 취득하되, 그 임기는 종전의 지방의회의원의 잔임기간으로 하며, 해당 의회의 의원정수는 재직하고 있는 의원수로 한다.

둘째, 선거구에 해당하는 구역의 일부가 다른 지방자치단체에 편입된 때에는 그 편입된 구역이 속해 있던 선거구에서 선출되었던 의원은 자신이 속할 지방의회를 선택한다. 그 선택한 지방의회가 종전의 지방의회가 아닌 때에는 종전의 지방의회의원의 자격을 상실하고 새로운 지방의회의원의 자격을 취득하되, 그 임기는 종전의 지방의회의원의 잔임기간으로 하며, 해당되는 의회 각각의 의원정수는 재직하고 있는 의원수로 한다.

셋째, 두 개 이상의 지방자치단체가 합병하여 새로운 지방자치단체가 설치된 때에는 종전의 지방의회의원은 새로운 지방자치단체의 지방의회의원으로 되어 잔임기간 재임하며, 그 잔임기간의 합병된 의회의 의원정수는 재직하고 있는 의원수로 한다.

넷째, 하나의 지방자치단체가 분할되어 두 개 이상의 지방자치단체가 설치된 때에는 종전의 지방의회의원은 후보자등록 당시의 선거구를 관할하게 되는 지방자치단체의 지방의회의원으로 되어 잔임기간 재임하며, 그 잔임기간의 분할된 의회의 의원정수는 재직하고 있는 의원수로 한다. 이 경우 비례대표의원은 자신이 속할 지방의회를 선택한다.

〈사례〉
- 지방자치단체인 A구 의회의 선거구는 a1, a2, a3, a4로 구성되어 있다. 각 선거구에서 2명의 지역구의원이 선출되며, 비례대표의원은 2명으로 의원 정수는 10명이다.
- 지방자치단체인 B구 의회의 선거구는 b1, b2, b3으로 구성되어 있다. 각 선거구에서 2명의 지역구의원이 선출되며, 비례대표의원은 2명으로 의원 정수는 8명이다.

① A구와 B구가 합병된다면, 합병된 지방의회의 잔임기간 의원정수는 16명이다.
② A구 선거구 a1이 B구로 편입된다면, a1에서 선출된 A구 의회의원은 A구 의회 소속을 유지한다.
③ A구 선거구 a2의 일부 구역이 B구로 편입된다면, a2에서 선출된 A구 의회의원은 B구 의회로 소속이 변경된다.
④ B구가 2개의 지방자치단체 B1(b1)구와 B2(b2+b3)구로 분할된다면, B1구 지방의회의 잔임기간 최대 의원정수는 4명이다.
⑤ 지방자치단체의 구역변경·합병·분할 중, 지방의회의원의 잔임기간이 경과한 후 해당 지방의회 의원정수가 조정될 가능성이 있는 것은 구역변경과 분할이다.

다음으로부터 추론한 것으로 옳은 것만을 〈보기〉에서 있는 대로 고른 것은? [20추리-7]

X협회는 전국의 소상공인들이 결성한 단체로서, 회원총회와 대의원회를 두고 있다. 회원총회는 X협회의 재적회원 전원으로 구성된다. 대의원회는 소관 전문위원회와 전원위원회를 둔다. 전문위원회는 대의원회의 의장이 필요하다고 인정하거나 전문위원회 재적위원 4분의 1 이상의 요구가 있을 때에만 개최될 수 있다. 전문위원회는 재적위원 과반수의 출석과 출석위원 과반수의 찬성으로 의결한다.

대의원회는 전문위원회의 심사를 거친 안건 중 협회 구성, 회비 책정, 회칙 변경, 회원 징계, 협회 해산 등 주요 사항의 심사를 위하여 대의원회 재적의원 4분의 1 이상이 요구할 때에만 대의원 전원으로 구성되는 전원위원회를 개최할 수 있다. 전원위원회는 재적위원 4분의 1 이상의 출석과 출석위원 과반수의 찬성으로 의결한다.

회칙의 변경, 회원의 징계, 협회의 해산에 관한 사항은 대의원회 전원위원회를 거쳐서만 회원총회에 상정된다. 회원총회는 재적회원 과반수의 출석과 출석회원 과반수의 찬성으로 의결한다.

〈사례〉

X협회는 재적회원이 10,000명이다. 대의원회는 재적의원이 300명이고, 각 전문위원회는 재적위원이 20명이다. 대의원회 재적의원의 종사 업종 비율은 A업종 40%, B업종 35%, C업종 15%, D업종 10%이다. 이 협회의 재적회원 및 각 전문위원회의 재적위원의 종사 업종 비율도 위와 동일하다. 단, 각 회원, 의원, 위원은 하나의 업종에만 종사하고 있다. 회칙의 변경을 위한 안건(이하 안건이라 한다)이 대의원회 소관 전문위원회에서 의결된 후 전원위원회를 거쳐 회원총회에 상정되었다. 각 회의의 표결 결과 무효표나 기권표는 없는 것으로 한다.

───── 〈보 기〉 ─────

ㄱ. 회비 인상에 대한 사항이 소관 전문위원회의 심사를 거친 때에는 대의원회의 의장이 필요하다고 인정하면 그 사항을 심사하기 위한 전원위원회가 개최될 수 있다.

ㄴ. A업종 종사 전문위원들만 안건 심사를 위한 전문위원회의 개최를 요구하고 다른 업종 종사 전문위원들이 그에 반대한다면, 전문위원회는 열리지 못한다.

ㄷ. 전문위원회에서 A업종 종사 전문위원 전원과 B업종 종사 전문위원 전원만 출석하여 투표하고 A업종 종사 전문위원 전원이 안건에 찬성한다면, 안건은 가결된다.

ㄹ. 회원총회에서 재적회원 전원이 출석하여 투표하고 A업종에 종사하는 회원 전원과 D업종에 종사하는 회원 전원만 안건에 찬성한다면, 안건은 부결된다.

① ㄱ, ㄴ   ② ㄱ, ㄹ   ③ ㄴ, ㄷ
④ ㄴ, ㄹ   ⑤ ㄷ, ㄹ

071

다음으로부터 추론한 것으로 옳은 것만을 〈보기〉에서 있는 대로 고른 것은? [20추리-13]

규칙을 제정할 때는 항상 그 규칙을 정당화하는 목적이 있어야 한다. 그런데 규칙의 적용이 그 목적의 관점에서 정당화되지 않는 경우들이 존재한다. 규칙이 그 목적의 관점에서 볼 때 어떤 사례를 포함하지 않아도 되는데도 포함하는 경우 이 사례를 '과다포함'한다고 하고, 어떤 사례를 포함해야 하는데도 포함하지 않는 경우 이 사례를 '과소포함'한다고 한다. 예를 들어 '시속 80 km 초과 금지'라는 규칙이 있다고 하면, 그 목적은 '운전의 안전성 확보'가 된다. 하지만 운전자들이 시속 80 km 초과의 속도로 운전하지 않아야 안전하다는 것이 대부분의 경우 사실이라 하더라도, 시속 80 km 초과로 달려도 안전한 경우가 있다. 이때 이 규칙은 시속 80 km 초과로 달려도 안전한 사례를 '과다포함'한다고 한다. 반면 '시속 80 km 초과 금지'라는 규칙은 안개가 심한 날 위험한데도 시속 80 km로 달리는 차량을 금지하지 않게 되어 그 목적을 달성하지 못할 수 있다. 이 경우 규칙이 해당 사례를 '과소포함'한다고 한다.

〈사례〉

X동물원에서는 동물원 내 차량 진입 금지 규칙의 도입을 검토하고 있다. 이 규칙의 목적은 ㉠ 동물원 이용자의 안전 확보, ㉡ 차량으로 인한 동물원 내의 불필요한 소음 방지의 두 가지이다. 도입될 규칙의 후보로 다음의 세 가지가 제시되었다.

규칙 1 : 동물원 내에는 어떠한 경우에도 차량이 진입할 수 없다.
규칙 2 : 동물원 내에는 동물원에 의해 사전 허가를 받은 차량 외에 다른 차량은 진입할 수 없다.
규칙 3 : 동물원 내에는 긴급사태로 인해 소방차, 구급차가 진입하는 경우 외에 다른 차량은 진입할 수 없다.

───── 〈보 기〉 ─────

ㄱ. 목적 ㉠의 관점에서 본다면, 규칙 1은 '동물원 내 무단 진입한 차량이 질주하여 이용자의 안전을 위협하자 이를 막기 위해 경찰차가 사전 허가 없이 진입하는 경우'를 '과다포함'한다.

ㄴ. 목적 ㉡의 관점에서 본다면, 규칙 2는 '불필요한 소음을 발생시키는 핫도그 판매 차량이 사전 허가를 받아 동물원에 진입하는 경우'를 '과소포함'한다.

ㄷ. 목적 ㉠, ㉡ 모두의 관점에서 본다면, 규칙 3은 '불필요한 소음을 발생시키지 않는 구급차가 동물원 이용자를 구조하기 위해 동물원 내로 진입하는 경우'를 '과다포함'하지도 않고 '과소포함'하지도 않는다.

① ㄱ
② ㄴ
③ ㄱ, ㄷ
④ ㄴ, ㄷ
⑤ ㄱ, ㄴ, ㄷ

072

〈이론〉에 따라 〈사례〉를 분석한 것으로 옳은 것만을 〈보기〉에서 있는 대로 고른 것은? [21추리-6]

〈이론〉

하나의 불법행위가 여러 나라와 관련된 경우 불법행위의 성립 여부와 그 성립시 손해배상액과 같은 문제를 어느 나라의 법에 의하여 규율할지를 결정하여야 한다. 그 기준은 행동지와 결과발생지라는 개념을 토대로 정립할 수 있다. 행동지란 가해자가 피해자에게 손해를 발생시킨 구체적 활동을 실행한 곳을 말하고, 결과발생지란 피해자의 생명, 신체, 재산과 같은 법률상 이익이 직접 침해된 곳을 말한다. 행동지와 결과발생지가 서로 다른 나라에 있는 경우 ㉠ 결과발생지 법에 의한다는 견해, ㉡ 원칙적으로 결과발생지 법에 의하되, 가해자가 결과발생지를 예견할 수 없었던 경우 행동지 법에 의한다는 견해, ㉢ 행동지 법이나 결과발생지 법 중 피해자에게 유리한 것에 의한다는 견해가 있다.

〈사례〉

갑은 X국에 거주하고, Y국의 영업소에서 모든 소득을 얻는다. 갑은 모든 소득을 Z국에 있는 은행에 개설한 계좌에 예치하고, 그 계좌에 연동된 현금카드를 사용하여 Y국에서 소득의 대부분을 지출한다. W국에 거주하는 부동산 개발업자 을은 W국의 영업소에서 갑을 속여 W국에 있는 은행에 개설한 계좌로 투자금 10억 원을 송금 받았다. 을이 자신의 재산을 침해하였음을 알게 된 갑은 W국 법원에서 을을 상대로 불법행위로 인한 손해배상을 청구한다. X국법, Y국법, Z국법, W국법에 따라 갑에게 인정되는 손해배상액은 각각 11억 원, 13억 원, 14억 원, 12억 원이다.

─── 〈보 기〉 ───

ㄱ. 재산이라는 법률상 이익은 피해자가 거주하고 있는 곳에서 직접 침해된다고 본다면, ㉡에 따른 손해배상액은 ㉠에 따른 손해배상액보다 크거나 같다.

ㄴ. 재산이라는 법률상 이익은 피해자가 주된 경제활동을 영위하고 있는 곳에서 직접 침해된다고 본다면, 을이 갑의 경제활동 중심지를 알고 있었던 경우 ㉠, ㉡, ㉢에 따른 손해배상액은 모두 같다.

ㄷ. 재산이라는 법률상 이익은 피해자가 가해자에게 금전을 송금하기 전에 그 금전이 예치되어 있던 계좌가 개설된 곳에서 직접 침해된다고 본다면, 을이 갑의 계좌 소재지를 예견할 수 없었던 경우 ㉠에 따른 손해배상액은 ㉡에 따른 손해배상액보다 크다.

① ㄱ
② ㄷ
③ ㄱ, ㄴ
④ ㄴ, ㄷ
⑤ ㄱ, ㄴ, ㄷ

다음으로부터 〈상황〉을 판단한 것으로 옳은 것만을 〈보기〉에서 있는 대로 고른 것은? [22추리-3]

헌법은 국가의 기본적 가치를 규정한 최상위법으로 법률이 헌법을 위반하면 그 법률은 무효이다. 여기서 법률의 어떤 측면이 위헌판단의 근거를 제공하는지가 문제된다. 단순히 법률문장의 문자적 의미가 바로 위헌판단의 근거가 되는 법률의 핵심 측면이라고 할 수도 있겠으나, 헌법이 차별을 금지하는데 법률이 '차별하라'는 의미를 노골적으로 담고 있는 단어나 문장을 사용하는 경우는 거의 없을 것이다.

기본적으로 위헌판단이 되는 법률의 측면은 ㉠ 해당 법률을 표상하는 법률문장을 구체적 사안에 적용할 때 예상되는 직접적인 결과이다. 간통한 사람을 처벌하는 내용을 담고 있는 법률문장 A가 표상하는 법률의 위헌 여부를 결정짓는 측면은 간통한 사람에게 A의 적용에 따라 가해지는 처벌이라는 결과이다. 어떤 이들은 ㉡ 해당 법률이 시행됨으로써 사회 전체 구성원에게 미치는 영향을 살펴야 한다고 생각한다. 특정 집단에 대해 채용시 가산점을 부여하도록 하는 법률이 차별적이어서 위헌인지 여부는 가산점 부여행위가 그 사회의 다른 이들에게 미치는 영향까지 관찰해야만 알 수 있다고 한다. 다른 한편에서는 위헌판단의 결정적인 측면을 여전이 법률문장의 의미에서 찾으면서도 그 법률문장의 의미는 ㉢ 해당 사회의 역사와의 관련 속에서 그 법률문장이 전달하는 맥락적 의미라고 주장한다. 여성 전용 교육기관을 설립한다는 내용의 법률문장으로 표상되는 법률이 차별을 금지하는 헌법에 위반되는지 여부는, 여성 전용 교육기관을 설립하는 것이 그 국가에서 여성의 낮은 권익을 향상하기 위한 맥락을 가지는가, 아니면 여성을 분리·차별하기 위한 역사적 맥락을 가지는가에 따라 다르게 평가된다는 것이다.

〈상황〉

X국에서는 수차례 전쟁을 거치면서 국기가 국가 존립의 상징이 되어 국기 소각이 국가의 권위를 해하는 행위로서 헌법질서에 반하는 범죄행위로 평가받기에 충분하다. 그런데 X국 국회가 국기의 권위와 존엄을 보호하기 위해서 국기를 소각한 자를 처벌한다는 내용을 담고 있는 법률문장 R로 표상되는 법률 L을 입법하자, 이에 반대하는 사람들이 시위를 하면서 그간 거의 존재하지 않았던 국기 소각 행위가 빈번하게 일어났고 소각행위에 동조하는 사람들도 많아졌다.

─── 〈보 기〉 ───

ㄱ. ㉠을 위헌판단의 근거를 제공하는 핵심 측면으로 판단하면, X국에서 L은 위헌이다.
ㄴ. L이 가진 ㉡의 측면은 R로 표상되는 L의 입법 목적과 합치하지 않는다.
ㄷ. ㉢을 위헌판단의 근거를 제공하는 핵심 측면으로 판단하면, X국에서 L은 위헌이다.

① ㄱ   ② ㄴ   ③ ㄱ, ㄷ
④ ㄴ, ㄷ   ⑤ ㄱ, ㄴ, ㄷ

074

[규정]에 따라 〈사례〉를 판단한 것으로 옳은 것만을 〈보기〉에서 있는 대로 고른 것은? [22추리-9]

[규정]

제1조 ① 타인의 동의를 얻어 그의 물건을 원재료로 사용하여 새로운 물건을 제작한 경우 새로운 물건은 원재료 소유자가 소유한다.

② 제1항에도 불구하고 새로운 물건의 가격이 원재료 가액을 초과한 경우에는 새로운 물건을 제작한 자가 소유한다. 이 경우 원재료 소유자는 새로운 물건을 제작한 자에게 원재료 가액의 지급을 청구할 수 있다.

③ 제2항에서 제작행위를 한 자가 여럿이면 그 제작행위를 한 자가 새로운 물건을 공동으로 소유한다.

제2조 타인의 동의 없이 그의 물건을 원재료로 사용하여 새로운 물건을 제작한 경우 원재료 소유자는 다음의 권리를 가진다.

1. 새로운 물건의 가격이 원재료 가액을 초과한 경우에는 새로운 물건을 소유한다.

2. 새로운 물건의 가격이 원재료 가액과 동일하거나 미달하는 경우에는 우선 새로운 물건을 제작한 자에게 원재료 가액의 지급을 청구하여야 하고, 새로운 물건을 제작한 자가 이를 지급하지 않는 경우에 한하여 새로운 물건을 소유한다.

제3조 제1조 및 제2조에도 불구하고 새로운 물건을 쉽게 원재료로 환원할 수 있고 원재료 소유자가 이를 원할 경우에는 새로운 물건을 제작한 자는 원재료 소유자에게 원상대로 원재료를 반환하여야 한다.

〈사례〉

　가죽 유통업자 갑은 장당 50만 원인 소가죽 50장을 소유·보관하고 있다. 구두장인 을은 갑의 소가죽 3장을 가져가 한 장은 손쉽게 제거 가능한 광택을 넣어 가격이 50만 원인 ㉠광택 나는 새로운 소가죽을 제작하였고, 다른 한 장으로는 ㉡구두를 제작하는 한편, 나머지 한 장은 소파제작자 병에게 보내 소파를 제작하게 하였다. 병은 이를 재단하여 100만 원인 ㉢소파를 제작하였는데, 소파 제작에 사용된 목재는 병이 50만 원에 구입한 것이다.

─────── 〈보 기〉 ───────

ㄱ. 을이 갑의 사용동의 없이 소가죽을 가져가 ㉠을 제작한 경우, 갑은 을에게 원상대로 소가죽을 반환할 것을 청구할 수 있다.

ㄴ. ㉡이 30만 원이고 소가죽에 대한 갑의 사용동의가 없는 경우, ㉡은 갑의 소유이다.

ㄷ. ㉢을 제작하는 데 있어서 만약 소가죽에 대한 갑의 사용동의가 있다면 ㉢의 소유자는 을이 되지만, 만약 갑의 사용동의가 없다면 ㉢은 갑의 소유가 된다.

① ㄱ　　　　　　　　② ㄷ　　　　　　　　③ ㄱ, ㄴ
④ ㄴ, ㄷ　　　　　　　⑤ ㄱ, ㄴ, ㄷ

075

X국, Y국 법원이 자국 규정에 따라 재판할 때 〈사례〉의 갑, 을, 병에게 선고되는 형 중 최저 형량과 최고 형량을 옳게 짝지은 것은? [22추리-11]

[X국 규정]

제1조 ① 강간한 사람은 징역 7년형에 처한다.

② 전항은 X국 영역 내에서 죄를 범한 내국인과 외국인에게 적용한다.

제2조 ① 해상에서 강도한 사람은 징역 8년형에 처한다.

② 전항은 X국 영역 내에서 죄를 범한 내국인과 외국인 및 X국 영역 외에서 죄를 범한 내국인에게 적용한다.

제3조 X국의 국적만 가진 사람을 내국인으로 본다.

제4조 처벌대상이 되는 동종 또는 이종의 범죄가 수회 범해진 경우, 개별 범죄에서 정한 형을 전부 합산하여 하나의 형을 선고한다. 이때 한 행위자가 동종의 범죄를 범한 경우, 1회의 범죄를 1개의 범죄로 본다.

[Y국 규정]

제1조 ① 강간한 사람은 징역 6년형에 처한다.

② 전항은 Y국 영역 내에서 죄를 범한 내국인과 외국인 및 Y국 영역 외에서 죄를 범한 내국인에게 적용한다.

제2조 ① 해상에서 강도한 사람은 징역 9년형에 처한다.

② 전항은 Y국 영역 내·외에서 죄를 범한 내국인과 외국인에게 적용한다.

제3조 Y국의 국적을 가진 사람을 내국인으로 본다.

제4조 ① 처벌대상이 되는 동종 또는 이종의 범죄가 2회 범해진 경우에는 개별 범죄에서 정한 형 중 중한 형을 선택하여 그 형에 그 2분의 1을 더한 형만 선고하고, 3회 이상 범해진 경우에는 개별 범죄에서 정한 형 중 가장 중한 형을 선택하여 그 형에 그 3분의 2를 더한 형만 선고한다.

② 전항에서 한 행위자가 동종의 범죄를 범한 경우, 1회의 범죄를 1개의 범죄로 본다.

〈사례〉

• X국 국적의 갑이 X국에서 1회 강간을 하고 1회 해상강도를 한 후 Y국에서 다시 1회 해상강도를 하였다. 갑은 Y국에서 재판을 받는다.

• Y국 국적의 을이 Y국에서 2회 강간을 하고 X국에 가서 1회 강간을 하였다. 본국에서 강제 송환된 을은 Y국에서 재판을 받는다.

• X국과 Y국의 국적을 모두 가진 병이 Y국에서 1회 해상강도를 한 후 X국에서 2회 강간을 하였다. 병은 X국에서 재판을 받는다.

① 10년 – 13년 6개월　　② 10년 – 14년　　③ 10년 – 15년

④ 12년 – 13년 6개월　　⑤ 12년 – 14년

[규정]을 〈사례〉에 적용한 것으로 옳은 것만을 〈보기〉에서 있는 대로 고른 것은? [22추리-13]

　　혼인하려는 당사자들은 혼인의 성립을 가능하게 하는 요건을 모두 충족하고 혼인의 성립을 불가능하게 하는 요건에 하나도 해당하지 않아야 혼인할 수 있다. 같은 국적을 가진 당사자들에게는 그들이 국적을 가진 국가의 규정을 적용하면 충분하나, 서로 다른 국적을 가진 당사자들에게는 어느 국가의 규정을 적용할지가 문제된다. 서로 다른 국적을 가진 당사자들이 X국에서 혼인할 수 있는지를 판단하려면, 혼인 적령(適齡)은 각 당사자가 자신의 국적을 가진 국가에서 정한 요건만 검토하면 충분하고, 중혼(重婚)·동성혼(同性婚)은 쌍방 당사자가 국적을 가진 각 국가에서 정한 요건을 모두 검토해야 한다.

[규정]
X국 : 18세에 이르면 혼인할 수 있다. 기혼자도 중복으로 혼인할 수 있다. 같은 성별 간에도 혼인할 수 있다.
Y국 : 남성은 16세, 여성은 18세에 이르면 혼인할 수 있다. 남성은 기혼자도 중복으로 혼인할 수 있다. 같은 성별 간에는 혼인할 수 없다.
Z국 : 여성은 16세, 남성은 18세에 이르면 혼인할 수 있다. 쌍방당사자 모두 미혼이어야 혼인할 수 있다. 같은 성별 간에도 혼인할 수 있다.

〈사례〉
갑 : X국 국적의 19세 미혼 여성이다.
을 : Y국 국적의 17세 기혼 남성이다.
병 : Z국 국적의 17세 미혼 여성이다.

─────── 〈보 기〉 ───────

ㄱ. 갑과 을은 X국에서 혼인할 수 있다.
ㄴ. 갑과 병은 X국에서 혼인할 수 있다.
ㄷ. 을과 병은 X국에서 혼인할 수 있다.

① ㄴ
② ㄷ
③ ㄱ, ㄴ
④ ㄱ, ㄷ
⑤ ㄱ, ㄴ, ㄷ

077

〈상황〉에 대한 판단으로 옳은 것만을 〈보기〉에서 있는 대로 고른 것은? [23추리−6]

[학칙]

제1조(학생의 징계) ① 학생이 학내에서 학생으로서의 품위를 손상하거나 학교의 명예를 실추시키는 등의 행위를 한 경우 학교장은 교육을 위하여 학생을 징계할 수 있다.

　② 학교장은 학생을 징계하려면 교사를 참여시켜야 하고, 학생이나 보호자에게 의견을 진술할 기회를 주는 등 적정한 절차를 거쳐야 한다.

〈상황〉

P중학교 학생 갑은 집에서 실시간 원격수업을 받던 중 시민의 알권리를 위해 자신의 학교에서 조사 중인 체벌 사건의 내용을 SNS에 게시하여 사회적 파장을 일으켰다. P중학교는 이에 대하여 [학칙]에 따라 갑을 징계하려고 한다.

─〈보 기〉─

ㄱ. [학칙]에 규정된 '학내'는 학교의 물리적 공간으로 보아야 한다는 주장은 징계를 반대하는 논거가 된다.

ㄴ. 공익을 위한 학생의 표현의 자유는 제한 없이 보장되어야 한다는 주장은 징계를 반대하는 논거가 된다.

ㄷ. 수업시간 동안의 학생의 모든 활동을 학내 활동으로 간주해야 한다는 주장은 징계를 찬성하는 논거가 된다.

① ㄱ　　　　　　② ㄴ　　　　　　③ ㄱ, ㄷ

④ ㄴ, ㄷ　　　　⑤ ㄱ, ㄴ, ㄷ

078

〈원칙〉에 따라 [규정]을 〈사례〉에 적용한 것으로 옳은 것만을 〈보기〉에서 있는 대로 고른 것은? [24추리-2]

〈원칙〉

　법률을 사건에 적용할 때 ㉠ 법률 규정의 문언이 가지는 '통상적 의미'에 따른다. 통상적 의미는 '일상적 의미'로 해석하지만, 법학계에서 확립된 '전문적 의미'가 있어서 '일상적 의미'와 다르면 '전문적 의미'가 우선한다. 만약 단일한 해석이 불가능하면 ㉡ 문제된 조항과 관련된 조항 또는 관련된 다른 법률과의 연관관계를 고려하여 해석하고, 그래도 단일한 해석이 불가능하면 ㉢ 입법목적 또는 유사사례와의 형평을 고려하여 해석한다.

[규정]

제1조 공무원으로 정년까지 근무한 사람에게 정년퇴직수당을 지급한다.

제2조 ① 공무원으로 총 15년 이상 재직한 사람은 정년퇴직일의 1년 전까지 명예퇴직을 신청할 수 있다.

　② 명예퇴직을 신청하는 사람에게 명예퇴직수당을 지급한다. 다만 ⓐ 명예퇴직수당을 지급받은 사실이 있는 경우에는 그러하지 아니하다.

〈사례〉

　X국의 갑은 A직 공무원으로 17년 근무한 후 명예퇴직하여 명예퇴직수당을 지급받았다. 퇴직한 후 갑은 B직 공무원으로 재임용되었고 이전에 지급받은 명예퇴직수당 전액과 이자 상당액을 반환하였다. 갑은 B직 공무원으로 5년 근무한 후 정년퇴직일 2년 전에 명예퇴직을 신청하였다(갑은 총 22년의 재직기간을 인정받아 명예퇴직 신청자격은 충족됨).

─── 〈보 기〉 ───

ㄱ. ⓐ가 수당으로 받은 금전적 이익을 실제로 향유하고 있는 경우만을 의미한다는 것이 법학계의 확립된 견해라면, ㉠만으로 갑에게 명예퇴직수당이 지급된다.

ㄴ. ⓐ가 수당으로 받은 금전적 이익을 실제로 향유하고 있는 경우만을 의미하는지, 혹은 수당으로 받은 금전적 이익을 실제로 누린 바 없어도 지급받은 사실이 있는 경우까지 의미하는지 논란이 있다면, ㉡에 따라 갑에게 명예퇴직수당이 지급된다.

ㄷ. ⓐ의 의미가 불명확하고 관련 법률·조항을 고려해도 단일한 해석이 불가능한 경우, [규정] 제2조 제2항 단서의 입법목적이 명예퇴직수당의 실질적인 중복 수혜를 막기 위한 것이라면, ㉢에 따라 갑에게 명예퇴직수당이 지급된다.

① ㄱ　　　　　　　　　② ㄴ　　　　　　　　　③ ㄱ, ㄷ
④ ㄴ, ㄷ　　　　　　　⑤ ㄱ, ㄴ, ㄷ

079

다음으로부터 〈사례〉를 판단한 것으로 옳은 것만을 〈보기〉에서 있는 대로 고른 것은? [24추리-3]

거래 당사자들은 특별한 경우에는 거래에 필요한 정보를 상대방에게 고지해야 한다.

객관적이고 평균적인 거래 당사자의 입장에서 보아 거래를 결정하는 데에 중요하지 않은 정보는 고지할 필요가 없다. 거래의 당사자 일방이 가지는 주관적 사정을 고려하면 중요한 정보이더라도 객관적이고 평균적인 거래 당사자에게 중요한 정보가 아니라면 고지할 필요가 없다. 거래의 당사자 일방이 상대방에게 의미가 있는 주관적인 사정을 인지하였더라도 마찬가지이다. 객관적이고 평균적인 거래 당사자의 입장에서 중요한 정보(이하 '객관적 정보')인지는 세대별 시장 가격 차이를 가져오는 요인을 통해 판단한다.

객관적 정보는 정보 보유자가 목적한 바에 따라 비용을 들여 조사한 결과로 취득한 것인지 아니면 우연히 취득한 것인지에 따라 고지의무 유무가 달라진다. 전자의 경우 정보 보유자가 거래 상대방에게 정보를 고지할 필요가 없지만 거래의 일방 당사자가 정보 취득을 위해 탐지 비용을 들인 경우에도 취득한 정보를 통해 이미 비용 지출 목적을 달성하였다면 정보를 고지해야 한다. 후자의 경우 고지의무를 부담하나 정보 제공에 의해 거래 상대방이 거래가격을 상승시킬 유인이 된다면 그 정보를 고지할 필요가 없다. 또한 시장 가격보다 낮은 금액으로 거래할 경우 객관적 정보이더라도 거래 상대방에게 고지할 필요는 없다.

〈사례〉
거래 대상인 A지역 B아파트의 세대별 평(3.3m²)당 시장 가격은 아래 표와 같다.

	강 조망	숲 조망	도시 조망	기타 조망
평당 가격(만원)	2,000	1,800	1,600	1,400

─── 〈보 기〉 ───

ㄱ. 갑이 우연히 B아파트가 재건축되어 시장 가격이 상승될 것임을 알게 된 후 B아파트의 도시 조망 세대를 평당 1,600만 원에 매수하는 경우, 갑은 매도인에게 이 정보를 고지할 의무가 있다.

ㄴ. 매수인이 강을 보는 것을 두려워한다는 사실을 밝혔음에도 B아파트 강 조망 세대의 소유자 을이 매수인에게 강 조망이라는 사실을 알리지 않고 평당 1,600만 원에 매도하였다면, 을은 고지의무를 위반한 것이다.

ㄷ. B아파트 숲 조망 세대의 소유자 병이 시장 가격 하락 요인인 바닥의 누수 여부를 확인하기 위해 비용을 들여 조사한 결과 바닥에 누수가 발생하였음을 확인한 후 이 정보를 알리지 않고 평당 1,800만 원에 매도하였다면, 병은 고지의무를 위반한 것이다.

① ㄱ   ② ㄷ   ③ ㄱ, ㄴ
④ ㄴ, ㄷ   ⑤ ㄱ, ㄴ, ㄷ

080

〈이론〉에 따라 [규정]을 〈사례〉에 적용한 것으로 옳은 것만을 〈보기〉에서 있는 대로 고른 것은? [24추리-10]

상표는 그것이 등록된 나라에서 상표권으로 보호된다. 그런데 상표가 등록되지 않은 나라에서 상표를 무단 복제하여 상품을 생산하거나 판매하는 경우에 대하여 그 나라의 법원이 재판권을 행사할 수 있는지가 문제된다. 이에 관한 X국의 [규정]은 〈이론〉에 따라 해석한다.

[규정]

제○조 X국 법원은 X국에서 상표권이 침해되는 경우 그로 인한 손해배상청구 사건에 대하여 재판권을 행사할 수 있다. 다만 이 경우 X국에서 상표권자가 입은 손해액을 한도로 재판권을 행사한다.

〈이론〉

A : 상표권은 오직 상표가 등록된 나라에서만 침해될 수 있다. 상표가 등록되지 않은 나라에서 상표를 무단 복제하여 상품을 생산하거나 판매하더라도 상표권 침해는 그 나라가 아니라 그 시점에 상표가 등록되어 있는 나라에서 발생한 것으로 보아야 한다.

B : 상표권은 상표가 등록되지 않은 나라에서도 침해될 수 있다. 상표가 등록되지 않은 나라에서 상표를 무단 복제하여 상품을 생산하거나 판매하면 상표권 침해는 그 나라에서 발생한 것으로 보아야 한다.

〈사례〉

갑은 P상표를 W국에는 등록하였으나 X, Y국에는 등록하지 않았다. 을은 X국 공장에서 P상표를 무단 복제하여 부착한 Q상품을 생산하여 W국, X국, Y국에서 판매하였다. 을이 Q상품을 각국에서 판매하여 얻은 이익만큼 갑은 각국에서 손해를 입었다. 갑은 을을 상대로 X국 법원에 을의 P상표 침해에 대한 손해배상청구소송을 제기하였다. X국 법원은 이 사건에 대하여 재판권을 행사할 수 있는지를 [규정]에 따라 판단하고자 한다.

―――――――〈보 기〉―――――――

ㄱ. A에 따르면 을이 Q 상품을 W국에서 판매하여 갑이 입은 손해에 대하여 X국 법원은 재판권을 행사할 수 있다.

ㄴ. B에 따르면 을이 Q 상품을 X국에서 판매하여 갑이 입은 손해에 대하여 X국 법원은 재판권을 행사할 수 있다.

ㄷ. A와 B 중 어느 것에 따르든 을이 Q 상품을 Y국에서 판매하여 갑이 입은 손해에 대하여 X국 법원은 재판권을 행사할 수 없다.

① ㄱ　　　　　　　② ㄴ　　　　　　　③ ㄱ, ㄷ
④ ㄴ, ㄷ　　　　　　⑤ ㄱ, ㄴ, ㄷ

081

[규정]을 〈사례〉에 적용한 것으로 옳은 것만을 〈보기〉에서 있는 대로 고른 것은? [24추리-11]

W국은 X주, Y주 등으로 구성된 연방국가이다. [규정]은 W국의 모든 주에 적용된다.

[규정]

제1조 당사자들 사이에 형성된 일정한 법률관계로 말미암아 분쟁이 발생하면 당사자들은 그 법률관계와 관련이 있는 주 법원에 그 분쟁에 관한 소송을 제기한다. 하나의 분쟁에 관한 소송은 하나의 주 법원에서만 소송절차를 개시할 수 있고, 같은 분쟁에 관하여 나중에 소송이 제기된 주 법원은 소송절차를 개시할 수 없다.

제2조 당사자들은 그들 사이에 형성된 일정한 법률관계로 말미암아 분쟁이 발생하면 그 분쟁에 관한 소송을 특정한 주 법원에만 제기하기로 하는 합의(이하 '전속관할합의')를 할 수 있다. 전속관할합의의 대상인 법률관계로 말미암은 소송이 당사자들이 합의하지 않은 주 법원에 제기되면 그 주 법원은 소송절차를 개시할 수 없다.

제3조 당사자들이 전속관할합의를 한 법원이 그 합의의 대상인 법률관계와 아무런 관련이 없는 경우 그 합의는 처음부터 무효인 것으로 본다. 그 법원이 있는 주에 당사자들의 영업소 소재지 또는 의무 이행지가 없다면 그 법원은 전속관할합의의 대상인 법률관계와 아무런 관련이 없는 것으로 본다. 이는 어느 주법원에 소송이 제기되어 해당 전속관할합의의 유효 여부가 문제되는 시점을 기준으로 판단한다. 전속관할합의가 무효라면 당사자들이 합의한 주 법원은 소송절차를 개시할 수 없고, 그 법원에 처음부터 소송이 제기되지 않은 것으로 본다.

제4조 제3조는 2023. 1. 1.부터 시행한다. 제3조 시행 당시 어느 주법원에서든 소송절차가 이미 개시된 분쟁에는 제3조를 적용하지 않는다.

〈사례〉

갑과 을의 영업소는 X주에만 있다. 2022. 10. 1. 갑과 을은 물품매매계약을 체결하면서, 갑의 물품인도의무와 을의 대금지급의무는 추후 갑의 영업소에서 동시에 이행하기로 하고, 그 계약으로 말미암은 소송은 Y주 법원에만 제기하기로 합의하였다. 이후 갑과 을 사이에 위 계약으로 말미암은 분쟁 P가 발생하였다.

〈보 기〉

ㄱ. 2022. 12. 1. 갑이 을을 상대로 X 주 법원에 P에 관한 소송을 제기하였다면, X주 법원은 소송절차를 개시할 수 없다.

ㄴ. 2022. 12. 1. 갑이 을을 상대로 Y주 법원에 P에 관한 소송을 제기하였고 2023. 1. 1. 을이 갑을 상대로 X 법원에 P에 관한 소송을 제기하였다면, X주 법원은 소송절차를 개시할 수 없다.

ㄷ. 2023. 2. 1. 갑이 을을 상대로 Y주 법원에 P에 관한 소송을 제기하였고 2023. 3. 1. 을이 갑을 상대로 X주 법원에 P에 관한 소송을 제기하였다면, X주 법원은 소송절차를 개시할 수 없다.

① ㄴ   ② ㄷ   ③ ㄱ, ㄴ   ④ ㄱ, ㄷ   ⑤ ㄱ, ㄴ, ㄷ

082

〈이론〉에 따라 〈사례〉를 판단한 것으로 옳은 것만을 〈보기〉에서 있는 대로 고른 것은? [25추리-9]

〈사례〉

　온라인 콘텐츠를 통한 명예훼손이 가능해지면서 가해자와 피해자가 서로 다른 나라에 거주하는 경우와 피해자에게 여러 나라에서 손해가 발생하는 경우가 많아졌다. 이때 피해자의 명예가 훼손된 나라의 법원은 피해자가 가해자를 상대로 손해배상청구의 소를 제기하는 경우 그 소에 대하여 재판권을 행사할 수 있다. 피해자의 명예가 훼손된 나라로서 그 나라의 법원이 재판권을 행사할 수 있는 나라는 ㉠ 피해자가 거주하는 나라라는 견해와 ㉡ 가해자가 그곳에서 피해자의 명예가 훼손되기를 의도하였던 나라라는 견해가 대립한다. 후자에서 가해자의 의도는 콘텐츠가 작성된 언어와 콘텐츠에 접근할 수 있는 나라의 공용어가 같고 다름을 기준으로 판단한다.

　한 나라의 법원이 재판권을 행사할 수 있는 경우, 재판권 행사의 범위에 관하여는 ㉢ 피해자가 그 법원이 있는 나라에서 입은 손해에 한정하는 견해와 ㉣ 피해자가 여러 나라에서 입은 모든 손해라는 견해가 대립하고, 손해배상의 성립 여부와 금액을 판단하는 기준에 관하여는 ㉤ 피해자가 거주하는 나라의 법을 적용하여야 한다는 견해, ㉥ 가해자가 거주하는 나라의 법을 적용하여야 한다는 견해, ㉦ 손해가 발생한 국가별로 각국에서 발생한 손해에 대하여 각국의 법을 적용하여야 한다는 견해가 대립한다.

〈사례〉

　X국에 거주하는 갑은 Y국에 거주하는 을을 비난하는 콘텐츠를 인터넷에 게시하였고, 이는 X국, Y국, Z국에서만 접근할 수 있다. 그 콘텐츠는 진실한 사실을 적시하고 있으나, Y국 공용어인 A언어가 아니라 X국과 Z국 공용어인 B언어로 작성되었다. 갑의 행위로 을이 입은 손해는 X국에서 50, Y국에서 30, Z국에서 20이다. 명예훼손으로 손해가 발생하더라도 X국법은 허위의 사실을 적시한 행위에 대하여만 손해배상책임을 인정하고 Y국법, Z국법은 진실한 사실이든 허위의 사실이든 이를 적시한 행위에 대하여 손해배상책임을 인정한다. 을은 Y국 법원에서 갑을 상대로 손해배상청구의 소를 제기하였다.

───────────── 〈보 기〉 ─────────────

ㄱ. Y국 법원이 ㉡을 적용하여 판단하면 을은 갑으로부터 손해배상을 받을 수 없다.
ㄴ. Y국 법원이 ㉠, ㉢, ㉥의 순서로 적용하여 판단하든 ㉠, ㉣, ㉥의 순서로 적용하여 판단하든 을은 갑으로부터 손해배상을 받을 수 없다.
ㄷ. Y국 법원이 ㉠, ㉣, ㉤의 순서로 적용하여 판단하든 ㉠, ㉣, ㉦의 순서로 적용하여 판단하든 을은 X국, Y국, Z국에서 발생한 모든 손해에 대하여 갑으로부터 손해배상을 받을 수 있다.

① ㄴ
② ㄷ
③ ㄱ, ㄴ
④ ㄱ, ㄷ
⑤ ㄱ, ㄴ, ㄷ

083

다음 글과 〈상황〉을 근거로 판단할 때 옳은 것은? [7급모상-1]

제00조(적용범위) 이 규정은 중앙행정기관, 광역자치단체(광역자치단체와 기초자치단체 공동주관 포함)가 국제행사를 개최하기 위하여 10억 원 이상의 국고지원을 요청하는 경우에 적용한다.

제00조(정의) "국제행사"라 함은 5개국 이상의 국가에서 외국인이 참여하고, 총 참여자 중 외국인 비율이 5% 이상(총 참여자 200만 명 이상은 3% 이상)인 국제회의·체육행사·박람회·전시회· 문화행사·관광행사 등을 말한다.

제00조(국고지원의 제외) 국제행사 중 다음 각 호에 해당하는 행사는 국고지원의 대상에서 제외된다. 이 경우 제외되는 시기는 다음 각 호 이후 최초 개최되는 행사의 해당 연도부터로 한다.

  1. 매년 1회 정기적으로 개최하는 국제행사로서 국고지원을 7회 받은 경우
  2. 그 밖의 주기로 개최하는 국제행사로서 국고지원을 3회 받은 경우

제00조(타당성조사, 전문위원회 검토의 대상 등) ① 국고지원의 타당성조사 대상은 국제행사의 개최에 소요되는 총 사업비가 50억 원 이상인 국제행사로 한다.

② 국고지원의 전문위원회 검토 대상은 국제행사의 개최에 소요되는 총 사업비가 50억 원 미만인 국제행사로 한다.

③ 제1항에도 불구하고 국고지원 비율이 총 사업비의 20% 이내인 경우 타당성조사를 전문위원회 검토로 대체할 수 있다.

〈상황〉

甲광역자치단체는 2021년에 제6회 A박람회를 국고지원을 받아 개최할 예정이다. A박람회는 매년 1회 총 250만 명이 참여하는 행사로서 20여 개국에서 8만 명 이상의 외국인들이 참여해 왔다. 2021년에도 동일한 규모의 행사가 예정되어 있다. 한편 2020년에 5번째로 국고지원을 받은 A박람회의 총 사업비는 40억 원이었으며, 이 중 국고지원 비율은 25%였다.

① 2021년에 총 250만 명의 참여자 중 외국인 참여자가 감소하여 6만 명이 되더라도 A박람회는 국제행사에 해당된다.
② 2021년에 A박람회가 예정대로 개최된다면, A박람회는 2022년에 국고지원의 대상에서 제외된다.
③ 2021년 총 사업비가 52억 원으로 증가하고 국고지원은 8억 원을 요청한다면, A박람회는 타당성조사 대상이다.
④ 2021년 총 사업비가 60억 원으로 증가하고 국고지원은 전년과 동일한 금액을 요청한다면, A박람회는 전문위원회 검토를 받을 수 있다.
⑤ 2021년 甲광역자치단체와 乙기초자치단체가 공동주관하여 전년과 동일한 총 사업비로 A박람회를 개최한다면, A박람회는 타당성조사 대상이다.

다음 글과 〈상황〉을 근거로 판단할 때 옳은 것은? [7급모상-6]

제00조(지역개발 신청 동의 등) ① 지역개발 신청을 하기 위해서는 지역개발을 하고자 하는 지역의 총 토지면적의 3분의 2 이상에 해당하는 토지의 소유자의 동의 및 지역개발을 하고자 하는 지역의 토지의 소유자 총수의 2분의 1 이상의 동의를 받아야 한다.

② 지역개발 신청을 하기 위해서 필요한 동의자의 수는 다음 각 호의 기준에 따라 산정한다.

1. 토지는 지적도 상 1필의 토지를 1개의 토지로 한다.
2. 1개의 토지를 여러 명이 공동소유하는 경우에는 다른 공동소유자들을 대표하는 대표 공동소유자 1인만을 해당 토지의 소유자로 본다.
3. 1인이 여러 개의 토지를 소유하고 있는 경우에는 소유하는 토지의 수와 무관하게 1인으로 본다.
4. 지역개발을 하고자 하는 지역에 국유지가 있는 경우 국유지도 포함하여 토지면적을 산정하고, 그 토지의 재산관리청을 토지 소유자로 본다.

〈상황〉

- X지역은 100개의 토지로 이루어져 있고, 토지면적 합계가 총 6 km²이다.
- 동의자 수 산정 기준에 따라 산정된 X지역 토지의 소유자는 모두 82인(이하 "동의대상자"라 한다)이고, 이 중에는 국유지 재산관리청 2인이 포함되어 있다.
- 甲은 X지역에 토지 2개를 소유하고 있고, 해당 토지면적 합계는 X지역 총 토지면적의 4분의 1이다.
- 乙은 X지역에 토지 10개를 소유하고 있고, 해당 토지면적 합계는 총 2 km²이다.
- 丙, 丁, 戊, 己는 X지역에 토지 1개를 공동소유하고 있고, 해당 토지면적은 1 km²이다.

① 乙이 동의대상자 31인의 동의를 얻으면 지역개발 신청을 위한 X지역 토지의 소유자 총수의 2분의 1 이상의 동의 조건은 갖추게 된다.
② X지역에 대한 지역개발 신청에 甲~己 모두 동의한 경우, 나머지 동의대상자 중 38인의 동의를 얻으면 신청할 수 있다.
③ X지역에 토지 2개 이상을 소유하는 자는 甲, 乙뿐이다.
④ X지역의 1필의 토지면적은 0.06 km²로 모두 동일하다.
⑤ X지역 안에 있는 국유지의 면적은 1.5 km²이다.

다음 글과 〈상황〉을 근거로 판단할 때 옳은 것은? [21행상-5]

공소제기는 법원에 특정한 형사사건의 심판을 청구하는 검사의 소송행위이다. 그러나 공소시효 기간이 만료(공소시효가 완성)된 범죄에 대하여는 검사가 공소를 제기할 수 없다. 공소시효는 범죄 후 일정 기간이 지나면 국가의 형벌소추권을 소멸시키는 제도이다. 따라서 공소시효가 완성된 범죄에 대한 검사의 공소제기는 위법하다.

공소시효는 범죄행위가 종료된 때를 기준으로 계산한다. 예컨대 감금죄의 경우 범죄행위의 종료는 감금된 날이 아니라 감금에서 벗어나는 날이 기준이므로 그날부터 공소시효를 계산한다. 또한 초일은 시간을 계산하지 않고 1일로 산정하며, 기간의 말일이 공휴일이거나 토요일이라도 기간에 산입한다. 연 또는 월 단위로 정한 기간은 연 또는 월 단위로 기간을 계산한다. 예컨대 절도행위가 2021년 1월 5일에 종료된 경우 절도죄의 공소시효는 7년이고 1월 5일을 1일로 계산하므로 2028년 1월 4일 24시에 공소시효가 완성된다.

한편 공소시효는 일정한 사유로 정지될 수 있다. 공소시효가 정지되었다가 그 사유가 없어지면 그날부터 나머지 공소시효 기간이 진행된다. 예컨대 범인이 형사처벌을 면할 목적으로 1년간 국외에 있다가 귀국하였다면 공소시효의 계산에서 1년을 제외한다. 다만 공범이 있는 경우 국외로 출국하지 않은 공범은 그 기간에도 공소시효가 정지되지 않는다.

또한 공소가 제기되면 그때부터 공소시효가 정지되고, 이는 공범의 경우에도 마찬가지이다. 따라서 공범 1인에 대하여 공소가 제기되면 그날부터 다른 공범의 공소시효도 정지되었다가 공범이 재판에서 유죄로 확정된 날부터 다른 공범에 대한 나머지 공소시효 기간이 진행된다. 그러나 공소가 먼저 제기된 사람이 범죄혐의 없음을 이유로 무죄판결을 받은 경우, 다른 공범에 대한 공소시효는 정지되지 않는다.

〈상황〉

- 甲은 2015년 5월 1일 피해자를 불법으로 감금하였는데, 피해자는 2016년 5월 2일에 구조되어 감금에서 풀려났다. 甲은 피해자를 감금 후 수사망이 좁혀오자 2개월간 국외로 도피하였다가 2016년 5월 1일에 귀국하였다.
- 乙, 丙, 丁이 공동으로 행한 A죄의 범죄행위가 2015년 2월 1일 종료되었다. 그 후 乙은 국내에서 도피 중 2016년 1월 1일 공소제기 되어 2016년 6월 30일 범죄혐의 없음을 이유로 무죄 확정판결을 받았다. 한편 丙은 범죄행위 종료 후 형사처벌을 면할 목적으로 1년간 국외에서 도피 생활을 하다가 귀국한 뒤 2020년 1월 1일 공소가 제기되어 2020년 12월 31일 유죄 확정판결을 받았다. 丁은 범죄행위 종료 후 계속 국내에서 도피 중이다.

※ 감금죄의 공소시효는 7년, A죄의 공소시효는 5년임

① 甲에 대해 공소가 제기되기 전 정지된 공소시효 기간은 2개월이다.
② 2023년 5월 1일 甲에 대해 공소가 제기된다면 위법한 공소제기이다.
③ 丙에 대해 공소가 제기되기 전 정지된 공소시효 기간은 1년이다.
④ 丙의 국외 도피기간 중 丁의 공소시효는 정지된다.
⑤ 2022년 1월 31일 丁에 대해 공소가 제기된다면 적법한 공소제기이다.

086

다음 글과 〈상황〉을 근거로 판단할 때 옳은 것은? [22행상-4]

제00조 ① 박물관에는 임원으로서 관장 1명, 상임이사 1명, 비상임이사 5명 이내, 감사 1명을 둔다.
　② 감사는 비상임으로 한다.
　③ 관장은 정관으로 정하는 바에 따라 ㅁㅁ부장관이 임면하고, 상임이사와 비상임이사 및 감사의 임면은 정관으로 정하는 바에 따른다.

제00조 ① 관장의 임기는 3년으로 하며, 1년 단위로 연임할 수 있다.
　② 이사와 감사의 임기는 2년으로 하며, 1년 단위로 연임할 수 있다.
　③ 임원의 사임 등으로 인하여 선임되는 임원의 임기는 새로 시작된다.
　④ 관장은 박물관을 대표하고 그 업무를 총괄하며, 소속 직원을 지휘·감독한다.
　⑤ 관장이 부득이한 사유로 직무를 수행할 수 없을 때에는 상임이사가 그 직무를 대행하고, 상임이사도 직무를 수행할 수 없을 때에는 정관으로 정하는 임원이 그 직무를 대행한다.

제00조 ① 박물관의 중요 사항을 심의·의결하기 위하여 박물관에 이사회를 둔다.
　② 이사회는 의장을 포함한 이사로 구성하고 관장이 의장이 된다.
　③ 이사회는 재적이사 과반수의 출석으로 개의하고, 재적이사 과반수의 찬성으로 의결한다.
　④ 감사는 직무와 관련하여 필요한 경우 이사회에 출석하여 발언할 수 있다.

제00조 ① 박물관의 임직원이나 임직원으로 재직하였던 사람은 그 직무상 알게 된 비밀을 누설하거나 도용하여서는 아니 된다.
　② 제1항을 위반하여 직무상 알게 된 비밀을 누설하거나 도용한 사람은 2년 이하의 징역 또는 2천만 원 이하의 벌금에 처한다.

〈상황〉
　○○박물관에는 임원으로 이사인 관장 A, 상임이사 B, 비상임이사 C, D, E, F와 감사 G가 있다.

① A가 2년간 재직하다가 퇴직한 경우, 새로 임명된 관장의 임기는 1년이다.
② 이사회에 A, B, C, D, E가 출석한 경우, 그 중 2명이 반대하면 안건은 부결된다.
③ A가 부득이한 사유로 직무를 수행할 수 없을 때에는 G가 소속 직원을 지휘·감독한다.
④ B가 직무상 알게 된 비밀을 누설한 경우, 1년의 징역과 500만 원의 벌금에 처해질 수 있다.
⑤ ○○박물관 정관에 "관장은 이사, 감사를 임면한다."라고 규정되어 있는 경우, A는 G의 임기가 만료되면 H를 상임감사로 임명할 수 있다.

087

다음 글과 〈상황〉을 근거로 판단할 때 옳은 것은? [22행상-5]

　　19세 이상 주민(이하 '주민'이라 한다)은 지방자치단체에 조례의 제정·개정 및 폐지를 청구할 수 있다. 시·도와 인구 50만 이상 대도시에서는 주민 총수의 100분의 1 이상, 시·군 및 자치구에서는 주민 총수의 50분의 1 이상의 연서로 해당 지방자치단체의 장에게 조례를 제정하거나 개정 또는 폐지할 것을 청구할 수 있다. 이때 청구인 대표자는 조례의 제정안·개정안 및 폐지안(이하 '주민청구조례안'이라 한다)을 작성하여 제출해야 한다. 지방자치단체의 장은 청구를 받은 날부터 5일 이내에 그 내용을 공표하여야 하며, 공표한 날을 포함하여 10일간 청구인명부나 그 사본을 공개된 장소에서 누구나 열람할 수 있도록 해야 한다. 청구인명부의 서명에 관하여 이의가 있는 주민은 열람기간 동안 해당 지방자치단체의 장에게 이의를 신청할 수 있다. 지방자치단체의 장은 이의신청을 받으면 열람기간이 끝난 날의 다음 날부터 14일 이내에 그에 대해 심사·결정하고 그 결과를 당사자에게 알려야 한다.

　　지방자치단체의 장은 이의신청이 없는 경우 또는 이의신청에 대해 그 결정이 끝난 경우 청구를 수리하고, 요건을 갖추지 못하였다면 청구를 각하한다. 지방자치단체의 장은 청구를 수리한 날을 포함하여 60일 이내에 주민청구조례안을 지방의회에 부의하여야 하며, 그 결과를 청구인 대표자에게 알려야 한다.

　　지방의회는 재적의원 3분의 1 이상의 출석으로 개의한다. 의결 사항은 재적의원 과반수의 출석과 출석의원 과반수의 찬성으로 의결한다.

〈상황〉
- ㅁㅁ도 A시의 인구는 30만 명이며, 19세 이상 주민은 총 20만 명이다.
- A시 주민 甲은 청구인 대표자로 2022. 1. 3. ㅇㅇ조례에 대한 개정을 청구했고, 이에 A시 시장 B는 같은 해 1. 5. 이를 공표하였다.
- A시 의회 재적의원은 12명이다.

① A시에서 주민이 조례 개정을 청구하기 위해서는 최소 6,000명 이상의 연서가 필요하다.
② A시 주민이 甲의 조례 개정 청구인명부의 서명에 대해 이의를 신청할 수 있는 기간은 2022. 1. 14.까지이다.
③ A시 주민 乙이 2022. 1. 6. 청구인명부의 서명에 대해 이의를 신청했다면, B는 같은 해 1. 31.까지 그에 대한 심사·결정 결과를 당사자에게 통보해야 한다.
④ 甲의 조례 개정 청구가 2022. 2. 1. 수리되었다면, B는 같은 해 4. 2.까지 ㅇㅇ조례 개정안을 A시 의회에 부의해야 한다.
⑤ A시 의회는 의원 3명의 참석으로 ㅇㅇ조례 개정안에 대해 개의할 수 있다.

다음 글과 〈상황〉을 근거로 판단할 때, 甲소방서에서 폐기대상을 제외하고 가장 먼저 교체대상이 될 장비는?
[22행상 - 17]

　　〈소방장비 내용연수 기준〉에 따라 소방장비 구비목록의 소방장비를 교체해야 한다. 사용연수가 내용연수 기준을 초과한 소방장비는 폐기하고, 초과하지 않은 소방장비는 내용연수가 적게 남은 것부터 교체해야 한다.

〈소방장비 내용연수 기준〉

구분		내용연수
소방자동차		10
소방용로봇		7
구조장비	산악용 들것	5
	구조용 안전벨트	3
방호복	특수방호복	5
	폭발물방호복	10

※ 내용연수 : 소방장비의 내구성을 고려할 때, 최대 사용연수로 적절한 기준 연수

- 내용연수 기준을 초과한 소방장비의 기한을 연장하여 사용할 필요가 있는 경우에는 다음 기준에 따라 1회에 한해 연장 사용할 수 있으며, 이 경우 내용연수 기준을 초과하지 않은 것으로 본다.
  - 소방자동차 : 1년(단, 특수정비를 받은 경우에는 3년까지 가능)
  - 그 밖의 소방장비 : 1년
- 위의 내용연수 기준과 연장 사용 기준에도 불구하고 다음 어느 하나에 해당하는 경우에는 내용연수 기준을 초과한 것으로 본다.
  - 소방자동차의 운행거리가 12만 km를 초과한 경우
  - 실사용량이 경제적 사용량을 초과한 경우

〈상황〉
　　甲소방서의 현재 소방장비 구비목록은 다음과 같다.

구분	사용연수	연장사용여부	비고
소방자동차1	12	2년 연장	운행거리 15만 km, 특수정비 받음
소방자동차2	9	없음	운행거리 8만 km, 특수정비 불가
소방용로봇	4	없음	
구조용 안전벨트	5	1년 연장	경제적 사용량 1,000회, 실사용량 500회
폭발물방호복	9	없음	경제적 사용량 500회, 실사용량 600회

① 소방자동차1　　　② 소방자동차2　　　③ 소방용로봇
④ 구조용 안전벨트　　　⑤ 폭발물방호복

다음 글과 〈상황〉을 근거로 판단할 때, A시장이 잘못 부과한 과태료 초과분의 합은? [22행상-21]

제00조 ① ☆☆영업을 하려는 자는 시·도지사에게 기간 내에 일정한 사항을 신고하여야 한다.

② 신고의무자가 부실하게 신고한 경우에는 신고하지 아니한 것으로 본다.

③ 시·도지사는 신고의무자가 기간 내에 신고하지 아니한 경우, 일정한 기간(이하 '사실조사기간'이라 한다)을 정하여 그 사실을 조사하고, 신고의무자에게 사실대로 신고할 것을 촉구하여야 한다.

④ 시·도지사는 신고의무자가 기간 내에 신고하지 아니한 경우에는 다음 각 호의 기준에 따라 과태료를 부과한다. 단, 제3항의 촉구를 받은 신고의무자가 신고하지 아니한 경우에는 다음 각 호 기준 금액의 2배를 부과한다.

    1. 신고기간이 지난 후 1개월 이내 : 1만 원

    2. 신고기간이 지난 후 1개월 초과 6개월 이내 : 3만 원

    3. 신고기간이 지난 후 6개월 초과 : 5만 원

제00조 시·도지사는 과태료 처분대상자가 다음 각 호의 어느 하나에 해당하는 경우에는 과태료를 경감하여 부과한다. 단, 둘 이상에 해당하는 경우에는 그 중 높은 경감비율만을 한 차례 적용한다.

    1. 사실조사기간 중 자진신고한 자 : 2분의 1 경감

    2. 「장애인복지법」상 장애인 : 10분의 2 경감

〈상황〉

A시장은 신고기간 내에 신고를 하지 않은 甲, 乙, 丙을 대상으로 사실조사를 실시하였고, 사실조사기간 중 자진신고를 한 丙을 제외한 모든 자에게 신고를 촉구하였다. 촉구를 받은 甲은 사실대로 신고하였지만 乙은 부실하게 신고하였다. 그 후 A시장은 甲, 乙, 丙에게 아래의 금액을 과태료로 부과하였다.

〈과태료 부과현황〉

대상자	신고기간 후 경과일수	특이사항	부과액
甲	200일	국가유공자	10만 원
乙	71일		6만 원
丙	9일	「장애인복지법」상 장애인	1만 5천 원

① 57,000원   ② 60,000원   ③ 72,000원

④ 85,000원   ⑤ 90,000원

090

다음 글과 〈상황〉을 근거로 판단할 때, X의 범위는? [22행상-30]

A국은 다음과 같은 원칙에 따라 소득에 대해 과세한다.

- 근로소득자나 사업자 모두 원칙적으로 과세대상소득의 20 %를 세금으로 납부한다.
- 근로소득자의 과세대상소득은 근로소득이고, 사업자의 과세대상소득은 매출액에서 생산비용을 공제한 값이다.
- 근로소득자의 경우 신용카드 지출금액의 5 %는 과세대상소득에서 공제한다. 예를 들어 원래 과세대상소득이 1천만 원인 사람이 10만 원을 신용카드로 지출하면 이 사람의 실제 과세대상소득은 5천 원 감소하여 999만 5천 원이 된다.
- 사업자는 신용카드로 취득한 매출액의 1 %를 수수료로 카드회사에 지불한다. 수수료는 생산비용에 포함되지 않는다.
- 지역상권 활성화를 위해 2021년 한시적으로 지역상권부흥상품권을 통한 거래는 사업자의 과세대상에서 제외하기로 했다.

〈상황〉

2021년 A국의 근로소득자 甲은 가구를 제작·판매하는 사업자 乙로부터 100만 원에 판매되는 식탁을 신용카드로 구입하려고 하였다. 乙이 이 식탁을 제작하는 데 드는 생산비용은 80만 원이다. 그런데 乙은 지역상권부흥상품권으로 자신이 판매하는 가구를 구매하는 고객에게 (X)만 원을 할인하는 행사를 진행하였고, 甲은 이 사실을 알게 되었다. 이에 甲은 지역상권부흥상품권으로 이 식탁을 구매하였으며, 결과적으로 신용카드로 거래하는 것보다 甲과 乙 모두 금전적으로 이득을 보았다.

① 0 < X < 5
② 1 < X < 5
③ 1 < X < 6
④ 3 < X < 6
⑤ 3 < X < 10

다음 글과 〈상황〉을 근거로 판단할 때 옳은 것은? [24행상-24]

> 제○○조(특허표시 및 특허출원표시) ① 특허권자는 다음 각 호의 구분에 따른 방법으로 특허표시를 할 수 있다.
> 1. 물건의 특허발명의 경우 : 그 물건에 "특허"라는 문자와 그 특허번호를 표시
> 2. 물건을 생산하는 방법의 특허발명의 경우 : 그 방법에 따라 생산된 물건에 "방법특허"라는 문자와 그 특허번호를 표시
> ② 특허출원인은 다음 각 호의 구분에 따른 방법으로 특허출원표시를 할 수 있다.
> 1. 물건의 특허출원의 경우 : 그 물건에 "특허출원(심사중)"이라는 문자와 그 출원번호를 표시
> 2. 물건을 생산하는 방법의 특허출원의 경우 : 그 방법에 따라 생산된 물건에 "방법특허출원(심사중)"이라는 문자와 그 출원번호를 표시
> ③ 제1항 또는 제2항에 따른 특허표시 또는 특허출원표시를 할 수 없는 물건의 경우에는 그 물건의 용기 또는 포장에 특허표시 또는 특허출원표시를 할 수 있다.
> 제□□조(허위표시의 금지) 누구든지 특허된 것이 아닌 물건, 특허출원 중이 아닌 물건, 특허된 것이 아닌 방법이나 특허출원 중이 아닌 방법에 의하여 생산한 물건 또는 그 물건의 용기나 포장에 특허표시 또는 특허출원표시를 하거나 이와 혼동하기 쉬운 표시를 하는 행위를 하여서는 아니 된다.
> 제△△조(허위표시의 죄) ① 제□□조를 위반한 자는 3년 이하의 징역 또는 3천만 원 이하의 벌금에 처한다.
> ② 법인의 대표자나 법인 또는 개인의 대리인, 사용인, 그 밖의 종업원이 그 법인 또는 개인의 업무에 관하여 제□□조에 해당하는 위반행위를 하면 그 행위자를 벌하는 외에 그 법인에는 6천만 원 이하의 벌금형을, 그 개인에게는 제1항의 벌금형을 과한다.

〈상황〉
• 물건의 특허발명에 해당하는 잠금장치를 발명한 甲은 그 발명에 대해 특허를 출원하여 특허권을 부여받은 후, 乙을 고용하여 해당 잠금장치를 생산하고 있다.
• 황금색 도자기를 생산하는 방법을 발명한 丙은 그 발명에 대해 특허출원 중이며, 그 방법에 따라 황금색 도자기를 생산하고 있다. 丁은 丙의 황금색 도자기를 포장하는 데 사용되는 종이박스를 생산하고 있다.

① 甲이 잠금장치에 "방법특허"라는 문자와 특허번호를 표시한 경우, 허위표시에 해당하지 않는다.
② 丙이 황금색 도자기의 밑부분에 "특허출원(심사중)"이라는 문자와 출원번호를 표시한 경우, 허위표시에 해당하지 않는다.
③ 甲이 잠금장치에 특허표시를 하지 않은 경우, 허위표시의 죄로 처벌된다.
④ 甲의 지시에 따라 乙이 잠금장치에 허위의 특허표시를 한 경우, 乙은 허위표시의 죄로 처벌되지 않는다.
⑤ 丁이 丙의 황금색 도자기를 포장하는 종이박스에 허위의 특허출원표시를 한 경우, 丁은 허위표시의 죄로 처벌된다.

다음 〈규정〉과 〈상황〉을 근거로 판단할 때 〈보기〉에서 사용자가 〈규정〉을 위반한 사례만을 모두 고르면? (단, 기간 계산 시 초일은 산입한다. 또한 각 〈보기〉는 별도의 사실관계로 본다) [24입상-29]

〈규정〉

제○○조 ① 사용자는 임신 중의 여성에게 출산 전과 출산 후를 합하여 90일(한 번에 둘 이상 자녀를 임신한 경우에는 120일)의 출산전후휴가를 주어야 한다. 이 경우 휴가 기간의 배정은 출산 후에 45일(한 번에 둘 이상 자녀를 임신한 경우에는 60일) 이상이 되어야 한다.

② 사용자는 임신 중인 여성 근로자가 유산의 경험이 있다면, 제1항의 휴가를 청구하는 경우 출산 전 어느 때라도 휴가를 나누어 사용할 수 있도록 하여야 한다. 이 경우 출산 후의 휴가 기간은 연속하여 45일(한 번에 둘 이상 자녀를 임신한 경우에는 60일) 이상이 되어야 한다.

③ 제1항부터 제2항까지의 규정에 따른 휴가 중 최초 60일(한 번에 둘 이상 자녀를 임신한 경우에는 75일)은 유급으로 한다. 다만, 고용보험공단으로부터 출산전후휴가급여 등이 지급된 경우에는 그 금액의 한도에서 지급의 책임을 면한다.

④ 사용자는 임신 중의 여성 근로자에게 시간외근로를 하게 하여서는 아니 되며, 그 근로자의 요구가 있는 경우에는 쉬운 종류의 근로로 전환하여야 한다.

⑤ 사용자는 제1항에 따른 출산전후휴가 종료 후에는 휴가 전과 동일한 업무 또는 동등한 수준의 임금을 지급하는 직무에 복귀시켜야 한다.

⑥ 사용자는 임신 후 12주 이내 또는 36주 이후에 있는 여성 근로자가 1일 2시간의 근로시간 단축을 신청하는 경우 이를 허용하여야 한다. 다만, 1일 근로시간이 8시간 미만인 근로자에 대하여는 1일 근로시간이 6시간이 되도록 근로시간 단축을 허용할 수 있다.

⑦ 사용자는 제6항에 따른 근로시간 단축을 이유로 해당 근로자의 임금을 삭감하여서는 아니 된다.

⑧ 사용자는 임신 중인 여성 근로자가 1일 소정근로시간을 유지하면서 업무의 시작 및 종료 시각의 변경을 신청하는 경우 이를 허용하여야 한다. 다만, 정상적인 사업 운영에 중대한 지장을 초래하는 경우에는 그러하지 아니하다.

〈상황〉

여성 근로자인 A는 2020년 3월 1일에 임신을 하였으나 2020년 6월 19일에 유산하였다. 이후 A는 2023년 4월 1일에 임신하여 2024년 1월 1일에 출산하였다.

<보 기>

ㄱ. A는 2024년 1월 1일에 쌍둥이를 출산하였고, 사용자는 A에게 출산전후휴가를 2023년 10월 18일부터 2024년 2월 14일까지만 주었다.

ㄴ. A는 2023년 7월 14일부터 2023년 8월 14일까지 1일 2시간만큼 근로시간의 단축을 신청하였다. 사용자는 이를 허용하였으나, 단축된 근로시간만큼 임금을 삭감하였다.

ㄷ. A는 출산전후휴가를 신청하고 이 중 36일을 출산 12주 전부터 매주 3일씩 사용하겠다고 신청하였으나, 사용자는 이를 거부하였다.

① ㄱ

② ㄴ

③ ㄱ, ㄴ

④ ㄱ, ㄷ

⑤ ㄴ, ㄷ

093

다음 글과 〈사례〉에 대한 추론으로 적절하지 않은 것은? [24입언-18]

법률을 제정·개정할 때에는 집행기준 마련을 위해 하위 법령을 정비해야 하거나 법률 집행에 필요한 조직·인력을 갖추어야 하는 등 법률 시행을 위한 유예기간을 두어야 하는 경우가 적지 않다. '공포 후 시행 전 법률'이란 이와 같이 법률의 제정·개정 시 그 시행을 위한 유예기간을 둠으로써 법률이 공포는 되었으나 시행일이 도래하지 않은 상태의 법률을 말한다.

원칙적으로 공포 후 시행 전 조문은 법적 안정성 측면에서 그 시행 전에 개정하지 않는 것이 바람직하나, 급변하는 사회환경에 적시적 대응을 요구하는 입법 수요가 증가함에 따라 공포된 법률이 시행되기도 전에 다시 개정해야 하는 상황들이 발생하고 있다.

그런데 공포 후 시행 전 조문을 개정하면서 그 시행일보다 먼저 시행할 경우 그 과정에서 심각한 오류가 발생할 수 있으므로 상당한 주의를 기울일 필요가 있다. 개정법률이 공포되면 공포일에 현행 법률로 흡수되는 것이 아니라 시행일까지는 개정된 조문 형태로 존재하기 때문이다.

법률을 개정하고자 할 때, '공포 후 시행 전 조문'이 있는지는 법률안의 발의일 또는 제출일을 기준으로 판단한다. 법률안은 발의나 제출을 통해 의안으로 확정되고 국회의 심사절차를 거치는 것이므로, 발의일 이후에 시행될 법률의 조문을 개정하고자 할 때에는 공포 후 시행 전 법률의 개정방식을 사용함으로써 공포 후 시행 전 조문을 개정하려는 의도를 명확히 나타내고 그 의도대로 심사될 수 있도록 한다.

불가피하게 공포 후 시행 전 조문을 개정할 때에는 법적 안정성을 위해 그 개정법률의 시행일은 공포 후 시행 전 조문의 시행일과 일치시키거나 그 이후가 되도록 한다. 다만, 개정의 시급성 등을 이유로 '공포 후 시행 전 법률'의 시행일보다 먼저 시행해야 한다면 동일한 내용을 '현행 조문'과 '공포 후 시행 전 조문'에서 모두 개정하는 방식을 취하되, 부칙에서 시행일을 달리하여 '현행 조문' 개정은 먼저 시행하고 '공포 후 시행 전 조문'의 개정은 '공포 후 시행 전 법률'의 시행일과 맞추도록 한다.

〈사례〉

법 제11조에 제6항과 제7항을 신설하여 A를 수입할 경우 해외제조소의 명칭 등을 등록·변경등록하도록 한 ⊙ <u>'법 일부개정법률'</u>이 2024. 1. 1. 공포되어 2025. 1. 1. 시행예정인 상황이다.

① ⊙은 이미 공포되었다 할지라도, 2025. 1. 1.까지는 현행 법률로 흡수되지 않고 개정된 조문 형태로 존재한다.
② 또 다른 내용의 법 일부개정법률안이 새롭게 발의된 경우, 법에 공포 후 시행 전 조문이 있는지는 법률안의 발의일 또는 제출일을 기준으로 판단한다.
③ ⊙의 제11조제6항을 개정하여 2025. 1. 1. 이전에 시행해야 한다면 법은 개정할 필요가 없다.
④ 법적 안정성 측면에서 ⊙은 원칙적으로 2025. 1. 1. 이전에 개정하지 않는 것이 바람직하다.
⑤ 발의일 이후에 시행될 법률 조문을 개정하고자 할 때에는 공포 후 시행 전 조문을 개정하려는 의도를 명확히 나타내어 그 의도대로 심사될 수 있도록 하여야 한다.

094

다음 글과 〈상황〉을 근거로 판단할 때 옳지 않은 것은? (단, 주말 및 공휴일은 고려하지 않는다) [24입상-7]

제○○조(시험의 실시 및 공고) ① A부장관은 매년 1회 국가재난관리사 자격시험(이하 "시험"이라한다)을 실시하되, 그 실시계획을 미리 공고하여야 한다.

② 제1항에 따른 공고에 필요한 사항은 대통령령으로 정한다.

제△△조(응시자격) ① 시험에 응시하려는 사람은 재난관련 학과의 석사학위를 취득하여야 한다.

② 시험일부터 3개월 이내에 재난관련 학과의 석사학위를 취득할 것으로 예정된 사람은 제1항의 응시자격을 가진 것으로 본다. 다만, 그 예정시기에 석사학위를 취득하지 못하는 경우에는 불합격으로 하거나 합격 결정을 취소한다.

③ 제1항 및 제2항에 따른 응시자격의 소명방법은 대통령령으로 정한다.

제□□조(응시기간 및 응시횟수의 제한) ① 시험은 재난관련 학과의 석사학위를 취득한 달의 말일부터 2년 내에 2회만 응시할 수 있다. 다만, 제△△조제2항에 따라 시험에 응시한 석사학위취득 예정자의 경우 그 예정기간 내 시행된 시험일부터 2년 내에 2회만 응시할 수 있다.

② 재난관련 학과의 석사학위를 취득한 후 또는 제△△조제2항에 따른 석사학위 취득 예정자로서 시험에 응시한 후 「병역법」 또는 「군인사법」에 따른 병역의무를 이행하는 경우 그 이행기간은 제1항의 기간에 포함하지 아니한다.

〈상황〉

- 甲과 乙은 2022년 9월말, 丙은 2023년 2월말 재난관련 학과의 석사학위를 취득하였다.
- 2022년의 국가재난관리사 자격시험은 7월 7일에 시행되었다.
- 甲은 2022년 국가재난관리사 자격시험에 응시하였으나, 乙은 시험에 응시하지 않았다.
- 국가재난관리사 자격시험은 매년 7월에 시행된다.

① 甲은 2022년 7월 7일부터 2년 내에 2회의 시험에 응시할 수 있다.

② 乙은 2023년 7월 4일에 시행된 시험에 응시하였더라도 2024년 7월 4일에 시행되는 시험에 응시할 수 있다.

③ 丙은 2023년과 2024년에 시행되는 시험에 응시할 수 있다.

④ 「병역법」에 따른 병역의무의 이행 기간이 10개월이라고 할 때, 甲이 2022년 시행된 국가재난관리사 자격시험에 응시한 후 2022년 12월부터 병역의무를 이행하였고, 2023년 7월에 시행된 시험에 응시하지 않았다면, 甲은 2024년 7월 4일에 시행되는 국가재난관리사 자격시험에 응시할 수 있다.

⑤ 2024년의 국가재난관리사 자격시험이 2024년 7월 3일에 시행되고, 甲이 2023년 7월 4일에 시행된 시험에 응시하지 않았다면, 甲은 2024년 7월 3일에 시행되는 시험에 응시할 수 없다.

제2절 인물관계형

사례형(계산형, 퀴즈형을 포괄)에 있어 인물 간 관계가 제시될 때가 있습니다. 이에 대해 우선적으로 표나 그림(또는 가계도)으로 그려보고 나머지 내용을 보는 것이 좋은 방법입니다.

아래의 2011학년도 추리논증 11번이 대표적이라 할 수 있습니다.

다음 글로부터 바르게 추론될 수 <u>없는</u> 것은?

- A나라에서는 20등급의 작위를 두고, 전공을 세울 때마다 '작(爵)'을 수여하여 1급부터 최고 20급까지 승급시켰다. 전투에서 취해 온 적의 수급 수에 따라 '작'이 올라가는데, '작' 1급 당 수급 1개씩 요구되었다. 단, 4급으로 승급하려면 적의 장교 1명을 포로로 잡는 전공이 추가로 요구되었다.
- '작'을 가진 사람이 누리는 권리에는 가족이 처벌을 받게 될 때 '작'을 반납하고 대신 형벌을 면제시켜주는 특권이 포함되었다. 본인을 포함하여 동거하고 있는 직계 가족과 배우자의 형벌 면제를 위해서는 1인당 '작' 1급씩, 동거하고 있지 않은 부모, 형제와 그 배우자 및 자녀의 형벌 면제를 위해서는 1인당 '작' 2급씩 반납해야 했다. 부모 중 1인이 면제되면 미성년 자녀 중 1인이 같이 면제될 수 있었다. 단 미성년자의 형벌 면제는 가족당 1인으로 제한되었으며, 미성년자의 기준은 신장 5척 미만에 12세 이하였다.
- 형제인 갑, 을, 병은 따로 살고 있었는데, 각각 자녀 2명과 부인을 두었다. 그런데 이 세 가족 및 갑과 함께 살고 있는 부모가 모두 처벌될 상황에 처했다. 세 가족은 합쳐서 9급에 해당하는 '작'을 가지고 있었다. 갑은 부모와 세 가족의 자녀를 모두 면제시키려 하였고, 을은 자신의 가족 4인과 형제의 부인들을 모두 면제시키려 하였고, 병은 형제가 가진 '작'으로 가능한 한 많은 인원을 면제시키려 하였다. 세 형제는 마침내 9급에 해당하는 자신들의 '작'을 반납하면서 형제 모두가 만족할 수 있는 방안을 찾아냈다.

대개 이 지문을 보자마자 첫 번째 항목 → 두 번째 항목 → 세 번째 항목 순으로 하나하나 읽어볼 것이겠지만 그렇게 접근하면 문제가 매우 어렵게 느껴질 가능성이 높습니다. 그보다는 세 번째 항목이 '사례'임을 확인한 후, 먼저 살펴보고 아래와 같이 인물관계도(가계도)를 그려보는 것이 좋습니다.

그 다음에야 비로소 아래의 선지를 살펴보면 비교적 쉽게 정답을 고를 수 있게 됩니다(215번에서 다시 살펴볼 것이므로 자세한 해설은 생략합니다.).

① 갑은 과거에 적의 장교 1명을 포로로 잡았을 것이다.
② 을은 과거에 적의 수급 3개 이상을 취해왔을 것이다.
③ 병은 과거에 적의 수급 2개 이상을 취해왔을 것이다.
④ 갑과 병 중 적어도 1명은 형벌을 면제받았을 것이다.
⑤ 자녀 중 신장 5척 미만이 3명 이상 있었을 것이다.

다음으로부터 바르게 추론한 것만을 〈보기〉에서 있는 대로 고른 것은? [13추리−8]

〈사실관계〉

　500여 년 전 X국에서 조전남은 본처 김씨와의 사이에 장남 조방림, 차남 조부림을, 첩과의 사이에 아들 조서자, 딸 조서녀를 두었는데, 장남 조방림에게 제사를 받들게 하고 사망하였다. 장남 조방림은 본처와의 사이에 아들 조적자, 첩과의 사이에 아들 조복해를 차례로 두고 있었는데, 조적자가 사고로 갑자기 죽자 조복해로 하여금 제사를 받들게 하고 사망하였다. 그러나 조방림의 아우 조부림은 자신의 부 조전남의 제사를 받들 권한이 조복해가 아니라 자신에게 있다고 주장하면서 조복해로부터 제사와 관련된 집과 땅을 빼앗아 갔다.

〈관련규정〉

　본처 소생 장남이 가계를 승계하여 제사를 받든다. 본처 소생 장남이 없으면 장남 이외의 아들이, 그도 없으면 첩 소생 아들이 제사를 받들어야 한다.

───── 〈보 기〉 ─────

ㄱ. 〈관련규정〉만으로는 조부림이 조방림의 제사를 받들 근거가 되지 못할 것이다.

ㄴ. 〈관련규정〉의 '본처 소생 장남'이 조적자를 가리킨다면, 조부림의 행동은 정당화될 수 없을 것이다.

ㄷ. 〈관련규정〉에 근거해서 조부림을 옹호하려는 편은 〈관련규정〉의 '장남 이외의 아들'이 조부림이라고 주장할 것이다.

① ㄱ　　　　② ㄷ　　　　③ ㄱ, ㄴ　　　　④ ㄴ, ㄷ　　　　⑤ ㄱ, ㄴ, ㄷ

〈사실관계〉에 제시된 내용을 통해 조전남으로부터 이어지는 가계도를 그려보면 아래와 같습니다.

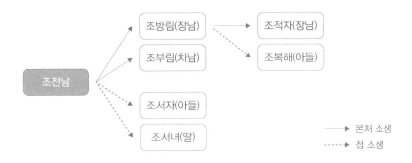

〈관련규정〉

본처 소생 장남이 가계를 승계하여 제사를 받든다. 본처 소생 장남이 없으면 장남 이외의 아들이, 그도 없으면 첩 소생 아들이 제사를 받들어야 한다.

위의 〈관련규정〉을 해석함에 있어 해당 사안에서 '본처 소생 장남', '장남 이외의 아들'이 중의적으로 해석될 여지가 있었습니다.

그래서 '본처 소생 장남', '장남 이외의 아들'을 누구로 볼 것인가를 정하는 것이 중요합니다.

가계도와 〈관련규정〉을 염두에 두면서 각 선지를 살펴보겠습니다.

ㄱ. (○) 〈관련규정〉에 의거하면 조방림의 경우 장남 이외의 아들은 첩 소생인 조복해 뿐입니다. 따라서 〈관련규정〉에 의해 장남 이외의 아들로서 자신의 권리를 주장하는 조부림은 〈관련규정〉만으로는 조복해를 완전히 제외할 수 없습니다.

ㄴ. (○) 〈관련규정〉에 따르면 아버지의 제사는 '본처 소생의 장남'이 가계를 승계합니다. 여기서 조방림의 본처 소생 장남이 조적자를 가리킨다면, 조적자가 사고로 죽더라도 〈관련규정〉에 따라 첩 소생 아들인 조복해가 제사를 받들어야 합니다. 따라서 조부림의 행동은 정당화될 수 없습니다.

ㄷ. (○) 〈관련규정〉은 제사를 받드는 형제간의 우선순위를 정합니다. 따라서 〈관련규정〉에 근거해서 조부림을 옹호하려는 편은 '본처 소생 장남'이 조방림을 가리키며, '장남 이외의 아들'이 조부림이라고 주장할 것입니다.

095

X국 Z법률의 〈규정〉과 〈사실관계〉로부터 추론한 것으로 옳은 것을 〈보기〉에서 고른 것은? [14추리-4]

〈규정〉

　군인·경찰관 기타 공무원의 직무상 불법행위로 손해를 받은 사람은 국가에 손해배상을 청구할 수 있다. 다만 군인·경찰관이 전투·훈련과 관련된 직무집행과 관련하여 받은 손해에 대하여 다른 법률에 따라 보상금을 지급 받을 수 있는 경우에는 국가에 대해 손해배상을 청구할 수 없다.

〈사실관계〉

　회사원 A는 동료인 B를 태우고 자기 아버지 C 소유의 승용차를 운전하던 중, 육군 하사인 D가 운전하던 오토바이와 충돌하였다. 당시 그 오토바이 뒷좌석에는 육군 중사인 E가 타고 있었고 D와 E는 직무를 집행하던 중이었다. 위 교통사고는 D가 운전 중 졸음을 이기지 못하고 전방을 제대로 주시하지 못하여 발생한 것이었다. 이 사고로 인하여 B와 E는 각각 약 8주간의 치료를 필요로 하는 우슬관절내측부인대파열 및 전방십자인대파열 등의 상해를 입었다.

―――――〈보 기〉―――――

ㄱ. D의 직무상 불법행위가 인정되고 A도 상해를 입었다면 A는 국가에 대해 손해배상을 청구할 수 있을 것이다.

ㄴ. D의 직무상 불법행위가 인정되더라도 사고 당시 D의 직무집행행위가 전투·훈련과 무관한 것이라면 B는 국가에 대해 손해배상을 청구할 수 없을 것이다.

ㄷ. D의 직무상 불법행위가 인정되고 그로 인해 C의 자동차가 파손되었더라도 C는 그 피해의 배상을 국가에 청구할 수 없을 것이다.

ㄹ. D의 직무상 불법행위가 인정되고 사고 당시 D와 E의 직무가 전투·훈련과 무관한 것이라면 E는 국가에 대해 손해배상을 청구할 수 있을 것이다.

① ㄱ, ㄴ　　　　　② ㄱ, ㄹ　　　　　③ ㄴ, ㄷ
④ ㄴ, ㄹ　　　　　⑤ ㄷ, ㄹ

096

고대 국가 R의 상속법 〈원칙〉에 근거해서 〈판단〉을 평가할 때, 옳은 것만을 〈보기〉에서 있는 대로 고른 것은? [17추리-6]

〈원칙〉

  상속은 가장(家長)의 유언에 따라야 한다. 유언으로 정한 대로 상속이 이루어질 수 없으면, 법이 정한 방법에 따라 상속이 이루어져야 한다. 법정상속은 직계비속이 균분으로, 직계비속이 없을 경우 직계존속이 균분으로, 직계존속이 없으면 배우자의 순으로 이루어진다. 태아는 상속인의 지위를 갖는다. 가장은 배우자 및 직계비속 중 상속인에서 제외하려는 자가 있을 경우 반드시 유언으로 그를 지정해야 한다. 만약 상속인으로 지정되지도 제외되지도 않은 직계비속이 있을 경우 가장의 유언은 무효이다. 상속인의 지위를 상실하게 할 수 있는 조건을 부가하여 상속인을 지정한 가장의 유언은 무효이다.

〈판단〉

  아직 자녀가 없는 가장 A는 아내가 임신한 상태에서 "태아와 아내만을 상속인으로 지정한다. 만약 아들이 태어나면, 그가 내 재산의 2/3를 상속받고 나머지는 내 아내가 상속받는다. 그러나 만약 아들이 아니라 딸이 태어나면, 그녀가 내 재산의 1/3을 상속받고 나머지는 아내가 상속받는다."와 같은 유언을 남기고 사망하였다. 그런데 아내는 A의 예상과 달리 아들 1명과 딸 1명의 쌍둥이를 출산하였다. 이에 대해 법률가 X는 "유언자의 의사에 따라 유산을 7등분하여 아들이 4, 아내가 2, 딸이 1을 갖도록 하는 것이 올바르다."고 판단하였다.

〈보 기〉

ㄱ. X는 "아들과 딸은 각각 1/2씩 상속을 받아야 하며 아내는 상속을 받을 수 없다."고 판단해야 했다.

ㄴ. X는 "'만약 ……이 태어나면'이라는 조건을 부가하여 상속인을 지정하고 있기 때문에 A의 유언은 처음부터 무효이다."고 판단해야 했다.

ㄷ. X는 "A가 아들 또는 딸이 출생하는 경우에 대하여 유언을 한 것이지 아들과 딸이 동시에 출생하는 경우에 대하여 한 것은 아니었다."고 판단해야 했다.

① ㄴ   ② ㄷ   ③ ㄱ, ㄴ
④ ㄱ, ㄷ   ⑤ ㄱ, ㄴ, ㄷ

다음으로부터 〈사례〉를 판단한 것으로 옳지 <u>않은</u> 것은? [20추리-9]

X국의 법에 의하면, 누구나 유언을 통하여 한 사람 또는 여러 사람의 상속인을 지정할 수 있다. 그리고 임의로 각 상속분도 정할 수 있다. 상속인을 지정하는 유언이 없는 경우에는 일정한 범위의 혈연관계 내지 가족관계에 있는 자들이 상속인 지위를 얻어 상속재산을 취득하는데, 자녀, 손자 같은 직계비속 및 배우자가 1순위 상속인이고, 부모, 조부모와 같은 직계존속이 2순위 상속인이며, 형제, 자매 같은 방계의 친족이 3순위를 이룬다. 선순위의 상속인이 상속을 받으면 후순위의 상속인은 상속을 받을 수 없다. 같은 순위의 공동상속인 사이의 상속분은 균등하다.

혈연관계 내지 가족관계에 있지 않은 사람도 유언을 통하여 상속인으로 지정될 수 있고, 직계존비속을 포함한 친족을 상속인으로 지정하지 않는 유언도 유효하다. 그렇지만 친족이면서도 상속인으로 지정되지 않아 상속에서 배제된 자가 사정에 따라서는 유언한 자의 사후에 경제적으로 매우 곤궁한 상태에 처하게 될 우려도 있다. 이와 같은 경우에 X국에서는 법이 정하고 있는 상속 순위에 있는 자 중 상속에서 배제된 자에 한하여 그 유언이 윤리에 반한다고 주장하면서 해당 유언의 무효를 선언해 줄 것을 요구하는 소(이하 반윤리의 소라 한다)를 제기할 수 있다. 판사가 유언의 반윤리성 여부를 심사할 때에는 그 상속 사안에서 상속 순위에 있는 친족들에게 존재하는 사정만을 판단의 근거로 삼을 수 있다. 유언의 반윤리성이 인정되어 유언이 효력을 잃으면 유언이 없는 것과 같은 상태가 된다.

〈사례〉
X국에 사는 甲에게는 혈연관계 내지 가족관계에 있는 사람으로는 자녀 乙과 동생 丙만 있고, 평소 친하게 지내는 친구 丁이 있다.

① 甲이 유언으로 丙과 丁만을 상속인으로 지정하였다면, 이때 乙이 반윤리의 소를 제기하여 승소하지 않는 한 乙은 상속에서 배제된다.
② 甲은 유언으로 乙과 丁만을 상속인으로 지정하면서 상속분을 균등하게 정할 수 있다.
③ 甲이 유언으로 丁을 유일한 상속인으로 지정하였고 이에 대해 乙이 반윤리의 소를 제기한 경우, 판사는 丁이 甲의 생전에 甲을 부양해 왔다는 丁의 주장을 반윤리성 판단의 근거로 삼을 수 없다.
④ 甲이 유언으로 乙과 丁만을 상속인으로 지정하면서 丁에게 더 많은 상속분을 정한 경우, 乙은 반윤리의 소를 제기할 수 있다.
⑤ 甲이 유언으로 丁을 유일한 상속인으로 지정한 경우, 丙이 제기한 반윤리의 소에 대하여 승소 판결이 내려지면 乙이 단독으로 상속재산을 취득한다.

098

〈규정〉을 〈사례〉에 적용한 것으로 옳은 것만을 〈보기〉에서 있는 대로 고른 것은? [21추리-11]

〈규정〉

제1조 상속인은 상속재산 한도에서 사망자의 빚을 갚는 것을 조건으로 상속('조건부 상속')할 수 있다.

제2조 상속인은 금전이 아닌 상속재산을 현금화하는 경우 법원의 허가를 얻어 경매하여야 한다. 여러 재산을 경매한 경우, 상속인은 각 재산으로부터 생긴 금전을 섞이지 않게 분리해 두어야 한다.

제3조 ① 사망자의 특정 재산에 대해 우선적으로 채권을 회수할 권리를 가진 채권자('우선권 있는 채권자')가 있는 경우, 상속인은 그 재산이 현금화된 때에는 다른 채권자보다 우선권 있는 채권자에게 먼저 빚을 갚아야 한다. 우선권 있는 채권자의 채권회수 후에 남은 재산이 있으면 제2항에 의한다.

② 상속인은 사망자의 특정 재산에 대해 우선권 있는 채권자가 없는 경우, 그 재산이 현금화된 때에는 빚을 갚아야 할 시기의 선후, 청구의 순서, 빚의 크기 등에 관계없이 자신의 의사에 따라 자유롭게 빚을 갚을 수 있다.

③ 특정 재산에 대해 우선권 있는 채권자가 그 재산으로부터 회수하지 못한 채권은 우선권 없는 채권으로 남는다.

제4조 제3조에 의하여 빚을 갚고 남은 상속재산이 없으면, 상속인은 더 이상 사망자의 빚을 갚을 책임이 없다.

〈사례〉

갑이 사망하면서 유일한 상속인 을에게 집 한 채와 자동차 한 대, 그리고 1억 7천만 원의 빚을 남겼고, 을은 조건부 상속을 하였다. 집에 대해서는 갑에게 7천만 원의 채권이 있던 병이 우선권을 가지고 있고, 자동차에는 누구도 우선권이 없다. 정과 무도 갑에게 5천만 원씩의 채권을 가지고 있었다.

─── 〈보 기〉 ───

ㄱ. 집만 1억 원에 경매된 경우, 을은 병에게 7천만 원을 갚고, 나머지는 정과 무 중 빚을 갚을 것을 먼저 요구한 자에게 지급하여야 한다.

ㄴ. 집과 자동차가 동시에 각각 5천만 원, 2천만 원에 경매되고, 병, 정, 무가 동시에 지급을 요구한 경우, 을은 병에게 7천만 원 전부를 지급할 수 있다.

ㄷ. 집과 자동차가 동시에 각각 1억 원, 2천만 원에 경매되고, 병, 정, 무가 동시에 지급을 요구한 경우, 을이 병에게 7천만 원, 무에게 5천만 원을 지급하면 정에게는 지급하지 않아도 된다.

① ㄱ   ② ㄷ   ③ ㄱ, ㄴ

④ ㄴ, ㄷ   ⑤ ㄱ, ㄴ, ㄷ

099

[규정]에 따라 〈사례〉를 판단한 것으로 옳지 **않은** 것은? [22추리-14]

X국에서 유행성 독감이 급격히 확산하자 마스크 품귀 현상이 발생하였고 마스크 판매가격이 급등하였다. 이에 마스크 생산회사를 인수하여 마스크 공급을 독점하려는 동태가 감지되자 X국 정부는 [규정]을 제정하였다.

[규정]

제1조(지분 보유 제한) 자연인 또는 법인(회사를 포함한다)은 단독으로 또는 제2조에 규정된 '사실상 동일인'과 합하여 마스크 생산회사 지분을 50%까지만 보유할 수 있다.

제2조(사실상 동일인) '사실상 동일인'이란 다음 각호 중 어느 하나에 해당하는 자를 말한다.

    1. 해당 자연인의 부모, 배우자, 자녀

    2. 해당 자연인이 50% 이상 지분을 보유하고 있는 법인

    3. 해당 자연인이 제1호에 규정된 자와 합하여 50% 이상 지분을 보유하고 있는 법인

〈사례〉

X국에서 마스크를 생산하는 P회사 지분은 갑이 15%, 마스크 생산과 무관한 Q회사가 20%를 보유하고 있고, 나머지는 제3자들이 나누어 보유하고 있다. Q회사 지분은 을, 병, 정이 각각 10%, 40%, 50%를 보유하고 있다. 병은 을의 남편이다.

① 병은 제3자들로부터 P회사 지분 30%를 취득할 수 있다.

② 을이 갑의 딸인 경우, 갑은 제3자들로부터 P회사 지분 35%를 취득할 수 있다.

③ 정이 갑의 딸인 경우, 정은 제3자들로부터 P회사 지분 15%를 취득할 수 있다.

④ 정이 병으로부터 Q회사 지분 10%를 취득하는 경우, 병은 제3자들로부터 P회사 지분 50%를 취득할 수 있다.

⑤ 갑이 정으로부터 Q회사 지분 50%를 취득하는 경우, 갑은 제3자들로부터 P회사 지분 35%를 취득할 수 있다.

100

[규정]을 〈사례〉에 적용한 것으로 옳지 <u>않은</u> 것은? [25추리-7]

혼인과 상속에 관한 고대 X국의 [규정]은 다음과 같다.

[규정]

제○조 ① 혼인하면서 처(妻)가 가져온 재산(이하 '지참재산')은 부(夫)가 소유권을 취득한다.

② 부(夫)의 귀책사유로 이혼하는 경우에만 처(妻)에게 지참재산의 소유권이 회복된다.

③ 부(夫)가 이혼 후 사망한 경우에 상속인이 없다면 그 지참재산의 소유권은 이혼 전의 처(妻)에게 회복된다.

제○조 ① 상속은 유언이 있으면 유언에 따른다.

② 유언이 없으면 상속은 다음에 따른다.

    1. 부부 상호 간에는 상속받을 수 없다.

    2. 자녀는 그 부(父)로부터만 재산을 상속받을 수 있다.

    3. 상속인은 사망한 자(이하 '피상속인')의 상속재산에 대한 소유권을 취득한다. 이때 피상속인이 생전에 부여한 상속재산에 대한 사용권은 피상속인의 사망시 소멸한다.

③ 상속인이 상속을 포기하면 상속받을 수 없다.

〈사례〉

갑과 을이 혼인할 때 처(妻) 을은 소를 지참재산으로 가져왔다. 그 후 갑과 을은 자녀 없이 이혼하였다. 이혼 후 갑은 집 한 채를 구매하였고 병과 혼인하여 자녀 정을 두었다. 갑이 사망 전에 자신의 말에 대한 사용권을 병에게 부여하여 병이 말을 사용하고 있다. 이후 갑은 사망하였고, 갑의 유언장에는 "정이 말을 상속받고, 말에 대한 병의 사용권은 유지되어야 한다."라는 내용이 기재되어 있었다.

① 갑과 을의 이혼이 갑의 귀책사유 때문이라면 을에게 소의 소유권이 회복된다.

② 갑과 을의 이혼이 을의 귀책사유 때문이라면 정은 소를 상속받지 못한다.

③ 정은 갑의 집을 상속받는다.

④ 병이 말의 사용권을 포기하지 않더라도 정은 말을 상속받는다.

⑤ 정이 상속을 포기하면 을에게 소의 소유권이 회복된다.

101

다음 글과 〈상황〉을 근거로 판단할 때 옳은 것은? [16민상-7]

K국의 현행법상 상속인으로는 혈족상속인과 배우자상속인이 있다. 제1순위 상속인은 피상속인의 직계비속이며, 직계비속이 없는 경우 직계존속이 상속인이 된다. 태아는 사산되어 출생하지 못한 경우를 제외하고 상속인이 된다. 배우자는 직계비속과 동순위로 공동상속인이 되고, 직계비속이 없는 경우에 피상속인의 직계존속과 공동상속인이 되며, 피상속인에게 직계비속과 직계존속이 없으면 단독상속인이 된다. 현행 상속분 규정은 상속재산을 배우자에게 직계존속·직계비속보다 50%를 더 주도록 정하고 있다. 예를 들어 상속인이 배우자(X)와 2명의 자녀(Y, Z)라면, '1.5(X) : 1(Y) : 1(Z)'의 비율로 상속이 이루어진다.

그런데 K국에서는 부부의 공동재산 기여분을 보장하기 위한 차원에서 상속법 개정을 추진하고 있다. '개정안'은 상속재산의 절반을 배우자에게 우선 배분하고, 나머지 절반은 현행 규정대로 배분하는 내용을 골자로 한다. 즉, 피상속인이 사망하였을 경우 상속재산의 50%를 그 배우자에게 먼저 배분하고, 이를 제외한 나머지 50%에 대해서는 다시 현행법상의 비율대로 상속이 이루어진다.

〈상황〉

甲은 심장마비로 갑자기 사망하였다. 甲의 유족으로는 어머니 A, 배우자 B, 아들 C, 딸 D가 있고, B는 현재 태아 E를 임신 중이다. 甲은 9억 원의 상속재산을 남겼다.

① 현행법에 의하면, E가 출생한 경우 B는 30% 이하의 상속분을 갖게 된다.
② 개정안에 의하면, E가 출생한 경우 B는 6억 원을 상속받게 된다.
③ 현행법에 의하면, E가 사산된 경우 B는 3억 원을 상속받게 된다.
④ 개정안에 의하면, E가 사산된 경우 B는 4억 원을 상속받게 된다.
⑤ 개정안에 의하면, E의 사산여부에 관계없이 B가 상속받게 되는 금액은 현행법에 의할 때보다 50% 증가한다.

제3절 타임라인형

사례형(계산형, 퀴즈형을 포괄)에 있어 시간순서를 묻는 문제가 최근 빈출되고 있습니다. 이럴 때에는 앞서 살펴본 바 인물관계를 표나 그림으로 그려보는 것 이외에, 시간순서를 일직선 표로 나타내는 것이 좋은 방법입니다.

2022학년도 추리논증 4번을 살펴보겠습니다.

[규정]에 따라 〈사실관계〉를 판단할 때 갑의 운전면허는 최종적으로 언제까지 정지되는가? [22추리-4]

[규정]
제1조(정의) ① '벌점'은 교통법규위반에 대하여 그 위반의 경중에 따라 위반행위자에게 배점되는 점수를 말한다.
② '처분벌점'은 교통법규위반시 배점된 벌점을 누적하여 합산한 점수에서 기간경과로 소멸한 벌점 점수와 운전면허정지처분으로 집행된 벌점을 뺀 점수를 말한다.
제2조(벌점의 배점 등) ① 속도위반을 제외한 교통법규위반에 대하여 배점되는 벌점은 아래 표와 같다.

사 유	벌 점	사 유	벌 점
신호위반	15점	정지선위반	18점
앞지르기금지위반	20점	갓길통행	25점

② 속도위반에 대하여 배점되는 벌점은 아래 표와 같다.

초과된 속도	20km/h 초과 40km/h 이하	40km/h 초과
벌 점	15점	40점

③ 벌점은 해당 교통법규위반일로부터 3년이 지나면 소멸하고, 30점 미만인 처분벌점은 최종 교통법규위반일로부터 교통법규위반 없이 1년이 지나면 소멸한다.
제3조(운전면허정지처분 등) ① 처분벌점이 40점 이상이 되면 운전면허정지처분을 하되, 최종 교통법규위반일 다음날부터 운전면허가 정지되며 처분벌점 1점을 정지일수 1일로 계산하여 집행한다.
② 운전면허정지 중에 범한 교통법규위반행위에 대해서는 벌점을 2배로 배점한다.
③ 운전면허정지 중에 새로운 운전면허정지처분을 추가로 받는 경우, 추가된 운전면허정지처분은 집행 중인 운전면허정지처분의 기간이 종료한 다음날부터 집행한다.

〈사실관계〉
갑은 그 이전까지는 교통법규위반 전력이 없었는데, 2017. 5. 1.에 신호위반을 하고, 2020. 7. 1.에 정지선위반을 하고, 2021. 3. 1.에 갓길통행을 하고, 2021. 4. 1.에 규정속도를 45km/h 초과하여 속도위반을 하였다. 갑은 위 모든 교통법규위반행위들에 대해 위반일자에 [규정]에 따른 벌점 또는 운전면허정지처분을 받았다.

① 2021. 5. 23. ② 2021. 6. 7. ③ 2021. 6. 14. ④ 2021. 7. 2. ⑤ 2021. 7. 17.

〈사실관계〉를 시간순서에 따라 나열하면 아래와 같습니다.

이를 [규정]과 연결지어 살펴보겠습니다.

17. 5. 1. 신호위반 → 벌점 15점 배점(제2조 제1항). 그러나 위반일로부터 3년이 지난 20. 5. 1. 소
　　　　멸(제2조 제3항)

20. 7. 1. 정지선위반 → 벌점 18점 배점(제2조 제1항).

21. 3. 1. 갓길통행 → 벌점 25점 배점(제2조 제1항).

20. 7. 1. 정지선위반으로 받은 18점은 30점 미만인 처분벌점이나, 최종 법규위반일로부터 교통법
　　　　규 위반 없이 1년이 지나지 않았으므로 처분벌점이 소멸하지 않았습니다(제2조 제3항).

따라서 총 처분벌점 43(18+25)점이 되었으므로 21. 3. 2.부터 면허가 정지됩니다(제3조 제1항).
이때 정지일수는 43일이므로, 21. 3. 2.부터 43일째인 21. 4. 13.까지 정지됩니다.

21. 4. 1. 규정속도 45km/h 초과하여 속도위반 → 벌점 40점 배점(제2조 제2항).

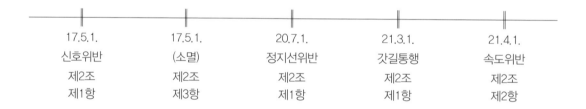

타임라인을 그리지 않고 푸는 것도 충분히 가능합니다. 그렇지만 일직선을 하나 긋고 시간순서
를 꼼꼼하게 따지면, 자칫 실수를 할 가능성을 줄일 수 있습니다.

[대표예제]

다음 글과 〈상황〉을 근거로 판단할 때 옳은 것은? [15민상-7]

헌법재판소가 위헌으로 결정한 법률 또는 법률조항은 그 위헌결정이 있는 날부터 효력을 상실한다. 그러나 위헌으로 결정된 형벌에 관한 법률 또는 법률조항(이하 '형벌조항'이라고 함)은 소급하여 그 효력을 상실한다. 이는 죄형법정주의 원칙에 의할 때, 효력이 상실된 형벌조항에 따라 유죄의 책임을 지는 것은 타당하지 않다는 점을 고려한 것이다.

그러나 위헌인 형벌조항에 대해서 일률적으로 해당 조항의 제정 시점까지 소급효를 인정하는 것은 문제가 있다. 왜냐하면 헌법재판소가 기존에 어느 형벌조항에 대해서 합헌결정을 하였지만 그후 시대 상황이나 국민의 법감정 등 사정변경으로 위헌결정을 한 경우, 해당 조항의 제정 시점까지 소급하여 그 효력을 상실하게 하여 과거에 형사처벌을 받은 사람들까지도 재심을 청구할 수 있게 하는 것은 부당하기 때문이다. 따라서 위헌으로 결정된 형벌조항에 대해서 종전에 합헌결정이 있었던 경우에는 그 결정이 선고된 날의 다음 날로 소급하여 효력을 상실하는 것으로 규정함으로써 그 소급효를 제한한다. 이러한 소급효 제한의 취지로 인해 동일한 형벌조항에 대해서 헌법재판소가 여러 차례 합헌결정을 한 때에는 최후에 합헌결정을 선고한 날의 다음 날로 소급하여 그 형벌조항의 효력이 상실되는 것으로 본다.

한편, 헌법재판소의 위헌결정이 내려진 형벌조항에 근거하여 유죄의 확정판결을 받은 사람은 '무죄임을 확인해 달라'는 취지의 재심청구가 인정된다. 또한 그 유죄판결로 인해 실형을 선고받고 교도소에서 복역하였던 사람은 구금일수에 따른 형사보상금 청구가 인정되며, 벌금형을 선고받아 이를 납부한 사람도 형사보상금 청구가 인정된다.

※ 소급효 : 법률이나 판결 등의 효력이 과거 일정 시점으로 거슬러 올라가서 미치는 것

〈상 황〉

1953. 9. 18.에 제정된 형법 제241조의 간통죄에 대해서, 헌법재판소는 1990. 9. 10., 1993. 3. 31., 2001. 10. 25., 2008. 10. 30.에 합헌결정을 하였지만, 2015. 2. 26.에 위헌결정을 하였다. 다음과 같이 형사처벌을 받았던 甲, 乙, 丙은 재심청구와 형사보상금 청구를 하였다.

甲 : 2007. 10. 1. 간통죄로 1년의 징역형이 확정되어 1년간 교도소에서 복역하였다.

乙 : 2010. 6. 1. 간통죄로 징역 1년과 집행유예 2년을 선고받고, 교도소에서 복역한 바 없이 집행유예기간이 경과되었다.

丙 : 2013. 8. 1. 간통죄로 1년의 징역형이 확정되어 1년간 교도소에서 복역하였다.

※ 집행유예 : 유죄판결을 받은 사람에 대하여 일정 기간 형의 집행을 유예하고, 그 기간을 무사히 지내면 형의 선고는 효력을 상실하는 것으로 하여 실형을 과하지 않는 제도

① 甲의 재심청구는 인정되나 형사보상금 청구는 인정되지 않는다.
② 乙의 재심청구와 형사보상금 청구는 모두 인정된다.
③ 乙의 재심청구는 인정되나 형사보상금 청구는 인정되지 않는다.

④ 丙의 재심청구와 형사보상금 청구는 모두 인정되지 않는다.
⑤ 丙의 재심청구는 인정되나 형사보상금 청구는 인정되지 않는다.

해당 문제에서는 위헌인 형벌조항의 소급효가 언제부터 적용되는지를 판단해야 합니다. 또한, 〈상황〉의 내용을 통해 여러 차례 합헌결정이 있었음을 파악한 후 마지막 합헌결정일인 2008. 10. 30.의 다음 날부터 소급효가 적용된다는 점을 놓치면 안 됩니다(2문단). 한편, 乙의 형사보상금 청구 인정여부와 관련하여 '집행유예'라는 단어의 정의를 각주를 통해 파악해야 합니다. 이를 제대로 파악하지 못하면 '간통죄로 징역 1년'을 선고받았다는 내용에 현혹되어 형사보상금 청구가 가능하다고 오인할 수도 있습니다.

글과 〈상황〉을 통해 위헌인 형벌조항의의 소급효가 언제부터 적용되는지 여부와 재심청구와 형사보상금 청구에 관해 정리해보겠습니다.

위헌인 형벌조항의 소급효	2문단 마지막 문장 : "동일한 형벌조항에 대해서 헌법재판소가 여러 차례 합헌결정을 한 때에는 최후에 합헌결정을 선고한 날의 다음날로 소급하여 그 형벌조항의 효력이 상실" → 간통죄의 위헌결정은 〈상황〉에서 제시된 합헌결정일 중 마지막 합헌결정일인 2008.10.30.의 다음날부터 적용됨
재심청구	헌법재판소의 위헌결정이 내려진 형벌조항에 근거하여 유죄의 확정판결을 받은 사람은 '무죄임을 확인해 달라'는 취지의 재심청구가 가능함
형사보상금 청구	• 유죄판결로 인해 실형을 선고받고 교도소에서 복역하였던 사람은 구금일수에 따른 형사보상금 청구가 인정됨 • 벌금을 선고받아 이미 납부한 사람도 청구 가능

이러한 내용을 바탕으로 甲, 乙, 丙에 대한 타임라인을 그려보면 아래와 같습니다.

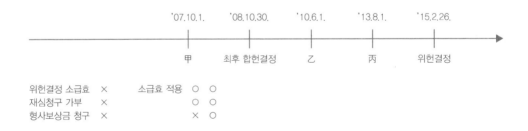

甲 : 2007. 10. 1. 간통죄로 형이 확정되었기 때문에 위헌결정의 소급효가 적용되지 않습니다. 따라서 재심청구 및 형사보상금 청구가 모두 불가능합니다.

乙 : 2010. 6. 1. 간통죄가 확정되었기 때문에 위헌결정의 소급효가 적용되며, 이에 따라 재심청구는 가능하지만 교도소에서 복역하거나 벌금을 납부한 사실이 없으므로 형사보상금 청구는 불가능합니다.

丙 : 2013. 8. 1. 간통죄가 확정되었기 때문에 위헌결정의 소급효가 적용되며 이에 따라 재심청구를 할 수 있습니다. 또한 1년간 교도소에서 복역하였기 때문에 형사보상금 청구 역시 가능합니다.

따라서 글과 〈상황〉을 바탕으로 할 때 옳은 선지는 ③번입니다.

102

〈규정〉을 〈사례〉에 적용한 것으로 옳지 않은 것은? [21추리-5]

〈규정〉

제1조 ① 유실물(가축을 포함한다)의 습득자는 유실물을 신속하게 소유자에게 반환하거나 습득한 날부터 7일 이내에 경찰서에 신고 및 제출하여야 한다.

② 유실물이 경찰서에 신고 및 제출된 경우 경찰서장은 유실물을 소유자에게 반환하여야 한다. 다만 소유자를 알 수 없을 때는 유실물이 신고 및 제출된 날부터 3일 이내에 신문에 공고하여야 한다.

③ 경찰서에 제출된 유실물은 경찰서장이 보관하여야 하나, 경찰서장은 제출된 날부터 3개월 이내의 기간을 정하여 적당한 자로 하여금 유실물을 보관하도록 명할 수 있다. 다만 이 조에 따른 의무를 위반한 자를 제외한다.

제2조 ① 유실물 공고 후 3개월이 경과하도록 소유자가 권리를 주장하지 않으면 습득자는 유실물의 소유권을 취득한다.

② 소유자는 자신의 권리를 포기할 수 있다. 이 경우 제1항에도 불구하고 습득자가 유실물을 습득한 때에 그 소유권을 취득한 것으로 본다.

제3조 습득자 및 보관자는 소유자(제2조에 의해 소유권을 상실한 자는 포함하고 이를 취득한 자는 제외한다)에게 유실물의 제출·교부 및 가치보존에 소요된 비용을 청구할 수 있다. 다만 제2조가 적용되는 경우의 습득자는 이를 청구할 수 없다.

〈사례〉

2020. 1. 13. 갑은 자기 소유의 염소 A를 팔러 시장에 가던 중에 A가 달아나자 뒤쫓다가 놓쳤다. 2020. 1. 14. 을은 길에서 다리에 상처를 입은 A를 발견하고 집으로 데려가 먹이를 주고 상처를 치료해 주었다. 2020. 1. 23. 을은 경찰서에 A의 습득사실을 알리고 A를 제출하였다. 경찰서장은 2020. 1. 24. 지역신문에 A의 발견 및 보관 사실을 공고하였다.

① 경찰서장은 을에게 A를 보관하도록 명할 수 없다.

② 갑이 2020. 4. 14. 경찰서장에게 A의 반환을 요구한다면 A를 데려올 수 있다.

③ 갑이 2020. 4. 14. 경찰서장에게 A에 대한 포기 의사를 밝혔다면 A는 2020. 1. 14.부터 을의 소유가 된다.

④ 갑이 2020. 4. 30. 경찰서장에게 A의 반환을 요구한다면 을은 갑에게 A의 상처 치료에 소요된 비용을 청구할 수 있다.

⑤ 갑이 2020. 4. 14. 경찰서장에게 A에 대한 포기 의사를 밝혔다면 경찰서장은 갑에게 A가 경찰서에 보관되어 있는 동안 소비한 사료에 대한 비용을 청구할 수 있다.

103

〈규정〉을 〈사례〉에 적용한 것으로 옳지 <u>않은</u> 것은? [21추리-12]

X국은 〈규정〉과 같이 미술품에 대한 저작자의 권리를 인정한다.

〈규정〉

제1조 '미술상'은 저작권협회 회원으로서 미술품을 영업으로 매도·매수·중개하는 자이다.

제2조 미술저작물의 원본이 최초로 매도된 후에 계속해서 거래되고, 각 후속거래에서 미술상이 매도·매수·중개한 경우, 저작자는 매도인을 상대로 ㉠거래가액의 일정 비율의 금액을 청구할 수 있다. 거래가액이 40만 원 미만이면 그러하지 아니하다.

제3조 제2조에 의하여 청구할 수 있는 금액은 다음과 같이 거래가액을 기준으로 산정한다.

  (1) 5천만 원 이하 : 거래가액의 1%

  (2) 5천만 원 초과 2억 원 이하 : 거래가액의 2%

  (3) 2억 원 초과 : 거래가액의 3%. 단, 상한은 1천만 원으로 한다.

제4조 저작자는 미술상에게 최근 3년간 미술상이 관여한 자기 저작물의 거래 여부에 관한 정보를 요구할 수 있고, 미술상은 이에 응하여야 한다.

제5조 저작자는 제2조의 권리를 행사하기 위해, 거래에 관여한 미술상에게 매도인의 이름, 주소, 거래가액에 관한 정보를 요구할 수 있고, 미술상은 이에 응하여야 한다.

〈사례〉

화가 갑은 자신이 그린 그림 A를 40만 원에 미술상 을에게 판매하였다. 한 달 후 을은 친구 병에게 A를 20만 원에 판매하였다. 5년이 지나 병은 을의 중개로 미술상 정에게 A를 2억 원에 판매하였다. 그로부터 1년 후 사업가 무가 정에게서 A를 3억 원에 구입하였고, 다시 3년이 지나 무는 기에게 A를 선물하였다.

① 갑이 청구할 수 있는 ㉠은 총 1천3백만 원이다.

② 을은 갑에게 ㉠으로 4천 원을 지급할 의무가 없다.

③ 병은 갑에게 ㉠을 지급할 의무가 있다.

④ 갑은 을을 상대로 병의 이름과 주소, 병이 정에게 매도한 금액에 관한 정보의 제공을 요구할 수 있다.

⑤ 갑이 정에게 A의 거래 여부에 관한 정보를 요구할 경우, 기가 현재 A를 보유하고 있다는 사실을 알고 있는 정은 그 정보를 제공할 의무가 있다.

104

[규정]에 따라 〈사실관계〉를 판단할 때 갑의 운전면허는 최종적으로 언제까지 정지되는가? [22추리 − 4]

[규정]

제1조(정의) ① '벌점'은 교통법규위반에 대하여 그 위반의 경중에 따라 위반행위자에게 배점되는 점수를 말한다.

② '처분벌점'은 교통법규위반시 배점된 벌점을 누적하여 합산한 점수에서 기간경과로 소멸한 벌점 점수와 운전면허정지처분으로 집행된 벌점을 뺀 점수를 말한다.

제2조(벌점의 배점 등) ① 속도위반을 제외한 교통법규위반에 대하여 배점되는 벌점은 아래 표와 같다.

사 유	벌 점	사 유	벌 점
신호위반	15점	정지선위반	18점
앞지르기금지위반	20점	갓길통행	25점

② 속도위반에 대하여 배점되는 벌점은 아래 표와 같다.

초과된 속도	20km/h 초과 40km/h 이하	40km/h 초과
벌 점	15점	40점

③ 벌점은 해당 교통법규위반일로부터 3년이 지나면 소멸하고, 30점 미만인 처분벌점은 최종 교통법규위반일로부터 교통법규위반 없이 1년이 지나면 소멸한다.

제3조(운전면허정지처분 등) ① 처분벌점이 40점 이상이 되면 운전면허정지처분을 하되, 최종 교통법규위반일 다음날부터 운전면허가 정지되며 처분벌점 1점을 정지일수 1일로 계산하여 집행한다.

② 운전면허정지 중에 범한 교통법규위반행위에 대해서는 벌점을 2배로 배점한다.

③ 운전면허정지 중에 새로운 운전면허정지처분을 추가로 받는 경우, 추가된 운전면허정지처분은 집행 중인 운전면허정지처분의 기간이 종료한 다음날부터 집행한다.

〈사실관계〉

갑은 그 이전까지는 교통법규위반 전력이 없었는데, 2017. 5. 1.에 신호위반을 하고, 2020. 7. 1.에 정지선위반을 하고, 2021. 3. 1.에 갓길통행을 하고, 2021. 4. 1.에 규정속도를 45km/h 초과하여 속도위반을 하였다. 갑은 위 모든 교통법규위반행위들에 대해 위반일자에 [규정]에 따른 벌점 또는 운전면허정지처분을 받았다.

① 2021. 5. 23.   ② 2021. 6. 7.   ③ 2021. 6. 14.
④ 2021. 7. 2.   ⑤ 2021. 7. 17.

105

다음으로부터 추론한 것으로 옳은 것은? [24추리-31]

　　X국 정부는 암 치료제 개발에 대한 경제적 유인을 제공하기 위해, 암 치료제를 개발한 제약회사에 특허를 주어 20년간 제조 및 판매에 대한 배타적 권리를 인정해 주고 있다. 특허를 얻은 제품을 판매하기 위해서는 임상시험을 통과해야 한다.

　　암 치료제는 암의 진행 단계에 맞추어 설계된다. 어떤 약은 초기암에 더 효과적이고 어떤 약은 말기암에 더 효과적이다. 이른 시기에 치료를 시작할수록 암이 완치될 확률이 높아지므로 사회적 관점에서는 초기암 치료제의 가치가 말기암 치료제보다 더 높다. 그런데 X국에서 특허를 얻은 암 치료제의 종류를 조사한 한 연구에 따르면, 실제로 개발되어 출시되는 암 치료제는 초기암 치료제보다 말기암 치료제가 월등히 많았다. 이는 사회적으로 비효율이 존재함을 의미한다.

　　이 연구는 이러한 문제가, ㉠ 초기암 치료제의 임상시험에 소요되는 시간과 ㉡ 말기암 치료제의 임상시험에 소요되는 시간의 차이가 ㉢ X국에서 암 치료제에 대한 배타적 권리가 개시되는 시점에 대한 규정과 결합하여 발생한다고 결론지었다. 이 상황에서는 초기암 치료제보다 말기암 치료제를 개발하여 출시하는 것이 더 높은 이윤을 가져다준다는 것이다.

① ㉠이 ㉡보다 길고, ㉢은 특허를 얻은 시점이다.
② ㉠이 ㉡보다 길고, ㉢은 임상시험 통과 시점이다.
③ ㉡이 ㉠보다 길고, ㉢은 특허를 얻은 시점이다.
④ ㉡이 ㉠보다 길고, ㉢은 임상시험 통과 시점이다.
⑤ ㉠과 ㉡이 같고, ㉢은 임상시험 통과 시점이다.

106

다음 글과 〈상황〉을 근거로 판단할 때 옳은 것은? [7급모상-4]

발명에 대해 특허권이 부여되기 위해서는 다음의 두 가지 요건 모두를 충족해야 한다.

첫째, 발명은 지금까지 세상에 없는 새로운 것, 즉 신규성이 있는 발명이어야 한다. 이미 누구나 알고 있는 발명에 대해서 독점권인 특허권을 부여하는 것은 부당하기 때문이다. 이때 발명이 신규인지 여부는 특허청에의 특허출원 시점을 기준으로 판단한다. 따라서 신규의 발명이라도 그에 대한 특허출원 전에 발명 내용이 널리 알려진 경우라든지, 반포된 간행물에 게재된 경우에는 특허출원 시점에는 신규성이 상실되었기 때문에 특허권이 부여되지 않는다. 그러나 발명자가 자발적으로 위와 같은 신규성을 상실시키는 행위를 하고 그날로부터 12개월 이내에 특허를 출원하면 신규성이 상실되지 않은 것으로 취급된다. 이를 '신규성의 간주'라고 하는데, 신규성을 상실시킨 행위를 한 발명자가 특허출원한 경우에만 신규성이 있는 것으로 간주된다.

둘째, 여러 명의 발명자가 독자적인 연구를 하던 중 우연히 동일한 발명을 완성하였다면, 발명의 완성 시기에 관계없이 가장 먼저 특허청에 특허출원한 발명자에게만 특허권이 부여된다. 이처럼 가장 먼저 출원한 발명자에게만 특허권이 부여되는 것을 '선출원주의'라고 한다. 따라서 특허청에 선출원된 어떤 발명이 신규성 상실로 특허권이 부여되지 못한 경우, 동일한 발명에 대한 후출원은 선출원주의로 인해 특허권이 부여되지 않는다.

〈상황〉
- 발명자 甲, 乙, 丙은 각각 독자적인 연구개발을 수행하여 동일한 A발명을 완성하였다.
- 甲은 2020. 3. 1. A발명을 완성하였지만 그 발명 내용을 비밀로 유지하다가 2020. 9. 2. 특허출원을 하였다.
- 乙은 2020. 4. 1. A발명을 완성하자 2020. 6. 1. 간행되어 반포된 학술지에 그 발명 내용을 논문으로 게재한 후, 2020. 8. 1. 특허출원을 하였다.
- 丙은 2020. 7. 1. A발명을 완성하자마자 바로 당일에 특허출원을 하였다.

① 甲이 특허권을 부여받는다.
② 乙이 특허권을 부여받는다.
③ 丙이 특허권을 부여받는다.
④ 甲, 乙, 丙이 모두 특허권을 부여받는다.
⑤ 甲, 乙, 丙 중 어느 누구도 특허권을 부여받지 못한다.

107

乙은 甲에 대한 채무를 이행하지 않고 있다. 채권보전이라는 측면만을 고려할 때, 다음 제시문을 근거로 乙에 대한 채권의 소멸시효가 완성되기 전에 甲이 압류 또는 가압류를 통해 가장 먼저 소멸시효를 중단시켜야 할 경우는? (단, 2008년 2월 23일 현재를 기준으로 판단할 것) [08행상-15]

A. 기간(期間)이란 어느 시점에서 어느 시점까지의 계속된 시간을 말한다. 기간을 일·주·월·년으로 정한 때에는 원칙적으로 초일(初日)을 산입하지 않으며, 기간 말일의 종료로 기간이 만료된다. 주·월·년의 처음부터 기간을 계산하는 경우에는 그 주·월·년이 종료하는 때에 만료하지만, 처음부터 계산하지 않을 때에는 최후의 주·월·년에서 기산일에 해당하는 날의 전일로 기간은 만료한다. 이러한 기간의 계산방법은 일정한 기산일부터 소급하여 과거에 역산(逆算)되는 기간에도 준용된다.

B. 소멸시효(消滅時效)는 권리자가 일정한 기간 동안 권리를 행사하지 않는 상태(권리불행사의 상태)가 계속된 경우에 그의 권리를 소멸시키는 제도를 말한다. 즉 소멸시효의 기간이 만료하면 그 권리는 소멸하게 된다. 소멸시효의 기간은 권리를 행사할 수 있는 때부터 진행한다. 예컨대 甲이 3월 10일 乙에게 1천만원을 1년간 빌려주고, 이자는 연 12%씩 매달 받기로 한 경우, 甲은 乙에게 4월 10일에 이자 10만원의 지불을 요구할 수 있으므로, 甲의 乙에 대한 4월분 이자채권은 그때부터 소멸시효의 기간이 진행된다.

C. 일반적으로 채권의 소멸시효기간은 10년이다. 다만 (i) 이자·부양료·사용료 기타 1년 이내의 기간으로 정한 금전 또는 물건의 지급을 목적으로 한 채권, (ii) 의사·간호사·약사의 치료·근로 및 조제에 관한 채권, (iii) 도급받은 자·기사 기타 공사의 설계 또는 감독에 종사하는 자의 공사에 관한 채권 등은 3년의 소멸시효에 걸리는 채권이다. 여기서 '1년 이내의 기간으로 정한 채권'이란 1년 이내의 정기로 지급되는 채권을 의미하는 것이지 변제기가 1년 이내인 채권을 말하는 것은 아니다. 그리고 ① 여관·음식점의 숙박료·음식료의 채권, ② 노역인(勞役人)·연예인의 임금 및 그에 공급한 물건의 대금채권, ③ 학생 및 수업자의 교육에 관한 교사 등의 채권 등은 1년의 소멸시효에 걸리는 채권이다.

D. 소멸시효 완성에 필요한 권리불행사라는 사실상태는 일정한 사유가 있는 때에 중단되고, 그때까지 진행한 소멸시효의 기간은 효력을 잃게 된다. 즉 소멸시효가 중단되면 그때까지 경과한 시효기간은 이를 산입하지 않고, 중단사유가 종료한 때로부터 새로이 진행한다. 소멸시효의 중단사유로 (i) 청구, (ii) 압류·가압류·가처분, (iii) 승인이 있다.

① 甲은 친구 乙에게 2000년 6월 10일 5천만원을 1년간 빌려 주었고, 이자는 받지 않기로 하였다.
② 甲은 乙에게 1998년 9월 20일 자동차를 2천만원에 팔고, 매매대금은 1년 후에 받기로 하였다.
③ 乙은 2006년 5월 31일 甲의 음식점에서 외상으로 10만원 상당의 음식을 먹고, 음식값은 15일 후에 주기로 하였다.
④ 개그맨 甲은 2006년 4월 15일 20시부터 22시까지 乙대학축제의 장기자랑 사회를 보았고, 그 대가 1천만원은 1개월 후에 받기로 하였다.
⑤ 甲이 乙소유의 건물을 수리하고, 3천만원의 도급 공사대금은 수리가 완료되면 받기로 하였으며, 甲은 약정대로 2005년 3월 28일 공사를 완료하였다.

108

다음 법 규정을 근거로 〈사실관계〉를 판단할 때, 옳은 것은? [08행상-35]

제○○조 ① 청약은 상대방에게 도달한 때에 효력이 발생한다.

② 청약은 철회될 수 없는 것이더라도, 철회의 의사표시가 청약의 도달 전 또는 그와 동시에 상대방에게 도달하는 경우에는 철회될 수 있다.

제○○조 청약은 계약이 체결되기까지는 철회될 수 있지만, 상대방이 승낙의 통지를 발송하기 전에 철회의 의사표시가 상대방에게 도달되어야 한다. 다만 승낙기간의 지정 또는 그 밖의 방법으로 청약이 철회될 수 없음이 청약에 표시되어 있는 경우에는 청약은 철회될 수 없다.

제○○조 ① 청약에 대한 동의를 표시하는 상대방의 진술 또는 그 밖의 행위는 승낙이 된다. 침묵이나 부작위는 그 자체만으로 승낙이 되지 않는다.

② 청약에 대한 승낙은 동의의 의사표시가 청약자에게 도달하는 시점에 효력이 발생한다. 청약자가 지정한 기간 내에 동의의 의사표시가 도달하지 않으면 승낙의 효력이 발생하지 않는다.

제○○조 계약은 청약에 대한 승낙의 효력이 발생한 시점에 성립된다.

제○○조 청약, 승낙, 그 밖의 의사표시는 상대방에게 구두로 통고된 때 또는 그 밖의 방법으로 상대방 본인, 상대방의 영업소나 우편주소에 전달된 때, 상대방이 영업소나 우편주소를 가지지 아니한 경우에는 그의 상거소(常居所)에 전달된 때에 상대방에게 도달된다.

〈사실관계〉

2008년 1월 1일 A는 B와 전화통화를 하면서 자기 소유 X물건을 1억원에 매도하겠다는 청약을 하고, 그 승낙 여부를 2008년 1월 15일까지 통지해 달라고 하였다. 다음 날 A는 "2008년 1월 1일에 했던 청약을 철회합니다."라고 B와 전화통화를 하였는데, 같은 해 1월 12일 B는 "X물건에 대한 A의 청약을 승낙합니다."라는 내용의 서신을 발송하여 같은 해 1월 14일 A에게 도달하였다.

※ 상거소라 함은 한 장소에 주소를 정하려는 의사 없이 상당기간 머무는 장소를 말한다.

① 계약은 2008년 1월 15일에 성립되었다.
② 계약은 2008년 1월 14일에 성립되었다.
③ A의 청약은 2008년 1월 2일에 철회되었다.
④ B의 승낙은 2008년 1월 1일에 효력이 발생하였다.
⑤ B의 승낙은 2008년 1월 12일에 효력이 발생하였다.

109

다음 글을 근거로 판단할 때, 〈보기〉에서 민원을 정해진 기간 이내에 처리한 것만을 모두 고르면? [20행상-5]

제00조 ① 행정기관의 장은 '질의민원'을 접수한 경우에는 다음 각 호의 기간 이내에 처리하여야 한다.
    1. 법령에 관해 설명이나 해석을 요구하는 질의민원 : 7일
    2. 제도·절차 등에 관해 설명이나 해석을 요구하는 질의민원 : 4일
② 행정기관의 장은 '건의민원'을 접수한 경우에는 10일 이내에 처리하여야 한다.
③ 행정기관의 장은 '고충민원'을 접수한 경우에는 7일 이내에 처리하여야 한다. 단, 고충민원의 처리를 위해 14일의 범위에서 실지조사를 할 수 있고, 이 경우 실지조사 기간은 처리기간에 산입(算入)하지 아니한다.
④ 행정기관의 장은 '기타민원'을 접수한 경우에는 즉시 처리하여야 한다.
제00조 ① 민원의 처리기간을 '즉시'로 정한 경우에는 3근무시간 이내에 처리하여야 한다.
② 민원의 처리기간을 5일 이하로 정한 경우에는 민원의 접수시각부터 '시간' 단위로 계산한다. 이 경우 1일은 8시간의 근무시간을 기준으로 한다.
③ 민원의 처리기간을 6일 이상으로 정한 경우에는 '일' 단위로 계산하고 첫날을 산입한다.
④ 공휴일과 토요일은 민원의 처리기간과 실지조사 기간에 산입하지 아니한다.

※ 업무시간은 09:00~18:00이다. (점심시간 12:00~13:00 제외)
※ 3근무시간 : 업무시간 내 3시간
※ 광복절(8월 15일, 화요일)과 일요일은 공휴일이고, 그 이외에 공휴일은 없다고 가정한다.

---〈보 기〉---

ㄱ. A부처는 8.7(월) 16시에 건의민원을 접수하고, 8.21(월) 14시에 처리하였다.
ㄴ. B부처는 8.14(월) 13시에 고충민원을 접수하고, 10일간 실지조사를 하여 9.7(목) 10시에 처리하였다.
ㄷ. C부처는 8.16(수) 17시에 기타민원을 접수하고, 8.17(목) 10시에 처리하였다.
ㄹ. D부처는 8.17(목) 11시에 제도에 대한 설명을 요구하는 질의민원을 접수하고, 8.22(화) 14시에 처리하였다.

① ㄱ, ㄴ   ② ㄱ, ㄷ   ③ ㄴ, ㄹ
④ ㄱ, ㄷ, ㄹ   ⑤ ㄴ, ㄷ, ㄹ

110

다음 글을 근거로 판단할 때, 입찰공고 기간을 준수한 것은? [22행상-24]

제00조 ① 입찰공고(이하 '공고'라 한다)는 입찰서 제출마감일의 전일부터 기산(起算)하여 7일 전에 이를 행하여야 한다.

② 공사를 입찰하는 경우로서 현장설명을 실시하는 경우에는 현장설명일의 전일부터 기산하여 7일 전에 공고하여야 한다. 다만 입찰참가자격을 사전에 심사하려는 공사에 관한 입찰의 경우에는 현장설명일의 전일부터 기산하여 30일 전에 공고하여야 한다.

③ 공사를 입찰하는 경우로서 현장설명을 실시하지 아니하는 경우에는 입찰서 제출마감일의 전일부터 기산하여 다음 각 호에서 정한 기간 전에 공고하여야 한다.

　　1. 입찰가격이 10억 원 미만인 경우 : 7일

　　2. 입찰가격이 10억 원 이상 50억 원 미만인 경우 : 15일

　　3. 입찰가격이 50억 원 이상인 경우 : 40일

④ 제1항부터 제3항까지의 규정에도 불구하고 다음 각 호의 어느 하나에 해당하는 경우에는 입찰서 제출마감일의 전일부터 기산하여 5일 전까지 공고할 수 있다.

　　1. 재공고입찰의 경우

　　2. 다른 국가사업과 연계되어 일정조정이 불가피한 경우

　　3. 긴급한 행사 또는 긴급한 재해예방·복구 등을 위하여 필요한 경우

⑤ 협상에 의해 계약을 체결하는 경우에는 제1항 및 제4항에도 불구하고 제안서 제출마감일의 전일부터 기산하여 40일 전에 공고하여야 한다. 다만 다음 각 호의 어느 하나에 해당하는 경우에는 제안서 제출마감일의 전일부터 기산하여 10일 전까지 공고할 수 있다.

　　1. 제4항 각 호의 어느 하나에 해당하는 경우

　　2. 입찰가격이 고시금액 미만인 경우

① A부서는 건물 청소 용역업체 교체를 위해 제출마감일을 2021. 4. 1.로 정하고 2021. 3. 26. 공고를 하였다.

② B부서는 입찰참가자격을 사전에 심사하고 현장설명을 실시하는 신청사 건설공사 입찰가격을 30억 원에 진행하고자, 현장설명일을 2021. 4. 1.로 정하고 2021. 3. 15. 공고를 하였다.

③ C부서는 협상에 의해 헬기도입에 관한 계약을 체결하려고 하였는데, 다른 국가사업과 연계되어 일정조정이 불가피하게 되자 제출마감일을 2021. 4. 1.로 정하고 2021. 3. 19. 공고를 하였다.

④ D부서는 협상에 의해 다른 국가사업과 관계없는 계약을 체결하고자, 제출마감일을 2021. 4. 1.로 정하고 2021. 3. 26. 공고를 하였다.

⑤ E부서는 현장설명 없이 5억 원에 주차장 공사를 입찰하고자 2021. 4. 1.을 제출마감일로 하여 공고하였으나, 입찰자가 1개 회사밖에 없어 제출마감일을 2021. 4. 9.로 다시 정하고 2021. 4. 5. 재공고하였다.

111

다음 글을 근거로 판단할 때, 〈상황〉의 ㉠ ~ ㉢을 옳게 짝지은 것은? [22행상-25]

1957년 제정 저작권법은 저작물의 저작재산권을 저작자가 생존하는 동안과 사망한 후 30년간 존속하는 것으로 규정하고 있었다.

이후 1987년 개정 저작권법은 저작재산권을 저작자가 생존하는 동안과 사망 후 50년간 존속하도록 개정하여 저작재산권의 보호기간(이하 '보호기간'이라 한다)을 연장하였다. 다만 1987년 저작권법이 시행된 1987. 7. 1. 이전에 1957년 저작권법에 따른 보호기간이 이미 경과한 저작물은 더 이상 보호하지 않는 것으로 규정하였다.

또한 2011년 개정 저작권법은 보호기간을 저작자 생존 기간 동안과 사망 후 70년간으로 개정하였으며, 다만 2011년 저작권법이 시행된 2013. 7. 1. 이전에 1987년 저작권법에 따른 보호기간이 이미 경과한 저작물은 더 이상 보호하지 않는 것으로 규정하였다.

한편 보호기간을 산정할 때는 저작자가 사망한 다음 해의 1월 1일을 기산일(起算日)로 한다. 예컨대 '저작물 X'를 창작한 저작자 甲이 1957. 4. 1. 사망하였다면 저작물 X의 보호기간은 1958. 1. 1.부터 기산하여 1987년 저작권법에 의해 2007. 12. 31.까지 연장되지만, 2011년 저작권법에 따르면 보호기간이 이미 만료된 상태이다.

〈상황〉

'저작물 Y'를 창작한 저작자 乙은 1963. 1. 1. 사망하였다. 저작물 Y의 보호기간은 1957년 제정 저작권법에 따르면 (㉠)이고, 1987년 개정 저작권법에 따르면 (㉡)이며, 2011년 개정 저작권법에 따르면 (㉢)이다.

	㉠	㉡	㉢
①	1992. 1. 1.까지	2012. 1. 1.까지	이미 만료된 상태
②	1992. 12. 31.까지	2012. 12. 31.까지	이미 만료된 상태
③	1992. 12. 31.까지	2012. 12. 31.까지	2032. 12. 31.까지
④	1993. 12. 31.까지	2013. 12. 31.까지	이미 만료된 상태
⑤	1993. 12. 31.까지	2013. 12. 31.까지	2033. 12. 31.까지

112

다음 〈규정〉을 근거로 판단할 때 이를 위반하지 않은 것은? (단, 모든 사례는 20XX년에 발생하였으며, 상습 위반자는 을뿐이다.) [20입상-34]

〈규정〉

- 경찰이 경범죄 위반자에게 범칙금이라는 금전적 제재를 통고하고 이를 기한 내에 이행할 경우 형사소송절차를 면하게 하는 절차를 통고처분이라 한다. 단, 상습 위반자는 통고처분을 할 수 없다.
- 통고처분 1차 납부기한은 납부고지일의 다음 날부터 10일간이며, 통고처분 2차 납부기한은 1차 납부기간의 마지막 날의 다음 날부터 20일간이다. 통고처분 3차 납부기한은 2차 납부기간의 마지막 날의 다음 날부터 25일간이다. 단, 1·2·3차 납부기간의 마지막 날이 공휴일인 경우는 마지막 날을 공휴일이 끝나는 날의 다음 날로 한다.
- 범칙금은 음주소란 5만원, 광고물 무단부착 8만원, 업무방해 16만원이다.
- 2차 납부기간에는 통고받은 범칙금에 그 금액의 100분의 20을 더한 금액을 납부하여야 하고, 3차 납부기간에는 통고받은 범칙금에 그 금액의 100분의 50을 더한 금액을 납부하여야 한다.

20XX년 10월						
일	월	화	수	목	금	토
			1	2	3	4
5	6	7	8	9	10	11
12	13	14	15	16	17	18
19	20	21	22	23	24	25
26	27	28	29	30	31	

20XX년 11월						
일	월	화	수	목	금	토
						1
2	3	4	5	6	7	8
9	10	11	12	13	14	15
16	17	18	19	20	21	22
23/30	24	25	26	27	28	29

※ 공휴일은 매주 일요일, 10월 3일 개천절, 10월 9일 한글날, 10월 28일 추석(추석 전날과 다음 날은 각각 공휴일임)이다.

① 갑은 10월 1일 음주소란으로 그 다음 날 범칙금을 고지 받았고 10월 14일에 경찰서를 방문하여 범칙금 5만원을 납부하여 형사소송절차를 면하였다.

② 을은 광고문을 또다시 무단으로 부착하다가 10월 8일 단속 현장에서 즉시 범칙금 8만원을 10월 18일까지 납부하도록 통고처분을 받았다.

③ 병은 10월 7일 음주소란으로 범칙금을 고지 받고 납부를 미루어 오다가 11월 7일 6만원을 납부하여 형사소송절차를 면하였다.

④ 정은 10월 17일 광고물 무단부착으로 범칙금을 고지 받고 10월 31일에 9만 6천원을 납부하여 형사소송절차를 면하였다.

⑤ 무는 10월 23일 업무방해로 범칙금을 고지 받고 11월 4일 16만원을 납부하여 형사소송절차를 면하였다.

PART 4.

2026 LEET · PSAT 법률문제 222

입장형

PART 4. | 입장형

　'입장형'은 주어진 각 입장을 분석하고 이를 바탕으로 상황을 추론하는 능력을 평가합니다. 글에는 입장만 제시되기도 하지만, 일반적으로는 조문이나 사례가 함께 제시됩니다. 입장형은 PSAT상황판단보다는 LEET추리논증에서 중요하게 다루어지는 파트입니다. 이 책에서도 가장 많은 비중을 차지하고 있습니다.

　입장형 문제를 실전에서 보다 빠르게 풀이하기 위한 풀이지침을 소개합니다.

1. 각 입장의 결론을 간결하게 정리

　2013학년도 추리논증 4번 문제에 주어진 입장을 살펴보겠습니다.

　갑 : 아무리 권리자라고 하더라도 몇 십 년의 시간이 흐른 후에야 비로소 권리를 행사하는 것까지 허용할 수는 없어.
　을 : 하지만 어쩔 수 없이 권리를 행사하지 못한 사람들도 있는데, 이러한 경우에도 오랜 시간이 지났다는 이유만으로 권리를 행사할 수 없게 하는 것은 부당하지 않아?

　갑의 경우 일정 시간이 지난 후에는 권리행사의 제약을 해야 함을 주장하고 있습니다(법적 안정성을 중시하는 입장으로 시효제도에 찬성).
　반면, 을의 경우 오랜 시간이 지나도 권리행사를 제약할 수 없음을 주장하고 있습니다(정의를 중시하는 입장으로 시효제도에 반대).
　이렇듯 글에 나타난 갑과 을의 입장이 명확히 대치되고 있을 때에는 파악하기가 쉽습니다.
　그리고 이에 따라 쉽고 빠르게 문제를 풀 수 있게 됩니다.

2. 공통점과 차이점 파악

　2010학년도 추리논증 5번 문제에 주어진 입장을 살펴보겠습니다.

갑 : 협박죄는 일반적으로 사람이 공포를 느끼기에 충분한 해악(害惡)을 고지하여 상대방이 그 의미를 인식하면 성립되고, 상대방이 그것에 의하여 실제로 공포를 느낄 필요는 없다.

을 : 협박죄는 일반적으로 사람이 공포를 느끼기에 충분한 해악을 고지하여 상대방 그 의미를 인식하는 것만이 아니라 실제로 공포를 느껴야 비로소 성립된다.

갑과 을의 협박죄의 요건에 대한 입장을 간단히 정리할 수 있습니다.

갑 : 해악 고지에 대한 인식 + 실제로 공포 느낄 필요 ○
을 : 해악 고지에 대한 인식 + 실제로 공포 느낄 필요 ×

즉, 요건 두 가지가 제시되어 있는데 그 중 한 가지인 '해악 고지에 대한 인식'은 공통요건이고, 다른 한 가지인 '실제로 공포 느낄 필요'에 대한 입장이 서로 달라서 구별된다는 것을 정리할 수 있습니다.

이하의 [대표예제] 해설을 통해 좀 더 자세히 살펴보려 합니다.

또한, 2013학년도 추리논증 2번 문제에 주어진 입장을 살펴보겠습니다.

A : 특검을 도입해야 한다. 상설특검을 도입하면 정치적 의혹이 있는 사건이 있을 때 사안별로 특검법을 제정하지 않고 간편한 절차에 의해 신속하게 특검이 작동될 수 있다. 이에 반해 개별특검은 매번 특별한 법안을 만들어 실시해야 하므로 더 많은 비용과 시간이 소요된다. 상설특검이 도입되면 사안의 규모가 작아도 특검이 작동될 수 있다.

B : 특검의 필요성은 인정하지만, 특검은 검찰에 대해 정치적 중립성을 기대하기 어려운 경우에 한정하여 사안별로 실시하여야 한다. 따라서 특검의 본질상 이를 상설화하는 것은 제도의 취지에 어긋난다. 구성절차나 운영에서 상설특검이 개별특검에 비해 상대적으로 비용이 적게 들고 신속하게 이루어질 수 있음은 인정한다. 하지만 정치인이 연루된 작은 사건에 대하여 검찰이 수사를 개시하는 경우 특정 정파가 수사의 불공정성을 주장하며 검찰을 압박하기 위하여 수시로 상설특검을 사용하게 되면 중립적이어야 할 특검이 정치적으로 변질될 우려가 있다.

특검 도입에 대해 가지는 공통적인 생각, 입장의 차이가 나타나는 지점을 파악할 수 있습니다.

A : 특검 도입 찬성. 비용과 시간의 문제로 상설특검 도입 주장
B : 특검 도입 찬성. 비용과 시간의 문제가 있다 하더라도 개별특검 도입 주장

공통점과 차이점을 명확하게 정리하기 위해 아래와 같은 벤다이어그램을 활용하는 것도 좋습니다.

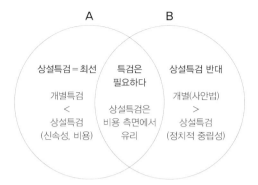

이하의 [대표예제] 해설을 통해 좀 더 자세히 살펴보려 합니다.

3. 선지 간 간섭을 적극적으로 활용

입장형 문제를 풀 때에는 같은 입장을 서술한 선지끼리 묶어서 보거나, 서로 반대되는 입장을 대비시켜 살펴보면 해결의 실마리가 보일 때가 많습니다(이하에 제시되는 다수 문제들을 통해 살펴볼 예정입니다).

갑과 을의 견해를 적용한 것으로 옳은 것만을 〈보기〉에서 있는 대로 고른 것은? [10추리-5]

> 갑 : 협박죄는 일반적으로 사람이 공포를 느끼기에 충분한 해악(害惡)을 고지하여 상대방이 그 의미를 인식하면 성립되고, 상대방이 그것에 의하여 실제로 공포를 느낄 필요는 없다.
>
> 을 : 협박죄는 일반적으로 사람이 공포를 느끼기에 충분한 해악을 고지하여 상대방이 그 의미를 인식하는 것만이 아니라 실제로 공포를 느껴야 비로소 성립된다.

───── 〈보 기〉 ─────

ㄱ. A가 B를 협박할 의사로 "부인에게 불륜 사실을 알리겠다."라고 말하였으나, B는 그것이 차라리 낫겠다고 여겨 공포를 느끼지 않았다. 이 경우 갑에 의하면 협박죄가 성립되지만, 을에 의하면 성립되지 않는다.

ㄴ. A가 B를 협박할 의사로 "부인에게 불륜 사실을 알리겠다."라고 쓴 편지를 보냈고, B는 편지를 받았으나 뜯지 않고 보관하던 중 분실했다. 이 경우 갑, 을 어느 쪽에 의하더라도 협박죄가 성립되지 않는다.

ㄷ. A가 B를 협박할 의사로 "돈을 갚지 않으면 폭력배를 시켜 손가락을 자르겠다."라고 말하였으나, B는 귀가 어두워 알아듣지 못하였다. 이 경우 갑에 의하면 협박죄가 성립되지만, 을에 의하면 성립되지 않는다.

① ㄱ   ② ㄷ   ③ ㄱ, ㄴ
④ ㄴ, ㄷ   ⑤ ㄱ, ㄴ, ㄷ

갑과 을의 견해에서 핵심 쟁점을 파악한 뒤, 이를 기준으로 각 선지에 대한 판단을 내리는 문제입니다.

신속하게 협박죄의 성립 여부를 결정하는 두 가지 요소(해악인식 여부 및 공포 체감)를 인식하고, 갑과 을의 각 요소에 대한 견해를 정리할 수 있습니다. 또한 선지가 모두 성립 여부에 관한 판단이 필요한 내용임을 알 수 있습니다.

따라서 협박죄를 성립시키는 요건을 중심으로 분석하는 것이 좋습니다.

주의할 것은 실제로 공포를 느끼는지 여부에 따라 갑과 을의 견해가 나뉘게 되어 이 요건에만 주목할 가능성이 높지만 갑과 을은 모두 해악의 의미를 인식하는 것을 전제로 서술된 내용임을 확인해야 한다는 것입니다.

각 입장에 나타난 협박죄의 성립 기준은 아래와 같이 정리할 수 있습니다.

갑 : 상대방의 해악 인식(공포 등 상대방의 감정 상태와 무관)
을 : 상대방의 해악 인식＋공포 체감 → 갑의 협박죄에 대한 성립기준이 을의 기준보다 포괄적이므로, 을이 협박죄라고 인식할 경우 갑 역시 협박죄라고 인식을 하나 반대의 경우 반드시 성립되지 않을 수 있음

한편, 표를 활용할 수도 있습니다. 즉, 갑의 경우 상대방이 해악을 인식한 경우는 모두 협박죄가 성립된다고 주장하나, 을의 경우 상대방이 해악을 인식할 뿐만 아니라 공포를 실제로 체감해야 협박죄가 성립된다고 주장합니다. 따라서 각 선지의 주어진 상황에서 사건의 상대방의 해악 인식 여부 및 공포체감 여부를 확인해 보는 것입니다.

	해악 인식 여부	공포 체감 여부
ㄱ	○	×
ㄴ	×	×
ㄷ	×	×

각 선지에 대해 갑과 을의 협박죄 성립 판단 여부는 아래와 같습니다.

	갑	을
ㄱ	○	×
ㄴ	×	×
ㄷ	×	×

각 선지를 해설해보겠습니다.

ㄱ. (○) 갑에 의하면 협박죄가 성립되지만 을에 의하면 성립되지 않으므로 옳습니다. 즉 B는 실제로 공포를 느끼지는 않았지만, 'A가 해악을 고지하고 B가 이를 인식하였다'는 점에서 갑이 말하는 협박죄의 충분조건을 충족하므로 갑에 따르면 A의 행위는 협박죄에 해당합니다. 그러나 을에 따르면 협박죄가 성립하기 위해서는 실제로 B가 공포를 느껴야 하므로, A의 행위는 협박죄에 해당하지 않습니다.

ㄴ. (○) 갑과 을 양측 모두 협박죄가 성립되지 않다고 판단하기에 옳습니다. 즉 갑, 을 모두에게 '상대방의 해악 고지에 대한 인식'은 협박죄가 되기 위한 필요조건입니다. 즉 상대방의 해악을 인식하지 못하면 그것은 협박죄가 될 수 없으므로, A가 협박할 의사를 가지고 해악을 고지하는 편지를 썼지만 B가 이를 인지하지 못하였으므로 협박죄가 성립하지 않습니다.

ㄷ. (×) 갑과 을 양측 모두 협박죄가 성립되지 않는다고 판단하나, 선지는 갑에 의해 성립된다고 말하였기에 옳지 않습니다. 즉 ㄷ도 해악을 고지하였음에도 불구하고 상대방이 이를 인식하지 못한 경우입니다. 그러므로 A의 행위는 갑에게나 을에게나 협박죄가 성립하지 않는다. (참고로 정확히 ㄴ과 같은 경우입니다.)

[대표예제 2]

다음 글에 비추어 바르게 판단한 것만을 〈보기〉에서 있는 대로 고른 것은? [13추리-2]

　　P국에서는 권력형 비리에 대한 검찰수사의 정치적 중립성에 관한 국민들의 불신이 팽배해짐에 따라, 검찰과는 별도로 정치적으로 민감한 사건, 권력형 범죄·비리사건에 대해 위법 혐의가 드러났을 때, 기소하기까지 독자적인 수사를 할 수 있는 독립 수사기구를 두는 제도로서 특별검사제도 (특검)를 도입하여 대처하기 위한 논의가 진행되고 있다. P국에서 고려되고 있는 특검에는 특별검사의 임명방식과 특검의 대상 등을 미리 법정해 놓고 이에 해당하면 자동적으로 특검이 작동하는 상설특검과 사안별로 법률을 제정해야 하는 사안별 개별특검이 있다.

A : 특검을 도입해야 한다. 상설특검을 도입하면 정치적 의혹이 있는 사건이 있을 때 사안별로 특검법을 제정하지 않고 간편한 절차에 의해 신속하게 특검이 작동될 수 있다. 이에 반해 개별특검은 매번 특별한 법안을 만들어 실시해야 하므로 더 많은 비용과 시간이 소요된다. 상설특검이 도입되면 사안의 규모가 작아도 특검이 작동될 수 있다.

B : 특검의 필요성은 인정하지만, 특검은 검찰에 대해 정치적 중립성을 기대하기 어려운 경우에 한정하여 사안별로 실시하여야 한다. 따라서 특검의 본질상 이를 상설화하는 것은 제도의 취지에 어긋난다. 구성절차나 운영에서 상설특검이 개별특검에 비해 상대적으로 비용이 적게 들고 신속하게 이루어질 수 있음은 인정한다. 하지만 정치인이 연루된 작은 사건에 대하여 검찰이 수사를 개시하는 경우 특정 정파가 수사의 불공정성을 주장하며 검찰을 압박하기 위하여 수시로 상설특검을 사용하게 되면 중립적이어야 할 특검이 정치적으로 변질될 우려가 있다.

───────── 〈보 기〉 ─────────

ㄱ. 특별검사의 권한남용에 대한 적절한 통제수단이 없다면 A와 B는 모두 약화된다.
ㄴ. 특검이 쉽게 작동되는 경우 오히려 정치적 투쟁의 도구로 남용될 가능성이 있다면 A는 강화되고 B는 약화된다.
ㄷ. 기존의 검찰이 권력형 범죄·비리를 제대로 수사하지 못하여 발생하는 사회적 비용이 개별특검에 소요되는 비용보다 크다면 A는 약화되고 B는 강화된다.

① ㄱ　　　　　② ㄴ　　　　　③ ㄱ, ㄷ　　　　　④ ㄴ, ㄷ　　　　　⑤ ㄱ, ㄴ, ㄷ

글에 나타난 입장을 정리하면 아래와 같습니다.

특검 : 정치적 중립성을 위해 독립 수사기구를 두는 제도
A : 간편하여 비용과 시간을 절약하므로 상설특검 지지
B : 특검의 본질상 정치적 중립성을 지켜야 함으로 개별특검 지지

A는 상설특검을 B는 개별특검을 지지합니다. 또한, A와 B의 공통점(특검 도입 필요)과 차이점(상설특검 VS 개별특검)에 주의하면 선지판단 시 덜 헷갈릴 수 있습니다. (이 문제처럼 차이점이 상대적으로 적다면 글을 읽으면서 공통점에 대한 선지가 나올 수 있다고 예상해보는 것도 좋은 생각입니다.)
한편, A와 B의 입장과는 다른 입장(특검 도입 반대)도 선지에 등장할 수 있는데 ㄱ 선지가 그러하였습니다.
이에 기반하여 각 선지를 해설해보겠습니다.

ㄱ. (○) A와 B는 모두 특별검사제도를 도입하는 데에는 찬성하고 있습니다. 만약 특별검사의 권한남용에 대한 적절한 통제수단이 없다면 특별검사제도를 도입하는 것 자체에 대한 근거가 약화되므로 A와 B는 모두 약화된다고 볼 수 있습니다.

ㄴ. (×) A는 상설특검이 도입되면 간편한 절차에 의해 사안의 규모가 작아도 특검이 작동될 수 있다고 본다. 따라서 특검이 쉽게 작동되는 경우 오히려 정치적 투쟁의 도구로 남용될 가능성이 있다고 본다면 A는 약화될 것입니다. 반대로 B는 정치인이 연루된 작은 사건에 대하여 검찰을 압박하기 위해 상설특검을 사용하게 되면 특검이 정치적으로 변질될 우려가 있다고 하였으므로 B의 근거를 강화할 것입니다.

ㄷ. (×) 글에 의하면 '특검'은 권력형 비리에 대한 검찰수사의 정치적 중립성에 관한 국민들의 불신이 팽배해짐에 따라, 검찰과는 별도로 정치적으로 민감한 사건, 권력형 범죄·비리 사건에 대해 위법 혐의가 드러났을 때, 기소하기까지 독자적인 수사를 할 수 있는 독립 수사기구를 두는 제도입니다. 그러므로 '기존 검찰'이 권력형 범죄·비리를 제대로 수사하지 못하여 발생하는 사회적 비용이 '특검' 중 더 많은 비용이 소요되는 개별특검에 소요되는 비용보다도 더 크다면 A도 강화되고, B도 강화될 것입니다.

다음은 어느 변호사의 글이다. 이 변호사의 입장을 지지해 주는 것을 〈보기〉에서 모두 고르면? [10행상-22]

현행 변호사법에서는 원칙적으로 변호사만이 원고를 대리하여 소송을 수행할 수 있도록 하고 있다. 그러나 A 국회의원은 소송가액※ 2천만 원 이하의 소액사건의 경우에 법무사도 소송을 대리할 수 있도록 소액사건심판법의 개정안을 제출하였다. 개정안의 취지는 민사사건 중에서 상당수가 서민들의 민생 분쟁인 소액사건임을 고려하여 서민들이 소액사건에서 좀 더 저렴한 수임료를 지급하고 법률서비스를 제공받을 수 있도록 한다는 것이다. 이 개정안은 그 취지에도 불구하고 다음과 같은 문제가 있다.

먼저 법무사법과 소액사건심판법 개정안이 소액사건을 '간단한' 소송사건이라고 접근하고 있는 점에 동의할 수 없다. 법률가라면 누구든지 소송가액이 적은 소송이 필연적으로 간단한 소송이라고 생각하지 않는다. 그리고 개정안을 발의한 의원들의 주장과 달리 국민들이 진정으로 원하는 것은 소송에서의 충실한 주장과 증명이다. 제대로 된 법률교육을 이수하지 않은 법무사, 변리사, 노무사, 세무사 등 유사직역 종사자에게 소송대리권을 부여하게 되면 궁극적으로 국민들에게 도움이 되지 않는다. 변호사가 과다한 수임료를 받는다는 주장도 타당하지 않다. 변호사의 수임료는 사건의 난이도와 사건처리에 소요되는 시간 및 비용, 당사자의 경제적 이익이나 경제적 부담능력 등을 기준으로 변호사와 의뢰인이 적당한 선에서 결정한다. 변호사가 도시에 편중되어 있어 국민의 변호사 접근권이 막혀 있다는 주장도 사실과 다르다. 변호사가 비약적으로 많아졌다는 사실을 고려한다면 법률수요가 있는 곳에 변호사가 당연히 찾아갈 것이기 때문이다.

※ 소송가액 : 원고가 청구하는 금액

〈보 기〉

ㄱ. 변호사가 많지 않은 지역은 법률수요가 많지 않은 지역이다.
ㄴ. 사건의 난이도는 수임료의 결정에 영향을 미친다.
ㄷ. 법무사는 변호사보다 더 넓은 지역에 분포되어 있다.
ㄹ. 법무사의 경우에 변호사보다 제대로 된 법률교육을 받지 않았다.
ㅁ. 소액사건의 경우 의뢰인들은 양질의 법률서비스보다 저렴한 수임료의 법률서비스를 원한다.

① ㄱ, ㄷ 　　② ㄱ, ㄴ, ㄹ 　　③ ㄱ, ㄴ, ㅁ 　　④ ㄴ, ㄷ, ㄹ 　　⑤ ㄷ, ㄹ, ㅁ

문두를 보면 '다음은 어느 변호사의 글이다. 이 변호사의 입장을 지지해 주는 것을 〈보기〉에서 모두 고르면?'이라고 되어 있습니다. 즉 입장형 문제임을 알 수 있습니다. 이때 글의 내용을 주장과 근거로 분리한 이후 〈보기〉와 근거가 원활하게 연결되는지 여부를 파악하는 방식으로 접근하면 좋습니다. 또한, '그 취지에도 불구하고 다음과 같은 문제가 있다(1문단 마지막 문장)'에 따라 변호사의 입장은 2문단에 나타날 것임을 예측해보는 것도 좋을 것입니다.

글에서 변호사는 3가지 부분에서 소액사건심판법의 개정을 부정적으로 보고 있습니다.

1. 법무사법과 소액사건심판법 개정안은 소액사건을 '간단한' 소송사건이라고 접근하고 있다.

2. 변호사가 과다한 수임료를 받는다.

3. 변호사가 도시에 편중되어 있어 국민의 변호사 접근권이 막혀 있다.

그리고 이 입장들에 대해 각각 다음과 같이 비판하고 있습니다.

1. 법률가라면 누구든지 소송가액이 적은 소송이 필연적으로 간단한 소송이라고 생각하지 않는다. 개정안을 발의한 의원들의 주장과 달리 국민들이 진정으로 원하는 것은 소송에서의 충실한 주장과 증명이다. 제대로 된 법률교육을 이수하지 않은 법무사, 변리사, 노무사, 세무사 등 유사직역 종사자에게 소송대리권을 부여하게 되면 궁극적으로 국민들에게 도움이 되지 않는다.

2. 변호사의 수임료는 사건의 난이도와 사건처리에 소요되는 시간 및 비용, 당사자의 경제적 이익이나 경제적 부담능력 등을 기준으로 변호사와 의뢰인이 적당한 선에서 결정한다.

3. 변호사가 비약적으로 많아졌다는 사실을 고려한다면 법률수요가 있는 곳에 변호사가 당연히 찾아갈 것이다.

이를 통해 각 선지를 풀 수 있습니다.

ㄱ. (○) 법률수요가 있는 곳에 변호사가 당연히 찾아갈 것이라는 내용을 파악할 수 있습니다(2문단). 따라서 선지와 같이 변호사가 많지 않은 지역은 법률수요가 많지 않은 지역이라는 내용은 변호사의 입장을 지지합니다.

ㄴ. (○) 변호사의 수임료는 사건의 난이도와 사건처리에 소요되는 시간 및 비용 등을 기준으로 결정된다는 내용을 파악할 수 있습니다(2문단). 선지 역시 수임료의 결정에 사건의 난이도가 영향을 미친다는 내용이 제시되어 있으며, 변호사의 입장을 지지합니다.

ㄷ. (×) 변호사가 도시에 편중되어 있어 국민의 변호사 접근권이 막혀있다는 주장도 사실과 다르다고 하고 있습니다(2문단). 반면 선지에 따르면 법무사는 변호사보다 더 넓은 지역에 분포하고 있다고 하여 변호사 접근권이 막혀있는지의 여부와 관계가 부족한 내용을 제시하고 있습니다. 따라서 변호사의 입장을 지지하지 않습니다.

ㄹ. (○) 법무사에 대해 '제대로 된 법률교육을 이수하지 않은'이라는 수식어를 사용하고 있습니다(2문단). 선지 역시 법무사의 경우에 변호사보다 제대로 된 법률교육을 받지 않았다는 내용이 제시되어 있으며, 변호사의 입장을 지지합니다.

ㅁ. (×) 국민들이 진정으로 원하는 것은 소송에서의 충실한 주장과 증명(=양질의 법률서비스)임을 알 수 있습니다(2문단). 반면 선지에 따르면 소액사건의 경우 의뢰인들은 양질의 법률서비스보다 저렴한 수임료를 원한다고 되어 있으므로 변호사의 입장에 상충되는 내용에 해당합니다.

113

다음 견해에 대한 평가로 가장 적절한 것은? [10추리-1]

갑 : 법은 실제로 사람들에 의해 잘 지켜지고 또 법을 지키지 않는 사람이 제재될 경우에만 효력이 있다. 부동산의 명의신탁을 금지하는 법규정이 있지만, 명의신탁이 흔할 뿐 아니라 제재도 제대로 이루어지지 않는다면 그러한 법규정은 있으나마나 한 것이다.

을 : 법이란 일단 정해진 절차에 따라 제정되고 공포되면, 실제로 지켜지고 있는지, 또 지켜지지 않는 데에 대하여 처벌이 이루어지는지 여부와는 무관하게 효력이 있다. 예컨대 낙태를 처벌하는 법규정은, 실제로 지켜지지 않고 처벌사례도 거의 없다 할지라도 효력을 갖는다.

병 : 법이 정해진 절차에 따라 제정되고 공포되었다고 하여 무조건 효력이 있는 것은 아니다. 법은 법이 추구해야 할 이념 내지 가치를 구현할 경우에만 효력이 있다. 진정한 법은 올바른 법이다. 가령 합리적인 이유 없이 장애인을 차별하게 되는 법률은 효력이 없다.

① 법규정이 없더라도 일정한 관습이 성립되고 그에 대한 국민들의 법적 확신이 생기게 되면 법으로서 효력을 가질 수 있다는 것은 갑의 논지를 약화하고 을의 논지를 강화한다.

② 위반사례가 있음에도 불구하고 수십 년 동안 한 번도 적용된 적이 없는 법규정이더라도 관련 사건이 기소되면 법관이 이를 적용하여 재판한다는 것은 갑의 논지를 약화하고 을의 논지를 강화한다.

③ 도덕적으로 정당한 제정법이라도 사람들이 제대로 지키지 않는 한 법으로서 효력이 없다고 한다면 갑의 논지가 약화되고 병의 논지는 강화된다.

④ 법률가가 어떤 법이 효력이 있는지 여부를 확인할 때 법전에서 법의 제정 및 시행 여부만을 확인할 뿐 그 내용을 따지지 않는다는 것은 을의 논지를 약화하고 병의 논지를 강화한다.

⑤ 애당초 정의(正義)를 의식적으로 부정할 목적으로 제정된 법은 법으로서의 효력을 갖지 않는다는 것은 을의 논지를 강화하고 병의 논지를 약화한다.

114

다음 견해를 분석한 것으로 옳은 것을 〈보기〉에서 고른 것은? [10추리-2]

갑 : 인간은 야수로부터 자신을 보호하기 위하여 사회를 구성하게 되었다. 그리고 분별력과 정의감이 결핍된 인간을 사회의 질병으로 간주하여 처단하도록 노모스(nomos)를 제정하였다. 이러한 인간질서로서의 노모스는 자연법칙으로서의 피시스(physis)로부터 생겨났으므로 정당한 것이다.

을 : 우리 모두는 노모스가 아니라 피시스에 의하여 혈족이며 가족이고 동포이다. 그러나 인간을 억압하는 노모스는 반자연적인 것을 강제한다. 모든 인간은 피시스에 있어서 이방인이건 그리스인이건 아무런 차이가 없다. 우리 모두 코로 숨을 쉬고, 손으로 식사를 하기 때문이다.

병 : 강자가 약자에게 방해받는 것이 아니라 약자를 지배하는 것이 피시스이다. 이에 대항하여 다수의 약자는 노모스를 제정하여 어릴 때부터 누구나 똑같이 가지는 것이 정당한 것이라고 주문을 외다시피 하여 강자를 노예처럼 만든다. 그러나 강자는 끝내 모든 사슬을 끊고 반자연적인 노모스를 짓밟고 약자의 주인으로 등장한다.

―― 〈보 기〉 ――

ㄱ. 갑, 을, 병 모두 피시스가 자연적인 것인 데 비하여 노모스는 인위적인 것이라고 본다.
ㄴ. 갑은 피시스에 반한다는 이유로 노모스를 비판하는 반면에, 을과 병은 피시스로부터 유래한다고 보아 노모스를 정당화한다.
ㄷ. 갑과 병은 노모스의 필요성을 정당화하기 위한 근거로 인간 공동체의 평화와 존속을 드는 데 비하여, 을은 개인의 생존을 들고 있다.
ㄹ. 을은 불평등을 조장하는 노모스가 피시스에 반한다고 보아 노모스를 비판하는 반면에, 병은 피시스 자체가 불평등하므로 평등을 내세우는 노모스야말로 피시스에 반한다고 본다.

① ㄱ, ㄷ　　　　　　② ㄱ, ㄹ　　　　　　③ ㄴ, ㄷ
④ ㄴ, ㄹ　　　　　　⑤ ㄷ, ㄹ

115

다음 논쟁에 대한 진술로 옳지 <u>않은</u> 것은? [12추리-1]

갑 : 법적 추론의 목적은 결론을 정당화하는 것이다. 어떤 판단은 그러한 결론을 내리게 된 근거가 법에 있을 때 법적으로 정당화된다.

을 : 법적 추론의 더 중요한 목적은 결과에 대한 예측이다. 사람들이 추론을 통해 알고 싶은 것은, 자기와 다투는 사람이 소송을 할지, 소송에서 어떤 주장을 펼칠지, 특히 법관이 어떤 판결을 내릴지와 같은 문제이기 때문이다.

갑 : 사람들이 원하는 것은 예측 가능한 판결이 아니라 법에 비추어 올바른 판결이다. 판단이 옳다는 점은 정당화를 통해서만 드러나므로, 법률가는 자신의 결론이 관련된 모든 법을 고려해 추론했을 때 가장 잘 정당화된 것이라고 생각할 근거를 제시해야 한다.

을 : 그러나 사람들의 예측과 다른 판결이 내려진다면, 사람들은 판결 전까지 법이 무엇인지 알 수 없게 된다. 따라서 판결과 다양한 사회적·심리적 배경 사이의 인과 관계도 법적 추론의 대상으로 받아들임으로써, 판결을 더 과학적으로 예측할 필요가 있다.

갑 : 법률가들은 대부분의 경우 법적 정당화 관계를 추론함으로써 결론을 쉽게 예측할 수 있다.

① 갑은 법률가들이 정당화 관계를 추론함으로써 동일한 사안에 대해서는 대체로 동일한 결론에 도달한다고 전제한다.

② 을은 판결이 사회적·심리적 요인에 의해 영향을 받는 경우가 있다고 전제한다.

③ 정당화가 어렵지만 결론을 예측하기는 쉬운 판결이 있다면, 을의 주장은 설득력을 갖는다.

④ 을은 법적 정당화 여부가 판사의 결정에 인과적 영향을 미치더라도, 예측을 위해 정당화 관계를 고려할 필요가 없다고 볼 것이다.

⑤ 갑이 전제하는 법적 추론의 주체는 문제에 대해 최선의 답을 찾으려는 판사에 가깝고, 을이 전제하는 법적 추론의 주체는 의뢰인의 이익을 우선시하는 변호사에 가깝다.

116

갑과 을의 주장에 대한 분석으로 옳은 것만을 〈보기〉에서 있는 대로 고른 것은? [12추리-2]

갑 : 단어들이 맥락에 따라 변하지 않는 의미의 '중심'을 갖지 않는다면 효과적 의사소통이 불가능하다. 법에서도 마찬가지다. 식당에 '애완동물'을 데려오는 것을 금지하는 규정에서 '애완견'처럼 단어의 중심사례가 문제가 될 때, 법관은 어떠한 창조적 역할도 맡지 않으며 어려움 없이 법을 있는 그대로 적용할 뿐이다.

단어는 맥락에 따라 의미가 달라지는 '주변' 영역도 갖기 마련이다. 시각장애인의 '안내견'처럼 '애완동물'의 주변 사례가 문제되는 경우, 법관은 규정의 목적을 고려하기 시작한다. 이때 법관은 규정을 어떻게 적용해야 할지에 대해 자신의 판단에 의존하기 때문에 창조적 역할을 감당할 수밖에 없다.

을 : (가) 애완동물 금지 규정이 어떤 사례에 쉽게 적용되는 것처럼 보이는 까닭은 규정의 목적을 쉽게 알 수 있기 때문이다. 목적이 안전이든 정숙이든 간에 사납게 짖는 개가 금지되는 것은 분명하다. 하지만 위생을 염려한 어떤 손님이 위 규정을 근거로 다른 손님이 온순하고 조용한 개를 데리고 오는 것도 반대한다고 해 보자. 이 개는 중심에 속하는가, 주변에 속하는가?

(나) 위 애완동물 금지 규정을 들은 사람은 곧장 사나운 투견이 금지된다고 생각할 것이다. '투견'은 법적용이 쉬운 사례이겠지만, 의미의 중심사례와는 거리가 멀다. '투견'과 호주머니 안의 '애완 생쥐' 중에 무엇이 갑이 말하는 중심사례인가? 법관이 이 질문을 생략한 채 투견을 금지하고 생쥐를 허용한다고 해서, 법에 따라 판결하지 않은 것이라고 할 수 없다.

─────── 〈보 기〉 ───────

ㄱ. 갑과 을은 법적용이 쉽거나 어려울 수 있다는 점에 대해서는 견해를 같이 한다.
ㄴ. 을의 (가)는 법을 적용할 때 쉬운 사례에서도 법의 목적이 고려된다고 주장함으로써 갑을 비판한다.
ㄷ. 을의 (나)는 목적을 고려하는 법적용도 창조적인 것이 아니라 법에 따른 것이라고 주장함으로써 갑을 비판한다.

① ㄱ   ② ㄴ   ③ ㄱ, ㄷ
④ ㄴ, ㄷ   ⑤ ㄱ, ㄴ, ㄷ

117

A국은 〈규정〉에 따라 오락 프로그램 편성 비율을 규제하는 정책을 취하고 있다. 이 규제 정책을 둘러싼 〈찬반 논거〉에 관한 판단으로 옳지 <u>않은</u> 것은? [12추리-6]

〈규정〉

　　종합편성을 행하는 방송사업자는 보도, 교양, 오락에 관한 방송 프로그램이 상호 간에 조화를 이루도록 편성하되, 오락에 관한 방송 프로그램을 당해 채널의 매월 전체 텔레비전 방송 프로그램 및 라디오 방송 프로그램 각 방송 시간의 100분의 50 이하로 편성하여야 한다.

〈찬반 논거〉

(가) 종합편성 방송사가 광고 수익의 증대를 위해 시청률을 의식하여 프로그램을 편중되게 편성함으로써 방송의 오락화·상업화가 심화될 수 있다.

(나) 방송에서 교양과 오락의 경계가 모호한 프로그램이 많아져서 오늘날 오락의 개념을 구체적으로 정의하는 것이 현실적으로 불가능하다.

(다) 여가생활의 다양화, 오락 형식을 이용한 정보 전달의 효율성 등 오락 프로그램의 긍정적 측면을 무시할 수 없다.

(라) 방송 프로그램의 장르 간 균형성과 다양성의 확보가 필요하다.

(마) 종합편성 방송사의 영향력을 고려할 때, 청소년 보호를 위해 프로그램의 장르별 비율 규제가 필요하다.

① (가), (라)는 위 규제 정책에 찬성하는 논거로 사용될 수 있다.
② (나)는 위 규제 정책에 반대하는 논거로 사용될 수 있다.
③ (나)를 근거로 비교적 장르 구분이 분명한 보도 부문에 대한 편성 비율의 하한만을 규정하면 된다고 주장하면, 위 규제 정책에 대한 반대 논거를 강화한다.
④ 교양과 오락이 결합된 프로그램이 증가하고 있다는 사실은 (다)와 결합하여 위 규제 정책에 대한 반대 논거를 강화한다.
⑤ 프로그램의 내용에 대한 질적 규제로 청소년 보호 문제에 대처할 수 있다는 주장은 (마)와 결합하여 위 규제 정책에 대한 반대 논거를 강화한다.

118

다음 글에 비추어 판단한 것으로 옳지 않은 것은? [13추리-1]

〈상황〉

  민주주의를 채택하고 있는 A국은 다수결 원칙에 따른 직접선거로 입법부, 행정부(대통령), 사법부를 구성한다. 문서화된 헌법을 보유하고 있으며 입법부에 대한 견제의 일환으로 사법부 외에 별도의 헌법재판기관을 두어 법률이 헌법에 합치하는지를 심사하도록 하고 있다. 헌법재판기관의 구성원은 국민에 의하여 직접 선출되지 않으며 대통령의 결정에 따라 임명되는데 종신직위를 보장받는다. 최근 A국에서는 선거를 통하여 입법부와 행정부에 있어 정권교체가 이루어졌고 이후 새로운 입법부가 다수의 개혁 법안을 통과시켰다. 하지만 구(舊)정권에 의하여 임명된 헌법재판기관의 구성원들은 이러한 법률들이 위헌이라는 결정들을 내렸다. 이에 다음과 같은 비판이 헌법재판기관에 제기되었다.

〈비판〉

(가) A국의 헌법재판기관의 구성은 민주주의 체제에 부합하지 않는다. 헌법재판기관이 민주적 정당성을 갖추려면 그 구성에 있어 국민의 의사가 반영되어야 한다. 정기적인 선거를 통하여 국민이 직접 헌법재판기관을 구성하고 그 구성원에 정치적 책임을 추궁할 수 있어야 헌법재판기관은 민주적 정당성을 갖출 수 있다.

(나) A국의 헌법재판기관은 구성뿐만 아니라 활동도 민주주의 체제에 부합하지 않는다. 헌법재판기관의 심사대상은 국민이 직접 선출한 입법부의 결정인 법률이다. 국민들이 선출한 대표들의 결정이기 때문에 법률은 당연히 국민 의사의 반영이다. 이에 대하여 위헌결정을 내리는 경우 헌법재판기관은 입법부에 반영된 국민의 의사에 반대하게 되어 민주적 정당성을 갖추지 못한다.

① 헌법재판기관 구성원의 선출 방식을 직선제로 변경하는 것으로 (가)는 해소된다.
② 헌법재판기관이 법률들에 대하여 합헌 결정을 내렸더라도 (가)는 해소되지 않는다.
③ (나)에 따라 헌법재판 제도 자체가 입법부에 대한 견제 수단으로 적절하지 않다고 주장할 수 있다.
④ (나)에서는 헌법재판기관 구성과 관련된 대통령의 결정이 국민 의사의 반영이라고 이해하지 않는다.
⑤ (가), (나) 모두 '국민의 의사'라는 용어를 다수결로 정해진 국민의 의사라는 의미로 사용하고 있다.

119

다음 대화로부터 추론한 것으로 적절하지 <u>않은</u> 것은? [13추리-4]

갑 : 아무리 권리자라고 하더라도 몇 십 년의 시간이 흐른 후에야 비로소 권리를 행사하는 것까지 허용할 수는 없어.

을 : 하지만 어쩔 수 없이 권리를 행사하지 못한 사람들도 있는데, 이러한 경우에도 오랜 시간이 지났다는 이유만으로 권리를 행사할 수 없게 하는 것은 부당하지 않아?

갑 : 물론 권리를 행사하는 것이 법률상 불가능했던 사람들에게까지 권리행사를 못하도록 하여서는 안 되겠지. 하지만 권리행사가 법률상 가능했던 사람들에게는 오랜 시간 동안 권리를 행사하지 않았고, 그동안 이러한 상황을 토대로 많은 사람들이 관련되어 우리의 사회생활이 형성되어 왔다는 점을 고려하면, 그 권리행사를 제한할 수 있다고 봐.

을 : 권리를 행사하는 것이 법률상 가능했던 경우라도 마찬가지야. 권리가 존재한다는 것 자체를 알지 못했다거나, 권리가 존재한다는 것을 알았더라도 그것을 행사하는 것이 사실상 불가능한 상태에 놓여 있었던 사람들의 권리는 보호할 필요가 있다고.

① 갑의 주장에 따르면, 인접 지역에 고층빌딩이 건축됨으로써 일조권을 침해당하게 된 사람은 아무런 권리주장 없이 일정 기간이 지나면 고층빌딩 소유자를 상대로 손해배상청구권을 행사할 수 없을 것이다.

② 을의 주장에 따르면, 불법구금상태에서 고문을 당한 후 정치·사회적 상황상 수십 년간 국가를 상대로 손해배상을 청구하지 않던 사람이 과거사정리위원회의 진실규명결정을 받은 후에 비로소 손해배상을 청구하는 경우 이를 인정할 수 있을 것이다.

③ 을의 주장에 따르면, 교통사고로 인해 혼수상태에 빠진 사람은, 스스로 손해배상청구권을 행사할 수 없고 법정대리인도 없었던 경우 자신을 대신하여 손해배상청구권을 행사해 줄 법정대리인을 선임해 달라고 청구할 수도 없으므로, 실제로 법정대리인이 선임되기까지 오랜 시간이 지났더라도 그 권리를 행사할 수 있도록 해야 할 것이다.

④ 갑의 주장에 따르더라도, 국가에 의해 자신의 재산권이 침해당하였으나 오랜 시간 동안 보상에 관한 법규정이 없어 보상을 받지 못한 사람은 이러한 법규정의 흠결이 재산권을 보장하고 있는 헌법에 합치되지 않는다는 헌법재판소의 결정이 있은 이후에는 보상청구권을 행사할 수 있을 것이다.

⑤ 을의 주장에 따르더라도, AIDS가 발병한 후 자신의 병이 20년 전 투여 받은 HIV 감염 혈액제제 때문이라는 것을 알게 된 사람은 위 혈액제제를 투여한 의사 또는 위 혈액제제를 제조·공급한 자를 상대로 손해배상청구권을 행사할 수 없을 것이다.

120

다음으로부터 바르게 추론한 것은? [13추리 – 9]

〈상황〉

　평민 A, B와 관리 C가 금주기간에 술을 마신 혐의를 받고 있었는데 각자 자백이 있어야 처벌이 가능하였다. 수사를 하기 위해 포도청 소속 X가 이들을 포박하려던 중 A가 X를 폭행하여 장출혈을 야기하였다. 수사과정에서 수사관 Y가 모두에게 "술을 마셨는지 마시지 않았는지 숨김없이 말해라!"라고 명령하자 A와 C는 술을 마셨다고 자백하였다. 하지만 나름대로 적용법률과 형량을 모두 따져 자신이 자백을 하면 『일반 형사령』 제10조에 따라 처벌될 것이라 생각한 B는 차라리 ⓛ 대를 맞을 것을 작심하고 아무런 말도 하지 않아 『일반 형사령』 제50조 공무집행방해죄를 범하였다. 이에 국왕은 아래 〈사법관리들간의 논의〉를 토대로 판단을 내리려 하고 있다.

〈관련법률〉

『금주에 관한 왕령』 금주기간에 술을 마신 자는 곤장 ㉠대에 처한다.

『일반 형사령』

제10조(왕령위반죄) 왕령을 위반하였을 경우 곤장 60대에 처한다.

제50조(공무집행방해죄) 공무를 담당하는 자의 명령에 저항하여 복종하지 아니하거나 파견된 사람을 폭행한 경우에는 곤장 ㉡대에 처한다. 폭행의 정도가 심하여 상해에 이르렀을 경우 20대를 가중한다.

제91조(2개의 죄) 2개의 죄를 저질렀을 경우 형을 합산하여 처벌한다.

제92조(곤장형) 곤장형은 가중 또는 감경 전 기준으로 최하 40대부터 최고 120대까지이며 10대 단위로 부과한다.

〈사법관리들의 논의〉

갑 : 관리와 달리 평민이 금주기간에 술을 마셨다면 『금주에 관한 왕령』에 따라 처벌해야 합니다.

을 : 아닙니다. 금주기간에 술을 마신 경우 어떻든 왕령을 위반했으니 평민, 관리 모두 『일반 형사령』 제10조 왕령위반죄에 따라 처벌해야 합니다.

갑 : 『일반 형사령』 제10조부터 제19조까지는 체계상 '제3장 관리들의 죄'에 포함된 조문입니다. 전에는 이를 잘못 적용하여 평민에게도 적용했기 때문에 모든 평민들이 왕령 위반 시 제10조에 따라 60대를 맞는 줄 오해하고 있지만, 이제부터는 관리에게만 적용해야 합니다.

을 : 하지만 왕령위반죄 조문 어디에도 '관리'라는 단어가 나오지 않으므로 그러한 해석은 불가능합니다. 왕령 위반의 경우 관리뿐만 아니라 평민에게도 『일반 형사령』 제10조가 적용되어야 합니다.

갑 : 그러한 잘못된 해석으로 인하여 평민들이 어리석은 판단을 내리는 것입니다. B의 경우만 하더라도 만약 술을 마셨다고 자백했다면, 공무집행방해죄에 의해 처벌받는 것보다 유리하였을 것입니다.

① 국왕이 갑의 판단을 따르는 경우, C는 A보다 곤장을 더 많이 맞을 것이다.

② 국왕이 갑의 판단을 따르는 경우, B가 처음부터 술을 마셨다고 자백했다면 C와 같은 대수의 곤장을 맞을 것이다.

③ 국왕이 을의 판단을 따르는 경우, B가 처음부터 술을 마셨다고 자백했다면 B는 C보다 곤장을 더 적게 맞을 것이다.

④ 국왕이 을의 판단보다 갑의 판단을 따르는 경우가 A에게는 유리할 것이다.

⑤ 국왕이 을의 판단보다 갑의 판단을 따르는 경우가 C에게는 유리할 것이다.

121

(가), (나)에 대한 평가로 적절하지 <u>않은</u> 것은? [13추리-30]

(가) 법원이 허용할 수 있는 과학적 증거는 관련 과학자 집단 내에서 일반적으로 승인된 것이어야 한다. 특정 과학적 주장이 승인될 만한 것인지의 여부는 관련 과학자 집단의 논의를 거쳐서만 올바르게 평가될 수 있다. 과학자들은 특정 주장을 사실로 인정할 것인지 여부를 오랜 시간 비판적으로 검토하면서 자연스럽게 가능한 모든 반론을 따져 보게 된다. 이 과정에서 나중에 법정에서 원고와 피고 양측이 제기할 수 있는 쟁점이 효과적으로 미리 검토될 수 있다. 그러 므로 법원은 과학적 증거의 채택 기준에 있어 관련 과학자 집단의 판단을 따름으로써 기준의 일관성과 증거의 신뢰성을 확보할 수 있다.

(나) 특정 사실 주장이 과학적 타당성을 갖는지 여부는 그것이 관련 과학자 집단에서 합의된 과학 적 방법을 올바르게 적용하여 얻어졌는지에 의해 결정된다. 그러므로 법관은 법정에 제출된 사실 주장의 과학적 타당성을 과학적 방법의 기준을 적용하여 스스로 결정할 수 있다. 그런 다음 법원은 과학적 타당성을 갖는 것으로 판단한 사실 중에서 당해 사건의 실체적 진실 규 명과 법적 판단에 도움을 줄 수 있는 것만을 과학적 증거로 채택하면 된다. 이는 과학적 증거 의 승인 여부에 대한 법원의 판단이 관련 과학자 집단의 의견에 의해 좌우되지 않도록 보장 함으로써 법적 판단의 독립성을 확보하는 데 도움을 준다.

① 법원이 관련 과학자 집단과 독립적으로 사실 주장의 과학적 타당성을 평가하여 확정하는 일은 법관에게 과중한 책임을 부과한다고 보는 견해는 (가)에 유리하다.

② 특정 약물이 기형아 출산을 일으킬 수 있는지 여부에 대한 관련 과학자 집단의 의견이 어떤 과 학자 집단을 기준으로 판단하는지에 따라 달라질 수 있다는 견해는 (가)에 불리하다.

③ 특정 사실 주장이 법정에서 증거로 수용될지 여부에 대한 판단에서 제출된 사실의 과학적 타당 성에 대한 판단과 그것의 사건 관련성에 대한 판단 모두 법원이 수행하는 것이 효율적이라는 견해는 (나)에 유리하다.

④ STR(Short-Tandem Repeats)을 활용한 유전자 감식 기법의 과학적 타당성이 관련 과학자 집단 에서 수용되고 있더라도 법원은 기법이 올바로 적용되었는지 여부와 미숙련자에 의해 분석이 수행되었는지 여부도 판단해야 한다는 견해는 (나)에 불리하다.

⑤ 연탄 공장 인근에 사는 주민이 공장에서 날아온 분진 때문에 진폐증에 걸렸다는 점을 관련 과 학자 집단이 모두 만족스럽게 여길 정도로 입증할 수 없더라도 제출된 과학적 증거가 주민의 진폐증을 다른 대안에 비해 더 잘 설명한다고 법원이 판단하면 연탄 공장의 손해배상책임을 인 정할 수 있다는 견해는 (나)에 유리하다.

122

A ~ C에 대한 진술로 옳은 것을 〈보기〉에서 고른 것은? [14추리-1]

P : 법문(法文)은 '의미의 폭'을 보유하고 있습니다. 예컨대, "음란한 문서를 반포, 판매 또는 임대한 자는 1년 이하의 징역에 처한다."라는 법률 규정에서 '음란한' 문서가 무엇을 의미하는지에 대해서는 사람마다 다른 표상(表象)을 가질 수 있습니다. 이런 경우 법문의 의미를 바르게 한정하는 것이 법률가가 행해야 하는 법해석의 과제입니다. 문제는 법해석 시 누구의 표상을 기준으로 삼을 것인가 입니다.

A : 법문의 의미 해석은 입법자의 의도가 최우선의 기준일 수밖에 없습니다. 법의 적용은 법률의 기초자(起草者)가 법률과 결부하려고 했던 표상을 기준으로 삼는 것이 옳습니다.

P : 시간이 흐르면서 입법자가 표상했던 것이 시대적 적실성을 잃을 수도 있지 않을까요?

B : 법문의 해석이 문제시되는 상황과 시점에서 법 공동체 구성원의 대다수가 표상하는 바를 법문의 의미로 보는 것이 옳다고 생각합니다. 이 규정과 관련해서는 변화된 사회 상황에서 사람들 대다수가 무엇을 '음란한' 문서로 간주하고 있는가를 알아내야 합니다.

P : 다수의 견해가 항상 옳다고 할 수 있나요?

C : 다수의 표상보다는 당대의 시대정신을 구현하는 표상이 법문의 의미를 결정하는 기준이 되어야 합니다. 시대정신은 결코 머릿수의 문제가 아닙니다.

〈보 기〉

ㄱ. A는 법률가가 법문의 의미를 알아내기 위해 국회 속기록과 입법 이유서를 검토하는 것이 중요하다고 볼 것이다.

ㄴ. B의 주장에 대해 A는 법문의 해석에서 시점과 상황 변화를 고려하는 것은 법의 불확실성을 초래한다고 반박할 수 있다.

ㄷ. 인간은 누구나 이성을 갖고 있고 시대정신은 시대적 상황에 부합되게 이성에 의해 파악된 것이라고 한다면, B와 C 사이의 차별성이 분명해진다.

ㄹ. B와 C는 법문의 의미가 내재적으로 고정되어 있으며 이를 발견하는 것이 법률가가 행해야 할 법해석 작업이라고 본다.

① ㄱ, ㄴ   ② ㄱ, ㄷ   ③ ㄱ, ㄹ

④ ㄴ, ㄷ   ⑤ ㄷ, ㄹ

123

〈사안〉, 〈주장〉, 〈사실〉과 관련하여 진술한 것으로 옳지 <u>않은</u> 것은? [14추리-7]

〈사안〉

 A는 교제 중이던 B가 임신하자 낙태를 강요한 뒤 헤어졌다. B는 괴로움을 이기지 못하고 유서를 남기고 자살했다. B의 어머니는 딸의 미니홈피에 유서 전문과 장문의 글을 올렸다. 이후 네티즌 사이에 A의 개인 정보가 노출되고 인신공격적 댓글이 이어졌다. 또 포털 사이트에 관련 뉴스가 게재되고 블로그, 커뮤니티 등에 기사가 스크랩되자, A(원고)는 포털 사업자(피고)를 상대로 명예훼손을 이유로 손해배상 청구소송을 제기했다.

 위 포털 사업자에게 명예훼손으로 인한 손해배상책임을 물을 수 있는지를 두고 다음과 같은 쟁점이 특히 문제되었다.

쟁점(1) : 포털이 사이트에 올린 기사에 편집권을 행사한 것으로 볼 수 있는지 여부
쟁점(2) : 명예훼손적 게시물에 대해 피해자의 명시적 삭제 요구가 없더라도 포털의 삭제 의무가 발생하는지 여부

〈주장〉

(가) 포털이 내용 수정 없이 원문을 그대로 전재하는 경우라 하더라도 자신의 제공 서비스 화면에 오르게 하는 것은 실제적 의미에서 지적인 전파 내지 재공표를 행한 것에 해당할 수 있다.

(나) 뉴스 서비스 초기 화면에 기사를 예시적으로 게재하기 위해 일부 기사들을 적절히 배치하거나 긴 기사 제목의 일부를 말줄임표로 간결하게 요약해 보여 주는 것은 링크 제목의 수정일 뿐 원문의 수정이 아니다.

(다) 하루에 수만 건씩 쏟아지는 게시물의 내용을 포털이 다 알고 통제할 수 있는 지위에 있다고 보기 어렵다.

(라) 포털에 게시물 감시 및 삭제 의무를 부과한다면 명예훼손이라는 개인의 이익보다 더 큰 공익이 침해될 것이다.

〈사실〉

(마) 명예훼손적 게시물을 피해자의 명시적 요구 없이도 삭제할 의무를 포털에게 지우는 법률 조항이 없다.

① 원고 측이 (가)를 쟁점(1)과 관련하여 자신의 입장을 옹호하는 논거로 사용하려면, 원문을 포털에 그대로 전재하는 경우도 편집권의 행사에 해당한다는 전제가 필요하다.
② 피고 측이 (나)를 쟁점(1)과 관련하여 자신의 입장을 옹호하는 논거로 사용하려면, 포털이 행한 원문 기사의 배치나 제목의 간결한 요약은 편집권의 행사가 아니라는 전제가 필요하다.
③ 피고 측이 (다)를 쟁점(2)와 관련하여 자신의 입장을 옹호하는 논거로 사용하려면, 게시물의 존재와 내용에 대한 인식이 피고의 책임을 구성하는 요건이라는 전제가 필요하다.
④ 피고 측이 (라)를 쟁점(2)와 관련하여 자신의 입장을 옹호하는 논거로 사용하려면, 개인의 이익

이 공익보다 우선한다는 전제가 필요하다.

⑤ (마)가 쟁점(2)와 관련하여 피고의 입장을 옹호하는 논거로 사용될 수 없다고 원고 측이 주장한다면, 원고는 명문의 법률규정이 없는 의무가 있을 수 있음을 전제하고 있다.

124

갑과 을의 논쟁에 대한 평가로 옳지 <u>않은</u> 것은? [14추리-8]

〈법안〉

　　만 16세 미만인 사람에게 성폭력 범죄를 저지른 소아 성기호증 환자로 재범의 위험성이 있다고 인정되는 19세 이상의 사람에게 성충동 억제 약물요법을 시행한다. 약물 투여 명령을 받은 자는 출소 후 3개월에 1회씩 최장 15년 동안 약물 투여를 받도록 한다.

　　갑과 을은 〈법안〉을 도입할지를 두고 논쟁을 벌였다.

갑1 : 이미 처벌을 받은 자에게 신체 훼손을 가져오는 약물 투여를 최장 15년 동안 강제하는 것은 이중 처벌로서 위헌적이다.

을1 : 약물요법은 일종의 치료이다. 약물요법을 중지하면 신체 기능이 정상 상태로 복귀하므로 신체 기능의 훼손은 없다. 약물요법은 재범의 위험성이 높은 자의 재범률을 낮추므로 오히려 당사자의 이익을 위한 것이고, 따라서 처벌이 아니다.

갑2 : '재범의 위험성'에 대한 판단은 인간의 미래 행위에 대한 판단이다. 인간의 미래 행위가 위험성이 높다고 예측된다고 해서 화학적 거세를 실시하는 것은 부당한 일이다.

을2 : 당신은 우리 사회가 얼마나 많은 위험성 예측을 근거로 작동하고 있는지 모르는가? 우리는 기상 예보에 근거하여 하루 일과를 결정하고 한 해의 농사 계획을 짠다.

갑3 : 약물요법의 시행은 비용 대비 효율성의 관점에서도 온당치 않다. 약물요법을 포함한 각종 성폭력 방지책에 투입할 수 있는 예산은 한정되어 있다. 성충동 억제 약물은 현재 매우 고가이고, 약물요법 시행에는 막대한 예산 투입이 요구된다.

을3 : 약물요법은 재범률 감소에 효과적이다. 성폭력범을 대상으로 한 실험 통계 A에 따르면, 약물 투여자의 재범률은 5%로 비투여자의 재범률 20~40%보다 낮다. 성폭력은 피해자에게 장기적으로 심각한 트라우마를 남기며 미성년자인 경우에는 더욱 그렇다. 약물요법이 비록 고비용이라고 해도 실효성 있는 방지책이라면, 이를 시행하는 것이 국가의 책무이다.

① 신체 기능을 잠정적으로 제한하는 것도 '신체 기능의 훼손'에 해당된다면, 을1은 약화된다.
② 갑은 을1에 대해 '약물요법이 당사자의 이익을 위한 것이므로 처벌이 아니라고 한다면 징역형도 당사자의 교화를 돕는다는 점에서 처벌이 아니게 된다'고 반박할 수 있다.
③ 인간의 미래 행위에 대한 예측이 더욱 정확해진다면, 을2는 강화된다.
④ 갑은 을3의 실험 통계 A를 받아들여 약물요법의 효과를 인정하면서도 여전히 갑3을 고수할 수 있다.
⑤ 실험 통계 A에서 약물 투여자는 대부분 초범이었고 비투여자는 대부분 재범이었다면, 을3은 강화된다.

125

다음 글로부터 추론한 것으로 옳은 것을 〈보기〉에서 고른 것은? [15추리-4]

A : 특허법은 발명을 장려하여 기술 발전을 촉진해야 한다. 발명가가 혁신적인 기술을 만들려면 상당한 노동이 요구된다. 하지만 노동의 산물로부터 이익을 얻을 수 없다면, 어느 누구도 노동을 하려 하지 않을 것이다. 때문에 국가는 당해 기술이 최초로 공개된 신규의 것으로서 산업상 이용 가능할 정도로 충분히 개발이 완료된 것이라면, 발명가에게 독점적 특허권을 부여함으로써 독점적 이익을 얻을 수 있게 해야 한다. 그러나 독점적 특허권은 기술의 사회적 이용을 가로막아 사회 전체의 효율성을 감소시킬 수 있다. 때문에 국가는 발명가가 당해 기술의 내용을 구체적으로 공개하고, 제한된 기간 동안에만 독점권을 행사할 수 있게 해야 한다.

B : 특허법은 기술 발전을 촉진하여 사회적 이익을 증대하기 때문에 반드시 요구되지만, 그로 인해 발생하는 사회적 손실을 최소화할 필요가 있다. 독점적 특허권을 통해 발명가가 얻을 수 있는 막대한 이익은 치열한 특허 경쟁과 과도한 중복 투자를 유발하는데, 이때 경쟁에 탈락한 사람들의 투자 비용은 모두 사회적 손실이 된다. 특히 특허법이 개발이 충분히 완료된 기술이어야 함을 요구한다면 특허 경쟁은 오랫동안 지속될 수밖에 없고 그에 비례하여 사회적 손실은 커지게 된다. 이러한 이유로 국가는 아직 기술 개발이 완료되지 않았어도 장래 혁신적인 것으로 개발될 가능성이 있는 발명에 대해 독점적 특허권을 부여함으로써 중복 투자가 발생할 수 있는 기간을 단축시켜야 한다. 또한 개선 단계에서의 경쟁을 제한하기 위해 발명가에게 앞으로 개발될 수 있는 기술의 구체적 개선 과정들을 조정할 수 있는 광범위한 권한을 부여해야 한다. 더불어 발명가가 개발 가능한 기술을 상업화하여 독점적 이익을 얻으려면 더 오랜 기간이 필요하기 때문에 특허권의 보호 기간도 연장해야 한다.

〈보 기〉

ㄱ. A는 특허법의 목적이 기술 발전을 통한 사회적 효율성의 증대라고 보는 반면, B는 그렇지 않다.

ㄴ. A는 '만약 B에 따라 특허법을 제정한다면 최초 발명가는 특허권을 통해 보다 큰 독점적 이익을 얻을 수 있으므로 특허 경쟁은 더 치열해져 결국 B가 우려하는 사회적 비용은 줄지 않을 것이다'라고 반박할 수 있다.

ㄷ. 신약 개발 과정에서 최초의 아이디어가 상업화 단계에 이르기 위해서는 너무 오랜 시간과 많은 비용이 든다면 B의 설득력은 높아진다.

ㄹ. 수많은 기존 발명에 근거하여 혁신적 연구가 이루어져야만 신제품을 개발할 수 있는 생명공학 분야에서, 발명가의 조정 권한을 광범위하게 인정할 경우 혁신적 신제품이 시장에 등장하는 속도가 늦어진다면, B의 설득력은 높아진다.

① ㄱ, ㄴ   ② ㄱ, ㄷ   ③ ㄴ, ㄷ

④ ㄴ, ㄹ   ⑤ ㄷ, ㄹ

126

〈사례〉별로 그것의 정당성을 인정하는 〈주장〉들을 모두 골라 바르게 배열한 것은? [15추리-5]

대통령의 특권인 사면에는 일반 사면과 특별 사면이 있다. 일반 사면은 죄의 종류를 지정하여 이에 해당하는 모든 죄인에 대해 형의 선고의 효력을 소멸시키며 형의 선고를 받지 않은 자에 대해서는 공소권을 소멸시키는 것을 말한다. 특별 사면은 형의 선고를 받은 특정인에 대해 형의 집행을 면하는 것을 말한다. 대통령의 사면권은 사법부 결정을 무효화한다는 점에서 남용에 대한 우려가 제기되어 왔고 그 행사에는 일정한 제한이 필요하다는 논의가 있다.

〈주장〉

갑 : 일반 사면이든 특별 사면이든 정권에 대립하는 정적을 포용하는 대승적 차원에서만 그 행사가 정당화될 것입니다.

을 : 일반 사면이든 특별 사면이든 폭넓게 인정될 필요가 있지만, 정적이나 측근에 대한 특별 사면은 대통령의 사면권 남용의 적나라한 모습이므로 정당화될 수 없습니다.

병 : 특정인만을 대상으로 하지 않는 일반 사면은 대통령에 의하여 남용될 가능성이 낮아 큰 문제가 없지만, 특별 사면은 그렇지 않아 일정한 제한이 필요합니다. 헌정 질서를 파괴 또는 교란하는 행위를 한 자나 뇌물 수수를 한 범죄자의 경우에 한해서는 특별 사면을 허용하지 않도록 해야 합니다.

정 : 다들 사면권 행사의 절차적 정당성은 고려하지 않는군요. 대통령의 사면권 행사에는 전면적인 재량을 인정할 필요가 있지만 권력분립 원칙상 이에 대한 절차적 견제 장치는 필요합니다. 일반 사면이나 특별 사면 모두 관련 심의 기관의 심의 과정을 거치고 국회의 동의도 받아야 정당화될 것입니다.

〈사례〉

(가) 헌정 질서를 교란한 죄로 징역형을 선고받고 대통령과 정치적으로 대립 중인 야당 대표 A에 대하여 대통령은 야당과의 연립정부를 구성하기 위하여 관련 심의 기관의 심의를 거치고 국회의 동의를 받아 사면을 내렸다.

(나) 대통령의 최측근인 B가 간통죄로 기소되어 벌금형을 선고받았는데 그의 정치적 복귀를 돕고자 대통령은 관련 심의 기관의 심의를 거쳤지만 국회의 동의를 받지는 않고 B에 대하여 사면을 내렸다.

(다) 소비자보호법을 위반하여 300만 원 이하의 벌금형을 받은 자 모두에 대하여, 경기 활성화 차원에서 대통령은 관련 심의 기관 심의를 거치고 국회의 동의를 받아 형의 선고의 효력을 소멸시키는 사면을 내렸다.

	(가)	(나)	(다)
①	갑	병, 정	을, 정
②	정	갑, 병	을, 병, 정
③	갑, 정	병	을, 정
④	갑, 정	병, 정	병, 정
⑤	갑, 정	병	을, 병, 정

127

Y의 소유권자에 대하여 A와 B의 판단이 일치하지 <u>않는</u> 경우는? [15추리-8]

〈사건 개요〉

갑은 을 소유의 소 X를 훔쳐 병에게 팔았다. 갑은 이러한 사실을 병에게 말하지 않았기 때문에 병은 매수할 당시 X가 도둑맞은 소임을 알지 못했다. X는 병의 농장에서 송아지 Y를 출산하였다. 그 후 을은 병의 농장에서 X를 찾게 되었고, 병에게 X와 Y를 모두 자기에게 반환하라고 요구하고 있다.

〈법률〉

원래의 소유권자는 도둑맞은 물건(도품)을 매수한 사람에게 자신의 소유물을 반환하라고 요구할 수 있다. 그러나 매수자가 그 물건을 매수하였을 당시에 도품인 것을 알지 못한 상태에서 2년 동안 보유하였을 때에는 도품에 대한 소유권을 갖게 된다.

〈논쟁〉

A : Y는 X의 일부로 보아 판단해야 해. 〈법률〉에 따라 아직 일정한 기간이 지나지 않았기 때문에 병이 X를 소유할 수 없다고 판단된다면 그 경우에 Y도 을의 것이어야 해. 이 경우 X가 Y를 을의 농장에서 수태하였든 병의 농장에서 수태하였든 그것은 고려할 필요가 없어. 또한 〈법률〉이 정한 기간이 지나 병이 X의 소유권을 갖게 되면 병은 Y도 소유하게 돼.

B : 항상 Y를 X의 일부로 판단할 수는 없어. 물론 병이 X를 소유할 수 있을 정도로 〈법률〉이 정한 기간이 지났다면 Y도 병의 소유가 된다는 점은 당연해. 하지만 그러한 기간이 지나지 않은 경우에도 병이 X를 매수한 다음에 Y가 수태되었고, Y가 태어날 때까지 X가 도품인 줄 병이 몰랐다면, 병은 Y를 가질 자격이 있어. 이 경우만은 X와 Y의 소유를 별개로 생각해야 해.

① X가 Y를 수태한 것이 도난되기 전이었고, Y의 출산 이후 X가 도품임을 병이 알았는데 그 시점이 매수 이후 2년이 지나기 전인 경우

② X가 Y를 수태한 것이 도난되기 전이었고, Y의 출산 이후 X가 도품임을 병이 알았는데 그 시점이 매수 이후 2년이 지난 뒤인 경우

③ X가 Y를 수태한 것이 매수 이후이었고, Y의 출산 이후 X가 도품임을 병이 알았는데 그 시점이 매수 이후 2년이 지나기 전인 경우

④ X가 Y를 수태한 것이 매수 이후이었고, Y의 출산 이후 X가 도품임을 병이 알았는데 그 시점이 매수 이후 2년이 지난 뒤인 경우

⑤ X가 Y를 수태한 것이 매수 이후이었고, Y의 출산 이전에 X가 도품임을 병이 알았는데 그 시점이 매수 이후 2년이 지나기 전인 경우

128

갑 ~ 병의 견해에 대한 판단으로 옳은 것만을 〈보기〉에서 있는 대로 고른 것은? [15추리-9]

갑 : 오늘 흥미로운 사건의 재판이 있었어. 피고인은 피해자를 칼로 찔렀다는 점을 인정했지만 자신이 피해자를 살해하지는 않았다고 주장했어. 이 사건이 흥미로운 점은 피해자가 나타나지 않는다는 거야. 사건 발생 이후로 피해자를 목격했다는 사람도 없고 피해자의 시체도 발견되지 않았어. 하지만 피고인이 인정했듯이 피해자는 많은 피를 흘렸어. 일반적으로 사람은 혈액량의 30%를 잃으면 사망할 확률이 높은데, 경찰 수사에 따르면 피해자는 혈액량의 40%에 해당하는 피를 현장에서 쏟은 것으로 추정된다고 해. 피고인의 진술과 주변 사람들의 증언을 고려할 때, 피해자가 사망했을 것은 확실해. 나는 피고인이 피해자를 살해한 범인이라고 판결을 내리는 것이 옳다고 생각해.

을 : 여러 증거를 종합할 때, 누군가 피해자를 살해했다면, 피고인이 그런 일을 저질렀다는 점은 분명하지. 하지만 시체의 발견 여부는 다른 증거와는 차원이 다른 중대한 문제라는 걸 염두에 두어야 해. 피해자의 혈흔을 지우기 위해서 근처 해안가에서 바닷물을 떠다가 자동차 좌석을 씻었다는 피고인의 주장이 참일 수 있지 않을까? 만약 그렇다면 피고인이 주장하고 있듯이 피해자가 혈액량의 40%를 잃었다는 추정은 잘못일 가능성이 있어. 피고인이 피해자를 살해했을 가능성을 부정하지는 않지만, 피고인이 피해자를 살해하지 않았다고 합리적으로 의심할 여지는 여전히 있다고 보여.

병 : 물론 여러 가지를 의심해 볼 수 있지. 심지어 피해자가 자신의 혈액을 평소 조금씩 모으고 있었고 이를 자동차 좌석에 부어서 자신이 죽은 것처럼 위장한 후 잠적했을 가능성도 있지. 하지만 여러 정황을 고려할 때, 그런 의심을 '합리적'이라고 여길 수는 없어. 모든 증거는 피고인이 살인을 저지른 자가 분명함을 말하고 있어. 하지만 문제는 살인 사건이 성립하기 위한 조건이야. 이 사건은 시체를 발견하지 못한 사건이야. 시체를 발견하지 못했다면, 살인 사건은 성립할 수 없어.

〈보 기〉

ㄱ. '피해자가 사망했다는 것은 확실하다'는 견해에 갑과 병은 동의할 것이다.

ㄴ. '피고인이 살인 사건의 범인이라고 판결을 내리는 것이 옳다'는 견해에 을은 동의하지 않지만 병은 동의할 것이다.

ㄷ. '피해자가 살해된 시체로 발견된다면 피고인이 살인범이라는 점은 확실하다'는 견해에 갑, 을, 병 모두 동의할 것이다.

① ㄱ
② ㄴ
③ ㄱ, ㄷ
④ ㄴ, ㄷ
⑤ ㄱ, ㄴ, ㄷ

129

다음 견해들에 대한 평가로 옳은 것만을 〈보기〉에서 있는 대로 고른 것은? [16추리−1]

A : 보편적 도덕으로서의 인권이념은 강대국이 약소국을 침략하기 위한 이데올로기였다. 16세기 스페인의 아메리카 대륙 침략은 비도덕적인 관습으로 핍박받는 원주민 보호 등, 보편적 도덕 가치의 전파라는 명분으로 이루어졌다. 그러나 스페인의 인도적 개입은 자국의 이익을 도모하였던 것에 불과하였다. 인도적 군사개입은 주권국가의 자율성을 짓밟는 것으로서 정당화될 수 없다.

B : 인권은 개별국가 각각의 정치적 맥락 속에서 이룩한 구체적인 산물이다. 주권국가는 고유의 문화적·도덕적 가치에 따라 인권의 구체적 모습을 발전시킬 권한을 갖는다. 그러나 이를 인정하더라도 모든 주권국가들이 보호해야 하는 최소한의 도덕적 인권조차 부정한다면 인종청소와 대량학살과 같은 사태를 막을 수 없을 것이다. 국제사회는 개별국가의 고유한 인권을 존중해야 할 의무가 있지만, 최소한의 도덕적 인권을 지키기 위해 인도적 군사개입을 할 권한을 갖는다.

C : 특정 가치가 특정 국가의 자의에 따라 보편적 권리로 간주되었던 역사를 부정할 수는 없다. 그러나 역사적으로 보편적 인권이 확장되어 왔으며 법을 통해 규범성을 갖게 되었음도 인정해야 한다. 오늘날 대부분의 나라들은 '세계인권선언'에 동참하고 인권 규약을 비준하는 등 인권 이념을 국제법적으로 승인하고 있다. 인권은 보편적인 법적 권리인 것이다. 따라서 인도적 군사개입은 국제법으로 정한 요건과 한계를 준수하였을 때에만 인정될 수 있다.

─────────〈보 기〉─────────

ㄱ. A와 B는 보편적 인권을 부정하지만 C는 인정한다.

ㄴ. 만약 "어떠한 국가도 다른 규정에 정한 바가 없을 경우 무력을 사용하여 다른 주권국가를 침략할 수 없다."라는 국제법 규정이 있다면, 이러한 규정은 C를 약화한다.

ㄷ. B와 C는 어떤 국가가 종교적 가치에 따라 사상·표현의 자유를 억압하고 있다는 근거만으로는 인도적 군사개입을 인정할 수 없다고 본다.

① ㄱ   ② ㄷ   ③ ㄱ, ㄴ

④ ㄱ, ㄷ   ⑤ ㄴ, ㄷ

130

다음 견해들에 대한 평가로 옳지 <u>않은</u> 것은? [16추리-2]

X국 헌법 제34조는 "모든 국민은 인간다운 생활을 할 권리를 가진다."라고 정하고 있는데, 이 조항의 해석으로 여러 견해가 제시되고 있다.

A : 법적 권리는 그 내용이 구체적이고 의미가 명확해야 한다. 그런데 '인간다운 생활'이라는 말은 매우 추상적이고, 사람마다 그 의미를 다르게 해석할 수 있는 여지를 광범위하게 제공한다. 따라서 위 조항은 국민에게 법적 권리를 부여하는 것이 아니라 모든 국민이 인간다운 생활을 할 수 있도록 노력하라고 하는 법률 제정의 방침을 제시하고 있을 뿐이며, 그것을 재판의 기준으로 삼을 수는 없다.

B : 위 조항은 국민에게 법적 권리를 부여하고 있다. 하지만 그 자체로는 아직 추상적인 권리에 불과하기 때문에 그에 근거하여 국가기관을 상대로 구체적인 요구를 할 수는 없고, 입법부가 그 권리의 내용을 법률로 구체화한 다음에라야 비로소 국민은 국가기관에 주장하여 실현할 수 있는 구체적인 법적 권리를 가지게 된다.

C : 위 조항은 국민에게 법적 권리를 부여하지만, 그 권리의 구체적인 내용은 잠정적이다. 그 권리의 확정적인 내용은 국민이나 국가기관이 구체적인 사태에서 다른 권리나 의무와 충돌하지는 않는지, 충돌할 경우 어느 것이 우선하는지, 그 권리를 실현하는 데 재정상황 등 사실적인 장애는 없는지 등 여러 요소를 고려하여 판단한다. 국민은 이렇게 확정된 권리를 국가기관에 주장하여 실현할 수 있다.

D : 위 조항에 규정된 '인간다운 생활'의 수준은 최소한의 물질적인 생존 조건에서부터 문화생활에 이르기까지 여러 층위로 나누어 생각할 수 있다. 위 조항은 그중에서 적어도 최소한의 물질적인 생존 조건이 충족되는 상태에 대하여는 어떤 경우에도 구체적인 법적 권리를 인정하는 것이며, 사회의 여건에 따라서는 이를 넘어서는 상태에 대한 구체적인 법적 권리도 바로 인정할 수 있다.

① A에 대하여는, 헌법 제34조의 문언에 반하는 해석을 하고 있다는 비판을 할 수 있다.
② B에 의하면, 국가가 그 권리의 구체적인 내용을 법률로 정하지 않을 경우 국민은 자신의 권리를 실현할 수 없다.
③ C에 대하여는, 헌법 제34조의 구체적인 내용을 사람마다 달리 이해할 수 있어서 권리의 내용이 불안정하게 된다고 비판할 수 있다.
④ D가 인정하는 구체적인 법적 권리가 실현될 수 있을지는 사회여건에 따라 다를 수 있다.
⑤ A, B, C는 국가의 다른 조치가 없다면 헌법 제34조를 근거로 법원에 구체적인 권리 주장을 할 수 없다는 점에 견해를 같이한다.

131

다음에서 추론한 것으로 옳은 것만을 〈보기〉에서 있는 대로 고른 것은? [16추리-6]

혼인 중 일정 금액을 납입하여 장래 퇴직한 후에 받을 것으로 기대되는 연금의 경우, 이혼 상대방이 연금 수령자에게 재산분할을 청구할 수 있는지, 청구할 수 있다면 어떻게 분할할지에 대해 의견이 대립되고 있다.

A : 이혼 전 퇴직하여 이미 받은 연금만이 분할 대상이 된다. 이혼 후 받게 될 연금은 장래 발생 여부가 불확실하기 때문에 재산분할의 대상이 될 수 없다.

B : 이혼일에는 퇴직 후 받게 될 연금총액을 현재 가치로 산정한 후 그 금액에 대해서만 이혼 상대방의 연금형성 기여율만큼 미리 지급하고, 연금 수령자는 퇴직 시에 연금총액을 지급받도록 해야 한다.

C : 이혼일에는 이혼 상대방의 연금형성 기여율만을 정하여 둔 후, 퇴직일에는 실제 받게 될 연금총액 중 이혼일에 정했던 기여율만큼 이혼 상대방에게 지급해야 한다.

D : 이혼일에는 연금 수령자가 그날에 사퇴한다면 받게 될 연금액 중 이혼 상대방의 연금형성 기여율에 해당하는 금액만을 결정한 후, 실제 퇴직 시에는 그 금액에 물가상승률을 반영하여 이혼 상대방에게 지급해야 한다.

―――――――――〈 보 기 〉―――――――――

ㄱ. 이혼 상대방이 연금형성에 기여했음에도 불구하고 연금분할 여부가 이혼절차의 종결시점에 따라 결정되는 것은 불합리하다면, A는 약화된다.

ㄴ. 만약 이혼 후 회사의 퇴직연한이 65세에서 60세로 바뀌었기 때문에 연금 수령자가 연금 전액을 수령하기 위한 최소한의 근속연수를 채우지 못하는 경우가 발생한다면, 연금 수령자에게는 B보다 D가 더 유리하다.

ㄷ. 만약 이혼 후 연금 자산운용의 수익률 증가로 인하여 연금 수령자가 이혼 시 예상했던 것보다 더 많은 연금을 받게 된다면, 이혼 상대방에게는 C보다 B가 더 유리하다.

① ㄱ   ② ㄴ   ③ ㄱ, ㄴ

④ ㄱ, ㄷ   ⑤ ㄴ, ㄷ

132

다음 논쟁에 대한 평가로 옳지 <u>않은</u> 것은? [16추리-11]

갑 : 법적으로 장기는 판매 대상이 되지 못합니다. 장기는 인신의 일부이고, 인신은 인간 존엄성의 기반이기 때문입니다. 성매매는 비록 단기간이라고 해도 성판매자의 인신에 대한 사용권한을 매수자에게 준다는 점에서 인간 존엄성 원칙에 위배 됩니다.

을 : 성적 서비스 제공 역시 노동의 일종이지 않을까요. 노동을 제공하고 그 대가로 금전적 보상을 받는다는 점에서는 다른 직업과 다를 바 없다고 봅니다. 직업선택의 자유를 보장하는 것은 인간 존엄성의 중요한 내용을 이룹니다.

갑 : 모든 선택의 자유가 인정되어야 하는 것은 아닙니다. 마약복용은 그것이 자율적 선택에 기인하는 것이라고 해도 국가의 개입이 가능합니다. 어떻게 사는 것이 인간의 존엄성을 지키는 것인지를 전적으로 국민 개인의 판단에 맡길 수는 없습니다.

을 : 마약복용을 성매매와 같은 것으로 볼 수 없습니다. 성매매가 당사자들에게 어떤 해악을 끼치는지 의심스러우며, 설령 해악을 끼친다고 해도 그것이 정상적인 인지능력을 가진 성인들 간에 이뤄지는 것이라면 당사자들 스스로 위험을 감수한 해악입니다.

갑 : 성매매가 상호 선택에 의한 것이라 할지라도 성매매를 통해 팔리는 것은 남성이 마음대로 권력을 행사할 수 있는 여성상, 즉 종속적 여성상입니다. 성매매는 여성의 종속성을 재생산함으로써 여성 억압의 전형을 보여줍니다.

을 : 우리 사회의 다양한 제도와 관행을 살펴볼 때 결혼, 외모성형 등도 성매매 못지않게 여성의 고정된 성정체성을 재생산하는데, 유독 성매매만 법적으로 금지하는 것은 설득력이 없습니다.

① 유모(乳母)가 자신의 인신에 대한 사용권한을 매수자에게 준다고 해서 비난 받지 않는다는 사실은 을의 입장을 강화한다.

② 성매매의 불법화로 인해 성판매자가 범죄자로 취급받는 적대적 환경 때문에 자신의 권리조차 행사할 수 없게 된다는 주장은 을의 입장을 지지한다.

③ 자발적 선택으로 노예가 되기로 계약했다고 하더라도 노예노동이 금지되고 있다는 사실은 갑의 입장을 강화한다.

④ 마약복용은 행위자가 인지능력을 제대로 발휘하지 못하는 상태에서 행해진다는 주장은 갑의 입장을 지지한다.

⑤ 미스 코리아 대회가 여성의 고정된 성정체성을 확대 재생산함에도 불구하고 시행되고 있다는 사실은 을의 입장을 강화한다.

133

다음 글에 대한 평가로 옳지 <u>않은</u> 것은? [17추리−1]

X국 헌법에 따르면 정당의 목적이나 활동이 민주적 기본질서에 위배될 때, 정부는 헌법재판소에 그 해산을 제소할 수 있고, 정당은 헌법재판소의 심판에 의하여 해산된다. 이는 정당존립의 특권을 보장하기 위해, 법령으로 해산되는 일반 결사와는 달리 헌법재판소의 판단으로 해산 여부가 결정되도록 한 것이다. 강제 해산의 대상이 되는 정당은 정당으로서의 등록을 완료한 기성(既成) 정당에 한한다. 정당이 설립한 연구소와 같은 방계조직 등은 일반 결사에 속할 뿐이다. 그런데 중앙선거관리위원회에 창당신고를 하였으나 아직 정당으로서 등록을 완료하지 않은 창당준비위원회를 기성 정당과 동일하게 볼 수 있는지에 대하여 견해가 대립한다.

A : 창당준비위원회는 정치적 목적을 가진 일반 결사일 뿐이다. 그 해산 여부는 정당 해산의 헌법상 사유와 절차가 요구되지 않고 일반 결사의 해산 방식으로 결정해야 한다.
B : 창당준비위원회는 정당에 준하는 것이다. 그 해산 여부는 기성 정당과 같이 헌법상의 사유와 절차가 요구된다.
C : 정당설립의 실질적 요건을 기준으로, 아직 이를 갖추지 못한 창당준비위원회는 일반 결사와 동일하게 보고, 이미 이를 완비하였지만 현재 등록절차를 진행하고 있는 창당준비위원회는 정당에 준하는 것으로 보아야 한다.

① 창당준비위원회는 등록기간 안에 등록신청을 하지 아니하면 X국 '정당법'에 따라 특별한 절차 없이 자동 소멸된다는 주장이 옳다면, 이는 A의 설득력을 높인다.
② 집권 여당과 정부가 그 목적이나 활동이 민주적 기본질서에 반하지 않는 반대당의 성립을 등록 이전에 손쉽게 봉쇄할 수 있다는 주장이 옳다면, 이는 A의 설득력을 낮춘다.
③ 창당준비위원회는 앞으로 설립될 정당의 주요 당헌과 당규를 실질적으로 입안한다는 주장이 옳다면, 이는 B의 설득력을 높인다.
④ 정당설립의 실질적 요건을 갖춘 창당준비위원회에게 정당등록은 지극히 통과의례의 과정이라는 주장이 옳다면, 이는 C의 설득력을 낮춘다.
⑤ 정당설립의 실질적 요건을 강화할수록 C는 A와 비슷한 결론을 내릴 것이다.

134

갑과 을의 주장에 대한 판단으로 옳은 것만을 〈보기〉에서 있는 대로 고른 것은? [17추리-4]

갑 : 범죄의 불법성을 판단하는 척도가 범죄를 행하는 자의 의사에 있다고 믿는 것은 잘못이다. 범죄의 의사는 사람마다 다르고 심지어 한 사람에 있어서도 그 사상, 감정, 상황의 변화에 따라 시시각각 달라질 수 있기 때문이다. 범죄의 척도를 의사에서 찾는다면 개인 의사의 경중에 따른 별도의 법을 만들어야 할 것이다. 따라서 처벌은 의사가 아닌 손해의 경중을 기준으로 차등을 두어야 한다.

을 : 갑은 범죄자의 '의사'를 객관화할 수 없다고 전제하고 있다. 그러나 범죄자의 '의사'를 몇 가지 기준에 의해서 유형화한다면 의사 자체의 경중도 판단할 수 있다. 우선, 의도한 범죄의 경중을 기준으로 삼는 경우, 더 중한 결과를 발생시키는 범죄를 행하려는 의사가 더 경한 결과를 발생시키는 범죄를 행하려는 의사보다 중하다. 다음으로 의욕의 정도를 기준으로 삼는 경우, 결과 발생을 의도한 범죄자의 의사가 결과 발생을 의도하지 않고 단지 부주의로 손해를 발생시킨 범죄자의 의사보다 중하다. 따라서 처벌은 손해뿐만 아니라 범죄자의 의사의 경중 또한 고려하여 차등을 두어야 한다.

─────〈보 기〉─────

ㄱ. 살인의 의사를 가지고 가격하였으나 상해의 결과가 발생한 경우와 폭행의 의사를 가지고 가격하였으나 사망의 결과가 발생한 경우를 동일하게 처벌한 법원의 태도는 갑의 주장에 부합한다.

ㄴ. 강도의 의사로 행위를 하였으나 강도는 실패하고 중(重)상해의 결과를 발생시킨 경우와 살인의 의사로 행위를 하였으나 역시 중상해의 결과를 초래한 경우에 있어서 전자를 중하게 처벌한 법원의 태도는 갑과 을의 주장 모두에 부합하지 않는다.

ㄷ. 살인의 의사가 있었으나 그 행위에 나아가지 않은 경우와 부주의로 사람을 다치게 한 경우에 있어서 전자를 처벌하지 않고 후자만 처벌한 법원의 태도는 갑과 을의 주장 모두에 부합한다.

① ㄱ   ② ㄷ   ③ ㄱ, ㄴ
④ ㄴ, ㄷ   ⑤ ㄱ, ㄴ, ㄷ

135

19세기 X국의 저작권법 개정 논쟁에 대한 평가로 옳은 것만을 〈보기〉에서 있는 대로 고른 것은? [17추리 – 7]

A : 지금까지 작가와 출판가는 작품을 적은 부수만 출간하여 일반 대중의 1개월분 급여 정도의 높은 가격으로 판매해 왔다. 이 때문에 일반 대중은 뛰어난 작품들을 접하기 어려웠다. 이러한 문제는 작가에게 수십 년 동안 독점적 출판권을 부여하는 현행 저작권법에 의해 비롯되었다. 국가는 새로운 작품의 공급이 감소되지 않도록 작가에게 창작의 유인책을 줄 필요가 있지만, 그것은 창작 비용을 회수할 수 있을 정도에 그쳐야 한다. 현재 작가는 최초 출판 후 1년 내에 창작 비용을 충분히 회수할 수 있다. 저작권법은 독점적 출판권을 1년으로 제한하고, 그 이후에는 모든 출판가들이 소매가의 5%를 로열티로 작가에게 지불하고 자유롭게 출판할 수 있도록 개정되어야 한다. 대중도 저렴한 가격으로 뛰어난 작품을 접할 수 있을 것이다. 사실 독점적 권리는 희소한 재화에 대해서만 인정되는 권리다. 일단 출간된 작품은 인쇄비용 문제를 제외하면 무한정 출판될 수 있다. 아무리 소비해도 줄지 않는 재화는 모든 사람이 자유롭게 향유해야 한다.

B : 고급작품은 고상한 학문과 예술을 다루지만, 저급작품은 선정적 내용만 다룬다. 책 가격이 떨어져도 대중이 고급작품을 구매하려 할 것인가? 그들은 교육을 받지 않았기에 선정적 작품만을 읽으려 한다. 반면 고급작품을 높게 평가하는 교양인은 아무리 책 가격이 높더라도 구매하려 한다. 작가는 자신의 책을 높은 가격에 판매함으로써 합당한 대우를 받을 자격이 있다. 즉, 그는 자신이 원하는 방식과 기간으로 출판 조건을 결정하고, 이 조건에 부합하는 출판사와 자유롭게 계약을 체결할 자연적 권리를 가진다. 국가는 작가의 이러한 자연적 권리를 보호해야 할 의무가 있다.

〈보 기〉

ㄱ. 작가마다 작품을 창작하는 데 들인 비용은 천차만별이어서 국가가 작가의 창작 비용 회수기간을 일률적으로 정할 수 없다는 주장이 옳다면, 이는 A의 설득력을 낮춘다.
ㄴ. 특정한 원인에 의해 재화의 공급이 제한될 경우, 그 재화에 대한 독점적 권리를 인정할 수 있다는 주장이 옳다면, 이는 A의 설득력을 낮춘다.
ㄷ. 계약을 누구와 어떻게 체결할 것인지는 당사자가 결정해야 한다는 주장이 옳다면, 이는 B의 설득력을 낮춘다.

① ㄱ   ② ㄷ   ③ ㄱ, ㄴ
④ ㄴ, ㄷ   ⑤ ㄱ, ㄴ, ㄷ

136

다음 논쟁에 대한 분석으로 옳은 것만을 〈보기〉에서 있는 대로 고른 것은? [17추리 – 10]

남성 우월주의를 표방하는 단체에 소속된 회원 백여 명이 도심에 모여 나체로 행진하는 시위를 하겠다는 계획을 밝혔다. 이를 두고 다음과 같은 논쟁이 벌어졌다.

갑 : 다른 사람에게 직접적인 물리적 위해를 줄 것이 분명히 예상되는 경우를 제외한다면, 어떤 행위도 할 수 있는 권리가 보장되어야 해. 자신의 의사를 밝히는 행위 자체가 다른 사람에게 물리적 위해를 준다고는 볼 수 없지.

을 : 그렇다면 예를 들어 인종차별을 옹호하는 단체가 시위를 하겠다는 것도 허용해야 할까? 공동체 구성원의 다수가 비도덕적이라고 여기는 가치를 떠받드는 행위를 금지하는 것은 당연해.

병 : 인종차별이 정당하다고 주장하면서 시위를 하면 많은 사람들로부터 공격을 받기 쉽지 않을까?

갑 : 그런 경우라면 시위자를 공격하는 사람의 행위를 막아야지, 시위 자체를 막아서는 안 되지.

을 : 물리적 충돌이 생기는 건 불행한 일이지만 문제의 핵심은 아니야. 왜 그런 일이 생겨나겠어? 결국 대다수 사람들이 보기에 비도덕적인 견해를 공공연하게 지지하니까 직접적인 물리적 위해를 서로 주고받게 되는 거지.

병 : 직접적인 물리적 위해가 중요한 게 아니란 점에는 동의해. 하지만 내가 보기에 한 사람의 행동이 다른 사람들에게 불쾌하게 받아들여지는지가 중요하지. 그들의 주장이 옳다 해도 이 시위를 막아야 하는 것은 그 행위가 충분히 불쾌하게 받아들여지기 때문이야. 만약 사람들의 눈에 잘 띄지 않는 장소와 시간에 시위를 한다면 다른 이야기가 되겠지.

―――――――――――――――― 〈보 기〉 ――――――――――――――――

ㄱ. 시위대가 시민들로부터 물리적 위해를 받을 가능성이 시위 허용 여부를 결정하는 데 중요한 요소인지에 대해서 갑과 을은 의견을 달리한다.

ㄴ. 시위대의 주장이 대다수 시민의 윤리적 판단에 부합하는지가 시위 허용 여부를 결정하는 데 중요한 요소인지에 대해서 을과 병은 의견을 달리한다.

ㄷ. 나체 시위를 불쾌하게 여길 사람이 시위를 회피할 수 있을 가능성이 시위 허용 여부를 결정하는 데 중요한 요소인지에 대해서 갑과 병은 의견을 달리한다.

① ㄱ   ② ㄴ   ③ ㄱ, ㄷ
④ ㄴ, ㄷ   ⑤ ㄱ, ㄴ, ㄷ

137

A ~ C에 대한 평가로 옳은 것만을 〈보기〉에서 있는 대로 고른 것은? [18추리-1]

X국은 "국가의 행정은 법적 근거를 갖고서 이루어져야 한다."라는 원칙을 세우고, 헌법에 "국민의 모든 자유와 권리는 필요한 경우에 한하여 법으로써 제한할 수 있다."라고 규정하였다. 그런데 모든 행정 영역에서 행정의 내용을 법에 미리 정하기는 쉽지 않다. 그렇다면 법으로 그 내용을 정하지 않은 행정 영역에 대하여도 이 원칙이 적용되는가? 이에 관해 견해의 다툼이 있다.

A : 자유권, 재산권 등 국민의 기본적인 권리를 제한하고 침해하는 행정에 대해서만큼은 행정의 자율에 맡겨둘 수 없고 법에 근거를 두어야 하지만, 기본적 권리를 제한하지 않고 국민에게 이익이 되는 행정은 법적 근거가 없어도 행정부에서 자유롭게 시행할 수 있다.

B : 법적 근거 없이 이뤄질 수 있는 행정의 자유영역은 존재하지 않는다. 행정이 법에 근거할 때 행정기관의 자의가 방지되고 행정작용의 적법성이 확보되므로 국가의 모든 행정작용은 법에 근거해야 한다.

C : 이 원칙을 모든 행정 영역에 무조건 적용하기보다 개인과 공공에게 영향을 미치는 중요한 행정의 영역에서만 적용하는 것이 타당하다. 개인과 공공에게 영향을 미치는 중요한 사항에 대해서는 입법자가 사전에 그 근거를 법으로 정해야 한다.

─── 〈보 기〉 ───

ㄱ. A에 따르면, 법에 시위 진압에 관한 근거가 없는 경우, 교통 편의를 위해 시위를 진압할 필요가 있더라도 행정부는 집회의 자유권을 제한하는 시위진압행위를 해서는 안 된다.

ㄴ. B에 따르면, 구호품 지급에 관한 사항이 국민에게 이익이 되더라도 법에 그 내용이 규정되어 있지 않으면 행정부는 재난 시 이재민에게 구호품을 지급할 수 없다.

ㄷ. C에 따르면, 초등학교 무상급식 정책이 개인과 공공에 영향을 미치는 중요한 사항일 경우, 이 정책은 권리를 제한하지 않는 행정이어도 그 시행에 있어 사전에 법적 근거가 필요하다.

① ㄱ
② ㄴ
③ ㄱ, ㄷ
④ ㄴ, ㄷ
⑤ ㄱ, ㄴ, ㄷ

138

〈규정〉과 〈견해〉로부터 추론한 것으로 옳은 것만을 〈보기〉에서 있는 대로 고른 것은? [18추리-3]

〈규정〉

A : 타인의 물건의 효용을 해한 자는 곤장 10대에 처한다.

B : 타인의 문서를 숨긴 자는 곤장 3대에 처한다.

　　단, B가 적용되는 경우에는 A는 적용하지 않기로 한다.

〈견해〉

갑 : 물건의 효용을 해하는 행위란 파손뿐 아니라 숨기는 것도 포함한다. B는 물건의 효용을 해하는 행위 중에서 문서를 숨기는 행위를 가볍게 벌하는 규정이다. 타인의 문서를 숨긴 경우에는 B가 적용된다.

을 : 물건의 효용을 해하는 행위란 파손뿐 아니라 숨기는 것도 포함한다. B는 물건 중에서 문서의 효용을 해하는 행위를 가볍게 벌하는 규정이다. 타인의 문서의 효용을 해한 경우에는 B가 적용된다.

병 : 물건의 효용을 해하는 행위란 파손만을 포함하고 숨기는 것은 포함하지 않는다. B는 물건 중에서 문서를 숨기는 것을 벌하는 규정이다. 타인의 문서를 숨긴 경우에는 B가 적용된다.

───────── 〈보 기〉 ─────────

ㄱ. 갑에 따르면, 타인의 문서를 파손한 경우 B가 적용되지 않는다.

ㄴ. 을에 따르면, 타인의 문서를 파손한 경우 B가 적용된다.

ㄷ. 병에 따르면, 타인의 문서를 파손한 경우 A가 적용된다.

① ㄱ　　　　　　　　② ㄴ　　　　　　　　③ ㄱ, ㄷ
④ ㄴ, ㄷ　　　　　　⑤ ㄱ, ㄴ, ㄷ

139

〈견해〉에 따라 판단한 것으로 옳은 것만을 〈보기〉에서 있는 대로 고른 것은? [18추리-5]

〈견해〉
갑 : '행위 당시 행위자가 인식한 사실' 또는 '행위 당시 행위자 이외의 일반인이 인식·예견 가능했던 사실'에 기초해서 판단할 때, 그 행위에 의해 그 결과가 발생하는 것이 이례적이지 않은 경우에는 그 행위와 그 결과 사이의 인과관계가 인정된다.

을 : '행위 당시 행위자의 인식 여부 또는 일반인의 인식·예견가능성 유무와 상관없이 그 당시 객관적으로 존재한 모든 사실'에 기초해서 판단할 때, 그 행위에 의해 그 결과가 발생하는 것이 이례적이지 않은 경우에는 그 행위와 그 결과 사이의 인과관계가 인정된다.

〈보 기〉

ㄱ. A가 땅콩에 대해 특이체질이라는 것을 알고 있는 X가 A에게 땅콩이 든 빵을 주어 이를 먹은 A가 땅콩에 대한 특이체질 반응을 일으켜 상해를 입은 경우, 갑과 을 모두 X의 행위와 A의 상해 사이의 인과관계를 인정한다.

ㄴ. 대낮에 보행신호에 따라 횡단보도를 건너던 B를 Y가 운전하는 트럭이 치고 지나가 B가 즉사했는데 Y는 운전 중 조는 바람에 이를 인식하지 못한 경우, 갑은 Y의 행위와 B의 사망 사이의 인과관계를 인정하지 않지만 을은 인정한다.

ㄷ. Z가 시속 10 km로 자전거를 타다가 건장한 보행자 C와 부딪쳤는데 C가 아무렇지도 않다고 하여 그 자리를 떴다. 그 후 5분 정도 지나 C는 갑자기 의식을 잃고 쓰러져 병원으로 이송되었는데, 고혈압이 있는 C는 고혈압성 뇌출혈로 사망하였다. 이 경우 갑과 을 모두 Z의 행위와 C의 사망 사이의 인과관계를 인정한다.

① ㄱ
② ㄴ
③ ㄱ, ㄷ
④ ㄴ, ㄷ
⑤ ㄱ, ㄴ, ㄷ

140

다음 논쟁에 대한 평가로 적절한 것만을 〈보기〉에서 있는 대로 고른 것은? [19추리-2]

A국은 마약류(마약·향정신성의약품 및 대마를 통칭함)로 인한 사회적 폐해를 방지하기 위하여 마약류의 제조 및 판매에 관한 '유통범죄'뿐 아니라 마약류의 단순 '사용범죄'까지도 형벌을 부과하는 정책을 시행하고 있다.

갑과 을은 이러한 자국의 마약류 정책에 대하여 다음과 같은 논쟁을 벌였다.

갑1 : B국을 여행했는데 B국은 대마초 흡연이 합법이라 깜짝 놀랐어. 대마초의 성분은 중추신경에 영향을 주어 기분을 좋게 하고, 일단 이를 접한 사람은 끊을 수 없게 만드는 중독성이 있잖아. 이러한 폐해를 야기하는 대마초 흡연은 처벌하는 것이 맞아.

을1 : 어떤 개인이 자신에게만 피해를 주는 행위를 했다는 이유로 처벌을 받아야 한다는 것이 이해가 되지 않아. 인간은 타인에게 피해를 주지 않는 한 자신의 생명과 신체, 건강에 대해서 스스로 결정할 자기 결정권을 가지고 있는데 그 권리 행사를 처벌하는 것은 최후의 수단이 되어야 할 형벌의 역할에 맞지 않아.

갑2 : 그건 아니지. 마약을 사용하는 것은 스스로를 해치는 행위이기도 하지만, 마약을 사용한 상태에서는 살인, 강간 등의 다른 범죄를 저지를 가능성이 높아져. 타인에게 위해를 가할 위험성을 방지하기 위한 형벌은 필요해.

을2 : 그 위험성을 인정하더라도 그런 행위는 타인을 위해할 목적으로 일어난 것이 아니라 중독 상태에서 발생하는 것이잖아. 중독은 치료와 예방의 대상이지 처벌의 대상이어서는 안 된다고 생각해.

갑3 : 중독은 사회 전체의 건전한 근로 의식을 저해하기 때문에 공공복리를 위해서라도 형벌로 예방할 필요가 있어.

─── 〈보 기〉 ───

ㄱ. 전쟁 중 병역 기피 목적으로 자신의 신체를 손상한 사람을 병역법 위반으로 형사처벌하는 A국 정책이 타당성을 인정받는다면 을1의 주장은 약화된다.

ㄴ. 자해행위에 대한 형사처벌은 그 행위가 타인에게 직접 위해를 가하는 경우에만 정당화될 수 있고 위해의 가능성만으로 정당화되어서는 안 된다는 견해가 타당성을 인정받는다면 갑2의 주장은 약화된다.

ㄷ. 인터넷 중독과 관련하여 예방교육과 홍보활동을 강조하며 형벌을 가하지 않는 A국 정책이 타당성을 인정받는다면 을2의 주장은 약화된다.

① ㄴ   ② ㄷ   ③ ㄱ, ㄴ
④ ㄱ, ㄷ   ⑤ ㄱ, ㄴ, ㄷ

141

〈논쟁〉에 대한 분석으로 옳은 것만을 〈보기〉에서 있는 대로 고른 것은? [19추리-3]

〈X법〉

제1조(형벌) 형벌은 경중(輕重)에 따라 태형, 장형, 유배형, 교형, 참형의 5등급으로 한다.

제2조(속죄금) 70세 이상이거나 15세 이하인 자가 유배형 이하에 해당하는 죄를 지으면 속죄금만을 징수한다.

제3조(감경) 형벌에 대한 감경의 횟수는 제한하지 않는다.

제4조(밀매) 외국에 금지 물품을 몰래 판매한 자는 장형에 처하고, 금지 물품이 금, 은, 기타 보석 및 무기 등인 경우에는 교형에 처한다.

〈논쟁〉

신하 A : 중국 사신과 동행하던 71세 장사신이 은 10냥을 소지하고 있다가 압록강을 건너기 직전에 적발되었습니다. 최근 중국에 은을 팔면 몇 배의 시세 차익을 얻을 수 있기 때문에 이러한 행위가 만연하고 있습니다. 몰래 소지한 것은 몰래 판매한 것과 다르지 않습니다. ㉠ 장사신을 교형으로 처벌해야 합니다.

신하 B : 은 10냥을 몰래 소지하고 강을 건너는 것은 판매를 위해 준비하는 것일 뿐입니다. 역적을 처벌하는 모반죄(謀叛罪)는 모반을 준비하는 자에 대해서 형벌을 감경하여 처벌하는 규정을 두고 있기 때문에 모반의 준비 행위를 처벌할 수 있지만, 밀매죄는 이러한 규정을 두고 있지 않습니다. 법이 이와 같다면 장사신을 교형에 처할 수는 없습니다. 다만 사안에 대한 규정이 없더라도, ㉡ 사안에 들어맞는 유사한 사례를 다룬 판결이 있다면 그 판결을 유추해서 적용해야 할 것입니다.

신하 C : 이전 판결을 유추해서 적용하는 것은 유사한지 여부를 판단해야 하는 문제가 발생하니, 차라리 '금지 물품을 몰래 소지하고 외국으로 가다가 국경을 넘기 전에 적발된 자는 밀매죄의 형에서 1단계 감경한다'는 규정을 신설하여 처벌하는 것이 옳습니다.

국   왕 : 신하 C가 말한 대로 규정을 추가로 신설하여 이를 장사신에게 적용하라.

─────── 〈보 기〉 ───────

ㄱ. '범죄를 준비한 자를 처벌하기 위해서는 법에 정한 바가 있어야 한다'는 논거에 의하면, ㉠은 약화된다.

ㄴ. 모반을 도운 자를 모반을 행한 자와 같이 모반죄로 처벌한 판결은 ㉡에 해당된다.

ㄷ. 국왕의 명령에 의하면, 장사신은 유배형에 처해진다.

① ㄱ   ② ㄴ   ③ ㄱ, ㄷ
④ ㄴ, ㄷ   ⑤ ㄱ, ㄴ, ㄷ

142

다음 글에 대한 분석으로 옳은 것만을 〈보기〉에서 있는 대로 고른 것은? [19추리-4]

　　A는 B가 뒤따라오고 있다는 것을 알면서도 출입문을 세게 닫아 B의 손가락이 절단되는 사건이 발생하였다. A가 B의 손가락을 절단하려 했는지가 밝혀지지 않은 상황에서, 갑, 을, 병은 A를 상해죄로 처벌할 수 있는지에 대해서 대화를 나누고 있다.

갑 : B의 손가락이 절단된 결과에 대해서 A를 처벌할 수는 없어. A는 자신의 행위로 인해 B의 손가락이 잘리는 것까지 의도한 것은 아니니까. A가 자신의 행위로 인해 B의 손가락이 잘리는 것까지 의도했을 때만 처벌해야지.

을 : A에게 B의 손가락을 절단하려는 의도는 없었어. 하지만 A는 어쨌든 자신의 행위가 B의 손가락을 절단할 수도 있다는 것을 몰랐을 리 없어. A는 B의 손가락이 절단된 결과에 대해서 처벌을 받아야 해.

병 : A가 자신의 행동으로 인해 B의 손가락이 절단될 수도 있다는 것을 알고 있었다고 인정하지는 못하겠어. 그래도 A는 B의 손가락이 절단된 결과에 대해서 처벌을 받아야 해. 어쨌든 A는 B의 신체에 조금이라도 해를 입힐 의도는 있었으니까.

───────── 〈보 기〉 ─────────

ㄱ. 갑과 을은 A의 처벌 여부에 대해서는 다른 의견이나, A의 의도에 대해서는 같은 의견이다.

ㄴ. 을과 병은 A의 처벌 여부에 대해서는 같은 의견이나, A의 인식에 대해서는 다른 의견이다.

ㄷ. 갑의 견해에서 상해죄의 처벌 대상이 되는 행위는 병의 견해에서도 모두 처벌의 대상이 된다.

ㄹ. 을의 견해에서 상해죄의 처벌 대상이 되는 행위는 병의 견해에서도 모두 처벌의 대상이 된다.

① ㄱ, ㄴ　　　　　　② ㄱ, ㄹ　　　　　　③ ㄷ, ㄹ
④ ㄱ, ㄴ, ㄷ　　　　⑤ ㄴ, ㄷ, ㄹ

143

다음 글에 대한 분석으로 옳은 것만을 〈보기〉에서 있는 대로 고른 것은? [19추리-10]

A국 형법에는 높은 것부터 사형, 국적박탈형, 채찍형, 회초리형으로 4등급의 주된 형벌이 있다. 그리고 범죄에 따라 주된 형벌에 문신형을 부가할 수 있다. A국에서 장애인 갑이 쌀을 훔치다 현장에서 체포되어 법정에 섰다.

검사 : 형법에는 타인의 물건을 훔친 자를 채찍형에 처하고 문신형을 부가하도록 하고 있습니다. 이에 따라 갑을 채찍형과 문신형으로 처벌함이 마땅하나, '장애인이 국적박탈형 이하를 받게 되는 경우에는 사회봉사로 대체한다'는 규정이 있습니다. 따라서 장애인 갑은 사회봉사를 하게 하고 문신형을 부가해야 합니다.

변호인 : 이의 있습니다! 왜 문신형은 사회봉사로 대체하지 않습니까? 문신형이 국적박탈형 이하인지 아닌지를 정한 규정이 없으니, ㉠'의심스러울 때에는 가볍게 처벌한다'는 원칙을 이 경우에 적용해야 합니다.

검사 : 갑은 타인의 물건을 훔친 것이 명백합니다. 의심스러울 때에 가볍게 처벌한다는 원칙을 이 경우에까지 적용할 수 있나요? 변호인의 주장은 억지입니다.

판사 : 선고하겠습니다. "법률에 관련 규정이 없으면, 국민의 고통을 줄이는 방향으로 형벌을 부과하는 것이 헌법의 원칙에 합치한다. 따라서 문신형도 사회봉사로 대체한다."

─────── 〈보 기〉 ───────

ㄱ. 만약 증거물이나 알리바이 등 범죄 성립 여부와 관련된 사항에만 ㉠을 적용하여야 한다는 주장이 옳다면 이는 검사의 견해를 강화한다.

ㄴ. A국 형법에 '범죄행위시점과 형벌부과시점 사이에 장애의 유무로 형벌의 변경이 있는 경우에는 그 중 범죄자에게 가장 유리한 것을 부과한다'고 규정하고 있는 경우, 갑이 선고 전 수술을 통해 그 장애가 없어졌더라도, 판사의 결론은 같을 것이다.

ㄷ. 만약 A국 형법에 '손아랫사람이 손위 어른을 대상으로 행한 친족 간의 범죄는 친족관계가 없는 자를 대상으로 행한 범죄에 비해 주된 형벌에 1등급을 높인다'고 규정하고 있고 갑이 훔친 쌀이 큰아버지의 것이라면, 문신형에 관한 검사의 주장과 판사의 결론 중 적어도 하나는 달라질 것이다.

① ㄱ   ② ㄷ   ③ ㄱ, ㄴ

④ ㄴ, ㄷ   ⑤ ㄱ, ㄴ, ㄷ

144

〈견해〉에 대한 분석으로 옳은 것만을 〈보기〉에서 있는 대로 고른 것은? [20추리-1]

〈사례〉

X국에서 다음의 사건이 발생하였다. 甲은 자신을 놀린 乙에게 복수하기로 하였다. 甲의 부탁을 받은 丙은 乙을 때려 상해를 입혔다. X국 법률에는 "사람의 신체를 상해한 자는 5년 이하의 징역에 처한다"고 상해죄가 규정되어 있다. 丙이 상해죄로 처벌되는 것 이외에 甲도 상해죄로 처벌할 수 있는지에 대해서 다음과 같은 견해가 있다.

〈견해〉

A : 甲이 乙에 대한 상해를 유발했다고 甲을 상해죄로 처벌해서는 안 돼. 甲이 직접 乙을 상해한 것은 아니잖아. 丙이 甲의 부탁을 거절할 수 없는 상황이었어야만 甲을 상해죄로 처벌할 수 있어.

B : 甲이 乙에 대한 상해를 유발했다는 사실만으로는 甲을 상해죄로 처벌할 수는 없어. 하지만 丙을 상해죄의 범죄자로 만들었으니까 甲을 처벌해야지. 甲의 부탁이 없었다면 丙은 상해죄의 범죄자가 되지 않았을 거야. 상해를 유발한 것보다 타인을 범죄자로 만든 것이 더 중한 범죄잖아.

C : 丙을 상해죄의 범죄자로 만들었다는 이유로는 甲을 처벌할 수 없어. 타인을 범죄자로 만든 것을 처벌하는 법이 없기 때문이야. 그렇지만 甲을 상해죄로는 처벌해야 해. 왜냐하면 상해죄의 법규정이 상해 행위를 직접 하는 경우로 한정하고 있지 않기 때문이야.

─────── 〈보 기〉 ───────

ㄱ. A와 C는 타인을 이용하여 상해를 유발한 자가 처벌을 받는 경우에 직접 폭력을 행사하여 상해를 입힌 자와 같은 죄목의 범죄로 처벌받을 수 있다고 본다.

ㄴ. 甲이 丙에게 부탁을 하였고 丙이 甲의 부탁을 거절할 수 있는 상황임에도 불구하고 丙이 乙에게 상해를 입힌 경우, A와 C는 甲을 상해죄로 처벌할 수 있는지 여부에 대해 견해가 일치하지 않는다.

ㄷ. A, B, C는 모두 甲이 처벌받지 않을 수 있음을 인정한다.

① ㄱ   ② ㄷ   ③ ㄱ, ㄴ
④ ㄴ, ㄷ   ⑤ ㄱ, ㄴ, ㄷ

145

다음으로부터 추론한 것으로 옳은 것만을 〈보기〉에서 있는 대로 고른 것은? [20추리-2]

〈사례〉

X국에서는 장애아동보호법에 "장애아동은 각자의 능력과 필요에 따라 적절한 공교육을 무상으로 받을 권리를 가진다"고 규정하고 있다. 적절한 공교육의 범위에 관해 다음과 같이 견해가 나뉜다.

〈견해〉

甲 : 잠재능력을 발현할 수 있도록 장애아동에게 제공되는 기회는 비장애아동에게 주어진 기회와 상응하는 수준이어야 한다. 이를 위해 공교육이 실시되기 전에 장애아동과 비장애아동의 잠재능력을 측정하고, 공교육의 결과 장애아동과 비장애아동이 잠재능력을 어느 정도 발현하고 있는지 확인해야 한다. 그런 다음 장애아동과 비장애아동이 각각 자신의 잠재능력에 비례하는 성과를 내는 데 차이가 나지 않도록 개별 장애아동에게 필요한 추가적인 학습 과정과 지원 서비스를 무상으로 제공해야 한다.

乙 : 공교육이 적절하다는 것은 어떤 특별한 교육적 수준의 보장이나 능력에 관계없는 절대적 교육 기회의 평등을 의미하기보다는 장애아동에게 기본적 수준의 교육 기회에 평등하게 접근할 수 있도록 공교육을 무상으로 제공하는 것을 의미한다. 장애아동이 수업을 이수하고 과목별 합격 점수를 받아 상급 학년으로 진급하는 학업 성취 결과가 나왔다면 그러한 평등이 실현된 것으로 볼 수 있다.

─────〈보 기〉─────

ㄱ. 청각장애가 갑자기 생겨 성적이 떨어졌지만 상급 학년으로 진급하는 데에는 어려움이 없는 아동에게 부모가 자비로 수화 통역사를 제공하였더니 종전의 성적을 회복한 경우, 공교육이 그 아동에게 수화 통역사를 무상으로 제공해야 하는지 여부에 대하여 甲과 乙의 견해가 일치한다.

ㄴ. 乙의 견해에 따르면, 청각장애아동들이 공교육의 수업을 이수하고 과목별 합격 점수를 받아 중학교 1학년 과정에서 2학년 과정으로 모두 진급하는 데 성공하는 경우, 공교육 기관은 그 중학교 1학년 과정에 이전까지는 제공되지 않았던 학습 과정과 지원 서비스를 요청하는 청각장애아동의 요구를 받아들이지 않아도 된다.

ㄷ. 공교육 기관은 장애아동이 공교육에서 배제되지 않도록 하면 되고 공교육을 통한 장애아동의 학업 성취 결과까지는 고려하지 않아도 된다는 주장을 甲은 받아들이지 않고 乙은 받아들인다.

① ㄱ   ② ㄴ   ③ ㄱ, ㄷ
④ ㄴ, ㄷ   ⑤ ㄱ, ㄴ, ㄷ

146

다음 논쟁에 대한 평가로 옳은 것만을 〈보기〉에서 있는 대로 고른 것은? [20추리-3]

X국에서 甲은 불법 도박장을 운영하면서 乙, 丙, 丁을 종업원으로 고용하였다. 甲은 乙이 열심히 일하자 乙을 지배인으로 승진시켜 丙, 丁을 관리하게 하였다. 그러던 중 甲은 경찰의 단속을 피해 해외로 도주하였고 乙, 丙, 丁은 체포되었다. 검사는 乙, 丙, 丁 중 乙만 기소하고 丙, 丁은 기소하지 않았다. 검사의 기소와 관련하여 다음과 같은 논쟁이 전개되었다.

A : 乙만 기소하고 丙과 丁을 기소하지 않았다면, 이것은 차별적 기소로 검사가 권한을 남용한 것이야.

B : 범죄의 혐의가 있더라도 검사는 재량으로 기소하지 않을 수 있어. 경미한 범죄를 저지른 사람은 기소하지 않을 수 있게 해 주면, 법관이 중요한 사건의 재판에 전념할 수 있게 되어 사회 전체적으로 더 이득이 될 수 있어.

C : 기소에 있어서 검사의 재량을 인정하면, 검사는 권한을 독선적으로 사용하게 되고, 누군가가 검사에 대해서 압력을 행사하는 것을 배제할 수 없어.

D : 인권을 생각해 봐. 기소의 필요성이 적은 사람이 기소되지 않으면, 재판 절차를 거치지 않고서 빨리 자유롭게 생활할 수 있어. 그런 점에서 검사의 기소에 대한 재량을 인정하는 것이 인권 보호에 유리해.

E : 지금 인권이 보호된다고 말하는데, 내가 말하고 싶은 것은 기소된 乙의 입장이야. 乙도 인권이 있는데, 검사의 권한 남용으로 乙만 혼자 기소되면 乙의 인권은 충분히 보호받지 못하잖아.

F : 검사가 범죄 혐의자들을 차별적으로 기소했다고 바로 권한 남용이라고 볼 수는 없지. 검사가 최소한 어떤 부당한 의도를 가지고 차별적으로 기소한 경우에만 권한 남용이라고 해야 하는데 이 사안에서는 그런 의도를 찾을 수가 없어.

─────── 〈보 기〉 ───────

ㄱ. 乙은 범행에 가담한 정도가 크지만 丙과 丁은 그렇지 않다는 사실을 검사가 기소 여부의 근거로 삼았다면, A를 강화하고 F를 약화한다.

ㄴ. 외부 압력에 의해 중한 범죄 혐의자도 기소하지 않은 경우가 많았고 그로 인해 검찰에 대한 국민들의 신뢰도가 낮아졌다는 조사 결과는 B를 약화하고 C를 강화한다.

ㄷ. D와 E는 모두 범죄 혐의자의 인권 보호에 대해 언급하고 있지만, 각 주장이 보호하고자 하는 구체적 대상이 다르다.

① ㄱ
② ㄴ
③ ㄱ, ㄷ
④ ㄴ, ㄷ
⑤ ㄱ, ㄴ, ㄷ

147

다음 논쟁에 대한 분석으로 옳은 것만을 〈보기〉에서 있는 대로 고른 것은? [20추리-4]

X국에서는 유전자 검사를 통해 건강하고 재능 있는 자녀를 출산하려는 '선택적 출산'이 우려되었다. 이에 X국은 법률을 개정하여 의료인이 태아의 유전적 우열성 판별을 목적으로 임신 여성을 진찰하거나 검사하는 것을 금지하고, 의료인이 태아의 유전적 우열성을 알게 된 경우에도 태아의 부모 또는 다른 사람에게 알릴 수 없도록 하였다. 甲, 乙, 丙은 이 법률의 존속 여부에 대해 논쟁을 벌이고 있다.

甲 : 무분별한 선택적 출산을 막을 필요는 있다고 생각하지만, 의료인이 임신 여성에게 태아의 상태나 유전적 질환 등을 무조건 알려 주지 못하게 한 것은 임신 여성의 알 권리를 침해할 소지가 커.

乙 : 낙태를 할 경우 임신 여성의 생명이나 건강에 중대한 위험을 초래하여 낙태가 거의 불가능하게 되는 시기가 있어. 그러한 시기에는 태아의 유전적 소질을 부모에게 알려 줘도 무방하다고 생각해.

丙 : 태아의 유전적 우열성에 따른 낙태가 계속된다면 생명과 인간의 존엄성이 경시될 수 있어. 이를 방지하기 위해서는 임신 여성이 태아의 유전적 소질에 대해 궁금하더라도 출산할 때까지 참아야 해. 태아의 유전적 소질에 관한 정보를 임신여성에게 알려 주는 경우, 어떤 시기라 하더라도 낙태의 가능성이 완전히 사라지는 것은 아니야.

〈보 기〉

ㄱ. 甲은 유전적 질환의 발생이 염려되어 진료 목적상 태아 상태의 고지가 필요한 경우 이를 고지할 수 있어야 한다고 본다.

ㄴ. 임신 말기로 갈수록 낙태 건수가 현저히 줄어든다는 통계는 乙의 견해를 강화한다.

ㄷ. 장래 가족의 일원이 될 태아의 유전적 우열성에 대해 미리 알고 싶은 인간의 본능에 가까운 호기심의 충족은 태아의 생명에 비해 중시될 이익이 아니라는 주장은 丙의 견해를 지지하지 않는다.

① ㄱ   ② ㄷ   ③ ㄱ, ㄴ
④ ㄴ, ㄷ   ⑤ ㄱ, ㄴ, ㄷ

148

〈견해〉에 대한 평가로 옳은 것만을 〈보기〉에서 있는 대로 고른 것은? [20추리─5]

X국에서는 개명을 할 때 법원의 허가를 받도록 법으로 규정하고 있다. 그러나 법원의 개명 허가 기준에 관한 세부 규정이나 지침이 없어 다음과 같이 견해가 나뉘고 있다.

〈견해〉

A : 이름을 변경할 권리는 보호되어야 해. 자신의 의사와 상관없이 부모 등에 의해 일방적으로 결정되는 이름에 불만이 있는데도 그 이름으로 살아갈 것을 강요하는 것은 정당화될 수 없어. 개명 신청이 있으면, 법원은 과거의 범죄행위를 은폐하여 새로운 범죄행위를 할 위험이 있는 경우를 제외하고는 모두 허가해 주는 것이 마땅해.

B : 이름을 바꾸는 것은 이름을 짓는 것과 달라서 사회적 질서나 신뢰에 영향을 주어 혼란을 초래할 수 있어. 개명은 개인의 자유로운 의사에 맡기면 범죄를 은폐하는 수단으로 활용될 수도 있어. 그러니 개명은 독립된 사회생활의 주체라 할 수 없는 아동에 대해서만 제한적으로 허용해야 해.

C : 글쎄... A와 B 모두 일면 타당한 점이 있어. 다만 개명 허가 여부를 법관의 재량에 맡겨 두면 법관 개인의 기준에 따라 결과가 달라질 소지가 있기 때문에 현재로서는 어떻게든 구체적인 기준을 마련하여 이에 따라 허용 여부를 결정하는 것이 시급해.

─────── 〈보 기〉 ───────

ㄱ. 이름을 결정할 권리는 자기 고유의 권리이나 출생 시점에는 예외적으로 부모가 대신 행사하는 것일 뿐이라고 보는 견해는 A를 지지한다.

ㄴ. 수사 과정에서 범죄자의 동일성 식별에 이름 대신 주민등록번호가 사용된다는 사실은 B를 약화한다.

ㄷ. 개명을 원하는 초등학생이 바꾸려는 이름과 이유를 기재한 개명 신청서를 법원에 제출하기만 하면 범죄에 악용될 우려가 없는 한 개명을 허용하게 하는 '초등학생 개명허가처리지침'을 시행하는 것에는 A는 반대하고 B와 C는 찬성할 것이다.

① ㄴ
② ㄷ
③ ㄱ, ㄴ
④ ㄱ, ㄷ
⑤ ㄱ, ㄴ, ㄷ

149

다음으로부터 추론한 것으로 옳은 것만을 〈보기〉에서 있는 대로 고른 것은? [20추리-6]

P회사에 근무하던 甲은 상습절도를 한 혐의로 수사를 받게 되었다. 甲은 혐의를 완강하게 부인하였고 명확한 증거는 없었다. 불구속수사가 원칙임에도 불구하고 검사는 甲의 혐의를 인정하고 구속기소하였다. 그러자 P회사는 이를 이유로 甲을 해고하였다. 이에 P회사의 직원들은 甲의 구속기소와 해고를 둘러싸고 논쟁을 하게 되었다.

乙 : 평소에 甲의 행동이 수상하다고 생각했어. 우리 급여 수준에 비해 씀씀이가 지나치게 컸어. 우리 물건이 없어질 수도 있었는데 회사의 적절한 대응이었다고 생각해.

丙 : 법에는 "누구든지 유죄의 판결이 확정될 때까지는 무죄로 추정된다"는 원칙이 있다고 들었어. 甲이 절도를 했다는 명확한 증거가 없는 상태에서 구속기소까지 한 것은 무죄추정의 원칙에 위배돼.

丁 : 무죄추정의 원칙은 재판 과정에서 검사가 피고인의 유죄를 증명하지 못하는 한 피고인을 처벌할 수 없다는 의미일 뿐이고 다른 의미는 없어. 그러니까 수사 과정에서 유죄가 의심되면 구속기소해도 무방해.

乙 : 무죄추정의 원칙은 수사 절차에서 재판 절차에 이르기까지 형사 절차의 전 과정에서 구속 등 어떠한 형사 절차상 불이익도 입지 않아야 한다는 것만을 말해. 회사에서 직원을 해고하는 것은 무죄추정의 원칙과 상관없어.

丙 : 무죄추정의 원칙은 이를 실현하는 구체적인 규정이 있을 때 오직 그 경우에만 인정되는 거야. 형사 절차와 관련해서는 무죄추정에 관한 구체적인 규정이 있지만, 회사의 해고와 관련해서는 규정이 없어.

―――――――― 〈보 기〉 ――――――――

ㄱ. 丙은 甲의 해고가 무죄추정의 원칙에 위배되는지 여부에 대하여 乙과 결론을 같이한다.

ㄴ. 丁은 수사기관이 수사를 행하면서 알게 된 피의 사실을 재판 전에 공개하여 마치 유죄인 것처럼 여론을 형성하는 것이 무죄추정의 원칙에 위배되지 않는다고 주장할 것이다.

ㄷ. 상습절도의 재판에서 절도하지 않았음을 스스로 증명하지 못하는 피고인은 처벌을 받도록 하는 특별법이 무죄추정의 원칙에 위배된다는 주장에 대해 乙과 丁은 입장을 달리한다.

① ㄱ   ② ㄷ   ③ ㄱ, ㄴ
④ ㄴ, ㄷ   ⑤ ㄱ, ㄴ, ㄷ

150

〈견해〉에 대한 평가로 적절하지 <u>않은</u> 것은? [21추리-1]

　　X국은 대법관에 대한 국민심사제를 운영하고 있다. X국 헌법에 따르면 대법관은 내각에서 임명하되, 임명 후 최초의 국회의원 총선거 때 함께 투표를 실시하여 투표자 과반수가 대법관의 파면을 원하면 그 대법관은 파면된다. 투표자가 대법관의 성명 아래 'x'를 표시하면 파면에 찬성한 것으로 집계되고 나머지 투표자는 신임한 것으로 간주한다. 이후에도 대법관은 정년까지 10년마다 동일한 방식으로 국민심사를 받는다. Y국에서 이 제도의 도입을 둘러싸고 다음과 같은 견해가 있다.

〈견해〉

갑 : 대법관의 인선이 대통령에게만 맡겨져 있고 주권자인 국민의 통제가 전혀 미치지 못한다면 대법관의 사고방식이 아무리 편향적이라도 억제할 방법이 없어. 이 제도를 도입해서 국민에 의한 사법 통제 장치를 마련할 필요가 있어.

을 : 일리 있는 말이야. 그런데 X국에서 시행하는 방식은 파면의 의사표시를 적극적으로 하지 않는 이상 파면 반대로 취급된다는 점에서 투표자의 의사를 제대로 반영하지 못하는 문제가 있어. 이 제도가 그대로 도입된다면 곧 유명무실해질 수 있어.

병 : 개선책을 마련하면 그런 우려는 불식시킬 수 있겠지. 하지만 궁극적으로는 이 제도가 도입되면 대법관이 법과 소신에 따라 재판하지 않고 대중적 인기에 연연하게 되어 법관의 독립이 저해될 거야.

① Y국 헌법에서 대통령이 임명한 대법관에 대하여 회복 불가능한 신체장애를 제외하고는 종신직으로 그 신분을 보장하고 있다면 갑의 견해는 강화된다.

② Y국에서 여론 조사 결과 법원의 판결에 대해 유전무죄 등의 비판이 난무하고 사법부에 대한 국민의 신뢰도가 매년 낮아졌다면 갑의 견해는 강화된다.

③ X국에서 지난 70년간 국민심사로 파면된 대법관이 없었고 매번 총 투표수의 10% 내외만 파면을 원하였다면 을의 견해는 약화된다.

④ Y국에서 일부 대법관이 대중적 인기만을 추구해 종전 대법원 판결들을 뒤집는 판결을 내려 여러 차례 사회적 혼란을 일으켰다는 사실은 병의 견해를 강화한다.

⑤ Y국에서 대법관별로 판결에 관련된 정보가 제대로 제공되지 않고 주로 사적 활동을 중심으로 흥미 위주의 보도가 이루어지고 있어 대법관 신임 여부에 관한 올바른 여론이 형성되기 어렵다면 병의 견해는 강화된다.

151

〈논쟁〉에 대한 분석으로 옳은 것만을 〈보기〉에서 있는 대로 고른 것은? [21추리-2]

〈논쟁〉

　　X국의 「형법」은 음란물의 제작·배포를 금지하는 한편, 「저작권법」은 문화 및 관련 산업의 향상과 발전을 위해 인간의 사상 또는 감정을 표현하는 창작물을 저작물로 보호하고 있다. 음란물을 「저작권법」상 저작물로 보호해야 하는지를 두고 논쟁이 있다.

갑 : 「저작권법」은 저작물의 요건으로 창의성만 제시할 뿐 도덕성까지 요구하지는 않는다. 창작의 장려와 문화의 다양성을 위해서는 저작물로 인정함에 있어 가치중립적일 필요가 있다.

을 : 「형법」에서는 음란물 제작·배포를 금지하면서, 그 결과물인 음란물은 저작물로 보호하는 것은 법이 '불법을 저지른 더러운 손'에 권리를 부여하고, 불법행위의 결과물에 재산적 가치를 인정하여 보호할 가치가 없는 재산권의 실현을 돕는 꼴이 된다. 이는 법의 통일성 및 형평의 원칙에 반한다.

병 : 아동포르노나 실제 강간을 촬영한 동영상 등 사회적 해악성이 명백히 확인되는 음란물은 저작물로 인정하지 않고, 그 외의 음란물에 대해서는 저작물로 인정함으로써 음란물 규제로 인한 표현의 자유와 재산권의 침해를 최소화할 필요가 있다.

〈보 기〉

ㄱ. 갑은 음란한 표현물에 대해서는 창의성을 인정할 수 없다는 것을 전제로 한다.

ㄴ. 을은 법적으로 금지된 장소에 그려진 벽화나 국가보안법에 위반하여 대중을 선동하는 작품을 저작권법의 보호대상으로 보지 않는다.

ㄷ. 병은 같은 시대, 같은 지역에서도 배포의 목적, 방법, 대상에 따라 음란성에 대한 법적 평가가 달라질 수 있다는 것을 전제로 한다.

---

① ㄱ　　　　　　　② ㄴ　　　　　　　③ ㄱ, ㄷ
④ ㄴ, ㄷ　　　　　　⑤ ㄱ, ㄴ, ㄷ

152

다음 글에 대한 분석으로 옳은 것만을 〈보기〉에서 있는 대로 고른 것은? [21추리-13]

갑은 오늘 고속도로에서 과속 운전을 할 계획이다. 이런 계획을 좌절시킬 어떠한 환경적 요인도 없고 갑의 결심도 확고하다. 또한 갑은 한 번 마음을 먹으면 절대로 마음을 되돌리지 않는다. ㉠이 모든 것을 알고 있는 경찰은 갑이 오늘 고속도로에서 과속할 것이라는 것을 알고 있다. 갑은 실제로 고속도로에서 과속 운전을 하였다. 이런 경우에 갑이 고속도로에 진입하기 전에 경찰이 미리 과속 벌금을 부과하는 것이 정당한가? 즉, 아직 벌어지지 않은 일에 대해서 그것이 벌어질 것을 안다고 해서 사전 처벌하는 것이 정당한가?

A : 처벌의 의의는 어떤 사람에 의해서 잘못이 행해진다면 그에 상응하는 해를 그 사람에게 입혀 그 균형을 맞추는 데에 있다. 잘못이 행해진다는 것이 알려진 한, 처벌의 시점은 전혀 중요하지 않다. TV를 구입할 때 그 비용을 TV를 인수하기 전에 지불하든 후에 지불하든 상관이 없는 것과 같은 이치이다. 경찰이 사전에 벌금을 부과하든 부과하지 않든 갑은 과속을 할 것이 틀림없고 경찰은 그것을 알고 있다. 그렇기 때문에 그에 대한 균형을 맞추기 위한 경찰의 사전 처벌은 정당화될 수 있다.

B : 무고한 사람을 처벌하는 것은 어떤 경우에도 정당화될 수 없다. 갑의 결심이 확고하다고 해도 마지막 순간에 마음을 고쳐먹어 과속을 하지 않을 능력이 그에게 있다는 것을 부정할 수 없다. 갑이 그런 능력을 가지고 있는 한, 과속을 하기 전의 갑은 엄연히 무고한 사람이다. 따라서 갑에 대한 사전 처벌은 정당화될 수 없다.

〈보기〉

ㄱ. ㉠이 거짓이라면, A의 결론은 따라 나오지 않는다.
ㄴ. 행위자가 어떤 행위를 하느냐 마느냐를 결정할 능력이 있다면, 그가 그 행위를 할지에 대해서 타인이 미리 아는 것이 불가능하다는 견해가 있다. 이런 견해가 옳다면, B는 ㉠과 양립 불가능하다.
ㄷ. 테러리스트가 시민들을 죽음으로 몰아넣을 공격을 준비하고 있고, 경찰은 이 테러리스트를 그대로 두면 이 공격이 성공할 것이라는 사실을 알고 있다. 이에 경찰은 그 테러리스트를 가두고 그 공격으로 발생할 수 있는 피해에 상응하는 처벌을 미리 내려 테러 공격을 막는 데 성공한다. A에 따르면, 이 경우에도 사전 처벌은 정당화될 수 있다.

① ㄱ 　　　　② ㄷ 　　　　③ ㄱ, ㄴ
④ ㄴ, ㄷ 　　　⑤ ㄱ, ㄴ, ㄷ

153

다음으로부터 〈견해〉를 분석한 것으로 옳은 것만을 〈보기〉에서 있는 대로 고른 것은? [22추리-2]

특정한 사안에 적용할 법을 획득하는 방법에는 '법의 발견'과 '법의 형성'이 있다. 전자는 '법률 문언(文言)의 가능한 의미' 안에서 법률로부터 해당 사안에 적용할 법을 발견하는 작업인 반면에, 후자는 해당 사안에 적용할 법적 기준이 존재하지 않는 법률의 흠결을 '법률 문언의 가능한 의미'의 제한을 받지 않는 법적 판단을 통하여 보충하는 작업이다. 후자는 법률 문언에 반하지만 법률의 목적을 실현하기 위한 법 획득 방법이다. 양자의 차이는 적극적 후보, 중립적 후보, 소극적 후보라는 개념으로 설명할 수 있다. 적극적 후보란 어느 단어가 명백히 적용될 수 있는 대상을 말하고, 소극적 후보란 어느 단어가 명백히 적용될 수 없는 대상을 말하며, 중립적 후보란 앞의 둘에 속하지 않는 대상을 말한다. '법의 발견' 중 하나인 '축소해석'은 법률 문언의 적용범위를 중립적 후보에서 적극적 후보로 좁히는 것인 반면에, '법의 형성' 중 하나인 '목적론적 축소'는 그 경계가 확실한 '법률 문언의 가능한 의미'에 포함되는 어느 적극적 후보를 해당 법률의 목적에 따라 소극적 후보로 만들어 그 적용범위에서 제외하는 것이다.

〈견해〉

X국에서 '차'는 동력장치가 있는 이동수단을 의미하고, 승용차, 버스 등이 그에 해당하는데, 동력장치가 있는 자전거가 그에 해당하는지는 명확하지 않다. '차'라는 법률 문언의 적용범위에 대해 다음과 같이 견해가 나뉜다.

갑 : '차'라는 법률 문언의 적용범위에는 동력장치가 없는 자전거도 포함된다.
을 : '차'라는 법률 문언의 적용범위에는 승용차만 포함되고 버스는 포함되지 않는다.
병 : '차'라는 법률 문언의 적용범위에는 동력장치가 있는 자전거가 포함되지 않는다.

─────────── 〈보기〉 ───────────

ㄱ. 갑의 견해는 법률 문언에 반하여 법률의 목적을 실현할 필요가 있어야 정당화되고, 을의 견해는 그렇지 않더라도 정당화된다.
ㄴ. 병의 견해는 동력장치가 있는 자전거를 중립적 후보에서 소극적 후보로 만들어 법을 형성하고자 한 것이다.
ㄷ. 주차공간을 확보하기 위하여 집 앞에 설치하는 '주차금지' 팻말의 '차'의 적용범위에서 자기 소유의 승용차를 제외하는 것은, 을이 법을 획득하기 위하여 사용한 방법과 같다.

① ㄴ   ② ㄷ   ③ ㄱ, ㄴ
④ ㄱ, ㄷ   ⑤ ㄱ, ㄴ, ㄷ

154

다음 논쟁에 대한 분석으로 옳은 것만을 〈보기〉에서 있는 대로 고른 것은? [22추리-5]

80년 전 K섬이 국가에 의해 무단으로 점유되어 원주민 A가 K섬에서 강제로 쫓겨나 타지에서 어렵게 살게 되었다. A가 살아 있다면 국가가 저지른 잘못에 대해서 A에게 배상이 이루어져야 하겠지만 A는 이미 사망하였다. A의 현재 살아 있는 자녀 B에게 배상이 이루어져야 할지에 대해서 다음과 같은 논쟁이 벌어졌다.

갑 : 배상은 어떤 잘못에 의해서 영향받은 사람에게 이루어져야 하는데, ㉠잘못된 것 X에 대해 사람 S에게 배상을 한다는 것은, X가 일어나지 않았더라면 S가 누렸을 만한 삶의 수준이 되도록 S에게 혜택을 제공하는 것이다. 피해자의 삶의 수준을 악화시킨 경우 그리고 그런 경우에만 배상이 이루어져야 한다. 따라서 80년 전 K섬의 무단 점유가 없었더라면 B가 누렸을 삶의 수준이 되도록 B에게 혜택을 제공하는 배상이 이루어져야 한다.

을 : 갑의 주장에는 심각한 문제가 있다. K섬의 무단 점유가 없었더라면 B의 아버지는 B의 어머니가 아니라 다른 여인을 만나 다른 아이가 태어났을 것이고 B는 아예 존재하지 않았을 것이다. 따라서 그 섬의 무단 점유가 없었더라면 B가 더 높은 수준의 삶을 누렸을 것이라고 말하는 것은 옳지 않으며, 그런 상황에서 B가 누렸을 삶의 수준이 어느 정도인지의 질문에 대해 애초에 어떤 답도 없다.

병 : B의 배상 원인이 되는 잘못은 80년 전 발생한 K섬의 무단 점유가 아니라, B가 태어난 후 어느 시점에서 K섬의 무단 점유에 대해 A에게 배상이 이루어지지 않았다는 사실이다. 만약 그런 사실이 없었더라면, 다시 말해 B가 태어난 후 K섬의 무단 점유에 대해 A에게 배상이 이루어졌더라면, A는 B에게 더 나은 교육 기회와 자원을 제공하였을 것이고 B는 더 나은 삶을 살았을 것이다. 그러나 과거에 그런 배상이 이루어지지 않았기 때문에 B에게 배상이 이루어져야 하는 것이다.

─────────〈보 기〉─────────

ㄱ. 갑이 "80년 전 K섬의 무단 점유가 없었더라면, A는 그가 실제로 누렸던 것보다 훨씬 더 높은 수준의 삶을 누렸겠지만 B는 오히려 더 낮은 수준의 삶을 누렸을 것이다."라는 것을 받아들이게 된다면, 갑은 B에게 배상이 이루어져야 한다는 주장에 동의하지 않을 것이다.

ㄴ. 을이 ㉠의 원리를 받아들인다면, 그는 80년 전 K섬의 무단 점유에 대해 B에게 배상이 이루어져야 한다는 주장에 동의할 것이다.

ㄷ. 병은 ㉠의 원리에 동의하지 않지만, B에게 배상이 이루어져야 한다는 것에 대해서는 갑과 의견을 같이한다.

① ㄱ   ② ㄴ   ③ ㄱ, ㄷ
④ ㄴ, ㄷ   ⑤ ㄱ, ㄴ, ㄷ

155

[규정]의 〈검토의견〉에 대한 평가로 옳은 것만을 〈보기〉에서 있는 대로 고른 것은? [22추리-8]

[규정]
제1조(정의) '아동'은 미성년자를 말한다.
제2조(신체적 아동학대) 누구든지 아동을 폭행하거나 신체건강 및 발달에 해를 끼치는 신체적 학대행위를 한 때에는 5년 이하의 징역에 처한다.
제3조(성적 아동학대) 누구든지 아동을 대상으로 성적 수치심을 야기하는 성적 학대행위를 한 때에는 6년 이하의 징역에 처한다.

〈검토의견〉
A : 아동학대범죄는 일반폭력범죄와 달리 보호의무자가 보호대상자에게 해를 끼치는 데 특징이 있다. 따라서 보호대상자인 아동은 제2조, 제3조의 행위주체에서 제외하고 행위주체를 보호의무자인 '성인'으로 한정하여야 한다.
B : [규정]은 학대가해자를 철저히 처벌하여 학대피해자인 아동을 각종 학대행위로부터 두텁게 보호하고자 하는 데에 목적이 있다. 따라서 제2조, 제3조의 행위주체는 현행과 같이 '누구든지'로 유지되어야 한다.
C : 성적 행위와 관련하여 아동피해자를 성적 자기결정능력이 있는 성인피해자와 동일하게 취급할 수 없다. 따라서 제3조에서 '성적 수치심을 야기하는'이라는 표현은 삭제하는 것이 타당하다.

───────────────── 〈보 기〉 ─────────────────

ㄱ. "최근 미성년자가 다른 미성년자의 보호·감독자가 되는 사회적 관계 유형이 증가하고 있다."는 연구 결과는 A를 뒷받침한다.
ㄴ. "아동학대의 가해자 상당수가 어린 시절 아동학대를 경험한 피해자이므로 아동학대에서 피해자와 가해자를 이분법적으로 나눌 수 없다."는 연구 결과는 B를 뒷받침한다.
ㄷ. "최근 미성년자 간에 성적 요구를 하여 영상 등을 촬영하는 사례가 늘고 있으며 이러한 요구에 대하여 아무 부끄러움이나 불쾌감 없이 응한 경험이 이후 부정적 자기정체성이나 왜곡된 성 인식을 형성하는 데에 결정적 영향을 미치므로, 미성년자 간의 성적 요구행위 역시 학대로 보아 처벌할 필요성이 크다."는 연구 결과는 B, C 모두를 뒷받침한다.

① ㄱ   ② ㄷ   ③ ㄱ, ㄴ
④ ㄴ, ㄷ   ⑤ ㄱ, ㄴ, ㄷ

156

다음 논쟁에 대한 분석으로 옳은 것만을 〈보기〉에서 있는 대로 고른 것은? [22추리-12]

X국 형법은 타인의 재물을 훔친 자를 절도죄로 처벌한다. 형법상 '재물'의 의미와 관련하여 갑, 을, 병이 아래와 같이 논쟁을 하고 있다.

갑 : 재물이란 '재산적 가치가 있는 물건'을 말하고, 여기서 '재산적 가치'란 순수한 경제적 가치, 즉 금전적 가치를 의미하기 때문에, 형법상 재물은 물건의 소유 및 거래의 적법성 여부와는 상관 없다고 생각합니다.

을 : 재물이 반드시 적법하게 소유되거나 거래된 것일 필요가 없다는 점에 대해서는 갑의 견해에 동의합니다. 하지만 재물의 개념요소인 '재산적 가치'는 소유자가 주관적으로 부여하는 것이기 때문에, 금전적 교환가치가 있든 없든 소유자의 소유의사가 표출되어 있는 이상 해당 물건을 형법상 재물로 보는 것이 타당합니다.

병 : 재물의 개념요소인 '재산적 가치'가 인정되려면 금전적 교환가치가 있어야 합니다. 하지만 그 것은 필요조건이지 충분조건은 아니라고 생각합니다. 형법상 재물이 되기 위해서는 금전적 교 환가치가 있어야할 뿐만 아니라 소유 및 거래의 적법성이 인정되는 것이어야 합니다.

─〈보 기〉─

ㄱ. 갑은 마약밀매상이 가지고 있는 법적으로 소유가 금지된 마약을 형법상 재물로 본다.
ㄴ. 을은 마약밀매상이 가지고 있는 법적으로 소유가 금지된 마약과 연예인이 소중히 보관하고 있 지만 거래는 되지 않는 팬레터를 모두 형법상 재물로 본다.
ㄷ. 병은 연예인이 소중히 보관하고 있지만 거래는 되지 않는 팬레터를 모두 형법상 재물로 보지 만, 마약밀매상이 가지고 있는 법적으로 소유가 금지된 마약은 형법상 재물로 보지 않는다.

① ㄱ   ② ㄷ   ③ ㄱ, ㄴ
④ ㄴ, ㄷ   ⑤ ㄱ, ㄴ, ㄷ

157

다음으로부터 추론한 것으로 옳은 것만을 〈보기〉에서 있는 대로 고른 것은? [23추리-1]

X국의 A법 제2조 제1항은 "'근로자'라 함은 직업의 종류를 불문하고 임금·급료 기타 이에 준하는 수입에 의하여 생활하는 자를 말한다."라고 규정하고, 같은 법 제2조 제4항은 "근로자가 아니면 노동조합에 가입할 수 없다."라고 규정한다.

A법에서 말하는 '근로자'의 범위에 대하여 다음과 같이 서로 다른 견해가 제시된다.

갑 : A법에서 말하는 '근로자'는 사용자와 계약을 맺고, 그 사용자로부터 근로의 대가로 계속적·정기적인 금품을 받는 자이다.

을 : A법에서 말하는 '근로자'는 사용자와 계약을 맺고, 그 사용자로부터 근로의 대가로 계속적·정기적인 금품을 받는 자 또는 성과에 따른 수수료(인센티브)를 받는 자이다.

병 : 일시적으로 실업 상태에 있는 자나 구직 중인 자도 노동3권(단결권·단체교섭권·단체행동권)을 보장할 필요성이 있는 한 A법에서 말하는 '근로자'에 포함된다.

─────────〈보 기〉─────────

ㄱ. 헬스장 사업자와 계약을 맺고 헬스장 회원들의 요청이 있으면 개인 레슨을 제공하고 회원들로부터 수수료를 받아 생활하는 자는, 갑에 따르면 노동조합에 가입할 수 있으나, 병에 따르면 가입할 수 없다.

ㄴ. 원격영어학원으로부터 근로의 대가로 계속적·정기적인 금품을 받지는 않으나 학원과 계약을 맺고 수강생 모집 실적에 따라 그 학원으로부터 수수료를 받아 생활하는 자는, 갑에 따르면 노동조합에 가입할 수 없으나, 을에 따르면 가입할 수 있다.

ㄷ. 원치 않는 해고를 당한 자는 을에 따르든 병에 따르든 노동조합에 가입할 수 없다.

① ㄴ   ② ㄷ   ③ ㄱ, ㄴ

④ ㄱ, ㄷ   ⑤ ㄱ, ㄴ, ㄷ

158

〈주장〉에 대한 반대 논거가 될 수 있는 것만을 〈보기〉에서 있는 대로 고른 것은? [23추리-2]

[A법]

제1조 3심제의 최종심인 상고심은 대법원이 담당한다.

제2조 대법원은 상고 신청의 이유가 적절하지 않다고 인정되는 때에는 재판을 열지 않고 판결로 상고를 기각한다.

제3조 제2조에 따라 상고를 기각하는 판결에는 이유를 기재하지 않을 수 있다.

〈주장〉

A법 제2조는 대법원에 상고가 남용되는 상황을 예방하고 사건에 대한 신속한 처리를 통하여 적절한 신청 이유를 가진 당사자의 재판 받을 권리를 충실히 보장하기 위한 규정으로서 입법 취지 및 규정 내용 등에 비추어 그 합리성이 충분히 인정된다. A법 제3조는 제2조를 실현하기 위해 요구되는 절차적 규정이다. 즉 상고기각 판결에 이유를 기재하는 것은 대법원에 불필요한 부담만 가중하고 정작 재판이 필요한 사건에 할애해야 할 시간을 낭비하는 것이기 때문에 제3조의 취지 또한 정당화된다. 일반적으로 판결에 이유 기재를 요구하는 목적은 당사자에게 법원의 판단 과정을 납득시키고 불복수단을 강구하도록 하려는 것이나, 소송금액이 적은 사건처럼 경미한 사건을 신속하게 처리하기 위하여 판결이유를 생략하는 것이 인정되는 것과 같이, 이유 기재는 판결의 필수적인 요소가 아니라 법원이 그 여부를 선택할 수 있는 사항이다. 게다가 대법원이 존재한다고 하여 모든 사건에 대해 대법원에서 재판받을 기회가 보장되어야 하는 것은 아니기 때문에, 판결이유 기재를 비롯한 대법원의 재판에 대한 구체적인 제도의 내용은 대법원의 재량범위에 속한다.

〈보 기〉

ㄱ. 재판을 받을 권리는 재판이라는 국가적 행위를 청구하는 권리이고, 청구권에는 청구에 상응하는 상대방의 의무가 반드시 결부되며 그 의무에는 청구에 응할 의무와 성실히 답할 의무가 포함된다.

ㄴ. 재판을 받을 권리는 재판절차에의 접근성 보장과 절차의 공정성 보장 등을 주된 내용으로 하는 기회 보장적 성격을 가지며, 법원의 판결의 정당성은 그 판결에 대한 근거제시에 의해 좌우된다.

ㄷ. 대법원의 판결은 국민이 유사한 사안을 해석하고 규범적 평가를 내리는 사실상의 판단기준으로서 기능하며, 판결의 결론뿐만 아니라 그 논증 과정 역시 동일한 기능을 수행한다.

---

① ㄱ   ② ㄴ   ③ ㄱ, ㄷ

④ ㄴ, ㄷ   ⑤ ㄱ, ㄴ, ㄷ

159

다음 논쟁에 대한 분석으로 옳은 것만을 〈보기〉에서 있는 대로 고른 것은? [23추리-3]

갑 : 형사절차에서 추구해야 할 진실은 사건의 진상, 즉 '객관적 진실'이다. 그리고 객관적 진실을 발견하기 위해서 사건 당사자(피고인, 검사) 못지않게 판사의 적극적인 진실발견의 활동과 개입이 필요하다. 따라서 진실발견을 위해 필요한 경우, 중대한 절차 위반이 없다면 판사가 사건 당사자의 주장이나 청구에 제약을 받지 않고 직접 증거를 수집하거나 조사하는 것도 가능하다.

을 : '사건의 진상' 또는 '객관적 진실'은 오직 신(神)만이 알 수 있다. 사건 당사자들이 주장하는 사실과 제출된 증거들을 통해 판사가 내리는 결론도 엄밀히 말하면 판사의 주관적 진실에 불과하다. 다만 판사의 주관적 진실을 '판결'이라는 이름으로 신뢰하고 규범력까지 인정하는 이유는 그것이 단순히 한 개인의 주관적인 진실이 아니라, 공정한 형사절차를 통해 도출된 결론이기 때문이다. 따라서 형사절차에서 추구해야 하는 것은 '절차를 통한 진실'이고 이를 위해 사건 당사자들이 법정에서 진실을 다툴 수 있는 공정한 기회가 보장되어야 한다. 이때 판사의 역할도 진실을 담보해 내기 위해 절차를 공정하고 엄격하게 해석·적용·준수하는 것이어야 한다. 즉 판사는 정해진 절차 속에서 행해지는 사건 당사자들의 주장과 입증을 토대로 중립적인 제3자의 지위에서 판단자의 역할을 수행해야 한다.

병 : 객관적 진실은 존재하고, 형사절차는 그러한 객관적 진실에 최대한 가까이 접근하고자 마련된 절차이다. 따라서 형사절차에서 사건의 진상을 명확히 밝힘으로써 객관적 진실을 추구해야 한다는 것에는 기본적으로 동의한다. 하지만 객관적 진실의 발견은 전적으로 사건 당사자들의 증거제출과 입증에 맡겨야 하고, 이러한 진실발견의 과정에 판사가 직접적·적극적으로 개입하는 것은 바람직하지 않다. 따라서 판사는 원칙적으로 제3자의 입장에서 중립적인 판단자의 역할을 수행하되, 인권침해를 통해서 얻어낸 객관적 진실은 정당성을 획득할 수 없으므로 판사는 형사절차의 진행 과정에서 인권침해가 발생하지 않도록 감시하고, 인권침해가 발생했을 경우에는 이를 바로잡는 역할과 의무도 함께 부담한다.

───── 〈보 기〉 ─────

ㄱ. 범죄를 조사하기 위해 구속기간 연장의 횟수 제한을 없애자는 법률개정안에 대해 갑과 병은 찬성할 것이다.

ㄴ. '법이 정한 적법한 절차를 위반하여 수집된 증거는 설사 그것이 유죄를 입증할 유일하고 명백한 증거라 하더라도 예외 없이 유죄의 증거로 사용할 수 없다'는 법원칙에 대해 을은 찬성하지만, 갑은 반대할 것이다.

ㄷ. '피고인이 재판에 출석하지 아니한 때에는 특별한 규정이 없으면 재판을 진행하지 못한다'는 법원칙에 대해 을과 병은 찬성할 것이다.

① ㄱ ② ㄴ ③ ㄱ, ㄷ
④ ㄴ, ㄷ ⑤ ㄱ, ㄴ, ㄷ

160

〈견해〉에 따라 〈사례〉에서 갑에게 부과되는 형의 범위로 옳은 것은? [23추리−7]

[규정]
「범죄처벌법」제1조(절도죄) 타인의 물건을 훔친 자는 6년 이하의 징역에 처한다.
제2조(반복범) 징역 이상의 형을 받아 그 집행을 종료하거나 면제를 받은 후 2년 이내에 징역 이
    상에 해당하는 죄를 범한 자의 형의 기간 상한은 그 죄의 형의 기간 상한의 1.5배로 한다.
「절도범죄처벌특별법」제1조(절도반복범) 절도죄로 두 번 이상의 징역형을 받은 자가 다시 절도죄
    를 범한 경우에는 2년 이상 20년 이하의 징역에 처한다.

〈견해〉
견해1 : 「범죄처벌법」에서 '형의 집행을 종료한 후'란 형의 집행 종료일 이후를 의미한다고 해석하
    여야 하므로 반복범의 기간 2년을 계산하는 시작점은 형의 집행 종료일 다음날이 되어야
    한다.
견해2 : 「범죄처벌법」에서 '형의 집행을 종료한 후'란 문언 그대로 형의 집행이 종료된 출소 이후를
    의미한다고 해석하여야 하므로 반복범의 기간 2년을 계산하는 시작점은 형의 집행 종료 당
    일이 되어 종료 당일도 2년의 기간에 포함된다.
견해A : 「절도범죄처벌특별법」제1조는 「범죄처벌법」제2조와 별개의 규정이므로 절도반복범에 해
    당하는 경우, 「절도범죄처벌특별법」이 따로 규정한 형벌의 범위 내에서만 형이 부과되어
    야 한다.
견해B : 「절도범죄처벌특별법」의 절도반복범은 절도범에 대한 가중처벌이므로 이 법에 따라 처벌
    하고, 이어 「범죄처벌법」의 반복범에도 해당하면 그 법에 따라 다시 가중처벌해야 한다.

〈사례〉
    갑은 절도죄로 징역 6월을 선고받아 2014. 3. 15. 형집행이 종료되었고 이후 다시 저지른 절도죄
로 징역 1년을 선고받아 2017. 9. 17. 형집행이 종료되었는데 다시 2019. 9. 17. 정오 무렵에 절도
를 저질렀다(기간 계산에 있어서 시작일은 하루로 계산한다).

① 견해1과 견해A에 따르면, 징역 2년 이상 30년 이하
② 견해1과 견해B에 따르면, 징역 2년 이상 30년 이하
③ 견해2와 견해A에 따르면, 징역 2년 이상 30년 이하
④ 견해2와 견해A에 따르면, 징역 9년 이하
⑤ 견해2와 견해B에 따르면, 징역 2년 이상 30년 이하

161

〈견해〉에 대한 평가로 옳은 것만을 〈보기〉에서 있는 대로 고른 것은? [23추리-9]

[규정]
제1조(정의) '약사(藥事)'란 의약품·의약외품의 제조·조제·보관·수입·판매[수여(授與)를 포함]와 그 밖의 약학기술에 관련된 사항을 말한다.
제2조(의약품 판매) 약국 개설자가 아니면 의약품을 판매하거나 판매할 목적으로 취득할 수 없다. 다만, 의약품의 제조업 허가를 받은 자가 제조한 의약품을, 의약품 제조업 또는 판매업의 허가를 받은 자에게 판매하는 경우에는 그러하지 아니하다.

〈사례〉
　　P회사는 의약품 제조업의 허가와 의약품 판매업의 허가를 각각 받아 의약품 제조업자와 의약품 도매상의 지위를 동시에 가지고 있다. P회사는 의약품취급방법 위반으로 제조업자의 지위에서 의약품 판매 정지 처분을 받았다. 이와 관련하여 P회사가 의약품 제조업자의 지위에서는 의약품을 출고하고, 의약품 도매상의 지위에서는 그 의약품을 입고한 경우가 이 규정에 따른 '판매'에 해당하는지에 대해 다음과 같이 견해가 대립한다.

〈견해〉
견해1 : 제2조는 엄격한 관리를 통하여 의약품이 비정상적으로 거래되는 것을 막으려는 취지이다. 의약품 회사가 제조업과 도매상 허가를 모두 취득하였더라도 의약품이 제조업자로부터 도매상으로 이동한 경우는 그 지위가 구분되는 상대방과의 거래로 볼 수 있으므로, '판매'에 해당한다.
견해2 : 일반적으로 판매란 값을 받고 물건 등을 남에게 넘기는 것을 의미하는 것으로 물건 등을 넘기는 자와 받는 자를 전제하는 개념이다. 의약품 회사가 제조업의 허가와 도매상의 허가를 모두 취득하였더라도 제조업자로서 제조한 의약품을 도매상의 지위에서 입고하여 관리하는 것은 동일한 회사 내에서의 이동일 뿐이고, 독립한 거래 상대방이 존재하는 것이 아니므로 '판매'에 해당하지 않는다.

─── 〈보 기〉 ───

ㄱ. [규정]에서 의약품 도매상이 되려는 자는 시장·군수·구청장의 허가를 받아야 하고 제조업자가 되려는 자는 식품의약청장의 허가를 받아야 한다는 별도의 규정이 있다면 견해1은 약화된다.
ㄴ. 제1조의 판매에 포함되는 '수여(授與)'의 개념에 거래 상대방과 관계없이 물건 자체의 이전(移轉)도 포함된다면 견해2는 강화된다.
ㄷ. 제2조의 입법취지에 따른 판매 개념이 일반 대중에게 의약품이 유통되는 것을 의미하는 것이라면 견해2는 강화된다.

① ㄴ　　　　　　　② ㄷ　　　　　　　③ ㄱ, ㄴ
④ ㄱ, ㄷ　　　　　　⑤ ㄱ, ㄴ, ㄷ

162

다음 글에 대한 분석으로 옳은 것만을 〈보기〉에서 있는 대로 고른 것은? [23추리-11]

[X국 세법의 부동산보유세율]

부동산 가격	세율	부동산 가격	세율
5억 원 이하	0.5%	10억 원 초과 20억 원 이하	2.5%
5억 원 초과 10억 원 이하	1.5%	20억 원 초과	3.5%

〈상황〉

회사 갑과 회사 을은 P그룹에 속하고, 회사 병과 회사 정은 Q일가의 가족이 운영하고 있다. P는 기업등록부에 그룹으로 등록되어 있으며, Q는 그룹으로 등록되어 있지 않다. X국의 현행 세법에 따르면 각 회사별로 보유하고 있는 부동산에 대하여 개별과세한다. (P와 Q 자체는 부동산을 보유하고 있지 않다.)

〈견해〉

견해1 : 과세는 경제공동체 단위로 이루어져야 한다. 기업등록부에 등록된 하나의 그룹 내 속한 회사들은 경제공동체로 볼 수 있다. 예컨대 P그룹에 속한 회사 중 갑만이 10억 원의 부동산을 소유하는 경우의 총과세액과 갑, 을 각각 5억 원의 부동산을 소유하는 경우의 총과세액이 현행 세법에 따르면 달라지는데 이는 경제공동체라는 점이 반영되지 않으므로 부당하다. P그룹 내 각 회사의 부동산 소유 개별 가격에 관계 없이 합산 부동산 가격에 대해 과세해야 경제공동체라는 점이 반영된다. 즉, P그룹 내 회사들의 소유 부동산에 대해 합산과세하여야 한다.

견해2 : 과세는 경제공동체 단위로 이루어지는 것이 바람직하지만, 기업등록부에 등록된 그룹에 대해서만 부동산보유세 합산과세를 하는 경우에는 다음과 같은 문제점이 생긴다. 예컨대 Q일가가 운영하는 병과 정은 기업등록부에 그룹으로 등록된 회사가 아니므로 병과 정의 보유 부동산 가액은 과세 시 합산되지 않는다. P와 Q에 속한 각 회사들의 부동산 가액의 합이 같은 경우에는, P와 Q 모두 실질적으로 경제공동체의 속성을 가지고 있음에도 불구하고 P가 Q보다 세금을 더 내게 되어 불공평한 결과를 초래한다. 따라서 차라리 현행 세법에 따라 그룹 등록 여부와 무관하게 각 회사별로 개별과세하는 것이 옳다.

〈보 기〉

ㄱ. P에 속한 회사들의 부동산 합산 가격이 5억 원 이하라면, 견해1에 의하여 과세하든 견해2에 의하여 과세하든 과세 총액이 달라지지 않는다.

ㄴ. P에 속한 회사들의 부동산 합산 가격이 20억 원을 초과한다면, 견해1에 의하여 과세하는 경우와 견해2에 의하여 과세하는 경우에 각 과세 총액이 같아지는 경우는 없다.

ㄷ. Q 등의 실질적인 경제공동체를 기업등록부에 등록된 그룹으로 보는 세법 개정이 이루어진다면, 견해2는 P에 대한 부동산보유세 합산과세에 반대하지 않을 것이다.

① ㄱ   ② ㄴ   ③ ㄱ, ㄷ   ④ ㄴ, ㄷ   ⑤ ㄱ, ㄴ, ㄷ

163

〈견해〉에 대한 평가로 옳은 것만을 〈보기〉에서 있는 대로 고른 것은? [24추리-1]

〈견해〉

A : 불법행위는 본래 존재하던 정의로운 상태 또는 형평상태를 파괴하는 행위이다. 따라서 불법행
위법은 불법행위로 인하여 파괴된 본래 상태를 회복하여 피해자를 구제하는 시스템이다. 불법
행위법에서 회복을 지향하는 것은 정의 또는 윤리에 기초한 요청이고 그것이 사회의 효용증진
에 이바지하거나 기능적으로 유용하기 때문이 아니다. 나아가 가해자나 제3자(사회공동체 포
함)가 아닌 피해자의 관점에서 불법행위 이전의 상태로 완전하게 회복되지 않는 한 진정한 피
해자 구제는 실패한 것이다.

B : 불법행위는 사람이 고의나 과실로 저지르는 위법행위라는 점에 본질이 있다. 따라서 불법행위
법은 불법행위로 말미암은 손해의 회복과 더불어 불법행위의 예방을 목표로 하여야 한다. 불법
행위법은 사회 구성원들에게 행위지침을 제시하고 바람직한 행위로 나아갈 인센티브를 부여하
여야 한다. 예방을 위한 메시지는 가해자에게만이 아니라, 가해자를 포함한 공동체 구성원 전
원에게 발신되어야 한다. 어떠한 메시지를 전달할 것인가를 정할 때도 무엇이 공동체에 최고의
선인가를 진지하게 고려하여야 한다.

─────── 〈보 기〉 ───────

ㄱ. 불법행위로 물건을 파손한 사안에서 수리비가 그 물건의 교환가치를 초과한 경우에도 수리비
전액을 피해자에게 배상하도록 X국 법원이 판결하였다면, A는 약화된다.
ㄴ. 회사의 영업비밀 자료를 경쟁사에 넘겨 이득을 취하였으나 회사에는 현실적 손해가 발생하지
않은 사안에서 그 이득을 손해로 보아 회사에 배상하도록 X국 법원이 판결하였다면, B는 강화
된다.
ㄷ. 비하적 표현을 반복적으로 사용하여 명예를 훼손하였으나 피해자가 용서한 사안에서 그러한
비하적 표현을 용인하는 것이 사회의 자유로운 토론을 저해함을 이유로 제3자에게 배상하도록
X국 법원이 판결하였다면, A는 약화되고 B는 강화된다.

① ㄱ   ② ㄷ   ③ ㄱ, ㄴ
④ ㄴ, ㄷ   ⑤ ㄱ, ㄴ, ㄷ

164

다음으로부터 추론한 것으로 옳지 <u>않은</u> 것은? [24추리-5]

계약은 당사자의 자율적 합의로 성립된다. 계약의 본질과 기능에 비추어 계약법은 당사자의 자율을 승인할 뿐만 아니라 이를 최대한 관철시키고 강화하는 규범체계라야 한다. 당사자의 자율은 어느 경우에 제한할 수 있는가? 이에 대해 세 가지 견해가 있다.

A : 자율은 그것이 가져오는 결과보다는 자율 그 자체에 가치가 있는 것이기에 보호되어야 한다. 당사자의 의사는 '원래' 존중할 가치가 있기 때문에, 당사자 일방이 의도했던 의사가 다르게 표시되어 상대방이 그 표시대로 믿었더라도 표시보다는 당사자 일방이 의도한 의사를 존중해야 한다. 국가의 후견적 관여는 자율의 행사가 오히려 자율 그 자체를 본질적으로 침해하는 정도에 이르러야 비로소 정당화된다.

B : 자율 그 자체의 가치보다는 자율이 당사자에게 가져다주는 효용에 주목하여 자율을 보호해야 한다. 자율을 제한함으로써 당사자에게 발생하는 비용(−)의 절댓값이 당사자에게 발생하는 효용(+)의 절댓값보다 작으면, 자율에 대한 제한은 정당화된다. 자율을 제한하여 당사자 이외의 제3자(국가나 사회 포함)의 효용을 높일 수 있다는 것만으로는 자율에 대한 제한이 정당화되지 않는다.

C : 자율 그 자체의 가치보다는 자율이 사회 전체에 가져다주는 효용에 주목하여 자율을 보호해야 한다. 이러한 사고는 효용을 평가할 때 당사자가 아닌 사회 전체에 초점을 맞춘다. 다만 자율을 제한함으로써 당사자에게 발생하는 비용(−)의 절댓값이 당사자에게 발생하는 효용(+)의 절댓값보다 큰 경우에는 그 차액만큼 국가 등이 보상해주어야 자율을 제한할 수 있다. 보상된 만큼 당사자의 효용은 증가된 것으로 본다.

① A에 따르면, 당사자 일방이 자신이 의도했던 의사가 ㉮임에도 실수로 ㉯로 표시하여 상대방이 ㉯로 인식한 경우에도 당사자 일방의 의사를 ㉮로 본다.

② B에 따르면, 당사자의 자율을 정당하게 제한함으로써 발생하는 당사자의 비용(−)과 효용(+)의 합은 항상 양(+)이다.

③ C에 따르면, 당사자의 자율을 제한하는 경우에 당사자의 비용(−)과 효용(+)의 합이 음(−)인 경우가 발생한다.

④ A와 C 중 어느 것에 따르든, 당사자의 자율을 제한하여 발생하는 당사자의 비용(−)과 효용(+)의 합이 양(+)이 되더라도 당사자의 자율을 제한할 수 없는 경우가 존재한다.

⑤ X국 규제기본법이 "사회 전체에 창출되는 효용의 총합이 자율을 제한하여 발생하는 비용을 초과하는 경우에만 당사자의 자율을 제한한다."라고 규정한다면, 이는 B보다는 C에 따라 입법된 것이다.

165

〈견해〉에 대한 평가로 옳은 것만을 〈보기〉에서 있는 대로 고른 것은? [24추리-6]

X국에서 드론을 이용하여 고층 아파트 거실을 무단으로 촬영한 사건이 발생하였고, ㉠타인의 주거 내부를 외부에서 무단으로 촬영한 행위를 [규정]에 따라 처벌할 수 있는지가 문제되고 있다.

[규정]

제1조(비밀탐지죄) 공개되지 아니한 타인의 주거나 건조물 내부를 녹음 또는 청취 등의 방식으로 탐지한 자는 5년 이하의 징역에 처한다.

제2조(불법수색죄) 타인의 주거나 건조물을 권한 없이 수색한 자는 3년 이하의 징역에 처한다.

〈견해〉

A : ㉠은 비밀탐지죄에 해당한다. '탐지'는 주거 내부의 정보를 알아내어 거주자가 누리는 사생활의 안전감을 침해하는 것이고 '녹음 또는 청취 등의 방식'은 반드시 음향적 또는 청각적 방식에 제한되지 않으므로 녹화 또는 조망의 방식을 포함한다.

B : ㉠은 불법수색죄에 해당한다. '수색'은 사람이나 물건을 발견하기 위하여 일정한 장소를 조사하는 것이다. 기존에 불법수색죄는 주거나 건조물에 적법하게 들어간 사람이 권한 없이 수색하는 경우를 처벌해왔지만, 불법수색죄의 문언 자체는 주거나 건조물에 들어간 경우만으로 제한하고 있지 않다. 따라서 불법수색죄는 위법하게 주거나 건조물에 들어가 권한 없이 수색한 사람도 처벌할 수 있고 주거나 건조물 밖에서 그 내부를 권한 없이 수색한 사람도 처벌할 수 있다고 보아야 한다.

─── 〈보 기〉 ───

ㄱ. 외부에서 창문을 통해 육안으로 타인의 주거를 들여다보는 것만으로는 비밀탐지죄의 '탐지'에 해당하지 않는다고 X국 법원이 판결하였다면, A는 약화된다.

ㄴ. 타인의 주거에 위법하게 들어가 정보를 획득하는 행위가 적법하게 들어가 정보를 획득하는 행위보다 더 위법하다는 것이 [규정] 제1조와 제2조의 형량을 다르게 정한 입법 취지라면, B는 강화된다.

ㄷ. 경찰이 수배자 갑을 찾기 위해 드론으로 영장 없이 을의 주거를 외부에서 촬영한 행위가 사생활의 안전감을 침해하지는 않았으나 위법한 '수색'에는 해당한다고 X국 법원이 판결하였다면, A는 약화되고 B는 강화된다.

① ㄱ   ② ㄴ   ③ ㄱ, ㄷ

④ ㄴ, ㄷ   ⑤ ㄱ, ㄴ, ㄷ

166

다음 논쟁에 대한 분석으로 옳은 것만을 〈보기〉에서 있는 대로 고른 것은? [25추리-1]

의무복무제를 운영하는 X국의 「병역법」은 병역의무를 이행해야 하는 자의 의무복무기간을 사병은 3년, 부사관은 7년, 장교는 10년으로 정하고 있다. 최근 X국 국회에는 부사관과 장교의 의무복무기간을 사병과 동일한 수준으로 단축하는 내용의 「병역법」 개정안이 제출되었다. 다음은 이를 둘러싼 갑과 을의 논쟁이다.

갑 : 나는 개정안에 반대해. 장교나 부사관의 의무복무기간이 사병보다 긴 이유는 이들이 그 계급에 맞는 직무역량을 갖추기 위해 국가의 비용으로 장기간 훈련을 거쳐서 임용되기 때문이야. 예컨대 공군 조종사나 기술적 전문성을 요하는 부사관은 고가의 전문장비에 대한 장기간 교육을 받아야 해. 지금의 의무복무기간은 국가가 장교와 부사관의 직무역량을 충분히 활용하기 위한 최소한의 기간이야.

을 : 나는 생각이 달라. 장교와 부사관의 의무복무에는 헌법상 국방의 의무를 수행하는 성격과 헌법상 직업의 자유를 실현하는 성격이 모두 있어. 사병과 같은 3년의 기간은 국방의 의무를 수행한다는 성격이 더 강하지만, 그 기간을 초과하는 복무기간은 직업활동으로서의 성격이 더 강하다고 생각해. 3년을 넘어 복무하게 하는 것은 장교와 부사관의 직업의 자유와 행복추구권을 과도하게 침해하는 것 같아.

〈보 기〉

ㄱ. 정보기술의 발달로 군의 자동화 및 첨단화가 빠르게 진행되어 직무역량 강화를 위한 시간과 비용이 예전보다 대폭 절감되었다면, 갑의 견해는 약화된다.

ㄴ. X국의 「병역법」에 따르면 의무복무의 이행방식은 본인의 의사에 따라 사병, 부사관, 장교 중에서 선택할 수 있고 장교와 부사관은 지원자 중 적격자만 선발된다는 사실은 을의 견해를 강화한다.

ㄷ. 사병의 의무복무기간을 3년으로 정한 「병역법」 규정이 헌법에 반하지 않는다고 X국의 헌법재판소가 판단하였다면, 갑의 견해는 강화되고 을의 견해는 약화된다.

① ㄱ   ② ㄴ   ③ ㄱ, ㄷ
④ ㄴ, ㄷ   ⑤ ㄱ, ㄴ, ㄷ

167

〈주장〉에 대한 평가로 옳은 것만을 〈보기〉에서 있는 대로 고른 것은? [25추리-5]

　　당사자의 자유로운 의사결정에 의해 체결된 계약을 통제하기 위해서는 정당화 사유가 있어야 한다. 그것이 정보비대칭으로 발생한 시장실패의 교정에 있다는 주장 A와 역학적 불균형으로부터의 보호에 있다는 주장 B가 존재한다.

〈주장〉

A : 정보비대칭은 계약체결시 계약의 체결과 내용에 의미가 있는 제반 사정이 당사자에게 불평등하게 분배되는 상황을 초래하여 시장실패를 발생시킨다. 시장실패가 불러온 제품의 질적 저하라는 위험은 계약당사자 중 정보의 열위에 있는 자가 모두 부담한다. 정보비대칭으로 인한 시장실패를 교정하기 위해 계약은 통제되어야 한다. 정보비대칭은 관련 정보를 상대방에게 제공하기만 하면 해소된다. 상대방이 알고 있는 정보나 시장에서 형성된 가격과 같은 정보는 이미 제공된 것으로 본다.

B : 계약은 강자의 손에서는 강력한 무기가 되고 약자의 손에서는 무딘 도구가 된다. 계약에서의 자기결정권은 당사자가 대등한 교섭력을 가지는 경우에만 보장된다. 당사자 일방은 미성년자이고 상대방은 성년자인 경우나 당사자 일방만이 국가인 경우처럼 역학적 불균형 상태에서 체결된 계약은 당사자 일방의 자기결정권만 보장하므로 통제되어야 한다.

〈보 기〉

ㄱ. 성년자 갑이 자기 소유의 물건에 관한 모든 정보가 적힌 설명서를 대학을 졸업한 미성년자 을에게 교부한 후 을과 매매계약을 체결한 경우, 이 계약에 대한 통제는 A에 의해서는 정당화되지 않고 B에 의해서는 정당화된다.

ㄴ. 미성년자 병이 온라인 중개 플랫폼을 통해 일면식도 없는 성년자 정에게 자신이 소유한 자전거를 시장가격보다 훨씬 낮은 가격으로 매도한 경우, 이 계약에 대한 통제는 A에 의해서는 정당화되고 B에 의해서는 정당화되지 않는다.

ㄷ. 성년자 무와 국가 X가 어떤 토지에 관한 모든 정보를 알고 그 토지에 대한 매매계약을 체결한 경우, 이 계약에 대한 통제는 A에 의해서든 B에 의해서든 정당화되지 않는다.

① ㄱ　　　　　　　② ㄷ　　　　　　　③ ㄱ, ㄴ
④ ㄴ, ㄷ　　　　　　⑤ ㄱ, ㄴ, ㄷ

168

〈견해〉에 대한 분석으로 옳은 것만을 〈보기〉에서 있는 대로 고른 것은? [25추리-8]

공공재는 공중이 공동으로 이용할 수 있는 재화로서 그 소유권은 국민이 가진다. 공공재는 누구나 그것에 접근하여 이용할 수 있고 누구도 그것의 이용을 금지시킬 수 없다. 그런데 공공재는 관리가 안 되면 필연적으로 그 가치가 감소하게 된다. 이러한 편익감소를 막기 위해 국가가 '행정'이라는 이름으로 공공재를 관리한다. 그러나 이러한 경우에는 효율성이 떨어지는 문제가 있어 국가가 공공재를 관리하는 방법에 관하여 다음과 같은 <견해>가 제기되었다.

〈견해〉

A : 국민이 공공재에 대한 관리를 전적으로 국가에 위임하였으므로 국가는 공공재를 직접 관리하거나 제3자에게 관리하게 할 수 있다. 국가는 효율적으로 공공재를 관리하여 이용가격에 합당한 서비스 품질을 보장하기 위해 공공재의 관리를 민영화할 필요가 있다. 다만 국민은 공공재를 국가가 직접 관리하는 경우에 자기가 부담하는 비용을 초과하여 부담하지 않는 것을 조건으로 국가에 관리방법의 재량을 부여한 것이다. 국가는 이 조건을 충족시켜야 한다.

B : 민영화는 영리성을 고려할 수밖에 없으므로 종전에 국가가 관리하던 공공재 서비스 이용가격이 종국적으로 인상되거나 종전 가격 대비 서비스의 질적 하락을 가져온다. 따라서 국가는 민영화의 대안으로 '협치'를 채택하여야 한다. 국가는 편익감소를 막아야 하는 경우를 제외하고는 공공재의 관리에 직접 관여해서는 안 되며, 공공재를 이용하는 사회 구성원들이 그에 의해 발생하는 문제를 자치적으로 해결할 수 있도록 해야 한다. 시민사회의 협치가 실패하면 공공재가 관리되지 않는 상태가 된다. 따라서 사회 구성원들은 협치가 실패하지 않도록 노력해야 한다.

─────〈보 기〉─────

ㄱ. A에 의하면, 공공재 X의 민영화 이후 이용가격이 국가가 직접 관리하였다면 국민이 부담하였을 이용가격보다 오른 경우, 국가는 초과된 부분을 국민이 부담하게 할 수 없다.
ㄴ. B에 의하면, 사회 구성원들에 의한 협치가 실패한 경우에는 국가는 공공재의 관리에 직접 관여할 수 있다.
ㄷ. 민영화를 하는 경우에 국가가 공공재 이용가격을 통제하면서 서비스의 질적 저하를 막을 수 있다는 연구 결과는 A를 강화하고 B를 약화한다.

① ㄱ   ② ㄴ   ③ ㄱ, ㄷ
④ ㄴ, ㄷ   ⑤ ㄱ, ㄴ, ㄷ

169

다음 글의 〈논쟁〉에 대한 분석으로 적절한 것만을 〈보기〉에서 모두 고르면? [22 7언-25]

갑과 을은 △△국 「주거법」 제○○조의 해석에 대해 논쟁하고 있다. 그 조문은 다음과 같다.

> **제○○조(비거주자의 구분)** ① 다음 각 호에 해당하는 △△국 국민은 비거주자로 본다.
>   1. 외국에서 영업활동에 종사하고 있는 사람
>   2. 2년 이상 외국에 체재하고 있는 사람. 이 경우 일시 귀국하여 3개월 이내의 기간 동안 체재한 경우 그 기간은 외국에 체재한 기간에 포함되는 것으로 본다.
>   3. 외국인과 혼인하여 배우자의 국적국에 6개월 이상 체재하는 사람
> ② 국내에서 영업활동에 종사하였거나 6개월 이상 체재하였던 외국인으로서 출국하여 외국에서 3개월 이상 체재 중인 사람의 경우에도 비거주자로 본다.

〈논쟁〉

쟁점 1 : △△국 국민인 A는 일본에서 2년 1개월째 학교에 다니고 있다. A는 매년 여름방학과 겨울방학 기간에 일시 귀국하여 2개월씩 체재하였다. 이에 대해, 갑은 A가 △△국 비거주자로 구분된다고 주장하는 반면, 을은 그렇지 않다고 주장한다.

쟁점 2 : △△국과 미국 국적을 모두 보유한 복수 국적자 B는 △△국 C 법인에서 임원으로 근무하였다. B는 올해 C 법인의 미국 사무소로 발령받아 1개월째 영업활동에 종사 중이다. 이에 대해, 갑은 B가 △△국 비거주자로 구분된다고 주장하는 반면, 을은 그렇지 않다고 주장한다.

쟁점 3 : △△국 국민인 D는 독일 국적의 E와 결혼하여 독일에서 체재 시작 직후부터 5개월째 길거리 음악 연주를 하고 있다. 이에 대해, 갑은 D가 △△국 비거주자로 구분된다고 주장하는 반면, 을은 그렇지 않다고 주장한다.

――――〈보 기〉――――

ㄱ. 쟁점 1과 관련하여, 일시 귀국하여 체재한 '3개월 이내의 기간'이 귀국할 때마다 체재한 기간의 합으로 확정된다면, 갑의 주장은 옳고 을의 주장은 그르다.

ㄴ. 쟁점 2와 관련하여, 갑은 B를 △△국 국민이라고 생각하지만 을은 외국인이라고 생각하기 때문이라고 하면, 갑과 을 사이의 주장 불일치를 설명할 수 있다.

ㄷ. 쟁점 3과 관련하여, D의 길거리 음악 연주가 영업활동이 아닌 것으로 확정된다면, 갑의 주장은 그르고 을의 주장은 옳다.

① ㄱ   ② ㄷ   ③ ㄱ, ㄴ

④ ㄴ, ㄷ   ⑤ ㄱ, ㄴ, ㄷ

170

다음 글의 〈논쟁〉에 대한 분석으로 적절한 것만을 〈보기〉에서 모두 고르면? [21 7언-25]

갑과 을은 「위원회의 운영에 관한 규정」 제8조에 대한 해석을 놓고 논쟁하고 있다. 그 조문은 다음과 같다.

> 제8조(위원장 및 위원) ① 위원장은 위촉된 위원들 중에서 투표로 선출한다.
> ② 위원장과 위원은 한 차례만 연임할 수 있다.
> ③ 위원장의 사임 등으로 보선된 위원장의 임기는 전임 위원장 임기의 남은 기간으로 한다.

〈논쟁〉

쟁점 1 : A는 위원을 한 차례 연임하던 중 그 임기의 마지막 해에 위원장으로 선출되어, 2년에 걸쳐 위원장으로 활동하고 있다. 이에 대해, 갑은 A가 규정을 어기고 있다고 주장하지만, 을은 그렇지 않다고 주장한다.

쟁점 2 : B가 위원장을 한 차례 연임하여 활동하던 중에 연임될 때의 투표 절차가 적법하지 않다는 이유로 위원장의 직위가 해제되었는데, 이후의 보선에 B가 출마하였다. 이에 대해, 갑은 B가 선출되면 규정을 어기게 된다고 주장하지만, 을은 그렇지 않다고 주장한다.

쟁점 3 : C는 위원장을 한 차례 연임하였고, 다음 위원장으로 선출된 D는 임기 만료 직전에 사퇴하였는데, 이후의 보선에 C가 출마하였다. 이에 대해, 갑은 C가 선출되면 규정을 어기게 된다고 주장하지만, 을은 그렇지 않다고 주장한다.

〈보 기〉

ㄱ. 쟁점 1과 관련하여, 갑은 위원으로서의 임기가 종료되면 위원장으로서의 자격도 없는 것으로 생각하지만, 을은 위원장이 되는 경우에는 그 임기나 연임 제한이 새롭게 산정된다고 생각하기 때문이라고 하면, 갑과 을 사이의 주장 불일치를 설명할 수 있다.

ㄴ. 쟁점 2와 관련하여, 갑은 위원장이 부적법한 절차로 당선되었더라도 그것이 연임 횟수에 포함된다고 생각하지만, 을은 그렇지 않다고 생각하기 때문이라고 하면, 갑과 을 사이의 주장 불일치를 설명할 수 있다.

ㄷ. 쟁점 3과 관련하여, 위원장 연임 제한의 의미가 '단절되는 일 없이 세 차례 연속하여 위원장이 되는 것만을 막는다'는 것으로 확정된다면, 갑의 주장은 옳고, 을의 주장은 그르다.

① ㄱ   ② ㄷ   ③ ㄱ, ㄴ
④ ㄴ, ㄷ   ⑤ ㄱ, ㄴ, ㄷ

171

다음 글의 빈칸에 들어갈 내용으로 가장 적절한 것은? [21 7언-23]

갑 : 안녕하십니까. 저는 시청 토목정책과에 근무합니다. 부정 청탁을 받은 때는 신고해야 한다고 들었습니다.

을 : 예, 「부정청탁 및 금품등 수수의 금지에 관한 법률」(이하 '청탁금지법')에서는, 공직자가 부정 청탁을 받았을 때는 명확히 거절 의사를 표현해야 하고, 그랬는데도 상대방이 이후에 다시 동일한 부정 청탁을 해 온다면 소속 기관의 장에게 신고해야 한다고 규정합니다.

갑 : '금품등'에는 접대와 같은 향응도 포함되지요?

을 : 물론이지요. 청탁금지법에 따르면, 공직자는 동일인으로부터 명목에 상관없이 1회 100만 원 혹은 매 회계연도에 300만 원을 초과하는 금품이나 접대를 받을 수 없습니다. 직무 관련성이 있는 경우에는 100만 원 이하라도 대가성 여부와 관계없이 처벌을 받습니다.

갑 : '동일인'이라 하셨는데, 여러 사람이 청탁을 하는 경우는 어떻게 되나요?

을 : 받는 사람을 기준으로 하여 따지게 됩니다. 한 공직자에게 여러 사람이 동일한 부정 청탁을 하며 금품을 제공하려 하였을 때에도 이들의 출처가 같다고 볼 수 있다면 '동일인'으로 해석됩니다. 또한 여러 행위가 계속성 또는 시간적·공간적 근접성이 있다고 판단되면, 합쳐서 1회로 간주될 수 있습니다.

갑 : 실은, 연초에 있었던 지역 축제 때 저를 포함한 우리 시청 직원 90명은 행사에 참여한다는 차원으로 장터에 들러 1인당 8천 원씩을 지불하고 식사를 했는데, 이후에 그 식사는 X 회사 사장인 A의 축제 후원금이 1인당 1만 2천 원씩 들어간 것이라는 사실을 알게 되었습니다. 이에 대하여는 결국 대가성 있는 접대도 아니고 직무 관련성도 없는 것으로 확정되었으며, 추가된 식사비도 축제 주최 측에 돌려주었습니다. 그리고 이달 초에는 Y 회사의 임원인 B가 관급 공사 입찰을 도와달라고 청탁하면서 100만 원을 건네려 하길래 거절한 적이 있습니다. 그런데 어제는 고교 동창인 C가 찾아와 X 회사 공장 부지의 용도 변경에 힘써 달라며 200만 원을 주려고 해서 단호히 거절하였습니다.

을 : 그러셨군요. 말씀하신 것을 바탕으로 설명드리겠습니다.

① X 회사로부터 받은 접대는 시간적·공간적 근접성으로 보아 청탁금지법을 위반한 향응을 받은 것이 됩니다.

② Y 회사로부터 받은 제안의 내용은 청탁금지법상의 금품이라고는 할 수 없지만 향응에는 포함될 수 있습니다.

③ 청탁금지법상 A와 C는 동일인으로서 부정 청탁을 한 것이 됩니다.

④ 직무 관련성이 없다면 B와 C가 제시한 금액은 청탁금지법상의 허용 한도를 벗어나지 않습니다.

⑤ 현재는 청탁금지법상 C의 청탁을 신고할 의무가 생기지 않지만, C가 같은 청탁을 다시 한다면 신고해야 합니다.

172

다음 대화의 빈칸에 들어갈 내용으로 가장 적절한 것은? [21 7언-2]

갑 : 국회에서 법률들을 제정하거나 개정할 때, 법률에서 조례를 제정하여 시행하도록 위임하는 경우가 있습니다. 그리고 이런 위임에 따라 지방자치단체에서는 조례를 새로 제정하게 됩니다. 각 지방자치단체가 법률의 위임에 따라 몇 개의 조례를 제정했는지 집계하여 '조례 제정 비율'을 계산하는데, 이 지표는 작년에 이어 올해도 지방자치단체의 업무 평가 기준에 포함되었습니다.

을 : 그렇군요. 그 평가 방식이 구체적으로 어떻게 되고, A 시의 작년 평가 결과는 어땠는지 말씀해 주세요.

갑 : 먼저 그 해 1월 1일부터 12월 31일까지 법률에서 조례를 제정하도록 위임한 사항이 몇 건인지 확인한 뒤, 그 중 12월 31일까지 몇 건이나 조례로 제정되었는지로 평가합니다. 작년에는 법률에서 조례를 제정하도록 위임한 사항이 15건이었는데, 그 중 A 시에서 제정한 조례는 9건으로 그 비율은 60 %였습니다.

을 : 그러면 올해는 조례 제정 상황이 어떻습니까?

갑 : 1월 1일부터 7월 10일 현재까지 법률에서 조례를 제정하도록 위임한 사항은 10건인데, A 시는 이 중 7건을 조례로 제정하였으며 조례로 제정하기 위하여 입법 예고 중인 것은 2건입니다. 현재 시의회에서 조례로 제정되기를 기다리며 계류 중인 것은 없습니다.

을 : 모든 조례는 입법 예고를 거친 뒤 시의회에서 제정되므로, 현재 입법 예고 중인 2건은 입법 예고 기간이 끝나야만 제정될 수 있겠네요. 이 2건의 제정 가능성은 예상할 수 있나요?

갑 : 어떤 조례는 신속히 제정되기도 합니다. 그러나 때로는 시의회가 계속 파행하기도 하고 의원들의 입장에 차이가 커 공전될 수도 있기 때문에 현재 시점에서 조례 제정 가능성을 단정하기는 어렵습니다.

을 : 그러면 A 시의 조례 제정 비율과 관련하여 알 수 있는 것은 무엇이 있을까요?

갑 : A 시는 ▨▨▨▨▨▨▨▨▨▨▨▨▨▨▨▨▨▨▨▨▨▨▨▨▨▨▨

① 현재 조례로 제정하기 위하여 입법 예고가 필요한 것이 1건입니다.
② 올 한 해의 조례 제정 비율이 작년보다 높아집니다.
③ 올 한 해 총 9건의 조례를 제정하게 됩니다.
④ 현재 시점을 기준으로 평가를 받으면 조례 제정 비율이 90 %입니다.
⑤ 올 한 해 법률에서 조례를 제정하도록 위임 받은 사항이 작년보다 줄어듭니다.

173

신종 인플루엔자가 대유행하는 긴급상황이 발생할 경우, ○○청은 부족한 치료약 물량을 확보하여 공급해야 한다. 이를 위해 일정 기간 의약품의 특허권을 제한하는 강제실시에 관한 〈WTO 무역관련 지적재산권협정〉을 검토하고 있다. 다음 글을 읽고 추론한 내용 중 옳지 않은 것은? [10행상-10]

〈WTO 무역관련 지적재산권협정〉

제00조(특허권의 예외) 회원국은 특허권에 의하여 인정된 배타적 권리를 제한하는 예외규정을 둘 수 있다. 그러나 이와 같은 예외는 제3자의 정당한 이익을 고려하여 특허권의 정상적인 활용을 부당하게 저촉하거나 특허권자의 정당한 이익을 불합리하게 저해해서는 안 된다.

제00조(권리자의 승인 없는 다른 사용) 회원국의 법률이 정부 또는 정부의 승인을 받은 제3자에 의한 사용을 포함하여 권리자의 승인 없이 특허대상의 다른 사용을 허용하는 경우, 다음 각 호를 준수해야 한다.

    1. 이러한 사용의 승인은 개별적인 사안의 내용을 고려한다.

    2. 이러한 사용은 이와 같은 사용에 앞서 사용예정자가 합리적인 상업적 계약조건 하에 특허권자로부터 승인을 얻기 위해 상당한 기간 동안 노력을 하였으나 실패로 끝난 경우에만 허용된다. 그러나 국가 비상사태, 극도의 긴급상황 또는 공공의 비상업적 사용의 경우에는 그러하지 아니한다.

(가) 의약품 특허보호의 근본취지는 신약 발명자에게 독점적인 이익을 인정하여 일반 공중의 발명 의식을 고취하고 기술개발과 산업발전을 촉진함으로써 궁극적으로 문명 및 사회전반의 발전을 도모하는 데 있다.

(나) 의약품 특허에 대하여 독점권을 부여하는 것은 결국 의약품 가격의 상승을 야기하여 의약품에 대한 접근성을 제한하게 된다. 이는 결국 인간의 생명 및 건강을 위협하는 요소로 작용하게 될 것이다.

※ 의약품 특허권에 대한 강제실시(compulsory licensing) : 정부가 비영리적·공익적 목적을 위해서 특허권자의 독점적·배타적인 권리를 제한하고, 타인에게 그 권리를 일시적으로 이용하게 하여 특허의약품의 복제약을 생산·공급하게 하는 강제조치

① 〈WTO 무역관련 지적재산권협정〉에 따르면, 공중의 건강이라는 공익을 위하여 합리적인 범위 내에서 의약품 특허권자의 사익을 제한할 수 있다.

② 국가 비상사태가 발생한 경우, 회원국은 상당한 기간 동안 특허권자로부터 승인을 얻기 위한 노력을 하지 않더라도 의약품 특허권에 대한 강제실시를 할 수 있다.

③ (가)에 따르면, 우리나라에서 의약품 특허권에 대한 강제실시를 빈번히 사용할 경우 국내 특허제도의 실효성에 대한 불신을 초래할 수도 있다.

④ (나)에 따르면, 의약품 특허권에 대한 강제실시는 적정 수준의 의약품 공급을 도모할 수 있다.

⑤ (가)와 (나)에 따르면, 강제적인 약값의 인하가 이루어진다면 의약품 특허권에 대한 강제실시가 없더라도 적정 수준의 의약품 공급이 보장된다.

PART 5.

2026 LEET · PSAT 법률문제 222

판례형

PART 5. | 판례형

'판례형'은 글의 소재가 판례(대법원 판례 또는 헌법재판소 판례)로 구성된 문제를 말합니다. 시사성이 있는 판례 또는 쟁점이 명확히 구분되어 있는 판례들을 글과 상황, 선지 등으로 구성하여 판례에 제시된 각 입장을 분석하고 상황을 추론하는 능력을 평가합니다. '입장형'과 마찬가지로 글에 각 입장이 제시되어 있는 경우가 대부분이며, 풀이 시 선지에 제시된 상황에 주어진 조건들을 잘 연결하여 추론하는 것이 중요합니다. 참고로, 시행 첫해였던 2009학년도에서 4문제나 출제되는 등 LEET추리논증에서 주로 출제되는 유형입니다.

2009학년도 추리논증 15번 문제를 살펴보겠습니다.

'갑'의 주장에 대한 정부의 반론으로 적절한 것만을 〈보기〉에서 있는 대로 고른 것은?

정부는 전국에 난립해 있는 중소 소주 제조 업체를 1도 1사 원칙에 따라 통·폐합하였고, 소주 도매업자는 영업장 소재지가 속한 도에서 생산되는 소주를 의무적으로 총 구입액의 100분의 50 이상을 구입하도록 하는 자도(自道) 소주 의무 구입 제도를 법제화하였다. 갑은 이 제도가 부당하다고 생각하고 다음과 같이 주장하고 있다.

- 소주 판매업자가 구입·판매할 소주의 종류와 양을 스스로 선택할 권리를 침해당했다.
- 이 제도 때문에 이런 제도가 없는 다른 주종의 판매업자나 다른 업계의 판매업자에 비해 차별을 받고 있다.
- 이 제도는 주류 판매업자의 계약 상대방·구입 여부 등을 자율적으로 결정할 권리를 제한하여 경제활동의 자유를 침해했다.
- 이 제도는 특정 지역의 특정 업체에 그 지역의 독과점을 보장해 주고 있다.

갑의 주장에 대한 정부의 반론을 찾으라고 하였으므로 글에 제시된 갑의 주장을 우선적으로 검토해야 합니다. 즉, 갑은 '자도 소주 의무 구입 제도'가 부당하다는 입장이며, 그 근거로 소주판매업자의 권리침해와 특정업체에 대한 특혜 등을 들고 있습니다. 이를 기반으로 각 선지를 풀어야 합니다. 참고로, 글을 구성하기 위해 활용된 판례는 헌법재판소 위헌판례(1996. 12. 26, 96헌바18)입니다.

2009학년도 추리논증 21번 문제를 살펴보겠습니다.

다음 논증에 대한 비판으로 적절한 것을 〈보기〉에서 고른 것은?

> 도박죄의 도박이란 재물을 걸고 우연에 의하여 재물의 득실을 결정하는 것이므로 도박죄가 성립하기 위해서는 반드시 우연에 의하여 승부가 결정되어야 한다. 여기에서의 우연이란 당사자 사이에 확실히 예견되거나 자유로이 지배될 수 없는 사실을 말한다. 다만, 이러한 우연성이 인정되는 한 승패를 가름할 우연성 정도의 차이는 도박죄의 성립에 영향이 없다. 그러나 테니스, 바둑과 같이 당사자의 육체적·정신적 조건, 역량, 재능 등에 의하여 승패가 결정되는 경기의 경우에 참가자들은 기능과 기술을 다 발휘하려 하고 그에 따라 승패가 결정된다. 이를 우연이라고 할 수는 없다. 도박죄는 종래에 그 도박성이 인정되어 온 화투, 카지노와 같이 승패의 지배적이고 결정적인 부분이 우연에 좌우되는 경우에 한정되어야 한다. 이렇게 보면 내기 골프는 선수의 기량과 재능에 의하여 승패가 좌우되는 운동 경기의 일종이어서 그 승패와 관련하여 재물을 걸었다 해도 도박죄를 구성하지 않는다.

논증에 대한 비판을 묻고 있으므로, 논증의 결론부터 찾아보는 것이 좋은데, 결론은 '내기골프가 도박죄를 구성하지 않는다'는 것입니다. 그리고 이에 대한 근거로 테니스, 바둑 등의 경기는 당사자들의 능력에 의해 승패가 결정되고, 도박은 승패의 결정적인 부분이 우연에 좌우되는 경우에 한정되어야 한다는 것을 들고 있습니다. 참고로, 내기골프가 도박에 해당되는지에 대해 여러 판례가 있었는데 대판 2008. 10. 23, 2006도736 판결에서는 내기골프도 도박에 해당한다고 판시한 바 있습니다.

그 밖에도 [09추리-34]에 제시된 〈보기〉 ㄱ과 ㄴ은 아래와 같았습니다. 해당 선지는 판결문을 소재로 구성된 것인데 각각 대법원 2000. 7. 6, 선고 99다51258 판결, 대법원 1970. 6. 30, 선고 70다415·416 판결에 기초한 사례였습니다.

ㄱ. A는 B에게 자신의 아파트를 허위로 양도하였고, C는 B가 진짜 소유자인 줄 알고 B와 아파트에 관한 매매 계약을 체결하여 아파트를 취득하게 된 경우의 C.

ㄴ. A는 B로부터 허위로 돈을 빌린 것처럼 하여 이 사실을 모르는 C에게 보증인이 될 것을 요청했다. C는 A의 보증인으로서 B에게 돈을 갚았고, 그 돈을 A에게 달라고 한 경우의 C.

이후 거의 매회 추리논증에서 1~2문제는 판례를 글 또는 선지구성에 활용하여 출제하였습니다 ([10추리-6], [11추리-1], [11추리-2], [12추리-8], [14추리-5], [15추리-2], [16추리-3], [16추리-5], [17추리-5], [18추리-5], [19추리-6], [20추리-30]등이 대표적인 '판례형 문제'이며 이하에서 상세히 살펴볼 예정입니다.).

이러한 판례형 문제를 실전에서 보다 빠르게 풀이하기 위해서는 글(판결문)에 나타난 각 입장을 분명하고 간결하게 정리하는 것이 필요하고, 나아가 꼭 필요한 판례의 틀과 내용을 파악하는 것도 좋습니다. 판례의 일반적인 틀과 구성을 숙지하고, 자주 출제되는 헌재판례의 경우 판례가 어떠한 식으로 구성되는지, 위헌으로 판단하는 기준이 어떻게 되는지, 헌법재판소의 심사기준인 '과잉금지의 원칙'의 세부내용(목적의 정당성, 방법의 적절성, 법익의 균형성, 제한의 최소성)은 무엇인지 학습해 둔다면 실전에서 좀 더 익숙하게 풀 수 있는 가능성이 확보됩니다.

1. 판례를 보는 습관 형성

미리 숙지했던 판례의 경우 실전에서 문제를 푸는 속도가 확연히 달라질 수 있기 때문에 다른 영역의 문제와는 달리 접근할 필요성이 있습니다. LEET/PSAT이 기본적으로 암기테스트는 아니지만, 사전지식이 큰 도움이 되는 것은 주지의 사실이기 때문입니다. 사전에 숙지된 내용을 실제 시험장에서 만난다면 매우 빠른 시간에 문제를 풀 수 있을 것입니다. 이를 위해 대법원 주요판결, 헌재 최근 주요결정, 헌재 만화로 보는 결정의 QR코드를 남겨드립니다. 틈나는 대로 읽어두는 것은 매우 바람직한 습관이 될 수 있습니다.

대법원 주요판결	헌재 최근 주요결정	헌재 만화로 보는 결정

2. 판례의 정형적인 문구들을 익혀두기

그뿐만 아니라 설령 원고의 주장과 같이 A 아파트가 한강 조망에 관하여 특별한 가치를 가지고 있다고 가정하더라도, B 아파트로 인하여 원고가 한강을 볼 수 없게 된 것이 사회통념상 이웃 사이에 참고 받아들여야 할 정도를 넘는다고 볼 수 없다.

윗글(판결문)에서 아파트의 조망에 관하여 특별한 가치를 가지고 있지 않다고 하고 있습니다. 그럼에도 '설령 ~ 특별한 가치를 가지고 있다고 가정하더라도'라는 식으로 자신의 입장과 다른 입장을 가정하고 있습니다. 이러한 표현을 통해 글의 입장이 '조망'에 대해 '특별한 가치'를 가지고 있지 않다는 것임을 알 수 있습니다. 판결문의 문장형식과 논리는 난해한 면이 있기에 그간 출제된 판례형 문제의 문구를 분석하여 잘 정리해둔다면 추후 낯선 내용의 소재가 출제된다고 하더라도 문구 확인을 통해 해당 판례의 입장을 파악하는데 활용할 수 있을 것입니다.

'갑', '을', '병'이 공통적으로 언급하고 있는 A 조항으로 가장 적절한 것은? [09추리 - 17]

> 갑 : A 조항은 적어도 적전(敵前)이 아닌 경우 그 동기와 살해에 이르게 된 정황, 살해 방식 등을 고려하여 합리적 양형이 가능하도록 개정되어야 한다. 비록 남·북한 대치 상태가 존재하는 특수 상황이 있다고 하더라도 군의 기강과 전력은 A 조항이 가져올 효과만으로 기대하기는 어렵다는 점을 고려할 때, 이 조항을 계속 유지시키는 것은 실익이 적다.
>
> 을 : A 조항이 있더라도 원심 법원의 사형 선고가 부당하다고 판단되면, 대법원으로서는 A 조항에 대한 위헌 여부의 심판 없이도 다른 법에 따라 사형 이외의 형이 선고되도록 할 수 있다. 그러므로 대법원이 꼭 A 조항이 위헌임을 다툴 필요는 없다.
>
> 병 : A 조항은 입법 목적의 달성에 필요한 정도를 구분하지 않은 것으로 범죄의 책임과 형벌은 비례되어야 한다는 원칙에 맞지 않다. 그러나 적전에서 지휘 명령권을 가진 자, 즉 상관을 죽인 경우에 A 조항을 적용하는 것은 헌법에 위반된다고 보기 어렵다.

① 지휘 명령권을 가진 자를 살해한 자는 사형에 처한다.
② 상관을 살해한 자는 사형, 무기 또는 5년 이상의 징역에 처한다.
③ 적전이 아닌 경우 지휘 명령권을 가진 자를 살해한 자는 사형에 처한다.
④ 적전에서 상관의 신체를 상해하여 사망에 이르게 한 자는 사형에 처한다.
⑤ 상관을 살해한 자는 적전인 경우에는 사형에 처하고, 기타의 경우에는 무기 징역에 처한다.

해당 글은 헌법재판소 위헌판례(2007. 11. 29, 2006헌가13)를 활용한 것이며, 해당 판례의 심판대상 조문은 다음과 같습니다.

군형법 제53조(상관살해와 예비, 음모) ① 상관을 살해한 자는 사형에 처한다.

글의 내용들이 위의 심판대상 조문에 대한 헌법재판소 재판관들의 의견들이기 때문이었기에, 해당 판례를 미리 알고 있었다면, 글의 내용을 꼼꼼히 따지지 않고서도 문제를 쉽게 풀 수 있었을 것입니다.

갑 : (헌재의 위헌의견) '적전이 아닌 경우 그 동기와 살해에 이르게 된 정황, 살해 방식 등을 고려하여 합리적 양형이 가능하도록 개정되어야 한다.'를 통해 A 조항이 적전인지 아닌지 여부를 고려하지 않고 있음을 추론할 수 있습니다.

* 이러한 판단을 통해 ③,④,⑤번을 소거할 수 있습니다.

을 : (헌재의 각하의견) 'A 조항이 있더라도 원심 법원의 사형 선고가 부당하다고 판단되면, 대법원으로서는 A 조항에 대한 위헌 여부의 심판 없이도 다른 법에 따라 사형 이외의 형이 선고되도록 할 수 있다.'를 통해 A 조항에는 사형만이 규정되어 있음을 추론할 수 있습니다.

* 이러한 판단을 통해 ②번을 소거할 수 있습니다. 그리고 이때 정답이 ①임을 알 수 있습니다.

병 : (헌재의 헌법불합치의견) '적전에서 지휘 명령권을 가진 자, 즉 상관을 죽인 경우에 A 조항을 적용하는 것은 헌법에 위반된다고 보기 어렵다.'를 통해 A조항에는 '적전'과 관련된 표현이 없음을 추론할 수 있습니다.

다음 글을 근거로 판단할 때 옳은 것은? [15민상-17]

헌법 제29조 제1항은 "공무원의 직무상 불법행위로 손해를 받은 국민은 법률이 정하는 바에 의하여 국가 또는 공공단체에 정당한 배상을 청구할 수 있다. 이 경우 공무원 자신의 책임은 면제되지 아니한다."라고 규정하고 있다. 대법원은 이 헌법 조항의 의미에 대하여 다음과 같이 판단하였다.

[다수의견] 헌법 제29조 제1항은 공무원의 직무상 불법행위로 인하여 국가 등이 배상책임을 진다고 할지라도 그 때문에 공무원 자신의 민·형사책임이나 징계책임이 면제되지 아니한다는 원칙을 규정한 것이나, 그 조항 자체로 피해자에 대한 공무원 개인의 구체적인 손해배상책임의 범위까지 규정한 것으로 보기는 어렵다. 따라서 공무원이 직무수행 중 불법행위로 국민에게 손해를 입힌 경우에 국가 또는 공공단체가 국가배상책임을 부담하는 외에 공무원 개인도 고의 또는 중과실이 있는 경우에는 피해자에게 불법행위로 인한 손해배상책임을 진다고 할 것이다. 그러나 공무원에게 경과실만 있는 경우에는 공무원 개인은 피해자에게 손해배상책임을 부담하지 아니한다고 해석하여야 한다.

[별개의견] 헌법 제29조 제1항의 공무원의 책임은 직무상 불법행위를 한 그 공무원 개인의 불법행위책임임이 분명하다. 여기에서 말하는 불법행위의 개념은 법적인 일반 개념으로서, 그것은 고의 또는 과실로 인한 위법행위로 타인에게 손해를 가한 것을 의미하고, 이때의 과실은 중과실과 경과실을 구별하지 않는다. 따라서 공무원의 경과실로 인한 직무상 불법행위의 경우에도, 국가 또는 공공단체의 책임은 물론, 공무원 개인의 피해자에 대한 손해배상책임도 면제되지 아니한다고 해석하는 것이, 우리 헌법의 관계 규정의 연혁에 비추어 그 명문에 충실한 것일 뿐만 아니라 헌법의 기본권 보장 정신과 법치주의의 이념에도 부응한다.

[반대의견] 헌법 제29조 제1항의 규정은 직무상 불법행위를 한 공무원 개인의 피해자에 대한 손해배상책임이 면제되지 아니한다는 것을 규정한 것으로 볼 수는 없고, 이는 다만 직무상 불법행위를 한 공무원의 국가 또는 공공단체에 대한 내부적 책임 등이 면제되지 아니한다는 취지를 규정한 것으로 보아야 한다. 따라서 공무원이 직무상 불법행위를 한 경우에 국가 또는 공공단체만이 피해자에 대하여 국가배상법에 의한 손해배상책임을 부담할 뿐, 공무원 개인은 고의 또는 중과실이 있는 경우에도 피해자에 대하여 손해배상책임을 부담하지 않는 것으로 보아야 한다.

① 공무원의 경과실로 인한 직무상 불법행위로 국민에게 손해가 발생한 경우, 공무원 개인이 피해자에게 배상책임을 지지 않는다는 것이 [다수의견]과 [별개의견]의 일치된 입장이다.

② 공무원의 경과실로 인한 직무상 불법행위로 국민에게 손해가 발생한 경우, 국가 또는 공공단체가 피해자에게 배상책임을 진다는 점에서는 [다수의견], [별개의견], [반대의견]의 입장이 모두 일치한다.

③ 공무원이 직무상 불법행위로 국민에게 손해배상책임을 지는 데 있어서, [다수의견]과 [반대의견]은 모두 경과실과 중과실을 구분하지 않는다.

④ 공무원의 중과실로 인한 직무상 불법행위로 국민에게 손해가 발생한 경우, 피해자에 대해서 뿐

만 아니라 국가 또는 공공단체에 대한 공무원의 책임도 면제된다는 것이 [반대의견]의 입장이다.

⑤ 공무원의 고의 또는 중과실로 인한 직무상 불법행위로 국민에게 손해가 발생한 경우, 공무원 개인이 피해자에게 배상책임을 진다는 점에서는 [다수의견], [별개의견], [반대의견]의 입장이 모두 일치한다.

헌법 제29조 제1항을 제시한 후 이에 대한 [다수의견], [별개의견], [반대의견]을 소개하고 있습니다.

글에 등장한 각각의 의견을 표로 정리하면 다음과 같습니다.

	피해자에 대한 손배해상		
	국가 또는 공공단체	공무원 개인	
		고의 또는 중과실	경과실
다수의견	긍정	긍정	부정
별개의견	긍정	긍정	긍정
반대의견	긍정	부정	부정

또한, 글과 선지에 등장한 고의, 중과실, 경과실을 잘 구분하여 풀이해야 합니다. 이를 통해 각 선지를 풀이하면 다음과 같습니다.

① [별개의견]에 따르면 공무원의 경과실로 인한 직무상 불법행위의 경우 공무원 개인의 피해자에 대한 손해배상책임도 면제되지 않는다고 되어 있으므로 공무원 개인이 피해자에게 배상책임을 지지 않는다는 것이 [별개의견]의 입장이라고 한 선지의 내용은 옳지 않습니다.

② [다수의견], [별개의견], [반대의견] 모두 국가 또는 공공단체의 손해배상책임에 대해서는 긍정하고 있습니다.

③ [다수의견]에 따르면 공무원 개인의 손해배상책임에 관하여 고의 또는 중과실이 있는 경우와 경과실만 있는 경우로 구분하여 손해배상책임을 인정하고 있으므로 공무원이 직무상 불법행위로 국민에게 손해배상책임을 지는 데 있어서 경과실과 중과실을 구분하지 않는 것이 [다수의견]의 입장이라고 한 선지의 내용은 옳지 않습니다.

④ [반대의견]에 따르면 헌법 제29조 제1항의 규정은 직무상 불법행위를 한 공무원의 국가 또는 공공단체에 대한 내부적 책임 등이 면제되지 아니한다는 취지를 규정한 것이므로 국가 또는 공공단체에 대한 공무원의 책임이 면제되는 것은 아니라고 할 수 있습니다.

⑤ [반대의견]에 따르면 공무원 개인은 고의 또는 중과실이 있는 경우에도 피해자에 대하여 손

해배상책임을 부담하지 않는 것으로 보아야 한다고 되어 있으므로 공무원의 고의 또는 중과실로 인한 직무상 불법행위로 국민에게 손해가 발생한 경우 공무원 개인이 피해자에게 배상책임을 지는 것이 [반대의견]의 입장이라고 한 선지의 내용은 옳지 않습니다.

④번을 제외한 선지들은 모두 각 의견에서 동일한 의견이 제시되어야 해당 선지가 옳은 선지가 될 수 있습니다. 따라서 하나의 의견에서 상반된 내용이 등장할 경우 틀린 선지로 결론짓고 다른 선지를 살펴보는 방식으로 해결하는 것도 좋을 것입니다.

참고로, 글은 국가배상책임의 성격에 대한 판례인 대법원 1996.2.15.선고 95다38677 전원합의체 판결을 인용하여 구성된 것입니다.

174

다음 글로부터 추론한 것으로 옳은 것만을 〈보기〉에서 있는 대로 고른 것은? [10추리-6]

　　원고 소유의 A 아파트에서 보이는 한강의 경관은 법적으로 보호받는 조망의 대상이 될 만큼 아름답다. 그러나 그것만으로 A 아파트가 한강 조망에 관하여 특별한 가치가 있다고 인정할 수는 없다. 저지대인 A 아파트 부지에서는 원래 한강을 볼 수 없었으나, 10층인 A 아파트가 건축됨으로써 비로소 한강을 볼 수 있게 되었다. 그러나 이후 피고가 20층인 B 아파트를 신축하여 A 아파트에서는 한강을 조망할 수 없게 되었다. 그런데 이 일대는 고층건물 허용 지역이므로 B 아파트 부지에 고층건물이 신축될 수 있다는 점은 원고도 쉽게 예상할 수 있었다. 또한 원고도 고층건물에 의하여 한강을 조망할 수 있게 되었으면서 피고가 고층건물을 신축한 것이 원고의 조망권을 침해한다고 주장할 수는 없다. 따라서 A 아파트가 한강 조망에 관하여 언제나 특별한 가치를 가진다고 볼 수는 없다. 그뿐만 아니라 설령 원고의 주장과 같이 A 아파트가 한강 조망에 관하여 특별한 가치를 가지고 있다고 가정하더라도, B 아파트로 인하여 원고가 한강을 볼 수 없게 된 것이 사회통념상 이웃 사이에 참고 받아들여야 할 정도를 넘는다고 볼 수 없다. 그러므로 어느 모로 보나 원고의 손해배상 청구는 이유 없다.

〈보 기〉

ㄱ. 조망의 이익은 주변의 객관적 상황 변화에 의하여 변용되거나 제약을 받을 수 있고, 조망의 이익을 누리던 사람이라도 특별한 사정이 없는 한 그러한 변화를 제약할 수 없다.

ㄴ. 자기 소유 건물이 어떤 경관의 조망에 관하여 특별한 가치가 있고, 인접 토지에 건물이 신축됨으로 인하여 그 조망의 이익이 침해된 경우에도 손해배상청구권이 인정되지 않을 수 있다.

ㄷ. 조망의 이익은 자신의 건물과 조망 대상 사이에 다른 건축물이 없다는 우연한 사정으로 생긴 이익에 불과하므로 그 성질상 법적 권리로 인정되지 않는다.

① ㄱ　　　　　　　　② ㄴ　　　　　　　　③ ㄱ, ㄴ

④ ㄱ, ㄷ　　　　　　⑤ ㄴ, ㄷ

175

"자녀는 부(父)의 성(姓)을 따른다."는 법률조항에 대하여 갑은 합헌, 을은 위헌이라는 견해인데, 그 논거는 다음과 같다. 이에 관한 진술로 옳은 것을 〈보기〉에서 고른 것은? [11추리-1]

〈갑의 논거〉

(가) 부모 양계 혈통을 모두 성으로 반영하기는 곤란하므로 어차피 부성 또는 모성 중에서 선택하여야 한다.

(나) 자녀가 부의 성을 따르는 것은 오랜 역사를 거쳐 형성, 유지되어 왔고, 그 결과 대부분 사람들의 의식 속에서 성은 곧 부의 성을 의미하는 것으로 인식되고 있다.

(다) 성의 사용이 개인의 구체적인 권리, 의무에 실제 영향을 미치지 않는다.

〈을의 논거〉

(라) 부성주의(父姓主義)는 부와 남성을 가족의 중심에 놓고 가족 내 여성의 지위를 남성에 비해 부차적이고 열등한 것으로 놓아 여성을 차별하고 있다.

(마) 부성주의는 역사적으로 오랜 기간 유지되어 온 가족제도라는 사실만으로 곧바로 헌법적으로 정당화될 수 없고 오늘날의 헌법이념에 반하지 않아야 한다.

(바) 자녀 성의 결정은 부와 모 공동의 관심사이므로 부모 간의 합의를 통해 결정하는 방식이 합리적이다.

〈보 기〉

ㄱ. 갑과 을의 견해 차이는 성이 생물학적 혈통을 얼마나 충실히 반영해야 하는가에 대한 견해의 차이에 기인한다.

ㄴ. 통계자료에 의하여 사회 일반이 성을 부성으로 인식하고 있음이 밝혀졌다 해도 을의 논거가 유지될 수 있다.

ㄷ. (바)를 통해, 성인이 된 자녀에게 부모 외의 제3의 성을 포함한 성 선택권을 부여하는 제도를 을이 지지할 것임을 알 수 있다.

ㄹ. 법률조항을 "자녀는 부의 성을 따른다. 다만, 부모가 혼인신고 시 모의 성을 따르기로 합의한 경우에는 모의 성을 따른다."고 개정하더라도 을은 여전히 위 논거에 기초하여 위헌 주장을 할 수 있다.

---

① ㄱ, ㄴ   ② ㄱ, ㄷ   ③ ㄴ, ㄷ

④ ㄴ, ㄹ   ⑤ ㄷ, ㄹ

176

A조항은 자동차 운전자에게 좌석안전띠를 매도록 하고 위반 시 범칙금을 부과하도록 규정하고 있다. 다음은 A조항의 위헌 여부에 관한 갑의 판단 내용이다. 관련 헌법조항은 〈규정〉과 같다. 갑의 판단에 관한 진술로 옳지 <u>않은</u> 것은? [11추리−2]

1. 국민의 자유와 권리는 헌법 제37조 제2항에 따라 제한할 수 있다.
2. (a) 헌법 제10조의 행복추구권에서 나오는 일반적 행동자유권은 모든 행위를 할 자유와 행위를 하지 않을 자유로서 가치 있는 행동만 보호하는 것은 아닌 것으로, 그 보호영역에는 개인의 생활방식과 취미에 관한 사항도 포함된다.
   (b) 좌석안전띠를 매지 않을 자유는 일반적 행동자유권의 보호영역에 속한다.
3. 좌석안전띠를 매지 않을 자유는 공공복리를 위하여 필요한 경우에 제한할 수 있다.
4. 운전자는 약간의 답답함이라는 경미한 부담을 지는 데 비해, 좌석안전띠 착용으로 인하여 달성되는 공익은 운전자뿐 아니라 동승자의 생명과 신체의 보호, 교통사고로 인한 사회적 비용 감소 등 사회공동체 전체의 이익이므로 국가의 개입이 정당화된다.
5. 좌석안전띠 착용 의무 위반에 대한 제재방법으로 형벌인 벌금보다는 정도가 약한 범칙금을 선택한 입법자의 판단이 잘못된 것이라고 보기 어렵다.
6. A조항은 헌법에 위반되지 않는다.

〈규정〉
- 헌법 제10조 "모든 국민은 인간으로서의 존엄과 가치를 가지며, 행복을 추구할 권리를 가진다. (후략)"
- 헌법 제37조 제2항 "국민의 모든 자유와 권리는 국가안전보장, 질서유지 또는 공공복리를 위하여 필요한 경우에 한하여 법률로써 제한할 수 있다. (후략)"

① 2(a)가 규범의 적용범위에 관한 일반적 명제의 설정이라면, 2(b)는 여기에 구체적 행동유형을 포섭시키고 있다.
② 결론에 이르는 판단의 순서상 2는 1에 앞설 수 없으나, 5는 4에 앞설 수 있다.
③ 좌석안전띠를 매지 않을 자유는 일반적 행동자유권의 보호영역에 속하지 않는다고 판단하였다면, 갑은 3과 4의 판단을 생략할 수 있다.
④ 갑은 A조항에 의한 규제가 헌법 제37조 제2항에서 말하는 '법률로써' 하는 제한에 해당한다는 판단을 하였을 것이다.
⑤ 갑이 5와 달리, 범칙금이 과중한 처벌이어서 입법의 한계를 벗어난 것이라고 판단한다면 6이 달라진다.

177

A국의 생명윤리법 규정 및 관련 논의에 대한 설명으로 옳지 <u>않은</u> 것은? [12추리-8]

인간 배아의 법적 지위와 관련하여, 제1견해는 인간의 생명은 수정된 때부터 시작되므로 배아를 완전한 인간으로 인정해야 한다고 본다. 제2견해는 배아는 단순한 세포덩어리로서 인간성을 인정할 수 없으며, 물질로서 소유자의 이용과 처분에 따르게 된다고 본다. 제3견해는 배아는 성장하면서 점차 도덕적 지위를 얻게 되며, 배아를 인간과 완전히 동등한 존재 내지 생명권의 주체로서 인격을 지니는 존재라고 볼 수 없다고 본다. 이처럼 배아의 법적 지위에 대해 다양한 견해가 존재하고 있는 상황에서, A국의 생명윤리법 규정은 "임신 목적으로 생성된 배아의 보존기간은 5년으로 하고, 보존기간이 경과한 잔여 배아는 폐기하여야 한다. 다만 잔여 배아는 발생학적으로 원시선이 나타나기 전까지에 한하여 체외에서 동의권자의 동의를 전제로 연구 목적으로 이용할 수 있다."라고 규정하고 있다.

위 규정이 정자 및 난자 제공자인 배아생성자의 권리를 침해하여 헌법을 위반하는지의 여부에 대해, A국의 헌법재판소는 다음과 같은 취지로 결정하였다.

배아에 대한 배아생성자의 결정권은 명문으로 규정되어 있지는 않지만 헌법으로부터 도출되는 권리이다. 다만 출생 전 형성 중에 있는 생명인 배아의 법적 보호를 위하여, 공공복리 및 사회윤리라는 측면에서 배아생성자의 권리는 그 본질적 내용을 침해하지 않는 범위에서 법률로 제한하는 것이 가능하다. 배아에 대한 부적절한 이용가능성을 방지하여야 할 공익적 필요성의 정도가 배아생성자의 자기결정권이 제한됨으로 인한 불이익의 정도에 비해 작다고 볼 수 없으므로, 생명윤리법 규정이 헌법에 위반된다고 볼 수 없다.

① A국의 헌법재판소는 배아에 대한 배아생성자의 권리와 배아가 부적절한 연구 목적으로 부당하게 사용되는 것을 방지해야 할 공익을 서로 비교하고 있다.
② A국의 생명윤리법에 따르면, 발생학적으로 원시선이 나타나기 전까지의 잔여 배아는 연구자가 임의로 처분할 수 있는 연구의 대상이 아니다.
③ A국의 헌법재판소는 배아생성자의 권리보다 배아의 권리가 보호할 만한 가치가 크다는 것을 전제로 판단하고 있다.
④ 착상 전 배아에 손상을 주는 연구는 제1견해에 따르면 원칙적으로 금지된다.
⑤ A국의 헌법재판소 결정은 제3견해와 부합한다.

178

을의 입장에 대한 분석으로 옳은 것만을 〈보기〉에서 있는 대로 고른 것은? [14추리−5]

갑 : 민사소송에서의 확인소송은 원고의 법적 지위가 불안하거나 위험할 때 확인판결을 받는 것이 그러한 불안이나 위험을 제거하기 위하여 실효적인 경우에만 인정되고, 다른 소송방법에 의하여 효과적인 권리구제가 가능한 경우에는 인정되지 않는다는 보충성의 원칙이 요구된다. 예컨대, 특정한 의무의 이행을 직접적으로 청구하는 소송을 할 수 있는데도 불구하고 그러한 방법에 의하지 않고, 단지 확인만을 구하는 소송을 하는 것은 분쟁의 종국적인 해결방법이 아니어서 소송을 할 이익이 없다. 행정소송에서의 무효확인소송도 확인소송의 성질을 가지므로, 민사소송에서처럼 보충성의 원칙이 요구된다.

을 : 행정소송은 행정청의 위법한 처분 등을 취소하거나 그 효력 유무 등을 확인함으로써 국민의 권리 또는 이익의 침해를 구제하는 것을 목적으로 하므로, 대등한 주체 사이의 사법상(私法上) 생활관계에 관한 분쟁을 심판대상으로 하는 민사소송과는 목적, 취지 및 기능 등을 달리한다. 또한 행정소송법은 무효확인소송의 판결의 효력에 있어서 그 자체만으로도 권리구제의 실효성을 담보할 수 있는 여러 특수한 효력을 추가적으로 인정하고 있기 때문에 권리구제방법으로서 효과적인 다른 소송수단이 있다 하더라도 무효확인소송을 제기할 수 있다.

───── 〈보 기〉 ─────

ㄱ. 을은 민사소송에서의 확인소송은 보충성의 원칙이 요구되지 않는다는 것을 전제하고 있다.
ㄴ. 을은 행정소송에서의 무효확인소송의 성질이 확인소송임을 부인하고 있다.
ㄷ. 을은 확인소송의 보충성의 원칙을 민사소송에만 한정하고자 한다.

① ㄱ   ② ㄴ   ③ ㄷ
④ ㄴ, ㄷ   ⑤ ㄱ, ㄴ, ㄷ

179

A, B 주장에 대한 분석으로 옳은 것만을 〈보기〉에서 있는 대로 고른 것은? [16추리-3]

　　P국의 민사소송에서 당사자란 자기의 이름으로 국가의 권리보호를 요구하는 자와 그 상대방을 말한다. 당사자가 적법하게 소송을 수행할 수 있으려면 당사자능력, 당사자적격, 소송능력 등의 당사자자격을 갖추어야 한다. 당사자능력은 소송의 주체가 될 수 있는 일반적인 능력을 말한다. 대표적으로 살아있는 사람이라면 누구나 민사소송의 주체가 될 수 있다. 당사자적격이란 특정한 소송사건에서 정당한 당사자로서 소송을 수행하고 판결을 받기에 적합한 자격이다. 이는 무의미한 소송을 막고 남의 권리에 대하여 아무나 나서서 소송하는 것을 막는 장치이기도 하다. 소송능력이란 당사자로서 유효하게 소송상의 행위를 하거나 받기 위해 갖추어야 할 능력을 말한다.

A : 인간이 아닌 자연물인 올빼미는 적법하게 소송을 수행할 수 없다. 왜냐하면 소송의 주체가 될 수 있는 당사자능력을 현행법은 사람이나 일정한 단체에만 인정하고 있기 때문이다. 그리고 어떤 존재에게 당사자능력을 인정할지는 소송사건의 성질이나 내용과는 관계없이 일반적으로 정해져야 법과 재판의 안정성을 확보할 수 있다. 따라서 법에서 명시적으로 인정하는 자 이외에는 당사자능력을 추가로 인정할 수 없다.

B : 적법하게 소송을 수행할 수 있는 자격을 누군가에게 인정할지 여부는 그에게 법으로 보호할 이익이 있는지에 따라서 판단해야 한다. 만약 어떤 사람이 살고 있는 곳의 환경이 대규모 공사로 심각하게 훼손될 위험에 처하였다면, 우리는 그 사람에게 이익침해가 있다고 보아 법으로 보호받을 수 있는 자격과 기회를 인정하여야 한다. 민사소송의 당사자가 갖추어야 할 여러 가지 자격이란 이를 구체화한 것일 뿐이다. 그렇다면 자기가 살고 있는 숲이 파괴될 위험에 처한 올빼미에게 법으로 보호받을 자격과 기회를 부정할 이유는 없다. 다만 원활한 소송 진행을 위하여 시민단체가 올빼미를 대리하여 소송을 수행할 수 있을 것이다.

―――――〈보 기〉―――――

ㄱ. A, B는 모두, 소송에서 당사자능력을 인정받기 위해서는 침해되는 이익이 있어야 한다는 점을 전제하고 있다.
ㄴ. A에 따르면, 올빼미가 현실적으로 이익을 침해당하더라도 법 개정이 없이는 소송을 수행할 수 없다.
ㄷ. 법규정의 명문에 반하는 해석이 허용된다면 B는 강화된다.

① ㄱ　　　　　　　　　② ㄴ　　　　　　　　　③ ㄱ, ㄷ
④ ㄴ, ㄷ　　　　　　　　⑤ ㄱ, ㄴ, ㄷ

180

다음에 대한 평가로 옳은 것만을 〈보기〉에서 있는 대로 고른 것은? [16추리-5]

P국 근로기준법은 "추가근로수당은 통상임금의 150% 이상으로 한다."라고 정하고 있지만, 통상임금이 무엇인지는 따로 정하고 있지 않다. 정기상여금이 통상임금에 해당하는지에 대하여 명확한 판결도 없었다.

X회사 노사는 정기상여금을 통상임금에서 제외하기로 단체협약을 체결하였다. 이후 X회사의 노동자가 그것도 통상임금에 포함되는 것으로 보아야 한다고 주장하면서, 그에 따른 추가근로수당 미지급분을 달라고 하는 소를 제기하였다.

이 재판에서 법관들은 정기상여금이 통상임금에 포함된다고 근로기준법을 해석해야 하며, 이와 어긋난 기존의 노사협약이 있는 경우에는 추가근로수당 미지급분을 청구할 수 있다고 판단하였다. 그런데 추가근로수당 미지급분 청구를 허용할 수 없는 예외를 인정할지에 대하여 다음과 같이 상반된 견해가 제시되었다.

A : 근로기준법의 효력은 당사자의 의사에 좌우될 수 없는 것이 원칙이다. 하지만 이 재판의 결과를 계기로 추가근로수당 미지급분을 청구하는 것이 임금협상 당시 서로가 전혀 생각하지 못한 사유를 들어서 노동자 측이 그때 합의한 임금수준을 훨씬 초과하는 예상 외의 이익을 추구하는 것이고, 그 결과 사용자에게 예측하지 못한 큰 재무부담을 지워서 중대한 경영상의 어려움이 발생하거나 기업의 존립이 위태로워진다면 이는 노사관계의 기반을 무너뜨릴 정도로 서로의 신의를 심각하게 저버리는 처사가 된다. 따라서 그런 특별한 사정이 있는 경우 추가근로수당 미지급분 청구는 신의에 반하는 것으로서 허용될 수 없다.

B : 근로기준법에서 정하고 있는 근로조건은 당사자의 합의로도 바꿀 수 없다. 그런 법의 내용을 오해한 데서 비롯한 신뢰보다는, 법에 따른 정당한 권리행사를 보호할 필요가 훨씬 크다. 또, 기업 경영의 중대한 어려움이나 기업 존립의 위태로움은 그 내용이 막연하고 불확정적이어서, 개별 사안에서 그 판단이 어렵다. 따라서 그런 예외를 인정할 수 없다.

―――― 〈보 기〉 ――――

ㄱ. 임금협상을 할 때 법원이 정기상여금을 통상임금으로 인정하는 판결을 곧 할 것이라는 사실을 X회사의 노사가 알았다면 A가 인정하는 예외적인 경우에 해당하지 않는다.

ㄴ. 노사관계는 자율적으로 형성되고 발전하는 것이 바람직하다는 요청을 A는 B보다 더 중요하게 생각한다.

ㄷ. 다른 기업들이 추가근로수당 미지급분 지급 여부를 이 판결에 따라 결정한다면, 법적 분쟁이 생길 가능성은 A를 따를 때가 B를 따를 때보다 더 높다.

① ㄱ   ② ㄷ   ③ ㄱ, ㄴ
④ ㄴ, ㄷ   ⑤ ㄱ, ㄴ, ㄷ

181

다음 글에 대한 평가로 옳은 것만을 〈보기〉에서 있는 대로 고른 것은? [17추리-5]

K국 형법은 "미성년자를 약취(略取)한 사람은 10년 이하의 징역에 처한다."라고 하여 '미성년자약취죄'를 규정하고 있다. 이 규정에서 '약취'라고 하는 것은 폭행·협박을 행사하거나 정당한 권한 없이 사실상의 힘을 사용하여 미성년자를 생활관계 또는 보호관계로부터 약취행위자나 제3자의 지배하에 옮기는 행위를 의미한다. 그런데 '정당한 권한 없이 사실상의 힘을 사용하여'의 해석에 관해서는 아래와 같이 견해가 나뉜다.

〈견해 1〉

미성년자약취죄가 보호하고자 하는 법익(法益)은 미성년자의 평온·안전이다. 따라서 미성년자의 평온·안전을 해치지 않는 한 부모 일방이 다른 일방의 동의 없이 미성년자의 거소를 옮기는 행위만으로는 정당한 권한 없이 사실상의 힘을 사용한 것에 해당하지 않는다.

〈견해 2〉

미성년자약취죄가 보호하고자 하는 법익은 미성년자의 자유와 보호자의 보호·양육권이다. 따라서 부모 일방이 다른 일방의 동의 없이 미성년자의 거소를 옮기는 행위는 정당한 권한 없이 사실상의 힘을 사용한 것에 해당한다.

〈보 기〉

ㄱ. 부모가 이혼하였거나 별거하는 상황에서 미성년의 자녀를 부모의 일방이 평온하게 보호·양육하고 있는데, 부모 중 다른 일방이 폭행·협박을 행사하여 그 보호·양육 상태를 깨뜨리고 자녀를 탈취하여 자기 또는 제3자의 사실상 지배하에 옮긴 경우라면, 위의 어떠한 견해에 따르더라도 미성년자약취죄에 해당한다.

ㄴ. 부모가 함께 동거하면서 미성년의 자녀를 보호·양육하여 오던 중 부(父)가 모(母)나 그 자녀에게 어떠한 폭행·협박을 행사하지 않고 그 자녀를 데리고 종전의 거소를 벗어나 다른 곳으로 옮겨 자녀에 대한 보호·양육을 적절히 한 경우, 〈견해 1〉에 따르면 미성년자약취죄에 해당하지 않는다.

ㄷ. 보호·양육하던 미성년자를 종전에 거주하던 K국 거주지에서 부의 동의 없이 모가 국외로 이전하는 행위로 인해, K국 국적을 가진 자녀가 생활환경 등이 전혀 다른 외국에서 부의 보호·양육이 배제된 채 정신적·심리적 충격을 겪는 경우, 〈견해 1〉에 따르면 미성년자약취죄에 해당하지 않지만 〈견해 2〉에 따르면 미성년자약취죄에 해당한다.
---

① ㄱ   ② ㄷ   ③ ㄱ, ㄴ
④ ㄴ, ㄷ   ⑤ ㄱ, ㄴ, ㄷ

182

다음 글에 대한 분석으로 옳은 것만을 〈보기〉에서 있는 대로 고른 것은? [19추리-5]

　　F국의 박물관에서 보석으로 장식된 여신상을 도난당하였다. 조사 결과 G국의 절도단이 이 여신상을 훔쳐 본국으로 밀반출한 것으로 밝혀졌다. G국 경찰은 절도단을 체포하고 해당 여신상을 압수하였다. G국 정부는 F국 정부의 요청에 따라 여신상을 F국에 반환하려고 하였다. 그런데 G국의 A시가 여신상에 대한 소유권을 주장하며 F국으로 반환하지 말 것을 요청하였다. A시가 제출한 기록에 의하면 해당 여신상은 원래 약 2000년 전에 시민들이 모금하여 제작한 것으로, A시 중앙에 위치한 신전 내에 봉헌되었다. 여신상이 신전에서 언제, 어떻게 없어졌는지 그 경위는 불확실하다. A시는 과거 긴 전쟁, 전후 혼란기 등의 시기에 F국 군인들이 G국의 문화재를 약탈한 사례가 많이 있었기 때문에, 해당 여신상도 같은 경위로 F국으로 반출되었을 것이라고 주장하였다. 이에 관하여 아래와 같은 두 가지 의견이 있다.

갑 : A시가 여신상을 소유하고 있었다는 확실한 기록이 있어. 그리고 역사적으로 F국은 G국의 문화재를 탈취해 왔지. 여신상의 적법한 반출 경위를 확인할 수 없다면, 마찬가지로 약탈당한 것으로 봐야 하지 않을까. 비록 해당 여신상이 불법적인 방법에 의해 G국에 반입되었지만, 원래의 정당한 소유자라는 증거가 있는 A시에 돌려주는 것이 옳은 것 같아.

을 : 기록을 보면 A시의 신전에 여신상이 안치되어 있던 것은 사실인 것 같아. 하지만 그 사실이 인정된다고 하더라도 해당 여신상의 약탈 여부는 알 수 없잖아. A시가 친선의 목적으로 여신상을 F국 유력자에게 선물하였거나, 매도했을 수도 있지. 그런 합법적 경로를 통하여 F국으로 반출되었을 가능성도 분명히 있기 때문에, 불법적인 방법으로 여신상을 G국으로 가져오는 것은 문제가 있어. 여신상은 F국에 돌려주는 것이 맞아.

───────── 〈보 기〉 ─────────

ㄱ. '여신상이 G국에서 F국으로 불법적으로 반출되었을 가능성이 매우 높더라도 G국은 밀반입된 여신상을 F국에 돌려주어야 한다'는 견해에 갑은 동의하지 않지만, 을은 동의한다.

ㄴ. 'A시가 여신상을 반환받기 위하여, 해당 여신상이 F국으로 불법적으로 반출되었다는 것이 먼저 증명되어야 한다'는 견해에 갑은 동의하지 않지만, 을은 동의한다.

ㄷ. '여신상을 A시로 반환할지의 여부를 결정하기 위한 전제로서 A시의 신전이 그 여신상을 소유하였다는 사실이 인정되어야 한다'는 견해에는 갑, 을 모두 동의한다.

① ㄱ　　　　　　　　② ㄴ　　　　　　　　③ ㄱ, ㄷ
④ ㄴ, ㄷ　　　　　　⑤ ㄱ, ㄴ, ㄷ

183

〈사실관계〉에서 국제법원의 판정 이후 A국이 〈규정〉에 합치하도록 취할 수 있는 조치로 옳은 것만을 〈보기〉에서 있는 대로 고른 것은? [19추리-6]

〈사실관계〉

참치는 천적인 상어를 막아 주는 돌고래 주변에서 주로 이동한다. 참치가 많이 잡히는 열대성 동태평양 수역에서 작업을 하는 여러 국가의 어부들은 초대형 선예망(超大型旋曳網)으로 어업을 한다. 이때 참치뿐 아니라 주변의 돌고래까지 함께 어획되어 매년 만 마리 이상의 돌고래가 죽는 문제가 발생하였다. 지속적으로 돌고래 보호 운동을 펼쳐 온 A국의 한 환경 단체는 정부를 압박하여, 논의 끝에 A국 내에서 유통되는 참치 제품 중 초대형 선예망으로 잡지 않은 제품에 '돌고래 세이프 라벨'을 부착하는 규정이 상표법에 추가되었다. B국 어민들은 주로 열대성 동태평양 수역에서 어업을 하여 A국에 수출하고 있었고, A국의 상표법 개정으로 인하여 B국 어민 제품의 수출량은 급격히 감소하였다. B국 정부는 초대형 선예망을 사용하지 않는 어선도 돌고래를 위협하고 있다고 주장하며, A국에서 '돌고래 세이프 라벨'을 초대형 선예망으로 작업하는 자국 어선의 제품에 부착하지 못하도록 하는 것은 차별이라는 이유로 A국을 국제법원에 제소하였다. 이에 대하여 국제법원은 다음과 같이 판정하였다.

"A국이 B국의 제품에 행하고 있는 라벨 규제는 차별적인 조치에 해당하므로 아래의 〈규정〉에 합치하지 않는다."

〈규정〉

국가는 다른 국가로부터 수입되는 물품이 국내에서 생산된 동종 물품 또는 그 외의 다른 국가에서 생산된 동종 물품보다 불리한 취급을 받지 아니할 것을 보장하여야 한다.

─────── 〈보 기〉 ───────

ㄱ. A국은 상표법에 있는 '돌고래 세이프 라벨' 조항을 철폐하였다.
ㄴ. A국은 열대성 동태평양 수역 내 B국 어선의 제품에 대해서만 라벨 규정을 완화하였다.
ㄷ. A국은 모든 어업 방식에 적용될 수 있도록 상표법의 라벨 규정을 강화하였다.

① ㄱ   ② ㄴ   ③ ㄱ, ㄷ
④ ㄴ, ㄷ   ⑤ ㄱ, ㄴ, ㄷ

184

다음으로부터 추론한 것으로 옳은 것만을 〈보기〉에서 있는 대로 고른 것은? [19추리-14]

X국의 보험약관법에는 다음과 같이 보험사의 손해배상책임을 면제하는 약관조항을 금지하는 규정이 있다. (1) 보험사의 고의 또는 중대한 과실로 인한 손해배상책임을 면제하는 약관조항은 금지된다. (2) 보험사나 보험계약자의 잘못이 아닌 제3자의 잘못으로 보험계약자에게 발생한 손해에 대한 보험사의 책임을 타당한 이유 없이 면제하는 약관조항은 금지된다. 이러한 손해를 제3자 대신 보험사가 배상하는 것이 보험계약의 핵심이기 때문이다. 이들 금지규정에 위반되는 약관은 무효이다.

위 규정 (1)과 관련하여, ㉠ 보험사의 고의, 중대한 과실, 경미한 과실 여하에 대한 아무런 언급이 없이 보험사의 모든 책임을 면제하는 내용의 약관조항을 생각해 보자. 이 조항은 경우에 따라 무효가 될 수도 있고 유효가 될 수도 있다. 이러한 약관조항 전체를 무효로 보게 되면 이를 다시 만들어야 하므로, 무효인 경우를 제거하고 유효가 될 수 있는 경우에만 약관이 적용되도록 함으로써 그 약관조항을 유지할 수 있다. 이를 약관의 효력 유지적 축소 해석이라고 한다.

이런 축소 해석의 방법을 위 규정 (2)와 관련되는 약관조항에 적용해 보자. 예를 들어 ㉡ "무면허운전은 누가 운전을 하더라도 보험사는 아무런 책임이 없습니다."라는 자동차보험 약관조항은 무효가 될 수 있다. 무면허인 차량 절도범이 사고를 냈다면 차량 주인인 ㉢ 보험계약자의 지배와 관리가 불가능하였으므로, 보험사의 책임을 면제하는 것은 타당한 이유가 없기 때문이다. 그러나 차량 주인의 자녀가 운전면허 없이 운전하다 사고를 냈다면 보험계약자의 지배와 관리가 가능하였으므로 보험사의 책임을 면제하는 것이 약관의 효력을 유지하는 축소 해석이다.

〈보 기〉

ㄱ. ㉠에 대해 효력을 유지하면서 축소 해석을 하면, 보험사의 경미한 과실로 인한 손해배상책임은 면제될 것이다.

ㄴ. ㉢의 경우에 ㉡이 보험사의 책임을 면제한다면, ㉡은 보험약관법에 위반될 것이다.

ㄷ. 약관조항 전체를 무효로 하는 경우에 비하여 약관조항의 효력을 유지하는 방향으로 축소 해석을 하면, 보험사로 하여금 규정 (1), (2)에 부합하는 약관조항을 만들게 하는 유인이 약해질 것이다.

---

① ㄴ ② ㄷ ③ ㄱ, ㄴ

④ ㄱ, ㄷ ⑤ ㄱ, ㄴ, ㄷ

185

다음으로부터 평가한 것으로 옳은 것만을 〈보기〉에서 있는 대로 고른 것은? [20추리 – 36]

특정 병인에 의하여 발생하고 원인과 결과가 명확히 대응하는 '특이성 질환'과 달리, '비특이성 질환'은 그 질환의 발생 원인과 기전이 복잡하고 다양하며, 유전·체질 등 선천적 요인 및 개인의 생활 습관, 직업적·환경적 요인 등 후천적 요인이 복합적으로 작용하여 발생하는 질환이다.

역학조사를 통해 어떤 사람에게서 특정 위험인자와 비특이성 질환 사이에 역학적 상관관계가 인정된다고 하자. 이러한 경우 비특이성 질환의 원인을 밝히기 위해서는 추가적으로 그 위험인자에 노출된 집단과 노출되지 않은 다른 일반 집단을 대조하여 역학조사를 해야 한다. 그뿐만 아니라, 그 집단에 속한 개인이 위험인자에 노출된 시기와 정도, 발병 시기, 그 위험인자에 노출되기 전의 건강 상태, 생활 습관 등을 면밀히 살펴 특정 위험인자에 의하여 그 비특이성 질환이 유발되었을 개연성을 확실히 증명하여야 한다.

폐암은 비특이성 질환이다. 폐암은 조직형에 따라 크게 소세포암과 비소세포암으로 나뉜다. 비소세포암은 특정한 유형의 암을 지칭하는 것이 아니라 소세포암이 아닌 모든 유형의 암을 통틀어 지칭하는 것이다. 여기에는 흡연과 관련성이 전혀 없거나 현저하게 낮은 유형의 폐암도 포함되어 있다. 의학계에서는 일반적으로 흡연과 관련성이 높은 폐암은 소세포암이고, 비소세포암 중에서는 편평세포암과 선암이 흡연과 관련성이 높다고 보고하고 있다. 세기관지 폐포세포암은 선암의 일종이지만 결핵, 폐렴, 바이러스, 대기 오염 물질 등에 의해 발생한다는 보고가 있으며 흡연과의 관련성이 현저히 낮다고 알려져 있다.

〈사례〉

甲은 30년의 흡연력을 가지고 있으며 최근 폐암 진단을 받았다. 甲은 하루에 한 갑씩 담배를 피웠고, 이 때문에 폐암이 발생하였다고 주장하며 자신이 피우던 담배의 제조사 P를 상대로 소송을 제기하였다. 하지만 P는 甲의 폐암은 흡연에 의해 유발되었을 개연성이 낮다고 주장하였다.

─────── 〈보 기〉 ───────

ㄱ. 흡연에 노출되지 않은 집단에서 폐암이 발병할 확률이 甲이 포함된 흡연자 집단에서 폐암이 발병할 확률보다 낮은 것으로 확인되었다면 P의 주장이 강화된다.
ㄴ. 甲의 부친은 만성 폐렴으로 오랫동안 고생한 후 폐암으로 사망하였으며 甲 또한 청년기부터 폐렴을 앓아 왔고 조직검사 결과 甲의 폐암은 비소세포암으로 판명되었다면 P의 주장이 약화된다.
ㄷ. 조직검사 결과 甲의 폐암이 소세포암으로 판명되었다면 甲의 주장이 강화된다.

① ㄱ   ② ㄷ   ③ ㄱ, ㄴ
④ ㄴ, ㄷ   ⑤ ㄱ, ㄴ, ㄷ

186

다음 글을 뒷받침할 근거로 제시될 수 있는 것만을 〈보기〉에서 모두 고르면? [15행상-24]

    하나의 선거구에서 1인을 선출하는 국회의원 지역선거구를 획정할 때, 과거 헌법재판소는 국회의원의 지역대표성, 도시와 농어촌 간의 인구편차, 각 분야의 개발불균형 등을 근거로 인구편차의 허용기준을 전국 국회의원 지역선거구 평균인구 기준 상하 50%로 제시한 바 있었다. 그러나 최근 헌법재판소는 다음과 같은 이유로 국회의원 지역선거구별 인구편차 기준은 가장 큰 선거구와 가장 작은 선거구가 인구비례 2 : 1을 넘지 않아야 한다고 입장을 변경하였다.

(1) 종래의 인구편차의 허용 기준을 적용하게 되면 1인의 투표가치가 다른 1인의 투표가치에 비하여 세 배가 되는 경우도 발생하는데, 이는 투표가치의 지나친 불평등이다.

(2) 국회를 구성함에 있어 국회의원의 지역대표성이 고려되어야 한다고 할지라도 이것이 국민주권주의의 출발점인 투표가치의 평등보다 우선시 될 수는 없다. 특히 현재는 지방자치제도가 정착되어 있으므로, 지역대표성을 이유로 헌법상 원칙인 투표가치의 평등을 현저히 완화할 필요성이 예전에 비해 크지 않다.

(3) 인구편차의 허용기준을 완화하면 할수록 과대대표되는 지역과 과소대표되는 지역이 생길 가능성 또한 높아지는데, 이는 지역정당구조를 심화시키는 부작용을 야기할 수 있다. 이러한 불균형은 농어촌 지역 사이에서도 나타날 수 있다. 그것은 농어촌 지역의 합리적인 변화를 저해할 수 있으며, 국토의 균형발전에도 도움이 되지 않는다.

(4) 인구편차의 허용기준을 엄격하게 하는 것이 외국의 판례와 입법추세임을 고려할 때, 우리도 인구편차의 허용기준을 엄격하게 하는 일을 더 이상 미룰 수 없다.

※ '인구'는 '선거권자'를 의미함

〈보 기〉

ㄱ. 지방자치제도가 정착되었기 때문에 국회의원의 지역대표성을 더욱 강화해야 한다.

ㄴ. 국회의원 지역선거구를 획정할 때, 인구가 '최대인 선거구의 인구'를 '최소인 선거구의 인구'로 나눈 숫자가 2 이상이 되지 않는 것이 외국의 일반적인 경향이다.

ㄷ. 지역정당구조의 완화와 농어촌 지역 간 불균형을 극복하기 위하여 국회의원 지역선거구 획정은 평균인구 기준 상하 66.6%를 기준으로 판단해야 한다.

ㄹ. 선거구별 인구의 차이가 커질수록 인구가 많은 선거구에 거주하는 사람의 투표가치는 인구가 적은 선거구에 거주하는 사람의 투표가치보다 줄어든다.

① ㄱ   ② ㄴ, ㄷ   ③ ㄴ, ㄹ   ④ ㄷ, ㄹ   ⑤ ㄱ, ㄴ, ㄷ

187

다음 판결문과 양립할 수 없는 것은? [14행언-34]

　　민주주의 국가의 국민은 주권자의 입장에 서서 헌법을 제정하고 헌법을 수호하는 가장 중요한 소임을 가지므로, 이러한 국민이 개인 지위를 넘어 집단이나 집단 유사의 결집을 이루어 헌법을 수호하는 역할을 일정한 시점에서 담당할 경우에는 이러한 국민의 결집을 적어도 그 기간 중에는 헌법기관에 준하여 보호하여야 할 것이다. 이러한 국민의 결집을 강압으로 분쇄한 행위는 헌법기관을 강압으로 분쇄한 것과 마찬가지로 국헌문란에 해당한다.

　　헌법상 아무런 명문 규정이 없음에도 불구하고, 국민이 헌법의 수호자로서 지위를 가진다는 것만으로 헌법수호를 목적으로 집단을 이룬 시위국민들을 가리켜 형법 제91조 제2호에서 규정하고 있는 '헌법에 의하여 설치된 국가기관'에 해당하는 것이라고 말하기는 어렵다할 것이다. 따라서 위 법률 조항에 관한 법리를 오해하여 헌법수호를 위하여 시위하는 국민의 결집을 헌법기관으로 본 원심의 조처는 결국 유추해석에 해당하여 죄형법정주의의 원칙을 위반한 것이어서 허용될 수 없다고 할 것이다.

① 헌법상의 지위와 소임을 다하려고 시위하는 국민들을 헌법기관으로 보는 것은 경우에 따라 허용된다.
② 헌법수호를 위하여 결집된 국민들을 강압으로 분쇄한 행위는 국헌문란죄로 처벌받아야 한다.
③ 헌법수호를 위하여 싸우는 국민의 집단은 헌법기관에 준하여 보호되어야 한다.
④ 대한민국 국민 한 사람 한 사람은 헌법을 제정하고 수호하는 주권자이다.
⑤ 헌법수호를 위하여 결집된 국민들은 헌법기관이 아니다.

188

다음 글의 논지를 약화하는 것만을 〈보기〉에서 모두 고르면? [16행언-36]

　　M이 내린 인가처분은 학교법인 B가 법학전문대학원 설치인가를 받기 위해 제출한 입학전형 계획을 그대로 인정함으로써 청구인 A의 헌법상의 기본권인 직업선택의 자유를 제한하는 것처럼 보인다. 그러나 학교법인 B는 헌법 제31조 제4항에 서술된 헌법상의 기본권인 '대학의 자율성'의 주체이다. 이 사건처럼 두 기본권이 충돌하는 경우, 헌법의 통일성을 유지한다는 취지에서, 상충하는 기본권이 모두 최대한 그 기능과 효력을 발휘할 수 있도록 하는 조화로운 방법이 모색되어야 한다. 따라서 해당 인가처분이 청구인 A의 직업선택의 자유를 제한하는 정도와 대학의 자율성을 보호하는 정도 사이에 적정한 비례를 유지하고 있는지를 살펴본다.

　　청구인 A는 해당 인가처분으로 인하여 청구인이 전체 법학전문대학원 중 B대학교 법학전문대학원 정원인 100명만큼 지원할 수 없게 되어 법학전문대학원에 진학할 기회가 줄어든다고 주장하고 있다. 그러나 여자대학이 아닌 법학 전문대학원의 경우에도 여학생의 비율이 평균 40%에 달하고 있는 점으로 미루어, B대학교 법학전문대학원이 여성과 남성을 차별 없이 모집하였을 경우를 상정하더라도 청구인 A가 이 인가처분으로 인해 받는 직업선택의 자유의 제한 정도가 어느 정도인지 산술적으로 명확하게 계산하기는 어렵지만 청구인이 주장하는 2,000분의 100에는 미치지 못할 것으로 보인다. 반면 청구인 A는 B대학교 이외에 입학정원 총 1,900명의 전국 24개 여타 법학전문대학원에 지원할 수 있고 입학하여 소정의 교육을 마친 후 변호사시험을 통해 법조인이 될 수 있는 충분한 가능성이 있으므로, 이 인가처분으로 청구인이 받는 불이익이 과도하게 크다고 보기 어렵다. 따라서 이 인가처분은 청구인 A의 직업선택의 자유와 B대학교의 대학의 자율성 사이에서 적정한 비례관계를 유지하고 있다 할 것이다.

　　학생의 선발, 입학의 전형도 사립대학의 자율성의 범위에 속한다는 점, 여성 고등교육 기관이라는 B대학교의 정체성에 비추어 여자대학교라는 정책의 유지 여부는 대학 자율성의 본질적인 부분에 속한다는 점, 이 사건 인가처분으로 인하여 청구인 A가 받는 불이익이 크지 않다는 점 등을 고려하면, 이 사건 인가처분은 청구인의 직업선택의 자유와 대학의 자율성이라는 두 기본권을 합리적으로 조화시킨 것이며 양 기본권의 제한에 있어 적정한 비례를 유지한 것이라고 할 것이다. 따라서 이 사건 인가처분은 청구인 A의 직업선택의 자유를 침해하지 않고, 그러므로 헌법에 위반된다고 할 수 없다.

〈보 기〉

ㄱ. 청구인의 불이익은 사실상의 불이익에 불과하고 기본권의 침해에 해당하지 않는다.

ㄴ. 권리를 향유할 주체가 구체적 자연인인 경우의 기본권은 그 주체가 무형의 법인인 경우보다 우선하여 고려되어야 한다.

ㄷ. 상이한 기본권의 제한 간에 적정한 비례관계가 성립하는지를 평가하기 위해서는 비교되는 두 항을 계량할 공통의 기준이 먼저 제시되어야 한다.

① ㄱ　　　　② ㄷ　　　　③ ㄱ, ㄴ　　　　④ ㄴ, ㄷ　　　　⑤ ㄱ, ㄴ, ㄷ

189

다음 (가)~(라)에 대한 설명 중 타당한 것은? [13입언-4]

(가) 법원이 가족관계등록부에 기재된 성별의 정정을 허가할 것인지 여부를 결정함에 있어서 일정한 기준을 세우고 그에 따라 일관된 처리를 함으로써 법적 안정성을 유지하는 것이 중요한 가치임을 부인할 수 없다고 하더라도, 어떠한 소극적 요건을 절대적 기준으로 설정함으로써 경우에 따라 성전환자의 인간으로서의 존엄성이나 행복추구권의 본질적 부분이 침해되는 결과에 이를 수 있음에도 이를 감수하면서까지 법적 안정성을 추구하는 것이 정당하다고 말할 수 없다.

(나) 우리 민법은 동성 간의 혼인은 허용하지 않고 있다. 그런데 만약 현재 혼인 중에 있는 성전환자에 대하여 성별정정을 허용할 경우 동성혼의 외관을 현출시켜 결과적으로 동성혼을 인정하는 셈이 되고, 이는 상대방 배우자의 신분관계 등 법적·사회적 지위에 중대한 영향을 미치게 된다. 따라서 현행 민법 규정과 오늘날의 사회통념상 현재 혼인 중에 있는 성전환자의 전환된 성을 법률적으로 그 사람의 성이라고 평가할 수 없고, 그 결과 가족관계등록부의 성별정정도 허용되지 아니한다고 할 것이다. 다만 현재 혼인 중이 아니라면 과거 혼인한 사실이 있다고 하더라도 위와 같은 혼란을 야기하거나 사회에 부정적인 영향을 미칠 우려가 크지 않으므로 성별정정을 불허할 사유가 되지 아니한다.

(다) 미성년자인 자녀가 있다는 사정은 그 자녀의 연령과 취학 여부, 부모의 성별정정에 대한 자녀의 동의 여부, 자녀에 대한 보호·부양의 모습과 정도, 기타 제반사정과 함께 그 성전환자가 사회통념상 전환된 성을 가진 자로서 인식될 수 있는지 여부를 결정하는 여러 가지 요소들 중 일부로 포섭하여 법원이 구체적 사안에 따라 성별정정의 허가 여부를 결정하면 충분하고, 미성년자인 자녀가 있다는 사정을 성별정정의 독자적인 소극적 요건으로 설정할 것은 아니다.

(라) 성전환자에게 미성년자인 자녀가 있음에도 성별정정을 허용한다면 자녀의 입장에서는 부(父)가 남성에서 여성으로, 또는 모(母)가 여성에서 남성으로 뒤바뀌는 상황을 일방적으로 감내해야 하므로, 이로 인한 정신적 혼란과 충격에 노출될 수 있음을 짐작할 수 있다. 그리고 성별정정을 허용하게 되면 가족관계증명서의 '부(父)'란에 기재된 사람의 성별이 '여(女)'로, 또는 '모(母)'란에 기재된 사람의 성별이 '남(男)'으로 표시됨으로써 동성혼의 외관이 현출될 수밖에 없고, 미성년자인 자녀는 취학 등을 위해 가족관계증명서가 요구될 때마다 동성혼의 외관이 현출된 가족관계증명서를 제출할 수밖에 없다. 동성혼에 대한 사회적 차별과 편견은 엄연한 현실이고, 이러한 현실에 대한 적응능력이 성숙되지 아니하고 감수성이 예민한 미성년자인 자녀를 사회적 차별과 편견에 노출되도록 방치하는 것은 친권자로서 또는 사회구성원으로서의 기본적인 책무를 도외시하는 것이다.

① (가)에 동의하면 (나)에 동의할 수 없다.
② (나)에 동의하면 (다)에 동의해야 한다.
③ (다)에 동의하면 (라)에 동의해야 한다.
④ (가)의 결론을 뒷받침하는 근거와 (다)의 결론을 뒷받침하는 근거는 동일하다.
⑤ (나)의 결론을 뒷받침하는 근거와 (라)의 결론을 뒷받침하는 근거는 동일하다.

PART 6.

2026 LEET · PSAT 법률문제 222

계산형

PART 6. | 계산형

'계산형'은 글, 규정을 토대로 사례 및 선지에 대한 계산과정을 묻는 추론형 문제입니다. 즉 규정형 및 사례형 문제의 응용 형태로, 문제에서 법조문 또는 일반제시문을 근거로 계산 과정을 거쳐 답을 찾을 것을 요구하고 있습니다. 법률 지문의 외형을 하고 있지만 실상 수학적 방법으로 풀어내야 한다는 것이 특징입니다. 계산의 형식만 놓고 본다면 그다지 어려울 일이 없지만, 법률 소재가 사용되었다는 점에만 집착한다면 빠르고 정확한 문제풀이가 불가능해집니다. 따라서 해당 문제가 계산형 문제임을 인식하는 것이 급선무입니다.

계산형은 금액을 계산하는 유형, 기간을 계산하는 유형, 점수를 계산하는 유형, 비율을 계산하는 유형, 인원을 계산하는 유형, 순서를 판단하거나 대소를 비교하는 유형, 총액을 계산하여 최댓값 또는 최솟값을 알아내는 유형 등 다양하게 출제됩니다. 특히 최근 기출에서는 단순한 계산에 그치지 않고, 날짜 및 기산일을 따져보아야 하는 난해한 문제도 빈출되므로 이에 대한 주의가 요구됩니다. 이러한 유형들과 관련하여 최근 기출문제에서는 계산에 필요한 공식을 도출해야 하는 문제가 출제되는 등 계산형 문제가 조금 더 복잡해지는 경향을 보이고 있기 때문에 이에 대한 충분한 연습이 요구됩니다.

또한, 계산형 문제에서는 특정 〈상황〉을 제시하며 출제자가 의도하는 정답을 도출할 수 있는 기준 자료인 도표나 [별표]나 각주 등이 제시되기도 합니다. 또한 선지에 계산을 통해 최종적으로 도출되는 금액이나 기간 등이 등장하는데, 제시된 숫자들 간에 유사성이 크면 클수록 계산실수가 오답으로 연결될 가능성이 커지므로 이에 유의해야 합니다. 또한 등장인물 간 복잡하게 얽혀 있는 금액계산도 자주 등장하므로 등장인물이 제시될 때에는 등장인물 간의 관계를 표 등으로 정리해 주는 것도 중요합니다.

계산형은 일반적으로 규정형, 지문형보다 난도가 높은 문제들이 많습니다. 그래서 시간적 압박 혹은 심리적 부담으로 아예 풀지 않고 넘어가는 수험생들이 많으나, 계산형 문제 정답률이 타 유형 문제들에 비해 낮지 않다는 점을 생각건대, 계산형 문제에 도전한 수험생들은 거의 정답을 찾아냈다고 말할 수 있습니다. 즉 계산형 문제는 어렵다는 인식이 있으나, 실상 유형에 익숙해지기만 하면 풀이과정이 명확하고 빠르게 풀이할 수 있는 쉬운 문제일 수 있음을 명심해야 합니다. 구체적으로는 문제해결에 필요한 공식을 빠르게 도출하는 방법을 익히고 계산과정에서 발생할 수 있는 실수 등을 최소화한다면 정답률을 높일 수 있습니다. 다만, 실전에서는 제한된 시간 내에 급하게 풀어야 하므로 단순 덧셈이나 곱셈계산임에도 불구하고 실수를 할 여지가 있기에 평소 제한된 시간 안에 연산연습을 꾸준히 하여 실수를 최소화할 수 있어야 할 것입니다. 또한, 계산형 문제는 도표 활용에 중점을 두어야 합니다. 도표로 제시되는 문제 유형뿐 아니라, 모든 계산형 문제에서 본인의 풀이 흐름을 잃지 않기 위해서는 도표를 활용한 풀이가 효과적입니다.

그러나 무엇보다 가장 중요한 것은 계산형 문제도 〈규정〉에 기반한 풀이라는 점입니다. 계산에만 치중하여 규정을 등한시하는 경우도 빈번하게 발생하나, 제시된 법률규정을 반드시 확인해야 합니다. 계산 중 헷갈리거나 계산 후 정답을 찾지 못하는 경우, 곧바로 계산을 다시 진행하기보다는 규정에 입각하여 풀이과정이 옳았는지 확인하는 것이 우선입니다.

계산 실수를 줄이기 위해서는 완벽할 필요가 없지만, 〈규정〉을 정리한 표를 그리는 것도 좋은 방법입니다. 그리고 〈규정〉에서 제시한 반복적인 규칙에 의해 표를 채워넣는다면 실수를 최대한 줄일 수 있습니다. 또한 다소 복잡한 계산이 포함된 문제의 경우 계산 순서가 명확히 드러나게 또박또박 글씨를 쓰는 연습도 필요합니다. 한 번에 빠른 글씨체로 문제를 풀이하는 것이 가장 좋겠지만, 추리논증 시험은 매우 긴 템포를 가져가야 하느니만큼 중간에 호흡을 놓칠 수 있습니다. 계산을 여기저기 너저분하게 했다면 스스로도 알아보지 못해 결국 처음부터 다시 계산을 시행해야 할 수도 있습니다. 따라서 표를 그리고, 표의 첫 레이블에 계산식을 간단히 적어두는 것이 효율성과 정확성 측면에서 좋은 방법입니다.

최근 계산형 문제의 경우 〈규정〉에서의 사용순서를 파악하는 것을 묻기도 하였습니다.

가령 2021학년도 추리논증 기출문제 8번을 예로 들 수 있습니다.

〈규정〉

(1) 형벌 중 중형에는 다음 여섯 등급이 있다.

1등급	사형
2등급	노역 5년 후 3천 리 밖으로 유배
3등급	3천 리 밖으로 유배
4등급	2천 리 밖으로 유배
5등급	노역 3년 6개월
6등급	노역 3년

(2) 사람을 때려 재물을 빼앗은 자는 3천 리 밖으로 유배한다.
(3) 다른 사람의 범죄를 도운 자는 범죄를 저지른 자보다 한 등급을 감경하여 처벌한다.
(4) 자신을 체포하려는 포졸을 때려 상해를 입힌 자의 형벌은 네 등급을 가중한다.

(5) 탈옥한 자의 형벌은 세 등급을 가중한다.

(6) 자수한 자의 형벌은 세 등급을 감경한다.

(7) 1~3등급에서 형을 감경하는 경우 3등급, 4등급은 하나의 등급으로 취급한다. 가령 2등급에서 두 등급을 감경하면 5등급이다.

(8) 3~6등급에서 형을 가중하는 경우 2등급이 상한이다.

(9) (3)~(6)의 형벌 가중·감경 사유 중 두 개 이상에 해당하면, 해당 사유 모두를 (3), (4), (5), (6)의 순서대로 적용한다.

〈사례〉

갑이 을을 때려 재물을 빼앗는 동안 병은 갑을 위하여 망을 보아주었다. 도망쳐 숨어 지내던 병은 포졸 정의 눈에 띄어 체포될 위기에 처하자 그를 때려 상해를 입히고 달아났다. 이후 병은 관아에 자수하고 갇혀 있던 중 탈옥하였다.

이 문제에서는 '사용 순서'상의 모호함을 이용하여 수험생의 집중력과 정답률에 큰 타격을 준 바가 있습니다. 하지만 당황하지 않고 해당 문제의 〈조문〉 (9)의 "적용 순서는 (3)부터 (6)까지 오름차순이다"라는 문장에 초점을 맞추게 되면 시간은 다소 걸릴지언정 객관적인 답을 도출해 낼 수 있었습니다.

이처럼 난도가 있는 계산형 문제의 경우 중간 규정에서 시작하는 풀이, 하나의 규정이 계산 과정에서 두 번 사용되어야하는 풀이 등 다양한 풀이 방식을 요구하기도 합니다. 따라서 규정을 정독하여 규정 간 관계를 파악한 후, 제시되는 사례 혹은 풀이의 시작점이 어느 규정에 부합하는지 판단하고 그 규정에서부터 풀이해나간다면 어렵지 않게 정답에 다가갈 수 있습니다. 나아가 규정을 정독하는 것과, 여러 번 정독했음에도 규정 적용 순서가 이해가 되지 않는다면 마냥 붙잡고 있을 것이 아니라 뒤의 문제를 마저 푼 후 돌아와서 놓친 부분을 다시 검토하는 스킬이 필요하다고 하겠습니다.

이하에서 좀 더 구체적으로 계산형 문제를 전략적으로 풀 수 있는 몇 가지 접근법에 대해 살펴보겠습니다.

1. 사례를 도식화하기

주어진 〈사례〉를 빠르게 도식화하고 지문을 통해 도출한 공식과 잘 대응하는 것이 계산형 문제의 핵심입니다.

2008년 5급 공채 상황판단 12번 문제를 살펴보겠습니다.

A는 채무자에 대한 3억 6천만원의 채권을 담보하기 위하여, 채무자 소유의 부동산인 X(시가 2억 4천만원), Y(시가 1억 6천만원), Z(시가 8천만원)에 대해 1순위 저당권을 취득하였다. 그리고 B는 1억원의 채권으로 X에 대하여, C는 6천만원의 채권으로 Y에 대하여, D는 6천만원의 채권으로 Z에 대하여 각각 2순위 저당권을 취득하였다. 만일 이 부동산들이 시가대로 매각(경락)되어 동시 배당을 할 경우에, A, B, C, D가 배당받을 금액은?(단, 저당권의 실행비용 등은 고려하지 않는다)

등장인물도 A, B, C, D 등 4명이고 문제의 부동산도 X, Y, Z의 3개로 복잡하게 되어 있습니다. 이에 대해 아래와 같이 도표화하는 것이 도움이 될 것입니다.

채권자	채권액	저당권 순위		
		부동산 X (2억 4천만원)	부동산 Y (1억 6천만원)	부동산 Z (8천만원)
A	3억 6천만원	1순위	1순위	1순위
B	1억원	2순위		
C	6천만원		2순위	
D	6천만원			2순위

계산공식을 도출하는 것도 중요하지만, 사례를 잘 구조화할 수 있어야 합니다. 이를 위해 그간 출제된 문제를 바탕으로 충분한 연습이 필요할 것입니다.

2. 계산공식 파악

2007년 5급 공채 상황판단 32번 문제를 살펴보겠습니다.

제○○조 (과세기준일) 종합부동산세의 과세기준일은 재산세의 과세기준일(6월 1일)로 한다.
제○○조 (납세의무자) 과세기준일 현재 주택분 재산세의 납세의무자로서 국내에 있는 재산세 과세대상인 주택의 공시가격을 합산한 금액(개인의 경우 세대별로 합산한 금액)이 10억원을 초과하는 자는 종합부동산세를 납부할 의무가 있다.
제○○조 (과세표준) 주택에 대한 종합부동산세의 과세표준은 납세의무자별로 주택의 공시가격을 합산한 금액에서 10억원을 공제한 금액으로 한다.
제○○조 (세율 및 세액)

① 주택에 대한 종합부동산세는 과세표준에 다음의 세율을 적용하여 계산한 금액을 그 세액으로 한다.

과세표준	세율
5억원 이하	1천분의 10
5억원 초과 10억원 이하	1천분의 15
10억원 초과 100억원 이하	1천분의 20
100억원 초과	1천분의 30

② 2008년 12월 31일 현재 A의 세대별 주택공시가격의 합산액이 15억원일 경우 재산변동이 없다면 다음 해의 종합부동산세액은 400만원이다.

제시된 선지는 주택에 대한 종합부동산세액을 묻고 있습니다. 이를 위해서는 우선 세액 공식이 무엇인지 파악해야 합니다. 제00조(세율 및 세액)의 제1항 '종합부동산세는 과세표준에 다음의 세율을 적용하여 계산한다'를 활용하여 다음과 같은 공식으로 정리할 수 있습니다.

종합부동산세 = 과세표준 × 세율

선지에는 과세표준에 대한 정보가 제시되어 있지 않습니다. 즉 과세표준의 경우 별도의 계산을 통해 도출해야 함을 의미합니다. 즉 여기에서 사용된 '과세표준'은 키워드였고, 제00조(과세표준)를 통해 다음과 같은 공식을 도출할 수 있습니다.

과세표준 = 주택의 공시지가를 합산한 금액 - 10억

제○○조 (과세기준일) 종합부동산세의 과세기준일은 재산세의 과세기준일(6월 1일)로 한다.

제○○조 (납세의무자) 과세기준일 현재 주택분 재산세의 납세의무자로서 국내에 있는 재산세 과세 대상인 주택의 공시가격을 합산한 금액(개인의 경우 세대별로 합산한 금액)이 10억원을 초과하는 자는 종합부동산세를 납부할 의무가 있다.

제○○조 (과세표준) 주택에 대한 종합부동산세의 과세표준은 납세의무자별로 주택의 공시가격을 합산한 금액에서 10억원을 공제한 금액으로 한다.

제○○조 (세율 및 세액)

① 주택에 대한 종합부동산세는 과세표준에 다음의 세율을 적용하여 계산한 금액을 그 세액으로 한다.

과세표준	세율
5억원 이하	1천분의 10
5억원 초과 10억원 이하	1천분의 15
10억원 초과 100억원 이하	1천분의 20
100억원 초과	1천분의 30

공식을 도출하기 위해 유의해야 하는 부분에 밑줄표시를 하였습니다. 이처럼 주어진 키워드를 신속하게 파악하고 이에 따라 계산해야 할 대상이 무엇인지 찾는 방식을 사용한다면 공식을 도출할 수 있습니다.

계산에 필요한 공식을 찾아내기 위해 규정 및 글에서 관련 부분을 신속하게 찾아 이를 토대로 문제를 해결해야 합니다. 특히 계산공식과 관련된 내용이 후반부에 배치되어 출제되는 경우, 여러 개의 조문을 통해 여러 가지 공식을 활용해야 하는 경우 등에 어려움이 있습니다. 특히 실전에서의 대처방식과 관련하여 다음과 같은 점에 유의하면 좋을 것입니다.

1) **계산하여야 할 대상이 무엇인지 우선적으로 찾아본다.**
   문제에서 묻고자 하는 사항과 관련 키워드를 먼저 파악해 보자.
   제시된 조문/글에 나와 있는 키워드를 우선적으로 확인하면 수월하게 공식을 도출할 수 있다.
2) **공식이 등장한다면 중요표시를 하자.**
   최근 공식들이 제시되는 문제가 기출되는 경향을 보인다.
   조문/글 등에 제시된 공식에는 특별히 중요표시를 하고 우선적으로 활용하자.
3) **주어진 〈상황〉를 도식화하고 지문을 통해 도출한 공식과 대응한다.**
4) **시험지의 여백을 충분히 활용하자.**
   실전에서는 문제지의 좌·우측 여백에 관련 내용을 잘 적어가면서 정리하는 습관을 갖자.

3. 단서규정 / 예외규정

단서규정/예외규정은 계산형에서도 문제해결에 중요한 포인트입니다. 특히 문제에 주어지는 〈상황〉과 연결되는 부분이 조문/글의 '다만' 등의 단서 부분에 많이 등장하기 때문에 유의해야 합니다.

2010년 5급 공채 상황판단 8번 문제를 살펴보겠습니다.

─── 〈여비규정〉 ───

제00조(여비의 종류) 여비는 운임·일비·숙박비·식비·이전비·가족여비 및 준비금 등으로 구분한다.
제00조(여행일수의 계산) 여행일수는 여행에 실제로 소요되는 일수에 의한다. 국외여행의 경우에는 국
   내 출발일은 목적지를, 국내 도착일은 출발지를 여행하는 것으로 본다.
제00조(여비의 구분계산) ① 여비 각 항목은 구분하여 계산한다.
   ② 같은 날에 여비액을 달리하여야 할 경우에는 많은 액을 기준으로 지급한다. 다만 숙박비는 숙박지
   를 기준으로 한다.
제00조(일비·숙박비·식비의 지급) ① 국외여행자의 경우는 <국외여비정액표>에서 정하는 바에 따라
   지급한다.

② 일비는 여행일수에 따라 지급한다.

③ 숙박비는 숙박하는 밤의 수에 따라 지급한다. 다만 항공편 이동 중에는 따로 숙박비를 지급하지 아니한다.

④ 식비는 여행일수에 따라 이를 지급한다. 다만 항공편 이동 중 당일의 식사 기준시간이 모두 포함되어 있는 경우는 식비를 제공하지 않는다.

⑤ 식사 시간은 현지 시각 08시(조식), 12시(중식), 18시(석식)를 기준으로 한다.

〈국외여비정액표〉

(단위 : 달러)

구분	국가등급	일비	숙박비	식비 (1일 기준)
이사	다	**80**	<u>233</u>	102
	라	70	<u>164</u>	85

〈A 이사의 여행일정〉

1일째 : (06 : 00) 출국
2일째 : (07 : 00) 갑국(다 등급지역) 도착
        (18 : 00) 만찬
3일째 : (09 : 00) 회의
        (15 : 00) 갑국 출국
        (17 : 00) 을국(라 등급지역) 도착

※ 시각은 현지 기준이고, 날짜변경선의 영향은 없는 것으로 가정한다.

이때 주의할 부분은 3일째입니다. 갑국에서 을국으로 이동하면서 일비·숙박비·식비를 어떻게 구해야 하는지가 관건이었는데, 제00조(여비의 구분계산) 제2항을 보면 같은 날에 여비액을 달리하는 경우 많은 액을 기준으로 하도록 되어 있습니다. 따라서 일비와 식비는 많은 액에 해당되는 '다' 등급을 적용하면 됩니다. '다만' 이후의 내용을 통해 숙박비는 숙박지를 기준으로 하기 때문에 '라' 등급이 적용되는 것입니다. 단서규정을 간과했다면 숙박비마저도 '다' 등급을 적용하는 실수를 할 수도 있습니다. 이렇듯 단서규정/예외규정을 놓칠 경우 많은 시간과 노력을 들였음에도 잘못된 계산을 할 수 있기 때문에 반드시 표시하고 풀이에 임해야 합니다.

〈규정〉을 근거로 〈사실관계〉에 대하여 옳은 판단을 하는 변호사는? [19추리-8]

〈규정〉

　종업원은 직무와 관련하여 한 발명에 대하여 기여도에 따라 다음과 같이 보상을 받을 권리를 가진다.
(1) 회사가 직무발명에 대한 특허출원을 할 경우 출원보상을 한다. 보상금은 그 중요도에 따라 건당 10만 원에서 30만 원을 지급하며, 나머지는 회사 내에 설치된 직무발명심의위원회의 결정 심사 후에 지급한다.
(2) 회사 명의로 등록된 특허권을 매도 또는 임대하였을 때 처분보상을 한다. 특허권을 타인에게 유상으로 임대한 경우에는 특허임대수익의 5~10%에 해당하는 금액을 발명자에게 보상금으로 지급한다.
(3) 단, 특허임대수익의 산정은 수령하였거나 수령할 총 임대료에서 개발비용, 영업비용을 제외한다.

〈사실관계〉

　X는 Y사에 직무발명에 대한 정당한 보상금의 지급을 요청하는 소송을 하기 위해 법무법인에 찾아갔다. X는 Y사에서 2007년부터 4년 4개월 동안 연구원으로 근무하였다. X는 Y사의 다른 연구원들과 함께 A사가 독점하고 있는 의약품과 동등하면서도 제조원가 대비 38%로 생산 가능한 방법을 48억 원의 비용을 들여 발명하였다. 해당 발명에 관여한 연구원들은 Y사에게 직무발명에 관한 특허 받을 권리를 이전하였고, Y사는 자사명의로 특허출원을 하였다. 이와 관련된 특허발명에서 X의 기여도는 1/3로 인정받았고 출원보상은 상여금 명목으로 5천만 원을 지급받았다.

　한편 Y사는 2010년도에 A사와 특허권 임대계약을 체결하기 위해 42억 원의 비용을 소요하였다. 그 계약에 의해 A사로부터 초회 대금 45억 원, 중간 정산대금 23억 원을 지급받음과 동시에 40개월 간의 임대료로 요율 3~5%에 의해 산정된 금액 24억 원을 수령하였다. 계약기간인 2030년까지 추가적으로 수령할 Y사의 임대료는 약 28억 원으로 추정된다.

① 갑 : 특허임대수익의 5~10%에 해당하는 금액이 이미 지급받은 출원보상금 5천만 원을 넘지는 않을 것 같습니다.
② 을 : 회사가 타인에게 특허권을 유상으로 임대했기 때문에 임대료 수익을 받을 수 있겠군요. 최대 1억 원은 청구 가능할 것 같아요.
③ 병 : Y사가 해당 특허로 수령할 총 임대료는 120억 원이군요. 따라서 당신은 최대 4억 원의 보상금을 받을 수 있습니다.
④ 정 : 본 특허로 얻을 Y사의 임대료 수익은 임대료 명목으로 지급받은 52억 원입니다. 따라서 최소 2억 6천만 원의 보상금을 청구할 수 있어요.
⑤ 무 : 임대료 수익은 실제 발생한 금액만 가지고 산정하여야 합니다. 미래의 시장 상황까지는 고려할 수 없어요. 따라서 92억 원을 특허임대수익으로 봐야 해요.

따질 것이 많은 다소 난해한 계산문제이며, 주어진 〈사실관계〉에서 X가 요구할 수 있는 보상금의 범위를 파악하는 것이 중요합니다.

또한, 〈규정〉에서 보상금의 종류를 파악하고, 〈사실관계〉에 제시된 관련 비용을 보상금 종류에 따라 분류하며 문제를 풀어나가야 합니다. 이때 각 개념을 식으로 정리해서 차근차근 풀이한다면 실수를 줄일 수 있습니다. 그리고 계산과정에서 주의할 것은 '기여도'를 누락하지 않아야 한다는 것입니다.

〈규정〉 (1)에 의하면 '출원보상'을 해야 합니다. X는 출원보상 명목으로 Y사로부터 5천만 원을 지급받았지만, Y사가 A사에 특허권을 유상 임대한 부분에 대하여는 처분보상을 받지 못한 상태입니다. 따라서 X가 이미 지급받은 출원보상은 생각할 필요가 없습니다.

〈규정〉 (2)에 의하면 '처분보상'도 해야 합니다. Y사가 수령하였거나 수령할 총 임대료는 수령한 45(초회 대금)+23(중간정산대금)+24(40개월 간 임대료)=92억 원과 수령할 28억 원(계약기간까지 수령할 임대료)을 합산한 120(억 원)입니다. 그리고 Y사의 개발비용은 48억 원, 영업비용은 A사와 특허권 임대계약을 체결하기 위해 소요한 42억 원입니다.

〈규정〉에 의하면 '특허임대수익'은 (총 임대료)−{(개발비용)+(영업비용)}입니다.

따라서 처분보상 산정 시 특허임대수익은 120−(48 + 42)=30(억 원)입니다.

그리고 (처분보상)=(특허임대수익의 5~10%)이고 X의 기여도는 1/3입니다.

결론적으로 X가 받을 수 있는 처분보상금은 30×1/3×(5~10%), 즉 5,000만 원~1억 원입니다.

각 선지를 해설해보겠습니다.

① (×) X가 받을 수 있는 보상, 즉 처분보상금은 최소 5천만 원이다.

② (○) X가 받을 수 있는 처분보상금은 최대 1억 원입니다.

③ (×) Y사가 해당 특허로 수령할 임대료 총액은 120억 원이 맞지만, 처분보상금을 산정할 때에는 개발비용 48억 원과 영업비용 42억 원이 제외됩니다. 따라서 특허임대수익은 30억 원으로 계산되고 X가 받을 처분보상도 이에 따라 계산되기에, 결국 처분보상금은 최대 1억 원입니다.

④ (×) 처분보상금 산정 기초가 되는 총 임대료는 '수령하였거나 수령할' 것이 모두 포함된다. 임대료 명목으로 지급받거나 지급받을 52억 원(24억 원+28억 원) 외에도 특허권 임대계약에 따라 A사로부터 지급받은 45억 원과 중간 정산대금 23억 원을 누락하여서는 안 됩니다.

⑤ (×) 처분보상금 산정 기초가 되는 총 임대료는 '수령하였거나 수령할' 것이 모두 포함됩니다. 따라서 2030년까지 추가로 수령이 예상되는 28억 원도 임대료 총액에 포함시켜야 합니다.

참고로, ①번은 처분보상이 5천만 원 이하라는 주장을 하고 있고, ②번은 처분보상이 최대 1억 원이라는 주장을 하고 있으므로 둘 중 적어도 하나는 정답이 아님을 알 수 있습니다.

[대표예제 **2**]

다음 글과 〈사례〉를 근거로 판단할 때, 반납해야 할 경비가 가장 많은 사람부터 가장 적은 사람 순으로 바르게 나열된 것은? [14행상-29]

제00조 ① 임명권자는 전시·사변 등의 국가비상시에 군위탁생 중 군에 복귀시킬 필요가 있다고 인정되는 자에 대하여는 교육을 일시중지하거나 군위탁생 임명을 해임하여 원대복귀하게 할 수 있다.

② 각 군 참모총장은 군위탁생으로서 다음 각 호에 해당하는 자에 대하여 지급한 경비(이하 '지급경비')를 아래 〈표〉의 반납액 산정기준에 의하여 본인 또는 그의 연대보증인으로 하여금 반납하게 하여야 한다.

  1. 소정의 과정을 마친 후 정당한 사유 없이 복귀하지 아니한 자
  2. 수학 중 해임된 자(제1항의 경우를 제외한다)
  3. 소정의 과정을 마친 후 의무복무기간 중에 전역 또는 제적 등의 사유가 발생하여 복무의 무를 이행하지 아니한 자

〈표〉 반납액 산정기준

구분	반납액
1. 제2항 제1호 해당자	지급경비 전액
2. 제2항 제2호 해당자	지급경비 전액 (다만 질병이나 기타 심신장애로 인하여 수학을 계속할 수 없어 해임된 경우에는 지급경비의 2분의 1)
3. 제2항 제3호 해당자	$지급경비 \times \dfrac{의무복무월수 - 복무월수}{의무복무월수}$

─── 〈사 례〉 ───

A. 수학 중 성적불량으로 군위탁생 임명이 해임된 부사관(지급경비 1,500만 원)
B. 군위탁생으로 박사과정을 마친 후 정당한 사유 없이 복귀하지 아니한 장교(지급경비 2,500만 원)
C. 위탁교육을 마친 후 의무복무년수 6년 중 3년을 마치고 전역하는 장교(지급경비 3,500만 원)
D. 심신장애로 인하여 계속하여 수학할 수 없다고 인정되어 수학 중 군위탁생 임명이 해임된 부사관(지급경비 2,000만 원)
E. 국방부장관이 국가비상시에 군에 복귀시킬 필요가 있다고 인정하여 군위탁생 임명을 해임하여 원대복귀시킨 장교(지급경비 3,000만 원)

① B-C-A-D-E ② B-C-D-A-E ③ C-B-E-A-D
④ C-E-B-D-A ⑤ E-C-B-A-D

문두에서 반납해야 할 경비가 가장 많은 사람부터 가장 적은 사람 순으로 바르게 나열할 것을 묻고 있습니다. 즉 〈사례〉에 등장하는 각 사람이 반납해야 할 경비가 얼마인지를 묻고 있습니다.

또한, 〈표〉에서 반납액 산정기준('산정기준')을 제시하고 있습니다. 그런데 산정기준이 3가지 유형으로 나뉘기 때문에 〈사례〉에서 A~E가 어떤 기준과 연결되는지를 한 번 더 생각해야 합니다. 이때 주의할 점이 두 가지 있습니다. 첫째, D의 경우 심신장애로 인하여 해임된 경우이므로 기준2 중에서 괄호 안의 단서가 적용된다는 것, 둘째, E의 경우 제2항 제2호 단서에 해당되어 반납대상에서 제외된다는 것입니다. 이에 유의하면서 계산공식을 도출해야 합니다.

	근거	근거 규정(적용 기준)
A	수학 중 성적불량으로 군위탁생 임명이 해임된 부사관	제2항 제2호 → 〈표〉2
B	군위탁생으로 박사과정을 마친 후 정당한 사유 없이 복귀하지 아니한 장교	제2항 제1호 → 〈표〉1
C	위탁교육을 마친 후 의무복무년수 6년 중 3년을 마치고 전역하는 장교	제2항 제3호 → 〈표〉3
D	심신장애로 인하여 계속하여 수학할 수 없다고 인정되어 수학 중 군위탁생 임명이 해임된 부사관	제2항 제2호 → 심신장애로 인한 경우이므로 〈표〉2의 단서규정 적용
E	국방부장관이 국가비상시에 군에 복귀시킬 필요가 있다고 인정하여 군위탁생 임명을 해임하여 원대복귀시킨 장교	제2항 제2호 단서 → 반납 제외대상

문제에서 반납해야 할 경비가 가장 많은 사람부터 가장 적은 사람 순으로 나열하는 것을 묻고 있기 때문에 계산과는 상관없이 반납대상에서 제외되는 E를 마지막에 배치할 수 있으며, 이를 통해 정답을 ①과 ②로 압축할 수 있습니다.

E를 제외한 A~D가 반납해야 할 경비는 다음과 같습니다.

- A : 수학 중 성적불량으로 군위탁생 임명이 해임된 부사관의 경우 제2항 제2호에 해당하므로 기준 2가 적용됩니다. 따라서 A는 지급경비 전액인 1,500만 원을 반납해야 합니다.
- B : 군위탁생으로 박사과정을 마친 후 정당한 사유 없이 복귀하지 않은 장교는 제2항 제1호에 해당하므로 기준 1이 적용됩니다. 이에 따라 B는 지급경비 전액인 2,500만 원을 반납해야 합니다.
- C : 위탁교육을 마친 후 의무복무년수 6년 중 3년을 마치고 전역하는 장교는 제2항 제3호에 해당하므로 기준 3이 적용됩니다. 이에 따라 C는 $3{,}500만\ 원 \times \dfrac{72개월 - 36개월}{72개월} = 1{,}750만\ 원$ 을 반납해야 합니다.

- D : 심신장애로 인하여 해임된 부사관의 경우 수학 중 해임되었기 때문에 조문 상으로는 제2항 제2호에 해당하지만, 기준 2를 보면 심신장애로 인한 해임의 경우 단서규정에 따라 지급경비의 절반만 반납하면 됩니다. 따라서 D는 1,000만 원을 반납해야 합니다.

계산된 결과에 따라 반납해야 할 경비가 많은 사람부터 순서대로 나열하면 B − C − A − D − E이며, 정답은 ①번입니다.

(참고로, 주어진 선지 간 크기를 비교하여 실전에서 좀 더 시간을 절약할 수 있습니다. 가령 B와 C를 비교한 직후 ③과 ⑤를 소거할 수 있습니다.)

190

〈X법〉을 〈사례〉에 적용할 때 갑이 지급받을 수 있는 보상금의 총합은? [18추리 – 7]

〈X법〉

제1조(재해 등에 대한 보상) 국가의 업무 수행 중에 부상을 입거나 사망하면 재해 보상금을 지급하고, 치료로 인하여 생업에 종사하지 못하면 그 기간 동안 휴업 보상금을 지급한다. 다만, 다른 법령에 따라 국가의 부담으로 같은 종류의 보상금을 받은 자에게는 그 보상금에 상당하는 금액은 지급하지 아니한다.

제2조(재해 보상금의 지급) ① 제1조에 따른 재해 보상금은 사망 보상금과 장애 보상금으로 구분하며, 그 지급액은 다음과 같다.

　　1. 사망 보상금은 고용노동부에서 공표하는 전체 산업체 월평균임금총액(사망한 해의 전년도를 기준으로 한다)의 36배에 상당하는 금액

　　2. 장애 보상금은 장애등급에 따라 다음과 같이 정한다.

　　　　가~마. 장애등급 1급~5급 : (생략)

　　　　바. 장애등급 6급 : 사망 보상금의 $\frac{1}{2}$

제3조(휴업 보상금의 지급) 제1조에 따른 휴업 보상금은 통계청이 매년 공표하는 도시 및 농가가계비를 평균한 금액(전년도를 기준으로 한다)의 100분의 60에 해당하는 금액을 월 30일을 기준(31일이 말일인 경우에도 같다)으로 하여 1일 단위로 계산한 금액에 치료로 인하여 생업에 종사하지 못한 기간의 일수를 곱한 금액으로 한다.

〈사례〉

자영업자 갑은 2016년 8월 예비군 훈련 중 자신의 과실 없이 사고로 부상을 입어 60일간의 입원 치료로 생업에 종사하지 못하였고, 장애등급 6급 판정을 받았다. 갑의 월평균 수입은 360만 원이고, 고용노동부에서 공표하는 전체 산업체 월평균임금총액은 2015년 240만 원, 2016년 250만 원이다. 통계청이 공표하는 도시 및 농가가계비를 평균한 금액은 2015년 월 100만 원, 2016년 월 120만 원이다. 한편, 갑은 위 부상과 관련하여 X법이 아닌 다른 법령에 따라 국가로부터 재해 보상금으로 400만 원을 지급받았다.

① 4,040만 원
② 4,120만 원
③ 4,440만 원
④ 4,464만 원
⑤ 4,840만 원

191

다음으로부터 추론한 것으로 옳은 것만을 〈보기〉에서 있는 대로 고른 것은? [20추리-12]

X국 코인거래소에서는 A, B, C 3개 종류의 코인이 24시간 거래되고 있다.

구분	A 코인	B 코인	C 코인
가격	1,000원	2,000원	2,500원

코인거래소는 코인의 구매 및 사용에 대해 다음과 같은 〈규정〉을 두고 있다.

〈규정〉
(1) 코인은 원화 또는 다른 종류의 코인으로 구매할 수 있다. 코인의 최소 거래단위는 1개이다.
(2) 원화로 구매할 수 있는 코인의 1개월간 총한도는 1인당 1,000만 원(이하 구매한도액이라 한다)을 초과할 수 없다.
(3) 코인을 다른 코인으로 구매할 경우 거래자 1명이 1회의 거래에서 그 지급대가로 사용할 수 있는 코인 개수는 구매한도액으로 취득할 수 있는 최대 코인 개수의 10분의 1을 초과할 수 없다. 단, 이때의 최대 코인 개수는 코인 종류별로 구매한도액 내에서 취득할 수 있는 최대 코인 개수를 비교하여 그중 최저치로 한다. 이 기준은 (4)에도 적용된다.
(4) 거래자 1명이 코인을 구매하거나 지급에 사용한 결과, 1일 동안(같은 날 0시부터 24시 사이를 말한다) 그 거래자의 총보유량이 같은 날 0시 총보유량과 비교하여 구매한도액으로 취득할 수 있는 최대 코인 개수의 5분의 1을 초과해서 감소한 경우 그 시점부터 24시간 동안 거래가 정지된다.

〈보 기〉

ㄱ. 1명의 거래자가 2개의 코인 계정을 가지고 1개월간 원화로 각각 600만 원의 코인을 구매하는 것은 허용된다.

ㄴ. 2019년 6월 26일 19시에 코인 1,000개를 보유한 채 그날의 거래를 시작한 자가 첫 거래에서 현금으로 200개를 구매하고 이후 3번의 거래에서 코인을 지급에 사용한 결과 마지막 거래의 종료 시점인 같은 날 20시에 총보유량이 300개가 된 경우 그 시점부터 24시간 동안 코인 사용이 정지된다.

ㄷ. 거래자가 1회의 거래에서 코인 구매에 사용할 수 있는 코인은 400개를 초과할 수 없다.

ㄹ. 2019년 6월 26일 23시 40분에 코인 1,500개를 보유한 채 그날의 거래를 시작한 자가 자정 전까지 몇 차례의 거래로 600개를 지급에 사용하고 자정 이후 300개를 추가로 지급에 사용하더라도, 그 시점에 코인 사용은 정지되지 않는다.

① ㄱ, ㄴ   ② ㄱ, ㄷ   ③ ㄴ, ㄷ
④ ㄴ, ㄹ   ⑤ ㄷ, ㄹ

192

다음으로부터 추론한 것으로 옳은 것만을 〈보기〉에서 있는 대로 고른 것은? [22추리-7]

X국은 "교통사고 당시 운전자의 혈중알코올농도가 0.03% 이상인 것이 확인되면 면허를 취소한다."는 규정을 두고 있다. 그런데 교통사고 시점으로부터 일정 시간이 경과한 이후에 음주 측정이 이루어진 경우에는 교통사고 시점의 혈중알코올농도를 직접 확인할 수 없다. 이런 경우에 대비하여 X국 법원은 사고 후에 측정한 혈중알코올농도를 근거로 교통사고 시점의 혈중알코올농도를 추정하는 A공식을 도입하여 면허취소 여부를 판단하고자 한다.

A공식은 섭취 후 일정 시간 동안은 알코올이 소화기관에 의하여 혈액에 일정량 흡수되어 혈중알코올농도가 증가(상승기)하지만 최고치에 이른 시점 이후부터는 분해작용에 따라 서서히 감소(하강기)한다는 점에 착안한 것이다. A공식은 측정한 혈중알코올농도에 시간의 흐름만큼 감소한 혈중알코올농도를 더하는 방식이므로 교통사고가 혈중알코올농도 하강기에 발생한 경우에만 적용될 수 있다.

A공식 : $C = r + b \times t$

(C: 확인하고자 하는 시점의 혈중알코올농도, r: 실측 혈중알코올농도, b: 시간당 알코올 분해율, t: 경과시간)

A공식에서 b는 시간당 0.008~0.03%로 사람마다 다른데 X국 법원은 개인별 차이를 고려하지 않고 위 범위에서 측정대상자에게 가장 유리한 값을 대입한다. 또한 t는 확인하고자 하는 시점부터 실제 측정한 시간까지의 경과시간을 시간 단위(h)로 대입한다.

한편 혈중알코올농도가 증가하는 '상승기 시간'은 음주종료시점부터 30분에서 1시간 30분까지로 사람마다 다른데 X국 법원은 역시 개인별 차이는 고려하지 않고 일괄적으로 음주종료시부터 1시간 30분 후에 최고 혈중알코올농도에 이르는 것으로 본다.

─────────────〈보 기〉─────────────

ㄱ. 20:00까지 술을 마신 후 운전을 하다 21:00에 교통사고를 냈고 같은 날 21:30에 측정한 혈중알코올농도가 0.031%인 사람은 면허가 취소된다.

ㄴ. 20:00까지 술을 마신 후 운전을 하다 교통사고를 냈고(시간 미상), 같은 날 23:30에 측정한 혈중알코올농도가 0.012%인 사람은 이후 사고시간이 밝혀지더라도 면허가 취소되지 않는다.

ㄷ. 20:00까지 술을 마신 직후 자가측정한 혈중알코올농도가 0.05%이었고 이후 운전을 하다 22:30에 교통사고를 냈으며 같은 날 23:30에 측정한 혈중알코올농도가 0.021%인 사람의 면허는 취소되지 않는다.

① ㄱ   ② ㄴ   ③ ㄱ, ㄷ
④ ㄴ, ㄷ   ⑤ ㄱ, ㄴ, ㄷ

193

[규정]을 〈사례〉에 적용한 것으로 옳은 것만을 〈보기〉에서 있는 대로 고른 것은? [23추리-10]

주식시장에서는 [규정]에 의하여 체결 가격(이하 가격이라 한다)을 결정한다.

[규정]
제1조 가격은 10분마다 결정한다.
제2조 직전 가격 결정 후 10분간의 매도·매수주문에 따라 새로운 가격을 결정한다.
제3조 호가(매도·매수하려는 사람이 표시하는 가격) 중 체결가능수량이 가장 많은 호가를 가격으로 결정하여 거래가 체결된다. 이 때 체결가능수량은 다음 ①과 ② 중에서 적은 것으로 한다.
 ① 해당 호가 이상의 매수주문 주식 수의 총합
 ② 해당 호가 이하의 매도주문 주식 수의 총합
제4조 가격이 결정되면 해당 가격의 체결가능수량은 그 가격에 전량 체결된다. 이때 그 체결가능수량이 매도주문 수량이면 해당 가격보다 높은 호가의 매수 수량부터, 매수주문 수량이면 해당 가격보다 낮은 호가의 매도 수량부터 먼저 체결된다.

〈사례〉
특정 시점에 A주식에 대한 주문은 다음과 같다. 이후 가격 결정 시점까지 갑 이외의 사람은 추가로 주문을 내지 않으며, 이미 낸 주문을 철회하지도 않는다(A주식의 호가별 차이는 50원이다).

호가 매도·매수	매도주문 수량(주)	매수주문 수량(주)
10,550원 이상	0	0
10,500원	20,000	8,400
10,450원	14,000	(㉠)
10,450원 이하	0	0

─〈보 기〉─

ㄱ. ㉠이 17,000이고 갑이 만약 10,500원에 4,000주 추가 매수주문을 내면 10,500원에 12,400주 전량이 체결된다.
ㄴ. 갑이 만약 10,500원에 8,000주 추가 매수주문을 내면 ㉠과 관계없이 10,500원에 16,400주 전량이 체결된다.
ㄷ. 갑이 만약 10,450원에 10,000주 추가 매도주문을 내고 10,450원에 매도주문된 24,000주 전량이 체결되었다면, ㉠은 15,700이 될 수 있다.

① ㄱ   ② ㄴ   ③ ㄱ, ㄷ
④ ㄴ, ㄷ   ⑤ ㄱ, ㄴ, ㄷ

194

[규정]의 적용으로 옳은 것만을 〈보기〉에서 있는 대로 고른 것은? [24추리-4]

[규정]

제1조 용도지역 또는 용도지구(이하 '용도지역등')에 있는 대지의 용적률(대지 면적에 대한 건물 각 층의 바닥 면적을 합한 전체 면적의 비율)과 건폐율(대지 면적에 대한 건물 바닥 면적의 비율)은 다음과 같다.

	용도지역		용도지구	
	주거지역	상업지역	고도지구	경관지구
용적률(%)	500	1,500	200	100
건폐율(%)	70	90	60	50

제2조 하나의 대지가 둘 이상의 용도지역등에 걸치는 경우에 다음 각호를 제외하고는 그 대지 중 가장 넓은 면적이 속하는 용도지역등에 관한 규정을 적용한다.

　　1. 각 용도지역등에 걸치는 부분 중 가장 작은 부분의 규모가 $400m^2$ 이하인 경우, 전체 대지의 용적률과 건폐율은 〈계산식〉에 따른 결과값(가중평균 용적률 또는 건폐율)을 적용한다. 다만 대지의 용도변경에 의해 각 용도지역에 걸치는 부분 중 가장 작은 부분의 규모가 $400m^2$ 이하가 된 경우에는 종전보다 용적률과 건폐율이 모두 증가하는 경우에 한하여 〈계산식〉에 따른 결과값을 적용한다.

　　2. 대지 위 건축물이 고도지구에 걸치는 경우, 그 대지의 전부에 대하여 고도지구의 대지에 관한 용적률과 건폐율을 적용한다. 다만 건축물이 경관지구에도 걸치는 경우에는 대지의 절반은 경관지구로 나머지 절반은 고도지구로 보고, 전체 대지의 용적률과 건폐율은 〈계산식〉에 따른 결과값을 적용한다.

〈계산식〉

가중평균 용적률(건폐율) = [각 용도지역등에 해당하는 토지 부분의 면적에 그 부분의 용적률(건폐율)을 곱한 값의 합] ÷ [전체 대지 면적]

〈보 기〉

ㄱ. $1,000m^2$의 대지가 상업지역 $600m^2$와 주거지역 $400m^2$로 걸치는 경우, 대지의 용적률은 1,100%이고 건폐율은 82%이다.

ㄴ. $1,000m^2$의 대지가 상업지역 $550m^2$와 주거지역 $450m^2$로 걸치고 대지 위 건축물이 고도지구와 경관지구에 걸치는 경우, 대지의 용적률은 150%이고 건폐율은 55%이다.

ㄷ. $1,000m^2$의 대지가 주거지역 $550m^2$와 상업지역 $450m^2$로 걸쳐 있었는데 관할관청의 용도변경으로 주거지역 $400m^2$와 상업지역 $600m^2$로 걸치게 되는 경우, 대지의 용적률은 500%이고 건폐율은 70%이다.

① ㄱ　　　　② ㄷ　　　　③ ㄱ, ㄴ　　　　④ ㄴ, ㄷ　　　　⑤ ㄱ, ㄴ, ㄷ

195

다음 글과 〈상황〉을 근거로 판단할 때, X, Y, Z 부동산들이 시가대로 매각(경락)되어 동시배당을 할 경우에 A, B, C, D가 배당받을 금액은? (단, 저당권의 실행비용 등은 고려하지 않는다) [08행상－12]

저당권이란 채무자 또는 제3자가 채권의 담보로 제공한 부동산 기타 목적물을 담보제공자의 사용·수익에 맡겨두고, 채무변제가 없을 때에 그 목적물의 가액으로부터 우선변제를 받을 수 있는 담보물권을 말한다. 채무자가 변제기에 변제하지 않으면 저당권자는 저당목적물을 현금화하여 그 대금으로부터 다른 채권자에 우선하여 변제를 받을 수 있다. 한편 공동저당이란 동일한 채권을 담보하기 위하여 수 개의 부동산 위에 저당권을 설정하는 것을 말한다. 공동저당권자는 임의로 어느 저당목적물을 선택하여 채권의 전부나 일부의 우선변제를 받을 수 있다. 다만 이 원칙을 관철하면 후순위저당권자 등에게 불공평한 결과가 생길 수 있으므로, 공동저당권의 목적물인 부동산 전부를 경매하여 그 매각대금을 동시에 배당하는 때에는 공동저당권자의 채권액을 각 부동산의 매각대금(경매대가)의 비율로 나누어 그 채권의 분담을 정한다. 따라서 각 부동산에 관하여 그 비례안분액(比例安分額)을 초과하는 부분은 후순위저당권자에게 배당되고, 후순위저당권자가 없는 경우에 소유자에게 배당된다.

〈상황〉

A는 채무자에 대한 3억 6천만원의 채권을 담보하기 위하여, 채무자 소유의 부동산인 X(시가 2억 4천만원), Y(시가 1억 6천만원), Z(시가 8천만원)에 대해 1순위 저당권을 취득하였다. 그리고 B는 1억원의 채권으로 X에 대하여, C는 6천만원의 채권으로 Y에 대하여, D는 6천만원의 채권으로 Z에 대하여 각각 2순위 저당권을 취득하였다.

	A	B	C	D
①	2억 4천만원	1억원	6천만원	6천만원
②	2억 8천만원	8천만원	6천만원	6천만원
③	3억 6천만원	8천만원	4천만원	2천만원
④	3억 6천만원	6천만원	3천만원	3천만원
⑤	3억 6천만원	6천만원	4천만원	2천만원

196

다음 글을 읽고, 〈상황〉의 A, B, C에 해당하는 금액을 알맞게 짝지은 것은? [10행상−7]

카지노를 경영하는 사업자는 아래의 징수비율에 해당하는 금액(납부금)을 '관광진흥개발기금'에 내야 한다. 만일 납부기한까지 납부금을 내지 않으면, 체납된 납부금에 대해서 100분의 3에 해당하는 가산금이 1회에 한하여 부과된다(다만 가산금에 대한 연체료는 없다).

〈납부금 징수비율〉
- 연간 총매출액이 10억 원 이하인 경우 :
  총매출액의 100분의 1
- 연간 총매출액이 10억 원을 초과하고 100억 원 이하인 경우 :
  1천만 원+(총매출액 중 10억 원을 초과하는 금액의 100분의 5)
- 연간 총매출액이 100억 원을 초과하는 경우 :
  4억 6천만 원+(총매출액 중 100억 원을 초과하는 금액의 100분의 10)

〈상황〉
카지노 사업자 甲의 연간 총매출액은 10억 원, 사업자 乙의 경우는 90억 원, 사업자 丙의 경우는 200억 원이다.

- 甲이 납부금 전액을 체납했을 때, 체납된 납부금에 대한 가산금은 (A)만 원이다.
- 乙이 기한 내 납부금으로 4억 원만을 낸 때, 체납된 납부금에 대한 가산금은 (B)만 원이다.
- 丙이 기한 내 납부금으로 14억 원만을 낸 때, 체납된 납부금에 대한 가산금은 (C)만 원이다.

	A	B	C
①	30	30	180
②	30	30	3,180
③	30	180	180
④	180	30	3,180
⑤	180	180	3,180

197

다음 규정에 근거하여 장애수당을 신청한 장애인 중 2009년 5월분으로 가장 많은 금액(장애수당과 노령기초연금의 합산액)을 받은 사람은? [10행상-14]

제00조(장애수당) 국가와 지방자치단체는 장애인의 장애 정도와 경제적 수준을 고려하여 장애인의 소득 보전을 위한 장애수당을 지급할 수 있다.

제00조(장애수당 등의 지급대상자) 장애수당을 지급받을 수 있는 자는 18세 이상으로서 장애인으로 등록한 자 중 '국민기초생활 보장법'에 따른 수급자 또는 차상위계층으로서 장애로 인한 추가적 비용 보전(補塡)이 필요한 자로 한다. 다만 노령기초연금을 받고 있는 자에게는 해당 월분에 대한 장애수당의 100분의 50을 지급한다.

제00조(장애수당 등의 지급 시기 및 방법) 장애수당 등은 그 신청일을 수당지급 개시일로 하여 수당지급 개시일이 그 달의 15일 이전이면 해당 월분에 대한 수당의 전부를 지급하고, 16일 이후이면 해당 월분에 대한 수당의 100분의 50을 지급한다.

〈매월 장애수당 지급기준〉

(단위 : 원)

분류	수급자	차상위계층
1급 및 2급 장애인	130,000	120,000
3급 및 4급 장애인	100,000	80,000
5급 및 6급 장애인	80,000	60,000

※ 노령기초연금은 매월 다음 기준에 따라 지급한다.

(단위 : 원)

분류	수급자	차상위계층
65세 이상 80세 미만	80,000	60,000
80세 이상	100,000	80,000

① 갑 : 65세, 차상위계층, 2급 장애인, 2009년 5월 26일 신청
② 을 : 18세, 수급자, 3급 장애인, 2009년 5월 16일 신청
③ 병 : 45세, 차상위계층, 3급 장애인, 2009년 5월 18일 신청
④ 정 : 19세, 수급자, 4급 장애인, 2009년 5월 8일 신청
⑤ 무 : 80세, 차상위계층, 6급 장애인, 2009년 5월 18일 신청

198

甲국은 곧 실시될 2011년 지역구국회의원선거에서 다음 규정과 〈상황〉에 근거하여 세 정당(A, B, C)에게 여성추천보조금을 지급하고자 한다. 각 정당이 지급받을 금액으로 옳은 것은? [11행상-27]

제00조 ① 국가는 임기만료에 의한 지역구국회의원선거(이하 '국회의원선거'라 한다)에서 여성후보자를 추천하는 정당에 지급하기 위한 보조금(이하 '여성추천보조금'이라 한다)으로 직전 실시한 임기만료에 의한 국회의원선거의 선거권자 총수에 100원을 곱한 금액을 임기만료에 의한 국회의원선거가 있는 연도의 예산에 계상하여야 한다.

② 여성추천보조금은 국회의원선거에서 여성후보자를 추천한 정당에 대하여 다음 각 호의 기준에 따라 배분·지급한다. 이 경우 제1항의 규정에 의하여 당해 연도의 예산에 계상된 여성추천보조금의 100분의 50을 국회의원선거의 여성추천보조금 총액(이하 '총액'이라고 한다)으로 한다.

　　1. 여성후보자를 전국지역구총수의 100분의 30 이상 추천한 정당이 있는 경우
　　　　총액의 100분의 50은 지급 당시 정당별 국회의석수의 비율만큼, 총액의 100분의 50은 직전 실시한 임기만료에 의한 국회의원선거에서의 득표수의 비율만큼 배분·지급한다.
　　2. 여성후보자를 전국지역구총수의 100분의 30 이상 추천한 정당이 없는 경우
　　　　가. 여성후보자를 전국지역구총수의 100분의 15 이상 100분의 30 미만을 추천한 정당
　　　　　　제1호의 기준에 따라 배분·지급한다.
　　　　나. 여성후보자를 전국지역구총수의 100분의 5 이상 100분의 15 미만을 추천한 정당
　　　　　　총액의 100분의 30은 지급 당시 정당별 국회의석수의 비율만큼, 총액의 100분의 30은 직전 실시한 임기만료에 의한 국회의원선거에서의 득표수의 비율만큼 배분·지급한다. 이 경우 하나의 정당에 배분되는 여성추천보조금은 '가목'에 의하여 각 정당에 배분되는 여성추천보조금 중 최소액을 초과할 수 없다.

〈상황〉
1. 직전 실시한 임기만료에 의한 지역구국회의원선거의 선거권자 총수는 4,000만 명이다.
2. 2011년 현재 전국지역구총수는 200개이다.
3. 2011년 지역구국회의원선거에서 여성후보자를 A정당은 50명, B정당은 30명, C정당은 20명을 추천했다.
4. 현재 국회의원 의석수의 비율은 A정당 50%, B정당 40%, C정당 10%이다.
5. 직전 실시한 임기만료에 의한 지역구국회의원선거의 득표수 비율은 A정당 40%, B정당 40%, C정당 20%였다.

	A	B	C
①	4억 5천만 원	4억 원	9천만 원
②	5억 4천만 원	4억 4천만 원	1억 6천 8백만 원
③	5억 4천만 원	4억 4천만 원	1억 8천만 원
④	9억 원	8억 원	1억 6천 8백만 원
⑤	9억 원	8억 원	1억 8천만 원

199

다음 규정과 〈상황〉을 근거로 판단할 때, 乙과 丙이 담보물권자보다 우선하여 변제받을 수 있는 금액의 합은? (단, 확정일자나 경매비용은 무시한다) [11행상-36]

제00조 ① 임차인은 보증금 중 일정액을 다른 담보물권자(擔保物權者)보다 우선하여 변제받을 권리가 있다. 이 경우 임차인은 주택에 대한 경매신청의 등기 전에 주택의 인도와 주민등록을 마쳐야 한다.

② 제1항에 따라 우선변제를 받을 보증금 중 일정액의 범위는 다음 각 호의 구분에 의한 금액 이하로 한다.

    1. 수도권정비계획법에 따른 수도권 중 과밀억제권역 : 2,000만 원

    2. 광역시(군지역과 인천광역시지역은 제외) : 1,700만 원

    3. 그 밖의 지역 : 1,400만 원

③ 임차인의 보증금 중 일정액이 주택가액의 2분의 1을 초과하는 경우에는 주택가액의 2분의 1에 해당하는 금액까지만 우선변제권이 있다.

④ 하나의 주택에 임차인이 2명 이상이고 그 각 보증금 중 일정액을 모두 합한 금액이 주택가액의 2분의 1을 초과하는 경우, 그 각 보증금 중 일정액을 모두 합한 금액에 대한 각 임차인의 보증금 중 일정액의 비율로 그 주택가액의 2분의 1에 해당하는 금액을 분할한 금액을 각 임차인의 보증금 중 일정액으로 본다.

제00조 전조(前條)에 따라 우선변제를 받을 임차인은 보증금이 다음 각 호의 구분에 의한 금액 이하인 임차인으로 한다.

    1. 수도권정비계획법에 따른 수도권 중 과밀억제권역 : 6,000만 원

    2. 광역시(군지역과 인천광역시지역은 제외) : 5,000만 원

    3. 그 밖의 지역 : 4,000만 원

〈상황〉

    甲, 乙, 丙은 서울특별시(수도권 중 과밀억제권역에 해당) ○○동 소재 3층 주택 소유자와 각 층별로 임대차 계약을 체결하고 현재 거주하고 있는 임차인들이다. 이들의 보증금은 각각 5,800만 원, 2,000만 원, 1,000만 원이다. 위 주택 전체가 경매절차에서 주택가액 8,000만 원에 매각되었고, 甲, 乙, 丙 모두 주택에 대한 경매신청 등기 전에 주택의 인도와 주민등록을 마쳤다.

① 2,200만 원   ② 2,300만 원   ③ 2,400만 원

④ 2,500만 원   ⑤ 2,600만 원

200

다음 글과 〈법조문〉을 근거로 판단할 때, 甲이 乙에게 2,000만 원을 1년간 빌려주면서 선이자로 800만 원을 공제하고 1,200만 원만을 준 경우, 乙이 갚기로 한 날짜에 甲에게 전부 변제하여야 할 금액은?
[13행상-17]

돈이나 물품 등을 빌려 쓴 사람이 돈이나 같은 종류의 물품을 같은 양만큼 갚기로 하는 계약을 소비대차라 한다. 소비대차는 이자를 지불하기로 약정할 수 있고, 그 이자는 일정한 이율에 의하여 계산한다. 이런 이자는 돈을 빌려 주면서 먼저 공제할 수도 있는데, 이를 선이자라 한다. 한편 약정 이자의 상한에는 법률상의 제한이 있다.

〈법조문〉
제00조 ① 금전소비대차에 관한 계약상의 최고이자율은 연 30%로 한다.
　② 계약상의 이자로서 제1항에서 정한 최고이자율을 초과하는 부분은 무효로 한다.
　③ 약정금액(당초 빌려주기로 한 금액)에서 선이자를 사전 공제한 경우, 그 공제액이 '채무자가 실제 수령한 금액'을 기준으로 하여 제1항에서 정한 최고이자율에 따라 계산한 금액을 초과하면 그 초과부분은 약정금액의 일부를 변제한 것으로 본다.

① 760만 원　　　　　② 1,000만 원　　　　　③ 1,560만 원
④ 1,640만 원　　　　　⑤ 1,800만 원

201

다음 글을 근거로 할 때, 생태계보전협력금의 1회분 분할납부금액으로 가장 적은 것은? (단, 부과금을 균등한 액수로 최대한 분할납부하며, 甲~戊의 사업은 모두 생태계보전협력금 납부대상 사업이다) [13행상-18]

〈생태계보전협력금 부과·징수 방법〉

1. 부과·징수 대상
   • 자연환경 또는 생태계에 미치는 영향이 현저하거나 생물다양성의 감소를 초래하는 사업을 하는 사업자
2. 부과금액 산정 방식
   • 생태계보전협력금 = 생태계 훼손면적 × 단위면적당 부과금액 × 지역계수
   • 단위면적(1m²)당 부과금액 : 250원
   • 단, 총 부과금액은 10억 원을 초과할 수 없다.
3. 토지용도 및 지역계수
   • 토지의 용도는 생태계보전협력금 부과대상 사업의 인가·허가 또는 승인 등 처분시 토지의 용도(부과대상 사업의 시행을 위하여 토지의 용도를 변경하는 경우에는 변경 전의 용도를 말한다)에 따른다.
   • 지역계수
     가. 주거지역 : 1
     나. 상업지역 : 2
     다. 녹지지역 : 3
     라. 농림지역 : 4
     마. 자연환경보전지역 : 5
4. 분할납부
   • 생태계보전협력금의 부과금액은 3년 이내의 기간을 정하여 분할납부한다.
   • 분할납부의 횟수는 부과금액이 2억 원 이하인 경우 2회, 2억 원을 초과하는 경우 3회로 한다. 다만 국가·지방자치단체 및 공공기관의 분할납부의 횟수는 2회 이하로 한다.

※ 사업대상 전 지역에서 생태계 훼손이 발생하는 것으로 가정한다.

① 상업지역 35만 m²에 레저시설을 설치하려는 개인사업자 甲
② 농림지역 20만 m²에 골프장 사업을 추진 중인 건설회사 乙
③ 녹지지역 30만 m²에 관광단지를 조성하려는 공공기관 丙
④ 주거지역 20만 m²와 녹지지역 20만 m²를 개발하여 새로운 복합주거상업지구를 조성하려는 지방자치단체 丁
⑤ 주거지역 25만 m²와 자연환경보전지역 25만 m²를 묶어 염전체험박물관을 건립하려는 개인사업자 戊

202

다음 글과 〈상황〉을 근거로 할 때, 각 기업들이 납부해야 할 과징금이 큰 순서대로 나열한 것은? [13행상-35]

　A국은 기업들이 부당한 공동행위를 하는 경우 매출액의 10%에 해당하는 과징금을 부과한다. 그러나 기업들이 자신의 위법행위에 대해 자진신고를 하는 경우, 아래 법조항에 따라 과징금을 면제 또는 감경해 준다. 한편 기업들 사이의 가격에 관한 담합행위는 법에서 정한 '부당한 공동행위'에 해당한다.

제00조 ① 자진신고한 자에 대한 과징금의 면제 또는 감경에 대한 기준은 다음 각 호와 같다.
　1. 경쟁규제 당국이 조사를 시작하기 전에 자진신고한 자로서 다음 각 목의 모두에 해당하는 경우에는 과징금을 면제한다.
　　가. 부당한 공동행위임을 입증하는데 필요한 증거를 단독으로 제공한 최초의 자일 것
　　나. 경쟁규제 당국이 부당한 공동행위에 대한 정보를 입수하지 못하였거나 부당한 공동행위임을 입증하는데 필요한 증거를 충분히 확보하지 못한 상태에서 자진신고하였을 것
　　다. 그 부당한 공동행위를 중단하였을 것
　2. 경쟁규제 당국이 조사를 시작하기 전에 자진신고한 자로서 다음 각 목의 모두에 해당하는 경우에는 과징금의 100분의 50을 감경한다.
　　가. 부당한 공동행위임을 입증하는데 필요한 증거를 단독으로 제공한 두 번째의 자일 것
　　나. 제1호 다목에 해당할 것
　3. 제1호 내지 제2호에 해당하는 자라도 다른 사업자에게 그 의사에 반하여 해당 부당한 공동행위에 참여하도록 강요하거나 이를 중단하지 못하도록 강요한 사실이 있는 경우에는 과징금을 면제 또는 감경하지 아니한다.
② 제1항의 "부당한 공동행위를 입증하는데 필요한 증거를 단독으로 제공한 최초의 자(또는 두 번째의 자)"인지 여부를 판단함에 있어 증거제공의 순서는 자진신고한 시점에 의해 판단한다.
③ 자진신고한 자가 2인 이상인 경우 그 중 일부의 자가 제1항의 규정에 의하여 면제 또는 감경이 인정되지 않을 경우 그 다음 신고자가 이전 신고자의 신고 순서를 승계한다.

〈상황〉
　A국에서 甲, 乙, 丙, 丁, 戊 5개 기업은 X제품의 가격을 인상하기로 담합하였다. 甲은 경쟁규제 당국이 이에 대한 조사를 실시할 수도 있다는 소식을 듣고 2013년 1월 3일에 경쟁규제 당국에 자진신고를 했다. 乙 역시 경쟁규제 당국의 동태가 심상치 않아서 2013년 1월 4일에 자진신고를 했고, 丙은 2013년 1월 7일에 자진신고하였다. 丁은 뒤늦게 경쟁기업들의 자진신고 사실을 알고 2013년 1월 9일에 자진신고를 하였다. 한편 甲으로부터 담합행위에 참여할 것을 강요당한 戊는 자신이 면책될 것으로 믿고 자진신고를 하지 않았다. 甲~丁은 경쟁규제 당국이 담합행위 적발에 필요한 증거를 확보하지 못한 상태에서 각각 자진신고 및 담합을 입증하는데 필요한 증거를 제출하였다. 丙과 戊를 제외하고는 담합행위를 중단하였다.

〈각 기업 매출액 현황〉

(단위 : 억 원)

기업	甲	乙	丙	丁	戊
매출액	2,000	3,000	700	1,500	900

① 甲 > 戊 > 丙 > 丁 > 乙
② 甲 > 戊 > 丁 > 丙 > 乙
③ 甲 > 丁 > 戊 > 丙 > 乙
④ 丁 > 乙 > 戊 > 丙 > 甲
⑤ 丁 > 戊 > 丙 > 乙 > 甲

다음 글과 〈상황〉을 근거로 판단할 때, A와 B의 값으로 옳게 짝지은 것은? [16행상-7]

ᅠᅠ○○국 법원은 손해배상책임의 여부 또는 손해배상액을 정할 때에 피해자에게 과실이 있으면 그 과실의 정도를 반드시 참작하여야 하는데 이를 '과실상계(過失相計)'라고 한다. 예컨대 택시의 과속운행으로 승객이 부상당하여 승객에게 치료비 등 총 손해가 100만 원이 발생하였지만, 사실은 승객이 빨리 달리라고 요구하여 사고가 난 것이라고 하자. 이 경우 승객의 과실이 40%이면 손해액에서 40만 원을 빼고 60만 원만 배상액으로 정하는 것이다. 이는 자기 과실로 인한 손해를 타인에게 전가하는 것이 부당하므로 손해의 공평한 부담이라는 취지에서 인정되는 제도이다.

ᅠᅠ한편 손해가 발생하였어도 손해배상 청구권자가 손해를 본 것과 같은 원인에 의하여 이익도 보았을 때, 손해에서 그 이익을 공제하는 것을 '손익상계(損益相計)'라고 한다. 예컨대 타인에 의해 자동차가 완전 파손되어 자동차 가격에 대한 손해배상을 청구할 경우, 만약 해당 자동차를 고철로 팔아 이익을 얻었다면 그 이익을 공제하는 것이다. 주의할 것은, 국가배상에 의한 손해배상금에서 유족보상금을 공제하는 것과 같이 손해를 일으킨 원인으로 인해 피해자가 이익을 얻은 경우이어야 손익상계가 인정된다는 점이다. 따라서 손해배상의 책임 원인과 무관한 이익, 예컨대 사망했을 경우 별도로 가입한 보험계약에 의해 받은 생명보험금이나 조문객들의 부의금 등은 공제되지 않는다.

ᅠᅠ과실상계를 할 사유와 손익상계를 할 사유가 모두 있으면 과실상계를 먼저 한 후에 손익상계를 하여야 한다.

〈상황〉

ᅠᅠ○○국 공무원 甲은 공무수행 중 사망하였다. 법원이 인정한 바에 따르면 국가와 甲 모두에게 과실이 있고, 손익상계와 과실상계를 하기 전 甲의 사망에 의한 손해액은 6억 원이었다. 甲의 유일한 상속인 乙은 甲의 사망으로 유족보상금 3억 원과 甲이 개인적으로 가입했던 보험계약에 의해 생명보험금 6천만 원을 수령하였다. 그 밖에 다른 사정은 없었다. 법원은 甲의 과실을 ☐A☐ %, 국가의 과실을 ☐B☐ %로 판단하여 국가가 甲의 상속인 乙에게 배상할 손해배상금을 1억 8천만 원으로 정하였다.

	A	B
①	20	80
②	25	75
③	30	70
④	40	60
⑤	70	30

204

다음 글과 〈상황〉을 근거로 판단할 때, 甲이 납부하는 송달료의 합계는? [13행상-8]

　　송달이란 소송의 당사자와 그 밖의 이해관계인에게 소송상의 서류의 내용을 알 수 있는 기회를 주기 위해 법에 정한 방식에 따라 하는 통지행위를 말하며, 송달에 드는 비용을 송달료라고 한다. 소 또는 상소를 제기하려는 사람은, 소장이나 상소장을 제출할 때 당사자 수에 따른 계산방식으로 산출된 송달료를 수납은행(대부분 법원구내 은행)에 납부하고 그 은행으로부터 교부받은 송달료납부서를 소장이나 상소장에 첨부하여야 한다. 송달료 납부의 기준은 아래와 같다.

- 소 또는 상소 제기 시 납부해야 할 송달료
  - 가. 민사 제1심 소액사건 : 당사자 수 × 송달료 10회분
  - 나. 민사 제1심 소액사건 이외의 사건 : 당사자 수 × 송달료 15회분
  - 다. 민사 항소사건 : 당사자 수 × 송달료 12회분
  - 라. 민사 상고사건 : 당사자 수 × 송달료 8회분
- 송달료 1회분 : 3,200원
- 당사자 : 원고, 피고
- 사건의 구별
  - 가. 소액사건 : 소가 2,000만 원 이하의 사건
  - 나. 소액사건 이외의 사건 : 소가 2,000만 원을 초과하는 사건

〈상황〉

　　甲은 보행로에서 자전거를 타다가 乙의 상품진열대에 부딪쳐서 부상을 당하였고, 이 상황을 丙이 목격하였다. 甲은 乙에게 자신의 병원치료비와 위자료를 요구하였다. 그러나 乙은 甲의 잘못으로 부상당한 것으로 자신에게는 책임이 없으며, 오히려 甲 때문에 진열대가 파손되어 손해가 발생했으므로 甲이 손해를 배상해야 한다고 주장하였다. 甲은 자신을 원고로, 乙을 피고로 하여 병원치료비와 위자료로 합계 금 2,000만 원을 구하는 소를 제기하였다. 제1심 법원은 증인 丙의 증언을 바탕으로 甲에게 책임이 있다는 乙의 주장이 옳다고 인정하여, 甲의 청구를 기각하는 판결을 선고하였다. 이 판결에 대해서 甲은 항소를 제기하였다.

※ 소가(訴價)라 함은 원고가 승소하면 얻게 될 경제적 이익을 화폐단위로 평가한 금액을 말한다.

① 76,800원　　　　　② 104,800원　　　　　③ 124,800원
④ 140,800원　　　　　⑤ 172,800원

205

다음 글과 〈상황〉을 근거로 판단할 때, A가 지급하여야 하는 총액은? [15행상-11]

　　중세 초기 아일랜드 법체계에는 자유의 몸인 사람을 모욕할 경우 모욕한 사람이 모욕당한 사람에게 지급해야 하는 배상금인 '명예가격'이 존재했고, 액수도 천차만별이었다. 예를 들어 영주의 명예가격은 5쿠말이었다. 이는 주교의 명예가격과 동일했다. 주교를 모욕했을 경우 젖소 10마리나 은 20온스를 지급해야 했다. 부유한 농민의 명예가격은 젖소 2.5마리에 그 사람에게 딸린 하인 한 사람 당 젖소 0.5마리를 더한 것이었다.

　　명예가격은 사람 목숨에 대한 배상금과 별도로 지급했다. 만일 누군가 사람을 죽였다면, 그 범죄자는 살해에 대한 배상인 10쿠말 외에 명예가격을 따로 얹어 지급해야 했다. 그를 죽임으로써 그의 존엄을 짓밟았기 때문이다. 부상에 대한 배상도 마찬가지였다. 다른 사람에게 어떤 종류이든 상처나 부상을 입히면 그 상해에 대한 가격에 명예가격까지 지급해야 했다. 왕이나 영주 또는 주교에게 상해를 가했을 경우 2쿠말, 부유한 농민의 경우는 젖소 2마리, 소작농이나 다른 남자의 경우는 젖소 1마리, 그리고 여성이나 아이의 경우 은 1온스를 상해에 대한 배상으로 지급해야 했다. 이와 비슷하게 어떤 사람이 다른 사람의 재물을 훔치거나 손해를 끼쳤을 경우, 훔치거나 손해를 끼친 재산가치의 세 배의 배상액에 소유자의 명예가격을 더하여 지급해야 했다.

　　영주의 보호를 받는 소작농이나 영주의 아내 또는 딸을 다치게 하거나 죽이는 행위는 피해자의 명예를 훼손한 것이 아니라 그 피해자를 보호하는 사람의 명예를 훼손하는 것이었다. 따라서 이러한 살해, 부상 또는 손해 등에 대한 영주의 명예가격도 해당 사안 각각에 따로 청구되었다.

〈상황〉

　　A는 자신이 살고 있는 지역의 주교를 죽이고, 영주의 얼굴에 상처를 입히고, 영주의 아내의 다리를 부러뜨리고, 각각 하인을 10명씩 거느리고 있는 부유한 농민 2명을 죽이는 큰 사고를 냈다.

① 은 209온스　　　② 은 219온스　　　③ 은 229온스
④ 은 239온스　　　⑤ 은 249온스

206

다음 글과 〈상황〉을 근거로 판단할 때, 2016년 정당에 지급할 국고보조금의 총액은? [16행상-27]

제00조(국고보조금의 계상) ① 국가는 정당에 대한 보조금으로 최근 실시한 임기만료에 의한 국회의원선거의 선거권자 총수에 보조금 계상단가를 곱한 금액을 매년 예산에 계상하여야 한다.
② 대통령선거, 임기만료에 의한 국회의원선거 또는 동시지방선거가 있는 연도에는 각 선거(동시지방선거는 하나의 선거로 본다)마다 보조금 계상단가를 추가한 금액을 제1항의 기준에 의하여 예산에 계상하여야 한다.
③ 제1항 및 제2항에 따른 보조금 계상단가는 전년도 보조금 계상단가에 전전년도와 대비한 전년도 전국소비자물가 변동률을 적용하여 산정한 금액을 증감한 금액으로 한다.
④ 중앙선거관리위원회는 제1항의 규정에 의한 보조금(이하 '경상보조금'이라 한다)은 매년 분기별로 균등분할하여 정당에 지급하고, 제2항의 규정에 의한 보조금(이하 '선거보조금'이라 한다)은 당해 선거의 후보자등록마감일 후 2일 이내에 정당에 지급한다.

〈상황〉
• 2014년 실시된 임기만료에 의한 국회의원선거의 선거권자 총수는 3천만 명이었고, 국회의원 임기는 4년이다.
• 2015년 정당에 지급된 국고보조금의 보조금 계상단가는 1,000원이었다.
• 전국소비자물가 변동률을 적용하여 산정한 보조금 계상단가는 전년 대비 매년 30원씩 증가한다.
• 2016년에는 5월에 대통령선거가 있고 8월에 임기만료에 의한 동시지방선거가 있다. 각 선거의 한 달 전에 후보자등록을 마감한다.
• 2017년에는 대통령선거, 임기만료에 의한 국회의원선거 또는 동시지방선거가 없다.

① 309억 원　　　　② 600억 원　　　　③ 618억 원
④ 900억 원　　　　⑤ 927억 원

207

다음 글을 근거로 판단할 때, 〈상황〉의 ㉠에 들어갈 금액으로 옳은 것은? [17행상-26]

법원이 진행하는 부동산 경매를 통해 부동산을 매수하려는 사람은 법원이 정한 해당 부동산의 '최저가매각가격' 이상의 금액을 매수가격으로 하여 매수신고를 하여야 한다. 이때 신고인은 최저가매각가격의 10분의 1을 보증금으로 납부하여야 입찰에 참가할 수 있다. 법원은 입찰자 중 최고가매수가격을 신고한 사람(최고가매수신고인)을 매수인으로 결정하며, 매수인은 신고한 매수가격(매수신고액)에서 보증금을 공제한 금액을 지정된 기일까지 납부하여야 한다. 만일 최고가매수신고인이 그 대금을 기일까지 납부하지 않으면, 최고가매수신고인 외의 매수신고인은 자신이 신고한 매수가격대로 매수를 허가하여 달라는 취지의 차순위매수신고를 할 수 있다. 다만 차순위매수신고는 매수신고액이 최고가매수신고액에서 보증금을 뺀 금액을 넘어야 할 수 있다.

〈상황〉

甲과 乙은 법원이 최저가매각가격을 2억 원으로 정한 A주택의 경매에 입찰자로 참가하였다. 甲은 매수가격을 2억 5천만 원으로 신고하여 최고가매수신고인이 되었다. 甲이 지정된 기일까지 대금을 납부하지 않은 경우, 乙이 차순위매수신고를 하기 위해서는 乙의 매수신고액이 최소한 (㉠)을 넘어야 한다.

① 2천만 원
② 2억 원
③ 2억 2천만 원
④ 2억 2천 5백만 원
⑤ 2억 3천만 원

208

다음 글과 〈상황〉을 근거로 판단할 때 옳은 것은? [19행상-6]

제00조(과세대상) 주권(株券)의 양도에 대해서는 이 법에 따라 증권거래세를 부과한다.

제00조(납세의무자) 주권을 양도하는 자는 납세의무를 진다. 다만 금융투자업자를 통하여 주권을 양도하는 경우에는 해당 금융투자업자가 증권거래세를 납부하여야 한다.

제00조(과세표준) 주권을 양도하는 경우에 증권거래세의 과세표준은 그 주권의 양도가액(주당 양도금액에 양도 주권수를 곱한 금액)이다.

제00조(세율) 주권의 양도에 대한 세율은 양도가액의 1천분의 5로 한다.

제00조(탄력세율) X 또는 Y증권시장에서 양도되는 주권에 대하여는 제00조(세율)의 규정에도 불구하고 다음의 세율에 의한다.
  1. X증권시장 : 양도가액의 1천분의 1.5
  2. Y증권시장 : 양도가액의 1천분의 3

〈상황〉

투자자 甲은 금융투자업자 乙을 통해 다음 3건의 주권을 양도하였다.

- A회사의 주권 100주를 주당 15,000원에 양수하였다가 이를 주당 30,000원에 X증권시장에서 전량 양도하였다.
- B회사의 주권 200주를 주당 10,000원에 Y증권시장에서 양도하였다.
- C회사의 주권 200주를 X 및 Y증권시장을 통하지 않고 주당 50,000원에 양도하였다.

① 증권거래세는 甲이 직접 납부하여야 한다.
② 납부되어야 할 증권거래세액의 총합은 6만 원 이하다.
③ 甲의 3건의 주권 양도는 모두 탄력세율을 적용받는다.
④ 甲의 A회사 주권 양도에 따른 증권거래세 과세표준은 150만 원이다.
⑤ 甲이 乙을 통해 Y증권시장에서 C회사의 주권 200주 전량을 주당 50,000원에 양도할 수 있다면 증권거래세액은 2만 원 감소한다.

209

다음 글과 〈상황〉을 근거로 판단할 때, 甲과 乙에게 부과된 과태료의 합은? [19행상-26]

　A국은 부동산 또는 부동산을 취득할 수 있는 권리의 매매계약을 체결한 경우, 매도인이 그 실제 거래가격을 거래계약 체결일부터 60일 이내에 관할관청에 신고하도록 신고의무를 ○○법으로 규정하고 있다. 그리고 이를 위반할 경우 다음의 기준에 따라 과태료를 부과한다.

○○법 제00조(과태료 부과기준) ① 신고의무를 게을리 한 경우에는 다음 각 호의 기준에 따라 과태료를 부과한다.
　　1. 신고기간 만료일의 다음 날부터 기산하여 신고를 하지 않은 기간(이하 '해태기간'이라 한다)이 1개월 이하인 경우
　　　가. 실제 거래가격이 3억 원 미만인 경우 : 50만 원
　　　나. 실제 거래가격이 3억 원 이상인 경우 : 100만 원
　　2. 해태기간이 1개월을 초과한 경우
　　　가. 실제 거래가격이 3억 원 미만인 경우 : 100만 원
　　　나. 실제 거래가격이 3억 원 이상인 경우 : 200만 원
② 거짓으로 신고를 한 경우에는 다음 각 호의 기준에 따라 과태료를 부과한다. 단, 과태료 산정에 있어서의 취득세는 매수인을 기준으로 한다.
　　1. 부동산의 실제 거래가격을 거짓으로 신고한 경우
　　　가. 실제 거래가격과 신고가격의 차액이 실제 거래가격의 20% 미만인 경우
　　　　－ 실제 거래가격이 5억 원 이하인 경우 : 취득세의 2배
　　　　－ 실제 거래가격이 5억 원 초과인 경우 : 취득세의 1배
　　　나. 실제 거래가격과 신고가격의 차액이 실제 거래가격의 20% 이상인 경우
　　　　－ 실제 거래가격이 5억 원 이하인 경우 : 취득세의 3배
　　　　－ 실제 거래가격이 5억 원 초과인 경우 : 취득세의 2배
　　2. 부동산을 취득할 수 있는 권리의 실제 거래가격을 거짓으로 신고한 경우
　　　가. 실제 거래가격과 신고가격의 차액이 실제 거래가격의 20% 미만인 경우 : 실제 거래가격의 100분의 2
　　　나. 실제 거래가격과 신고가격의 차액이 실제 거래가격의 20% 이상인 경우 : 실제 거래가격의 100분의 4
　③ 제1항과 제2항에 해당하는 위반행위를 동시에 한 경우 해당 과태료는 병과한다.

〈상황〉
• 매수인의 취득세는 실제 거래가격의 100분의 1이다.
• 甲은 X토지를 2018. 1. 15. 丙에게 5억 원에 매도하였으나, 2018. 4. 2. 거래가격을 3억 원으로 신고하였다가 적발되어 과태료가 부과되었다.
• 乙은 공사 중인 Y아파트를 취득할 권리인 입주권을 2018. 2. 1. 丁에게 2억 원에 매도하였으나, 2018. 2. 5. 거래가격을 1억 원으로 신고하였다가 적발되어 과태료가 부과되었다.

① 1,400만 원　　② 2,000만 원　　③ 2,300만 원　　④ 2,400만 원　　⑤ 2,500만 원

210

다음 글을 근거로 판단할 때 〈보기〉에서 옳은 것을 모두 고르면? [18입상-5]

- 교통사고로 인하여 피해자가 가해자를 상대로 손해배상금의 지급을 청구하는 소송에서 피해자에게 잘못(안전벨트를 매지 않았거나, 과속했다는 등)이 있으면 그 손해배상금에서 피해자의 과실비율만큼 손해배상금의 액수를 줄인다. 예컨대, 피해자의 손해가 1억원인데 피해자의 과실비율이 20%라면 8,000만원이 손해배상소송에서 인정되는 금액이다. 이와 같이 감액하는 것을 과실상계라고 한다.
- 피해자가 가해자를 상대로 소송을 하면서 어떤 이유에서든 간에 피해자의 손해액의 일부만 청구하는 경우가 있다. 그런 경우 과실상계 후에 법원이 피해자에게 얼마의 지급을 명해야 하느냐에 관하여 학설의 다툼이 있다. 총 손해가 1억원이고 피해자의 과실비율이 30%인데 손해배상청구금액이 6,000만원인 경우를 보자.
  - 외측설은, 우선 손해 전액(1억원)을 산정하여 그로부터 과실상계(30% 감액)한 뒤에 남은 잔액(7,000만원)과 청구액(6,000만원)을 비교하여 둘 중 적은 금액을 승소금액으로 하자는 학설이다.
  - 안분설은, 청구한 금액(6,000만원)에서 과실상계(30% 감액)한 나머지(4,200만원)를 승소금액으로 하자는 학설이다.

〈보 기〉

ㄱ. 피해자의 손해가 5,000만원인데, 피해자의 과실비율이 40%이고, 피해자의 청구금액이 4,000만원인 경우 외측설에 의하면, 승소금액은 3,000만원이 된다.

ㄴ. 보기 ㄱ의 경우 안분설에 의하면 승소금액은 2,400만원이 된다.

ㄷ. 피해자가 손해 전체를 청구하지 않고 일부만 청구하는 이유가, 피해자 스스로 자신의 과실을 인정하여 미리 과실비율만큼 감액한 뒤 남은 금액만 청구하는 것이라고 보는 사람은 안분설을 지지할 것이다.

① ㄴ   ② ㄱ, ㄴ   ③ ㄱ, ㄷ
④ ㄴ, ㄷ   ⑤ ㄱ, ㄴ, ㄷ

211

다음 글과 〈상황〉을 근거로 판단할 때 A에게 해당되는 처벌기준으로 옳은 것은? [18입상-13]

- 알코올농도공식은 운전자가 사고 당시 마신 술의 종류, 운전자의 체중, 성별 등의 자료에 의해 교통사고발생시점의 혈중알코올을 계산하는 방법이다.
  - 음주종료시점 후 90분에 혈중알코올농도가 최고치에 이르고 시간당 알코올 분해량은 개인에 따라 다른데 0.008%에서 0.030%까지 나타나며, 평균은 0.015%이다. 실무에서는 대법원 판례에 따라 피고인에게 가장 유리한 수치를 적용하고 있다.
- 알코올농도공식

교통사고발생시점의 혈중알코올농도(%) = C − (T × B) (%)

C = 혈중알코올농도 최고치(%) = $\dfrac{A}{P \times R \times 10}$ (%)

A = 알코올량 = 음주량(㎖) × 술의 농도 × W × N

P = 사람의 체중(kg)

R = 성별에 대한 계수(남자 1, 여자 0.6)

B = 시간당 알코올 분해량(%)

T = 혈중알코올농도 최고치 시간부터 교통사고발생시점까지의 경과시간(시간)

W = 알코올보정계수(0.8)

N = 체내흡수율(0.7)

※ 시간당 알코올 분해량은 대법원 판례를 따르고 술의 농도 적용은 20도의 경우 0.2로 계산함.

〈혈중알코올 수치에 따른 처벌기준표〉

교통사고발생시점의 혈중알코올농도(%)	처벌기준
0.2 이상	1년 이상 3년 이하 징역
0.17이상 ~ 0.2미만	6개월 이상 1년 이하 징역 또는 500만원 이상 1천만원 이하 벌금
0.12이상 ~ 0.17미만	6개월 이하 징역 또는 300만원 이상 500만원 이하 벌금
0.09이상 ~ 0.12미만	6개월 이하 징역 또는 300만원 이하 벌금
0.05이상 ~ 0.09미만	6개월 이하 징역 또는 200만원 이하 벌금

〈상황〉

체중 70kg 남성인 A는 20도 소주 1,000㎖를 전날 저녁 10시까지 마시고 음주운전을 하다가 새벽 01시 30분에 교통사고를 내고 현장에서 도주하였다(단, 음주종료시점 저녁 10시, 교통사고발생시점 새벽 01시 30분).

① 6개월 이하 징역 또는 200만원 이하 벌금
② 6개월 이하 징역 또는 300만원 이하 벌금
③ 6개월 이하 징역 또는 300만원 이상 500만원 이하 벌금
④ 6개월 이상 1년 이하 징역 또는 500만원 이상 1천만원 이하 벌금
⑤ 1년 이상 3년 이하 징역

다음 글과 〈상황〉을 근거로 판단할 때 甲이 납부하여야 하는 양도세의 총액은? [24입상-12]

A국은 건물과 토지를 거래할 때 가격의 일정 비율을 양도세로 납부하도록 하고 있다. 건물의 경우, 주택은 주택가격 억제와 거래 활성화를 위해 양도세를 면제하지만 상가는 가격의 10%를 양도세로 납부하여야 한다. 건물 내에 주택과 상가가 섞여 있는 경우, 건물 가격에 건물의 총 면적에서 상가가 차지하는 면적 비율을 곱한 값이 과세표준이 된다. 예를 들어, 가격이 10억원인 건물에서 주택이 차지하는 면적 비율이 40%, 상가가 차지하는 면적 비율이 60%라면 과세표준은 6억원이고 양도세는 6천만원이다. 다만, 건물의 총 면적 중 주택이 차지하는 면적이 50%를 초과할 경우 건물 전체를 주택으로 본다.

토지의 경우, 원칙적으로 가격의 10%를 양도세로 납부하여야 한다. 다만, 주택(건물의 총 면적 중 주택이 차지하는 면적이 50%를 초과하는 경우를 포함한다)에 부속되는 토지의 경우 주택 면적의 5배에 해당하는 면적까지는 면세한다. 건물 내에 주택과 상가가 섞여 있는 경우, 건물의 총 면적에서 주택 및 상가가 차지하는 면적 비율만큼을 각 용도에 부속되는 토지로 본다. 예를 들어, 건물 내에 주택과 상가의 면적 비율이 3:7이라면, 건물의 부속토지 면적의 30%는 주택에 부속되는 토지로, 70%는 상가에 부속되는 토지로 보는 것이다.

다만, A국은 과세비용 절감을 위해 건물이나 토지를 거래할 경우, 거래 대상이 되는 건물이나 토지의 일부분의 가격은 해당 부분이 전체 건물이나 토지에서 차지하는 면적 비율에 전체 건물이나 토지의 가격을 곱한 것으로 본다.

〈상황〉

甲은 건물 X 및 그 부속토지를 각각 100억원에, 건물 Y 및 그 부속토지를 각각 1,000억원에 매도하였다. 건물 X의 총 면적은 1,000㎡이고 그중 주택이 600㎡, 상가가 400㎡를 차지한다. X의 부속토지 면적은 10,000㎡이다. 건물 Y의 총 면적은 5,000㎡이고, 그중 주택이 2,000㎡, 상가가 3,000㎡을 차지한다. Y의 부속토지 면적은 25,000㎡이다.

① 115억원 ② 125억원 ③ 135억원
④ 145억원 ⑤ 155억원

다음 글을 근거로 판단할 때 〈보기〉에서 옳은 것만을 모두 고르면? [24입상-33]

생태계보전부담금의 부과대상과 금액 산정방식은 다음과 같다.

- 부과대상
  1. 국방·군사 시설 설치사업
  2. 개간 및 공유수면 매립사업
  3. 채굴계획 인가면적이 10만 제곱미터 이상인 광업
- 금액 산정 방식

생태계 훼손 면적(m^2)×300(원)×지역계수

지역계수는 녹지지역은 2, 생산관리지역은 2.5, 농림지역은 3, 보전관리지역은 3.5, 자연환경보전지역은 4이다. 다만, 부과대상 사업 중 다음 표의 사업에 대하여는 생태계보전부담금을 감면한다.

감면 대상 사업	감면비율
1. 생태·경관보전지역에서 자연환경의 훼손을 방지하기 위하여 필요하다고 인정하는 시설 등을 설치하는 사업	85%
2. 군사작전에 필요한 시설, 국방에 관한 연구 시설, 진지 구축시설을 위한 사업	80%
3. 훼손된 자연환경을 복원 또는 복구하기 위한 시설 등을 설치하는 사업	50%

- 가산금

  생태계보전부담금을 납부하여야 하는 사람이 납부기한 이내에 이를 납부하지 아니한 경우, 생태계보전부담금 중 납부하지 아니한 금액의 100분의 3에 상당하는 가산금을 부과한다.

〈보 기〉

ㄱ. 甲이 개간 및 공유수면 매립사업 중 훼손된 자연환경을 복원하기 위한 시설을 설치하는 사업을 농림지역에서 추진한 결과 생태계 훼손이 8,000m^2만큼 발생했고, 생태계보전부담금을 납부기한 내에 전액 납부했다면 甲이 납부한 금액은 3,600,000원이다.

ㄴ. 乙이 국방·군사 시설 설치사업 중 군사작전에 필요한 시설을 설치하는 사업을 녹지지역에서 추진한 결과 생태계 훼손이 6,000m^2만큼 발생했고, 생태계보전부담금을 납부기한 내에 전액 납부했다면 乙이 납부한 금액은 2,880,000원이다.

ㄷ. 丙이 채굴계획 인가면적이 80,000m^2인 광업을 자연환경보전지역에서 추진한 결과 생태계 훼손이 5,000m^2만큼 발생했고, 생태계보전부담금을 납부기한 내에 전액 납부하지 아니하였다면 丙이 납부해야 할 금액은 6,180,000원이다.

① ㄱ   ② ㄴ   ③ ㄱ, ㄴ
④ ㄴ, ㄷ   ⑤ ㄱ, ㄴ, ㄷ

PART 7.

2026 LEET · PSAT 법률문제 222

퀴즈형

PART 7. | 퀴즈형

'퀴즈형'은 문제 위치도 앞부분에 위치하거나(1번~12번 사이), 외형이 법률문제처럼 보여도 그 실질은 퀴즈 형태로 구성된 경우를 말합니다. LEET 추리논증의 경우 시행 초창기인 2011학년도, 2013학년도에 출제된 후 10여 년 간 거의 출제되지 않다가 최근 시험인 2024학년도 시험에 2문제가 출제된 바 있습니다. 또한, 2025학년도의 경우에도 1문제가 이에 해당한다고 할 수 있습니다. 이에 향후에도 퀴즈형 법률문제의 출제가 얼마든지 가능하다는 생각으로 준비해두는 것이 좋겠습니다. 이하에서는 대표예제로 2013학년도 추리논증 7번 문제를 살펴보겠습니다.

[대표예제]

다음으로부터 추론한 것으로 옳지 <u>않은</u> 것은? [13추리 – 7]

형사소송절차에서 특정인을 피고인으로 인식한 검사의 의사 이외에 그 특정인이 제3자의 이름을 도용해 공소장에 기재토록 하거나 특정인을 대신해 제3자가 법정에 위장 출석하는 경우 등 피고인을 정할 요소가 복수로 발생하는 경우가 있다. 이런 경우 A, B, C국은 다음 원칙에 의해 한 명만을 피고인으로 인정한다.

⟨A, B, C국 법원의 피고인 인정 절차의 원칙⟩
(가) A, B, C 각국은 세 가지의 피고인 인정 요소(특정인을 피고인으로 인식한 검사의 의사, 공소장에 기재된 이름, 실제 소송에서 법정에 출석한 자) 중 두 가지 요소만을 고려하며, 두 가지 요소 중 우선순위가 높은 요소 한 가지만을 사용하여 피고인으로 인정한다.
(나) A, B, C 각국은 우선순위가 높은 요소에 해당하는 자가 복수이거나 없을 경우, 차순위 요소에 해당하는 자를 피고인으로 인정한다.
(다) A, B, C 각국이 고려하지 않는 한 가지 요소는 세 나라가 모두 다르다.

⟨A, B, C국 법원의 처리 결과⟩
(1) 검사가 갑을 피고인으로 인식하였으나 공소장에는 을의 이름이 기재되어 있고 법정에는 병만 출석한 경우, A국에서는 병을 피고인으로 인정하였다.
(2) 검사가 갑을 피고인으로 인식하였으나 공소장에는 을의 이름이 기재되어 있고 법정에는 아무도 출석하지 않은 경우, A국과 B국에서는 을을 피고인으로 인정하였다.
(3) 검사가 갑을 피고인으로 인식하고 공소장에도 갑의 이름이 기재되었으나 법정에는 을만 출석한 경우, C국에서는 갑을 피고인으로 인정하였다.

① B국에서는 '법정에 출석한 자'를 피고인 인정 요소로 삼지 않을 것이다.
② 검사가 피고인으로 인식한 갑과 공소장에 기재된 을이 모두 법정에 출석한 경우, A국에서는 을을 피고인으로 인정할 것이다.
③ 검사가 피고인으로 인식한 갑과 공소장에 기재된 을이 모두 법정에 출석하지 않고 대신 병이 출석한 경우, C국에서는 갑을 피고인으로 인정할 것이다.
④ 검사가 피고인으로 인식한 갑과 공소장에 기재된 을이 모두 법정에 출석한 경우, C국에서는 을을 피고인으로 인정할 것이다.
⑤ 검사가 갑을 피고인으로 인식하였으나 공소장에는 을의 이름이 기재되었고 법정에는 을만 출석한 경우, A국에서는 을을 피고인으로 인정할 것이다.

위의 문제는 법적인 쟁점을 활용한 문제이지만 사실상 법적 논리를 도입하지 않고 문제를 충분히 풀 수 있는 퀴즈형 문제였습니다.

이때 〈각국 법원의 피고인 인정 절차의 원칙〉과 〈각국 법원의 처리 결과〉를 통해 표를 그릴 수 있어야 합니다.

〈A, B, C국 법원의 처리 결과〉를 표로 정리하면 아래와 같습니다.

	A		B	C
검사	갑	갑	갑	갑
공소장	을	을	을	갑
출석	병	–	–	을
인정	병	을	을	갑

〈A국 법원의 처리 결과〉를 통해 다음과 같이 우선순위, 차순위, 고려하지 않는 요소를 정할 수 있습니다.

'검사-갑', '공소장-을', '출석-병'일 때 병을 인정하고 있습니다.

그러므로 A에서의 우선순위요소는 '출석'입니다.

'검사-갑', '공소장-을', '출석-X'일 때 을을 인정하고 있습니다.

〈원칙〉 (나)에 따르면 A의 경우 우선순위요소인 '출석'이 없으므로 차순위요소를 고려하여 피고인을 인정해야 합니다.

그런데 을을 인정하고 있으므로 '공소장'이 차순위요소임을 알 수 있고, 그렇다면 고려하지 않는 요소는 '검사'입니다.

〈B국 법원의 처리 결과〉를 통해 우선순위, 차순위, 고려하지 않는 요소를 정할 수 있습니다.

〈원칙〉(다)를 통해 B국은 '검사'가 고려하지 않는 요소로 될 수 없습니다.

B국에서는 '검사－갑', '공소장－을', '출석－X'일 때 을을 인정하고 있습니다.

그러므로 B에서의 우선순위요소는 '공소장'이며 차순위요소는 '검사'가 되고 '공소장'을 고려하였으므로 B국이 고려하지 않는 요소는 '출석'이 됩니다.

C국에서는 '검사－갑', '공소장－갑', '출석－을'일 때 갑을 인정하고 있으므로 우선순위는 '검사'이며 고려하지 않는 요소는 '공소장'입니다.

그렇다면 차순위요소는 '출석'입니다.

〈C국 법원의 처리 결과〉를 통해 우선순위, 차순위, 고려하지 않는 요소를 정할 수 있습니다.

	A		B	C
검사	갑	갑(고려×)	갑(차순위)	갑(우선순위)
공소장	을	을(차순위)	을(우선순위)	갑(고려×)
출석	병(우선순위)	－	－(고려×)	을(차순위)
인정	병	을	을	갑

	A	B	C
검사	3	2	1
공소장	2	1	3
출석	1	3	2

각 선택지에 대한 해설을 표로 나타내면 아래와 같습니다.

	①	②	③	④	⑤
검사	갑	갑	갑	갑	갑
공소장	을	을	을	을	을
출석	－	갑, 을	병	갑, 을	을
인정	B을	A을	C갑	C갑	A을

214

옛날 어떤 나라에 살던 노비 '흉'은 동료 셋과 함께 양민인 주인의 숙부를 구타하여 손가락 3개를 부러뜨리고 도망하였다가 동료 한 명을 붙잡아 자수하였다. 당시의 〈형벌 규정〉과 이를 적용한 〈처벌 사례〉를 근거로 판단할 때, '흉'이 받았을 처벌은? [10추리-22]

〈형벌 규정〉
• 장형에는 60대, 70대, 80대, 90대, 100대의 다섯 등급이 있다. 그 위로는 도형에 처해지는데, 도형에는 1년, 1년 반, 2년, 2년 반, 3년의 다섯 등급이 있다.
• 양민이 양민을 물건으로 구타하면 장형 60대에 처한다. … 물건으로 상해하면 장형 80대에 처한다. … 치아나 손가락을 1개 부러뜨리면 도형 1년에 처한다. 치아나 손가락을 2개 이상 부러뜨리면 도형 1년 반에 처한다. 칼날로 상해하거나 늑골을 부러뜨리면 도형 2년에 처한다. 팔이나 다리를 부러뜨리거나 한쪽 눈을 실명케 하면 도형 3년에 처한다.
• 여럿이 함께 사람을 구타하여 상해하였다면 1등급씩 감한다. 범인이 자수를 하면 2등급을 감하고, 같이 범행을 저지른 범인을 붙잡아 자수할 경우 다시 1등급을 감하고, 반수 이상을 붙잡아 자수할 경우 다시 1등급을 감한다.
• 가해자와 피해자 신분이 양민, 상급천민인 부곡, 하급천민인 노비로 서로 다른 경우, 신분의 고하에 따라 1등급을 차등적으로 가감하고, 가해자나 피해자에 주인의 친족이 포함된 경우 다시 1등급을 차등적으로 가감한다.

〈처벌 사례〉
• 양민 갑의 노비 을은 양민 병과 싸우다 병의 치아를 하나 부러뜨려 도형 2년에 처해졌고, 병의 부곡 정은 갑과 싸우다 갑의 치아를 2개 부러뜨려 도형 2년에 처해졌다.
• 갑의 노비 을은 갑의 숙부 무와 싸우다 무를 벽돌로 쳐서 상해를 입혀 도형 1년에 처해졌고, 무는 을의 늑골을 부러뜨려 장형 100대에 처해졌다.

① 도형 2년 반 ② 도형 2년 ③ 도형 1년 반
④ 도형 1년 ⑤ 장형 100대

다음 글로부터 바르게 추론될 수 <u>없는</u> 것은? [11추리 – 11]

- A나라에서는 20등급의 작위를 두고, 전공을 세울 때마다 '작(爵)'을 수여하여 1급부터 최고 20급 까지 승급시켰다. 전투에서 취해 온 적의 수급 수에 따라 '작'이 올라가는데, '작' 1급 당 수급 1 개씩 요구되었다. 단, 4급으로 승급하려면 적의 장교 1명을 포로로 잡는 전공이 추가로 요구되 었다.
- '작'을 가진 사람이 누리는 권리에는 가족이 처벌을 받게 될 때 '작'을 반납하고 대신 형벌을 면 제시켜주는 특권이 포함되었다. 본인을 포함하여 동거하고 있는 직계 가족과 배우자의 형벌 면 제를 위해서는 1인당 '작' 1급씩, 동거하고 있지 않은 부모, 형제와 그 배우자 및 자녀의 형벌 면 제를 위해서는 1인당 '작' 2급씩 반납해야 했다. 부모 중 1인이 면제되면 미성년 자녀 중 1인이 같이 면제될 수 있었다. 단 미성년자의 형벌 면제는 가족당 1인으로 제한되었으며, 미성년자의 기준은 신장 5척 미만에 12세 이하였다.
- 형제인 갑, 을, 병은 따로 살고 있었는데, 각각 자녀 2명과 부인을 두었다. 그런데 이 세 가족 및 갑과 함께 살고 있는 부모가 모두 처벌될 상황에 처했다. 세 가족은 합쳐서 9급에 해당하는 '작' 을 가지고 있었다. 갑은 부모와 세 가족의 자녀를 모두 면제시키려 하였고, 을은 자신의 가족 4 인과 형제의 부인들을 모두 면제시키려 하였고, 병은 형제가 가진 '작'으로 가능한 한 많은 인원 을 면제시키려 하였다. 세 형제는 마침내 9급에 해당하는 자신들의 '작'을 반납하면서 형제 모두 가 만족할 수 있는 방안을 찾아냈다.

① 갑은 과거에 적의 장교 1명을 포로로 잡았을 것이다.
② 을은 과거에 적의 수급 3개 이상을 취해왔을 것이다.
③ 병은 과거에 적의 수급 2개 이상을 취해왔을 것이다.
④ 갑과 병 중 적어도 1명은 형벌을 면제받았을 것이다.
⑤ 자녀 중 신장 5척 미만이 3명 이상 있었을 것이다.

216

〈규정〉에 따라 〈사례〉의 병이 받을 형벌은? [21추리-8]

〈규정〉

(1) 형벌 중 중형에는 다음 여섯 등급이 있다.

1등급	사형
2등급	노역 5년 후 3천 리 밖으로 유배
3등급	3천 리 밖으로 유배
4등급	2천 리 밖으로 유배
5등급	노역 3년 6개월
6등급	노역 3년

(2) 사람을 때려 재물을 빼앗은 자는 3천 리 밖으로 유배한다.
(3) 다른 사람의 범죄를 도운 자는 범죄를 저지른 자보다 한 등급을 감경하여 처벌한다.
(4) 자신을 체포하려는 포졸을 때려 상해를 입힌 자의 형벌은 네 등급을 가중한다.
(5) 탈옥한 자의 형벌은 세 등급을 가중한다.
(6) 자수한 자의 형벌은 세 등급을 감경한다.
(7) 1~3등급에서 형을 감경하는 경우 3등급, 4등급은 하나의 등급으로 취급한다. 가령 2등급에서 두 등급을 감경하면 5등급이다.
(8) 3~6등급에서 형을 가중하는 경우 2등급이 상한이다.
(9) (3)~(6)의 형벌 가중·감경 사유 중 두 개 이상에 해당하면, 해당 사유 모두를 (3), (4), (5), (6)의 순서대로 적용한다.

〈사례〉

갑이 을을 때려 재물을 빼앗는 동안 병은 갑을 위하여 망을 보아주었다. 도망쳐 숨어 지내던 병은 포졸 정의 눈에 띄어 체포될 위기에 처하자 그를 때려 상해를 입히고 달아났다. 이후 병은 관아에 자수하고 갇혀 있던 중 탈옥하였다.

① 노역 5년 후 3천 리 밖으로 유배
② 3천 리 밖으로 유배
③ 2천 리 밖으로 유배
④ 노역 3년 6개월
⑤ 노역 3년

217

[선발 규칙]과 [조정 규칙]의 적용으로 옳은 것만을 〈보기〉에서 있는 대로 고른 것은? [24추리-8]

P사는 신입사원을 선발할 때 [선발 규칙]의 세 가지 안 중 하나를 적용하여 1,600명을 우선 선발하였고, [조정 규칙]을 적용하여 추가 선발하였다.

[선발 규칙]
1안 : 공대 출신과 비공대 출신을 3 : 1로 선발한다.
2안 : 공대 출신과 비공대 출신을 3 : 2로 선발하고, 경력자와 비경력자도 3 : 2로 선발한다. 이때 비공대 출신 경력자와 비공대 출신 비경력자는 같은 수가 되도록 한다.
3안 : 공대 출신 경력자, 공대 출신 비경력자, 비공대 출신 경력자, 비공대 출신 비경력자를 1 : 1 : 1 : 1로 선발한다.

[조정 규칙]
1안 : 비공대 출신 선발자 수의 4분의 1에 해당하는 비공대 출신을 추가로 선발한다. 추가 선발자 중 경력자와 비경력자는 같은 수가 되도록 한다.
2안 : 선발된 경력자 수의 2분의 1에 해당하는 경력자를 추가로 선발한다. 추가 선발자 중 공대 출신과 비공대 출신은 같은 수가 되도록 한다.

─── 〈보 기〉 ───

ㄱ. [선발 규칙] 1안에 따른 결과를 [조정 규칙] 1안에 따라 조정하였다면, 최종 선발자 중 경력자의 수는 1,650명을 넘을 수 없다.
ㄴ. [선발 규칙] 2안에 따른 결과를 [조정 규칙] 2안에 따라 조정하였다면, 최종 선발자 중 공대 출신의 수는 비공대 출신의 수의 1.5배를 초과한다.
ㄷ. [선발 규칙] 3안에 따른 결과를 [조정 규칙] 1안에 따라 조정하고 그 결과를 [조정 규칙] 2안에 따라 조정하였든, [선발 규칙] 3안에 따른 결과를 [조정 규칙] 2안에 따라 조정하고 그 결과를 [조정 규칙] 1안에 따라 조정하였든, 최종 선발된 공대 출신 비경력자의 수는 같다.

① ㄱ
② ㄴ
③ ㄱ, ㄷ
④ ㄴ, ㄷ
⑤ ㄱ, ㄴ, ㄷ

218

[규칙]을 〈사례〉에 적용한 것으로 옳은 것만을 〈보기〉에서 있는 대로 고른 것은? [24추리-12]

과거 P집안은 같은 성(姓)을 사용하되 그 집안 소속 남성들의 이름을 [규칙]에 따라 지었다.

[규칙]
1. 같은 항렬에 있는 세대는 오행(五行), 즉 목(木), 화(火), 토(土), 금(金), 수(水) 중 하나를 부수(部首)로 하는 같은 한자를 사용하여 이름을 짓는다. 그 한자를 '돌림자'라고 한다. 돌림자의 부수는 목, 화, 토, 금, 수를 순서대로 반복하여 사용한다.
2. 이름을 두 글자로 짓는 경우 돌림자는 이름의 첫째 글자로든 둘째 글자로든 사용할 수 있으나, 같은 세대이면 한쪽으로 일치시킨다. 그리고 돌림자 아닌 글자로는 형제간이라면 같은 부수가 왼쪽에 붙은 한자를 사용한다. 그 부수를 '돌림변'이라고 하는데, 사촌간이라면 다른 돌림변을 사용한다.
3. 이름을 한 글자로 짓는 경우 같은 항렬에 있는 세대는 돌림자 대신에 돌림변을 사용한다. 그 세대에서 이름을 두 글자로 지었더라면 사용하였을 돌림자의 부수는 바로 다음 세대에서 사용한다.

〈사례〉
갑, 을, 병, 정, 무는 집안 소속의 남성이다. 갑의 이름은 '일곤(一坤)'이다. 을과 병은 갑의 아들이다.

(상황 1) 정과 무는 을의 아들이다.
(상황 2) 정은 을의 아들이고 무는 병의 아들이다.

───── 〈보 기〉 ─────

ㄱ. 을과 병의 이름은 '인(仁)'과 '신(信)'일 수 없다.
ㄴ. (상황 1)이면 정과 무의 이름은 '종인(鍾仁)'과 '종근(鍾根)'일 수 없다.
ㄷ. (상황 2)이면 정과 무의 이름은 '근(根)'과 '식(植)'일 수 없다.

① ㄱ   ② ㄴ   ③ ㄱ, ㄷ
④ ㄴ, ㄷ   ⑤ ㄱ, ㄴ, ㄷ

219

[규칙]을 〈사례〉에 적용한 것으로 옳은 것은? [25추리-4]

[규칙]
(1) 내란죄 또는 살인죄를 범한 죄인은 사형에 처하고 그 배우자는 유배한다.
(2) 강도죄를 범한 죄인은 유배형에 처하고 그 배우자가 자원하면 함께 유배한다.
(3) 사형에 처한 죄인은 사면이 선포되면 유배형에 처하고 그 배우자가 자원하면 함께 유배한다. 다만, 내란죄를 범한 죄인의 배우자는 자원하지 않더라도 죄인과 함께 유배한다.
(4) 죄인과 그 배우자를 함께 유배하는 경우에는 같은 곳에 유배한다.
(5) 유배지로 이송되던 죄인이 도망하더라도 함께 이송되던 배우자는 계속 이송한다.
(6) 유배형에 처한 죄인은 사면이 선포되면 석방한다. 그 죄인이 유배지로 이송되던 중이면 함께 이송되던 배우자도 석방한다. 다만, 유배지로 이송되던 중 도망한 죄인에 대하여 선포된 사면은 죄인과 그 배우자에게 효력이 없다.
(7) 사면이 선포되기 전에 유배지로 이송되던 중 도망한 죄인이 사면이 선포된 후에 사망한 것으로 확인되는 경우 자원하여 유배된 배우자는 석방한다.

〈사례〉
　갑은 내란죄로 사형, 을과 병은 살인죄로 사형, 정과 무는 강도죄로 유배형에 각각 처해졌다. 갑, 을, 병에게 사형이 집행되기 전에 갑, 을, 병, 정, 무 모두에 대하여 사면이 선포되었다. 이후 병이 유배지로 이송되던 중 병에 대하여 추가로 사면이 선포되었다. 정과 무는 사면이 선포되기 전에 유배지로 이송되던 중 도망하였는데, 사면이 선포된 후 정은 체포되었고 무는 사망한 것으로 확인되었다.

① 갑의 배우자는 자원하지 않으면 갑과 함께 유배되지 않는다.
② 을의 배우자는 자원하지 않더라도 을과 같은 곳에 유배된다.
③ 병의 배우자는 병과 함께 유배지로 이송되던 중이었다면 석방된다.
④ 정의 배우자는 자원하여 정과 함께 유배되었다면 석방된다.
⑤ 무의 배우자는 무와 함께 유배되었더라도 석방되지 않는다.

220

다음 글에서 추론할 수 있는 것은? [20행언 – 29]

두 국가에서 소득을 얻은 개인이 두 국가 모두의 거주자로 간주되면, 두 국가에서 벌어들인 소득 합계에 대한 세금을 두 국가 모두에 납부해야 한다. 이러한 이중 부과는 불합리하다. 이에, 다음 <기준>에 따라 <사례>의 개인 갑~정을 X국과 Y국 중 어느 국가의 거주자인지 결정하고자 한다. 갑~정의 국적은 각 하나씩이며, 네 명 모두 X국과 Y국에서만 소득을 얻는다. <기준>의 각 항목은 거주국이 결정될 때까지 '첫째'부터 순서대로 적용하되, 항목에 명시된 '경우'에 해당하지 않으면 적용하지 않는다. 거주국이 결정되면 그 뒤의 항목들은 고려하지 않는다.

〈기준〉

첫째, 소득을 얻는 국가 중 한 국가에만 영구적인 주소가 있는 경우, 그 국가의 거주자로 본다. 둘째, 소득을 얻는 두 국가 모두에 영구적인 주소가 있는 경우, 더 중요한 이해관계를 가지는 쪽 국가의 거주자로 본다. 셋째, 소득을 얻는 두 국가 중 어느 쪽에도 영구적인 주소가 없거나 어느 쪽 국가에도 더 중요한 이해관계를 가지지 않는 경우에는 통상적으로 거주하는, 즉 1년의 50%를 초과하여 거주하는 국가의 거주자로 본다. 넷째, 소득을 얻는 두 국가 중 어느 쪽에도 통상적으로 거주하지 않는 경우, 국적에 따라 거주국을 결정한다.

〈사례〉
• X국 국적자 갑은 X국 법인의 회장으로 재직하여 X국에 더 중요한 이해관계를 가지며, 어느 나라에도 영구적인 주소가 없으나 1년에 약 3개월은 X국에 거주하고 나머지는 Y국에 거주한다.
• Z국 국적자 을은 Y국 법인의 이사로 재직하여 Y국에 더 중요한 이해관계를 가진다. 을은 Y국에 통상적으로 거주하며 그가 유일하게 영구적인 주소를 가진 X국에는 1년에 4개월 정도 거주하는데 그 기간에는 영상회의로 Y국 법인의 업무에 참여한다.
• Y국 국적자 병은 X국과 Y국에 각각 영구적인 주소를 가지며 1년 중 X국에 1/4, Y국에 3/4을 체류한다. 병은 Y국에 체류할 때는 주로 휴식을 취하지만 X국에 체류하는 동안에는 X국의 공장을 운영하는 등, X국에 더 중요한 이해관계를 가진다.
• Y국 국적자 정은 Z국에만 영구적인 주소를 가지나, 거주는 X국과 Y국에서 정확히 50%씩 한다. 정은 X국과 Y국 중 어느 쪽에도 더 중요한 이해관계를 가지지 않는다.

① 갑과 병은 거주국이 같다고 결정된다.
② 갑~정 중 거주국이 결정되지 않는 사람이 있다.
③ 갑~정 중 국적이 Z국인 사람은 Y국의 거주자로 결정된다.
④ 갑~정 중 Z국에 영구적인 주소를 가지는 사람의 거주국은 X국으로 결정된다.
⑤ 갑~정 중, X국의 거주자로 결정된 사람의 수와 Y국의 거주자로 결정된 사람의 수는 같다.

221

다음은 두 가지 형사재판 제도에 대한 설명이다. 각 재판제도에 따라 〈사례〉에서 나올 수 있는 결과로서 가장 옳은 것은? [10입상-2]

제도가 어떻게 규정되느냐에 따라서 같은 현상도 다른 결과로 나타날 수 있다.

(가) 현대식 : 처음에 무죄인가 유죄인가를 결정하고 만약 유죄이면 그에 상응하는 형을 부과한다.

(나) 로마식 : 증거 조사 후 가장 무거운 형에서 시작하여 차례로 가벼운 형으로 옮겨간다. 먼저 사형을 선고할 수 있는가를 검토하고, 만약 사형에 해당되지 않으면 다음에는 종신형을 검토하고, 점점 가벼운 형으로 내려가서 어느 형에도 해당되지 않을 때 피고인은 무죄가 된다.

〈사례〉

죄형은 사형, 종신형, 무죄 세가지 가능성 밖에 없다. 3명의 판사가 있고 결정은 3명 판사의 다수결에 의해서 이루어진다.

첫 번째 판사(판사 A)는 피고인이 유죄이고 가능한 한 중형에 처해야 한다고 생각한다. 이 판사의 경우 사형선고가 최선의 선택이고 종신형이 다음, 무죄가 가장 잘못된 선택이라고 생각한다.

두 번째 판사(판사 B)도 피고인이 유죄라고 판단했다. 그러나 사형제도 자체를 반대하는 입장이라서 종신형이 최선의 선택이고 사형을 집행하는 것보다는 무죄로 하는 편이 좋다고 생각한다.

세 번째 판사(판사 C)는 피고인의 무죄를 주장한다. 또한 일생을 교도소에서 보내는 종신형이 사형보다 무거운 벌이라고 믿고 있었다. 결과적으로 판사 C는 무죄가 되지 않는다면 사형, 종신형의 순서로 선택할 것이다.

	판사 A 선호	판사 B 선호	판사 C 선호
최선	사 형	종신형	무 죄
중간	종신형	무 죄	사 형
최악	무 죄	사 형	종신형

판사들은 뛰어난 의사결정자로서 그들은 다른 판사들의 결정을 미리 알고 있으며, 이를 기초로 결과를 예측하여 자신들의 최후 판결을 내린다. 또한 판사들은 의사결정에서 최악의 결과를 회피하려는 경향이 있다.

① 현대식 : 무 죄, 로마식 : 사 형
② 현대식 : 사 형, 로마식 : 종신형
③ 현대식 : 무 죄, 로마식 : 종신형
④ 현대식 : 사 형, 로마식 : 무 죄
⑤ 현대식 : 종신형, 로마식 : 사 형

222

다음 글을 근거로 판단할 때, 〈보기〉에서 옳은 것만을 모두 고르면? [22행상-35]

A마을에서는 다음과 같이 양의 이름을 짓는다.

- '물', '불', '돌', '눈' 중 한 개 이상의 글자를 사용하여 이름을 짓는다.
- 봄에 태어난 양의 이름에는 '물', 여름에 태어난 양의 이름에는 '불', 가을에 태어난 양의 이름에는 '돌', 겨울에 태어난 양의 이름에는 '눈'이 반드시 포함되어야 한다.
- 수컷 양의 이름에는 '물', 암컷 양의 이름에는 '불'이 반드시 포함되어야 한다.
- 같은 글자가 두 번 이상 사용되어서는 안 된다.

―――――――――― 〈보 기〉 ――――――――――

ㄱ. 겨울에 태어난 A마을 양이 암컷이라면, 그 양에게 붙일 수 있는 두 글자 이름은 두 가지이다.
ㄴ. A마을 양 '물불'은 여름에 태어났다면 수컷이고 봄에 태어났다면 암컷이다.
ㄷ. A마을 양의 이름은 모두 두 글자 이상 네 글자 이하이다.

① ㄱ 　　　　　② ㄴ 　　　　　③ ㄷ
④ ㄱ, ㄴ 　　　　⑤ ㄴ, ㄷ

한 눈에 보는 정답

1	2	38	1	75	2	112	4	149	3	186	3
2	3	39	3	76	3	113	2	150	3	187	1
3	3	40	4	77	5	114	2	151	2	188	4
4	2	41	2	78	3	115	4	152	3	189	1
5	2	42	3	79	2	116	5	153	2	190	1
6	2	43	5	80	4	117	5	154	1	191	5
7	3	44	5	81	3	118	1	155	2	192	4
8	3	45	1	82	3	119	5	156	3	193	4
9	1	46	2	83	4	120	4	157	1	194	3
10	2	47	2	84	2	121	4	158	5	195	5
11	3	48	4	85	3	122	1	159	4	196	1
12	2	49	4	86	2	123	4	160	2	197	4
13	1	50	4	87	2	124	5	161	2	198	5
14	5	51	4	88	2	125	3	162	3	199	3
15	1	52	4	89	2	126	5	163	4	200	3
16	5	53	2	90	2	127	3	164	3	201	1
17	2	54	2	91	5	128	3	165	3	202	2
18	4	55	1	92	4	129	2	166	1	203	1
19	5	56	3	93	3	130	5	167	1	204	4
20	4	57	3	94	5	131	3	168	5	205	2
21	1	58	1	95	2	132	4	169	4	206	5
22	5	59	1	96	4	133	4	170	3	207	5
23	3	60	2	97	4	134	4	171	5	208	5
24	3	61	5	98	4	135	1	172	1	209	4
25	4	62	5	99	5	136	4	173	5	210	2
26	1	63	1	100	2	137	5	174	3	211	2
27	4	64	2	101	2	138	5	175	4	212	2
28	1	65	1	102	4	139	1	176	2	213	1
29	3	66	2	103	5	140	1	177	3	214	4
30	5	67	5	104	4	141	1	178	3	215	4
31	5	68	1	105	1	142	4	179	4	216	4
32	1	69	4	106	5	143	3	180	5	217	3
33	3	70	5	107	5	144	3	181	3	218	2
34	4	71	5	108	2	145	2	182	5	219	3
35	4	72	5	109	4	146	4	183	3	220	5
36	5	73	2	110	3	147	3	184	5	221	1
37	3	74	1	111	5	148	3	185	2	222	1

LEET PSAT

법률문제 222

여성곤 편저

박영사

2026 LEET · PSAT 법률문제 222

정답 & 해설

PART 1. **규정형**

LEET

---

001 ▸ ②

접근 방법

1. 제3조의 단서조항에 따른 예외상황에 주의하자.
2. 제4조의 '변호사와 의뢰인 간', '직무상', 제5조 '의뢰인이 포기하지 않는 한'이라는 조건에도 유의하자.

선택지 해설

ㄱ. (×) 납치된 K의 소재를 경찰에 알려주는 것은 '타인의 생명이나 신체에 대한 중대하고 임박한 위해를 방지하기 위한 경우(제3조)'로써 예외에 해당하여 비밀유지의무 위반이 아니다. 따라서 을은 이 사실을 경찰에 알릴 수 있다.

ㄴ. (○) 갑의 사무실을 청소하던 직원은 의뢰인이 아닌 제3자이다. 〈규정〉에서는 비밀유지 의무의 대상을 '변호사와 의뢰인 간 직무상 나눈 비밀 대화 및 문서를 포함한다(제4조)'로 규정하고 있다. 따라서 제3자로부터 받은 정보는 비밀유지 대상에 포함되지 않는다. 따라서 을은 비밀유지의무를 위반하지 않고 이 사실을 경찰에 알려줄 수 있다.

ㄷ. (×) 갑이 친구들과의 술자리에서 '공개적으로' 납치사실을 실토한 것은 더 이상 '비밀'에 해당하지 않게 된다. 즉, 이는 '변호사와 의뢰인 간 직무상 나눈 비밀 대화 및 문서(제4조)'가 아니므로 비밀유지 의무의 대상에 포함되지 않는다. 또한 납치상황을 경찰에 알리는 것은 소년 K가 아직 살아있을 수 있기 때문에 '타인의 생명이나 신체에 대한 중대하고 임박한 위해를 방지하기 위한 경우'로 볼 수 있다. 따라서 을은 이 사실을 경찰에게 알려주어도 된다.

ㄹ. (○) 갑이 K를 살해하였다는 사실은 의뢰인인 갑으로부터 직무상 직접 들은 것이므로 제4조에 따라 비밀유지 대상에 해당되며, 의뢰인 갑이 포기하지 않는 한 을이 변호사를 사임한 후에도 비밀유지의무가 지속된다(제5조). 또한, K는 이미 살해당한 상태이기 때문에 이를 경찰에 알리는 것은 예외상황인 '타인의 생명이나 신체에 대한 중대하고 임박한 위해를 방지하기 위한 경우'에 해당하지 않는다(제3조). 따라서 을은 갑의 변호사를 사임하더라도 비밀유지 대상인 K의 소재를 경찰에 알려주어서는 안 된다.

더 알아보기

〈규정〉은 변호사법 제26조(비밀유지의무 등 : 변호사 또는 변호사이었던 자는 그 직무상 알게 된 비밀을 누설하여서는 아니 된다. 다만, 법률에 특별한 규정이 있는 경우에는 그러하지 아니하다.) 및 영미법상 비밀유지의무(confidentiality)를 활용한 것이다.

---

002 ▸ ③ 【 정답률 63% 】

접근 방법

규정을 읽고 A, B, C국의 〈당해 재판에 적용할 법률〉 사이에 순환논리가 성립함을 파악할 수 있다. 그러므로 〈C국 법원의 판단〉의 내용대로 A국의 상속법이 적용되게 하려면 순환논리를 종결시켜야 함을 파악하자.

핵심 정보

〈사안〉
- X : A국 국민이며 B국에 주소를 두고 있던 중 사망
- 소송의 대상인 재산 : C국 소재의 부동산

〈당해 재판에 적용할 법률〉은 상속법에 우선하여 적용

〈당해 재판에 적용할 법률〉 규정에 〈사안〉 적용
- A국 : 상속에 관하여는 사망자의 최후 주소지의 법률에 따른다. → B국
- B국 : 상속에 관하여는 상속재산 소재지의 법률에 따른다. → C국
- C국 : 상속에 관하여는 사망자의 본국의 법률에 따른다. → A국

결국 계속적으로 A→B→C→A→B→C…로 순환되는 구조다.

선택지 해설

① (×) C국의 〈당해 재판에 적용할 법률〉에 따르면 A국의 〈당해 재판에 적용할 법률〉이 적용된다. A국의 〈당해 재판에 적용할 법률〉에 따르면 B국의 〈당해 재판에 적용할 법률〉이 적용되어 순환관계가 계속되므로, 〈C국 법원의 판단〉의 근거가 될 수 없다.

② (×) C국이 자국은 물론 A, B국의 〈당해 재판에 적용할 법률〉에 따라 적용할 법률을 결정한다면 순환관계가 종료되지 않는다.

③ (○) C국의 〈당해 재판에 적용할 법률〉에서 언급되고 있는 법률에 다른 나라의 〈당해 재판에 적용할 법률〉 자체를 포함하지 않는다면, C국의 〈당해 재판에 적용할 법률〉에 따라 상속에 관하여는 사망자의 본국인 A국의 상속법을 따르게 된다. 따라서 〈C국 법원의 판단〉의 근거가 될 수 있다.

④ (×) C국 법원이 C국의 〈당해 재판에 적용할 법률〉에 따라 다른 나라의 〈당해 재판에 적용할 법률〉을 따라야 할 경우 C→A→B→C … 의 순환관계가 종료되지 않는다.

⑤ (×) C국의 〈당해 재판에 적용할 법률〉에 따르면 순환관계에 따라 다시 C국의 법률이 적용된다. 이때 C국의 〈당해 재판에 적용할 법률〉을 적용하지 않는다면, C국의 상속법을 따르게 되므로 A국의 상속법이 적용되어야 한다는 〈C국 법원의 판단〉이 도출될 수 없다.

서울대 로스쿨 합격생의 풀이법

각국의 당해 재판에 적용할 법률을 적용한다면 A→B→C→A 순의 순환이 반복되므로 각국의 '당해 재판에 적용할 법률'이 적용되지 않게 하는 선지를 고르면 ①, ②, ④를 배제할 수 있다. 이후 ③, ⑤를 판단하면 되는데, ⑤에 따르면 C국의 상속법이 적용되게 된다. 그러므로 ⑤ 또한 배제하는 식의 소거법으로 풀 수 있다.

더 알아보기

글에 소개된 개념은 국제사법상 반정(反定, renvoi)이다. 가령 A국법에 따르면 이 사건에 대해 B국의 법을 적용해야 하는데 B국법에서는 다시 A국법이나 C국법을 적용해야 하는 상황을 가리킨다. 한편, 숨은 반정(hidden renvoi)은 저촉규정(준거법의 지정이 필요한 상태를 해결하는 규정)이 명시적으로 존재하지 않지만 재판관할권 규정이 있는 경우 재판관할권 규정에 저촉규정이 숨겨져 있다고 보고 반정을 인정하는 것을 말한다.

---

003 ▸ ③

접근 방법

1. 각 선지가 〈규정〉 중 몇 번에 대응되는지 빠르게 판단하자.
2. 〈규정〉 3은 〈규정〉 1과 〈규정〉 2에 해당하지 아니하는 경우임에 주목하자.
3. 'A가 홀로 부산으로 이사하여 자신의 주소지를 변경'하였다는 부분이 〈규정〉 2의 내용 중 '부부 중 일방의 주소지가 있을 때'에 해당한다는 것을 염두에 두고 풀이하자.

핵심 정보

〈규정〉

1. 부부가 같은 관할구역 내 주소지 → 그 가정법원
2. 부부가 최후 공통 주소지를 가졌던 관할구역 내에 <u>부부 중 일방의 주소지가 있는 경우</u> → 그 일방의 주소지가 있는 가정법원
3. (1가 2가 아닌 경우) 부부의 일방이 다른 쪽을 상대로 할 때에는 그 상대의 주소지 / 제3자가 부부를 대상으로 할 때에는 부부 중 일방의 주소지의 가정법원
4. 부부 중 한 쪽이 사망한 경우 → 생존한 쪽 가정법원
5. 부부 쌍방이 사망한 경우 → 둘의 최후 주소지 가정법원 중 아무데나

선택지 해설

① (○) 1에 따르면 부부가 같은 가정법원 관할구역 내에 주소지가 있을 때에는 그 가정법원에 소를 제기하여야 하는데 A와 B의 주소지가 모두 서울에 있으므로 서울가정법원에 혼인무효의 소를 제기하여야 한다.
② (○), ③ (×) A와 B가 서울에 주소지를 두고 있다가 A만 부산으로 주소지를 변경하였다면 B의 주소지는 여전히 서울이다. 그런데 2에 따르면 최후의 공통 주소지를 관할하는 가정법원에 혼인무효의 소를 제기하여야 하므로, A가 B를 상대로 소를 제기할 때에는 물론 B가 A를 상대로 소를 제기할 때에도 부산이 아닌 서울가정법원에 혼인무효의 소를 제기하여야 한다.
④ (○) A와 B가 서울에 주소지를 두고 있다가 각각 주소지를 변경한 경우는 1, 2가 아닌 경우로 3을 적용하여야 한다. 3에 따르면 제3자가 부부 쌍방을 상대로 할 경우에는 부부 중 일방의 주소지의 가정법원에 소를 제기하여야 한다. 따라서 A의 모친이 A와 B를 상대로 혼인무효의 소를 제기할 경우 부산 또는 광주가정법원에 제기하면 된다.
⑤ (○) 4에 따르면 부부 중 일방이 사망한 경우 생존한 쪽의 주소지의 가정법원에 소를 제기하여야 한다. 따라서 생존자 B의 주소지 서울을 관할하는 서울가정법원에 혼인무효의 소를 제기하여야 한다.

더 알아보기

〈규정〉은 가사소송법 제22조를 활용한 것이다.

---

004 ▸ ②

접근 방법

1. 각 선지의 아래 조항에는 위 조항의 모든 요소가 있고 이에 더하여 다른 요소가 있어야 한다. 따라서 아래 조항의 요건 중에서 위 조항의 요건을 모두 다 충족하지는 못하는 선지를 정답에서 빠르게 제외하자.
2. 글에 제시된 정보량이 많지는 않으므로, 〈보기〉에서의 선지 판단을 꼼꼼하게 하는 것이 중요한데, 각 선지의 구성요건에 있어 '개념' 사이의 파악에 관하여 실수를 하지 않는 것이 관건이다.

선택지 해설

(편의상 각 선지의 위 조항을 A조, 아래 조항을 B조라고 하자.)

ㄱ. (○) B조에는 A조가 언급한 '타인의 재물 절취' 외에 '야간에 ~침입하여'라는 요건이 추가로 규정되어 있다. 그러므로 적용될 수 있는 예에 해당한다.
ㄴ. (×) A조는 '미성년자'의 약취 또는 유인을 요건으로 규정하고 있지만 B조는 '사람'의 약취 또는 유인과 함께 '추행, 간음 또는 영리의 목적'을 요건으로 언급하고 있다. 이때, B조에서 제시된 '사람'의 약취 또는 유인이라는 요건은 '미성년자'의 약취 또는 유인이라는 요건을 충족하기에 부족한 요건인데 반해, A조에는 '추행, 간음 또는 영리의 목적'이라는 요건이 없다. 이에 따라 적용될 수 있는 예에 해당하지 않는다.
ㄷ. (○) B조의 '부녀의 촉탁 또는 승낙을 받아 낙태'는 A조가 언급한 내용이고, B조에는 '의사, 한의사, 조산사, 약제사 또는 약종상'이라는 요건이 추가로 규정되어 있다. 그러므로 적용될 수 있는 예에 해당한다.

ㄹ. (×) A조는 '사람의 궁박한 상태를 이용'한 경우를 다루지만 B조는 '사람을 공갈'한 경우이므로 두 경우는 각기 다른 요건을 필요로 한다. 그러므로 적용될 수 있는 예에 해당하지 않는다.

더 알아보기

ㄱ의 죄는 각각 형법 제329조(절도), 형법 제330조(야간주거침입절도죄), ㄴ의 죄는 각각 형법 제287조(미성년자의 약취, 유인의 죄), 형법 제288조(약취, 유인 및 인신매매의 죄), ㄷ의 죄는 각각 현재는 폐지된 형법 제269조(낙태), 형법 제270조(의사 등의 낙태, 죄), ㄹ의 죄는 각각 형법 제349조(부당이득죄), 형법 제350조(공갈의 죄)를 활용한 것이다. 참고로, 글이 언급한 관계를 '법조경합' 중 '특별관계'라고 한다. 이는 '특별법 우선의 원칙'을 형법에서 구체화한 것을 말한다.

---

005 ▸ ② 【 정답률 50% 】

접근 방법

1. (나)에 제시된 '상시 사용하는 근로자 수'가 (연인원 / 가동일수)라는 설명과 그에 해당하는 예시를 빠르게 파악하자.
2. (다)는 적용 제외 사항을 다룬 예외규정이라는 점에 주목하여 문제를 풀어보자.
3. '파견근로자'는 '제외'하지만 '단시간 근로자'는 '포함'된다는 (라)의 내용이 ㄴ과 ㄷ의 정오를 판단하는 데 중요한 조건임을 포착한다.

선택지 해설

ㄱ. (×) '가동일수'는 20일이고 (나)에 따르면 '연인원'은 100명이므로 '상시 사용하는 근로자 수'는 5명이다. 하지만 가동일수의 일별로 근로자 수를 파악하였을 때 총 가동일수 20일 중 4명(5명 미만)이 근무한 일수가 10일로서, 법 적용 기준에 미달한 일수가 가동일수의 2분의 1 이상인 경우에 속하므로 (다)에 따르면 당해 사업장에 A법은 적용되지 않는다.
ㄴ. (○) (라)에 의할 때, 연인원 산정 시 단시간 근로자는 포함되므로, 상시 사용하는 근로자 수는 8명이다. 8명의 근로자가 매일 근무하였으므로 (가)에 의해 당해 사업장에 A법은 적용된다.
ㄷ. (×) (라)에 따라 사용자에 고용되어 있지 않는 파견근로자는 연인원의 산정에서 제외된다. 따라서 당해 사업장에 상시 사용하는 근로자 수는 5명(친족 3명＋단시간 근로자 2명)이므로 (가)에 의해 당해 사업장에 A법은 적용된다.

더 알아보기

〈규정〉은 근로기준법 제11조 제1항(가), 근로기준법 시행령 제7조의2 제1항(나), 제2항(다), 제4항(라) 등을 변형한 것이다.

---

006 ▸ ② 【 정답률 64% 】

접근 방법

1. 가급적 표제어부터 읽고, 그 다음 선지에 나온 특이한 단어(합당등록신청, 변경등록신청)를 먼저 읽은 후 〈규정〉의 어느 부분과 대응할지 판단하면서 풀이하자.
2. 〈규정〉에 제시된 정보를 추린 후, 주요정보는 다 외우고 그에 뒤따라오는 하위정보들은 위치만 알아놓는 것이 정보를 체계적으로 흡수하는 데에 도움이 된다. 가령, '합당의 성립'과 '시·도당의 합당'을 엮는 문장을 〈규정〉에서 빠르게 스캔하자.
3. 〈규정〉에 '숫자'가 등장하면 주의하자. 이 문항의 경우 '14일', '3개월', 20일' 등이 그것이다. 꼼꼼히 독해해내려고 하되, 구체적인 부분이 잘 기억나지 않는다면 빠르게 돌아가 읽고 풀자. 특히 단순히 4달이 아닌 120일이라는

구체적 일수로 계산해야 함에 주의하자.

4. A당과 B당이 합당하여 C당이 된다는 〈사례〉가 무엇을 의미하는지를 파악하고 풀어야 한다. 그 의미는 바로 〈규정〉으로부터 찾아야 하는데, 정당이 새로운 당으로 합당한다는(A＋B → C) '신설합당'이 바로 그것이다(제1조 제1항).

PART 1. 규정형

핵심 정보

〈규정〉
제1조(합당) 신설합당의 경우 정당의 합당이 성립하면 그 소속 시·도당도 합당한 것으로 보고 3개월 이내에 변경등록신청을 해야 한다.
제2조(합당된 경우의 등록신청) 합동회의의 결의가 있을 날로부터 14일 이내에 선관위에 신청을 해야 한다. 시·도당의 소재지와 명칭, 대표자 성명 및 주소는 120일 이내에 보완해야 한다.

〈사례〉
A당과 B당이 합당 결의를 함으로써 C당이 되는 신설합당

선택지 해설

ㄱ. (×) 정당의 합당이 성립하면 그 소속 시·도당도 합당한 것으로 본다(제1조 제3항 본문). 〈사례〉에서 '소속 시·도당의 합당'은 C당으로의 신설합당에 의한 결과일 뿐 전제되어야 하는 것이 아니므로 옳지 않다.

서울대 로스쿨 합격생의 풀이법

'결과적으로 반드시 발생하게 되는 것'과 '전제되는 것'을 구별하는 것이 중요하다. 즉 A(합당)가 발생하면 B(시·도당 합당)도 발생하지만, 그렇다고 A를 위해 B가 전제되어야 하는 것은 아니다.

ㄴ. (×) C당으로의 합당등록신청은 5월 1일부터 14일 뒤인 5월 15일까지 가능하고, 시·도당의 변경등록신청은 그때부터 3개월 이내인 8월 1일부터 8월 15일까지 가능하다. 그러므로 당해 시·도당이 소멸되는 시점은 합당등록신청의 시점에 따라 8월 2일부터 8월 16일까지로 달라질 수 있다. 그러나 선지는 당해 시·도당이 소멸되는 시점이 8월 16일이라고 단정하고 있으므로 옳지 않다.

서울대 로스쿨 합격생의 풀이법

2017년 8월 16일에 시·도당이 반드시 소멸된 상태라고 해서 소멸되는 시점을 8월 16일로 특정해서는 안 된다. 즉 '특정 일자에 대상이 어떤 상태임'≠'대상이 특정 일자에 어떤 상태가 된다'는 것에 주의하자.

ㄷ. (○) 합당등록신청을 한 경우 시·도당 소재지와 명칭, 대표자의 성명·주소를 합당등록신청일부터 120일 이내에 보완하여야 하고, 이를 보완하지 않으면 선거관리위원회가 시·도당의 등록을 취소할 수 있다(제2조). 그러므로 C당의 대표자가 2017년 5월 10일 합당등록신청을 한 경우, 그로부터 120일 이내인 2017년 9월 7일까지 보완하지 않으면 당해 시·도당의 등록이 취소될 수 있다.

서울대 로스쿨 합격생의 풀이법

날짜 계산 시 일일이 세기보다는 좀 더 빠르게 날수를 파악하기 위해 5월 10일부터 9월 10일까지는 '31＋30＋31＋31'로 총 123일이고 120일은 그 3일 전인 9월 7일이라는 식으로 계산할 수 있다. 한편, 각 월이 며칠로 이루어져 있는지를 알고 있어야 정확히 풀 수 있는 문제가 출제되는 경우가 있으므로 평소에 미리 외워놓도록 하자.

007 ▸ ③

접근 방법

〈규정〉이 포함하는 대상 개념의 요소, 운영 원칙과 '예외(~에만 가능하다)', 운영을 위해 부과하는 의무의 내용을 파악한다.

선택지 해설

ㄱ. (○) 〈규정〉 (3)과 갑에 따르면 택시 안은 비공개장소이므로 CCTV 설치·운영 안내판을 설치하면 언제든지 CCTV 설치·운영할 수 있다.

ㄴ. (○) 〈규정〉 (3)과 을에 따르면 휴대전화 카메라도 일정한 공간, 지속성, 사람 또는 사물의 영상 촬영이라는 조건 하에서 CCTV라고 본다. 따라서 비공개된 자신의 서재라도(일정한 공간) 휴대전화 카메라를 지속적으로 설치(지속성)하여 사람 또는 사물의 영상을 촬영한다면 CCTV 설치·운영 안내판을 설치하여야 한다.

ㄷ. (×) 〈규정〉 (2)와 병에 따르면 비공개된 자동차 내부(일정한 공간)에 설치·운영되며 외부를 촬영하고 있는(지속성+사람 또는 사물 영상 촬영) 블랙박스도 CCTV라고 본다. 그런데 비공개장소에서의 CCTV 설치·운영은 반드시 범죄의 예방 및 수사에 필요한 경우가 아니어도 할 수 있다. 외부, 즉 공개된 장소를 촬영하고 있다고 하더라도 촬영의 대상이 공개된 장소인지의 여부는 문제가 되지 않으며 설치·운영의 장소가 공개된 장소인지 여부가 중요하다. 블랙박스의 경우에는 비공개된 자동차 내부에 설치·운영되므로 〈규정〉 (2)의 제한을 받지 않는다.

008 ▸ ③ 【정답률 78%】

접근 방법

〈사례〉에 주어진 각 회차별 주식 발행이 〈규정〉의 기준을 충족하는지 파악하면서, 단서규정인 〈규정〉 (3)에 유의하자.

선택지 해설

ㄱ. (○) 1회차에는 취득 권유 투자자 수는 70명으로 〈규정〉 (1)의 기준인 '50인 이상'에 해당한다. 그러나 주식 발행 금액(7억 원)은 10억 원 미만이므로, 〈규정〉 (3)에 의해 신고서의 제출 의무가 면제되어 신고서를 제출하지 않아도 된다.

ㄴ. (×) 2회차에는 권유 투자자 수는 40명으로 50인 미만인데다가(〈규정〉 (1) 참고), 취득 권유일인 2017년 9월 27일부터 그 이전 6개월 이내(2017년 3월 27일까지)의 기간 중에는 50인 미만에게 주식 취득을 권유한 적이 없으므로(〈규정〉 (2) 참고) 신고서를 제출하지 않아도 된다.

ㄷ. (○) 3회차에는 권유 투자자 수는 10명으로 50명 미만이지만, 취득 권유일인 2018년 3월 20일부터 그 이전 6개월 이내(2017년 9월 20일까지)의 기간 중 40명을 상대로 2회차 투자 권유가 있었으므로 '50인 이상'이라는 요건이 충족되었다. 또한 2017년 3월 20일까지의 1년 이내에 신고서를 제출하지 않고 발행한 주식 금액 2회차 때의 9억 원은 3회차 때의 8억 원과 합산된다(〈규정〉 (4) 참고). 이렇게 합산된 금액 17억 원은 10억 원 이상이므로 신고서를 제출해야 한다.

009 ▸ ①

접근 방법

문제에서 '신고'와 '비행승인'이 모두 없어도 비행이 허용되는 경우만을 고르라고 하였으므로, 둘 중 하나라도 필요한 경우를 찾아 소거하자.

선택지 해설

ㄱ. (○) 군사목적(군수물자 수송)으로 사용하는 무인비행장치는 신고할 필요가 없다(〈비행기준〉 2 단서). 그리고 비행시간이 오전 10시부터 오후 2시까지이므로 〈비행기준〉 3에 해당하지 않고, 군사목적으로 사용되므로 비행승인도 받을 필요가 없다(〈비행기준〉 4 단서).

ㄴ. (×) 택배회사가 영업을 위하여 무인비행선을 구입한 것이므로 군사목적으로 사용되는 것이 아니다. 따라서 신고도 필요하고(〈비행기준〉 2), 비행승인도 받아야 한다(〈비행기준〉 4).

ㄷ. (○) 자체 중량이 15kg인 농업용 무인비행기는 18kg 이하인 무인비행기에 해당하므로 소유자가 신고할 필요가 없다(〈비행기준〉 2 단서). 또한 비행시간이 오후 2시부터 오후 3시까지이므로 〈비행기준〉 3에 해당하지 않는데, 육군 항공대가 이 무인비행기를 군사목적(군사훈련 보조용)으로 사용하는 것이므로 비행승인도 받을 필요도 없다(〈비행기준〉 4 단서).

ㄹ. (×) 무인비행기의 자체 중량(8kg)이 가벼워 신고 필요가 없다(비행기준 2 단서). 그런데 비행시간이 오후 8시부터 30분 동안이라면 〈비행기준〉 3에 해당하여 예외 없이 비행승인 대상이 된다. 따라서 비행승인은 필요하다.

서울대 로스쿨 합격생의 풀이법

군사목적의 무인비행장치를 제외하고는 예외적으로 신고나 비행승인을 받지 않으려면 무인비행선이 아닌 무인비행기여야 하므로 무인비행선은 군사 목적이 아닌 한 신고와 비행승인이 모두 필요하다는 점을 추론해낼 수 있다(비행기준 2, 4의 반대해석). 이에 따라 ㄴ을 빠르게 소거하여 선택지를 줄일 수 있다. 나머지 선지는 먼저 비행승인에서 예외가 없는 '비행시간'을 먼저 검토하고 다른 예외사유 해당 여부를 검토하면 실수를 줄일 수 있다.

더 알아보기

〈규정〉은 항공안전법 제10장 초경량비행장치(제122조~제131조의2) 등을 변형한 것이다.

---

010 ▸ ② 【 정답률 65% 】

접근 방법

1. 〈규정〉 중 제1조 제2항에 (1)과 (2)가 있다. 즉 〈규정〉에 '호'에 해당하는 내용이 있다. 출제자가 이를 활용하여 선지를 만들었을 것임을 염두에 두고 풀 수도 있다.
2. 〈규정〉 제4조의 경우 '제3조에도 불구하고, …'와 '그러나~'의 내용이 제시되어 있어 주의하면서 읽어야 한다.
3. '~가 확인되는 이상 ~할 수 있게 허용하여야 한다'와 같은 단정적 어조의 선지를 읽을 때 반례가 없는지 생각하자.

선택지 해설

ㄱ. (×) 신상정보 열람을 청구할 수 있는 주체는 성년에 이른 '자녀'이다(제3조). 그러므로 익명출산된 자녀의 아버지인 乙의 신상정보 열람 청구는 허용되지 않는다.

ㄴ. (×) 혈연에 관한 정보, 출생 당시의 정황에 관한 사항은 제1조 ②항 (2)호에 해당한다. 즉 신청자가 신상정보서 작성 시 자신이 사망한 이후에 이를 공개하는 것에 대하여 명시적으로 반대하지 않을 때에만 신청자 사망 이후 열람할 수 있다(제4조). 따라서 甲이 신상정보서를 작성할 때 甲의 사후 신상정보서 공개에 명시적으로 반대하였는지를 확인하여야 하므로, 甲의 사망 사실이 확인된다고 하여 국가심의회가 곧바로 丙에게 열람을 허용하여야 하는 것은 아니다.

ㄷ. (○) 丙 출생 당시 甲이 지어 준 이름, 그의 출생 일시, 출생 장소 등에 관한 사항은 제1조 ②항 (1)호에 해당한다. 따라서 丙이 사망한 후 丙의 딸 丁(성년자)이 이러한 사항의 열람을 청구하였다면 국가심의회는 甲이 명시적으로 반대한 경우에도 열람을 허용하여야 한다(제3조).

📖 서울대 로스쿨 합격생의 풀이법

'명시적인 반대의 의사'라는 표현에 걸려 해당 정보를 열람할 수 없다고 판단하는 실수를 저지르지 않게 주의하자. 조문을 꼼꼼하게 보지 않고 키워드만으로 선지를 판단하면 안 되는 좋은 예다.

---

011 ▸ ③ 【 정답률 64.5% 】

접근 방법

1. 문제의 핵심은 '양육휴직'과 '근로시간'의 단축 기간에 있다. 이를 빠르게 파악하기 위해 선지를 먼저 읽는 방법도 충분히 도움이 될 수 있다.
2. 〈규정〉에 단서조항이 제시되는 경우(이 문제의 경우 제2조 제3항의 단서인 '다만' 이후) 주의해야 한다.

선택지 해설

ㄱ. (○) 양육휴직 기간은 자녀 1명당 1년이므로(제1조 제2항), 8세 이하 자녀가 2명인 갑은 2년 즉 24개월까지 양육휴직을 할 수 있다. 이때 8개월간 연속하여 양육휴직을 하였다면, 앞으로 양육휴직은 최대 16개월까지 사용할 수 있다.

ㄴ. (×) 근로시간 단축 기간은 자녀 1명당 1년이지만(제2조 제3항 본문), 양육휴직을 전혀 하지 않는다면 그 기간이 가산되어(제2조 제3항 단서) 결과적으로 1명당 2년이 된다. 즉 을은 그의 두 자녀를 위하여 최대 4년의 근로시간 단축을 할 수 있다.

ㄷ. (○) 근로시간 단축 기간은 자녀 1명당 1년이지만(제2조 제3항 본문), 양육휴직 기간 중 사용하지 않은 6개월이 가산되어(제2조 제3항 단서) 결과적으로 병은 1년 6개월간 근로시간 단축을 사용할 수 있다. 이때 최소 단위인 3개월 단위로 나누어 사용한다고 가정하면(제3조 제2항), 병은 근로시간 단축을 최대 6번 나누어 쓸 수 있다(=18÷3).

더 알아보기

〈규정〉은 남녀고용평등과 일·가정 양립 지원에 관한 법률(약칭 : 남녀고용평등법) 제19조 제1항 및 제2항, 제19조의2 제3항 및 제4항, 제19조의4를 변형한 것이다.

제19조(육아휴직) ① 사업주는 임신 중인 여성 근로자가 모성을 보호하거나 근로자가 만 8세 이하 또는 초등학교 2학년 이하의 자녀(입양한 자녀를 포함한다. 이하 같다)를 양육하기 위하여 휴직(이하 "육아휴직"이라 한다)을 신청하는 경우에 이를 허용하여야 한다. 다만, 대통령령으로 정하는 경우에는 그러하지 아니하다.
② 육아휴직의 기간은 1년 이내로 한다.

제19조의2(육아기 근로시간 단축) ③ 사업주가 제1항에 따라 해당 근로자에게 육아기 근로시간 단축을 허용하는 경우 단축 후 근로시간은 주당 15시간 이상이어야 하고 35시간을 넘어서는 아니 된다.
④ 육아기 근로시간 단축의 기간은 1년 이내로 한다. 다만, 제19조제1항에 따라 육아휴직을 신청할 수 있는 근로자가 제19조제2항에 따른 육아휴직 기간 중 사용하지 아니한 기간이 있으면 그 기간을 가산한 기간 이내로 한다.

제19조의4(육아휴직과 육아기 근로시간 단축의 사용형태) ① 근로자는 육아휴직을 2회에 한정하여 나누어 사용할 수 있다. 이 경우 임신 중인 여성 근로자가 모성보호를 위하여 육아휴직을 사용한 횟수는 육아휴직을 나누어 사용한 횟수에 포함하지 아니한다.
② 근로자는 육아기 근로시간 단축을 나누어 사용할 수 있다. 이 경우 나누어 사용하는 1회의 기간은 3개월(근로계약기간의 만료로 3개월 이상 근로시간 단축을 사용할 수 없는 기간제근로자에 대해서는 남은 근로계약기간을 말한다) 이상이 되어야 한다.

접근 방법

1. 법률을 적용하는 문제는 제시된 조항들이 상호 연결되어 있는 경우가 많다. 따라서 주어진 조항을 개별적으로 이해하기보다, 각 조항들이 어떻게 연결되어 있는지 파악하며 법률 조항을 읽어나가는 것이 중요하다. 특히 다른 조항들과 연결되는 핵심적인 조항이 있으므로, 가장 중요한 조항이 무엇일지 생각하며 지문을 읽도록 한다.
2. 제2조의 조건을 꼼꼼하게 분석하여 이해하는 것이 중요하다. 제2조가 제1조와 제3조를 연결하는 핵심조항이기 때문이다. 즉, 제2조의 조건을 충족하는 경우 제1조를 준용하도록 되어 있고, 제2조의 조건을 만족하는 회사 중 추가적인 조건을 만족하는 기업은 제3조에 따라 다른 효과를 받도록 규정되어 있다.

핵심 정보

제2조에 해당하는 조건은 1) 외국 증권을 발행하는 회사일 것 2) X국 시장에 상장되어 있거나 2) X국 거주자의 주식보유비율이 20% 이상인 회사일 것이다. 한편 제2조의 조건을 만족하는 회사의 경우 제1조로 돌아가기 전 제3조를 먼저 검토해보는 것이 유리하다. 왜냐하면 제3조는 제2조에 해당하는 회사가 '외국 통화를 발행할 것'이라는 추가적인 조건을 만족할 경우 받게 되는 효과에 관하여 서술하고 있기 때문이다. 즉 제3조의 추가적인 조건을 만족하면 제1조가 아닌 제3조에 따른 효과를 받게 되는 것이므로 제3조를 먼저 검토해야 한다.

선택지 해설

ㄱ. (×) 문제되는 회사는 Y국 회사로 X국 회사가 아닌 외국 회사에 해당하므로 제1조가 아닌 제2조를 적용할 수 있을지 검토해야 한다. Y국 회사는 X국 주식시장에 상장되어 있으므로 제2조의 조건을 만족하며, 그 결과 제1조가 준용될 것이다. 단, Y국 회사가 발행하는 증권에 표시된 통화에 따라 제3조가 적용될지 제1조가 적용될지 여부가 달라질 것인데, Y국 회사는 X국 통화로 표시되는 증권을 발행하는 것이므로 제3조의 요건을 탈락하여 제1조의 준용이 확정된다. 제1조에 따르면 'X국 거주자가 발행일로부터 2년 내에 그 증권을 취득하는 것을 금지하는 때' 신고의무가 없다고 명시하고 있고, Y국 회사는 '발행일로부터 2년이 경과하지 않으면 X국 거주자가 증권을 취득할 수 없다'고 규정하고 있으므로 제1조의 단서 조항을 충족하여 신고의무가 없다.

ㄴ. (×) Y국 주식시장에 상장된 Z국 회사는 외국 회사이나 X국 시장에 상장된 회사가 아니며, X국 거주자의 주식보유 비율도 15%로 제2조의 조건인 20% 미만이므로 제2조의 요건을 탈락한다. 해당 회사는 X국 회사가 아니기 때문에 제1조가 적용될 여지도 없으므로 신고의무가 없다.

> **📖 서울대 로스쿨 합격생의 풀이법**
>
> 제1조와 제2조가 배타적인 조건의 회사(내국/외국)에 관하여 규정하고 있다는 점에 착안하여 제2조의 요건을 검토하는 것만으로 빠르게 오답임을 확인하자.

ㄷ. (○) Y국 주식시장에 상장된 Z국 회사는 X국 시장에 상장된 회사가 아니나, X거주자의 주식 보유 비율이 20%이므로 제2조의 조건을 충족한다. 나아가 Z국 통화로 표시된 증권을 발행하므로 제3조의 조건을 만족하며, 그에 따라 'X국 거주자가 발행일로부터 1년 이내에 그 증권을 취득하는 것을 허용하지 않을 때'에는 제1조의 신고의무가 없다. Z국 회사는 '발행일로부터 6개월이 경과하면 X국 거주자가 취득할 수 있다'는 조건이 부가되어 있으므로 1년 내 증권을 취득하는 것을 허용하는 셈이 되어 제1조의 신고의무를 부과한다.

> **📖 서울대 로스쿨 합격생의 풀이법**
>
> 구체적으로는 준용의 요건을 다음과 같이 살펴볼 수 있다.
> 외국에서 증권을 발행하는 외국 회사가 X국 주식시장에 상장되어 있거나(A) X국 거주자의 주식보유비율이 20% 이상인 경우(B)
>
> | | A | B |
> |---|---|---|
> | ㄱ | ○ | × |
> | ㄴ | × | × |
> | ㄷ | × | ○ |

더 알아보기

'준용'이란 어떤 사항에 관한 법령이나 법령의 규정을 그 사항과 유사하지만 본질적인 차이가 있는 다른 사항에 적용하는 것으로, 법전을 간소화하고 같은 내용의 반복을 피하기 위한 입법기술이다.

---

013 ▸ ① 【 정답률 74.2% 】

접근 방법

제1조 각 항에서 제2조의 의무를 언급하고 있으므로 잘 연결시켜서 풀어야 한다. 이때 제2조의 각 항에 제시된 의무를 유형화하여(제공의무, 심사의무, 삭제의무, 통지의무, 공시의무 등) 혼동이 없게 정리해두자.

선택지 해설

ㄱ. (○) 선지의 사업자는 국내 등록이용자 수가 200만 명 이하인 국외사업자라서, 제1조 제3항에 따라 제2조 제3항의 의무를 면한다. 즉, 위법콘텐츠 신고에 대한 심사 결과의 통지 의무가 없다. 따라서 국외 사업자로서 송달대리인 정보를 공시하지 않은 것만 위반사항에 해당하고(제3조), 5억 원을 한도로 과태료가 부과된다(제4조 단서).

ㄴ. (×) 선지의 사업자는 국내 등록이용자수가 150만 명이어서 제1조 제2항에 따라 콘텐츠 위법여부심사 의무가 없다. 또한, 제1조 제3항에 따라 심사결과 통지 의무도 없다. 따라서 이 법을 위반한 행위가 없어 과태료를 부과할 수 없다(제4조).

ㄷ. (×) 국내 등록이용자 수가 180만 명인 선지의 사업자에게는 콘텐츠 위법 여부 심사 의무와 삭제 의무는 있지만(제2조 제2항), 심사 결과와 이유를 통지할 의무는 없다(제1조 제3항, 제2조 제3항). 그러므로 위법 콘텐츠에 해당하지 않는다는 심사 결과를 콘텐츠 제공자에게 통지할 의무가 없다.

> **서울대 로스쿨 합격생의 풀이법**
>
> '등록기준지의 국내 여부', '등록이용자 수'에 따라 적용되는 규정에 차이가 있음을 유념하고 선지를 읽자. 실전에서는 복잡한 조문을 다 외우려 시도하기보다는 선지를 읽으며 어떤 조문에 해당하는지 찾아 대조하거나 조문의 내용을 요약해 따로 정리해두는 것이 유효한 접근이다. 한 조문에 여러 조건이 붙어있어 요약 과정에서 주요 정보를 빼먹기 쉽기도 하고, 사실상 압축 가능한 불필요한 정보가 거의 없다는 점에서 선지를 읽고 조문을 찾는 것이 효과적일 수 있다.

---

014 ▸ ⑤ 【 정답률 46.7% 】

접근 방법

1. 〈사례〉를 읽고 해당하는 조문과 연결하여 계산하되, 기존에 확보된 주차면수(20대)가 있음을 염두에 두어야 한다.
2. 제2조 제4항이 중요하다. 조문의 구조상 제3항에 대한 예외규정으로 기능하고 있다. 즉 '증축 또는 용도변경하는 부분에 대해서만'이라는 문구의 반대해석상 '증축 또는 용도변경하는 부분이 아닌' 경우에는 제3항의 기준을 그대로 적용한다.
3. 제2조 제3항과 관련한 '완화' 부분에 주의하여 〈표〉에 나온 기준(150㎡당 1대)을 적용하지 않도록 한다.
4. 판매시설용 주차대수와 위락시설용 주차대수를 나누어 볼 수 있다. 즉 판매시설은 그대로이고, 용도변경 부분만 최소 주차대수가 바뀌기 때문이다. 이러한 방식으로 했을 때, 위락시설로 바뀐 면적이 변경 이전에는 동일한 면적인 판매시설과 마찬가지로 10대였으나, 위락시설로 바뀐 이후 30대가 되었으니 30−10=20으로 계산하면 풀이에 있어 혼동을 덜어줄 수 있다.

선택지 해설

판매시설 6,000㎡에 해당하는 주차면수는 40대이며(제1조 및 〈표〉), 갑은 기계식주차장치의 고장으로 철거한 것이 므로 구청장은 그 기준을 2분의 1로 완화하여야 한다(제2조 제3항).

이에 따라 시설면적 300 ㎡ 당 1대라는 기준을 적용하여 20대를 수용하는 부설주차장을 설치한 것은 〈사례〉에 제시되어 있다.

이제 판매시설 6,000㎡ 중 3,000㎡를 위락시설로 변경하는 경우 필요한 주차면수를 계산한다.

완화된 설치기준에 따라 부설주차장을 설치한 후 부설주차장 설치기준이 강화되는 용도(위락시설)로 변경되는 경우 이므로, '용도변경하는 부분'에 대해서만 〈표〉의 부설주차장 설치기준을 적용하여야 한다(제2조 제4항).

그리고 이때 〈표〉에서 변경 후 용도인 위락시설의 최소 주차대수를 갖추도록 하여야 한다(제3조).

따라서 최소 주차대수는 다음과 같이 계산된다.

• 판매시설 : 3,000㎡÷300㎡/대＝10대 (제2조 제3항에 따라 완화된 기준)
• 위락시설 : 3,000㎡÷100㎡/대＝30대

합계 40대 중 이미 확보된 20대분을 제외하고 20대분을 더 확보하여야 한다. 정답은 ⑤번이다.

📖 서울대 로스쿨 합격생의 풀이법

아래와 같이 그림을 그려서 확인하면서 풀 수도 있다.

판매시설(완화기준) 6,000/30=20대	판매시설(완화기준) 3,000/300=10대	위락시설 3,000/100=30대

전후를 비교하면 20대가 더 필요함을 알 수 있다.

---

015 ▶ ① 【 정답률 65.7% 】

접근 방법

업무수탁자는 규정에서 말하는 '제3자'에서 제외된다는 제1조 제3항에 유의하자.

선택지 해설

ㄱ. (○) 〈사례〉에서 P의 개인정보 수집 목적은 '숙박예약 및 이벤트 행사'이다. 따라서 개인정보처리자인 P는 회원 들로부터 별도의 동의 없이도 수집 목적인 숙박시설 예약을 위하여 제3자인 숙박시설 운영자 Q에게 해당 숙박시설을 예약한 회원의 정보를 제공할 수 있다(제2조 제2항 본문). 또한 P가 Q에게 해당 숙박시설을 예 약한 회원의 정보를 제공한 사실을 1주일 이내에 알려야 하는데(제2조 제2항 단서), P는 즉시 그 회원에게 제공사실을 알려주었으므로 [규정]을 준수한 것이다.

ㄴ. (×) 〈사례〉에서 P사는 개인정보 수집 목적인 '숙박예약 및 이벤트 행사'의 범위에서 개인정보를 제3자와 공유 할 수 있다(제2조 제2항). 그런데 여행사 S의 여행상품을 홍보하는 것은 P사의 이벤트 행사와는 별개이기 에, 수집 목적 이외의 용도에 해당한다. 따라서 P사가 회원정보를 별도의 동의 없이 S사와 공유한 것은 [규 정]을 준수한 것이 아니다(제2조 제3항).

ㄷ. (○) '제3자'는 개인정보처리자와 업무수탁자를 제외한 모든 자이다(제1조 제3항). 〈사례〉에서 P사는 개인정보 처리자이며, 선지에서 홍보업체 R사는 '항공권 경품이벤트 알림'이라는 P사의 이익을 위하여 P사와 위탁계 약을 체결한 것이므로 '업무수탁자'에 해당한다(제1조 제2항). R사가 '업무수탁자'에 해당하는 이상 제3자에 대한 개인정보 제공에 관한 제2조 제2항은 적용되지 않고, P사로서는 R사에 대한 개인정보 처리업무 위탁 사실을 회원들에게 알리고 회원들이 확인할 수 있도록 공개하면 충분하다(제2조 제4항). 따라서 P사가 R사 에게 회원정보를 제공한 후 10일이 경과한 후에 제공사실을 회원들에게 알리고 공개하였더라도 [규정]을 준수한 것이다.

ㄹ. (×) 정보주체로부터 별도의 동의를 받아 개인정보를 제3자에게 제공하려면 '정보주체의 이익을 부당하게 침해할 우려가 없는 경우'여야 한다(제2조 제3항). 그런데 불법도박 홍보는 정보주체인 숙박예약 전문사이트 회원들의 이익을 부당하게 침해할 우려가 있다. 따라서 회원들로부터 별도의 동의를 받더라도 T사에게 회원정보를 유료로 제공한 것은 [규정]을 준수한 것이 아니다.

---

016 ➡ ⑤ 【 정답률 74.5% 】

접근 방법

각 입법안의 제1항(기본구성요건)과 제2항 이하(가중구성요건)를 정리하고 이를 비교하자. 이때 각 입법안에서 차이가 있는 부분에 표시를 하는 한편, 선지에서 각 행위의 내용을 다시 한 번 확인함으로써 실수를 줄일 수 있다.

선택지 해설

① (○) 〈1안〉에 따르면 성적 의도로 타인의 신체를 그의 의사에 반하여 촬영하면 4년 이하의 징역(제1항), 그 촬영물을 유포하면 6년 이하의 징역에 처해진다(제2항). 〈3안〉에 따르면 성적 의도로 타인의 신체를 그의 의사에 반하여 촬영하면 5년 이하의 징역(제1항), 그 촬영물을 유포하면 7년 이하의 징역에 처해진다(제2항).

② (○) 성적 의도로 타인의 신체를 그의 의사에 반하여 촬영하거나 그 촬영물을 유포하는 행위는 모든 입법안에서 처벌 대상이지만, 그러한 동영상을 개인 PC에 저장하는 행위는 〈3안〉에서만 처벌대상이다(제4항).

③ (○) 성적 의도로 촬영대상자의 허락을 받아 촬영한 나체사진은 '촬영 당시에는 촬영대상자의 의사에 반하지 않았던 촬영물'에 해당한다. 〈1안〉의 경우 이러한 촬영물을 유포한 행위를 처벌하는 규정이 없다. 그러나 〈2안〉(제2항)과 〈3안〉(제2항)은 그러한 행위를 처벌한다.

④ (○) 〈3안〉은 촬영의 대상이 '사람의 신체'로 되어 있으므로, 제2항에서 가리키는 '제1항의 촬영'에는 자신의 신체를 촬영하는 것도 포함된다. 촬영자가 성적 의도로 촬영자 자신의 나체를 촬영한 것은 촬영 당시에는 촬영대상자의 의사에 반하지 않는다. 하지만 촬영대상자의 의사에 반하여 '유포'하였기 때문에 제2항 본문이 아닌 단서조항에 따라 7년 이하의 징역이 적용된다.

⑤ (×) 타인의 의사에 반하여 그의 신체를 성적 의도로 촬영한 사진을 한적한 도로변 가판대에서 유상 판매하는 행위는 영리를 목적으로 한 유포나 정보통신망을 이용한 유포는 아니다. 따라서 이 행위에는 〈1안〉의 제2항(6년 이하의 징역), 〈2안〉의 제1항(5년 이하의 징역), 〈3안〉의 제2항(7년 이하의 징역)이 각각 적용된다. 따라서 가장 중한 처벌을 규정한 입법안은 〈3안〉이다.

> **📖 서울대 로스쿨 합격생의 풀이법**
>
> 〈1안〉~〈3안〉의 공통점이 '영리를 목적으로', '정보통신망을 이용하여 유포'라는 것과 ⑤가 이와 다르다는 것을 간파해야 한다.

---

017 ➡ ② 【 정답률 64.8% 】

접근 방법

1. 각 선지에서 받은 처분이 〈처분기준표 및 적용 방법〉의 어느 부분에 해당하는지 연결하여 해결하는 것이 핵심이다. 이때 위반사항이 동일하면 적용 방법에서 가목은 고려하지 않아도 되며, 위반사항이 다르면 나목은 고려하지 않아도 된다.

2. 제2조에 제시된 단서규정(다만~)까지 잘 살펴보아야 실수를 줄일 수 있다.

선택지 해설

ㄱ. (×) 무도장업자가 그 영업을 양도하는 경우 종전 영업자에게 행한 제재처분의 효과는 그 제재처분일부터 1년간 양수인에게 미친다(제2조). 선지의 경우 제재처분일은 2019. 6. 20.이고 을이 영업을 양수한 날은 2020. 6. 30.이어서 제재처분일부터 이미 1년이 경과한 상태이므로 갑에 대한 제재처분의 효과가 을에게 미치지 않는다. 따라서 을이 2020. 7. 25. 접대부 고용과 주류판매로 적발되었다면 이 위반행위 모두가 1차위반이 된다. 이때 〈처분기준표 및 적용 방법〉 가목에 따라 전체 위반행위에 대하여 하나의 제재처분을 하되, 각 위반행위에 해당하는 제재처분 중 가장 무거운 것 하나인 영업정지 2개월의 처분을 하여야 한다.

📖 서울대 로스쿨 합격생의 풀이법

[규정]이 적용되는 조건을 정리해두자. 선지에 영업 양도와 서로 다른 두 개의 위반사항이 있으므로 제2조와 〈처분기준표 및 적용 방법〉 가목을 적용하면 된다고 판단하면 효율적으로 글과 선지를 연결할 수 있다.

ㄴ. (○) 병은 호객행위로 2020. 3. 15. 시정명령을 받았으므로 호객행위 1차위반에 해당한다. 이후 2020. 5. 15. 호객행위, 2020. 5. 30. 호객행위는 각 2차위반과 3차위반에 해당한다. 〈처분기준표 및 적용 방법〉 나목에 따르면 제재처분을 하기 위한 절차가 진행되는 기간 중에 위반사항이 동일한 위반행위를 반복하여 한 경우로서 처분기준이 영업정지인 때에는 각 위반행위에 대한 제재처분마다 처분기준의 2분의 1씩을 더한 다음 이를 모두 합산하여 처분한다. 그러므로 행정청이 병에게 처분할 영업정지 기간은 2차위반에 따른 영업정지(10일＋5일)와 3차위반에 따른 영업정지(20일＋10일)를 모두 합산한 45일이 된다.

ㄷ. (×) 정의 주류판매에 따른 영업정지 처분일(2019. 5. 10.)과 무의 주류판매 적발일(2020. 5. 15.) 사이의 간격이 1년을 초과하여, 정에 대한 영업정지 5개월이 무에게 승계되지 않는다. 다음으로, 무의 위반행위는 정에 대한 제재처분 절차 진행 중에 영업이 무에게로 양도된 뒤에 이루어졌다. 여기서 무는 영업 양수 당시 정의 접대부 고용과 그에 따른 제재처분 절차를 알지 못했으므로 제재처분 절차는 계속하여 진행할 수 없다(제2조 단서). 이에 따라 〈처분기준표 및 적용 방법〉 가목이 적용되지 않으므로, 접대부 고용 1차위반에 해당하는 제재처분인 영업정지 2개월을 내릴 수 없다. 따라서 행정청은 무에게 주류판매 1차위반에 해당하는 제재처분인 영업정지 1개월만을 내릴 수 있다.

📖 서울대 로스쿨 합격생의 풀이법

각 선지에 제시된 상황이 어떤 위반사항을 어긴 것인지 또한 양수 당시 종전 영업자의 위반 사실을 알았는지 정확히 파악하자. [규정]을 빠르게 읽어내려가며 어떤 내용이 어디쯤에 있는지만 파악해두고, 선지를 읽으며 해당 위치를 찾아가는 것이 유효한 접근이다. 복잡한 규정이 담긴 대부분의 문제의 풀이법은 사실상 대동소이할 것이다.

---

018 ▸▸ ④ 【정답률 56%】

접근 방법

1. 문제의 취지에 따라 갑, 을, 병의 주장을 먼저 정리하고 각 사항을 모두 충족하지는 못하는 선지를 소거하는 풀이가 효율적이다.
2. 금품이나 이익을 제공하는 행위가 '자신의 이익을 취득하기 위한'에 포함되지 않는다는 것이 핵심이다. "알선행위가 결국 자신의 이익을 위해서 하는 것 아닌가?"라는 생각에 오답을 고를 수 있는데, 통상적으로 생각하는 이익과 문제에서 논의하는 알선 행위에서의 이익 취득이 다르다는 것을 파악하자.

선택지 해설

① (×) 주체가 공무원으로 한정되지 않는다는 점에서, 그리고 공무원의 직무에 관하여 실제로 알선행위를 하였는지와는 무관하다는 점에서 갑과 을의 언급은 충족하였으나, 알선에 관련하여 취득된 재산에 관한 규정이 없는 점에서 병의 언급을 충족하지 못하였다.

② (×) 주체가 공무원으로 한정되지 않는다는 점에서, 그리고 알선에 관련하여 취득된 재산을 보유하지 못하게 한

점에서 갑과 병의 언급은 충족하였으나, 실제로 알선행위를 한 경우만 처벌된다는 점에서 을의 언급을 충족하지 못하였다.

③ (×) 실제로 알선행위를 하였는지와는 무관하게 처벌된다는 점에서 을의 언급은 충족하였으나, 주체가 공무원으로 한정된다는 점에서, 그리고 알선에 관련하여 취득된 재산에 관한 규정이 없는 점에서 갑과 병의 언급을 충족하지 못하였다.

④ (○) 주체가 공무원으로 한정되지 않고, 공무원의 직무에 관하여 실제로 알선행위를 하였는지와는 무관하게 처벌되며, 알선으로 인하여 취득한 재산을 보유하지 못하도록 강제하는 규정이라는 점에서 갑, 을, 병이 언급한 사항을 모두 충족하였다.

⑤ (×) 주체가 공무원으로 한정되지 않고 알선에 관련하여 취득된 재산을 보유하지 못하도록 강제한 점에서는 갑과 병의 언급을 충족하였다. 그러나 이 조항은 공무원의 직무에 관하여 알선의 명목으로 자신의 이익을 추구하는 행위를 처벌하는 것이 아니라, 공무원의 직무와 관련한 알선의 대가로 일정한 이익을 자신이 제공하는 행위를 처벌하는 규정이다. 또한, 병은 알선행위 처벌과 관련하여 자신의 이익을 취득하기 위한 공무원의 직무에 관한 알선행위를 금지할 것도 요구한다. 그런데 선지는 자신의 이익 취득이 아니라 알선과 관련하여 이익을 제공하는 행위를 처벌하는 조항이다. 따라서 을과 병이 언급한 사항을 충족하지 못하였다.

📖 서울대 로스쿨 합격생의 풀이법

다음의 순서로 빠르게 풀 수 있다.
1) 병이 언급한 '알선에 관련하여 취득된 재산을 보유하지 못하도록 강제'라는 표현이 눈에 들어온다면, ①,③번을 소거할 수 있다.
2) 을이 언급한 '실제로 알선행위를 하였는지와 상관없이'라는 표현을 통해 ②번을 소거할 수 있다.
3) 을이 언급한 '알선 명목으로 자신의 이익을 추구하는 행위를 처벌한다'라는 표현을 통해 ⑤번을 소거할 수 있다(금품이나 이익을 받거나 받기로 약속한 사람은 자신의 이익을 추구하는 행위라고 볼 수 있지만, 반면 금품이나 이익을 제공하거나 제공의 의사를 표시한 사람이 자신의 이익을 추구하는 행위를 했다고 보기는 어렵기 때문).

---

019 ▸ ⑤ 【 정답률 72.65% 】

접근 방법

1. 선지를 먼저 보되 규정의 해당 부분을 연결해서 풀이하는 것이 효율적일 수 있다.
2. 괄호나 단서 등은 더욱 신경 써서 보는 것이 좋다.
3. 도로구역의 폐지를 고시하기 전에는 여전히 도로구역이라는 점에 유의하자.
4. '100분의 150', '100분의 120'은 백분율을 한글로 표현한 것으로 %로 바꾸어 생각하자. 또는 1.5, 1.2로 생각해 보자.

선택지 해설

ㄱ. (○) 초과점용 시 변상금은 월 토지점용료의 120%이므로(제3조 제2항 본문), 해당 토지의 월 토지점용료는 6,000 / 1.2 = 5,000만 원이다. 따라서 토지를 고의·과실 없이 초과점용한 경우에 부과할 토지점용료 상당액(제3조 제2항 단서)은 5,000만 원이다.

ㄴ. (○) 도로구역에 도로관리청의 도로점용허가 없이 농지를 조성했다면 변상금 부과처분을 받았을 것이다(제3조 제1항). 거꾸로 변상금 부과처분을 받지 않았다면 이는 도로점용허가가 있었거나, 해당 토지가 도로구역이 아니었다는 것이다. 선지에서는 도로점용허가를 받지 않았다고 언급했으므로, 변상금이 부과처분을 받지 않았다면 해당 토지가 도로구역이 아니었음을 알 수 있다. 해당 토지는 과거 구도로 노선의 도로구역으로 지정된 바 있었으므로, 농지 조성 전에 도로구역이 폐지된 것으로 이해할 수 있다. 제2조 제1항에 따라 기존 도로구역이 폐지되기 위해서는 도로구역 폐지 고시가 필요하므로(제2조 제1항), 구도로 노선의 도로구역 폐지 고시가 있었을 것임을 추론할 수 있다.

ㄷ. (○) X국유지를 1개월 무단점용한 경우 부과되는 변상금은 월 토지점용료 1,200만 원의 150%인 1,800만 원이다 (제3조 제1항). 또 인근 도로구역인 사유지를 고의로 1개월 초과점용한 경우에 부과되는 변상금은 월 토지 점용료 1,500만 원의 120%인 1,800만 원이다(제3조 제2항 본문).

📖 **서울대 로스쿨 합격생의 풀이법**

ㄱ, ㄷ은 계산을 요구하고 있고, ㄴ은 고시와 관련된 규정의 문언 이해를 요구하는 문제이다. 각 선지가 요구하는 내용이 다를 경우, 같은 유형의 선지를 연달아 해결하는 것이 효율적인데 이 문제에서는 ㄱ, ㄷ의 정오를 먼저 판단하면 ㄴ을 볼 필요 없이 정답이 나오는 구조였음을 참고하면 좋을 것이다.

---

020 ▶ ④ 【 정답률 26.84% 】

접근 방법

1. B 플랜 계약자에게 개정이 불리하다는 것에 유의하자.
2. 반례를 들 수 있다면 해당 선지는 옳지 않다는 것을 떠올려 반례를 만들어보자.

선택지 해설

ㄱ. (✕) 〈약관〉 개정 후에 따르면 B 플랜 계약자는 km당 적립포인트가 절반으로 줄어들기 때문에 100% 더 많은 거리를 주행하여야 한다. 그런데 A 플랜 계약자의 경우, 1,000km를 주행하였다면 〈약관〉 개정 전에는 1,500포인트를 적립할 수 있지만 〈약관〉 개정 후에 1,500포인트를 km당 2.0포인트로 나눈 750km(25% 더 적은 거리)를 주행할 경우에는 플랜 A의 기준거리 1,000km에 미달하여 포인트를 적립할 수 없다. 따라서 개정 후 1,500포인트를 적립하려면 결국 최소 기준거리를 충족시키기 위해 1,000km 이상 운전을 해야 한다(물론 1,000km 이상 운전을 하는 경우, 2,000포인트 이상을 적립받게 되므로 1,500포인트를 적립받는 경우는 존재하지 않는다). 그러므로 25% 더 적은 거리를 주행하여도 충분하다는 부분이 옳지 않다.

ㄴ. (○) B 플랜은 적립포인트(km당)가 감소하므로 고객에게 일방적으로 불리한 내용을 정하고 있는 약관조항이다. 따라서 선지와 같이 기존 가입자에게 〈약관〉의 '개정 후' 부분을 잔여 계약기간에 적용할지를 선택할 수 있게 하면, 가입자는 본인의 선택에 따라 〈약관〉 개정 전과 〈약관〉 개정 후 중 유리한 규정을 적용받을 수 있으므로 기존 가입자의 가입기간에 대한 불공정성을 완화할 수 있다.

ㄷ. (○) 2,000km를 기준으로 생각해보자. 처음 1,000km까지는 개정 전 요금제가 적용되므로 km당 0.5포인트를 지급받고, 이후의 1,000km는 km당 1.5포인트를 지급받는다. 즉, 2,000km를 달리는 동안 이용자는 km당 평균 1포인트를 지급받게 되며, 이는 개정 전 B 플랜과 동일한 수준이다. 2,000km 미만을 주행할 경우 km당 평균이 1포인트보다 작으므로 개정 전 B 플랜보다 적은 포인트를 지급받게 된다. 반면, 2,000km를 초과하는 거리에 대해서는 km당 1.5포인트가 지급되므로 2,000km를 초과하여 운행한다면 개정 전 B 플랜보다 많은 포인트가 적립될 것이다. 따라서 2,000km를 초과하여 운행해야만 개정 전 B 플랜보다 많은 포인트가 적립된다는 선지는 옳다.

📖 **서울대 로스쿨 합격생의 풀이법**

선지의 조건을 만족하기 위해 x km를 더 운행해야 한다고 가정하는 부등식을 아래와 같이 세운다면 쉽게 해결할 수 있다.

$(x \times 1.0) < (1,000 \times 0.5) + (x-1,000) \times 1.5$

$x < (1.5 \times x - 1,000)$

따라서 x > 2,000이므로 옳다.

접근 방법

1. 현행 규정과 개정안의 차이점과 견해의 주장과 근거가 무엇인지 파악한다.
2. 선택지의 내용이 견해의 주장 및 근거를 뒷받침할 수 있는지 판단한다.

핵심 정보

현행 : 가해학생에 대한 모든 조치에 대해 재심 청구 가능
개정안 : 가해학생에 대한 조치 중 전학 또는 퇴학 조치에 대해서만 재심 청구 가능

선택지 해설

ㄱ. (×) 재심이 허용되지 않는 조치에 대해 다른 방법을 통한 법적 구제가 가능하다면 학부모는 그 방법을 통해 자신의 자녀에게 내려진 불리한 조치에 대해 의견을 제시할 수 있다. 의견을 제시할 학부모의 권리가 침해되지 않으므로 ㉠은 약화된다.

ㄴ. (○) 가해학생에게 내려진 전학 또는 퇴학 조치는 다른 조치와 달리 추후 별도의 소송을 통해 번복되더라도 그 조치에 따른 가해학생의 피해가 회복 불가능하다면 전학 또는 퇴학 조치를 받은 가해학생에게만 재심을 허용할 정당한 이유가 있다고 할 수 있다. 즉, 그 밖의 조치를 받은 가해학생과 그 보호자를 부당하게 차별하는 것이 아니므로 ㉡은 약화된다.

ㄷ. (×) '학교와 사회의 책임'에도 불구하고 개정안이 전학 및 퇴학의 경우를 제외하고는 재심을 허용하지 않는 것은 의견을 제시할 학부모의 권리를 침해하는 것이므로 ㉠은 강화된다. 한편, 모든 가해학생에게 재심 기회를 부여하여 모범적인 사회인으로 성장할 수 있도록 하는 것이 학교와 사회의 책임이라면 가해학생에게 내려진 조치의 종류에 관계없이 모든 조치에 대해 재심 기회를 부여하여야 한다. 전학 또는 퇴학 조치를 받은 가해학생에게만 재심을 허용하는 것은 그 밖의 조치를 받은 가해학생과 보호자를 부당하게 차별하는 것이므로 ㉡도 강화된다.

접근 방법

1. 각 법안이 규정하고 있는 내용을 이해하고 법안 간의 공통점과 차이점을 빠르게 파악한다.
2. <보기>의 선지를 각 법안에 적용하여 정오를 판단한다.

핵심 정보

<1안> 주의의무＋불가항력 → 보상
<2안> 무조건 보상. 주의의무× → 의료인에게 청구
<3안> 주의의무× → 보상＋의료인에게 청구

선택지 해설

ㄱ. (○) <1안>에서는 의료인이 주의의무를 다하였으나 불가항력으로 인한 의료사고로 피해가 발생한 경우 그 피해는 국가가 보상한다고 규정하고 있으므로, <1안>에 따를 때 환자는 국가로부터 피해의 보상을 받을 수 있다. <2안>에서는 의료사고로 피해가 발생한 경우 의료인이 주의의무를 다하였는지 여부를 묻지 아니하고 그 피해를 국가가 보상한다고 규정하고 있으므로, 의료인이 주의의무를 다하였더라도 <2안>에 따라 환자는 국가로부터 피해의 보상을 받을 수 있다. 따라서 <1안>에 따르든 <2안>에 따르든 환자는 국가로부터 피해의 보상을 받을 수 있다.

ㄴ. (○) <2안>에서는 의료사고로 피해가 발생한 경우 의료인이 주의의무를 다하였는지 여부를 묻지 아니하고 그 피해를 국가가 보상한다고 규정하고 있으므로, 의료인이 주의의무를 다하지 못하여 의료사고가 발생한 경

우에도 <2안>에 따라 환자는 국가로부터 피해의 보상을 받을 수 있다. <3안>에서는 의료인이 주의의무를 다하지 못하여 피해가 발생한 경우 그 피해는 국가가 보상한다고 규정하고 있으므로, <3안>에 따르더라도 환자는 국가로부터 피해의 보상을 받을 수 있다. 따라서 <2안>에 따르든 <3안>에 따르든 환자는 국가로부터 피해의 보상을 받을 수 있다.

ㄷ. (○) <1안>에서는 국가가 보상 후 의료인에게 보상액을 청구할 수 있다는 내용을 규정하지 않고 있으므로, <1안>에 따를 때 국가는 의료인에게 보상액을 청구할 수 없다. <2안>에서는 국가는 보상 후 의료인이 주의의무를 다하지 못한 경우에 한하여 그에게 보상액을 청구할 수 있다고 규정하고 있으므로, <2안>에 따를 때 의료인이 주의의무를 다한 경우에는 국가가 의료인에게 보상액을 청구할 수 없다. <3안>에서는 의료인이 주의의무를 다하지 못한 경우 그 피해는 국가가 보상하고 국가는 보상 후 의료인에게 보상액을 청구할 수 있다고 규정하고 있으므로, <3안>에 따를 때 의료인이 주의의무를 다한 경우에는 국가가 피해를 보상하지 않으므로 국가가 의료인에게 보상액을 청구할 수 없다. 따라서 의료인이 주의의무를 다한 경우에는 어느 것에 따르더라도 국가는 의료인에게 보상액을 청구할 수 없다.

🔲 서울대 로스쿨 합격생의 풀이법

<2안>이 <1안>, <3안>보다 보호범위가 넓다는 점을 고려하면 선지를 쉽게 해결할 수 있다.

---

023 ▸ ③ 【 정답률 58.72% 】

접근 방법

1. 지문에 제시된 정보를 간단히 정리하며 접근한다.
2. 각 선지가 [규정] 중 어느 조항의 적용을 받는지를 빠르게 파악한다.

핵심 정보

8. 1.~8. 31. : 정가 15,000원에 판매
9. 1.~9. 10. : 할인율을 표시하지 않고 14,500원에 판매
9. 11.~9. 20. : 할인율을 표시하지 않고 13,500원에 판매
9. 21.~9. 30. : 할인율을 표시하지 않고 11,000원에 판매
10. 1.~(6개월간) : 1+1 행사 광고 및 판매가격 15,000원 기재
규제기관 Q : 1+1 행사는 할인판매에 해당하며 [규정] 위반

선택지 해설

ㄱ. (○) Q는 '1+1 행사'는 할인판매에 해당한다고 보아 P사의 '1+1 행사' 광고는 [규정]을 위반하였다고 판단하였다. 그러나 P사의 '1+1 행사'를 할인판매가 아닌 증정판매로 해석한다면 Q의 해석을 반박하는 것이므로 ㉠을 약화한다.

ㄴ. (×) Q에 따르면 P사의 '1+1 행사'는 할인판매에 해당하여 [규정]의 적용을 받는다. [규정] 제○조 제1항에 따르면 30일간의 가격이 계속 변동된 경우에는 '30일간의 가격의 평균'과 '30일간의 가격 중 최저가격과 최고가격의 평균' 중 낮은 가격을 종전거래가격으로 기재해야 한다. '30일간의 가격의 평균'은 13,000원이고, '30일간의 가격 중 최저가격과 최고가격의 평균'은 12,750원이므로 P사는 A의 판매가격으로 이중 더 낮은 가격인 12,750원을 기재했어야 한다.

ㄷ. (○) 할인율을 표시하지 않고 할인하여 판매한 경우도 할인판매로 본다면, 2023. 9. 1.부터 2023. 9. 30.까지 할인된 가격으로 판매를 한 뒤 2023. 10. 1.부터 1+1 행사를 진행하는 것은 서로 다른 조건으로 연달아 할인판매를 하는 경우에 해당하게 된다. [규정] 제○조 제2항에 따르면 이 경우 최초의 할인판매 직전 30일간의 종전거래가격을 기재해야 한다. 최초의 할인판매인 2023. 9. 1. 직전 30일간의 종전거래가격은 15,000원이므로 P사가 이 행사에서 15,000원을 판매가격으로 기재한 것은 [규정] 위반이 아니다.

접근 방법

1. P사 [정관]이 개정되어 갑이 대표이사를 연임하였다는 것을 전제로 문제에 접근한다.
2. 반례가 있는지를 생각하며 각 선지의 정오를 판단한다.

핵심 정보

2023. 6. 30.까지는 9명, 2023. 7. 1.부터는 8명이 찬성
개정 전 정관에 따르면 9명 이상이 동의해야 정관 개정 가능
<의안 2>에 따르면 8명 이상이 동의하면 정관 개정 가능
P사 [정관]을 개정함으로써 갑이 대표이사를 연임할 수 있기 위해서는 <의안 3>이 <의안 1>보다 먼저 제안 및 통과되어야 함

선택지 해설

ㄱ. (○) 2023. 7. 1.부터는 8명의 주주가 갑이 제안한 주주총회 의안에 찬성한다. <의안 1>과 <의안 3>이 2023. 7. 1. 이후에 제안되었고 갑이 대표이사를 연임할 수 있기 위해서는 정관이 개정되어 전체 지분의 3분의 2 이상의 동의만으로도 의결될 수 있어야 한다. 따라서 <의안 2>가 2023. 6. 30. 이전에 제안되었어야 한다.

ㄴ. (○) <의안 2>가 2023. 7. 1. 이후에 제안되었다면 전체 지분의 4분의 3 이상의 동의를 얻지 못하여 통과되지 못했을 것이다. 이 상황에서 갑이 대표이사를 연임할 수 있기 위해서는 <의안 1>과 <의안 3>이 통과되었어야 한다. 개정 전 정관에 따를 때 9명의 동의가 필요하므로 <의안 1>과 <의안 3>은 2023. 6. 30. 이전에 제안되었어야 하고 <의안 3>이 <의안 1>보다 먼저 제안되었어야 한다. 그렇지 않으면 대표이사를 연임할 수 있도록 규정이 바뀌었더라도 제3조 제3항에 의해 갑에게는 적용되지 않기 때문이다. 따라서 <의안 1>과 <의안 3>은 2023. 6. 30. 이전에 <의안 3>, <의안 1>의 순서로 제안되었을 것이다.

ㄷ. (✕) <의안 3>이 2023. 6. 30. 이전에 제안되었고 <의안 1>이 2023. 7. 1. 이후에 제안되었다면, <의안 1>이 통과되기 위해서는 정관이 개정되어 전체 지분의 3분의 2 이상의 동의만으로도 의결될 수 있어야 한다. 그러므로 <의안 2>는 <의안 1>보다 먼저 제안되었어야 한다. 그러나 <의안 2>가 통과되기 위해서는 9명의 동의가 필요한데 2023. 7. 1.부터는 8명의 주주가 갑이 제안한 주주총회 의안에 찬성하므로 <의안 2>는 2023. 7. 1. 이후가 아닌 2023. 6. 30. 이전에 제안되었어야 한다.

📖 서울대 로스쿨 합격생의 풀이법

<의안 1>과 <의안 3>이 모두 2023. 6. 30. 이전에 제안된 것이 아닌 한, <의안 2>가 2023. 6. 30. 이전에 제안되었어야 다른 의안이 통과될 수 있었다는 점과, <의안 3>이 먼저 제안되고 <의안 1>이 나중에 제안되었어야 갑이 제3조 제3항의 제약을 받지 않고 대표이사를 연임할 수 있었다는 점을 빠르게 파악한다.

---

025 ▸ ④ 【 정답률 34.38% 】

접근 방법

1. 규정이나 법조문이 제시되는 문제에서 단서조항은 선지의 정오를 판단하는 데 핵심적인 조항으로 사용되는 경우가 많다. 단서조항의 함정에 빠지지 않도록 주의해야 한다.
2. 사례와 각 선지의 내용이 [규정] 중 어느 조항의 적용을 받는지를 빠르게 파악한다.

핵심 정보

〈사례〉

개발구역	토지	시행자	시행방식
×	A	P지자체	제2조 제1호
	B	Q개발조합	제2조 제3호

선택지 해설

ㄱ. (×) Q개발조합이 B토지 개발사업 시행방식을 제2조 제1호로 변경하는 것 자체는 제3조 제2호에 의해 가능하다. 그러나 이 경우 개발구역 전부에 대하여 제2조 제1호의 방식으로 개발사업을 시행하는 것이 되는데 제1조 제3항에 의하면 개발구역 전부에 대하여 제2조 제1호의 방식으로 개발사업을 시행하는 것은 시행자가 지방자치단체인 경우로 한정되며 이는 시행방식의 변경으로 인한 경우에도 같다고 규정되어 있다. 즉, Q개발조합이 개발사업 시행방식을 변경하는 경우 제1조 제3항을 위반하게 되므로 Q개발조합은 B토지 개발사업 시행방식을 제2조 제1호로 변경하여 개발사업을 시행할 수 없다.

ㄴ. (○) A토지 개발사업 시행자가 Q개발조합으로 변경되는 경우, 제2조 제1호의 시행방식과 제2조 제3호의 시행방식이 개발구역 전부에 대하여 혼용되는 경우에 해당하게 된다. 따라서 제2조 단서에 따라 제2조 제3호를 선택한 것으로 보게 된다. 제3조 제2항에 따를 때 개발조합이 개발구역의 전부에 대하여 개발사업 시행방식을 제3호에서 제2호로 변경하는 것은 가능하므로 Q개발조합은 X개발구역 전부에 대한 개발사업 시행방식을 제2조 제2호로 변경하여 개발사업을 시행할 수 있다.

ㄷ. (○) B토지 개발사업 시행자가 P지방자치단체로 변경되는 경우, 제2조 제1호의 시행방식과 제2조 제3호의 시행방식이 개발구역 전부에 대하여 혼용되는 경우에 해당하게 된다. 따라서 제3호를 선택한 것으로 보게 된다. 제3조 제1호에 따를 때 지방자치단체가 개발구역의 전부에 대하여 개발사업 시행방식을 제3호에서 제1호로 변경하는 것은 가능하므로 P지방자치단체는 X개발구역 전부에 대한 개발사업 시행방식을 제2조 제1호로 변경하여 개발사업을 시행할 수 있다. 이는 개발구역 전부에 대하여 제2조 제1호의 방식으로 개발사업을 시행하는 것은 시행자가 지방자치단체인 경우에 한한다는 제1조 제3항에도 위배되지 않는다.

PSAT

026 ▸ ①

접근 방법

1. ①의 경우 과세표준이 다른 상황에서 동일한 세율을 곱한 최종 세액은 서로 다를 것이라는 점을 파악했다면 복잡한 계산을 하지 않아도 판단이 가능했다.
2. 세율 및 세액에 관한 제4조의 내용이 가장 중요하다는 점을 파악했다면 이를 활용하는 선지 ①,② 중에 정답이 있을 것이라 생각하면서 이를 먼저 파악하는 것이 시간을 절약하는 데 도움이 될 것이다. 반면 ③,④,⑤의 경우 계산을 하지 않고도 법조문의 내용을 기반으로 빠르게 파악할 수 있는 내용이면서 제4조를 활용하지 않는다는 것을 눈치채면 정답선지가 될 가능성이 적음을 알 수 있어, 오히려 나중에 풀어보는 것도 좋다.

선택지 해설

순서대로 제1조~제4조라 한다.
① (×) 과세표준은 주택의 공시가격을 합산한 금액에서 10억원을 공제한 금액임을 알 수 있다(제3조). 이에 따라 갑과 을이 혼인한 이후의 과세표준과 혼인하지 않은 경우의 과세표준을 구해보면 전자는 45억원(25억원+30억원−10억원=45억원), 후자는 35억원(갑 : 25억원−10억원=15억원, 을 : 30억원−10억원=20억원)이 된다. 이를 바탕으로 두 경우의 납부세액을 계산해 보면 세액이 동일하지 않음을 알 수 있다.

혼인한 경우	• 45억원×세율 1천분의 20(10억원 초과 100억원 이하이므로)×2008년 연도별 적용비율 100분의 70=6,300만원
혼인하지 않은 경우	• 갑 : 15억원×세율 1천분의 20×2008년 연도별 적용비율 100분의 70=2,100만원 • 을 : 20억원×세율 1천분의 20×2008년 연도별 적용비율 100분의 70=2,800만원 • 따라서 갑과 을의 납부세액은 총 4,900만원

🎓 서울대 로스쿨 합격생의 풀이법

정확한 계산을 할 수도 있으나, **과세표준이 다른 상황에서, 동일한 세율 및 연도별 과세표준이 곱해지게 되기 때문에 최종적인 납부세액은 계산을 하지 않더라도 다를 것**이라는 점을 빠르게 판단한 후 다음 선지로 넘어가는 것이 좋다.

② (○) A의 세대별 주택공시가격의 합산액이 15억원이므로 과세표준은 5억원이 되며(제3조), 종합부동산세의 과세기준일은 재산세의 과세기준일인 6월 1일 기준이므로 2009년에 과세가 이루어진다(제1조). 이러한 내용과 더불어 납부세액을 계산해 보면 다음과 같다(제4조).

5억원×세율 1천분의 10(5억원 이하이므로)×2009년 연도별 적용비율 100분의 80=**400만원**

③ (○) 종합부동산세의 과세기준일은 6월 1일이므로 당해 연도 6월 1일 이전에 주택을 처분하는 것이 종합부동산세를 줄이는 데 유리하다(제1조).

④ (○) 적용비율을 점차적으로 상승시킴에 따라 납부세액이 한 번에 인상되는 것이 아니라 일정한 시간을 두고 인상되는 것이므로 조세납부자의 반발을 최소화하여 조세저항을 줄이는데 도움이 될 수 있다.

⑤ (○) 기혼 무주택자녀에게 주택을 증여하여 재산을 분할할 경우 과세표준이 줄어드는 효과가 발생하기 때문에 종합부동산세를 줄이는 데 도움이 될 수 있다. 가령 공시가격 8억원, 9억원짜리 아파트 2채를 소유한 경우에는 과세표준이 7억원이 되지만, 재산을 분할하여 자녀에게 8억원짜리 아파트를 증여할 경우 각각의 과세표준은 0원이 되어 종합부동산세의 대상에서 제외된다.

---

027 ▶ ④ 【 정답률 58.1% 】

접근 방법

1. ④를 정확하게 판단하기 위해 날짜 계산을 해야 한다. 이때 문두에 언급된 조건인 '기간을 일(日)로 정한 때에는 기간의 초일은 산입하지 않는다'는 초일 불산입 원칙을 놓치지 않도록 주의하자.
2. 조문의 길이도 긴 편이며, 날짜 계산까지 진행해야 하므로 시험 전략 차원이라면 여유 시간이 생겼을 때 해결해야 한다.

선택지 해설

① (×) 신속처리안건지정동의를 무기명투표로 표결할 때 재적의원 5분의 3 이상 또는 안건의 소관 위원회 재적위원 5분의 3 이상의 찬성으로 의결한다(제△△조 제1항). 이를 〈상황〉의 1번째 항목과 함께 살펴보면, 국회 재적의원 300명 중 재적의원 5분의 3에 해당하는 최소 180명 또는 지식경제위원회 위원 25명 중 재적위원 5분의 3에 해당하는 최소 15명의 찬성이 필요하지만, 선지에서 각각 150명, 13명으로 제시했기 때문에 옳지 않다.

② (×) 위원회는 신속처리대상안건에 대한 심사를 그 지정일로부터 180일 이내에 마쳐야 한다(제△△조 제3항). 즉, 안건 X가 신속처리대상안건으로 지정된 3월 2일로부터 180일 이내에 심사를 마쳐야 하는 것이다. 이때, 3월 2일로부터 180일이 되는 시점은 8월 29일이므로 옳지 않다.

서울대 로스쿨 합격생의 풀이법

초일 불산입 원칙에 따라 3월 2일로부터 180일을 계산하면, 위와 같이 8월 29일이 된다. 하지만 시험장에서 이와 같은 계산을 하는 것은 바람직하지 않으며, 어림산으로 3월 2일부터 10월 1일까지 대략 7달(＝210)일 정도의 차이가 있음을 확인하고 틀린 선지로 확인하고 넘어가자.

③ (×) 법제사법위원회를 제외한 위원회가 신속처리대상안건에 대하여 제3항에 따른 기간 내에 심사를 마치지 아니한 때에는 그 기간이 종료된 다음 날에 소관 위원회에서 심사를 마치고 법제사법위원회로 해당 안건을 회부하게 된다(제△△조 제4항). 따라서 90일을 연장하여 재심사할 수 있다고 한 선지는 옳지 않다.

서울대 로스쿨 합격생의 풀이법

조문에 '재심사'라는 단어가 아예 등장하지도 않았음을 파악한다면 보자마자 걸러낼 수 있다.

④ (○) 위원회에서 법률안의 심사를 마치고 법제사법위원회로 회부한 경우, 법제사법위원회는 회부된 날부터 90일 이내에 심사를 마쳐야 한다(제□□조와 제△△조 제3항). 이에 따라 지식경제위원회가 안건 X에 대해 심사를 마치고 7월 1일 법제사법위원회로 회부했다면 법제사법위원회는 회부된 날인 7월 1일로부터 90일인 9월 29일까지 심사를 마쳐야 한다고 할 수 있다.

⑤ (×) 위원회가 법률안의 심사를 마치고 법제사법위원회로 회부한 경우 법제사법위원회는 회부된 날부터 90일 이내에 심사를 마쳐야 하지만(제□□조와 제△△조 제3항), 해당 기간 내 심사를 마치지 못할 경우 그 기간이 종료한 다음 날에 법제사법위원회에서 심사를 마치고 바로 본회의에 부의된 것으로 보게 된다(제△△조 제5항). 즉 안건 X가 8월 1일 법제사법위원회로 회부되었을 때 법제사법위원회는 이로부터 90일인 10월 30일까지 심사를 할 수 있으며, 만일 이 기간 내 심사를 마치지 못할 경우 기간이 종료한 다음 날인 10월 31일에 본회의에 부의된 것으로 볼 수 있다. 하지만 선지에서는 본회의에 부의된 것으로 볼 수 있는 날을 다음해 1월 28일이라고 하였으므로 옳지 않다.

더 알아보기

국회법 제36조(상임위원회의 직무), 제85조의2(안건의 신속처리), 제86조(체계·자구의 심사)를 바탕으로 해당 조문을 일부 변형하여 출제된 문제이다.

---

028 ▸ ① 【 정답률 81.16% 】

접근 방법

선지의 양식품종을 조문과 연결하면 좀 더 효율적으로 풀 수 있다.

선택지 해설

순서대로 제1조, 제2조라 한다.

① (○) 수하식(지주망식)으로 매생이를 양식할 경우 어장청소 주기는 5년이다(제1조 제2항). 따라서 유효기간 10년인 해조류 양식업면허를 처음으로 받은 甲은 유효기간 동안 어장청소를 두 번(양식업면허를 받은 날부터 3개월 이내에 1번, 그 후 5년 뒤에 1번)은 해야 한다.

② (×) 같은 면허 내에서 서로 다른 양식방법을 혼합하거나 두 종류 이상의 수산동식물을 양식하는 경우 어장청소 주기는 표에 따른 주기 중 단기로 한다(제1조 제2항 단서). 가두리식으로 방어를 양식할 때 양식주기는 3년, 수하식(연승식)으로 우렁쉥이를 양식할 때 양식주기는 4년이므로, 乙의 양식주기는 3년이다.

③ (×) 양식업면허의 유효기간이 만료된 자가 해당 어장에서 기존 면허와 동일한 신규 면허를 받은 경우에는 면허의 유효기간 만료 전 마지막으로 어장청소를 끝낸 날부터 제1조 제2항의 주기(3년~5년)에 따라 어장청소를 할 수 있다(제1조 제3항). 따라서 丙이 신규 면허를 받은 날부터 3개월 이내에 어장 청소를 해야 한다는 내용은 옳지 않다.

④ (×) 1회 부과하는 이행강제금은 250만 원을 초과할 수 없다(제2조 제3항). 즉 이행강제금이 면허면적 0.1ha당 5만 원이라고 해서 6ha 면적의 양식업면허를 받은 丁에게 1회 부과될 수 있는 이행강제금을 5×60＝300만 원으로 계산하는 것은 옳지 않다.

⑤ (×) 어류 등 양식업면허를 받아 수하식(연승식)으로 미더덕을 양식하는 경우 어장청소 주기는 4년이다(제1조 제2항). 그런데 선지에서 戊가 2020. 12. 11. 양식업면허를 받은 뒤 2024. 3. 11.까지 4년이 채 되지 않아 어장청소 주기가 돌아오지 않았으므로, 어장청소를 한 번밖에 하지 않았다고 해서 이행강제금이 부과된다고 단정할 수 없다. 또한 이행강제금은 시장 등이 이행기간을 부과하여 어장청소를 명하고(제1조 제4항) 그 이행기간 내에 어장청소 명령을 이행하지 않은 경우에 부과한다(제2조 제1항). 따라서 戊에게 이행강제금이 부과된다는 내용은 옳지 않다.

---

029 ▸ ③ 【 정답률 66.18% 】

접근 방법

선지의 연면적을 조문과 연결하면 좀더 효율적으로 풀 수 있다.

선택지 해설

순서대로 제1조, 제2조라 한다.

① (×) 제1조 제3항 제1호부터 제3호까지의 건축물로서 건축주가 국가 또는 지방자치단체인 건축물은 건축비용의 1백분의 1을 미술작품 설치에 사용해야 한다(제1조 제4항 제3호). 따라서 A지방자치단체가 건축비용 30억 원으로 연면적 1만 5천 제곱미터의 공연장을 건립하려는 경우, 미술작품 설치에 3천만 원을 사용하여야 한다.

② (×) 건축주가 미술작품을 설치하는 대신 문화예술진흥기금에 출연할 수 있으려면 건축주가 국가 및 지방자치단체가 아니어야 한다(제2조 제1항). 따라서 B지방자치단체는 문화예술진흥기금에 출연하는 것으로 제1조에 따른 미술작품 설치 의무를 대신할 수 없다.

③ (○) 미술작품을 설치해야 하는 건축물은 공동주택, 문화 및 집회시설 중 공연장·집회장 및 관람장, 업무시설로서 연면적이 1만 제곱미터(증축하는 경우에는 증축되는 부분의 연면적이 1만 제곱미터) 이상인 것으로 한다(제1조 제3항). 따라서 C회사가 연면적 7천 제곱미터의 업무시설을 1만 2천 제곱미터의 업무시설로 증축하려는 경우 증축되는 부분은 5천 제곱미터이므로 미술작품을 설치할 필요가 없다.

④ (×) 미술작품을 설치해야 하는 건축물 중 공동주택에는 기숙사 및 공공건설임대주택은 제외된다(제1조 제3항 제1호). 따라서 D대학교가 기숙사를 건립할 때 미술작품 설치에 건축비 200만 원을 사용하여야 한다는 내용은 옳지 않다.

⑤ (×) 건축물의 설계변경으로 건축비용이 인상됨에 따라 제1조 제4항에 따른 금액이 종전에 제1조 제2항에 따른 감정·평가를 거친 금액보다 커진 경우에는 그 차액을 문화예술진흥기금에 출연하는 것으로 미술작품을 변경하여 설치하는 것을 갈음할 수 있다(제2조 제3항). E회사가 건축비용 40억 원으로 건립하는 연면적 1만 제곱미터의 집회장에 필요한 미술작품의 금액은 1천분의 5인 2천만 원이고, 설계변경으로 건축비용이 45억 원이 되었다면 제1조 제4항에 따른 금액은 2,250만 원이다. 따라서 E회사는 두 금액의 차액인 250만 원을 문화예술진흥기금에 출연하면 된다.

030 ▸ ⑤

접근 방법

1. 규정에 조-항-호로 되어 있을 때에는 주로 '호'가 선지에 직결되는 경우가 대부분이므로 이 부분부터 우선적으로 살펴보자.
2. 규정에 제시된 내용 중 '조정가액', '사회적으로 중대한 영향' 등 따져볼 것이 많기에 주의해야 한다.
3. 규정에 주어진 숫자에 늘 주의해야 한다. 또한 주체가 다수 등장할 때에는 이를 잘 확인하자.

선택지 해설

① (×) 중앙환경분쟁조정위원회가 직권으로 조정절차를 개시하려면 1) 중대한 환경피해가 발생하여 이를 방치하면 사회적으로 중대한 영향을 미칠 우려가 있다고 인정되어야 하며, 2) 조정가액이 50억원 이상이어야 한다(제2항 제4호). 따라서 조정가액이 40억원이라면 중앙환경분쟁조정위원회가 직권으로 조정절차를 개시할 수 없다.
② (×) 조정결정문서의 정본을 송달받은 날부터 14일 이내에 당사자의 이의신청이 없으면 조정결정이 재판상 화해의 효력을 갖는다(제1항 제4호). 그러므로 A시와 C시가 수락해야 재판상 화해의 효력을 갖는다는 설명은 옳지 않다.
③ (×) 중앙 또는 지방환경분쟁조정위원회에 직권조정을 요청할 수 있는 주체는 시·도지사, 시장·군수·구청장 또는 유역환경청장·지방환경청장이며(제1항 제1호), C시의 주민대표는 여기에 포함되지 않는다.
④ (×) 조정결정은 조정안에 대한 합의가 성립하지 않을 때 조정위원회가 할 수 있다(제1항 제2호).
⑤ (○) 당사자는 조정결정문서 정본을 송달받은 날부터 14일 이내에 불복사유를 명시하여 서면으로 이의신청을 할 수 있다(제1항 제4호). 즉 C시가 조정결정에 불복하고자 할 경우 조정결정문서의 정본을 송달받은 날부터 14일 이내에 서면으로 이의신청을 할 수 있다.

더 알아보기

환경분쟁조정법 제6조, 제30조, 제32조, 제33조의2, 제35조의2를 바탕으로 해당 조문을 일부 변형하여 출제된 문제이다.

031 ▸ ⑤

접근 방법

따져보아야 할 것이 많은 문제이며, 특히 구분소유자와 관리단, 관리위원회의 관계를 잘 확인하자.

선택지 해설

순서대로 제1조~제4조라 한다.
① (×) 구분소유자가 10인을 초과할 때에는 관리인을 선임하여야 하나(제2조 제1항), 구분소유자가 10인이면 그러한 규정이 없으므로 의무가 아니다.
② (×) 관리인은 구분소유자 중에서 선임하므로(제2조 제2항), B집합건물의 구분소유자가 아닌 갑은 B집합건물의 관리인으로 선임될 수 없다.
③ (×) 관리위원회의 위원은 구분소유자 중에서 관리단집회의 결의에 의하여 선출하며(제3조 제2항), 관리인은 규약에 달리 정한 바가 없으면 관리위원회의 위원이 될 수 없다(같은 조 제3항). 즉 관리위원회의 위원은 관리인의 추천에 의해 선출되는 것이 아니다.
④ (×) 관리단집회의 소집을 청구할 수 있는 정수인 구분소유자의 5분의 1 이상은 규약으로 가중할 수 없다(제4조 제2항). 즉 구분소유자가 15인인 경우 3인 이상보다 가중하여 4인 이상으로 정할 수 없다.
⑤ (○) 구분소유자가 20인인 D집합건물에서 구분소유자의 5분의 1 이상인 4인이 2023년 1월 2일 관리단집회의 소집을 청구한 경우, 관리인이 1주일 내에 청구일로부터 2주 이내의 날을 관리단집회일로 하는 소집통지 절차

정답 & 해설 **27**

를 밝지 아니하면 소집을 청구한 구분소유자는 법원의 허가를 받아 관리단집회를 소집할 수 있다(제4조 제3항). 선지에서 소집청구 후 1주일이 이미 경과한 후인 2023년 1월 31일까지 관리인이 소집통지절차를 밟지 않았으므로 옳다.

더 알아보기

집합건물의 소유 및 관리에 관한 법률 제23조, 제24조, 제26조의3, 제26조의4, 제33조를 바탕으로 해당 조문을 일부 변형하여 출제된 문제이다.

---

032 ▸ ①

접근 방법

<보기>의 내용(예 : 1촌 이내의 직계혈족)과 용어의 정의(예: 부양의무자) 및 조문을 서로 연결하면 좀 더 효율적으로 풀 수 있다.

선택지 해설

순서대로 제1조~제3조라 한다.

ㄱ. (○) 수급권자는 부양의무자가 없거나, 부양의무자가 있어도 부양능력이 없거나 부양을 받을 수 없는 사람으로서 그 소득인정액이 기준 중위소득의 100분의 30 이하인 사람이다(제2조 제2항). <보기>에서 A는 1촌 이내의 직계혈족이 모두 사망하여 부양의무자(제1조 제5호)가 없고, 1촌 직계혈족의 배우자가 살아있더라도 그는 부양의무자에서 제외되므로 고려할 필요가 없다(제1조 제5호 단서). 소득인정액이 중위소득의 100분의 30이므로, A는 수급권자에 해당한다.

ㄴ. (×) 보장기관은 근로능력이 있는 수급자에게 자활에 필요한 사업에 참가할 것을 조건으로 하여 생계급여를 실시할 수 있다(제3조 제4항). 생계급여는 금전으로 지급하거나 물품으로 지급할 수 있는데(제3조 제1항), 수급자에게 직접 지급하는 것이 원칙이다(제3조 제2항 글). 여기서 보장기관은 생계급여를 실시하는 국가 또는 지방자치단체를 말하므로(제1조 제4호), 국가는 물론 지방자치단체도 수급자인 B에게 자활에 필요한 사업 참여를 전제로 수급품을 직접 지급할 수 있다.

ㄷ. (×) 소득인정액=소득평가액+재산의 소득환산액이다(제1조 제7호). 이와 관련하여, 생계급여는 보건복지부장관이 정하는 바에 따라 수급자의 소득인정액을 고려하여 차등지급할 수 있고(제3조 제3항) 최저보장수준은 생계급여와 소득인정액을 합산하여 기준 중위소득의 100분의 30이 되도록 한다는 규정도 있다(제2조 제3항). 그러나 이들 규정은 선지와 같이 '소득인정액'이 아닌 '소득평가액'만을 기준으로 수급품 금액에 차등을 두는 것은 아니다. 따라서 수급자 D의 소득평가액이 수급자 C보다 기준 중위소득의 100분의 5만큼 적다고 해서 D의 수급품 금액이 C보다 기준 중위소득의 100분의 5만큼 더 높다고 단정할 수 없다.

---

033 ▸ ③

접근 방법

<보기>의 내용(예 : 보건복지부장관이 필요하다고 인정하는 연구개발사업)과 조문(예: 연구개발과제가 선정되기 전까지)을 서로 연결하면 좀 더 효율적으로 풀 수 있다.

선택지 해설

순서대로 제1조~제3조라 한다.

ㄱ. (○) 중앙행정기관의 장이 연구개발과제 평가단을 구성·운영하는 경우에는 평가위원 후보단 중에서 세부기술별로 적정규모의 전문가를 확보하여 평가의 전문성을 유지하고, 이해관계자를 연구개발과제 평가단에서 제외하여 평가의 공정성을 유지하여야 한다. 이 경우 이해관계자는 스스로 회피신청을 하여야 한다(제3조 제2항). 즉 평가위원 후보단 중 이해관계자에 해당하는 甲은 스스로 회피신청을 하는 것이 가능하다.

ㄴ. (○) 중앙행정기관의 장은 정기적으로 기술수요조사를 하고, 그 결과를 반영하여 연구개발과제를 발굴하여야 한다. 다만, 시급하거나 전략적으로 반드시 수행할 필요가 있는 연구개발과제의 경우에는 기술수요조사 결과를 반영하지 아니할 수 있다(제1조 제1항). 즉 과학기술정보통신부장관은 전략적으로 반드시 수행할 필요가 있는 인공지능 분야의 연구개발과제를 발굴할 때 기술수요조사 결과를 반영하지 아니할 수 있다.

ㄷ. (×) 중앙행정기관의 장이 필요하다고 인정하는 국가연구개발사업에 대해서는 연구개발제안서를 작성하여 연구개발과제를 신청할 수 있는데, 이 경우 연구개발과제가 선정되기 전까지 중앙행정기관의 장이 정하는 바에 따라 연구개발계획서를 작성하여 제출하여야 한다(제2조 제2항). 그러므로 보건복지부장관이 필요하다고 인정하는 국가연구개발사업을 수행하려는 자인 乙은 연구개발과제가 선정되기 전까지 연구개발계획서를 작성하여 제출하여야 하고, 연구개발과제가 선정된 후에 연구개발계획서를 작성하여 제출할 수는 없다.

PART 2. **지문형**

LEET

---

034 ▸ ④

접근 방법

접근 방법

1. 〈보기〉의 사례들이 각각 어떤 규율에 해당하는지 생각해보면서 문제를 해결한다. 2에서 거래의 오류를 부정하고 있다는 사실을 이용하면 ㄱ, ㄴ을 해결할 수 있다.
2. 기존의 법적 배경지식이 아닌 가상의 국가 P를 상정한 것임에 유의하여 각 규율을 엄격하게 적용하는 것이 중요하다.

선택지 해설

ㄱ. (×) 2에 따르면 인간은 거래를 함에 있어 오류를 저지르지 않는 존재이고, 4에 따라 기존의 거래는 A의 진정한 의사를 반영한 거래이기 때문에 A는 물건이 가품이더라도 거래를 취소하고 구매대금을 돌려달라고 요구할 수 없다.

ㄴ. (○) 1에 따르면 태어나는 순간부터 인간은 독립되고 대등한 존재이므로 15세에 불과한 B의 거래 역시 예외 사항 없이 P국 재산법을 적용해야 한다. 따라서 B와 B의 부모는 2, 4에 의해 거래를 취소하고 구매대금을 돌려달라고 요구할 수 없다. 또한 3에 따라 B의 부모는 B의 상황에 관심이 없어야 하므로 해당 거래에 개입할 수 없다.

ㄷ. (×) 3에 따르면 인간은 타인의 상황에는 전혀 관심이 없는 존재여야 한다. 따라서 E가 D를 돕기 위해 다쳤다면, 이는 3을 어긴 상황이기 때문에 E는 병원 치료비를 D에게 청구할 수 없다.

ㄹ. (○) 4에 따르면 '모든 인간은 항상 진정한 의사를 가지고 말하는 존재'이다. F는 "어제 연못에 빠진 네 시계, 내가 찾아 줄게."라는 말을 하였으므로, G가 연못에 빠진 그 시계를 달라고 요구한다면 4에 따라 F는 이에 응하여야 한다.

---

035 ▸ ④ 【 정답률 52% 】

접근 방법

(가)와 (나)의 입장 차이를 통해 (가)와 달리 (나)의 입장이 개발도상국에게 압박으로 작용할 수 있다는 것을 파악하자.

핵심 정보

(가) 외국인에 대한 대우는 현지의 조건에 따라 내국인과 동일한 대우를 받는 것으로 충분하다.
(나) 외국인에 대한 대우는 국제사회가 합의한 최소한의 수준에 합치되게 결정되어야 한다.

〈전제〉
- 자국민에 대한 대우 : 선진국 > 개발도상국
- 외국인에 대한 대우 : (나)≧(가)

선택지 해설

ㄱ. (○) 자국민에 대한 대우 수준이 상대적으로 낮은 개발도상국에서는 선진국이 과도한 요구를 하더라도 (가)의
입장을 통해 스스로를 방어할 수 있을 것이다.

ㄴ. (×) (나)의 국제사회가 합의한 최소한의 수준은 (가)보다는 낮지 않은 수준이므로 자국민에 대한 대우 수준이
낮은 개발도상국은 외국인인 '선진국의 자국민'을 자국민보다 더 높은 수준으로 대우해야 할 수도 있다. 따
라서 (나)는 선진국이 개발도상국에 있는 자국민에 대한 특별대우를 개발도상국에 요구하는 것으로 인식될
수 있다.

ㄷ. (○) (가)와 (나)는 외국인에 대한 대우 수준에 대해 견해 차이를 보이고 있지만 둘 모두 외국인에 대한 적절한
대우의 수준을 규정함으로써 외국인이 '부당한 대우'를 받지 않게 하는 것에는 동의할 것이다. 따라서 '외국
인을 부당하게 대우하는 자는 그 외국인의 국적 국가를 간접적으로 침해하는 것'이라는 주장은 '부당한 대
우'의 정의에는 차이가 있지만 (가)와 (나) 모두에 적용 가능한 배경 진술이 될 수 있다.

ㄹ. (○) 〈전제〉에 따르면 외국인에 대한 수준은 (가)보다 (나)를 따를 때 더 낮아지지는 않는다. 따라서 (가)에서
(나)로 정책의 변경이 일어난다면 자국민의 대우와 동등했던 외국인에 대한 대우가 기존과 같거나 그 이상
으로 높아지기 때문에 자국민에 대한 역차별 문제가 나타날 수 있다.

더 알아보기

(가)는 국내표준주의이다. 이는 자기 나라 관할에 있는 외국인에게 자국 국민과 평등한 대우를 하는 것이 한도이며,
그 이상 외국인을 보호해야 할 국제법상의 의무가 없다는 주장이나 입장이다. 반면 (나)는 국제표준주의이다. 이는
일반 문명국 수준으로 자국 내의 외국인을 보호해야 한다는 주의이다. 국제법상 각국은 자국민의 취급에 대한 자유
를 갖지만, 자국 관할 내에서 외국인의 생명, 신체 또는 재산이 제삼자에 의하여 침해된 경우에는 피해 방지책과 구
제책을 충분히 제공해야 하며, 해당 구제책이 국제적 표준에 미치지 못하면 해당 국가가 국제적 책임을 진다는 입장
이다.

---

036 ▶ ⑤

접근 방법

해당 법적 판단이 어떠한 특징을 갖고 있는지를 정확히 파악하면 선지에서의 참 거짓을 판별하는 데에 시간을 단축
시킬 수 있다.

핵심 정보

(가) '반대해석'이 허용되는 사례
(나) '확대해석'이 금지되는 사례
(다) '확대해석'이 허용되는 사례
(라) 법률의 흠결이 있는 경우 이를 바로잡는 '변경해석'의 사례
(마) 입법자의 의도를 고려한 '확대해석'이 허용되는 사례

선택지 해설

① (×) (가)는 법문의 가능한 의미 안에서 반대해석이 허용된다는 의미로 법문을 확대해서 해석한 사례이고, (라)는
법률에 흠결이 있어서 이를 수정한 사례이다. 그런데 이러한 사례들은 법령 규정의 문자나 용어를 일반적
의미보다 좁거나 확대해서 해석을 한 사례라고 보기 어렵다. (가)에서도 부모의 동의, 미성년자, 혼인 등의
용어를 좁거나 넓게 보아서 반대해석을 허용한 것이 아니고, (라)에서도 용어의 의미를 특별히 좁거나 넓게
본 경우를 찾을 수 없다.

② (×) 법령의 규정 내용과 반대의 경우에는 반대의 효과가 생기는 취지의 규정까지도 포함하는 것으로 해석할 필
요가 있다고 판단하고 있는가에 대해서 (가)는 옳지만 (마)는 직접적 관련이 없다.

③ (×) '법령의 문구로부터 상당히 벗어나게 되는 경우가 생기더라도, 그 문구의 본래 의미를 대체하여 다른 의미로

해석할 필요가 있다고 판단'하는 것은 사례 (라)와 같은 '변경해석'을 의미한다. 그런데 (나)는 '확대해석'의 금지를 보여주는 사례이므로 직접적 관련이 없다.

④ (×) 법령에 명시적으로 규정되지 않은 사항에 대해서는 그와 충분히 비슷한 사안에 대한 규정을 적용할 수 있다고 판단하는 것은 '확대해석'이다. 이에 대해 (다)는 관련이 있지만, (라)는 직접적 관련이 없다.

⑤ (○) (마)는 E법률에서 '접대부'가 법률이 제정된 당시에는 여성을 의미하는 것이었다고 해도, 영업 형태가 다양해지며 여성과 남성 모두 포함되는 것으로 해석될 수 있다고 하고 있다. 즉 제정 당시의 의미와 다르게 해석될 수 있다고 판단하고 있어 적절하다.

---

037 ▸ ③ 【 정답률 28% 】

접근 방법

1. '모두'라는 표현이 나오면 주의하자. '을'이 제시한 원칙에 그러한 부분이 있음에 유의하자.
2. 선지 ㄷ의 경우 새로운 정책은 '한 교육기관 내에 A인종 비율이 60% 초과하는 경우가 대상'. 정책 목적을 고려하기 이전에 교육기관 R은 애초에 정책 대상이 아니라는 점에 주목하자.

선택지 해설

ㄱ. (○) 갑의 경우 특정 인종에 유리하도록 학생을 선발해 온 교육기관에 정책을 적용해야 한다고 했으므로 학생 선발과정에서 A, B, C인종 가운데 최소 하나의 인종에 차별을 가하는 즉 불리하도록 선발해온 교육기관에 정책이 적용된다. 따라서 교육기관 P에서 A인종이 비율이 78%이고 A인종에 유리한 언어능력시험을 학생선발에 적극적으로 활용해 왔다면 학생선발 과정에서 B, C인종에 대한 차별을 가했다고 볼 수 있으므로 갑의 원칙에 따른다면 교육기관 P에는 정책이 적용된다.

ㄴ. (×) 교육기관 Q의 경우 A인종만이 재학하고 있으므로 원칙적으로는 정책의 적용대상이 된다. 을의 경우 교육 기관에 재학 중인 "각 인종 학생들 모두의 학업성취도를 향상시키는 데 이바지하여야 한다."는 견해를 취하고 있다. 하지만 선지는 B, C인종의 학생들의 학업성취도가 향상된다는 점만 논하고 있을 뿐, A인종 학생의 학업성취도에 대해서는 언급하지 않았기 때문에 정책이 적용될 것이라고 판단할 수는 없다.

ㄷ. (○) 병의 견해는 정책이 적용됨으로써 각 교육기관마다 보다 다양한 인종의 학생들이 다니는 결과를 낳아야 한다. 이때 정책은 A인종의 비율이 60%를 초과하는 교육기관에 대상으로 그 비율을 60% 이하로 낮추는 것이므로 B, C인종만이 재학 중인 교육기관 R에 정책을 적용하더라도 병의 견해에 따라 다양한 학생들이 다니는 결과는 달성하지 못한다. 따라서 교육기관 R에는 병의 원칙이 아닌 정책의 목적상의 이유에 따라 정책이 적용되지 않는다.

---

038 ▸ ①

접근 방법

1. 〈원칙〉에서 당사자 사이에서 증명할 필요가 없는 경우는 '권리 발생이나 사후 소멸에 관하여 다툼이 없을 때'임에 주목하여 풀이하자.
2. '권리 발생이나 사후 소멸에 관하여 다툼이 없을 때' 주장이 진실하다는 것을 증명할 필요가 없다는 점에 주목하자.

핵심 정보

자신의 권리를 주장하는 자 : 권리의 발생에 필요한 사실을 증명할 책임이 있음.
권리가 발생했지만, 이미 소멸했다고 주장하는 자 : 권리의 소멸을 증명할 책임이 있음.
권리 발생이나 권리 소멸에 대해 다툼이 없는 경우 : 권리 발생이나 소멸 주장하는 자가 그 주장을 증명할 필요가 없음.

선택지 해설

ㄱ. (○) 을이 "돈이 생기면 갚겠다."고 한 것은, 그가 갑에게서 돈을 빌렸다는 사실을 인정하는 진술이다. 따라서 갑은 을에게 100만원을 빌려 주었다는 사실을 증명할 필요가 없다. (참고로, 〈원칙〉을 꼼꼼히 읽은 수험자의 경우, 증명할 필요가 없다는 사실이 증명할 책임이 없다는 것과 동일하게 파악될 수 있는지 의문을 가질 수도 있지만, 문제의 답안을 파악하는 데에는 큰 지장이 없다.)

ㄴ. (○) 갑이 을이 빌려간 100만원을 돌려달라고 주장한 것은 빌린 돈 100만원의 권리가 아직 소멸하지 않았다는 전제를 두고 있다. 이에 반해 을이 "빌렸지만 그 후에 갚았다."고 한 진술은, 그가 갑에게서 돈을 빌렸다는 것은 인정하지만 지금은 돈을 갚았으므로 갑의 권리가 소멸하였다는 주장이다. 이 경우, 권리 소멸에 대해서 다툼이 발생하였기 때문에, 을은 갑의 권리의 소멸, 즉 100만원을 갚았다는 사실을 증명할 책임이 있다.

ㄷ. (×) 갑이 을이 빌려간 100만원을 돌려달라고 주장한 것은 을에 대해 빌린 돈 100만원만큼의 권리가 발생했다는 것을 전제로 한다. 을이 "100만원을 빌린 적이 없다."고 한 것은 갑이 주장하는 권리가 애초에 발생하지 않았다는 것을 의미하는 주장이다. 권리 발생에 대한 다툼이 발생한 경우이므로, 100만원을 돌려받을 권리가 있다고 주장하는 갑으로서는 그 권리 발생에 필요한 사실인 '을에게 100만원을 빌려 주었음'을 증명할 책임이 있다.

ㄹ. (×) 갑이 을이 빌려간 100만원을 돌려달라고 주장한 것은 을에 대해 빌린 돈 100만원만큼의 권리가 발생했다는 것을 전제로 한다. 을이 "(100만원은) 그냥 준 것이다."고 한 것은 갑이 을에게 '빌린 돈'을 돌려 달라고 주장할 권리가 발생하지 않았다는 주장이다. 따라서 100만원을 돌려 달라고 주장하는 갑으로서는 을에게 100만원을 빌려 주었다는 사실을 증명할 책임이 있다.

더 알아보기

〈원칙〉은 민사소송에서 증명책임의 분배 기준에 관한 것이다. 증명책임이란 다툼이 되는 어떤 사실의 진위가 분명하지 않을 경우 그 사실이 없었던 것으로 취급되는 불이익이다. 이에 관하여 통설적인 견해는 '법률요건분류설'인데, 이에 따르면 권리를 주장하는 자는 그 권리의 근거가 되는 요건사실을 증명할 책임을 진다. 그리고 그 상대방은 권리자가 그 권리를 행사할 요건에 해당하지 않는다거나, 권리가 발생하였지만 사후에 소멸하였거나, 그 권리를 행사할 수 없는 다른 장애사유가 있다는 사정을 증명할 책임을 진다.

---

039 ▶ ③

접근 방법

1. ㄱ~ㄷ 모두 '~면, XX권 보호의무 위반이다'로 끝난다는 것을 통해 글의 핵심 쟁점이 보호의무 위반이라는 점을 확인할 수 있다. 따라서 글에서도 '보호의무 위반'이 언급된 부분만을 발췌해서 읽어도 문제 풀이에 지장이 없다. 이를 통해 읽어야 하는 글의 내용을 줄여 시간을 절약하자.

2. 글에 따르면 국가가 적극적으로 국민의 기본권을 보호해야 하는 경우, 국가가 취한 보호조치가 적절하고 효율적인 '최소한'의 수준에도 못 미칠 때에만 헌법상 기본권 보호의무 위반이 된다. 이로부터 ㄷ을 정답에서 제외할 수 있고, 정답을 ①③으로 압축할 수 있다.

핵심 정보

• 과소보호금지원칙 : 국가는 국민의 기본권 보호를 위해 적절하고 효율적인 최소한의 보호조치를 취해야 하고, 이에 미치지 못하는 경우에는 기본권 보호의무를 위반한 것으로 판단한다.

선택지 해설

ㄱ. (○) 과소보호금지원칙에 따를 때, 주거권이라는 기본권이 침해된다고 인정되는 상황에서 아무런 규제 조치도 취하지 않는다면, 이는 최소한의 보호조치도 취하지 않은 것이라고 보아야 한다. 따라서 이는 주거권 보호의무 위반이다.

ㄴ. (○) 과소보호금지원칙에 따를 때, 주민 수와 상관없이 일정한 면적마다 약국을 설치하는 것이 적절하고 효율적

인 최소한의 조치로 평가된다면, 제시된 면적보다 10배 이상 넓은 면적 단위마다 약국을 설치하도록 국가가 조치한 것은 적절하고 효율적인 최소한의 조치보다 적은 숫자의 약국을 설치한 것이므로 최소한의 보호조치도 취하지 않은 것이라고 봐야 한다. 따라서 이는 건강권 보호의무 위반이다.

ㄷ. (×) 과소보호금지원칙에 따를 때, 확성장치의 '전면적 사용 금지', '특정 시간대별 사용제한', '사용 대수 제한' 등이 적절하고 효율적인 조치로 평가받는다면, 이러한 세 가지 조치 중 그 어떤 조치를 취하더라도 국가는 적절하고 효율적인 최소한의 보호조치를 취한 것이라고 볼 수 있다. 따라서 국가가 그 중 효율성이 중간 정도라 평가받는 '사용 대수 제한' 조치를 취했다면 이는 환경권 보호의무 위반이 아니다.

---

040 ▸ ④ 【 정답률 66% 】

접근 방법

1. 형법상의 원칙이 형사소송법에도 적용되어야 하는지 여부에 대해 두 가지 견해 대립이 나오는데, 이에만 집중하다가 형법상의 원칙 적용에 있어서 예외인 경우에 대한 고려를 놓치는 우를 범하지 않는 것이 중요하다.
2. 견해 A와 B를 단순히 원칙 적용의 여부로 나누기보다는 구체적으로 소급을 할 수 있는지 여부로 나누어보자.

선택지 해설

ㄱ. (○) 헌법재판소의 위헌결정으로 인해 형벌에 관한 법률이 소급하여 효력을 상실하였다면, 이는 형법 조항에 대하여 과거의 국가 형벌권이 남용되었다는 반성에 근거하여 형을 면제하는 경우로 보아야 한다. 따라서 당해 법률조항이 적용되어 공소가 제기된 사건일지라도, 이러한 위헌 결정이 소급하여 적용되어 무죄판결이 선고되어야 한다.

ㄴ. (○) A견해에 의할 경우, 형사소송법에 대해서 범죄와 형벌은 행위자가 행위 할 당시의 법 규정에 의해서만 결정되어야한다는 형법상 원칙이 적용되지 않는다. 이에 따라, 친고죄에 해당하는 범죄를 저지른 후 고소기간이 경과되지 않은 상태에서 친고죄의 고소기간이 연장되었다면, 개정된 법률은 당해 행위자에게 적용된다.

ㄷ. (×) B견해에 의할 경우, 형사소송법에 대해서 범죄와 형벌은 행위자가 행위 할 당시의 법 규정에 의해서만 결정되어야 한다는 형법상 원칙이 적용된다. 선지에서 '행위자가 외국에 있는 기간 동안은 공소시효가 정지되는 것으로 형사소송법이 개정되었다'면 이라고 조건을 달고 있기에 행위자가 범죄를 저지른 후 외국에 도피해 있는 동안 공소시효가 완성되었다면, 형사소송법이 개정되더라도 이를 소급해서 적용할 수는 없다. 따라서 B견해에 의할 경우 행위자가 귀국하여 그에 대한 공소제기 여부를 판단할 때 외국에 도피해 있던 기간도 '포함'하여 공소시효 기간을 계산해야 한다.

더 알아보기

글에 나타난 "원칙적으로 범죄와 형벌은 행위자가 '행위할 당시'의 법규정에 의해서만 결정되어야 한다."는 원칙을 '형벌불소급의 원칙'(또는 '소급효 금지의 원칙')이라고 한다. 우리 헌법 제13조 제1항과 함께 형법 제1조 제1항이 이 원칙을 선언하고 있다. 참고로 대법원은 "위헌결정으로 인하여 형벌에 관한 법률 또는 법률조항이 소급하여 그 효력을 상실한 경우에는 당해 법조를 적용하여 기소한 피고사건이 범죄로 되지 아니한 때에 해당한다"고 하여 무죄판결을 해야 한다는 입장을 분명히 밝히고 있다(대법원 1992. 5. 8. 선고 91도2825 판결 참조). 소송법 규정과 관련하여 대법원의 입장은 글의 A견해에 해당한다.

---

041 ▸ ② 【 정답률 54% 】

접근 방법

글에 제시된 '사회구성원 다수'와 선지 ㄱ의 '소수'가 이질적임을 눈치챘다면 빠르게 정답을 ②④로 압축할 수 있다.

선택지 해설

ㄱ. (×) 사회적 규칙은 어떤 집단에서 구성원 '대부분'이 어떤 행위를 반복적으로 할 때 존재하고, 행위에 대한 준수의 압력이 있고, 그로부터의 일탈은 잘못된 것으로 비판받으며, 그래서 적어도 일부 구성원들이 그 행동을 집단 전체가 따라야 하는 일반적인 기준으로 보는 반성적이고 비판적 태도를 가진다. 따라서 '소수'의 채식주의자가 존재한다는 조건만으로는 "육식을 하면 안 된다."는 것을 사회적 규칙으로 만들 수는 없다.

> 📖 서울대 로스쿨 합격생의 풀이법
>
> 사회적 규칙에 대한 다른 조건들은 딱히 생각할 필요도 없이, 기본적으로 사회적 규칙이란 어떤 집단에서 '대부분'의 구성원이 따르는 '일반적'기준이라는 점에서 선지의 사회는 채식주의자가 소수이기 때문에 "육식을 해도 된다."는 것이 오히려 사회적 규칙일 것임을 알 수 있다.

ㄴ. (×) 내적 관점은 사회구성원 다수가 사회적 규칙을 행동의 기준이나 이유로 받아들이고 사람들의 행위에 대한 비판적인 태도를 정당화하는 근거로 여기는 것이다. 그런데 음주가 금지되지 않는 나라의 국민이 음주를 금지하는 나라의 이야기를 하면서 "그 나라에서는 술을 마시면 안 된다."고 할 때, 그 국민이 음주를 하면 안 된다는 것을 스스로의 행동의 기준이나 이유로 받아들이거나 술을 마시는 것을 비판적으로 보고 있는 것은 아니다.

ㄷ. (○) 승인규칙이란 법관들과 공직자들 및 시민들이 일정한 기준에 비추어서 법을 확인하는 관행 또는 실행으로 존재하며 이것은 다른 규칙들에 대한 '효력기준'을 제공하는 궁극적인 규칙이다. 그런데 군주가 법을 제정하는 나라와 의회에서 법을 제정하는 나라는 결국 그 법 제정 주체 즉 효력기준을 제공하는 주체가 각기 군주와 의회로 다르다. 따라서 군주가 법을 제정하는 나라와 의회에서 법을 제정하는 나라의 승인규칙은 다르다고 볼 수 있다.

더 알아보기

글의 출처는 H.L.A. 하트의 '법의 개념'이다.

---

042 ▶ ③ 【 정답률 58% 】

접근 방법

고통평등의 원칙과 책임주의 형벌원칙을 기준으로 징역형, 총액벌금형제, 일수벌금형제를 파악하자.

핵심 정보

	징역형	총액벌금형제	일수벌금형제
고통평등의 원칙	○	×	일일 벌금액
책임주의 형벌원칙	○	총 벌금액	벌금 일수

* 일수벌금형제는 행위의 불법 및 행위자의 책임의 크기에 따라 벌금 일수를 정하고, 고통평등의 원칙을 충족시키기 위해 행위자의 경제적 능력에 따라 일일 벌금액을 차별적으로 정함

선택지 해설

ㄱ. (○) 경제적 능력이 높은 사람에게는 경제적 능력을 고려하지 않는 총액벌금형제보다 경제적 능력을 고려하는 일수벌금형제에서의 벌금 총액이 더 클 것이다. 따라서 범죄예방 효과가 형벌이 주는 고통에 비례한다고 전제한다면, 이에 따라 받는 고통의 정도도 총액벌금형제 하에서보다 높아질 것이므로 이것이 범죄예방 효과로 이어진다고 추론할 수 있다.

ㄴ. (○) 일수벌금형제 하에서는 고통평등의 원칙을 충족시키기 위해 행위자의 경제적 능력에 따라 일일 벌금액을 차별적으로 정한다. 따라서 경제적 능력이 같으면 동일한 액수의 벌금을 부과한다. 즉, 일수벌금형제 도입론은 경제적 능력이 같으면 동일한 액수의 벌금에 대해 느끼는 고통이 같음을 전제하고 있다. 그러나 경제

적 능력이 같더라도 동일한 벌금을 통해 느끼는 고통의 정도가 다르다면 일수벌금형제 도입론의 기본 전제에 어긋나고 따라서 고통평등의 원칙에 어긋나므로 일수벌금형제 도입론은 약화될 것이다.

📖 서울대 로스쿨 합격생의 풀이법

이것은 일수벌금형이 고통평등의 원칙 구현에 도움이 안 된다는 점에서 일수벌금형제 도입론을 약화하는 것이지, 그렇다고 해서 총액벌금형을 지지하는 것은 아님을 유념하자.

ㄷ. (×) 징역형에서 기간을 정하는 것은 형벌 기간이 책임에 비례하도록 하여 '고통평등의 원칙'과 '책임주의 형벌원칙'을 모두 충족시킨다. 그러나 일수벌금형제에서 일수를 정하는 것만으로는 '책임주의 형벌원칙'을 충족할 뿐 고통평등의 원칙을 충족시킨다고 할 수 없으므로 옳지 않다.

---

043 ▸ ⑤

접근 방법

ㄴ, ㄷ에서 돈을 물건으로 보는 경우와 가치로 보는 경우가 있음을 파악할 수 있다. 따라서 이에 해당되는 부분인 3문단을 찾으면 돈을 가치로 보는 경우에 대해서 쉽게 답을 찾을 수 있다. 또한 나머지 ㄱ, ㄴ에 대해 물건을 다루는 경우만 고려하면 되므로 혼동의 여지를 줄일 수 있다.

핵심 정보

• 동산 : 매도인(원래 무권리자)의 것으로 믿음&유효한 거래 → 매수인이 권리 취득 가능. '도품'인 경우 매수인이 권리 취득 불가능
• 돈 : 물건으로 볼 경우 동산과 동일, 가치로 볼 경우 가지고 있는 사람에게 속함

선택지 해설

ㄱ. (○) 갑과 을의 거래에서 을은 그 시계가 갑의 것이 아님을 알고 있었으므로 을은 시계에 대한 권리를 취득할 수 없다. 그러나 을과 정의 거래에서 정은 소유권이 없는 을로부터 시계를 매수하였지만 정은 을이 시계의 소유자라고 믿었기 때문에 정은 무권리자 을로부터 예외적으로 시계의 소유권을 취득한다.
ㄴ. (○) 을 물건으로 본다면 동산과 동일하게 취급한다(3문단). 동산이 도품인 경우 그 물건이 매도인의 것이라고 매수인이 믿고 거래한 경우에도 그 물건의 권리를 취득할 수 없다. 따라서 돈을 물건으로 보는 경우 을이 갑으로부터 받은 돈이 도품인 사실을 몰랐다 하더라도 을은 돈에 대한 권리를 취득할 수 없다.
ㄷ. (○) 돈을 가치로 본다면 돈은 물건으로서의 성질이 부정되며 그 돈을 가지고 있는 사람에게 속하는 것으로 보아야 한다. 그렇다면 돈이 도품이고 그 사실을 을이 알지라도, 갑이 돈을 가지고 있는 이상 갑은 정당한 권리자가 되는 것이므로 거래는 문제 없이 성립한다. 따라서 갑이 을에게 돈을 준다면 돈은 을의 소유가 된다.

더 알아보기

글에서 설명하는 제도를 '선의취득'이라고 한다. 즉 민법 제249조는 "평온·공연하게 동산을 양수한 자가 선의이며 과실 없이 그 동산을 점유한 경우에는 양도인이 정당한 소유자가 아닌 때에도 즉시 그 동산의 소유권을 취득한다."고 규정한다. 대법원은 이 제도의 취지를 '동산을 점유하는 자의 권리외관을 중시하여 이를 신뢰한 자의 소유권 취득을 인정하고 진정한 소유자의 추급을 방지함으로써 거래의 안전을 확보하기 위한 제도'라고 다소 어렵게 풀이하고 있다(대법원 1998. 6. 12. 선고 98다6800 판결 참조). 그러나 도품이나 유실물은 진정한 권리자의 의사에 의하여 외관이 형성된 것이 아니어서 거래의 안전보다는 진정한 권리자를 보호하는 선택을 할 필요가 있다. 여기서 금전은 물건이라기보다는 가치로 이해된다. 이에 우리 민법 제250조는 "전조(前條)의 경우에 그 동산이 도품(盜品)이나 유실물(遺失物)인 때에는 피해자 또는 유실자는 도난 또는 유실한 날로부터 2년 내에 그 물건의 반환을 청구할 수 있다. 그러나 도품이나 유실물이 금전인 때에는 그러하지 아니하다."라고 규정한다.

044 ▸ ⑤

접근 방법

1. 앞선 행위의 하자를 후속 행위의 위법사유로 주장할 수 있는지 여부에 대해 일련의 행위가 독립적으로 이루어지는 경우, 결합하여 하나의 법적 효과를 완성하는 경우, 앞선 행위가 제소기간의 적용을 받지 않는 무효에 해당하는 경우에 대해 각각 위법을 인정하는 것이 다르므로 이를 파악하자.
2. 마지막 문단에서 "~무효에 해당한다면, ~여부를 묻지 아니하고 ~를 주장할 수 있다"를 확인할 수 있는데 이를 "~무효에 해당한다면,를 ~발생시키지 않아도) ~를 주장할 수 있다"의 의미로 해석하자.

핵심 정보

	독립		결합
	앞선 행위	후속 행위	앞선 행위+후속 행위
예시	철거명령	대집행 절차	대집행 절차 – 대집행의 계고, 실행의 통지, 실행, 비용징수
앞선 행위의 제소기간이 지난 경우	앞선 행위 하자를 후속 행위의 위법사유로 주장 '불가능'		앞선 행위 하자를 후속 행위의 위법사유로 주장 '가능'
앞선 행위가 무효인 경우	앞선 행위의 하자를 후속 행위의 위법사유로 주장 '가능'		

선택지 해설

ㄱ. (○) 철거명령과 대집행 절차는 서로 별개의 법적 효과를 발생시키는 행위로 인정된다(3문단). 즉, 철거명령과 대집행 계고는 하나의 법적 효과를 완성하지 않고, 철거명령의 하자를 다룰 수 있는 제소기간이 지났다면 앞선 행위인 철거명령의 하자를 대집행 계고 처분의 위법사유로 주장할 수는 없다.

ㄴ. (○) 앞선 행위인 철거명령이 무효에 해당한다면 앞선 행위가 후속 행위와 결합하여 하나의 법적 효과를 발생시키는 경우가 아니라도 앞선 행위의 하자를 후속 행위의 위법사유로 주장할 수 있다. 따라서 철거명령의 하자를 대집행 계고의 위법사유로 주장할 수 있다.

ㄷ. (○) 대집행 계고와 비용징수는 대집행 절차를 구성하는 일련의 단계적 행위로서, 서로 결합하여 하나의 법적 효과를 발생시키는 행위로 인정된다(3문단). 따라서 철거명령과 대집행 절차 사이의 관계와는 상관없이 앞선 행위인 대집행 계고 행위의 하자를 후속 행위인 비용징수 행위의 위법사유로 주장할 수 있다.

더 알아보기

글은 행정대집행법을 소재로 하고 있다. 이 법은 행정의무의 이행확보에 관하여 강제집행수단의 하나로서 대집행에 관한 일반적 요건과 절차 등을 정한 법률이다. 행정대집행법은 대체적인 작위의무에 관한 대집행만을 인정하고 있다. 즉 법률(위임명령·지방자치단체의 조례 포함)에 의하여 직접 명령되었거나, 법률에 의거한 행정청의 명령에 의한 행위로서 타인이 대신하여 행할 수 있는 행위를 의무자가 이행하지 아니하는 경우 다른 수단으로써 그 이행을 확보하기 곤란하고 그 불이행을 방치함이 심히 공익을 해칠 것으로 인정된 때에는 해당 행정청은 스스로 의무자가 해야 할 행위를 하거나, 제3자로 하여금 이를 하게 하여 그 비용을 의무자로부터 징수할 수 있다(행정대집행법 제2조). 대집행의 절차는 ① 이행기간을 정하여 기한 내에 이행하지 않으면 대집행을 한다는 뜻의 계고, ② 대집행영장에 의한 통지, ③ 대집행의 실시, ④ 국세징수법의 예에 의한 비용의 징수 등이다(같은 법 제3조~제6조).

---

045 ▶ ①

접근 방법

선지 ㄷ이 매우 간단하게 되어 있으므로 우선적으로 살펴봄으로써 옳지 않은 선지임을 파악할 수 있고, 정답을 ①, ② 중 하나로 줄일 수 있다.

선택지 해설

ㄱ. (○) "국가가 자유를 상실할 기로에 서거나, 무정부상태가 도래하여 무질서가 법을 대체할 때"에만 시민의 목숨을 박탈하는 것이 정당화될 수 있다고 말한다. 또한, 법에 따른 지배가 구현되고 있는 평화로운 나라에서는 사형이 "타인들의 범죄를 억제하는 유일한 방법"이어야 정당화될 수 있다고 말한다(2문단). 하지만 범죄를 억제하는 유일한 방법도 아니며 가장 효과적인 방법도 아니라고 말하고 있다(3문단). 따라서 법에 따른 지배가 구현되고 있는 평화로운 나라에서는 사형이 허용되지 않음을 추론할 수 있다.

ㄴ. (×) 글쓴이는 극단적인 상황이 아니라면 사형이 타인의 범죄를 억제하는 유일한 방법인지 여부가 사형의 정당성을 결정한다고 한다(2문단). 또한 사형을 반대하는 이유로 일시적인 충격이 아니라 형벌의 지속성이 범죄를 가장 강력하게 억제한다는 것을 근거로 든다(3문단). 따라서 형벌의 주된 목적이 범죄를 억제하는 데 있다는 것을 추론할 수 있다.

> **📖 서울대 로스쿨 합격생의 풀이법**
>
> 글쓴이는 습관 교정에 대해서는 전혀 언급하고 있지 않으므로 글과 무관하다는 판단이 가능하다.

ㄷ. (×) '사회에 끼친 피해를 갚아나가는 인간의 모습을 오래도록 보는 것이 범죄를 가장 강력하게 억제한다.'에서 형벌이 그 목적을 이루기 위해서는 공개적으로 집행되어 사람들이 볼 수 있도록 해야 범죄를 억제할 수 있다는 것을 알 수 있다(3문단). 이를 통해 형벌의 공개집행에 반대한다는 것은 옳지 않음을 알 수 있다.

더 알아보기

문제에서 글쓴이가 '사형'의 공개집행에 반대할 뿐, '징역'의 공개집행에 반대하는 것은 아님을 파악할 수 있고, '징역'이 형벌의 일종이라는 것을 안다면 '형벌'의 공개집행에 반대한다는 것이 옳지 않다고 판단하는 것이 가능해진다. 이렇듯 형법 제41조에 나오는 형벌의 종류를 알아두면 법률문제를 푸는 데 도움이 된다.

제41조(형의 종류) 형의 종류는 다음과 같다.
1. 사형 2. 징역 3. 금고 4. 자격상실 5. 자격정지 6. 벌금 7. 구류 8. 과료 9. 몰수

---

046 ▶ ② 【 정답률 69% 】

접근 방법

1. 나치 체제 협력의 '혐의'만으로도 해고되는 상황에서 무고함이 밝혀진 경우 해고 자체의 효력은 인정하되 새로운 고용 의무가 발생한다고 한 A국 법원의 판단에 주목하자. 즉 이는 이미 행한 행위의 효력에는 사후적으로 간섭하지 않으면서 실제로는 나치 협력 행위가 없었던 갑 역시 정당하게 근로할 권리가 있다고 판단한 것이다.
2. A국 법원의 입장을 파악하는 문제인 만큼, A국의 판결이 제시되는 부분에 더 집중할 필요가 있다. 특히 1951년 12월 판결과 1955년 판결이 어떻게 다른지 파악하자.

핵심 정보

• A국 법원 입장 : 나치 체제 동조 '혐의'만 있어도 해고의 정당한 이유 존재 인정

- 1951년 : 갑이 나치 체제 동조 혐의로 검찰 소환 조사(형사재판 전) → 사용자 을의 갑 해고 → 갑의 해고 무효 주장 → 판결 : 을의 해고는 정당한 이유 있음
- 1954년 : 갑의 나치 체제 동조 사실 없음 밝혀짐
- 1955년 : 갑의 해고 무효 주장 → 판결 : 근로 계약은 신뢰가 중요하므로 당시 해고 무효 X, 다만 갑에게 을에 대한 신규고용 요구 청구권 인정 + 을에게 고용 의무 부과

선택지 해설

① (×) 갑의 해고 결정은 무죄 판결에 의해 소급적으로 소멸하지 않는다. 해고 결정이 소급적으로 소멸한다면 A국 법원은 무효라고 판시했어야 한다. 그러나 1955년 갑이 법원을 상대로 해고 무효를 구했으나, 법원은 이를 받아들이지 않고 해고의 효력을 인정했다. 이에 따라 기존의 갑의 해고 결정에는 영향이 없으므로, 갑의 해고 결정이 소급적으로 소멸한다는 것은 옳지 않다.

② (○) 법원은 '당시 해고가 무효는 아니'라고 했다. 당시 법원은 나치 체제에 동조한 '혐의'만 있어도 근로자가 계속 근무할 수 없을 정도로 신뢰를 잃었다고 보았기 때문에 갑의 해고가 정당성이 있다고 본 것이다. 즉 해고 통고 시의 신뢰를 잃었는지 여부가 갑의 해고에 대한 정당성의 판단 기준이라고 볼 수 있으므로, 갑의 해고에 대한 정당성의 판단 기준 시점은 해고 통고 시라고 볼 수 있다.

③ (×) "A국 법원은 혐의가 있다는 것만으로도 해고의 정당한 이유가 있다고 보았다."고 제시되어 있고, 갑의 해고의 무효를 판단함에 있어서 근로 계약 당사자 간의 '신뢰' 등을 고려하는 것으로 추론해 볼 때, 법원은 해고의 정당한 사유가 있다고 보았을 뿐 정당한 사유가 없어도 해고가 적법하다고 보는 것은 아니다.

④ (×) 해고와 비슷하게 갑의 신규 고용 여부를 정당화하는 사유에서도 신뢰 관계가 고려된다고 추론할 수 있다. 일반적으로는 청구권이 있다고 해서 상대방이 그 청구에 응할 의무가 발생하는 것은 아니지만, 글에서는 특수하게 을이 갑을 고용할 의무가 있다고 보았다. 즉, 해고의 이유가 되었던 신뢰 관계의 상실이 없어진다면, 법원은 청구권에서의 특별성을 인정해주는 것이다. 이러한 특별성을 인정한 사실로부터, 갑의 신규 고용에서도 신뢰 관계가 고려되었음을 알 수 있다.

⑤ (×) "A국 법원은 혐의가 있다는 것만으로도 해고의 정당한 이유가 있다고 보았다."를 통해 A국 법원이 나치에 협력한 혐의만으로도 근로 관계의 지속을 위한 신뢰가 깨졌다고 보았음을 알 수 있다. 따라서 '무죄 추정의 원칙에 따라 갑에게 범죄 혐의가 있다는 사실만으로 근로관계 지속을 위한 신뢰가 깨진다고 볼 수 없다'는 것은 옳지 않다.

출제기관의 이의제기에 대한 답변

해고에 정당한 사유가 없으면 소급하여 무효가 되어야 한다. 그런데 당시 법원은 해고가 정당하다고 판단한 반면 신규고용청구권을 인정하였다. 해고의 정당한 이유는 당시 나치 체제에 동조한 혐의가 있어 신뢰관계를 잃었기 때문이라는 것이다. 그런데 무죄판결을 받음으로써 해고를 정당화한 신뢰관계의 상실이라는 이유가 더 이상 근거가 없게 되었다. 이것으로부터 고용에서 신뢰관계가 중요한 요건임을 추론할 수 있다. 신규고용청구권을 통해 신규고용을 인정한 것은 신뢰관계를 고려하였기 때문이다. 설사 이러한 추론이 어렵다고 하더라도 신뢰관계를 고려하지 않았다고 단정할 수는 없다. 그런데 ④는 '신뢰관계가 고려되지 않는다'라고 하기 때문에 틀린 진술이다. 혐의가 있었는지 여부는 해고의 사유에 불과하고, 해고가 정당한지 여부의 판단은 해고한 사실에 대한 판단이므로, 해고 통고 시를 기준으로 한다. 따라서 정답에는 오류가 없다.

---

047 ▸ ② 【 정답률 61% 】

접근 방법

부모의 결정 방법에 관한 A, B국의 차이를 비교하자. A, B국 모두 출산한 여성이 아이의 모가 된다는 점에서는 공통적이지만 부의 결정 방법이 다른데, A국에서는 '법이 정한 동의'만 있으면 자연적 성별이나 혈연 또는 혼인관계와 관계없이 아이의 부가 되고, B국에서는 출산한 여성과의 혼인관계에 따라 부가 결정된다는 차이가 있음을 파악하자.

선택지 해설

① (×) A국에서는 여성도 '법이 정한 동의' 요건만 갖추면 아이의 법적 부(父)로 인정받을 수 있다. 그러나 동의라는 요건은 혼인 관계와 무관할 뿐 아니라, 태어난 아이와 모자 또는 부자관계가 성립된다고 해서 그의 부와 모가 언제나 부부(夫婦)가 되는 것도 아니다. 따라서 A국에서 여성이 다른 여성의 보조 생식 의료에 동의한 경우라고 하더라도, 그 출산한 여성과 부부 관계로 인정된다고 볼 수는 없다.

② (○) 친자 관계가 자연적 출산 또는 입양에 의해서 성립한다고 규정하고 있다(1문단 1번째 문장). 따라서 이에 의하지 않고서는 친자 관계가 성립된다고 할 수 없을 것이다. 그런데 A국에서 의뢰인이 난자를 제공했다고 하더라도 실제로 출산한 여성이 아이의 모로 확정되는 이상 자연적 출산에 의한 친자관계는 성립될 여지가 없다. 따라서 A국에서 대리모에게 난자를 제공한 의뢰인이 모가 되기 위해서는 그 출생한 자를 입양하는 방법밖에 없다.

③ (×) B국에서 보조 생식 의료는 남녀 모두 자연적으로 생식 가능하다고 간주되는 연령에 있어야 할 뿐 아니라, 혼인 관계에 있어야 한다. 따라서 자연적으로 생식이 불가능한 자라고 하더라도, 혼인 관계에 있지 않거나 자연적으로는 생식이 불가능한 연령에 이른 경우 합법적으로 보조 생식 의료를 할 수 없다.

④ (×) B국에서 아이의 모는 출산을 한 사람이고 그와의 혼인 관계에 따라 부가 확정되므로, 보조 생식 의료를 통해 다른 남성의 정자를 제공받아 출산했다고 하더라도, 아이의 부는 정자 제공자가 아닌 출산한 여성의 배우자이다.

⑤ (×) '제3자를 위해 출산하는 계약'은 글 내의 '대리모 계약'으로 볼 수 있다. B국에서는 대리모 계약을 '선량한 풍속에 반한다고 하여' 무효로 하고 있다는 내용이 제시되었으므로, '제3자를 위해 출산을 하는 계약은 무효'라는 내용의 법 규정을 가지고 있다고 추론할 수 있다. 이에 반해 A국에서는 대리모 계약을 금지하고 있지 않다고 제시되어 있으므로, '제3자를 위해 출산을 하는 계약은 무효'라는 내용의 법규정을 가지고 있다고 볼 수 없다.

(참고로, A국에서 "대리모 계약을 강제 이행할 수는 없는 것으로 하고 있다"는 구절을 강제이행이 안 되므로 효력이 없다는 논리적 비약으로 이어질 가능성이 다소 존재한다. 그러나 계약상 이행에는 임의 이행과 강제 이행이 있고, 강제 이행이 금지될 경우에도 임의 이행이 가능하다. 따라서 계약이 무효라고는 할 수 없다.)

---

048 ▸ ④

접근 방법

1. X회사와 소비자 Y의 계약에서 X회사의 의무는 '통신서비스 제공'이다. 따라서 B방법은 강제이행의 방법으로 적절하지 않다는 점을 염두에 두자.
2. 'C방법'은 채무자만이 이행할 수 있는 의무를 이행하지 않을 경우에 이용된다. 그런데 시장 개방 이전에는 X회사만이 할 수 있었던 통신서비스 제공이라는 용역을 개방 이후에는 다른 회사도 할 수 있게 되었다. 따라서 이것만으로도 C가 적어도 하나 이상 포함되면서 (가)와 (나)가 같지 않은 ① 또는 ④로 정답을 압축할 수 있다.

핵심 정보

A－채무자가 행위하지 않을 시. 채무자 비용부담. 채권자 혹은 제3자가 내용 실현.
B－어떤 행위 해야 하는 채무는 인정하지 않음. 국가기관이 직접 실력 행사.
C－채무자만이 채무이행 가능한 경우. 벌금, 손해배상 등으로 심리적 압박. 최후의 수단.

선택지 해설

B방법은 금전이나 물건을 주어야 하는 채무에 대한 것으로 X회사가 Y에게 부담하여야 하는 종류의 책임이 아니다. 따라서 B방법은 (가)와 (나) 모두에서 활용될 가능성이 없다.

(가) : 시장 개방 전에는 X회사만이 통신서비스를 제공할 수 있기 때문에 소비자인 Y(채권자)는 물론 제3자가 통신서비스를 제공하는 것이 불가능하다. 따라서 이를 전제로 채무자에게 비용을 부담시키는 것은 생각하기 어렵다. 그러므로 'C방법'이 유일한 강제이행 수단이다.

(나) : 시장 개방 후에는 X회사 외에도 다른 통신회사가 있기 때문에, 그들이 통신서비스를 제공하고(제3자가 제공) 이에 소요된 비용을 X회사에게 부담시키는 것이 가능하다. 따라서 최후의 수단인 C방법은 쓸 수 없고 'A방법'이 강제이행 수단이 된다.

그러므로 정답은 ④번이다.

더 알아보기

'A방법'은 대체집행, 'B방법'은 직접강제, 'C방법'은 간접강제라고 한다. 채무자만이 채무를 이행할 수 있는 '부대체적 작위채무'나 어떤 일을 하지 않을 것(예 : 어떤 사항을 보도하지 않을 것)을 내용으로 하는 '부작위채무'의 경우 간접강제가 일반적인 강제이행의 형태가 된다. 다만, 특정한 예술작품을 제작할 채무와 같이 채무자의 의사가 고도로 존중되어야 하는 경우에는 간접강제도 허용되지 않는다고 본다. 이 경우 강제이행은 허용되지 않고 손해배상으로 해결하여야 한다.

---

049 ▸▸ ④ 【 정답률 73% 】

접근 방법

1. (지방자치단체의 수입)＝(국가의 교부금)＋(지방자치단체 자체수입금)이고 국가의 교부금은 자체수입예상액과 지출예상액을 고려하여 결정함을 파악하자. 그리고 보통교부금＝재정부족분＝(지방자치단체의 예상 총지출규모－지방자치단체의 예상 자체수입금)이어서 지방자치단체별로 다를 수밖에 없다는 점을 염두에 두자.
2. ㄴ, ㄷ선지 모두 각 지방자체의 총지출규모가 같다는 조건이 있음에 주의하자.

핵심 정보

• 동액교부금 : 모든 지방자치단체에 대해 동일한 금액 지급
• 동률교부금 : 각 지방자치단체의 자체수입금에 비례하는 금액 지급
• 보통교부금 : '자체수입금＜총지출규모'인 경우 재정부족분만큼 지급
　　　　　　　단, '자체수입금≧총지출규모'인 경우 교부금 지급×→ 불교부단체

선택지 해설

ㄱ. (×) 보통교부금을 지급받는 지방자치단체로서는 자체수입금 증대를 위하여 노력할 유인이 크지 않다. 재정부족분이 크거나 작거나에 관계없이, 부족한 만큼을 국가가 교부금으로 지급할 것이기 때문이다.
ㄴ. (○) 총지출규모가 같은 경우에 재정부족분이 많이 발생하는 지방자치단체가 갑이라면(갑〉을), 자체수입금은 을이 더 많을 것이다(갑〈을). 따라서 재정부족분에 따라 지급되는 보통교부금은 갑이 더 많이 지급받고, 자체수입금에 비례하는 동률교부금은 을이 더 많이 지급받게 될 것이다.
ㄷ. (○) 모든 지방자치단체가 총지출규모는 물론 자체수입금까지 같다면 재정부족액도 같을 것이다(재정부족액＝자체수입금－총지출규모). 따라서 어떠한 교부금에 의하더라도 모든 지방자치단체가 지급받는 교부금 액수도 같아질 것이다.

> **서울대 로스쿨 합격생의 풀이법**
>
> 동액교부금에 의할 경우 애초부터 모든 지방자치단체가 획일적으로 동일한 금액을 받는다. 동률교부금에 의할 경우 자체수입금에 비례하는데, 선지에서 각 지방자치단체의 자체수익금이 같으므로 모두 동일한 금액을 받는다. 보통교부금의 경우 재정부족액만큼 지급하는데, 모든 지방자치단체의 재정부족액도 같으므로 결국 모두 같은 금액을 교부받는다.

접근 방법

1. 글에서 "~세 요소를 모두 갖추고 있어야 한다."고 하였으므로 각 요소에 해당하지 않는 부분을 소거하는 식으로 풀면 시간을 절약할 수 있다.
2. 선지 ㄱ처럼 '모두' 갖추었다는 언급이 있는 경우 옳지 않은 선지일 가능성이 높다는 것을 염두에 두면서 풀자.

핵심 정보

• A : 대등한 관계라면 조건 A가 갖추어지지 않은 것이다.
• B : 구체적이지 않은 일반적인 사실이라면 조건 B가 갖추어지지 않은 것이다.
• C : 직접적인 영향을 미치지 않거나 변동을 일으키지 않으면 조건 C가 갖추어지지 않은 것이다.

선택지 해설

ㄱ. (×) 갑과 체결한 계약 내용에 따라 행정청이 계약 당사자로써 요구한 것일 뿐이므로, 둘은 서로 대등한 관계이다. 따라서 A를 갖추지 못하여 해당 선지는 옳지 않다. 한편 갑이라는 특정인에게 자금의 반환이라는 구체적인 행위를 요구했으므로 B는 갖추었고, 행정청의 반환청구에 의하여 반환의무가 비로소 발생하였으므로 C도 갖추었다.

ㄴ. (○) 감사기관의 징계요구는 강제성이나 구속력이 없다. 즉 감사기관은 공무원 을의 공무담임권에 직접적 영향을 미치거나, 공무원으로서의 을의 지위를 직접 변동시키지 못한다. 따라서 감사기관의 징계요구에 대해 취소소송을 제기하는 것은 C를 갖추지 못하였다.

ㄷ. (○) S시장이 병에게 X토지 사용료를 납부하라고 통보한 것은 S시장이 병과 체결한 임대차계약에 따른 것이다. 따라서 우월한 지위에서 공권력을 행사한 것이 아니어서 A를 갖추지 못하였다. 또 S시장이 병에게 '토지를 사용한 기간 동안'의 토지 사용료를 납부하라고 통보한 것은 임대차계약이라는 법률관계에 의하여 '토지를 사용한' 기간 동안 이미 발생한 토지 사용료 납부 의무의 이행을 독촉하는 것에 불과하다. 다시 말하면 S시장이 토지 사용료를 납부하라고 통보하지 않더라도 병은 임대차계약에 따라 토지 사용료를 납부할 의무가 있는 것이다. 따라서 C도 갖추지 못하였다.

📖 서울대 로스쿨 합격생의 풀이법

각 요소와 선지의 관계를 간단히 표로 그려 정오 여부를 파악할 수 있다.

	A 우월적 지위	B 구체적 사실	C 직접적 영향
ㄱ	× (계약)	○	○ (반환 요구)
ㄴ	○	○	× (직접성 없음)
ㄷ	× (계약)	○	× (계약 내용)

더 알아보기

ㄷ에서는 S시장이 병에게 토지 사용료를 납부하라고 하지 않더라도 병은 계약에 따라 당연히 토지 사용료를 납부할 의무가 있다. 즉 병의 토지 사용료 납부 의무는 계약이라는 기존의 법률관계에 따라 이미 발생한 의무이다. 따라서 C를 갖추지 못하였다고 할 수 있다.

이에 반해 ㄱ의 경우 행정청이 계약에 따라 개발자금 반환을 요구할 수 있기는 하지만, 행정청이 갑에게 개발자금 반환을 요구하지 않는다면 갑이 개발자금을 반환할 의무는 없다. 따라서 ㄱ에서는 C를 갖추었다고 보아야 한다.

051 ▸ ④

접근 방법

각 선지가 A, B 둘 중 어느 유형에 해당하는지 정확히 판단하면 되는 문제임을 파악하자.

핵심 정보

유형 A	유형 B
적법한 허가였으나, 허가 후에 허가를 받은 자에게 책임이 있거나 공익을 위한 새로운 사정으로 장래적으로 허가를 취소하는 경우	애초에 위법 또는 부당한 허가로, 소급하여 허가를 취소하는 경우
① 허가받은 자에게 책임 있는 경우 → 신뢰보호✕ ② 공익을 위해 허가 거둬들인 경우 → 신뢰보호○	위법 또는 부당한 허가에 해당하는 경우 → 신뢰보호✕
법에 규정 필요 있다.	법에 규정 필요 없다.

선택지 해설

① (○) 약관변경명령의 불이행은 일종의 의무위반으로, 허가를 받은 자에게 책임이 발생한 것으로 볼 수 있다. 이때 행정청이 허가를 취소하는 것은 유형 A의 허가 취소로 보아야 한다.

② (○) 허가에 필요한 시설을 갖춘 것처럼 허위의 자료를 제출하여 허가를 받았다는 것은 실은 허가에 필요한 시설을 갖추지 못했음을 의미한다. 즉, 진실한 자료를 제출하였다면 허가 요건을 구비하지 못하였을 것이므로 허가가 위법하게 내려진 것이다. 따라서 행정청이 허가를 취소하는 것은 유형 B의 허가 취소로 보아야 한다.

③ (○) 허가가 내려진 이후 행정정책이 바뀐 것은 공익을 위해 허가를 거둬들여야 하는 새로운 사정이 발생하였음을 의미하므로 이때 허가 취소는 유형 A에 해당한다. 그리고 정책 변경으로 인한 허가 취소이기 때문에 허가를 받은 자의 책임은 없으므로 허가를 받은 자는 허가에 대한 신뢰를 보호해 달라고 주장할 수 있다.

④ (✕) 처음부터 허가에 필요한 요건을 갖추지 못한 것을 간과하고 내려진 허가는 부당하다고 할 수 있다. 즉 이를 바로잡기 위한 허가 취소는 유형 B에 해당한다. 그러므로 해당 선지의 허가 취소는 법에 규정이 없어도 이루어질 수 있다.

⑤ (○) 허가가 일단 내려진 후 정당한 사유 없이 사업을 개시하지 않는 사유로 허가를 취소한다면, 이는 허가가 내려질 당시에는 요건을 모두 갖춰 적법하게 허가를 받았으나 허가를 받은 자의 의무 위반을 이유로 취소를 하는 경우로 유형 A에 해당한다. 이때 허가 취소가 제재적 의미를 갖기 때문에 허가를 받은 자가 신뢰를 보호해 달라고 주장할 수 없지만, 법에 이러한 사정이 개별적으로 허가 취소의 사유로 규정되어 있어야 한다.

---

052 ▸ ④ 【 정답률 53% 】

접근 방법

1. 각 선지가 '2015년'과 '2016년'으로 기술되어 있다는 점에 주목하여, 2015년에 합병회사와 합병의 대상회사 각각이 중소기업이었는지 미리 확인하자.

2. 중소기업보호기간을 인정하지 않는 조건의 활용에 유의하자. 즉 중소기업보호기간이 인정되지 않는 사유(이하 '단서1', '단서2'라고 한다)에 해당하는지를 잘 보면서 푼다.

3. 기업별 매출액 표를 보면 단서2가 정답에 더 결정적으로 활용될 수 있음을 알 수 있다. 단서2가 적용될 수 있는 기업이 D뿐이기 때문이다.

4. 중소기업 해당 부분을 색칠하거나, 더 이상 중소기업에 해당하지 않게 되는 해를 표시하면서 푸는 것도 풀이 방법이다.

5. 중소기업보호기간은 매출액이 1,000억 원을 초과한 '다음 해'부터 3년까지라는 것에 주의해야 한다.

- 중소기업 : 매출액 1000억 원 이하
- 대기업 : 매출액 1000억 원 초과
- 중소기업보호기간 : 대기업 기준에 해당된 해와 그 다음 해부터 3년간
  * 예외 : 대기업 또는 중소기업보호기간 중인 기업과 합병
- 중소기간보호기간 적용 기업 → 중소기업(매출액 감소) → ~중소기업(매출액 증가)

기업 \ 연도	2010	2011	2012	2013	2014	2015	2016
A	900	900	900	900	900	900	2,000
B	900	900	900	900	900	2,000	3,000
C	900	900	900	900	900	900	3,000
D	900	2,000	2,000	2,000	2,000	900	2,000
E	900	900	900	2,000	2,000	2,000	2,000
갑	900	900	900	900	900	900	
을	2,000	2,000	2,000	2,000	2,000	2,000	
병	900	900	2,000	2,000	2,000	2,000	

선택지 해설

① (○) 중소기업인 A와 중소기업인 갑의 합병이므로 중소기업보호기간 적용 제외사유에 해당하지 않는다. 즉 중소기업보호기간에 해당하므로, 2016년 기준 A는 아직 중소기업이다.

② (○) 을은 대기업이다. 즉 B는 중소기업보호기간 내에 있기는 하지만 대기업을 합병하였으므로 중소기업보호기간이 적용되지 않는다(단서1). 따라서 2016년 매출액이 3,000억 원인 B는 대기업이다.

③ (○) C는 2016년 현재 매출액 1,000억 원은 넘었지만 중소기업보호기간 내에 있다. 한편 병의 2015년 매출액은 2,000억 원이지만, 2015년까지 중소기업보호기간 내에 있다. 따라서 중소기업과 중소기업 간의 합병이므로 중소기업보호기간 적용 제외사유에 해당하지 않는다. 그러므로 중소기업보호기간 내에 있어 2016년 기준 C는 여전히 중소기업이다.

④ (×) 중소기업을 합병한 경우 단서1에 해당하지 않는다. 그런데 D의 매출액 추이를 보면, 2014년까지는 중소기업보호기간이 적용되고, 2015년에는 매출 감소로 원래 의미의 중소기업이 된다. 그리고 2016년에는 다시 매출이 증가하여 중소기업 기준을 넘어서게 되었다. 이는 단서2에 해당한다. 따라서 2016년 D에게는 중소기업보호기간이 적용되지 않으므로, 2016년 기준 D는 중소기업이라고 할 수 없다.

⑤ (○) 중소기업을 합병한 경우 단서1에 해당하지 않는다. 그리고 E는 2016년까지 중소기업보호기간 내에 있다. 따라서 2016년 기준 E는 중소기업이다.

---

053 ▸ ② 【 정답률 51% 】

접근 방법

1. 계약 위반이 발생하는 조건을 명확히 파악하자.
2. 각 판사의 입장을 정리하기 위해 도표화를 시도함으로써 문제풀이의 이해를 도모할 수 있다.

핵심 정보

계약 위반이 발생하는 조건은 '계약이 특정한 행위 X를 금지' + '금지된 행위를 하는 것'이다(둘 중 하나라도 충족하지 못하면 계약 위반이 발생하지 않는다.).

	특정한 행위 X를 금지	을이 실제로 행위 X를 함	위반 여부
판사1	○	○	○
판사2	○	×	×
판사3	×	○	×
결론	○	○	×

선택지 해설

ㄱ. (×) 을은 자신이 계약을 위반하지 않았다고 주장할 것이므로, 1) 계약이 을로 하여금 X를 하지 못하도록 금지하지 않았다 2) 을이 행위 X를 하지 않았다 둘 중 하나만 주장해도 계약을 위반하지 않았다고 주장할 수 있다. 따라서 행위 X를 했지만 계약이 이를 금지하지 않았다고 주장할 수 있으므로 반드시 자신이 행위 X를 하지 않았다는 주장을 해야 하는 것은 아니다.

ㄴ. (○) 판사3이 을이 행위 X를 한 것이 아니라고 판단한다면, 해당 견해가 2명으로 과반수가 된다. 따라서 을이 행위 X를 한 것을 받아들이지 않을 것이고, 을의 계약 위반도 인정할 필요가 없어진다. 그렇다면 각 쟁점별로 다수의 판단을 따라 내린 결론과, 최종 결론에서 다수의 판단을 따라 내린 결론이 일치한다. 따라서 ㉠은 발생하지 않는다.

	특정한 행위 X의 금지	을이 행위 X를 행함	결과적으로 위반
판사1	○	○	○
판사2	○	×	×
판사3	×	×	×
결론	○	×	×

ㄷ. (×) 판사 한 명을 추가하여 네 명이 판단하도록 했다고 하더라도 아래와 같은 경우 ㉠은 여전히 발생할 수 있다. 즉, 판사4가 '특정한 행위 X의 금지'도 ×이고, '을이 행위 X를 행함'도 ×라고 가정하였는데, 결론에 있어 둘 다 ○이면서도, '결과적으로 위반'은 ×가 되는 곤란한 상황에 도달한다.

	특정한 행위 X의 금지	을이 행위 X를 행함	결과적으로 위반
판사1	○	○	○
판사2	○	×	×
판사3	×	○	×
판사4	×	×	×
결론	○	○	×

---

054 ▸ ② 【 정답률 66% 】

접근 방법

글에 제시된 '선행 조건'의 요건을 면밀히 파악하자. 특히 '행정으로 인하여 직접적으로 기본권을 제한받는 당사자 본인'이라는 문구에 주목하여 선지에 '주체의 왜곡'이 있지 않은지 주의하면서 풀이하자.

핵심 정보

선행 조건 : ① '직접적인' ② '기본권 제한'을 받는 ③ '당사자 본인'에게 행정의 이유와 근거를 알리라는 것

선택지 해설

ㄱ. (×) 점용료 납부 명령은 국민의 권리인 재산권을 제한하는 것이므로 그 명령의 이유와 내용 및 근거를 알려야

한다. 그렇지만 도로점용 허가 처분은 주유소 영업이라는 국민의 권리를 실현하는 내용이므로 행정청은 주유소 운영자 갑에게 그 이유와 내용 및 근거를 알릴 필요가 없다.

ㄴ. (○) 인근 주민 병은 을 법인에 대한 원자로시설부지 사전승인의 상대방은 아니지만 환경권·건강권의 침해를 직접 받게 되므로 을 법인과 병 사이에 이해관계가 대립한다. 이때에도 '선행 조건'이 엄격하게 요구되므로(2문단), 직접적으로 기본권을 제한받는 당사자 본인인 인근 주민 병에게는 을 법인에 대한 원자로시설부지 사전승인의 이유와 내용 및 근거를 알려야 한다. 그렇지만 을 법인의 경우에는 위 사전승인으로 인해 영업의 자유라는 기본권을 실현하게 되므로, 기본권을 제한받는다고 볼 수 없다. 따라서 행정청은 사전승인에 앞서 을 법인에게는 그 이유와 내용 및 근거를 알릴 필요가 없다.

ㄷ. (×) 대리운전기사 정은 운전면허취소로 기본권(운전할 수 있는 권리 즉 일반적 행동자유권 및 직업형성의 자유)을 직접 제한받으므로 정 본인에게는 운전면허취소의 이유와 내용 및 근거를 사전에 알려야 한다. 그렇지만 정의 가족은 운전면허취소의 당사자도 아닐 뿐 아니라, 이로 인하여 직접 기본권을 제한받는 것도 아니므로 사전에 정의 운전면허취소의 이유와 내용 및 근거를 알릴 필요가 없다.

---

055 ▶ ① 【 정답률 19% 】

접근 방법

1. 어떤 행위가 '사이버몰판매중개'라고 할 수 있으려면, 중개하려는 행위가 재화를 '판매'하는 행위로서 '사이버몰판매'에 해당하는지 판단하자.
2. (3)에 해당하는 내용은 손해배상책임을 지지 않는 내용을 담고 있고, 선지 ㄷ과 연결되므로 면밀히 파악하자.
3. 정답률이 매우 낮은 문항이었는데, 글에 제시된 '판매(매매)'와 선지 ㄴ에 제시된 '임대차'를 구별해야 했기 때문이다.

선택지 해설

(1)~(3)을 각각 규정1~규정3이라 하자.

ㄱ. (○) P는 사이버몰을 통해 소비자와 판매자를 중개하는 것이 아니라, 오프라인 주문을 통해 직접 음식을 수령하고 배달하는 서비스다. 따라서 P는 사이버몰을 운영하지도 않고, 사이버몰판매에 개입하지도 않으므로 사이버몰판매중개자가 아니다.

🔎 서울대 로스쿨 합격생의 풀이법

P는 사이버몰판매중개자에는 해당하지 않는다.

ㄴ. (×) Q가 사이버몰판매중개자라면 사이버몰판매의 일부를 수행하여야 한다(규정2). 그러나 사이버몰판매는 소비자의 청약을 받아 재화를 판매하는 것인데(규정1), 원룸과 오피스텔의 '임대차'는 '판매(매매)'가 아니므로 Q는 사이버몰판매중개자가 될 수 없다.

ㄷ. (×) 사이버몰판매의 당사자가 아님을 고지하여 손해배상책임에서 면제되는 것은 사이버몰판매중개자이다(규정3). R는 테마파크의 할인쿠폰을 판매하는 업체로서 사이버몰판매의 당사자이므로, 사이버몰판매의 당사자가 아니라고 고지하였다고 해서 손해배상책임에서 면제되지 않는다.

056 ▸▸ ③ 【 정답률 91% 】

접근 방법

1. 각 판매 방식의 특징에 대해서 간단히 정리한 후, 판매할 수 있는 선택지의 종류나 가격 할인 여부 등으로 구분하며 풀어보자.
2. 어떤 경우가 법적 규제의 대상이 되는지 파악한다.

핵심 정보

- 판매 방식 1 : (A, B)
- 판매 방식 2 : (A, B) / A / B
- 판매 방식 3 : (A, B) / B
- 법적 규제의 대상이 되는 경우 : 개별 상품 가격의 총합이 묶음상품 가격에 비해 현저히 높아 소비자들이 개별 구매할 가능성이 낮은 경우, 과도한 가격 할인으로 효율적인 경쟁자를 배제하는 경우

선택지 해설

ㄱ. (○) 판매 방식 2는 A와 B를 묶어서 사거나 A만 따로 살 수 있으나, 판매 방식 3은 소비자가 A만 구입할 수는 없다. 즉 판매 방식 2는 두 개를 동시에 살 경우 할인이 되는 반면, 판매 방식 3은 두 개를 동시에 사더라도 할인이 되지 않는다. 따라서 A, B를 개별적으로 구매하려는 소비자(두 제품 모두를 구매하려는 소비자)는 판매 방식 2를 더 선호할 것이다.

> **📖 서울대 로스쿨 합격생의 풀이법**
>
> 판매 방식 2는 (A, B) / A / B로 구매 가능, 판매 방식 3은 (A, B) / B로 구매 가능한 점을 파악하면 쉽게 풀 수 있다.

ㄴ. (×) 판매 방식 3의 선택지는 1) A와 B 구입, 2) B만 구입의 2가지이다. 반면 판매 방식 1의 선택지는 A와 B 구입 1가지이다. 그러므로 판매 방식 1이 선택권을 더 크게 제한한다.

ㄷ. (○) 가격 할인이 과도해서 효율적인 경쟁자를 배제하는 경우 법적 규제 대상에 포함되는데(2문단), 두 상품을 묶어서 판매하는 가격이 단일 상품만 취급하는 기업의 단일 상품 가격보다도 낮다면 개별 상품 가격의 총합이 묶음상품의 가격에 비해 현저히 높아서 소비자들이 개별 구매할 가능성이 낮은 경우라고 할 수 있다. 따라서 규제 대상에 포함될 수 있다.

> **📖 서울대 로스쿨 합격생의 풀이법**
>
> 예시를 떠올려 풀 수 있다. 가령 기업 1은 A와 B를 각각 개별적으로 200에 판매하나, 묶어서는 300에 판매하고, 기업 2는 A만을 200에, 기업 3은 B만을 200에 판매하는 경우, 글에서 해당하는 효율적인 경쟁자를 배제하는 경우일 수 있다.

---

057 ▸▸ ③ 【 정답률 87.2% 】

접근 방법

X국과 Y국의 차이는 채권자에게 채무자의 재산 모두를 분배한 후 남은 빚을 탕감받는지 여부, 그리고 파산에 따른 다른 자유와 권리 제약 여부에 있음을 파악하자.

핵심 정보

	X국	Y국
채무의 탕감	• 원칙 : 전부 탕감 • 예외 : 지급능력 있음에도 일부러 갚지 않는 악의적인 경우 법원이 불허	• 원칙 : 각 채권자에 대해서는 탕감받지 못함 • 예외 : 채권자의 허락 있는 경우 탕감 가능
채무자가 파산 후 취득한 재산에 대한 채권자의 권리행사	불가능	가능
채무자의 자유와 권리에 대한 제한	없음	• 일정 기간 구금 • 빚을 다 갚을 때까지 선거권 박탈, 파산 사실 공개

선택지 해설

① (○) X국 제도 하에서는 채무자가 파산하면 원칙적으로 남은 빚까지 모두 탕감되므로 관련 소송이 있을 수 없다.

② (○) 무절제한 소비를 하여 파산하였는데 그 빚을 모두 탕감해준다면 개인은 스스로 결정하고 책임지는 이성적 존재라고 생각하는 사람은 X국의 제도가 국가가 무절제한 소비를 돕는다고 생각할 수 있다.
국가가 무절제한 소비를 돕는 결과가 된다고 볼 수 있다.

③ (×) Y국 제도 하에서는 빚의 탕감 여부가 각 채권자의 의사에 맡겨져 있다. 또한 파산 이후 채무자가 취득한 재산에 대해 제한 없이 권리를 행사할 수 있는 결과, 채무자가 파산 이후 취득한 재산을 둘러싸고 채권자가 소를 제기하는 것도 가능해진다. 그러므로 선지는 오히려 Y국 제도의 문제점을 설명하고 있다. 채권자가 자기 채권을 우선적으로 회수하기 위하여 파산 신청을 협박의 수단으로 사용할 수 있다고 우려하는 사람은 Y국 제도를 반대할 것이다.

④ (○) Y국 제도 하에서는 채무자가 파산하면 일정 기간 구금될 뿐 아니라 빚을 다 갚을 때까지 선거권이 박탈되고 파산 사실이 공개되기 때문에, 채무자로서는 최대한 파산을 막아보려고 또 다른 채권·채무관계를 계속 형성할 우려가 있다.

⑤ (○) Y국 제도 하에서는 빚의 탕감 여부가 각 채권자의 의사에 맡겨져 있다. 그리고 빚을 탕감받지 못하면 파산 이후 채무자가 취득한 재산에 대해서도 채권자가 제한 없이 권리를 행사할 수 있으며 채무자의 자유와 권리도 제약을 받는다. 그러므로 장래 채무자가 파산 후 취득할 재산을 확보하기 위해 채무자 또는 채권자 어느 쪽이든 가공의 채권자를 등장시킬 수 있으며, 이로 인한 사회적 혼란이 일어날 우려가 있다.

---

058 ▸ ① 【정답률 78.9%】

접근 방법

1. 규정과 관련된 문제의 경우 단서 조항이나 예외 사항을 주의 깊게 살펴야 한다. 선지 ㄷ과 관련하여 2문단의 '그러나'로 시작하는 단서를 통하여 빠르게 확인할 수 있다.
2. 선지 ㄷ과 관련하여 '교부'와 '발행'을 주의 깊게 살펴보자.

핵심 정보

교부	기부받은 날부터 30일 이내 다만, 1회 1만 원 이하의 후원금은 해당 연도 말일에 합산하여 일괄 발행·교부 가능
종류	정액(1만~500만 원의 6종), 무정액(10만 원 미만) 10만 원 초과 기부시에도 무정액은 10만 원 미만
예외	후원인이 수령을 원하지 않는 경우 연간 1만 원 이하의 후원금을 기부한 경우 * 각 경우에도 발행 후 원부와 함께 보관

- 갑의 기부 : 을 후원회(1만 원 3회, 2만 원 1회)
    병 후원회(72만 원 1회)
    정 후원회(100만 원 1회)

선택지 해설

ㄱ. (×) 정치자금영수증은 후원금을 기부 받은 때마다 교부하여야 한다. 1회 1만 원 이하의 후원금을 해당 연도 말일에 합산하여 일괄 발행·교부할 수 있을 뿐이다(1문단). 따라서 을 후원회는 1만 원 3회 후원금만 2020년 12월 31일(말일)에 합산 교부할 수 있고, 2만 원 1회의 후원금에 대한 정치자금영수증은 별도로 기부 받은 날부터 30일 이내에 교부하여야 한다.

ㄴ. (○) 무정액영수증은 10만 원 미만 금액으로만 발행할 수 있다. 이를 바탕으로 병 후원회가 발행하는 정치자금영수증의 최소 경우는, 50만 원 정액영수증 1장, 10만 원 정액영수증 2장과 2만 원 무정액영수증 1장으로 총 4장이 된다. 따라서 병 후원회가 발행한 정치자금영수증은 4장 이상이다(1문단).

ㄷ. (×) 후원인이 정치자금영수증 수령을 원하지 않는 경우 정치자금영수증을 교부하지 않아도 되지만, 이 경우에도 후원회는 정치자금영수증을 발행하여 원부와 함께 보관해야 한다(2문단). 그러므로 정 후원회는 정치자금영수증을 발행하여야 한다.

> **📖 서울대 로스쿨 합격생의 풀이법**
>
> 2문단의 '그러나 후원회는~'처럼 예외상황에도 적용되는 규정이 제시되었을 때, 선지화되었을 것임을 예상할 수 있다. 또한 선지 말미에 제시된 "정 후원회는 정치자금영수증을 발행하지 않아도 된다."를 보면, 발행은 반드시 해야 하므로 옳지 않다는 것을 알 수 있어, 해당 선지를 빠르게 걸러낼 수 있다(그 후 선지 ㄱ만 판단해도 되기 때문에 실전에서 시간을 절약할 수 있다).

더 알아보기

글은 정치자금법 제17조를 바탕으로 구성된 것이다.

---

059 ▶ ① 【 정답률 49.9% 】

접근 방법

1. 글의 논지를 약화하거나 강화하기 위해서는 글의 논지를 정확하게 파악해야 하는데 주로 개념을 정의하거나 '~해야 한다' 등의 문장을 통해 빠르게 파악할 수 있다는 점에 유의하자.

2. 글에 글쓴이의 주장만 제시되는 것이 아니라, 통념이 함께 나오는 경우가 있다. 가령 '~사람들이 있다'라는 문장은 통념인 경우가 많다. 이때 바로 뒤에 등장하는 '그러나~'는 글쓴이가 통념을 비판하는 내용이므로 이에 집중하면서 풀어보자.

핵심 정보

머지않은 미래에 신경과학이 모든 행동의 원인을 뇌 안에서 찾아내게 된다면 법적 책임을 묻고 처벌하는 관행이 근본적으로 달라질 것이라는 통념에 대해, 글쓴이는 최소한의 합리성 기준을 일반적으로 충족하지 못한다는 것을 신경과학이 보여 주지 않는 한, 그것은 책임에 관한 법의 접근 방식의 근본적인 변화를 정당화하지 못한다고 한다. 또한 합리적 행위 능력이란 자신의 믿음에 입각해서 자신의 욕구를 달성하는 행동을 수행할 수 있는 능력을 의미하며, 법이 관심을 두는 것은 오직 사람들이 최소한의 합리성 기준을 충족하는가 여부라고 한다.

선택지 해설

ㄱ. (○) 글에 따르면 합리적 행위 능력이란 자신의 믿음에 입각해서 자신의 욕구를 달성하는 행동을 수행할 수 있는 능력을 의미한다. 그런데 인간의 믿음이나 욕구 같은 것이 행동을 발생시키는 데 아무런 역할을 하지 못한다는 것을 신경과학이 밝혀낸다면, 법이 가정하고 있는 최소한의 합리성 기준을 사람들이 충족하지 못한다는 것이기에 글의 논지는 약화된다.

ㄴ. (×) 인간이 가진 합리적 행위 능력 자체가 특정 방식으로 진화한 두뇌의 생물학적 특성에서 기인한다는 것을 신경과학이 밝혀낸다고 하더라도, 최소한의 합리성 기준을 충족하느냐의 여부에 영향을 주지 못하므로 글의 논지가 약화되지 않는다.

ㄷ. (×) 신경과학이 범죄를 저지른 사람들 중 상당수가 범죄 유발의 신경적 기제를 공통적으로 지니고 있다는 것을 밝혀낸다면, 그 상당수 사람들의 범죄행동이 자유의지에서 비롯된 것이 아니어서 그 사람에게 죄를 묻고 처벌할 수 없다는 논리로 이어질 수 있다. 그러나 글에 따를 때 책임에 관한 법의 접근 방식의 근본적인 변화가 정당화되려면, 사람들이 최소한의 합리성 기준을 '일반적으로' 충족하지 못한다는 것을 신경과학이 보여주어야 한다. 즉 신경과학이 '범죄를 저지른 사람들' 중 상당수가 범죄 유발의 신경적 기제를 공통적으로 지니고 있다는 것을 밝혀낸다 하더라도 그것만으로는 아무것도 달라지지 않기에("책임에 관한 법의 접근 방식의 근본적인 변화를 정당화하지 못한다.") 글의 논지는 강화되지도 약화되지도 않는다. 그러므로 (이때의 신경적 기제가 "사람들이 최소한의 합리성 기준을 일반적으로 충족하지 못한다는 것"까지 보여준다면 글의 논지는 약화될 수 있음은 별론으로) 글의 논지가 강화된다는 평가는 옳지 않다.

---

060 ▸ ② 【 정답률 34.7% 】

접근 방법

1. 선지 3개가 모두 시민소송의 제기 가능성을 묻고 있다. 그러므로 글에 제시된 시민소송의 제기 요건을 제소권자, 소 제기 사유, 소의 대상 등으로 나누어 정리한 후 풀이에 돌입하자.
2. 요건에 주어진 '공익을 현저히 해친 행위'와 '위법한 행위'가 다른 것임에 주의하자.

핵심 정보

- 감사청구제도의 제기 요건 : (지방정부의 장의 업무 처리가) 법률을 위반 또는 공익을 현저히 해친다고 인정
- 시민소송의 제기 요건 : 지방정부의 장의 공금 지출, 재산 취득에 관한 사항, 지방세 부과, 징수를 게을리한 사항에 대해 감사청구를 한 시민이/행정부장관의 조치 요구를 성실히 이행하지 아니한 경우/관련있는 위법한 행위 또는 업무를 게을리 한 사실에 대해 제기 감사청구를 한 시민이 (감사청구한 사항과 관련이 있는) 위법한 행위 또는 업무를 게을리한 사실에 대하여 제기할 수 있다.

선택지 해설

ㄱ. (×) 시민소송은 감사청구를 한 시민이 제기할 수 있다. 따라서 시민소송을 제기할 수 있는 사람은 감사청구를 한 갑이고, 을은 해당 감사청구에 연대서명을 하였을 뿐이므로 시민소송을 제기할 수 없다. 갑이 사망한 경우라고 하더라도, 감사청구의 연대서명자인 을은 이미 개시되었던 소송의 절차를 이어받을 수 있을 뿐 시민소송을 직접 제기할 수는 없다.

ㄴ. (×) 시민소송의 대상은 감사청구한 사항과 관련이 있는 위법한 행위나 업무를 게을리한 사실이다. 즉 V지방정부의 장이 공금 지출에 관한 사무처리에 대한 감사에 따른 조치 요구를 이행하지 않아 소 제기 사유에 해당한다 하더라도, 공금 지출행위 자체가 <u>단순히 공익을 현저히 해친다는 사유만으로는</u> 시민소송을 제기할 수 없다.

ㄷ. (○) W지방정부의 장이 지방세 부과를 게을리한 것에 대한 감사에 따른 조치 요구를 이행하지 않은 것과 관련하여, 정은 감사 청구한 사항과 관련이 있는 <u>위법한 행위나 지방세 부과 업무를 게을리한 사실에 대하여</u> W지방정부의 장을 상대로 시민소송을 제기할 수 있다.

> **📖 서울대 로스쿨 합격생의 풀이법**
>
> 감사청구제도는 지방정부의 장에 대한 감사가 어떤 절차로 이루어지는지 시간 순으로 설명하고 있다. 또한, 시민소송제도는 감사청구에 근거하여 시민소송이 가능한 조건에 대해 설명하고 있다. 이러한 관계성을 파악한 후 1) 감사청구의 적법성 조건 2) 시민소송 조건에서 어긋난 점이 없는지 선지를 확인하자.

더 알아보기

글은 지방자치법 제21조, 제22조를 바탕으로 구성된 것이다.

---

061 ▸▸ ⑤ 【 정답률 72.64% 】

접근 방법

지문을 빠르게 읽으며 필요한 정보가 무엇인지 파악한다.
글에 제시된 'X국 정부가 위법성의 정도가 낮다고 판단'하는 세 가지 경우와 <보기>에 제시된 각 선지들을 대응하여 판단한다.

핵심 정보

X국 정부가 위법성의 정도가 낮다고 판단하는 경우
1) 시장 환경의 변화에 따라 종전에 비해 경쟁이 심해진 경우
2) 서비스의 질적 저하를 막기 위해 가격을 담합한 경우
3) 담합을 규제한 결과로 이용자가 부담하는 가격이 상승하여 이용자에게 더 불리하게 작용하는 경우

선택지 해설

ㄱ. (○) ㉠의 최저수임료 이하로 수임료가 낮아지는 경우에 서비스의 질적 하락이 가격의 하락보다 더 큰 폭으로 발생한다면, ㉠은 '서비스의 질적 저하를 막기 위해 가격을 담합한 경우' 즉 경우2)에 해당한다. 이는 X국 정부에서 담합에 대한 위법성의 정도를 낮게 평가하는 경우에 해당하므로 X국 정부는 ㉠에 의한 담합은 위법성의 정도가 낮다고 평가할 것이다.

ㄴ. (○) 변호사들의 성공보수약정 담합을 규제하는 경우 그 약정금액이 승소와 관계없이 의뢰인이 부담하는 수임료로 전부 전가된다면, ㉡은 '담합을 규제한 결과로 이용자가 부담하는 가격이 상승하여 이용자에게 더 불리하게 작용하는 경우' 즉 경우3)에 해당한다. 이는 X국 정부에서 담합에 대한 위법성의 정도를 낮게 평가하는 경우에 해당하므로 X국 정부는 ㉡에 의한 담합은 위법성의 정도가 낮다고 평가할 것이다.

ㄷ. (○) X국 정부가 종전의 제도를 변경하여 변리사도 관련 업무에 대한 국내 소송사건을 수임할 수 있게 한다면, 이는 '시장 환경의 변화에 따라 서비스업에서 종전에 비하여 경쟁이 심해진 경우' 즉 경우1)에 해당한다. 이는 X국 정부에서 담합에 대한 위법성의 정도를 낮게 평가하는 경우에 해당하므로 X국 정부는 ㉠과 ㉡에 의한 담합은 모두 위법성의 정도가 낮다고 평가할 것이다.

PSAT

---

062 ▸▸ ⑤ 【 정답률 57.5% 】

접근 방법

1. 용수 종류, 시기, 발령 기준, 단서조항 등 여러 조건이 다양하게 제시되어 있기 때문에 하나라도 놓치면 오답을 선택할 가능성이 높아진다. 따라서 각 선지를 판단할 때 기준을 잡고 해당 순서대로 체크하면서 풀자.
2. 농업용수 분야에 있어 영농기 여부에 주목해야 한다. ④의 12월 23일은 영농기가 아니므로 농업용수의 발령 기준이 적용되지 않는다. 하지만 선지에서 농업용수 가뭄 예·경보 발령이 있을 것이라고 했기에 구체적인 수치계산 없이도 오답임을 알 수 있다.
3. 각주가 주어져 있을 때에는 늘 주의하여 살피는 습관을 가지도록 해야 한다.

① (×) 각주에 따르면 "상황이 여러 기준에 모두 해당되는 경우 더 심각한 단계에 해당되는 것으로 판단"한다고 하였는데, 영농기에 저수지 저수율이 평년의 50%는 농업용수 관련 '심함'과 '매우 심함'에 모두 해당하며, '매우 심함'이 더 심각한 단계이므로 이때에는 '매우 심함'에 해당한다.

② (×) 영농기에 밭 토양 유효수분율과 관련하여서는 가장 낮은 단계의 예·경보인 주의조차 60%를 기준으로 하고 있기 때문에 영농기에 밭 토양 유효 수분율이 70%일 경우에는 예·경보 발령 조건에 해당하지 않는다.

③ (×) 하천유지유량을 감량 공급하는 상황에서 현재 하천 및 댐 등에서 농업용수 공급이 부족한 경우는 '농업용수'의 가뭄 예·경보에 해당하는 것이 아니라, '생활 및 공업용수'의 가뭄 예·경보에 해당한다.

④ (×) 12월 23일은 농업용수 가뭄 예·경보 발령 기준 중 시기에 해당하는 영농기(4~9월)에 해당하지 않기 때문에 12월 23일에 저수지 저수율이 평년의 60% 이하이거나 밭 토양 유효 수분율이 40% 이하라고 하더라도 농업용수 가뭄 예·경보가 발령되지 않는다.

⑤ (○) 5월 19일 목요일에 생활 및 공업용수 가뭄 예·경보가 발령되었다면, 10일이 아니어서 '주의'가 아니고, 금요일이 아니어서 '심함'도 아니므로, '매우 심함' 예·경보에 해당할 것이다. 따라서 생활 및 공업용수의 '매우 심함'에 해당하는 "현재 하천 및 댐 등에서 농업용수, 생활 및 공업용수 공급이 부족하고, 장래 1~3개월 후 생활 및 공업용수 공급에도 차질이 발생할 것으로 판단되는 경우"이므로 옳다.

> **📖 서울대 로스쿨 합격생의 풀이법**
>
> ④~⑤에서 갑자기 구체적인 날짜가 특정되어 나온다면, 주어진 조건 중 날짜와 관련된 조건이 없는지 우선적으로 살펴보는 것이 좋다. 이때 발령날짜만 살펴본다면 ④를 정답으로 판단할 수도 있기에 이런 실수를 하지 않으려면, 영농기에 대한 조건도 날짜와 관련된 것이었음을 간과하지 않아야 한다.

---

063 ▶ ① 【 정답률 35.6% 】

1. 글의 구조를 파악하면, '찬반투표'와 '선거'를 잘 구분하는 것이 매우 중요하다는 것을 알 수 있다. A협회 협회장 선출에서 '찬반투표' 참여 자격은 투표일 현재 정회원이어야 하고, '선거' 참여 자격은 정회원 자격 취득하거나 회복한 후 만 1년을 경과하여야 한다. 이렇듯 각각의 정회원 자격을 먼저 정리하자.

2. A협회가 12월에 '다음해 협회장'을 선출한다는 부분도 실수하지 않도록 정리해 두어야 한다. 즉 '2020년 협회장'은 2019년 12월에 선출하는 것이다. 또한, 선지에서 '찬반투표'에 참여하였다는 것인지, '선거'에 참여하였다는 것인지를 잘 확인하여야 한다.

- 찬반투표 참여 자격(정회원 자격)
  1) 준회원으로 만 1년 이상 활동
  2) 정회원 가입 신청
  3) 연회비 납부
- 다음 날부터 자격 부여, 다음해부터 1월 30일까지 납부해야 유지
- 자격 유보 시 그 다음해 연회비 납부일까지 연회비의 3배 납부
- 2년 연속 미납 시 영구 박탈
- 선거 참여 자격 : 정회원 자격 취득 또는 회복+만 1년 경과

① (×) '2020년 협회장'은 2019년 12월에 선출한다. 따라서 2019년 10월에 정회원 자격을 얻은 甲은 만 1년이 경과하지 않았으므로 2020년 협회장 선출을 위한 '선거'에는 참여할 수 없었다.

② (○) '2019년 협회장'은 2018년 12월에 선출한다. 그런데 2019년 연회비는 2019년 1월 30일까지 납부하여야 한다. 따라서 2018년 10월에 정회원 자격을 얻은 乙은 2019년 연회비 납부 여부와 관계없이 '2019년 협회장' 선출을 위한 '찬반투표'에 참여할 수 있었다.

③ (○) '2020년 협회장'은 2019년 12월에 선출하므로 丙이 '선거'에 참여할 수 있으려면 만 1년 전인 2018년 12월 이전에 정회원 자격을 회복하였어야 한다. 그런데 丙은 2019년에 자격을 회복하였으므로 '2020년 협회장' 선출을 위한 '선거'에 참여할 수 없었다.

④ (○) '찬반투표' 참여 자격은 투표일 현재 정회원이면 되고, 정회원이 되기 위해서는 준회원으로 만 1년 이상 활동한 후 정회원 가입 신청을 하고 연회비를 납부하면 된다. 즉 2017년 10월 A협회 준회원 활동을 시작한 丁은 2018년 10월에는 정회원이 될 수 있고, 2018년 12월 치러지는 '2019년 협회장' 선출을 위한 '찬반투표'에 참여할 수 있었다.

⑤ (○) 2016년 10월 처음으로 A협회 정회원 자격을 얻은 戊는 협회장 선출을 위한 '선거'에 만 1년이 경과한 후인 2017년 12월('2018년 협회장')부터 참여할 수 있었다. 그러나 2017년부터 戊가 연회비를 납부하지 않았다면 그 자격이 유보되어 권리를 행사할 수 없으므로 '선거'에 한 번도 참여할 수 없었다.

제1절 일반사례형

LEET

064 ▸ ② 【 정답률 66% 】

접근 방법

1. 제12조는 '집단살해죄 혐의 행위가 발생한 영역국'이나 '범죄혐의자의 국적국'이 (1) 회원국이거나 (2) 국제형사 재판소의 관할권을 수락해야 함을 요구하고 있다. 그런데 〈사실관계〉에서 영역국과 국적국 모두 A국이고, A국은 회원국이 아니므로 제13조 (가) (나)의 경우에 A국이 국제형사재판소의 관할권을 수락한 경우에만 국제형사재판 소는 관할권을 행사할 수 있다. 이를 바탕으로 (가)에 해당하는 ㄱ, ㄴ과 (나)에 해당하는 ㄷ을 살펴보면 ㄴ, ㄷ 에서 A국이 관할권을 수락하지 않았기 때문에 관할권 행사가 불가능하다. 이처럼 제13조 (가)(나)에 해당하는 경 우 제12조의 전제조건이 필요하여 관할권 행사의 요건이 보다 엄격해짐에 주목하자.
2. 각 선지와 〈규정〉을 잘 대응시키자. ㄱ과 ㄴ의 경우 '검사에게 회부'를 보고 (가)임을, ㄷ의 경우 '검사가 … 개 시'를 보고 (나)임을, ㄹ의 경우 '국제연합 안전보장이사회'를 보고 (다)임을 파악할 수 있다.

핵심 정보

- 제12조 : 제13조 (가), (나)의 경우, 관할권 행사가 가능한 상황 – '집단살해죄 혐의 행위가 발생한 영역국 or 범죄 혐의자의 국적국'이 '규정의 회원국 or 국제형사재판소의 관할권 수락'
- 제13조 : 국제형사재판소가 집단살해죄에 대하여 관할권 행사 가능한 경우
    (가) '회원국'이 혐의사건을 국제형사재판소 검사에게 회부
    (나) 국제형사재판소 검사가 '독자적으로 수사 개시'
    (다) '국제연합 안전보장이사회'가 혐의사건을 국제형사재판소 검사에게 회부
- 국제형사재판소의 검사는 A국 대통령 갑의 집단살해죄의 혐의 정보 수집
- 집단살해죄 혐의 행위가 발생한 영역국 – A국
- 집단살해죄 범죄혐의자의 국적국 – A국
- 집단살해죄 범죄사건의 대상자 – B국 국적의 사람들
- A국은 회원국이 아니고, B와 C국은 회원국임.

선택지 해설

ㄱ. (○) 〈사실관계〉를 〈규정〉에 비추어 보면 제12조에 해당하는 두 국가는 모두 A이다. 집단살해죄의 혐의가 발생 한 영역국, 집단살해죄의 범죄혐의자의 국적국 모두 A국이다. 또한 A국은 회원국이 아니므로 제12조에 따 라 국제형사재판소가 관할권 행사를 하려면 A국의 관할권 수락이 있어야 한다. 따라서 A국이 국제형사재판 소의 관할권을 수락하고 C국이 이 사건을 국제형사재판소의 검사에게 이 사건을 회부했다면 관할권 행사가 가능하다.

ㄴ. (×) 제13조 (가)에 따라 회원국이 국제형사재판소의 검사에게 사건을 회부할 수 있지만 제12조의 규정에 따라 A국이 회원국이거나 이 사건의 관할권을 수락해야 국제형사재판소가 관할권을 행사할 수 있다.

ㄷ. (×) 제13조 (나)에 따라 국제형사재판소의 검사가 이 사건에 대하여 수집한 정보를 근거로 독자적으로 수사를 할 수도 있지만 A국이 회원국이거나 A국의 수락이 있어야 국제형사재판소의 관할권 행사가 가능하다.

ㄹ. (○) 제12조의 규정에 언급된 (가)(나)가 아닌 (다)에 해당하므로 이 절차만으로도 국제형사재판소는 사건에 대한 관할권을 행사할 수 있다.

출제기관의 이의제기에 대한 답변

제13조는 국제형사재판소가 관할권을 행사할 수 있는 세 가지 유형을 기술하고 있고, 제12조는 관할권 행사가 가능한 세 가지 유형 중 (가), (나)의 두 가지 유형에 대하여 전제조건이 필요하다고 규정하고 있습니다.

〈보기〉 ㄱ에서 범죄혐의 행위 발생 영역국이자 범죄혐의자의 국적국인 A국이 국제형사재판소의 관할권을 수락하였으므로 제12조의 관할권 행사의 전제조건이 충족되었고, 회원국인 C국이 이 사건을 국제형사재판소의 검사에게 회부하였으므로 제13조 (가)에 의해 국제형사재판소의 관할권 행사가 가능합니다. 따라서 〈보기〉 ㄱ의 진술은 옳습니다.

〈보기〉 ㄷ에서는 국제형사재판소의 검사가 이 사건에 대하여 독자적으로 수사를 개시하여 제13조 (나)의 유형에 해당합니다. 그러나 제12조의 전제조건을 충족시키지 못했기 때문에 국제형사재판소가 관할권을 행사할 수 없습니다. 따라서 이 문항은 정답에 이상이 없습니다.

---

065 ▶ ①

접근 방법

〈규정〉의 제1조와 제2조의 대상과 수입 상품에 부과되는 내국세를 결정하는 방법의 차이를 파악하자.

핵심 정보

〈규정〉
제1조 : 동종 상품에 대하여 수입상품 내국세가 국산품 내국세를 초과해서는 안 된다.
제2조 : 경쟁하거나 대체가 가능한 상품에 대하여, 국산품 내국세와 유사한 정도를 넘는 내국세를 수입품에 부과해서는 안 된다.

선택지 해설

ㄱ. (○) A와 B가 동종 승용차라면 제1조에 따라 X국에서 B의 내국세가 A의 내국세를 초과해서는 안 된다. 그러나 X국은 A에 대해서는 5%의 내국세를, B에 대해서는 6%의 내국세를 부과하고 있으므로 이는 〈규정〉을 위반한 것이라고 볼 수 있다.

ㄴ. (○) A와 C에 부과된 내국세는 각각 5%와 8%로 만약 두 상품이 동종 상품이라면 제1조에 따라 수입상품인 C의 내국세가 A의 내국세를 초과하였으므로 X국이 〈규정〉을 위반했다고 볼 수 있다. 그러나 C가 A와 직접 경쟁하거나 대체가 가능한 수입 상품이라면 제2조에서는 '유사한 정도'에 대한 해석을 정의하지 않고 있기 때문에 X국이 〈규정〉을 위반했는지가 명확하지 않다. 따라서 Y국에서는 〈규정〉의 제1조에 따라 판단하는 것이 유리하므로 A와 C를 동종 상품으로 보는 것이 유리하다.

ㄷ. (×) 냉장고와 휴대전화는 동종 상품도 아니고, 직접 경쟁하거나 대체가 가능한 상품도 아니므로 〈규정〉과는 관련이 없다.

ㄹ. (×) 〈규정〉은 보호무역을 막기 위해 국산품과 수입 상품의 내국세 차이를 결정하기 위한 것으로 수입 상품 간의 내국세 차이에 대한 것은 아니다. 가령 국산 과일 E에 대하여 X국이 11%의 내국세를 부과한다면 상품 C, D, E는 C와 D가 유사하게 과세되지 않았음에도 불구하고 제1조와 제2조 모두에 대하여 〈규정〉을 만족한다고 볼 수 있다.

접근 방법

1. C국의 a조항과 D국의 b조항에 대해 파악하고 〈조약에 관한 법적용을 규정하는 협약〉을 보기와 비교해가며 해결하자.
2. 〈사실관계〉만 간략하게 파악하고 선지 검토에서 시간을 할애하는 것이 중요하다.

핵심 정보

〈사실관계〉
* 조약 당사국 : A, B국
* 권리의 발생과 취소 또는 변경과 관련된 제3국 : C국
* 의무의 발생과 취소 또는 변경과 관련된 제3국 : D국

선택지 해설

ㄱ. (○) D국은 b조항에 서면으로 동의하였기 때문에 b 조항은 D국에게 의무를 창설한다(제35조 제2호).
ㄴ. (×) 해당 제3국의 반대의 표시가 없는 동안 동의가 있는 것으로 추정하며, 조약에 동의하는 경우에 해당 제3국에게 권리가 발생한다(제35조 제3호). 이는 C국이 조약의 a조항에 반대할 경우 C국에게 무상으로 지원을 요청할 수 있는 권리가 발생하지 않음을 의미한다.
ㄷ. (○) 제35조에 따라 제3국(C국)에게 발생한 권리는 제3국의 동의 없이도 조약 당사국에 의하여 취소 또는 변경될 수 있다고 하였으므로(제37조 제2항) C국의 동의가 없어도 조약의 a조항에 따라 발생된 권리는 조약 당사국에 의해 변경될 수 있다.
ㄹ. (×) 제3국에게 의무가 발생된 때에는 그 의무는 조약 당사국과 제3국의 동의를 얻는 경우에만 취소 또는 변경될 수 있다고 규정하였으므로(제37조 제1항), b조항은 D국에게 제3국으로서 의무를 창설한다. 따라서 조약 당사국인 A국과 B국은 D국의 동의 없이는 b조항에 따라 D국에 발생된 의무를 취소할 수 없다.

📖 서울대 로스쿨 합격생의 풀이법

C국에는 권리가 D국에는 의무가 부여된다는 점에 주의하자. 그러면 제35조 제2항과 제37조 제1항은 D국에, 제35조 제3항과 제37조 제2항은 C국에 적용된다고 분류할 수 있다.

더 알아보기

〈규정〉은 조약법에 관한 비엔나 협약(Vienna Convention on the Law of Treaties) 제34조~제37조를 변형한 것이다.

제34조(제3국에 관한 일반 규칙)
　조약은 제3국의 동의 없이는 그 국가에 대하여 의무 또는 권리를 창설하지 않는다.
제35조(제3국의 의무를 규정하는 조약)
　조약 당사자가 조약 규정을 제3국의 의무를 설정하는 수단으로 삼고자 의도하고 제3국이 서면으로 그 의무를 명시적으로 수락하는 경우, 그 규정으로부터 제3국의 의무가 발생한다.
제36조(제3국의 권리를 규정하는 조약)
　1. 조약 당사자가 조약 규정으로 제3국 또는 제3국이 속한 국가 집단 또는 모든 국가에 대하여 권리를 부여할 것을 의도하고 제3국이 이에 동의하는 경우, 그 규정으로부터 제3국의 권리가 발생한다. 조약이 달리 규정하지 않으면, 반대의사가 표시되지 않는 한 제3국의 동의는 추정된다.
　2. 제1항에 따라 권리를 행사하는 국가는 조약에 규정되어 있거나 조약에 합치되게 설정된 권리행사의 조건을 따른다.
제37조(제3국의 의무 또는 권리의 취소 또는 변경)
　1. 제35조에 따라 제3국의 의무가 발생한 때에는 조약 당사자와 제3국이 달리 합의하였음이 증명되는 경우가 아니면, 그 의무는 조약 당사자와 제3국이 동의하는 경우에만 취소 또는 변경될 수 있다.
　2. 제36조에 따라 제3국의 권리가 발생한 때에는, 그 권리가 제3국의 동의 없이 취소 또는 변경되지 않도록 의도되었음이 증명되는 경우, 그 권리는 당사자에 의하여 취소 또는 변경될 수 없다.

067 ▸▸ ⑤

접근 방법

접근 방법

1. 인물관계와 금액을 도식화하면 직관적 풀이가 가능해진다.
2. ⑤의 경우 '어떤 견해에 따르든'이라고 되어 있어 한 견해라도 해당하지 않으면 틀리게 되므로 다른 선지보다 우선적으로 살펴보면 좋겠다는 생각을 할 수 있다. 이 선지부터 살펴보고 거꾸로 올라가는 것도 시간을 줄일 수 있는 방법이 될 수 있다.

핵심 정보

〈사례〉의 인물관계와 금액을 도식화해보자.

채권 1,000만원 갑 ⇌ 을 채무 1,000만원	(가해) 병 ⇌ 정 (배상청구) 적극적 손해 2,000만원 소극적 손해 7,000만원 정신적 손해 1,000만원 평가금액 적극적 손해 3,000만원 (법원) 소극적 손해 4,000만원 정신적 손해 3,000만원

선택지 해설

① (○) 법원은 당사자가 판결을 신청한 사항에 대하여 그 신청 범위 내에서만 판단하여야 한다. 따라서 갑이 빌려준 돈에 대해 지급을 청구했다면, 빌려준 돈이 아닌 매매대금에 대해서는 판결을 내릴 수 없다. 법원이 판단하기에 빌려준 돈은 500만 원이라면 500만 원을 한도로 하여 갑의 청구를 받아들이는 판결을 할 수 있다.

② (○) 법원은 당사자가 판결을 신청한 사항에 대하여 그 신청 범위 내에서만 판단하여야 한다. 따라서 갑이 빌려준 돈 500만 원에 대해 지급을 청구했다면, 법원이 판단하기에 빌려준 돈이 1,000만 원이라도 신청의 범위를 넘어서 판결하여서는 안 되므로 법원은 500만 원을 한도 내에서만 갑의 청구를 받아들이는 판결을 내려야 한다.

③ (○) A견해에 따르면, 적극적 손해, 소극적 손해, 정신적 손해가 모두 서로 다른 심판대상으로 평가된다. 이 경우, 치료비는 독립된 심판대상으로 평가되므로 병이 청구한 범위 내에서만 병의 청구를 받아들일 수 있다. 따라서 A견해에 따르면, 법원은 치료비의 경우 병이 치료비로 청구한 금액인 2,000만 원을 한도로 하여 병의 청구를 받아들이는 판결을 할 수 있다.

④ (○) B견해에 따르면, 적극적 손해, 소극적 손해, 정신적 손해를 모두 하나의 심판대상으로 본다. 이 경우, 전체 병의 청구액이 1억 원이므로, 법원도 1억 원을 한도로 하여 병의 청구를 받아들이는 판결을 할 수 있다.

⑤ (×) A견해에 따르면, 원고가 신청한 교통사고 손해배상액의 총액이 법원이 인정한 손해배상액의 총액보다 적은 경우에 원고가 신청한 액수보다 적은 금액을 배상하라고 판결할 수는 있다. 만약 병의 판결에서 다른 모든 조건이 동일하고 법원이 정신적 손해가 4,000만 원이라고 평가했다면, 원고가 신청한 교통사고 손해배상액의 총액(1억 원)이 법원이 인정한 손해배상액의 총액(1억 1천만 원)보다 적은 경우로 볼 수 있다. 그런데 이 경우, 각각의 손해가 모두 별개의 심판대상으로 취급되므로, 법원은 치료비에 대해서는 2,000만 원, 치료기간 동안의 임금에 대해서는 4,000만 원, 정신적 손해에 대해서는 1,000만 원 한도에 대해서 병의 청구를 받아들일 것이다. 따라서 A견해에 따르면 원고가 신청한 교통사고 손해배상액의 총액이 법원이 인정한 손해배상액의 총액보다 적은 경우에 원고가 신청한 액수보다 적은 금액을 배상하라고 판결할 수 있다.

068 ▸ ① 【 정답률 55% 】

접근 방법

1. 의결권 수가 아닌 주주의 인원수로 가결 여부를 판단하지 않도록 주의한다. 따라서 갑, 을, 병이 각각 소유한 주식수를 가지고 가결 및 부결 여부를 판단해야 한다.
2. 주주총회의 성립정족수와 의결정족수 각각의 요건을 구분하여야 한다. 특별한 이해관계가 있다고 할지라도, 출석(성립)정족수에는 영향을 미치지 않는다는 점을 기억하자.

핵심 정보

〈규정〉
(1) 주식 1주＝의결권 1개
　　이해관계 있으면 → 의결권행사×
(3) 성립요건(성립정족수) : '출석 주주의 주식 수'가 '회사 전체 주식수'의 3분의 1 이상.
　　의결요건(의결정족수) : '출석 주주 중'에서 '의결권을 행사할 수 있는 주주의 의결권 수'의 3분의 2 이상.

선택지 해설

ㄱ. (○) 해당 선지의 상황과 관련한 성립요건 및 의결요건은 다음과 같다.
 • 성립요건 : 규정 (3)의 전단에 따라, 갑, 을, 병 모두가 출석하였다면, 주주총회의 특별결의는 성립한다.
 • 의결요건 : 병이 해임 안건에 특별한 이해관계가 있다면, 규정 (1)의 단서에 따라 의결권을 행사하지 못한다. 따라서 규정 (3)의 후단에 따라 의결을 위해서는 출석 주주 중에서 의결권을 행사할 수 있는 갑과 을의 의결권 수(60%)의 3분의 2 이상의 찬성(40%)을 얻어야 한다. 그러나 갑과 을은 단독으로는 의결정족수를 채우지 못하므로(둘 다 40% 미만이기 때문에), 갑과 을이 모두 해임에 찬성해야 한다.
ㄴ. (×) 해당 선지의 상황과 관련한 성립요건 및 의결요건은 다음과 같다.
 • 성립요건 : 특별한 이해관계의 여부는 출석 정족수에 영향을 미치지 않으므로, 출석 주주의 소유 주식의 회사 발행주식 총수의 3분의 1 이상이기만 하면 특별결의는 성립한다. 병이 40%의 주식을 가지고 있으므로 성립한다.
 • 의결요건 : 병이 특별한 이해관계인이 아니라고 한다면, 병은 의결권을 가진다. 그리고 출석 주주 중에서 의결권을 행사할 수 있는 주주의 의결권 수의 3분의 2 이상의 찬성만 있으면 되므로, 병은 단독으로도 의결정족수를 충족하여 결의를 할 수 있다.
ㄷ. (×) 해당 선지의 상황과 관련한 성립요건 및 의결요건은 다음과 같다.
 • 성립요건 : 갑, 병의 출석으로 특별결의는 성립한다.
 • 의결요건 : 병은 이해관계가 있으므로 의결권을 행사하지 못한다. 그러므로 선지 ㄴ과 같은 이유로, 갑은 단독으로도 의결정족수를 충족하여 결의를 할 수 있다.

> 📖 **서울대 로스쿨 합격생의 풀이법**
>
> 각 선지가 40%의 주식을 소유한 병의 특별한 이해관계 여부를 전제하고 있음에 주의하자.

---

069 ▸ ④ 【 정답률 78% 】

접근 방법

1. 〈사례〉에 나온 지자체를 지문의 내용에 적극적으로 대입하여 풀어보는 것이 중요하다.
2. 이 문제처럼 지문의 길이가 길 때에는 제시된 조건들을 모두 암기하는 것이 쉽지 않다. 이런 경우 선지를 먼저 보고 핵심단어를 찾은 뒤, 글을 읽어 내려가며 해당 선지의 특정 단어가 등장하면 바로바로 대응하는 것도 효율

적인 방법 중 하나다.

선택지 해설

① (×) 두 개 이상의 지방자치단체 A, B가 합병하여 새로운 지방자치단체가 설치되면 종전 A, B의 지방의회의원은 새로운 지방자치단체의 지방의회의원으로서 잔임기간 재임하며, 그 지방의회의 의원정수는 재직하고 있는 의원수인 18명(A 10명＋B 8명)이 된다(셋째).

② (×) A구 선거구 a1이 B구로 편입되는 경우 선거구 a1에서 선출된 의원은 종전의 A구 지방의회의원의 자격을 상실하고 편입되는 B구 지방의회의원의 자격을 취득한다(첫째).

③ (×) A구 선거구 a2의 일부 구역이 B구로 편입된다면 선거구 a2에서 선출된 의원은 A구와 B구 지방의회 가운데 자신이 속할 지방의회를 선택한다(둘째). 따라서 개별 의원의 선택에 따라 A구 의회 소속을 유지할 수도 있고, B구 의회로 소속을 변경할 수도 있다.

④ (○) 지방자치단체 B구가 둘(B1, B2)로 분할된 경우 선거구로 b1만 있는 B1구 지방의회의 지역구의원은 2명이다. 그런데 이 경우에 비례대표의원은 자신이 속할 지방의회를 선택하므로(넷째), 종전 B구 의회의 비례대표 2명이 모두 B1구를 선택하면 B1구 지방의회의 최대 의원정수는 4명이 된다.

⑤ (×) 지방의회의원의 잔임기간이 경과한 후 해당 지방의회 의원정수가 조정될 가능성이 있는 것은 구역변경과 분할이 아니라 합병과 분할이다. 구역변경의 경우에는 해당 의회의 의원정수는 재직하고 있는 의원수로 명시하고 있으므로, 잔임기간 경과 후 의원정수가 조정될 가능성이 없다. 반면 합병과 분할의 경우 '잔임기간' 합병된 의회의 의원정수만을 정하고 있을 뿐, 잔임기간이 경과한 이후의 의원정수는 언급하지 않고 있기 때문에 잔임기간 경과 후에는 의원정수가 조정될 가능성이 있다.

더 알아보기

해당 글은 공직선거법 제28조를 문제풀이에 적합하도록 변형한 것이다.

---

070 ▸ ⑤ 【 정답률 82% 】

접근 방법

1. 각 조직(회원총회, 대의원회, 전문위원회, 전원위원회) 내에서 업종별 구성원 숫자를 계산하기보다는 그 비율에 주목한다. 의결정족수가 과반수(50% 초과)이기 때문에 비율만 잘 계산하더라도 풀이 시간을 단축할 수 있다. 특히 과반수는 50%를 초과하여야 하므로, 50%의 찬성만을 얻는다면 안건이 부결된다는 점에 유의하자.

2. '회의/위원회 개최'와 '의결'이 다르고, '재적위원/회원'과 '출석위원/회원'이 다르다는 점에 유의하자.

3. 회원총회와 대의원회, 전문위원회와 전원위원회 각각의 개최 요건, 의결정족수 등을 실수 없이 정리하자.

4. '전문위원회'와 '전원위원회'가 혼동될 수 있다. 이처럼 비슷한 용어에 대한 설명이 나올 때 구분해서 읽자.

선택지 해설

ㄱ. (×) 대의원회의 의장이 필요하다고 인정하면 개최될 수 있는 것은 '전원위원회'가 아니라 '전문위원회'이다.

ㄴ. (×) '전문위원회'는 대의원회 의장이 필요하다고 인정하거나 전문위원회 재적위원 4분의 1 이상이 요구할 때 개최될 수 있다(1문단). 그런데 X협회 대의원회 재적의원 중 A업종 종사 비율이 40%이고 각 전문위원회도 이와 동일하므로(〈사례〉), 다른 업종 종사 위원들이 반대하더라도 A업종 종사 위원들만의 요청으로 전문위원회가 열릴 수 있다. 물론 대의원회 의장이 필요하다고 인정할 때에도 열릴 수 있다.

ㄷ. (○) A업종(40%)과 B업종(35%) 종사 전문위원이 출석하면 과반수 출석 요건을 충족한다. 여기서 A업종 종사 전문위원만이 찬성하면 과반수가 되므로(40%/75%) 안건은 가결된다.

ㄹ. (○) 재적회원 전원이 참석한 회원총회에서 A업종(40%)과 D업종(10%) 종사 회원만 찬성하면 찬성률이 50%가 되므로 과반수에 못 미친다. 따라서 안건은 부결된다.

📖 서울대 로스쿨 합격생의 풀이법

선지 ㄱ과 선지 ㄴ은 각각 전원/전문 위원회의 개최에 대한 것이고, 선지 ㄷ과 선지 ㄹ은 안건의 의결과 관련된 것이다. 정보의 양이 많아 헷갈린다면 선지를 통해 어떤 내용을 찾아야 할지 결정하는 것도 방법이 될 수 있다. 이 문제는 위원회의 개최 여부만 파악했더라도 소거법을 통해 풀 수 있는 문제였다.

---

071 ▸ ⑤ 【 정답률 70% 】

【 접근 방법 】

1. '과다포함'과 '과소포함'의 정의가 무엇인지 염두에 두면서 각 선지에 제시된 규칙과 목적이 어떤 사례를 포함하여야 하는지 판단하자.
2. 글에 예시가 주어졌을 때 이를 적극적으로 활용하면 글에 대한 이해도를 높일 수 있다.
3. 선지 ㄷ은 ㉠, ㉡ 중 어떤 목적을 고려하더라도 금지할 필요가 없는 경우에 해당한다. 이와 관련하여 규칙 3은 금지할 필요가 없는 경우를 금지하지 않고 있으므로, '과소포함'과 '과다포함' 중 어디에도 해당하지 않는다는 것을 파악하자.

【 핵심 정보 】

• 과다포함 : 금지하지 않아도 되는 사례를 금지하는 경우(규칙의 목적은 달성하지만 규칙을 위반하는 경우)
• 과소포함 : 금지해야 하는 사례를 금지하지 않는 경우(규칙을 위반하지 않지만 규칙의 목적을 달성하지 못할 수 있는 경우)

【 선택지 해설 】

ㄱ. (○) '경찰차가 무단 진입한 차량의 질주를 막기 위하여 사전 허가 없이 동물원에 진입하는 것'은 목적 ㉠을 위해 필요하다. 즉 '동물원 이용자의 안전 확보'라는 목적을 위해 경찰차의 동물원 진입까지 제한할 필요가 없는데도 이를 제한하면, 규칙의 목적은 달성하지만 '동물원 내 차량 진입 금지 규칙'을 위반하는 경우이므로 규칙 1은 해당 사례를 '과다포함'한다.

ㄴ. (○) '불필요한 소음을 발생시키는 핫도그 판매 차량'은 목적 ㉡을 달성시키기 위해서는 사전 허가를 받더라도 진입시켜서는 안 된다. 즉 핫도그 판매 차량 진입을 제한하여야 하는데도 사전 허가를 받아 진입할 수 있게 한다면 '불필요한 소음 방지'라는 규칙의 목적을 달성하지 못할 수 있다. 그러므로 규칙 2는 해당 사례를 '과소포함'한다.

ㄷ. (○) '불필요한 소음을 발생시키지 않는 구급차'가 '동물원 이용자를 구조'하는 것은 목적 ㉠은 물론 목적 ㉡에 모두 합치한다. 따라서 규칙3은 해당 사례를 '과다포함'하지도 않고 '과소포함'하지도 않는다.

📖 서울대 로스쿨 합격생의 풀이법

'과다포함'의 사례가 되기 위해서는 금지하지 않아도 되는 경우를 금지하고 있어야 한다. 그런데 이 선지에서는 금지하지 않고 있기 때문에 '과다포함'의 가능성은 아예 제외된다. 그리고 제한할 필요성이 없기 때문에 '과소포함'이라고 볼 수도 없다.

072 ▸ ⑤ 【 정답률 70% 】

접근 방법

1. 〈이론〉을 읽고 정리한 뒤, 자세한 사항은 〈사례〉를 먼저 정리하고 글과 선지의 견해와 대비하여 해결하는 것이 효율적이다.
2. '행동지'는 W국으로 고정되어 있으므로 '결과발생지'가 어디인지를 선지의 각 견해에 따라 판정하는 것이 문제 해결의 관건이다.

핵심 정보

㉠ : 결과발생지 법
㉡ : 원칙적 결과발생지 법, 예외적 행동지 법(가해자가 결과발생지를 예견×)
㉢ : 행동지 법과 결과발생지 법 중 피해자에게 유리한 것

선택지 해설

ㄱ. (○) ㉡에 따르면 손해배상액은 원칙적으로 결과발생지(X국) 법에 따른 11억 원이지만 가해자가 결과발생지를 예견할 수 없었다면 행동지 법(W국)에 따라 12억 원이 된다. 이는 ㉠에 따른 결과발생지에서의 손해배상액 11억 원보다 크거나 같다.

ㄴ. (○) 가해자 을이 피해자 갑의 경제활동 중심지를 알고 있었다면 결과발생지를 예견할 수 있었던 경우에 해당한다. 그러므로 ㉠과 ㉡의 손해배상액은 13억 원으로 같다. 한편 ㉢에 따르더라도 결과발생지(Y국, 13억 원) 법과 행동지(W국, 12억 원) 법 중 피해자에게 유리한 것은 결과발생지 법이므로 결국 ㉠, ㉡, ㉢에 따른 손해배상액은 모두 같다.

ㄷ. (○) 가해자 을이 피해자 갑의 계좌 소재지를 예견할 수 없었던 경우, ㉡에 따르면 손해배상은 행동지 법에 의하게 된다. 이때 ㉠에 따르면 손해배상액은 14억 원(결과발생지 Z국), ㉡에 따르면 손해배상액은 12억 원(행동지 W국)이므로 손해배상액은 ㉠이 ㉡보다 크다.

📖 서울대 로스쿨 합격생의 풀이법

선지를 아래와 같이 정리할 수도 있다.

	ㄱ	ㄴ	ㄷ
결과발생지의 판단기준	피해자의 거주지	피해자가 주된 경제활동을 영위하는 곳	피해자가 가해자에게 송금하기 전에 금전이 예치되어 있던 곳
결과발생지	X국	Y국 (Y국 영업소에서 모든 소득을 얻고 Y국에서 소득의 대부분을 지출)	Z국 또는 W국
손해배상액	11억 원	13억 원	14억 원 또는 12억 원
※ 행동지(W국) 법에 따르면 배상액은 12억 원			

073 ▸ ② 【 정답률 71.8% 】

접근 방법

1. 〈상황〉을 먼저 본 다음 지문을 보는 것도 좋은 접근법이 될 수 있는 문제이다. 특히 지문을 전부 다 읽는 것보다는 밑줄 위주로 살펴보는 것이 시간절약에 도움이 된다.
2. 선지 ㄱ과 ㄷ의 내용 중 공통된 부분("~을 위헌판단의 근거를 제공하는 핵심 측면으로 판단하면, X국에서 L은 위헌이다.")이 있으므로 가급적 함께 살펴보자.

선택지 해설

ㄱ. (×) ㉠에 따르면 〈상황〉에서 L의 위헌 여부를 결정짓는 측면은, 실제로 국기를 소각한 사람에게 가해지는 처벌이라는 결과이다. 그런데 X국에서는 수차례 전쟁을 거치면서 국기 소각이 헌법질서에 반하는 범죄행위로 평가받기에 충분하다. 따라서 헌법질서에 반하는 행위를 처벌하는 범죄행위를 규정한 L은 위헌으로 볼 수 없다.

ㄴ. (○) 법률의 시행이 사회 전체 구성원에게 미치는 영향을 살피는 ㉡의 측면에서 L을 보자. 그런데 사람들이 시위를 하면서 그간 거의 존재하지 않았던 국기 소각 행위가 빈번하게 일어났고 소각행위에 동조하는 사람들도 많아졌다. L의 입법 목적은 국가 존립의 상징이 되는 국기의 권위와 존엄을 보호하기 위한 것이다. 따라서 국기의 권위와 존엄 보호라는 입법 목적과는 합치하지 않는다.

ㄷ. (×) ㉢에 따르면 L의 위헌 여부는 역사와의 관련 속에서 국기 소각 행위를 처벌하는 것이 전달하는 맥락적 의미에 따라 결정된다. 〈상황〉에서 L은 수차례 전쟁을 거치면서 국가 존립의 상징이 된 국기의 권위와 존엄을 보호하기 위한 역사적 맥락을 가지고 있으므로 L은 위헌으로 볼 수 없다.

---

074 ▸▸ ① 【 정답률 83% 】

접근 방법

1. 〈사례〉에서 ㉠, ㉡, ㉢이 각각 어느 조문에 해당하는지 분석하고 연결하여 해결하는 것이 효율적이다.
2. 단서(~에도 불구하고 등)가 주어졌을 때에는 매우 유의하여 살펴야 실수를 줄일 수 있다.
2. ㉠은 쉽게 원재료(소가죽)로 환원할 수 있는 물건이므로 제3조가 적용된다. 쉽게 원재료로 확인할 수 없는 ㉡, ㉢은 제1조, 제2조가 적용되어 물건의 가격과 원재료 소유자 갑의 동의 여부에 따라 소유관계가 달라진다.

선택지 해설

ㄱ. (○) 타인의 동의 없이 그의 물건을 원재료로 사용한 경우에는 기본적으로 제2조가 적용되지만, ㉠은 쉽게 원재료(소가죽)로 환원될 수 있는 물건이므로 소유자의 의사에 따라 제3조가 적용될 수도 있다. 즉 원재료 소유자인 갑이 원재료 환원을 원할 경우에는 새로운 물건을 제작한 을이 원상대로 원재료를 반환하여야 하므로, 갑은 을에게 소가죽을 원상대로 반환할 것을 청구할 수 있다.

ㄴ. (×) 소가죽에 대한 갑의 사용동의가 없는 경우 제2조가 적용된다. 이때 제2호에 따라 새로운 물건의 가격(30만 원)이 원재료 가액(50만 원)에 미달하는 경우에는 우선 새로운 물건을 제작한 자에게 원재료 가액의 지급을 청구하여야 하고, 새로운 물건을 제작한 자가 이를 지급하지 않는 경우에만 새로운 물건을 소유한다. 따라서 갑은 우선 을에게 원재료 가액 50만원의 지급을 청구하여야 하고, 을이 이를 지급한다면 ㉡은 갑이 소유할 수 없다. 따라서 ㉡이 바로 갑의 소유라고 볼 수 없다.

ㄷ. (×) ㉢은 100만 원으로 원재료인 소가죽 가격 50만 원을 초과한다. 이때 소가죽에 대한 갑의 사용동의가 있었다면 제1조 제2항이 적용되어 소파는 제작자인 병이 소유한다. 을은 ㉢을 제작하라고 하였을 뿐 제작행위를 한 것은 아니므로, 제1조 제3항이 적용되지 않아서 소유자가 될 수 없다. 그러나 사용동의가 없었다면 제2조 제1호가 적용되어 ㉢은 원재료 소유자인 갑이 소유한다.

---

075 ▸▸ ② 【 정답률 49.9% 】

접근 방법

1. 〈사례〉의 갑, 을, 병이 각각 어느 나라에서 재판을 받는지를 확인한 후, 해당 규정만을 정리하고 해당되지 않는 규정은 계산에 넣지 않아야 한다.
2. [X국 규정] 제3조에 따르면 "X국과 Y국 국적을 모두 가진 병"은 외국인이라는 것과 Y국 해상강도의 경우 내·외국인, 국경을 가리지 않고 처벌할 수 있다는 점에 주의해서 풀어야 한다.

선택지 해설

- 갑 : 〈사례〉에서 갑은 Y국에서 재판을 받는다고 되어 있으므로 [Y국 규정]만을 살펴보자. 그런데 강간은 Y국 영역에서 죄를 범한 내국인과 외국인 및 Y국 영역 외에서 죄를 범한 내국인에게 적용되므로(제1조 제2항), X국 국적의 갑이 X국에서 한 강간은 처벌 대상이 아니다. 한편, 해상강도는 Y국 영역 내·외에서 죄를 범한 내국인과 외국인에게 적용되므로(제2조 제2항), X국에서 한 해상강도와 Y국에서 한 해상강도 모두 처벌 대상이다. 이때 처벌대상이 되는 동종의 범죄가 2회 범해진 경우에는 개별 범죄에서 정한 형 중 중한 형을 선택하여 그 형에 그 2분의 1을 더한 형만 선고한다(제4조 제1항). 따라서 갑에게는 $9+(9 \times 1/2) = \underline{13년\ 6개월}$의 형이 선고된다.
- 을 : 〈사례〉에서 을은 Y국에서 재판을 받는다고 되어 있으므로 [Y국 규정]만을 살펴보자. Y국에서 강간죄는 내국인의 경우 Y국 영역 외에서 죄를 범했을 때도 적용되므로, Y국 국적의 을이 Y국에서 한 강간 2회는 물론 X국에 가서 한 강간 1회도 처벌된다(제1조 제2항). 이때 처벌대상이 되는 동종의 범죄가 3회 이상 범해진 경우에는 개별 범죄에서 정한 형 중 가장 중한 형을 선택하여 그 형에 그 3분의 2를 더한 형만 선고한다. 따라서 을에게는 $6+(6 \times 2/3) = \underline{10년}$의 형이 선고된다.
- 병 : 〈사례〉에서 병은 X국에서 재판을 받는다고 되어 있으므로 [X국 규정]만을 살펴보자. 그런데 X국에서는 X국의 국적만 가진 사람을 내국인으로 본다(제3조). 따라서 X국과 Y국의 국적을 모두 가진 병은 외국인으로 본다. X국에서 강간은 X국 영역 내에서 죄를 범한 내국인과 외국인에게 적용되는 규정이기에(제1조 제2항), 강간 2회 모두 처벌대상이다. 그런데 X국에서 해상강도는 X국 영역 내에서 죄를 범한 내국인과 외국인 및 X국 영역 외에서 죄를 범한 내국인에게 적용되는 규정이므로(제2조 제2항), Y국에서 한 해상강도는 처벌 대상이 아니다. 따라서 X국에서 한 강간 2회만 처벌되는데, 이때 제4조에 따라 개별 범죄에서 정한 형을 전부 합산하면 $7+7 = \underline{14년}$의 형이 선고된다.

따라서 최저 형량과 최고 형량을 옳게 짝지은 것은 10년−14년의 ②번이다.

> 📖 **서울대 로스쿨 합격생의 풀이법**
>
> 'X국 국적의 갑'이 'X국 국적을 가진 갑'과는 다르다는 것이 중요하다. 이 점을 혼동하면 갑이 X국 국적뿐만 아니라 Y국 국적도 가질 수 있다고 생각할 수 있는데 이렇게 되면 Y국에서 갑은 내국인이므로 $9+6=15년$의 형량을 받게 되어 문제의 답이 달라질 수 있다기에 주의해야 한다.

---

076 ▸ ③ 【 정답률 65.4% 】

접근 방법

1. 주어진 [규정]을 표로 만들어 보는 것도 문제풀이를 위한 좋은 접근법이다.
2. [규정]과 〈사례〉를 통해 갑, 을, 병은 각국의 혼인 적령에 이르렀음을 알 수 있다. 글에서 혼인 적령은 각 당사자가 자신의 국적을 가진 국가에서 정한 요건만 검토하면 충분하다고 하였으므로 이 부분은 더 이상 고려하지 않아도 된다.

핵심 정보

	혼인 적령	중혼	동성혼
X국	18세	○	○
Y국	남성 16세 여성 18세	○ (남성만)	×
Z국	여성 16세 남성 18세	×	○

선택지 해설

ㄱ. (○) X국 국적 갑은 19세 미혼 여성이므로 X국이 요구하는 혼인 적령 18세를 충족하였다. Y국 국적의 을은 17세 기혼 남성이지만 Y국 규정에서는 남성 기혼자도 중복으로 혼인할 수 있다고 하였다. 갑과 을의 혼인은 중혼이므로 쌍방 당사자가 국적을 가진 각 국가에서 정한 요건을 모두 검토해야 한다. 그런데 X국 규정에서도 기혼자도 중복으로 혼인할 수 있다고 하였으므로, 갑과 을은 X국에서 혼인할 수 있다.

ㄴ. (○) X국 국적의 갑은 19세 미혼 여성이므로 X국이 요구하는 혼인 적령 18세를 충족하였다. Z국 국적의 병도 17세 미혼 여성이므로 혼인 적령을 충족하였다. 갑과 병의 혼인은 동성혼이므로 쌍방 당사자가 국적을 가진 각 국가에서 정한 요건을 모두 검토해야 한다. X국 규정과 Z국 규정 모두 동성혼을 허용하므로 갑과 병은 혼인할 수 있다.

ㄷ. (×) Z국 국적의 병은 17세 미혼 여성이므로 Z국이 요구하는 혼인 적령 16세를 충족하였다. Y국 국적의 을은 17세 기혼 남성이지만 Y국 규정에서는 남성 기혼자도 중복으로 혼인할 수 있다고 하였다. 을과 병의 혼인은 중혼이므로 쌍방 당사자가 국적을 가진 각 국가에서 정한 요건을 모두 검토해야 한다. 그러나 Z국 규정에서는 중혼을 허용하고 있지 않으므로 을과 병은 X국에서 혼인할 수 없다.

> **서울대 로스쿨 합격생의 풀이법**
>
> 시간을 충분히 투입하여 혼인 적령과 중혼·동성혼을 체계적으로 정리해 판단하는 것이 핵심이다. 즉 복잡한 문제는 아니기에 그저 꼼꼼하게만 풀면 되는 문제였다.

---

077 ▸ ⑤ 【 정답률 89.1% 】

접근 방법

1. 선지와 규정의 키워드를 연결하여 해석하여 보자.
2. 선지 모두 징계의 찬반에 대해 이야기하고 있으므로 [학칙]의 징계 조건(학내, 품위 손상이나 명예 실추 행위, 교육 목적)을 염두에 두고 〈상황〉을 파악하자.

선택지 해설

ㄱ. (○) [학칙] 제1조 제1항은 학생이 '학내'에서 학생으로서의 품위를 손상하거나 학교의 명예를 실추시키는 등의 행위를 한 경우를 징계 사유로 정하고 있다. 〈상황〉에서 갑이 SNS에 체벌 사건의 내용을 게시한 장소는 집, 즉 학교라는 물리적 공간이 아닌 곳에서 일어났으므로 선지의 주장은 징계를 반대하는 논거가 된다.

ㄴ. (○) [학칙] 제1조 제1항에 따른 징계는 학생이 '학생으로서의 품위를 손상하거나 학교의 명예를 실추시키는 등의 행위'를 한 경우에 '교육을 위하여' 할 수 있다. 그런데 〈상황〉에서 갑이 자신의 학교에서 조사 중인 체벌 사건의 내용을 SNS에 게시한 목적은 시민의 알권리라는 공익에 있다. 즉 공익을 위한 학생의 표현의 자유가 제한 없이 보장되어야 한다면, 설령 학교에서 조사 중인 체벌 사건의 내용을 SNS에 게시한 행위가 학생으로서의 품위를 손상시켰거나 학교의 명예를 실추시켰더라도, 징계를 통해 표현의 자유를 제한할 수는 없다. 따라서 선지의 주장은 징계를 반대하는 논거가 된다.

ㄷ. (○) [학칙] 제1조 제1항은 '학내'의 정의가 무엇인지는 설명하지 않고 있다. 여기서 선지에 따르면 수업시간 동안의 학생의 모든 활동이 학내 활동으로 간주되므로, 갑이 원격수업 중 SNS에 체벌 사건 내용을 게시한 행위를 한 장소가 집이었다고 하더라도 그 활동 역시 학내 활동이 되어 징계 요건을 만족시킨다. 따라서 선지의 주장은 징계를 찬성하는 논거가 된다.

> **서울대 로스쿨 합격생의 풀이법**
>
> 이례적으로 제1조 제2항의 내용이 문제풀이에 전혀 사용되지 않았다. 실제 시험장에서는 제시된 조항이 활용되지 않을 리가 없고, 그렇다면 내가 놓친 것이 있는 것은 아닌가 고민하면서 몇 번 더 확인하는 과정에서 헛된 시간을 낭비할 수 있는데, 실제 기출도 이렇게 낼 수 있다는 것을 참고로 삼아야 한다.

078 ▸ ③ 【 정답률 69.59% 】

접근 방법

1. [규정]의 ⓐ를 통해 묻고 싶은 부분이 무엇인지를 선지를 통해 확인할 수 있으므로 선지를 먼저 확인해보는 것이 효율적이다.
2. ㉠과 관련하여 법학계에서 확립된 '전문적 의미'가 우선한다는 점에 주의하자.

핵심 정보

갑은 명예퇴직하여 명예퇴직수당을 지급받은 후 공무원으로 재임용되어 명예퇴직수당 전액과 이자 상당액을 반환함으로써 명예퇴직수당으로 받은 금전적 이익은 없는 상태이다. 결국 제2조 제2항의 '명예퇴직수당을 지급받은 사실'이 수당 지급으로 인해 받은 이익이 있는 상태까지 포함하는지에 따라 〈사례〉에서 갑이 명예퇴직수당을 지급받을 수 있는지가 결정될 것이다.

선택지 해설

ㄱ. (○) ⓐ가 수당으로 받은 금전적 이익을 향유하고 있는 경우만을 의미한다는 것이 법학계의 확립된 견해라면, 이러한 견해가 '전문적 의미'로서 우선 고려된다. 갑은 공무원으로 재임용될 때 이전에 지급받은 명예퇴직수당 전액과 이자 상당액을 반환하였으므로 명예퇴직수당으로 받은 금전적 이익은 없는 상태이다. 그러므로 ㉠만으로 명예퇴직수당을 지급받은 사실이 없는 것으로 인정될 수 있다. 따라서 갑에게 명예퇴직수당이 지급된다.

ㄴ. (×) ⓐ가 수당으로 받은 금전적 이익을 향유하고 있는 경우만을 의미하는지, 혹은 수당으로 받은 금전적 이익을 실제로 누린 바 없어도 지급받은 사실이 있는 경우까지 의미하는지 논란이 있다면, ㉠만으로는 수당 지급 여부를 확정할 수 없고 ㉡에 따라 검토하게 된다. 그런데 관련된 조항과의 연관관계를 고려하더라도 갑의 명예퇴직수당 지급 여부를 알 수 없다. 즉 문제에 제시된 [규정]만으로는 〈사례〉를 해결할 수 없다.

ㄷ. (○) ⓐ의 의미가 불명확하고 관련 법률·조항을 고려해도 단일한 해석이 불가능한 경우에는 ㉢에 따라 입법목적 또는 유사사례와의 형평을 고려하게 된다. [규정] 제2조 제2항 단서의 입법목적이 명예퇴직수당의 실질적인 중복 수혜를 막기 위한 것이라는 선지의 정보에 의하면, 갑은 공무원 재임용 당시 이전에 지급받은 명예퇴직수당 전액과 이자 상당액을 반환함으로써 명예퇴직수당의 실질적인 중복 수혜는 없어진 셈이 되었다. 따라서 ㉢에 따라 갑에게 명예퇴직수당이 지급된다.

> **📖 서울대 로스쿨 합격생의 풀이법**
>
> 이전에 명예퇴직수당을 지급받은 뒤 그 자금을 활용하여 투자를 하고 이익을 거두었다면 명예퇴직수당으로 받은 금전적 이익이 있으므로 실질적인 중복 수혜가 있다는 견해를 가질 수 있으나, 투자에 따른 손익은 그 자체로 확정할 수 있는 것이 아닌 점, 투자로 수익을 실현했다고 해서 그 수익을 명예퇴직수당의 일부로 보기도 어려운 점을 고려하면 이러한 경우까지 '실질적인 중복 수혜'가 있다고 판단할 것은 아니다.

079 ▸ ② 【 정답률 83.84% 】

접근 방법

1. 고지의무가 있는 경우와 고지의무가 없는 경우를 정리해서 선지와 비교하며 풀자.
2. 시장 가격보다 낮은 금액으로 거래할 경우 객관적 정보이더라도 고지의무가 없다는 점을 고려하자.
3. 바닥의 누수 여부는 시장 가격의 차이를 가져올 수 있으므로 객관적 정보임에 주의하자.

핵심 정보

고지의무의 대상이 되는 정보는 객관적이고 평균적인 거래 당사자의 입장에서 중요한 정보인 '객관적 정보'이다.

(객관적 정보인지 여부는 세대별 시장 가격 차이를 가져오는 요인을 통해 판단한다.)

객관적 정보이더라도 고지의무 유무는 다음과 같이 달라진다.

1) 시장 가격보다 낮은 금액으로 거래할 경우 : 고지의무 없음

2) 시장 가격보다 높거나 같은 금액으로 거래할 경우

    a) 정보 보유자가 목적한 바에 따라 비용을 들여 조사한 결과로 취득한 경우

    고지의무 없음. 다만 거래의 일방 당사자가 정보 취득을 위해 탐지 비용을 들인 경우에도 취득한 정보를 통해 이미 비용 지출 목적을 달성한 경우 고지의무 있음

    b) 우연히 취득한 경우

    고지의무 있음. 다만 정보 제공에 의해 거래 상대방이 거래가격을 상승시킬 유인이 된다면 그 정보를 고지할 필요가 없음

선택지 해설

ㄱ. (×) 도시 조망 세대의 시장 가격은 평당 1,600만 원이므로 갑의 거래 가격은 시장 가격이다. 여기서 갑이 B아파트의 재건축 사실을 우연히 알게 된 경우 고지의무가 있는 것이 원칙이다. 그러나 매도인이 재건축에 따른 시장 가격 상승이라는 정보를 알게 되면 거래가격을 상승시킬 수 있다. 따라서 이 경우에는 그 정보를 고지할 필요가 없다.

ㄴ. (×) '강 조망'은 객관적 정보에 해당한다. 그러나 시장 가격보다 낮은 금액으로 거래할 경우 객관적 정보이더라도 거래 상대방에게 고지할 필요는 없다(2문단 마지막 문장)고 한 것을 기반으로 '강 조망' 아파트의 시장 가격이 평당 2,000만 원인데 을이 (시장가격보다 낮은 금액인) 1,600만 원에 매도하는 것이 이에 해당한다. 그러므로 객관적 정보(강 조망)를 고지할 필요가 없다. 따라서 고지의무 위반이 아니다.

> 📖 서울대 로스쿨 합격생의 풀이법
>
> 매수인이 강을 보는 것을 두려워한다는 사실은 주관적 사정으로 객관적 정보 여부를 판단하는 기준이 아니므로 고려하지 않는 것이 바람직하다.

ㄷ. (○) 숲 조망 세대의 시장 가격은 평당 1,800만 원이므로 병의 거래 가격은 시장 가격이다. 여기서 정보 보유자인 병이 바닥의 누수 여부를 확인하기 위해 비용을 들여 조사한 결과로 취득한 정보는 고지의무가 없는 것이 원칙이다. 그러나 병은 바닥의 누수 여부를 확인하기 위해 비용을 지출하였고, 바닥에 누수가 발생하였다는 정보를 취득함으로써 비용 지출의 목적을 달성하였다. 그럼에도 불구하고 시장 가격 하락 요인인 바닥의 누수 사실을 매수인에게 알리지 않았다면 병은 고지의무를 위반한 것이다.

---

080 ▸ ④ 【 정답률 67.43% 】

접근 방법

1. 〈사례〉와 [규정]을 보고 〈이론〉을 정리하는 것이 효율적이다. 이때 선지에 등장하는 국가 중 갑이 P상표를 등록한 곳은 W국뿐임을 파악하자.

2. A는 등록지를 기준으로, B는 생산지 또는 판매지를 기준으로 상표권 침해 발생 여부를 판단한다는 것에 유의하자.

3. [규정]에 단서가 있을 때에는 늘 주의하여 살펴야 한다.

핵심 정보

A : 상표가 등록되지 않은 나라에서는 상표권 침해가 발생할 수 없으므로, [규정]에 따를 때 X국에서의 상표권 침해로 인한 손해배상청구 사건에서 X국 법원은 재판권을 행사할 수 없다.

B : 상표가 등록되지 않은 나라에서 상표를 무단 복제하여 상품을 생산하거나 판매하면 상표가 등록되지 않은 나라에서 상표권 침해가 발생한 것이다.

선택지 해설

ㄱ. (×) [규정]에 따르면 X국 법원은 X국에서 상표권이 침해되는 경우에 재판권을 행사할 수 있다. 그러나 갑은 P 상표를 X국에는 등록하지 않았으므로 A에 따를 때 X국에서 상표권 침해는 있을 수 없다. 그러므로 X국 법원은 재판권을 행사할 수 없다.

서울대 로스쿨 합격생의 풀이법

해당 선지는 [규정]을 고려하지 않고 풀어도 정답을 도출할 수 있다. 'W국에는 상표가 등록되어 있으므로, 을이 Q상품을 W국에서 판매하였다면 A에 따르면 재판권을 행사할 수 있는 법원은 X국이 아닌 W국 법원'이라고 판단하여 정답에서 제외할 수 있다(다만, 〈규정〉이 X국의 것이어서 W국, Y국 법원의 관할권 유무 자체는 판단할 수 없다.

ㄴ. (○) [규정]에 따르면 X국 법원은 X국에서 상표권이 침해되는 경우에 재판권을 행사할 수 있다. 을이 P상표를 무단 복제하여 부착한 Q상품을 X국에서 생산하여 X국에서 판매하였다면, 을이 Q상품을 판매함으로써 갑이 X국에서 입은 손해를 한도로 X국 법원이 재판권을 행사할 수 있다([규정] 단서).

ㄷ. (○) [규정]에 따르면 X국 법원은 X국에서 상표권이 침해되는 경우에 재판권을 행사할 수 있다. 갑이 P상표를 X국에 등록하지는 않았으므로 A에 따르면 상표권 침해가 있을 수 없어 X국 법원은 재판권이 없다. B의 경우, 상표가 등록되지 않은 나라에서 상표를 무단 복제하여 상품을 생산하거나 판매하면 상표권 침해는 생산국이나 판매국에서 발생한 것으로 보아야 한다. 글에 따르면 을이 P상표를 무단 복제하여 부착한 Q상품을 X국에서 생산하여 Y국에서 판매한 것은 제○조에서 'X국에서 상표권이 침해되는 경우'이므로 재판권을 행사할 수 있다. 그러나 단서 조항에서 X국에서 상표권자가 입은 손해액을 한도로 재판권을 행사할 수 있다고 하였는데, 〈사례〉의 갑은 Y국에서 Q상품이 판매됨으로써 손해를 입은 것이므로 X국에서 상표권자가 손해를 입은 것이 아니다. 따라서 갑이 입은 손해에 대해 X국에서 재판권 행사가 불가능하다.

---

081 ▸▸ ③ 【 정답률 78.12% 】

접근 방법

1. 〈사례〉와 [규정]을 연결하여 보되, 선지에 날짜가 언급되어 있음을 파악하는 것이 중요하다.
2. 제4조의 내용이 제3조에만 적용된다는 것을 파악하는 것이 중요하다. 즉 특정 조항에만 해당하는 조항이 있을 때에는 이에 주의하자.

핵심 정보

〈사례〉에서 갑과 을의 계약으로 말미암은 소송은 Y주 법원에만 제기하기로 합의한 부분은 제2조의 전속관할합의에 해당한다. 또한 갑과 을의 영업소가 X주에만 있고 갑의 물품인도의무와 을의 대금지급의무를 갑의 영업소(X주 소재)에서 이행하기로 하였으므로 제3조 2번째 문장에 따르면 Y주 법원은 전속관할합의의 대상인 법률관계와 아무런 관련이 없다. 그러나 제4조에 따르면 제3조가 2023. 1. 1.부터 시행되며, 그 당시 어느 주법원에서든 소송절차가 이미 개시된 분쟁에는 제3조가 적용되지 않는다.

선택지 해설

ㄱ. (○) 제4조에 따르면 제3조는 2023. 1. 1.부터 시행되므로, 2022. 12. 1. 갑이 소송을 제기한 경우 제3조를 고려할 필요 없이 소송을 Y주에 제기하여야만 한다(제2조). 따라서 X주 법원은 소송절차를 개시할 수 없다.

ㄴ. (○) 2022. 12. 1. 갑이 을을 상대로 Y주 법원에 소송을 제기한 경우 Y주 법원에서 소송절차가 개시된다. 제3조는 2023. 1. 1.부터 시행되고 2023. 1. 1. 당시 어느 주법원에서든 소송절차가 이미 개시된 분쟁에는 적용되지 않으므로(제4조), 제3조는 고려되지 않고 제1조가 적용되는데, 같은 분쟁에 관하여 나중에 소송이 제기된 주 법원은 소송절차를 개시할 수 없으므로 X법원은 소송절차를 개시할 수 없다.

ㄷ. (×) 갑과 을의 영업소가 X주에만 있고 갑의 물품인도의무와 을의 대금지급의무를 갑의 영업소(X주 소재)에서

이행하기로 하였으므로, Y주 법원은 전속관할합의의 대상인 법률관계와 아무런 관련이 없다(제3조 2번째 문장). 따라서 2023. 2. 1. 갑이 을을 상대로 Y주 법원에 소를 제기하면 무효인 전속관할합의에 따라 제기한 소여서 Y주 법원이 소송절차를 개시할 수 없다(제3조). 이때 2023. 3. 1. 을이 갑을 상대로 X주 법원에 P에 관한 소송을 제기하였다면, X주 법원은 소송절차를 개시할 수 있다.

---

082 ▸ ③ 【정답률 64.16%】

접근 방법

1. <이론>을 빠르게 읽으며 필요한 정보가 무엇인지 파악한다.
2. <사례>를 <이론>에 빠르게 대입하여 선지의 정오를 판단한다.

선택지 해설

ㄱ. (○) Y국 법원이 ㉡을 적용하여 판단하고자 한다면 가해자인 갑이 그곳에서 피해자의 명예가 훼손되기를 의도하였던 나라가 어디인지를 파악해야 한다. 이때 가해자의 의도는 콘텐츠가 작성된 언어와 콘텐츠에 접근할 수 있는 나라의 공용어가 같고 다름을 기준으로 판단한다. 콘텐츠가 작성된 언어는 B언어로 콘텐츠에 접근할 수 있는 나라 중 하나인 Y국의 공용어와 다르다. 따라서 가해자가 피해자의 명예가 훼손되기를 의도하였던 나라는 Y국이라고 판단할 수 없으므로 ㉡을 적용하여 판단하면 을은 갑으로부터 손해배상을 받을 수 없다.

ㄴ. (○) Y국 법원이 ㉠, ㉢, ㉥의 순서로 적용하여 판단할 경우, Y국 법원은 ㉠에 따라 Y국에 재판권을 행사할 수 있게 되고, ㉢에 따라 재판권 행사의 범위는 Y국에서 입은 손해인 30에 한정된다. 그러나 ㉥에 따라 가해자가 거주하는 나라인 X국의 법을 적용한다면 진실한 사실을 적시한 행위에 대해서는 손해배상책임을 인정받을 수 없다. X국에서는 허위의 사실을 적시한 행위에 대해서만 손해배상책임을 인정하기 때문이다. ㉠, ㉣, ㉥의 순서로 적용하여 판단하더라도 ㉥에 의해 진실한 사실을 적시한 행위에 대해서는 손해배상책임을 인정받을 수 없다. 따라서 어느 경우든 진실한 사실을 적시한 을은 갑으로부터 손해배상을 받을 수 없다.

ㄷ. (×) Y국 법원이 ㉠, ㉣, ㉤의 순서로 적용하여 판단할 경우, Y국 법원은 ㉠에 따라 Y국에 재판권을 행사할 수 있게 되고, ㉣에 따라 재판권의 행사 범위는 을이 여러 나라에서 입은 모든 손해인 100이 된다. ㉤에 따라 피해자가 거주하는 나라인 Y국의 법을 적용한다면 진실한 사실을 적시한 행위에 대해서도 손해배상책임이 인정되므로 을은 모든 손해에 대해 갑으로부터 손해배상을 받을 수 있다. 그러나 Y국 법원이 ㉠, ㉣, ㉦의 순서로 적용하여 판단할 경우, ㉦에 따라 X국에서 발생한 손해에 대해서는 손해배상책임을 인정받을 수 없다. X국에서는 진실한 사실을 적시한 행위에 대해서는 손해배상책임을 인정하지 않기 때문이다. 따라서 이 경우에는 모든 손해에 대해 갑으로부터 손해배상을 받을 수 있는 것은 아니다.

서울대 로스쿨 합격생의 풀이법

순서와 무관하게 ㉥이 개입하면 을은 갑으로부터 손해배상을 받을 수 없다는 사실을 파악해야 한다.

PSAT

---

083 ▸ ④

접근 방법

1. 단서 부분('~에도 불구하고' 부분 포함)에 유의하자. 예컨대 총 사업비가 50억 원 이상이어서 타당성조사를 받아야 하는지, 총 사업비가 50억 원 이상임에도 전문위원회 검토로 타당성조사를 대체할 수 있는지 등을 실수 없이 확인하는 것이 중요하다.

2. 1) 국제행사인가 2) 국고지원을 얼마나 받을 수 있는가 3) 타당성조사 또는 전문위원회 검토대상 중 어느 것인가 라는 3단계의 과정으로 파악하자.

선택지 해설

순서대로 제1조~제4조라고 한다.

① (×) 국제행사의 요건은 1) 5개국 이상 국가에서 외국인이 참여할 것, 2) 외국인 비율이 총 참여자의 5%(총 참여자 200만 명 이상은 3%) 이상일 것이다(제2조). 총 250만 명이 참여하는 A박람회에 20개국에서 참여하여 조건 1)을 만족하더라도, 국제행사에 해당하려면 외국인 비율이 3% 이상이어야 하므로 외국인 참여자는 적어도 7만 5천 명은 되어야 한다.

② (×) A박람회는 매년 1회 정기적으로 개최되는 행사로서 총 250만 명이 참여하고 그 중 외국인(8만 명) 비율이 3%(7.5만 명) 이상이므로 국제행사에 해당한다. 따라서 국고지원을 7회 받으면 그 이후 최초로 개최되는 행사의 해당 연도부터 국고지원 대상에서 제외된다(제3조 제1호). 즉 2021년 제6회 A박람회가 예정대로 개최된다면 2022년 제7회 박람회까지는 국고지원을 받을 수 있고 그 이후인 2023년부터 제외된다.

③ (×) A박람회의 총 사업비가 52억 원이라면 국고지원의 타당성조사 대상이다(제4조 제1항). 그러나 국고지원 비율이 20%(=10.4억 원) 이내라면 타당성조사를 전문위원회 검토로 대체할 수 있다(제4조 제3항). 즉 국고지원액이 8억 원인 A박람회는 타당성조사를 전문위원회 검토로 대체할 수 있다.

④ (○) A박람회의 총 사업비가 60억 원으로 증가하였다면 국고지원의 타당성조사 대상이다(제4조 제1항). 다만 국고지원 비율이 20%(=12억 원) 이내라면 타당성조사를 전문위원회 검토로 대체할 수 있다(제4조 제3항). 2020년 A박람회의 국고지원액은 10억 원(=40억 원×25%)이므로, 2021년에도 10억 원의 국고지원을 요청한다면 타당성조사를 전문위원회 검토로 대체할 수 있다.

⑤ (×) 甲광역자치단체와 乙기초자치단체가 공동주관하여 A박람회를 개최하는 경우에도 이 규정이 적용된다(제1조). 여기서 A박람회가 2020년과 동일한 총 사업비(=40억 원)로 2021년에도 개최된다면, 국고지원 시 전문위원회 검토 대상(=총 사업비 50억 원 미만)이다(제4조 제2항).

더 알아보기

국제행사의 유치·개최 등에 관한 규정 제2조, 제3조, 제11조의2와 제15조를 문제풀이에 적합하도록 변형하였다.

---

084 ▸ ②

접근 방법

X지역의 지역개발 신청을 하기 위한 조건을 먼저 파악한 후 〈상황〉과 선지를 잘 비교해가면서 판단하자.

핵심 정보

〈상황〉을 순서대로 상황1~상황5라 하자. 이를 표로 정리하면 아래와 같다.

소유자	토지(필지 수)	토지면적
甲	2개	1.5km²(X지역 토지 면적의 1/4)
乙	10개	2km²
丙, 丁, 戊, 己	1개	1km²
나머지 소유자	87개	1.5km²
합계	100개	6km²

X지역의 지역개발 신청을 하려면 1) X지역 총 면적의 2/3인 4km² 이상에 해당하는 토지 소유자의 동의와 2) X토지 소유자 총수의 1/2 이상(동의대상자 82인 기준으로 41인)의 동의를 받아야 한다(제1항, 상황1, 상황2).

선택지 해설

① (×) 乙이 동의대상자 중 31인의 동의를 얻는 것만으로는 토지 소유자 총수의 1/2 이상의 동의 조건을 충족하지 못한다.

② (○) 甲~己가 동의한 경우 X지역 총 면적의 2/3을 넘는 4.5km²에 해당하는 토지의 소유자가 동의하였으므로 1)은 충족한다. 한편 2)를 충족하려면 동의대상자 중 41인의 동의가 필요한데, 하나의 토지를 공동소유하는 丙~己의 경우(상황5) 대표 공동소유자 1인만을 소유자로 보기 때문에(제2항 제2호) 동의대상자로는 1인으로 계산된다. 따라서 甲, 乙, (丙~己) 외에 38인의 동의를 얻으면 ii)도 충족하여 지역개발을 신청할 수 있다.

③ (×) X지역에는 100개의 토지가 있는데, 甲(2개), 乙(10개), 丙~己(1개) 소유 토지를 제외하면 나머지 소유자는 87개의 토지를 소유하고 있다(상황3~상황5). 그런데 X지역 총 동의대상자가 82인이고(상황2) 甲~己를 제외하면 79인이다(丙~己는 제2항 제2호에 따라 대표 공동소유자 1인만 소유자로 보므로 1인으로 계산). 즉 79인이 87개의 토지를 소유한 셈이므로 적어도 1인 이상은 2개 이상의 토지를 소유하고 있다. 79인 모두가 1개의 토지만 소유하고 있다면 토지 수가 79개 이상이 될 수 없기 때문이다.

④ (×) X지역 100개 토지 면적의 합계가 6km²일 뿐(상황1), 각 토지 면적은 동일하지 않다.

> **📖 서울대 로스쿨 합격생의 풀이법**
>
> 1필의 토지면적이 0.06으로 동일할 수는 없다. 갑 소유의 토지만 봐도 2개 토지가 1.5km²를 채우고 있기 때문이다.

⑤ (×) X지역에서 甲~己가 소유한 면적을 제외한 부분의 면적이 1.5km²이고(상황1, 상황3~상황5), 그 안에 국유지가 포함되어 있을 뿐이다(상황2).

더 알아보기

지역개발 및 지원에 관한 법률 제27조 제2항, 같은 법 시행령 제26조 등을 문제풀이에 적합하도록 변형하였다.

---

085 ▸ ③ 【 정답률 59.2% 】

접근 방법

1. 〈상황〉 중 두 번째가 첫 번째보다 더 복잡하므로 이에 집중하는 것이 좋다. 즉 甲보다는 乙, 丙, 丁과 관련된 내용을 먼저 읽고 해결해보자.
2. 단서(예 : 한편, 다만, 그러나)와 같은 형태의 문장이나 각주(※)는 출제 의도와 직결되기 때문에 신경 써서 읽자.

선택지 해설

순서대로 상황1~상황2라 하자.

① (×) 공소시효는 범죄행위가 종료된 날부터 계산한다(2문단). 상황1에서 甲은 2016년 5월 1일 국외 도피 후 귀국하였지만, 그에게 감금된 피해자는 2016년 5월 2일에 풀려났으므로 공소시효는 2016년 5월 2일부터 계산되는 것이고 정지되는 기간은 없다.

② (×) 감금죄의 공소시효는 7년이고, 상황1과 관련하여 甲의 감금행위가 종료된 2016년 5월 2일을 1일로 계산하므로, 2023년 5월 1일 24시로 공소시효가 완성된다(2문단). 따라서 2023년 5월 1일 甲에 대해 공소가 제기된다면 적법하다.

③ (○) 상황2에서 乙은 범죄혐의 없음을 이유로 무죄 확정판결을 받았기 때문에 乙에 대한 공소제기로 丙에 대한 공소시효가 정지되지 않는다(4문단). 결국 丙에 대해 공소가 제기되기 전 정지된 공소시효 기간은 丙이 형사처벌을 면할 목적으로 국외에서 도피 생활을 한 1년이다(3문단).

④ (×) 범인이 형사처벌을 면할 목적으로 국외에 있다가 귀국하였다면 그 기간만큼 공소시효가 정지되지만, 국외로 출국하지 않은 공범은 그 기간에도 공소시효가 정지되지 않는다(3문단). 따라서 상황2에 제시된 바 국내에서 도피 중인 丁의 공소시효는 정지되지 않는다.

⑤ (×) 상황2에서 乙은 범죄혐의 없음을 이유로 무죄 확정판결을 받았기 때문에 乙에 대한 공소제기로 丁에 대한 공소시효가 정지되지 않는다(4문단). 또한 丁은 국내에 있었으므로 丙의 국외도피 중에도 공소시효가 정지되지 않는다(3문단). 결국 丁에 대한 공소시효는 丙에 대해 공소가 제기된 2020년 1월 1일부터 유죄판결이 확정된 2020년 12월 31일까지 1년간만 정지된다(4문단). 그런데 A죄는 공소시효가 5년이므로, 2015년 2월 1일 종료된 A죄의 공소시효는 2021년 1월 31일 완성된다. 따라서 2022년 1월 31일에 丁에 대하여 공소를 제기하면 위법하다(1문단).

---

086 ▸ ② 【 정답률 45.4% 】

접근 방법

1. 규정에 숫자가 등장할 때에는 주의해서 살펴보면 좋다.
2. 규정에 '또는'이 등장했을 때, 선지에 제시된 내용 중 '과/와'와 혼동하지 않도록 주의하자.
3. 일반적으로 '정관'은 제시된 '규정'을 위반할 수 없다는 것을 참고하면 좋다.

선택지 해설

순서대로 제1조~제4조라 한다.

① (×) 임원의 사임 등으로 인하여 선임되는 임원의 임기는 새로 시작되므로(제2조 제3항), 관장 A가 2년간 재직하다가 퇴직한 경우 새로 임명된 관장의 임기는 3년이다(제2조 제1항).
② (○) 이사회는 재적이사 과반수의 출석으로 개의하므로(제3조 제3항) 이사회 재적인원 6명(A~F) 중 총 5명의 이사(A~E)가 출석하면 개의 요건은 충족된다. 한편 이사회는 재적이사 과반수의 찬성으로 의결하는데(같은 항), 출석한 이사 중 2명이 반대하면 찬성 인원은 최대 3명이므로 재적이사 과반수(4명)에 미치지 못하여 안건은 부결된다.
③ (×) 소속 직원 지휘·감독은 관장의 직무이다(제2조 제4항). 관장이 부득이한 사유로 직무를 수행할 수 없을 때에는 상임이사가 그 직무를 대행하고, 상임이사도 직무를 수행할 수 없을 때에는 정관으로 정하는 임원이 그 직무를 대행한다(제2조 제5항). 따라서 관장 A가 부득이한 사유로 직무를 수행할 수 없을 때에는 상임이사 B가 소속 직원을 지휘·감독하며, B도 직무를 수행할 수 없을 때에는 정관으로 정하는 임원이 그 직무를 대행한다.
④ (×) 직무상 알게 된 비밀을 누설하면 2년 이하의 징역 '또는' 2천만 원 이하의 벌금에 처해진다(제4조 제2항). 따라서 1년 이하의 징역'과' 500만 원 이하의 벌금에 처해질 수 있다는 설명은 옳지 않다.
⑤ (×) 상임이사와 비상임이사 및 감사의 임면은 정관으로 정하는 바에 따르지만(제1조 제3항), 감사는 비상임으로 한다(제1조 제2항). 따라서 ○○박물관 정관에 "관장은 이사, 감사를 임면한다."라고 규정되어 있다 하더라도 관장 A가 H를 상임감사로 임명할 수는 없다.

더 알아보기

국립해양박물관법 제7조부터 제9조까지, 제11조, 제21조와 제25조를 수험에 적합하도록 변형하였다.

---

087 ▸ ② 【 정답률 73.1% 】

접근 방법

1. 기간을 별도로 표시해 두면 혼란을 줄일 수 있다. 특히 '다음 날부터', '~한 날을 포함하여'와 같은 표현에 주의하자.
2. '주민'이 인구수를 의미하지 않음을 파악할 수 있어야 한다.

순서대로 상황1~상황3라 하자.

① (×) ㅁㅁ도 A시는 시·도나 인구 50만 이상의 대도시가 아니므로(상황1), 그런데 여기서 '주민'이란 19세 이상의 주민을 의미하므로(1문단 1번째 문장), 연서에 필요한 주민 수는 20만×1/50＝4,000명이다.

② (○) 청구인명부의 서명에 관하여 이의가 있는 주민은 열람기간 동안 해당 지방자치단체의 장에게 이의를 신청할 수 있다(1문단). 그런데 A시 시장 B는 2022. 1. 5. 조례 개정 청구를 공표하였고(상황2), 열람기간은 공표한 날을 포함하여 10일간이므로(1문단 4번째 문장), 이의를 신청할 수 있는 기간은 2022. 1. 14.까지이다.

③ (×) 지방자치단체의 장은 이의신청을 받으면 열람기간이 끝난 날의 다음 날부터 14일 이내에 그에 대해 심사·결정하고 그 결과를 당사자에게 알려야 한다(1문단 마지막 문장). A시 시장 B는 2022. 1. 5. 조례 개정 청구를 공표하였으므로(상황2), 열람기간은 공표한 날을 포함하여 10일째인 2022. 1. 14.까지이다. 따라서 이의신청에 대한 심사·결정 및 결과 통보는 열람기간이 끝난 다음날(2022. 1. 15.)부터 14일 이내인 2022. 1. 28.까지 하여야 한다.

④ (×) 지방자치단체의 장은 청구를 수리한 날을 포함하여 60일 이내에 주민청구조례안을 지방의회에 부의하여야 한다(2문단 2번째 문장). 따라서 甲의 조례 개정 청구가 2022. 2. 1. 수리되었다면 B는 그날을 포함하여 60일 이내인 2022. 4. 1.까지 ㅇㅇ조례 개정안을 A시 의회에 부의하여야 한다.

⑤ (×) 지방의회는 재적의원 3분의 1 이상의 출석으로 개의하므로(3문단 1번째 문장), 재적의원 12명인 A시 의회에서 ㅇㅇ조례 개정안에 대해 개의하려면 적어도 의원 4명이 참석하여야 한다.

(구) 지방자치법(2021. 1. 12. 법률 제17893호로 전부개정되기 전의 것) 제15조, 제63조, 제64조를 수험에 적합하도록 변형하였다.

---

088 ▸▸ ② 【 정답률 57.3% 】

폐기대상인 소방장비를 선지에서 빠르게 배제하고 나머지 선지만으로 검토하면 좀 더 효율적이다.

순서대로 조건1~조건3이라 한다.

사용연수가 내용연수 기준을 초과한 소방장비는 폐기대상인데(조건1), 조건3에 따르면 운행거리 12만 km를 초과한 소방자동차와 실사용량이 경제적 사용량을 초과한 장비는 내용연수 기준을 초과한 것으로 본다. 즉 여기에 해당하는 소방자동차1(운행거리 15만 km), 폭발물방호복(실사용량(600회)이 경제적 사용량 500회를 초과)은 사용연수 등을 고려하지 않고 폐기대상이 된다.

한편, 구조용 안전벨트는 5년을 사용하였는데, 이는 조건2에 따라 연장 사용 가능한 1년을 포함한 내용연수 4년(3년＋1년)을 초과한 것이므로 역시 폐기대상이다.

나머지 장비의 남은 내용연수를 보면, 소방자동차2는 1년(10년-9년), 소방용로봇은 3년(7년-4년)이다.

그러므로 가장 먼저 교체해야 할 장비는 내용연수가 가장 적게 남은 소방자동차2이고 정답은 ②번이다.

---

089 ▸▸ ② 【 정답률 69.8% 】

1. 〈상황〉에 나타난 특이사항(국가유공자, 「장애인복지법」상 장애인)에 주의하여 판단하자.
2. 乙은 부실하게 신고한 점, 丙은 장애인이지만 자진신고를 하였다는 점에 유의하자.

선택지 해설

글의 조문을 순서대로 제1조, 제2조라 한다.

甲 : 신고기간 후 경과일수(200일) 6개월 초과 → 5만 원(제1조 제4항 제3호) A시장이 부과한 과태료가 10만 원이므로 초과분은 5만 원이다.

乙 : 신고기간 후 경과일수(71일) 1개월 초과 6개월 이내 → 3만 원(제1조 제4항 제2호) 다만 신고의무자가 부실하게 신고한 경우 신고하지 않은 것으로 보므로(제1조 제2항), 부실하게 신고한 乙은 신고하지 않은 것으로 처리된다. 따라서 乙에게 부과될 과태료는 기준 금액의 2배, 즉 6만 원이 된다(제1조 제4항 단서). A시장이 부과한 과태료도 6만 원이므로 초과분은 없다.

丙 : 신고기간 후 경과일수(9일) 1개월 이내 → 1만 원(제1조 제4항 제1호)
사실조사기간 중 자진신고를 하였으면서(제2조 제1호) 「장애인복지법」상 장애인이어서(제2조 제2호) 과태료 경감 사유 둘 모두에 해당하므로, 높은 경감비율만이 한 차례 적용된다(제2조 단서). 따라서 丙에게 부과될 과태료는 자진신고에 따른 경감(2분의 1)만 적용된 5천 원이다. A시장이 부과한 과태료가 1만 5천 원이므로 초과분은 1만 원이다.

A시장이 甲과 丙에게 잘못 부과한 과태료 초과분의 합은 6만 원이므로 정답은 ②번이다.

더 알아보기

주민등록법 제40조 및 같은 법 시행규칙 제21조 등을 바탕으로 조문 내용을 변형하였다.

---

090 ▸ ② 【 정답률 38.9% 】

접근 방법

지역상권부흥상품권으로 거래할 경우 할인액의 범위는 1) 甲이 신용카드로 거래할 경우 받을 수 있는 금전적 이득보다 크고 2) 乙이 신용카드로 거래할 경우 부담하는 납세액 및 카드 수수료보다는 작아야 한다.

선택지 해설

제시된 원칙을 순서대로 조건1~조건5라 한다.

1) 甲이 신용카드로 거래할 경우 얻을 수 있는 금전적 이득
근로소득자인 甲은 근로소득 자체가 과세대상소득이므로(조건2) 비용은 따로 공제되지 않고 신용카드 지출금액 100만원의 5%인 5만원만 소득에서 공제된다(조건3). 이때 甲이 얻을 수 있는 금전적 이득은 소득에서 공제되는 5만원의 20%인 1만원이다(조건1).

2) 乙이 신용카드로 거래할 경우 부담하는 비용
사업자가 2021년 지역상권부흥상품권으로 거래한 부분은 과세대상에서 제외되므로 세금을 납부하지 않으며, 신용카드를 통한 거래가 아니므로 수수료도 부담하지 않기 때문에 乙이 금전적 이득을 보려면 X가 세금 및 수수료액보다는 작아야 한다.
신용카드로 거래 시 乙이 부담할 세금은 (100−80)×20%=4만 원이다(조건1, 조건2). 또한 수수료는 생산비용에 포함되지 않는데, 그 액수는 100×1%=1만 원이다(조건4). 이를 합치면 5만원이다.

결국 X의 범위는 1<X<5이므로 정답은 ②번이다.

접근 방법

1. <상황>과 선지의 내용을 조문과 연결하면 좀 더 효율적으로 풀 수 있다. 乙은 甲이 고용한 사람이라는 점, 丁은 황금색 도자기를 포장하는 데 사용되는 종이박스를 생산한다는 점에 주목하자.
2. <상황>에서 잠금장치는 '물건의 특허발명'이고 황금색 도자기를 생산하는 방법은 '물건을 생산하는 방법의 특허발명'에 해당함을 빠르게 파악한다.

선택지 해설

순서대로 제1조~제3조라 한다.

① (×) <상황>에서 잠금장치는 물건의 특허발명에 해당한다. 따라서 해당 잠금장치에 대한 특허권을 부여받은 甲은 잠금장치에 "특허"라는 문자와 그 특허번호를 표시할 수 있다(제1조 제1항 제1호). 그러므로 "방법특허"라는 문자와 특허번호를 표시하였다면 특허된 것이 아닌 방법에 의하여 생산된 물건에 방법특허표시를 한 것이어서 허위표시에 해당한다(제2조).

② (×) <상황>에서 丙이 황금색 도자기를 생산하는 방법을 발명하여 특허를 출원하였다면, 그 방법에 따라 생산된 물건인 황금색 도자기에 "방법특허출원(심사중)"이라는 문자와 그 특허번호를 표시할 수 있다(제1조 제2항 제2호). 그러므로 "특허출원(심사중)"이라는 문자와 출원번호를 표시하였다면 특허출원 중이 아닌 물건에 특허출원표시를 한 것이어서 허위표시에 해당한다(제2조).

③ (×) 허위표시는 특허된 것이 아닌 물건, 특허출원 중이 아닌 물건, 특허된 것이 아닌 방법이나 특허출원 중이 아닌 방법에 의하여 생산한 물건 또는 그 물건의 용기나 포장에 특허표시 또는 특허출원표시를 하거나 이와 혼동하기 쉬운 표시를 하는 행위를 말하며(제2조), 제2조를 위반하여 허위표시를 했을 때 허위표시의 죄(제3조)로 처벌된다. 여기서 잠금장치를 발명한 특허권자 甲은 제1조에 따라 특허표시를 할 수 있는 것일 뿐이므로, 특허표시를 하지 않았다고 해서 허위표시의 죄로 처벌되는 것은 아니다.

④ (×) 법인의 대표자나 법인 또는 개인의 대리인, 사용인, 그 밖의 종업원이 그 법인 또는 개인의 업무에 관하여 제2조(허위표시의 금지)에 해당하는 위반행위를 하면 그 행위자를 벌하는 외에 그 법인에는 6천만 원 이하의 벌금형을, 그 개인에게는 제1항의 벌금형을 과한다(제3조 제2항). 이에 따르면 허위의 특허표시를 한 경우 행위자인 乙은 물론 乙을 고용하는 甲도 허위표시의 죄로 처벌된다. 따라서 乙은 허위표시의 죄로 처벌된다.

⑤ (○) 허위표시는 특허된 것이 아닌 물건, 특허출원 중이 아닌 물건, 특허된 것이 아닌 방법이나 특허출원 중이 아닌 방법에 의하여 생산한 물건 또는 그 물건의 용기나 포장에 특허표시 또는 특허출원표시를 하거나 이와 혼동하기 쉬운 표시를 하는 행위를 말하며(제2조), 제2조를 위반하여 허위표시를 했을 때 허위표시의 죄(제3조)로 처벌된다. 황금색 도자기를 포장하는 데 사용되는 종이박스에 허위의 특허출원표시를 하였다면, 종이박스는 '황금색 도자기' 그 자체가 아니어서 특허출원 중이 아닌 물건 또는 특허출원 중이 아닌 방법에 의하여 생산된 물건에 해당하므로, 허위의 특허출원표시를 한 행위자 丁은 허위표시의 죄로 처벌된다. 한편, 특허표시 또는 특허출원표시를 할 수 없는 물건은 용기나 포장에 특허표시 또는 특허출원표시를 할 수 있다(제1조 제3항). 그러나 황금색 도자기는 여기에 해당한다고 보기 어려우며, 설령 여기에 해당한다고 하더라도 丁이 허위의 특허출원표시를 하였다면 허위표시의 죄로 처벌된다.

접근 방법

1. <상황>의 키워드(예 : 유산)를 조문과 <규정>과 연결지어 빠르게 풀 수 있다.
2. <규정>의 숫자가 일수로 되어 있으므로 <보기>에서도 일수를 계산하면서 풀자. 이때 '기간 계산 시 초일은 산입한다'는 문제 내용에도 유의하자.

선택지 해설

ㄱ. (○) A는 쌍둥이를 출산하였으므로 사용자는 출산 전과 출산 후를 합하여 120일의 출산전후휴가를 주어야 하고, 이 경우 휴가 기간의 배정은 출산 후에 60일 이상이 되어야 한다(제1항). 그런데 A가 쌍둥이를 출산한 2024년 1월 1일부터 2024년 2월 14일까지는 45일(초일 포함)뿐이므로 규정 위반이다.

ㄴ. (×) 사용자는 임신 후 12주 이내 또는 36주 이후에 있는 여성 근로자가 1일 2시간의 근로시간 단축을 신청하는 경우 이를 허용하여야 한다(제6항). 그리고 사용자는 제6항에 따른 근로시간 단축을 이유로 해당 근로자의 임금을 삭감하여서는 아니 된다(제7항). 그런데 A가 임신한 2023년 4월 1일을 기준으로 2023년 7월 14일부터 2023년 8월 14일까지는 12주 이내에 해당하지 않는다. 2023년 7월 14일은 2023년 4월 1일부터 105일이 지난 뒤이기 때문이다. 따라서 A의 근로시간 단축은 제6항에 따른 단축이 아니고, 사용자가 A의 임금을 삭감하더라도 <규정> 위반이 아니다.

ㄷ. (○) 사용자는 임신 중인 여성 근로자가 유산의 경험이 있다면, 제1항의 휴가를 청구하는 경우 출산 전 어느 때라도 휴가를 나누어 사용할 수 있도록 하여야 한다. 이 경우 출산 후의 휴가 기간은 연속하여 45일(한 번에 둘 이상 자녀를 임신한 경우에는 60일) 이상이 되어야 한다(제2항). 그러므로 유산 경험이 있는 A에 대하여 사용자는 출산 전 어느 때라도 휴가를 나누어 사용할 수 있도록 하여야 한다. 그런데 사용자가 매주 3일씩 나누어 사용하겠다는 A의 신청을 거부하였다면 이는 규정 위반이다.

---

093 ▶ ③

접근 방법

1. <사례>를 통해 ㉠'ㅁㅁ법 일부개정법률'에서 개정한 것이 '공포 후 시행 전 조문'임을 파악하는 것이 중요하다.
2. 선지를 중심으로 글과 연결하여 푸는 것이 효율적이다. 이때 '다만' 등의 내용은 출제 의도와 상대적으로 가깝다는 점도 염두에 두자.

선택지 해설

① (○) 개정법률이 공포되면 공포일에 현행 법률로 흡수되는 것이 아니라 시행일까지는 개정된 조문 형태로 존재한다(3문단). 즉 ㉠'ㅁㅁ법 일부개정법률'이 공포되었다 할지라도 시행일인 2025. 1. 1.까지는 개정된 조문 형태로 존재한다.

② (○) 법률을 개정하고자 할 때, '공포 후 시행 전 조문'이 있는지는 법률안의 발의일 또는 제출일을 기준으로 판단한다(4문단). 즉 또 다른 내용의 ㅁㅁ법 일부개정법률안이 새롭게 발의된 경우에도 마찬가지로 공포 후 시행 전 조문이 있는지는 법률안의 발의일 또는 제출일을 기준으로 판단한다.

③ (×) 불가피하게 공포 후 시행 전 조문을 개정할 때에는 법적 안정성을 위해 그 개정법률의 시행일은 공포 후 시행 전 조문의 시행일과 일치시키거나 그 이후가 되도록 한다. 다만, 개정의 시급성 등을 이유로 '공포 후 시행 전 법률'의 시행일보다 먼저 시행해야 한다면 동일한 내용을 '현행 조문'과 '공포 후 시행 전 조문'에서 모두 개정하는 방식을 취하되, 부칙에서 시행일을 달리하여 '현행 조문' 개정은 먼저 시행하고 '공포 후 시행 전 조문'의 개정은 '공포 후 시행 전 법률'의 시행일과 맞추도록 한다(5문단). 즉 '공포 후 시행 전 조문' 인 ㉠의 제11조 제6항을 개정하여 2025. 1. 1. 이전에 시행해야 한다면 동일한 내용을 '현행 조문'과 '공포 후 시행 전 조문'에서 모두 개정하는 방식을 취하는데, 이렇게 되면 '현행 조문'에서는 제11조 제6항을 신설하는 개정이 이루어지고 '공포 후 시행 전 조문'에서는 동일한 내용으로 제11조제 6항이 개정되는 것이다. 따라서 ㅁㅁ법을 개정할 필요가 없다는 설명은 옳지 않다.

④ (○) 원칙적으로 공포 후 시행 전 조문은 법적 안정성 측면에서 그 시행 전에 개정하지 않는 것이 바람직하며(2문단), 불가피하게 공포 후 시행 전 조문을 개정할 때에는 법적 안정성을 위해 그 개정법률의 시행일은 공포 후 시행 전 조문의 시행일과 일치시키거나 그 이후가 되도록 한다(5문단). ㉠은 '공포 후 시행 전 조문'을 포함하는 개정법률로서, 법적 안정성 측면에서 그 시행일인 2025. 1. 1. 이전에 개정하지 않는 것이 바람직하다.

⑤ (○) 발의일 이후에 시행될 법률의 조문을 개정하고자 할 때에는 공포 후 시행 전 법률의 개정방식을 사용함으로써 공포 후 시행 전 조문을 개정하려는 의도를 명확히 나타내고 그 의도대로 심사될 수 있도록 한다(4문단).

접근 방법

1. <상황>과 선지의 내용을 조문과 연결하면 좀더 효율적으로 풀 수 있다. 예컨대 <상황> 내용을 종합할 때 2022년 7월 7일 甲은 재난관련 학과의 석사학위 취득예정자로서 시험에 응시하였으므로 그때부터 2년간 2회 시험에 응시가 가능하고, 乙은 재난관련 학과 석사학위 취득예정자 신분으로는 시험에 응시하지 않았으므로 2023년과 2024년 시행 시험에 응시할 수 있다는 점을 알 수 있다.

2. 각 조문을 빠르게 훑어보면서 '단서조항'이 보이면 그 부분에 집중하여 풀이할 때 실수를 줄일 수 있다. 즉 세 번째 조문의 제1항 단서인 "다만, 제△△조제2항에 따라 시험에 응시한 석사학위취득 예정자의 경우 그 예정기간 내 시행된 시험일부터 2년 내에 2회만 응시할 수 있다."에 주목하는 것이다.

선택지 해설

순서대로 제1조~제3조라 한다.

① (○) 시험일부터 3개월 이내에 재난관련 학과의 석사학위를 취득할 것으로 예정된 사람은 국가재난관리사 자격시험의 응시자격을 가진 것으로 본다(제2조 제2항 글). 甲은 시험일(2022년 7월 7일)부터 3개월 내인 2022년 9월말 재난관련 학과의 석사학위를 취득하였으므로 여기에 해당한다. 이때 제2조 제2항에 따라 시험에 응시한 석사학위취득 예정자의 경우 그 예정기간 내 시행된 시험일부터 2년 내에 2회만 응시할 수 있다(제3조 제1항 단서). 따라서 甲은 2022년 7월 7일부터 2년 내에 2회의 시험에 응시할 수 있다.

② (○) 시험일부터 3개월 이내에 재난관련 학과의 석사학위 취득 예정자는 국가재난관리사 자격시험의 응시자격을 가진 것으로 본다(제2조 제2항 글). 그러나 석사학위 취득 예정자 신분으로 반드시 자격시험에 응시하여야 하는 것은 아니다. 즉 2022년 7월 7일 시험에 응시하지 않은 乙은 석사학위 취득자 신분으로 석사학위를 취득한 달의 말일부터 2년 내인 2024년 9월말까지 2회의 시험에 응시할 수 있다(제3조 제1항). 따라서 乙은 2023년 7월 4일 시행 시험에 응시하였더라도 2024년 7월 4일 시행되는 시험에 응시할 수 있다.

③ (○) 재난관련 학과의 석사학위를 취득한 丙은 석사학위를 취득한 달의 말일부터 2년 내인 2025년 2월말까지 2회의 시험에 응시할 수 있다(제3조 제1항). 따라서 丙은 2023년과 2024년 시행되는 시험에 응시할 수 있다.

④ (○) 재난관련 학과의 석사학위 취득 예정자로서 시험에 응시하면 그 시험일부터 2년 내에 2회만 시험에 응시할 수 있다(제3조 제1항 단서). 다만 「병역법」에 따른 병역의무 이행기간은 시험 응시 가능 기간인 2년에 포함되지 않는다(제3조 제2항). 즉 甲이 석사학위 취득예정자로서 2022년 7월 시행 시험에 응시한 후 2022년 12월부터 10개월간 병역의무를 이행하였다면, 甲의 응시 가능 기간은 2024년 7월 7일부터 10개월 연장된 2025년 5월 7일까지가 된다. 이때 甲이 2023년 7월 시행 시험에 응시하지 않았다면, 2024년 7월 4일 시행 시험에 2회차로 응시할 수 있다.

⑤ (×) 재난관련 학과의 석사학위 취득 예정자로서 시험에 응시하면 그 시험일부터 2년 내에 2회만 시험에 응시할 수 있다(제3조 제1항 단서). 즉 甲이 석사학위 취득예정자로서 2022년 7월 7일 시행 시험에 응시하고 2023년 7월 4일 시행 시험에 응시하지 않았다면, 2024년 7월 3일 시행 시험에 甲이 2회차로 응시할 수 있는지 확인하면 된다. 다시 말해, 2024년 7월 3일은 2022년 7월 7일부터 2년 내에 있으므로 甲은 2024년 7월 3일에 시행되는 시험에 응시할 수 있다.

제2절 **인물관계형**

LEET

095 ▸▸ ②

접근 방법

1. 국가의 손해배상을 청구할 수 있는 경우와 없는 경우를 구분한다면, 선지 분석 시간이 단축될 수 있다. 제시된 <규정>은 정보량이 많지 않았으므로 이러한 문제에서 시간을 단축하여 뒤의 문제를 해결하는 것이 필요하다.

2. 〈사실관계〉에서 불법행위자는 군인, 불법행위로 손해를 받은 사람은 군인과 일반인이다. 특수한 경우에 국가에 대해 손해배상을 청구할 수 없는 것은 군인·경찰관이지, 손해를 받은 일반인은 이와 무관하게 국가에 손해배상을 청구할 수 있다는 점을 염두에 두자.

핵심 정보

- 국가에 손해배상 청구할 수 있는 경우 : 군인·경찰관 기타 공무원의 직무상 불법행위로 손해를 받은 사람
- 국가에 손해배상 청구할 수 없는 경우 : 1) 다른 법률에 따라 보상금을 지급 받을 수 있는 경우, 2) 군인·경찰관이 3) 전투·훈련과 관련된 직무집행과 관련해 손해를 받은 경우
- 회사원 A의 동료 B, 그리고 군인 E는 직무 중이었던 군인인 D의 과실(졸음운전)로 인해 벌어진 사고로 인해 상해 피해를 입었다.

선택지 해설

ㄱ. (○) 군인 D의 직무상 불법행위로 일반인 A가 상해를 입었다면 〈규정〉에 따라 A는 국가에 손해배상을 청구할 수 있다. A는 일반인이므로 국가배상청구의 예외에 해당하지 않는다.

ㄴ. (×) 군인 D의 직무상 불법행위가 인정된다면 상해를 입은 B는 국가에 대해 손해배상을 청구할 수 있다. D의 직무집행행위가 전투·훈련과 관련이 없더라도 B는 군인·경찰관이 아닌 일반인이므로 여전히 국가에 손해 배상을 청구할 수 있다.

ㄷ. (×) 군인 D의 직무상 불법행위가 인정된다면, 자신 소유의 자동차가 파손된 C는 재산상의 손해를 입었으므로 국가에 손해배상을 청구할 수 있다. C는 일반인이므로 A, B와 마찬가지로 예외에 해당하지 않는다.

ㄹ. (○) D의 직무상 불법행위가 인정되고 사고 당시 D와 E의 직무가 전투·훈련과 무관한 것이라면, E는 공무원의 불법행위로 손해를 입었으며 손해배상을 청구할 수 없는 단서 규정에 해당하지 않는다. 따라서 E는 국가에 손해배상을 청구할 수 있다.

서울대 로스쿨 합격생의 풀이법

아래와 같이 등장인물 간 간략한 도식을 그린 후 선지를 효율적으로 해결할 수 있다.

불법행위자 D(군인) → A, B, C(민간인)

E(군인)

[화살표 : 가해의 방향]

더 알아보기

〈규정〉은 국가배상법 제2조 제1항을 활용한 것이다.

---

096 ▸ ④ 【 정답률 50% 】

접근 방법

고대 국가 R의 상속은 유언(1순위)→법(2순위)이다. 여기서 상속에 관한 유언이 무효가 되는 조건을 잘 파악하자.

핵심 정보

〈원칙〉
상속은 가장의 유언에 따라야. 유언대로 못하면, 법이 정한 방법에 따라 상속
- 법정상속 : 직계비속이 균분, 직계비속이 없을 경우 직계존속이 균분으로, 직계존속이 없으면 배우자의 순
- 태아 : 상속인의 지위 있음.
- 가장 : 배우자 및 직계 비속 중 상속인에서 제외하려면 반드시 유언으로 지정해야 함. 상속인으로 지정되지도, 제외되지도 않은 직계비속이 있으면 유언이 무효. 상속인의 지위를 상실하게 할 수 있는 조건을 부가하여 상속인을 지정하면 무효

〈판단〉

가장 A의 아내가 임신한 상태 → "태아와 아내 상속인 지정. 아들 태어나면 2/3을 상속 받고 나머지 아내가 / 딸 태어나면 1/3 상속 받고 나머지 아내가 상속" 유언 남기고 사망. 실제로 아들 1명, 딸 1명 태어남.

		아들	딸	배우자
유언	경우1	○		○
	경우2		○	○
실제 결과		○	○	○

법률가 × : 유언자 의사에 따라 유산 7등분 후 아들이 4, 아내가 2, 딸이 1을 가져야 한다.

선택지 해설

ㄱ. (○) A는 태어나는 아이가 아들이거나 딸 1명일 경우에 대한 유언만을 했을 뿐, 쌍둥이인 경우에 대한 언급은 없다. 즉, 이 경우에는 유언에 따르면 상속인으로 지정되지도 제외되지도 않은 직계비속이 존재하게 되기 때문에 유언은 무효가 되는 것이다. 따라서 유언이 아닌 법에 따라 상속이 이루어진다고 보아야 한다. 그러므로 직계비속(2명 : 아들과 딸)이 반반씩 상속을 받고 배우자는 상속을 받지 못한다.

ㄴ. (×) 〈원칙〉에 따르면 상속에 관한 유언이 무효가 되는 경우는 크게 두 가지이다. 즉 상속인으로 지정되지도 제외되지도 않은 직계비속이 있는 경우, 상속인의 지위를 상실하게 할 수 있는 조건을 붙인 경우가 그것이다. A의 유언에 따르면 아들 또는 딸의 출생에 따라서 아들과 배우자/딸과 배우자로 상속인이 달라질 뿐, 어느 누구도 상속인에서 누락하거나 상속인의 지위를 상실하지는 않았다. 즉, A는 쌍둥이 태어나는 경우를 생각하지 못한 것뿐이지 누군가의 상속인으로서의 지위를 상실하게 하려는 의도를 가지지 않았다. 다만 유언으로 정한 대로 상속이 이루어질 수 없는 상황에 따라 법정상속이 진행되는 것일 뿐이다. 따라서 이 유언이 처음부터 무효라는 선지의 판단은 옳지 않다.

ㄷ. (○) A가 유언에서 "아들이 아니라 딸이 태어나면"이라고 하였기 때문에 A가 예정한 것은 태어날 아이가 아들 또는 딸 1명일 경우였고, 쌍둥이를 염두에 두지는 않았음을 확인할 수 있다. 따라서 X는 "A가 아들 또는 딸이 출생하는 경우에 대하여 유언을 한 것이지 아들과 딸이 동시에 출생하는 경우에 대하여 한 것은 아니었다."고 판단해야 했다.

> 📖 **서울대 로스쿨 합격생의 풀이법**
>
> 법률가 X의 판단 중 무엇이 잘못되었는지 잘 안 보일 수 있다(나름대로 설득력이 있기 때문이다). 이런 경우 선지를 읽으며 문제점을 파악해야 한다. 참고로, 법률가 X가 옳으면 답이 나올 수가 없기 때문에 어찌되었건 X는 틀렸음을 파악하자. 선지의 내용상 ㄴ과 ㄷ은 서로 다른 쟁점에서 문제점을 파악하고 있고, 둘 중 어느 선지가 맞든지 유언은 무효이므로 ㄱ은 옳다. 이 경우 ㄴ과 ㄷ의 설득력을 서로 비교하기만 하면 된다. 또한 '만약……이 태어난다면'이라는 조건이 "상속인의 지위를 상실하게 할 수 있는 조건"에 해당한다고 보기에는 무리가 있어 보인다. 따라서 ㄴ보다는 ㄷ이 더 설득력이 있고, 정답은 ㄱ, ㄷ라고 판단할 수 있다.

---

097 ▸▸ ④ 【 정답률 93% 】

접근 방법

'반윤리의 소'가 키워드임에 유의하여, 반윤리의 소의 요건과 판단 기준, 효과를 잘 정리한 후 문제를 풀어보자.

핵심 정보

'반윤리의 소' : 법의 정하고 있는 상속 순위에 있는 자 중 상속에서 배제된 자에 한하여 제기 가능

〈사례〉에 나타난 가계도를 간단히 그리면 아래와 같다.

선택지 해설

① (○) X국법상 甲은 유언을 통하여 상속순위에 없는 친구 丁도 유효하게 상속인으로 지정할 수 있고, 乙이 반윤리의 소를 제기하지 않는 이상 乙은 상속에서 배제된다(2문단).

② (○) 유언이 없는 경우 乙은 1순위 상속인(자녀＝직계비속)으로 3순위 상속인인 동생 丙보다 앞서 甲 재산 전부를 상속받지만, 甲은 유언을 통하여 상속인과 상속분을 지정할 수 있다(1문단).

③ (○) 반윤리의 소에서 판사는 그 상속 사안에서 상속 순위에 있는 친족들에게 존재하는 사정만을 유언의 반윤리성 판단의 근거로 삼을 수 있다(2문단). 따라서 상속 순위에 없는 丁이 甲 생전에 甲을 부양해 왔다는 사정은 반윤리성 판단의 근거가 될 수 없다.

④ (×) 반윤리의 소는 상속 순위에 있는 자 중에서 상속에서 배제된 자만 제기할 수 있다(2문단). 즉 乙이 일부라도 상속을 받았다면 반윤리의 소를 제기할 수 없다.

⑤ (○) 丙이 제기한 반윤리의 소에서 승소 판결이 내려지면 유언이 효력을 잃어, 유언이 없는 것과 같은 상태가 된다(2문단). 이때 상속 순위에서 앞서는 자녀 乙(1순위, 직계비속)이 단독으로 상속재산을 취득한다(1문단). 선순위의 상속인이 상속을 받으면 후순위의 상속인은 상속을 받을 수 없다(1문단). 따라서 반윤리의 소에서 승소 판결이 내려짐에 따라 유언이 효력을 잃게 되는 경우, 乙이 단독으로 상속재산을 취득한다.

---

098 ▸▸ ④ 【 정답률 88% 】

접근 방법

1. '조건부 상속'에서 핵심은 특정 재산에 대해 우선권 있는 채권자에게 먼저 빚을 갚고(제3조 제1항), 그러한 채권자가 없으면 상속인이 자신의 의사에 따라 자유롭게 빚을 갚을 수 있다(제3조 제2항)는 것임을 파악하자.

2. 〈사례〉에 제시된 채권자와 채권 액수, 그리고 상속재산 목록을 메모하여 정리하자.

핵심 정보

〈사례〉에 나타난 주체들을 아래와 같이 나타낼 수 있다.

채권자와 채권 액수 　　　　상속재산
병－7천만 원 　　　　　　　집(병에게 7천만 원의 우선권)
정－5천만 원 　　　　　　　자동차(우선권 없음)
무－5천만 원

선택지 해설

ㄱ. (×) 집만 1억 원에 경매된 경우, 을은 병에게 7천만 원을 먼저 주어야 한다(제3조 제1항). 나머지 3천만 원을 누구에게 얼마나 갚을지는 상속인 을이 자유롭게 결정할 수 있으므로(제3조 제2항), 먼저 요구한 사람에게 을이 빚을 갚아야 하는 것은 아니다.

ㄴ. (○) 집이 5천만 원, 자동차가 2천만 원에 동시에 경매된 경우 집에 우선권이 있는 병이 7천만 원 중 5천만 원을 받으면(제3조 제1항) 나머지 2천만 원은 우선권 없는 채권으로 남는다(제3조 제3항). 이때 자동차는 우선권 있는 채권자가 없으므로 을은 2천만 원을 병에게 갚을 수 있다. 결국 을은 병에게 7천만 원 전부를 지급할 수 있다.

ㄷ. (○) 집이 1억 원, 자동차가 2천만 원에 동시에 경매된 경우 집에 우선권이 있는 병이 7천만 원을 받으면(제3조 제1항) 병의 채권은 모두 회수되고 나머지 3천만 원은 자동차와 함께 우선권 없는 채권자가 없는 재산으로

처리된다(제3조 제2항). 이때 을은 5천만 원을 무에게 자유롭게 지급할 수 있고, 그렇게 하면 정에게는 더 이상 빚을 갚을 책임이 없다(제4조).

---

099 ▸ ⑤ 【 정답률 63.6% 】

접근 방법

1. 〈사례〉에 제시된 P회사와 Q회사의 소유구조를 정리한 후 선지를 풀면 보다 수월하게 해결할 수 있다.
2. 각 등장인물이나 법인이 '사실상 동일인'에 해당하게 되는지를 확인하는 것이 핵심이다.

핵심 정보

〈사례〉에 제시된 P회사 및 Q회사의 소유구조를 인물관계도로 정리할 수 있다.

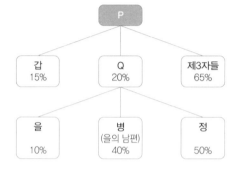

선택지 해설

① (○) 자연인 또는 법인은 단독으로 또는 제2조에 규정된 '사실상 동일인'과 합하여 마스크 생산회사 지분을 50%까지만 보유할 수 있는데, 병이 아내인 을과 합하여 Q회사 지분을 50% 보유하고 있으므로 Q회사는 병과 '사실상 동일인'(제2조 제3호)에 해당한다. 따라서 병은 P회사의 지분 50%−20%(Q회사가 보유한 P회사 지분)=30%를 취득할 수 있다.

② (○) 을이 갑의 딸인 경우 갑과 '사실상 동일인'에는 해당한다. 그러나 을의 남편인 병은 제2조 제1호의 '사실상 동일인' 관계가 아니어서 Q회사가 갑과 '사실상 동일인' 관계라고 할 수 없다. 을이 Q회사의 지분을 10%만 보유하고 있기 때문이다. 따라서 갑은 제3자들로부터 P회사 지분 50%−15%(갑이 현재 보유하고 있는 P회사 지분)=35%를 취득할 수 있다.

③ (○) 정이 갑의 딸인 경우 정은 갑과 '사실상 동일인'일 뿐 아니라, 정의 Q회사 지분 50%로 인하여 Q회사도 갑과 '사실상 동일인'에 해당한다(제2조 제2호). 따라서 갑은 제3자들로부터 P회사 지분 50%−15%(갑의 P회사 지분)−20%(Q회사의 P회사 지분)=15%를 취득할 수 있다.

④ (○) 정이 병으로부터 Q회사 지분 10%를 취득하는 경우 Q회사에 대한 병의 지분은 30%가 되고, 아내인 을의 지분 10%를 합하더라도 40%가 되어 Q회사는 병과 '사실상 동일인'이 될 수 없다. 따라서 이 보유한 P회사의 지분은 0%가 되어서 병은 제3자들로부터 P회사 지분 50%를 취득할 수 있다.

⑤ (×) 갑이 정으로부터 Q회사 지분 50%를 취득하면 Q회사는 갑과 사실상 동일인이 된다(제2조 제2호). 따라서 갑은 제3자들로부터 P회사 지분 50%−15%(갑의 P회사 지분)−20%(Q회사의 P회사 지분)=15%를 취득할 수 있다.

100 ▸ ② 【 정답률 90.07% 】

접근 방법

<사례>를 먼저 파악한 뒤에 [규정]을 확인함으로써 지참재산 및 상속재산에 대해 어떤 조항이 적용되어야 하는지 파악한다.

핵심 정보

[규정]의 각 조항은 위에서부터 순서대로 제1조, 제2조라고 한다.

제1조 제1항에 의해 을이 가져온 소는 갑이 소유권을 취득한다.

갑과 을의 이혼이 갑의 귀책사유 때문이라면 제1조 제2항에 의해 을에게 소의 소유권이 회복된다. 그렇지 않다면 을에게 소의 소유권이 회복되지 않는다(여전히 갑에게 소유권이 있음).

갑이 말에 대해 유언을 남겼으므로 제2조 제1항에 따라 말에 대한 상속은 갑의 유언에 따른다. 그 외의 재산에 대해서는 유언을 남기지 않았으므로 이에 대한 상속은 제2조 제2항 각호에 따른다.

선택지 해설

① (○) 제1조 제2항에 의해 갑의 귀책사유로 갑과 을이 이혼하는 경우 을에게 지참재산인 소의 소유권이 회복된다.

② (×) 제1조 제1항에 의해 혼인하면서 을이 가져온 소는 갑이 소유권을 취득한다. 갑과 을의 이혼이 을의 귀책사유 때문이라면 제1조 제2항에 의해 갑에게 소의 소유권이 유지된다. 소에 대해서는 갑이 유언을 남기지 않았으므로 제2조 제2항 제3호에 의해 상속인 정은 피상속인인 갑의 상속재산, 즉 소에 대한 소유권을 취득한다. 제2조 제2항 제2호에 따라, 자녀는 그 부로부터 재산을 상속받을 수 있기 때문이다.

③ (○) 집에 대해서는 갑이 유언을 남기지 않았으므로 제2조 제2항 각호에 따른다. 부부 상호 간에는 상속받을 수 없으므로 병은 집을 상속받을 수 없다. 자녀는 그 부(父)로부터만 재산을 상속받을 수 있으므로 정은 갑의 재산을 상속받을 수 있다. 상속인은 피상속인의 상속재산에 대한 소유권을 취득하므로 정은 갑의 상속재산인 집에 대한 소유권을 취득한다. 따라서 정은 갑의 집을 상속받는다.

④ (○) 제2조 제1항에 따라 상속은 유언이 있으면 유언에 따른다. 갑이 남긴 유언에 따라 병이 말의 사용권을 포기하지 않더라도 정은 말을 상속받는다.

⑤ (○) 제2조 제3항에 따라 정이 상속을 포기하면 상속을 받을 수 없다. 제1조 제3항에 따라 갑이 이혼 후 사망한 경우 상속인이 없다면 소의 소유권은 이혼 전의 처인 을에게 회복된다. 따라서 정이 상속을 포기하면 을에게 소의 소유권이 회복된다.

> **📖 서울대 로스쿨 합격생의 풀이법**
>
> ①번과 ②번은 소의 소유권에 대한 상반된 진술로서 선지 간 상충되므로, 적어도 양자 중 하나가 정답일 것이라 생각할 수 있다.

PSAT

101 ▸ ②

접근 방법

1. 상속법 등 가족관계가 등장하는 사례에서는 먼저 가계도를 그려 정리하는 것이 순서이다.
2. 선지에서 B만을 묻고 있으므로 여기서는 다른 사람들(A, C, D)을 고려할 필요 없이 B의 상속분만 계산해도 된다.

핵심 정보

<상황>의 인물들을 아래와 같이 정리할 수 있다.

직계존속은 직계비속이 없는 경우에 상속인이 되므로, **A는 상속에서 제외**된다.

따라서 B, C, D, E만을 생각하면 된다.

이후 검토할 것은 **비율**로 표시된 상속분이다.

이때 선지를 보면 E의 출생 및 사산 여부, 현행법인지 개정안인지에 따라 비율이 달라짐을 알 수 있다.

또한, 상속분을 표로 정리하자.

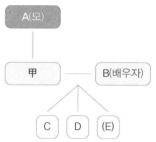

현행	E 출생 시	E 사산 시
B	3/9 = 1/3	3/7
C	2/9	2/7
D	2/9	2/7
E	2/9	

개정	E 출생 시	E 사산 시
B	2/3	5/7
C	1/9	1/7
D	1/9	1/7
E	1/9	

선택지 해설

① (×) E가 출생한 경우 B의 상속분은 1.5/4.5, 즉 1/3 즉 30% 이상이므로 옳지 않다.

② (○) 개정안에 따르면 B는 E 출생 시 2/3을 상속받게 되므로 옳다.

③ (×) 현행법에 따르면 E가 사산되면 B는 9억 원의 3/7을 받게 되므로 옳지 않다.

④ (×) 개정안에 따르면 E가 사산되면 B는 9억 원의 5/7을 받게 되므로 옳지 않다.

⑤ (×) B의 상속분은 E 출생 시에는 1/3에서 2/3으로, 사산 시에는 3/7에서 5/7로 증가한다. 따라서 50% 증가한다는 설명은 옳지 않다.

📖 서울대 로스쿨 합격생의 풀이법

개정법에 따르면 나머지 50%를 가지고 현행법상 상속비율에 따른 상속이 이루어진다. 또 〈상황〉에서 나머지 상속인과 상속분이 다른 사람은 배우자 B 뿐이다. 따라서 현행법상 상속비율을 먼저 표로 정리한 다음, B를 제외한 나머지는 법 개정으로 상속분이 절반으로 줄어들고 그 줄어든 부분이 모두 B의 몫이 된다고 보고 문제를 풀 수 있다.

더 알아보기

민법 제1000조와 제1009조를 참조하여 구성한 것이다. 이와 관련, 법무부에서 과거 혼인생활 중 형성한 재산에 대해 배우자가 절반을 상속받고 나머지를 자녀들이 상속하는 내용의 개정을 검토한 바 있다.

제3절 타임라인형

LEET

PART 3. 사례형

102 ▸▸ ④ 【 정답률 83.9% 】

접근 방법

〈사례〉를 먼저 정리하고 조문과 대비하여 해결하는 것이 효율적이다. 문제에 제시된 조문은 그 기간이 핵심인데, '언제로부터 어느 만큼' 경과하면 '어떤 효과'가 발생하는지를 파악하는 것이 중요하다. 이때 단서(다만, ~에도 불구하고 등)까지 잘 보아야 실수를 줄일 수 있다.

핵심 정보

〈사례〉를 아래와 같이 시간 순으로 정리해보자.

선택지 해설

① (○) 경찰서장은 경찰서에 제출된 유실물(염소 A)을 보관하여야 하지만 적당한 자에게 보관하도록 할 수도 있다 (제1조 제3항 본문). 여기서 제1조의 의무를 위반한 자는 제외되는데(제1조 제3항 단서), 을은 2020. 1. 14. A를 습득하였지만 9일이 지난 2020. 1. 23.에야 A를 제출하였으므로 제1조 제1항을 위반하였다. 따라서 을에게 A의 보관을 명할 수는 없다.

② (○) 습득자는 유실물 공고 후 3개월이 경과하도록 소유자가 권리를 주장하지 않을 때 유실물의 소유권을 취득한다(제2조 제1항). 즉 원래의 소유자인 갑은 유실물 공고(2020. 1. 24.) 후 3개월 이내인 2020. 4. 24.까지는 A의 반환을 요구하여 A를 데려올 수 있다.

③ (○) 소유자가 자신의 권리를 포기한 때에는 습득자가 유실물을 습득한 때에 그 소유권을 취득한 것으로 본다(제2조 제2항). 즉 갑이 A를 포기하면 을은 A를 습득한 2020. 1. 14.에 A의 소유권을 취득한 것이 된다.

④ (×) 습득자 및 보관자는 소유자에게 유실물의 제출·교부 및 가치보존에 소요된 비용을 청구할 수 있다(제3조 본문). 하지만 제3조 단서에 따르면 제2조가 적용되는 경우의 습득자는 소요 비용을 청구할 수 없다. 여기서 유실물 A는 제2조 제1항에 따라 공고(2020. 1. 24.) 후 3개월인 2020. 4. 24.가 경과함으로써 을의 소유가 되었으며, 갑은 같은 조항에 따라 소유권을 상실하였다. 제3조에 따르면 갑은 습득자 및 보관자가 소요 비용을 청구할 수 있는 소유자에 포함되지만, 을은 제2조가 적용되는 경우의 습득자이므로 비용을 청구할 수 없다.

⑤ (○) 2020. 4. 14. 갑이 A의 소유권을 포기하는 경우 을은 A의 습득일인 2020. 1. 14. 소유권을 취득한다(제2조 제1항, 제2항 : ③ 해설 참조). 그러나 이 경우에도 갑은 제2조에 따른 소유권 상실자로서 제3조의 '소유자'에 해당하게 되어, A를 보관하던 경찰서장은 A의 사료 비용(가치보존에 소요된 비용)을 갑에게 청구할 수 있다(제3조 본문). 한편 제3조 단서는 제2조가 적용되는 경우의 '습득자'가 비용을 청구할 수 없다는 조문으로, '보관자'인 경찰서장은 이에 해당하지 않는다.

> **📖 서울대 로스쿨 합격생의 풀이법**
>
> 〈규정〉을 읽으면서 각 조문의 중심내용을 미리 간략히 분류해야 한다. 제1조는 유실물을 습득한 직후의 조치방안, 제2조는 유실물의 소유권 변동에 관한 사안, 제3조는 차후 비용청구에 관한 사항을 명시하고 있다. 이와 같이 정보를 분류한다면, 선택지를 빠르고 정확하게 판단할 수 있다.

접근 방법

〈사례〉에 나타난 거래의 흐름을 정리하고 조문을 찾아 연결하면 실수를 줄일 수 있을 것이다. 또한 ㉠을 청구하기 위한 요건(제2조)은 1) 미술저작물의 원본이 최초로 매도된 후에 계속해서 거래될 것, 2) 각 '후속거래'에서 미술상이 매도·매수·중개할 것임을 염두에 두자.

핵심 정보

미술상			1개월후			5년후			1년후			3년후	
갑	→	을		→	병		→	정		→	무		→	기

40만원		20만원		2억원		3억원		선물
미술상이 매수		미술상이 매도		미술상의 중개로 미술상이 매수		미술상이 매도	

㉠	제2조의 금액 (제3조 참조) ×원본의 최초 매도		×거래가액 40만 원 미만		400만 원 제3조(2)		900만 원 제3조(3)	

선택지 해설

① (○) 갑→을의 매도와 을→병의 매도에서는 갑이 ㉠을 청구할 수 없다. 갑→을은 원본의 최초 매도이고, 을→병은 거래가액이 20만 원이기 때문이다(제2조). 그러나 병→정의 매도는 미술상 을이 중개하고 미술상 정이 매수한 것이므로 갑은 병에게 2억×2%=400만 원을 ㉠으로 청구할 수 있으며(제3조 (2) 참조), 정→무의 매도는 미술상 정이 매도한 것이므로 갑은 정에게 3억×3%=900만 원을 청구할 수 있으므로(제3조 (3) 참조), 갑은 병과 정에게 총 1,300만 원의 ㉠을 청구할 수 있다.

② (○) 갑이 을에게 그림을 판매한 것은 그림 A의 최초 거래이므로 ㉠이 발생하지 않는다(제2조에 따르면 저작자는 "매도인"을 상대로 청구하는 것인데, 해당 경우에는 미술상이 "매수"한 경우이기 때문에 미술상 을에게는 더욱이 지급 의무가 없다). 또한 을은 병에게 그림 A를 20만 원에 판매하였는데 거래가액이 40만 원 미만이므로 갑은 ㉠을 청구할 수 없다(제2조 단서). 즉 을은 갑에게 ㉠을 지급할 의무가 없다.

③ (○) 병은 미술상 을의 중개로 그림 A를 2억 원에 정에게 판매한 것이므로 갑에게 ㉠으로 2억 원×2%=400만 원을 지급할 의무가 있다(제2조, 제3조 (2) 참조).

④ (○) 그림 A의 저작자인 갑은 제2조의 권리를 행사하기 위해, 병과 정의 거래를 중개한 미술상 을에게 매도인 병의 이름과 주소, 거래가액(매도한 금액)에 관한 정보를 요구할 수 있고, 미술상 을은 이에 응하여야 한다(제5조).

⑤ (×) 저작자는 미술상에게 최근 3년간 '미술상이 관여한' 자기 저작물의 거래 여부에 관한 정보를 요구할 수 있다(제4조). 무로부터 기로의 증여는 정이 관여한 거래가 아니므로, 정으로서는 현재 기가 A를 보유하고 있음을 안다 하여도 그 정보를 제공할 의무가 없다.

> 📖 서울대 로스쿨 합격생의 풀이법
>
> 개별 계산이 복잡하지 않기 때문에, 각 거래 단계별로 저작자 갑이 받을 수 있는 금액을 미리 계산해두면 선지와 본문을 오가면서 매번 계산하는 복잡함을 덜 수 있다. 복잡하지 않은 계산이고, ①번 선지에서 총액을 묻고 있어 어차피 다 계산해봐야 하기 때문이다.

104 ▸▸ ④ 【 정답률 65.6% 】

접근 방법

1. 〈사실관계〉에 대한 판단이 요구되며 특히 다양한 사건이 시간 순서대로 발생하는 복잡한 상황을 검토해야 하는 문제이다. 우선, 계산에 필요한 [규정]을 분석하되 어떤 경우 벌점이 소멸하거나 가중되는지 살펴보자.
2. 〈사실관계〉를 시간 순서대로 정리하고 각 경우 몇 점의 벌점이 부과되는지 적어보자. 시험장에서는 각 날짜와 벌점을 적는 방식으로 개략적인 흐름을 파악하면 충분하다.
3. 〈사실관계〉에서 각 위반행위에 배점되는 벌점을 연결하여 해결하자. 이때 2017. 5. 1. 신호위반행위는 3년이 지났기에 〈사실관계〉에서 면허정지에 영향을 주지 않는다는 점, 2021. 4. 1. 규정속도 위반행위에 따른 면허정지기간은 2배로 계산된다는 점에 유의하자.

핵심 정보

제1조 : 벌점과 처분벌점의 정의
　　　　처분벌점은 누적 벌점에서 기간경과 및 정지집행으로 소멸된 점수를 뺀 것이라고 기억하자.
제2조 : 처분벌점을 계산하는 방식에 관한 정보
　　　　제2조의 제1항, 제2항은 기억할 필요 없이 관련 내용이 등장하면 그 때 찾아보면 된다. 결국 제2조 3항의 ‘교통법규위반일로부터 3년이 지났는가?’와 ‘최종 교통법규위반일로부터 아무 일 없이 1년이 지났는가?’만이 중요한 판단기준임을 확인하면 된다.
제3조 : 이미 계산된 처분 벌점에 따라 어떤 처분이 내려지는지를 규정
　　　　운전면허정지 중의 벌점은 2배가 된다는 점만 유념한다면, 제1항과 제3항의 정보는 적용이 어렵지 않다.

2017.5.1.	2020.5.1.	2020.7.1.	2021.3.1.	2021.4.1.
신호위반	(신호위반소멸)	정지선위반	갓길통행	속도위반
	벌점✕	벌점18점	벌점25점	벌점40점

선택지 해설

〈사실관계〉를 시간순서에 따라 [규정]과 연결지어 살펴보자.
* 2017. 5. 1.에 신호위반을 하고, → 벌점 15점이 배점되어야 하지만, 위반일로부터 3년이 지난 2020. 5. 1. 소멸되었으므로(제2조 제1항, 제2항), 고려할 필요가 없다.
* 2020. 7. 1.에 정지선위반을 하고, → 벌점 18점이 배점된다(제2조 제1항).
* 2021. 3. 1.에 갓길통행을 하고, → 벌점 25점이 배점된다(제2조 제1항).
* 2020. 7. 1.에 정지선위반으로 받은 18점은 30점 미만인 처분벌점이나, 최종 법규위반일로부터 교통법규 위반 없이 1년이 지나지 않았으므로 처분벌점이 소멸하지 않았다(제2조 제3항). 따라서 총 처분벌점 43(18＋25)점이 되었으므로, 2021. 3. 2.부터 면허가 정지된다(제3조 제1항). 이때 정지일수는 43일이므로, 2021. 3. 2.부터 43일째인 2021. 4. 13.까지 정지된다.
* 2021. 4. 1.에 규정속도를 45km/h 초과하여 속도위반을 하였다. → 벌점 40점이 배점된다(제2조 제2항).
그러나 갑은 운전면허정지 중에 속도위반을 범하였으므로 벌점이 2배인 80점으로 배점되며(제3조 제2항), 이때 갑은 새로운 면허정지처분을 받게 된다. 정지일수는 80일이다(제3조 제1항). 갑의 처분벌점이 교통법규위반 시 배점된 벌점을 누적하여 합산한 점수(43점＋80점＝123점)에서 기간경과로 소멸한 벌점 점수(0점)와 운전면허정지처분으로 집행된 벌점(43점)을 뺀 점수인 80점이기 때문이다(제1조 제2항).
정지일수 80일은 2021. 4. 13.의 다음날인 2021. 4. 14.부터 계산되어(제3조 제3항) 80일째인 2021. 7. 2.에 만료된다.

그러므로 정답은 ④번이다.

🎓 서울대 로스쿨 합격생의 풀이법

제2조는 처분벌점을 계산하는 방식에 관한 정보이다. 제2조의 제1항, 제2항은 기억할 필요 없이 관련 내용이 등장하면 그 때 찾아보면 된다. 결국 제2조 3항의 '교통법규위반일로부터 3년이 지났는가?'와 '최종 교통법규위반일로부터 아무 일 없이 1년이 지났는가?'만이 중요한 판단기준임을 확인하면 된다. 제3조는 이미 계산된 처분벌점에 따라 어떤 처분이 내려지는지를 규정한다. 운전면허정지 중의 벌점은 2배가 된다는 점만 유념한다면, 제1항과 제3항의 정보는 적용이 어렵지 않다. 이렇듯 그러나 각 정보를 범주별로 분류하여 필요할 때만 사용하면 어렵지 않게 해결할 수 있다.

---

105 ▶ ① 【 정답률 37.9% 】

접근 방법

1. 특허를 얻은 후 임상시험을 통과해야 하기에, 특허를 얻은 시점에 배타적 권리가 개시된다면 임상시험에 소요되는 시간 동안 배타적 권리를 활용할 수 없고 따라서 초기암 치료제가 경제성이 좋지 않다는 것을 파악하자.
2. 글의 내용을 정확히 파악하기 위해서 타임라인을 떠올려보는 것도 좋은 방법이다.

핵심 정보

암 치료제를 개발하면 20년간 특허가 부여된다. 특허를 얻더라도 제품을 판매하기 위해서는 임상시험을 거쳐야 한다. 초기암 치료제의 가치가 말기암 치료제보다 더 높음에도 불구하고 말기암 치료제를 더 개발한다.

선택지 해설

특허를 얻더라도 제품을 판매하기 위해 임상시험을 거쳐야 하고 임상시험에 소요되는 시간이 초기암 치료제가 더 길다면 제품을 배타적으로 판매할 수 있는 기간이 짧아 실질적으로 제약회사가 얻을 수 있는 이익이 적어져 초기암 치료제보다 말기암 치료제를 개발하는 것을 선택할 것이라고 추론할 수 있다.

©이 임상시험 통과 시점이라면 같은 배타적 판매 기간이 주어지기 때문에 더 높은 가치를 가진 초기암 치료제를 개발하지 않을 이유가 없고, ©이 ⑨보다 길다면 마찬가지로 후기암 치료제를 통해 얻을 수 있는 이익이 줄어드는 것이기 때문에 초기암 치료제를 개발하지 않을 이유가 없다.

이를 종합하면 답은 ①이다.

PSAT

---

106 ▶ ⑤

접근 방법

1. 〈상황〉에 제시된 각 발명자의 발명 완성 시기, 특허출원 시기 등을 시간 순으로 정리하자.
2. 글의 키워드를 찾기 위해 '그러나' 등 접속어 전후의 흐름에 유의하자.

핵심 정보

〈상황〉에 제시된 甲, 乙, 丙의 발명 완성 및 특허 출원 시기를 다음과 같이 나타낼 수 있다.

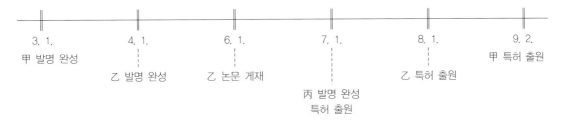

선택지 해설

글에 따르면 특허권 부여 요건은 1) 신규성, 2) 선출원이다.

1) 신규성은 특허 출원 시점을 기준으로 판별하는데, 2020. 7. 1. 특허를 출원한 丙은 출원 시점이 가장 빠르지만 2020. 6. 2. 乙의 논문 게재로 인해 신규성이 상실된 상태이므로 특허권이 부여되지 않는다(乙은 논문 게재 후 12개월 내에 특허를 출원하여 신규성이 간주되지만, 丙에게는 신규성이 있는 것으로 간주되지 않는다).
2) 선출원을 기준으로 보면 甲(2020. 9. 2.), 乙(2020. 8. 1.)은 丙(2020. 7. 1.)보다 늦게 특허를 출원하였으므로 특허권이 부여되지 않는다.

발명에 대해 특허권이 부여되기 위해서는 신규성과 선출원의 두 가지 요건 모두를 충족해야 한다. 그런데 甲, 乙, 丙 중 어느 누구도 두 가지 모두를 충족하는 사람이 없으므로, 특허권을 부여받지 못한다. 그러므로 정답은 ⑤번이다.

---

107 ▸ ⑤

접근 방법

1. 문두에 제시된 현재 시점인 2008년 2월 23일 기준으로 보았을 때 ③과 ④의 경우 소멸시효기간이 도과했음에 유의하자.
2. 선지에 제시된 각각의 채권이 가지는 소멸시효기간이 얼마인지를 우선적으로 찾아준 이후, 선지에 제시된 시점을 기준으로 채권의 소멸시효가 완성되는 시점을 구하는 방식으로 접근해보자.
3. ①의 내용 중 乙에게 5천만원을 1년간 빌려준 것은 C에서 이야기하는 '1년 이내의 기간으로 정한 금전 또는 물건의 지급을 목적으로 한 채권'이 아니라 일반채권에 해당함을 참고하자.

선택지 해설

① (×) 甲이 친구 乙에게 빌려준 5천만원의 채권은 일반채권이므로 10년의 소멸시효기간을 적용받는다. 甲이 해당 채권의 권리를 행사할 수 있는 시점은 2001년 6월 11일부터이므로 이때부터 소멸시효가 진행되며, 소멸시효 만료 시점은 이로부터 10년 후인 2011년 6월 10일이다.
② (×) 甲이 乙로부터 받아야 할 자동차 매매대금인 2천만원은 일반채권에 해당하므로 10년의 소멸시효기간을 적용받는다. 甲이 해당 채권의 권리를 행사할 수 있는 시점은 1999년 9월 21일부터이므로 이때부터 소멸시효가 진행되며, 소멸시효 만료 시점은 이로부터 10년 후인 2009년 9월 20일이다.
③ (×) 甲이 乙로부터 받아야 할 외상값 10만원은 글 C의 '① 여관·음식점의 숙박료·음식료의 채권'에 해당하므로 1년의 소멸시효기간을 적용받는다. 甲이 해당 채권의 권리를 행사할 수 있는 시점은 2006년 6월 16일부터이므로 이때부터 소멸시효가 진행되며, 소멸시효 만료 시점은 이로부터 1년 후인 2007년 6월 15일이다.
④ (×) 개그맨 甲이 장기자랑 사회에 대한 대가로 받아야 할 1천만원은 글 C의 '② 노역인·연예인의 임금'에 해당하므로 1년의 소멸시효기간을 적용받는다. 甲이 해당 채권의 권리를 행사할 수 있는 시점은 2006년 5월 16일부터이므로 이때부터 소멸시효가 진행되며, 소멸시효 만료 시점은 이로부터 1년 후인 2007년 5월 15일이다.
⑤ (○) 乙 소유 건물의 수리에 대한 대가로 甲이 받아야 할 공사 도급대금 3천만원은 글 C의 '(iii) 도급받은 자·기사 기타 공사의 설계 또는 감독에 종사하는 자의 공사에 관한 채권'에 해당하므로 3년의 소멸시효기간을 적용받는다. 甲이 해당 채권의 권리를 행사할 수 있는 시점은 2005년 3월 29일부터이므로 이때부터 소멸시효가 진행되며 소멸시효 만료 시점은 이로부터 3년 후인 2008년 3월 28일이다.

정리하면 ③④은 소멸시효가 이미 도과하였고, ⑤ → ② → ①순으로 소멸시효를 중단시켜야 하므로 가장 먼저 소멸
시효를 중단시켜야 할 경우는 ⑤번이다.

더 알아보기

해당 지문은 기간과 관련된 **민법 제155조~제161조**와 소멸시효에 관한 **민법 제161조~184조** 등 민법총칙 조문을 바
탕으로 구성되었다. 이렇듯 기간과 소멸시효와 관련한 민법총칙의 내용은 그동안 빈출되었고 앞으로도 출제가 가능
한 부분이므로 해당 부분을 숙지해두는 것이 좋다.

---

108 ▸ ②

접근 방법

1. 제시된 규정을 잘 보고 주어진 상황을 시간 순으로 정리해보자.
2. 단서규정이 있을 때에는 반드시 이에 주의해야 한다.

핵심 정보

<사실관계>에 나타난 A와 B 사이에 일어난 일들을 시간 순서대로 정리한다.

1/1	1/2	1/12	1/14	1/15
청약	철회	청약승낙	승낙도달	승낙기간
승낙기간지정				

선택지 해설

순서대로 제1조~제5조라 한다.
계약은 청약에 대한 승낙의 효력이 발생한 시점에 성립되므로(제4조), 청약 시점과 그 유효성을 검토하고 승낙 시점
과 유효성을 검토한다.
1. 청약 시점과 그 유효성
   A는 전화통화를 하면서 청약을 하였으므로 제5조에 따라 B가 구두로 내용을 통지받은 즉시 도달되며 제1조에 따
   라 청약의 효력이 발생한다. 또한, A는 1월 15일로 승낙기간을 지정한 것이므로 청약을 철회할 수는 없다(제2조
   단서). [③ 소거]
2. 승낙 시점과 그 유효성
   B의 서신은 1월 14일 도달하여 1월 14일 승낙의 효력이 발생하였다(제4조). [④⑤ 소거]
3. 결국 계약은 제4조에 따라 2008년 1월 14일 성립되었다. [① 소거]
   그러므로 정답은 ②번이다.

더 알아보기

1. CISG(국제물품매매계약에 관한 UN협약) 제15조, 제16조, 제18조, 제23조, 제24조를 문제풀이에 적합하도록 변형
   하여 구성되었다.
2. '도달주의'는 의사표시가 상대방에게 도달한 때, 즉 상대방의 지배권 안에 들어간 때에 효력이 발생한다는 주의를
   말한다. 민법은 이 도달주의를 일반원칙으로 하고 있으나, 획일·신속을 요하는 거래나 격지자 사이의 계약은 예
   외적으로 발신주의를 취하고 있다. 영미의 경우 '발신주의'를 채택하고 있다.
민법 제111조는 도달주의 원칙을 선언하고 있는데 본 조항에서 도달이란 사회관념상 채무자가 통지의 내용을 알 수
있는 객관적 상태에 놓여 있다고 인정되는 상태를 의미하며, 채무자가 현실적으로 수령하였다거나 그 통지의 내용을
알았을 것까지는 필요로 하지 않는다.
제111조(의사표시의 효력발생시기) ① 상대방이 있는 의사표시는 상대방에게 도달한 때에 그 효력이 생긴다.
② 의사표시자가 그 통지를 발송한 후 사망하거나 제한능력자가 되어도 의사표시의 효력에 영향을 미치지 아니한다.

109 ▸ ④ 【 정답률 52.7% 】

접근 방법

1. 날짜 계산을 위해 미리 달력을 그려놓자. 이때 해당 문항처럼 공휴일이 중간에 있으면 이에 유의하자.
2. 민원의 유형과 그에 따른 처리기간을 염두에 두면서 처리기간에 따른 기간의 계산을 다루고 있는 조항에 유의하자.

핵심 정보

〈보기〉에 나온 날짜를 달력으로 나타내면 다음과 같다(실전풀이 시 토요일, 일요일은 생략해도 무방)

일	월	화	수	목	금	토
...	8.7	8	9	10	11	12
13	14	15	16	17	18	19
20	21	22	23	24	25	26
27	28	29	30	31	9.1	2
3	4	5	6	7	...	

선택지 해설

ㄱ. (○) 건의민원의 경우 토요일과 공휴일을 제외하고 첫날을 포함하여 10일 내에 처리하면 된다(제1조 제2항, 제2조 제3항, 제4항). 8월 21일은 7일부터 토요일과 공휴일을 제외하고 세면 10일째이므로 A부처는 민원을 정해진 기간 내에 처리하였다.

ㄴ. (✕) 고충민원의 처리기간은 접수일을 포함하여 7일이지만 실지조사 기간은 처리기간에 산입되지 않으므로 실제로는 접수일 포함 17일 내(공휴일, 토요일 제외)에 처리하면 된다(제1조 제3항, 제2조 제3항, 제4항). 이 계산에 따르면 9월 7일은 8월 14일부터 18일째이므로 B부처는 민원을 정해진 기간 내에 처리하지 못하였다.

ㄷ. (○) 기타민원은 접수 후 즉시, 즉 3근무시간 이내에 처리하면 된다(제1조 제4항, 제2조 제1항). 8월 16일 17시에 접수된 민원은 18시까지 1근무시간+8월 17일 근무 개시 후 2근무시간 내, 즉 8월 17일 11시까지 처리하면 되므로 C부처는 민원을 정해진 기간 내에 처리하였다.

ㄹ. (○) 제도 설명 관련 질의민원은 4일(=32근무시간) 내에 처리하면 된다(제1조 제1항 제2호, 제2조 제2항). 즉 8월 17일 11시에 접수된 제도 설명 관련 질의민원은 32근무시간 후인 8월 23일 11시까지 처리하면 되므로 D부처는 민원을 정해진 기간 내에 처리하였다.
(17일 : 11시~12시−1시간, 13시~18시−5시간, 합계 6근무시간)
(18일, 21일, 22일 : 3일×8근무시간=24근무시간)
(23일 : 9시~11시−2근무시간)

더 알아보기

민원 처리에 관한 법률 제18조, 제19조와 같은 법 시행령 제14조~제17조와 제19조를 수험에 적합하도록 변형하였다.

---

110 ▸ ③ 【 정답률 66.8% 】

접근 방법

제1항부터 제5항까지 모두 날짜는 공통적으로 '전일부터 기산'하도록 되어 있다는 점에 유의하자. 가령 제출마감일의 전일부터 기산하여 7일 전에 공고하여야 하는 경우 제출마감일부터 8일 전에 공고하여야 한다.

선택지 해설

① (✕) 공고는 입찰서 제출마감일 전일부터 기산하여 7일 전에 하여야 하므로(제1항), 2021. 4. 1.로 제출마감일을

정한 경우 그 전날인 3. 31.부터 기산하여 7일 전인 2021. 3. 24.에 공고하여야 한다.

② (×) 건설공사에서 현장설명을 실시하는 경우 현장설명일 전일부터 기산하여 7일 전에 공고하여야 하지만, 선지와 같이 입찰참가자격을 사전에 심사하려는 공사는 현장설명일 전일부터 기산하여 30일 전에 공고하여야 한다(제2항 단서). 따라서 2021. 4. 1.로 현장설명일을 정하였다면 공고는 3. 31.부터 기산하여 30일 전인 2021. 3. 1.에 하여야 한다.

③ (○) 협상에 의해 계약을 체결하는 경우 제5항이 적용되는데, 다른 국가사업과 연계되어 일정조정이 불가피한 경우는 제4항 각 호의 어느 하나(제2호)에 해당하므로 제안서 제출마감일의 전일부터 기산하여 10일 전까지 공고할 수 있다(제5항 제1호). 따라서 제출마감일이 2021. 4. 1.인 경우 그 전날인 3. 31.부터 기산하여 10일 전인 2021. 3. 21.까지 공고할 수 있으므로, 2021. 3. 19. 공고는 기간을 준수하였다.

④ (×) 협상에 의해 계약을 체결하는 경우 제5항이 적용되며, 다른 국가사업과 관계가 없고 입찰가격이 고시금액 미만이라고 볼 만한 자료가 없어 제4항 각 호의 어느 하나에 해당하지 않으므로 제안서 제출마감일의 전일부터 기산하여 40일 전에 공고하여야 한다. 따라서 제출마감일이 2021. 4. 1.인 경우 그 전날인 3. 31.부터 기산하여 40일 전인 2021. 2. 19.에 공고하여야 한다.

⑤ (×) 주차장 공사의 최초 입찰공고(제출마감일 2021. 4. 1.)가 기간을 준수하였는지는 선지에서 직접 확인하기 어렵다. 다만 재공고입찰의 경우 입찰서 제출마감일의 전일부터 기산하여 5일 전까지 공고할 수 있는데(제4항 제1호), 제출마감일을 2021. 4. 9.로 정하였다면 재공고는 4. 8.부터 기산하여 5일 전인 2021. 4. 3.까지 하여야 한다.

더 알아보기

국가를 당사자로 하는 계약에 관한 법률 시행령 제35조를 일부 변형하여 출제하였다.

---

111 ▸ ⑤ 【 정답률 64.9% 】

접근 방법

보호기간의 기산일은 저작자가 사망한 다음 해의 1월 1일이라는 점, 2011년 개정 저작권법의 시행일은 2013. 7. 1. 이라는 점에 유의하자.

선택지 해설

저작물 Y를 창작한 저작자 乙이 1963. 1. 1. 사망하였다면, 저작물 Y의 보호기간 기산일은 1964. 1. 1.이다.

㉠ : 1957년 제정 저작권법에 따르면 저작재산권의 보호기간은 저작자가 생존한 동안과 그가 사망한 후 30년간이므로 1964. 1. 1. 개시된 보호기간의 만료일은 1993. 12. 31.이다.

㉡ : 1987년 개정 저작권법에 따르면 저작재산권의 보호기간은 저작자가 생존한 동안과 그가 사망한 후 50년간이다. 저작물 Y의 경우 1987년 저작권법 시행일인 1987. 7. 1. 당시 1957년 저작권법에 따른 보호기간(1993. 12. 31. 까지)이 경과하지 않았으므로 1987년 저작권법에 따른 보호를 받는다. 이에 따르면 1964. 1. 1. 개시된 저작물 Y의 보호기간 만료일은 2013. 12. 31.이다.

㉢ : 2011년 개정 저작권법에 따르면 저작재산권의 보호기간은 저작자가 생존한 동안과 그가 사망한 후 70년간이다. 저작물 Y의 경우 2011년 저작권법 시행일인 2013. 7. 1. 당시 1987년 저작권법에 따른 보호기간(2013. 12. 31. 까지)이 경과하지 않았으므로 2011년 저작권법에 따른 보호를 받는다. 이에 따르면 1964. 1. 1. 개시된 저작물 Y의 보호기간 만료일은 2033. 12. 31.이다.

따라서 정답은 ⑤다.

더 알아보기

1957년 제정 저작권법 제30조와 제39조, 1987년 개정 저작권법 제36조, 제40조와 부칙 제2조, 2011년 개정 저작권법 제39조, 제44조와 부칙 제2조를 수험에 적합하도록 변형하였다.

접근 방법

1. 기간 계산, 금액 계산, 예외 조항 등의 장치가 다양하다. 문제 해결과정에서 예외 조항 적용 여부(2번 제거)를 먼저 판단하고 기간을 계산하는 방식으로 체계적으로 접근한다.
2. 금액 계산의 경우에는 엄밀한 계산을 할 수도 있으나 광고물 무단부착의 경우에는 천원 단위 계산이 2차 납부기간에만 나타날 것이라는 것을 이용하여 계산을 줄일 수도 있다.

선택지 해설

① (○) 갑은 10월 2일 범칙금을 고지 받았으며 10월 14일에는 2차 납부기간이 되므로 범칙금 6만원을 납부하여야 형사소송절차를 면할 수 있다.
② (○) 〈규정〉 첫 번째 내용 단서에 따르면 상습 위반자에 대해서는 통고처분을 할 수 없다. 따라서 상습 위반자 을에 대한 통고처분은 〈규정〉 위반이 된다.
③ (○) 병은 10월 7일 범칙금을 고지 받았으며, 1차 납부기간의 마지막 날은 10월 17일이고, 2차 납부기간의 마지막 날은 11월 6일이다. 따라서 11월 7일은 3차 납부기간이므로 7.5만원을 납부하여야 형사소송절차를 면할 수 있다.
④ (×) 정은 10월 17일 범칙금을 고지 받았으며, 10일이 지난 10월 27일은 추석 전날로 공휴일이므로 공휴일이 끝나는 날의 다음 날인 10월 30일이 1차 납부기간의 마지막 날이다. 따라서 10월 31일은 2차 납부기간으로 9.6만원을 납부하여 형사소송절차를 면하였다면 〈규정〉에 위반되는 것은 아니다.
⑤ (○) 무는 10월 23일 범칙금을 고지 받았으며, 11월 4일은 2차 납부기간이므로 19.2만원을 납부하여야 형사소송절차를 면할 수 있다.

LEET

113 ▸ ②

접근 방법

1. 견해를 평가하는 문제이므로 각 입장이 가진 견해를 우선적으로 파악한다. 그리고 선지에 강화와 약화 논지가 제시되어 있다는 점에 유의하며 어떤 경우에 견해가 강화 혹은 약화될지를 중점적으로 살펴보자.
2. 선택지의 경우 갑과 을, 갑과 병, 을과 병 등 각 두 주체의 논지를 강화하거나 약화하는가를 묻고 있다. 이 두 부분을 잘 나누어서 살펴보자.

핵심 정보

• 갑 : 잘 지켜지고, 제재될 경우에만 효력 (실효성)
• 을 : 제정되고 공포되면 효력 (합법성, 법실증주의)
• 병 : 이념 내지 가치를 구현할 경우에만 효력 (정당성, 자연법주의)

선택지 해설

① (×) 일정한 행위 양식이 관습으로서 실효성을 가지게 되고, 또 국민들의 법적 확신을 얻을 경우 관습법으로서 법의 효력을 가진다는 진술은 사람들에 의해 실제로 잘 지켜지면 법의 효력이 생긴다는 갑의 논지를 강화한다. 또 관습법이 성립할 수 있다는 것은 법의 효력이 제정 절차와 무관할 수 있다는 것을 의미하므로 을의 논지를 약화한다.

② (○) 법관이 오랫동안 적용되지 않던 법규정을 적용하여 재판한다는 것은 잘 지켜지지 않던 법의 효력도 인정한다는 것이므로 법의 효력을 실효성으로 이해하는 갑의 논지를 약화하고, 법의 효력을 합법성으로 이해하는 을의 논지를 강화한다.

③ (×) 법의 효력을 정당성과는 무관하게 실효성만을 기준으로 보자는 것이므로 갑의 논지는 강화되고 병의 논지는 약화된다.

④ (×) 법률가가 법의 효력 여부를 법의 제정 및 시행 여부에서 확인한다는 진술은 합법성의 차원에서 보는 을의 논지를 강화한다. 또 법률가가 정당성에 대해서는 관심을 두지 않는다는 것이므로 병의 논지를 약화한다.

⑤ (×) 을은 법이 일단 합법적으로 제정 및 공포되면 효력이 있다고 보므로 법이념에 반하는 제정법도 을의 입장에서는 허용된다. 따라서 정의를 의식적으로 부정할 목적으로 제정된 법은 법으로서의 효력을 갖지 않는다는 진술은 을의 논지를 약화한다. 반면에 법의 효력을 정당성, 즉 정의 등의 올바른 이념 내지 가치를 구현하는 것으로 보는 주장은 병의 논지를 강화한다.

---

114 ▸ ②

접근 방법

1. '노모스'와 '피시스'에 대한 각 견해의 입장을 전반적으로 파악하면 선지를 쉽게 판단할 수 있다. 가령 ㄴ에서 을과 병이 노모스를 정당화한다고 진술하고 있는데 병의 마지막 부분을 보면 '반자연적인 노모스를 짓밟고'라고 진술하고 있으므로 노모스를 정당화한다고 볼 수는 없다. 마찬가지로 ㄷ도 병이 노모스의 필요성을 정당화하기

위한 근거로 어떠한 것을 들고 있다 하는데 병은 애초에 노모스를 정당화 하고 있지 않다.
2. ㄱ의 '갑, 을, 병 모두', ㄴ의 '반면에' 같은 선지의 표현을 통해 갑, 을, 병 견해의 공통점과 차이점을 파악해야 함을 간파하자.

핵심 정보

	노모스(nomos)	피시스(physis)
갑	인간질서 피시스로부터 유래하여 정당	자연법칙
을	반자연적(인위적)	자연적, 모든 이 평등
병	반자연적 피시스 대항하여 평등 강조	자연적 약육강식(불평등)

선택지 해설

ㄱ. (○) 갑, 을, 병 모두 노모스를 일정한 목적을 위하여 인간에 의해 인위적으로 제정된 것으로, 피시스를 자연 내지 자연법칙으로 보고 있다.

ㄴ. (×) 갑은 노모스를 정당하다고 보는 입장이다. 또한 을과 병은 노모스가 피시스에 반한다는 이유로 비판하고 있다.

ㄷ. (×) 갑은 인간 공동체의 평화와 존속을 노모스의 정당화 근거로 들고 있다고 볼 여지가 있으나, 병은 노모스의 필요성 자체를 비판하므로 병에 대한 설명은 될 수 없다. 을 역시 노모스를 비판하고 있으므로 노모스의 필요성을 정당화하기 위한 근거를 들고 있다고 볼 수 없다.

ㄹ. (○) 을은 노모스를 비판하는 입장이다. 즉, 피시스에 의하면 인간은 평등하지만 노모스가 불평등을 강제한다는 입장이다. 병은 강자가 약자를 지배하는 불평등이 피시스이며, 노모스가 평등을 내세우며 피시스에 반하기 때문에 노모스가 반자연적이라고 주장한다.

---

115 ▸ ④

접근 방법

1. 논쟁 주체의 결론을 한 단어로 요약해보자. 가령 갑은 '정당화', 을은 '예측'으로 요약할 수 있다.
2. 선택지의 내용에 '전제'와 '고려'가 들어가 있다. 이런 표현이 있을 때에는 논리적 연관관계를 떠올리자.
3. 선지 5개 중 3개가 을에 대한 진술인 점에 착안하여 을의 입장을 우선적으로 먼저 판단해보자.
4. 논쟁 문제는 분량이 많은 부분부터 읽어보는 것이 효율적일 수 있다. 즉 두 번째 을에 집중하여 분석하자.

핵심 정보

갑 : 법적 추론의 목적은 결론의 정당화이다.
을 : 법적 추론의 더 중요한 목적은(즉 결론의 정당화도 중요하지만) 결과에 대한 예측이다.
갑 : 사람들이 원하는 것은 법에 비추어 올바른 판결이다. 이는 정당화를 통해서만 드러나므로 법률가는 정당화의 근거를 제시해야 한다.
을 : 판결과 사회과학적 인과 관계도 법적 추론의 대상으로 받아들임으로써 판결을 더 과학적으로 예측할 필요가 있다.
갑 : 대부분의 경우 법적 정당화관계의 추론을 통해 결론을 예측할 수 있다.

선택지 해설

① (○) 갑은 마지막 부분에서 '법률가들은 대부분의 경우 법적 정당화관계를 추론함으로써 결론을 쉽게 예측할 수 있다.'고 하였는데 이는 갑이 법률가들이 정당화 관계를 추론함으로써 동일한 사안에 대해서는 대체로 동일한 결론에 도달한다고 전제하였기 때문에 가능한 주장이다.

② (○) 을은 '판결과 다양한 사회적·심리적 배경 사이의 인과 관계도 법적 추론의 대상으로 받아들임으로써, 판결을 더 과학적으로 예측할 필요가 있다.'고 하였는데 이는 을이 판결이 사회적·심리적 요인에 의해 영향을 받는 경우가 있다고 전제하였기 때문에 가능한 주장이다.

③ (○) 을은 갑에 비해서 결론의 정당화보다 결과에 대한 예측이 법적 추론에서 더 중요한 목적이라고 본다. 이에 반해서 갑은 법률가가 법적 정당화를 통해서 결론도 쉽게 예측한다고 본다. 따라서 만약 정당화가 어렵지만 결론을 예측하기는 쉬운 판결이 있다면 이는 갑의 주장을 약화하면서 을의 주장을 강화할 것이다.

④ (×) 을은 '법적 추론의 목적은 결론을 정당화하는 것'이라는 갑의 주장에 대해 '법적 추론의 더 중요한 목적은 결과에 대한 예측'이라 하였다. 이는 더 중요한 목적이 '예측'인 것이지 '정당화'가 중요하지 않다는 입장은 아니다. 법적 정당화 여부가 판사의 결정에 인과적 영향을 미치게 된다면 정당화 여부는 판사의 결정, 즉 판결을 예측하는 데 매우 중요한 정보가 될 것이다. 을은 판결을 더 잘 예측하기 위해 다양한 인과 관계도 법적 추론의 대상으로 받아들여야 한다고 했으므로, 이 경우 정당화 관계를 고려할 필요가 있다고 볼 것이다.

⑤ (○) 갑은 '법적 추론의 결론을 내리게 된 근거가 법에 있을 때 법적으로 정당화된다.'는 입장이면서 '법에 비추어 올바른 판결'을 제시하려 하므로 문제에 대해 최선의 답을 찾으려는 판사에 가까운 입장이고, 을은 '사람들이 추론을 통해 알고 싶은 것은, 자기와 다투는 사람이 소송을 할지, 소송에서 어떤 주장을 펼칠지, 특히 법관이 어떤 판결을 내릴지'라고 하였으므로 의뢰인의 이익을 우선시하는 변호사에 가까운 입장이다.

---

116 ▸▸ ⑤ 【 정답률 57% 】

접근 방법

갑은 단어의 의미에 있어 중심 영역과 주변 영역을 구별할 수 있으며, 그 영역에 따라 법적용의 어려움이 달라진다고 주장한다. 을은 이에 대해 중심 영역과 주변 영역을 구별하는 것 자체가 어렵다고 비판하고 있다. 그러나 을이 갑의 모든 주장과 전제에 반대하는 것은 아님에 주의하자.

핵심 정보

갑 : 중심 영역 → 법적용 쉬움. 법관이 창조적 역할 ×
　　주변 영역 → 법적용 어려움. 법관이 창조적 역할 ○ (규정의 목적 고려)
을 : 갑에 대한 비판, 법적용에서 중요한 점은 법의 '목적'
(가) 쉬운 사례에서도 중심 영역과 주변 영역 구분이 어려워 목적 고려 필요한 경우가 있음 → 법적용에서 중요한 점은 법의 '목적'
(나) 법적용이 쉬워도 중심사례와는 거리가 멀어 법관이 판단을 유보하는 사례 있음 → 그러나 법관은 항상 법에 따라 판결

선택지 해설

ㄱ. (○) 갑은 중심 영역에서는 법관이 창조적 역할을 할 필요 없이 단순히 법을 적용하면 되지만, 주변 영역에서의 경우, 법적용 시에 법관이 창조적으로 규정을 어떻게 적용할지 판단을 내려야 한다고 보았다. 따라서 갑은 법적용이 경우에 따라 쉽거나 어려울 수 있다는 점에 동의할 것이다. 을은 (나)에서 '투견'을 법적용이 쉬운 사례로 제시하였다. 이와 함께 호주머니 안의 '애완 생쥐' 중에서 어떤 것이 중심사례인지 알기 어렵다고 제시한 것에서 볼 때, '애완 생쥐'의 경우에는 법적용이 어려운 사례로 보고 있다는 것을 알 수 있다. 따라서 갑과 을은 법적용이 쉽거나 어려울 수 있다는 점에 대해서는 견해를 같이한다.

ㄴ. (○) 갑에 따르면 쉬운 사례는 '단어의 중심사례가 문제가 될 때, 법관은 어떠한 창조적 역할도 맡지 않으며 어려움 없이 법을 있는 그대로 적용할 뿐'인 경우이다. 갑은 이 경우에 법관이 법의 목적을 고려할 필요가 없다고 주장한다. 하지만 을의 (가)는 단어의 중심사례에 해당하는 '애완견'이라도 온순하고 조용한 개라면 무작정 식당에 데려오는 것을 반대하는 것이 어렵다는 점을 지적한다. 즉 쉬운 사례에서도 법의 목적(식당의 안전이나 정숙을 위해 애완동물을 금지)이 고려된다는 근거를 들어 갑을 비판한다.

ㄷ. (○) 갑은 '중심' 영역에서는 법관이 어떠한 창조적 역할도 하지 않지만 '주변' 영역에서는 법관이 창조적 역할을

감당하게 된다고 주장하고 있다. 이에 대해 을은 (나)에서 '중심사례'인가 아닌가의 질문을 생략한 채 판단하였다고 해서 '법에 따라 판결하지 않은 것이라고 할 수 없다'고 하였다. 즉 '목적을 고려하는 법적용도 창조적인 것이 아니라 법에 따른 것'이라고 주장함으로써 갑을 비판하고 있는 것이다.

---

117 ▶ ⑤

접근 방법

1. 규제 정책과 정책을 둘러싼 〈찬반 논거〉를 제시하고, 이러한 논거가 어떠한 식으로 활용되고, 강화, 혹은 약화될 수 있는지를 판별하자.
2. 〈규정〉의 목적을 정확히 이해하고, 〈찬반 논거〉를 읽는 데에 시간을 지나치게 할애하지 않으면서, 선지에서 판별에 시간을 할애함으로써 해당 논거를 충분히 평가할 수 있는지 고민해보자.

핵심 정보

〈규정〉
종합편성을 행하는 방송사업자
1) 보도, 교양, 오락에 관한 방송 프로그램이 상호 간에 조화를 이루도록 편성해야 한다.
2) 오락에 관한 방송 프로그램을 당해 채널의 매월 전체 텔레비전 방송 프로그램 및 라디오 방송 프로그램 각 방송 시간의 100분의 50 이하로 편성하여야 한다.

〈찬반 논거〉
(가) 방송의 오락화·상업화 심화 우려 → 찬성
(나) 오락의 개념 구체적 정의 어려움 → 반대
(다) 오락 프로그램의 긍정적 측면 상당함 → 반대
(라) 장르 간 균형성·다양성 확보 필요 → 찬성
(마) 청소년 보호를 위한 장르별 비율 규제 필요 → 찬성

선택지 해설

① (○) (가)는 종합편성 방송사가 프로그램을 편중되게 편성하면 방송의 오락화, 상업화가 심화될 수 있다는 주장이므로 다양한 방송 프로그램이 상호간에 조화를 이루도록 편성해야 하고, 오락 프로그램의 편성에 제한을 둔 규제 정책이 필요하다는 논거로 쓰일 수 있다. (라)는 방송 프로그램의 장르 간 균형성과 다양성의 확보가 필요하다는 주장이므로, 오락 프로그램이라는 특정 장르가 지나친 비중을 갖지 못하도록 하는 규제 정책을 옹호하는 논거로 활용될 수 있다.
② (○) (나)는 오락의 개념을 구체적으로 정의하는 것이 현실적으로 불가능하다는 주장이므로, 오락 프로그램의 편성을 제한하는 위 규제 정책이 실효성이 없거나, 지나친 규제로 작용할 수 있다는 주장에 활용될 수 있다. 따라서 (나)는 위 규제 정책에 반대하는 논거로 사용될 가능성이 있다.
③ (○) (나)는 교양과 오락 프로그램의 경계 설정이 어렵다는 것이므로 반대로 비교적 장르 구분이 분명한 보도 부문에 대한 편성 비율의 하한만을 규정하는 방식을 취하게 될 경우 현재의 오락 프로그램에 대한 위 규제 정책에 반하므로 반대 논거를 강화할 수 있기 때문에 옳다.
④ (○) 교양과 오락이 결합된 프로그램이 증가하고 있다는 사실과 함께 (다)에서 주장하는 바와 같이 오락 프로그램의 성격을 반드시 부정적인 것으로 볼 수 없고, 방송에 있어서 긍정적인 역할을 수행하는 오락 프로그램에 대해 규제할 필요는 없게 된다는 주장을 결합하면 오락 프로그램 규제 정책에 대한 반대 논거를 지지 또는 강화한다고 볼 수 있으므로 옳다.
⑤ (×) 청소년 보호의 문제는 프로그램의 내용에 대한 '질적' 규제로 해결할 수 있다는 주장은 현재의 오락 프로그램에 대한 '양적' 규제를 대체하는 방법으로서 규제 정책에 반대하는 논거로 사용할 수 있다. (마)는 현행 장르별 비율 규제 방식을 옹호하는 입장이므로 서로 반대되기 때문에 옳지 않다.

접근 방법

1. 〈상황〉을 정확하게 읽어낼 수 있어야 한다. 즉, A국의 헌법재판기관의 구성원이 종신직위를 보장받는다는 것을 놓치면 안 된다.
2. (가)는 헌법재판기관의 선출방식과 임기를 (나)는 활동을 비판하므로 이를 중심으로 선지를 해석하자.
3. 선택지를 먼저 살펴보면 헌법재판기관의 운영형식과 조직이 달라질 경우 〈비판〉이 유지 가능한지에 대한 문제라는 것을 파악할 수 있다. 이후 헌법재판기관 운영이라는 〈상황〉을 중심으로 〈비판〉을 파악하자.

핵심 정보

〈상황〉
A국의 헌법재판기관의 구성원은 대통령의 결정에 따라 임명되어 종신직위를 보장받음.

〈비판〉
(가) 민주적 정당성을 위해 정기적인 선거를 통해 국민이 직접 헌법재판기관을 구성해야 함.
(나) 헌법재판기관은 구성은 물론 그 활동에서도 국민의 의사를 대변하는 입법부를 반대하는 결정을 내릴 경우 민주적 정당성을 갖추지 못함.

선택지 해설

① (×) (가)에 따라 헌법재판기관 구성원의 민주적 정당성을 확보하기 위해서는 1) 국민에 의한 직접 선출, 2) 종신 직위의 박탈이 이루어져야 한다. 그러나 직선제로 변경하는 것만으로는 1)은 해소할 수는 있으나, 2)는 해소 되지 못한다. 따라서 직선제로 변경하는 것만으로는 (가)를 해소하지 못한다.
② (○) 헌법재판기관의 구성이 민주적 정당성을 갖추지 않았으므로, 이들이 법률들에 대하여 합헌 결정을 내렸더라도 (가)는 해소되지 않는다.
③ (○) (나)는 헌법재판기관의 심사대상에 법률이 있는데 이 법률은 국민 의사의 반영이며 이에 대해 위헌 결정을 내리는 경우 국민의 의사에 반대하게 되어 민주적 정당성을 갖추지 못한다고 하고 있다. 따라서 헌법재판 제도 자체가 민주적 정당성을 갖추지 못할 수 있기에 입법부에 대한 견제 수단으로 적절하지 않다고 주장할 수 있다.
④ (○) 입법부의 구성원은 국민이 직접 임명하고, 헌법재판기관의 구성원은 대통령의 결정에 따라 임명한다. (가)는 헌법재판기관의 구성이 국민의 의사를 반영하지 못한다고 비판하고 있으며 (나)는 (가)의 비판을 수용하고 있다. 따라서 (나)는 대통령의 결정이 국민 의사의 반영이라고 이해하지 않는 것이라고 볼 수 있다.

> 📖 **서울대 로스쿨 합격생의 풀이법**
>
> (나)에서 헌법재판기관 구성과 관련된 대통령 결정이 국민 의사의 반영이라고 이해한다고 가정하면 헌법재판기관의 구성이 민주주의 체제에 부합하지 않는다는 (나)의 주장과 상충한다.

⑤ (○) 〈상황〉에서 민주주의를 채택하고 있는 A국은 다수결 원칙에 따른 직접선거로 입법부, 행정부, 사법부를 구성한다는 것을 알 수 있다. (가)의 '정기적인 선거를 통하여 국민이 … 민주적 정당성을 갖출 수 있다.'라는 문장에서 '국민의 의사'가 다수결로 정해진 국민의 의사라는 의미로 사용되고 있다는 것을 알 수 있다. (나)에서는 '국민들이 선출한 대표들의 결정이기 때문에 법률은 당연히 국민 의사의 반영이다.'라는 문장에서 '국민의 의사'라는 용어가 다수결로 정해진 국민의 의사를 의미한다는 것을 알 수 있다.

출제기관의 이의제기에 대한 답변

① '선출방식'과 '임기' 모두를 변경하지 않는 한, (가)의 비판은 해소될 수가 없다. 직접선거로 헌법재판기관 구성원들을 선출한다고 하더라도 이들의 임기를 기존처럼 종신제로 보장한다면 선거는 부정기적으로 이루어질 수밖에 없고 또한 선거를 통해 정치적 책임을 물을 수 있는 기회를 가질 수 없게 된다.
④ 헌법재판기관의 구성원은 대통령의 결정에 따라 임명되는데, (가)는 헌법재판기관이 그 구성에 있어 국민의 의사를 반영하지 못한다고 비판하고 있으며, 이 점에 대하여 (나)는 (가)의 비판을 수용하고 있다. 따라서 (나)는 대

통령의 결정이 국민 의사의 반영이라고 이해하지 않는 것이다.
⑤ (가)에서 '국민의 의사'는 "정기적인 선거를 통하여 국민이 직접 헌법재판기관을 구성하고 …"를 고려할 때, '다수결로 정해진 국민의 의사'라는 의미로 사용되고 있다. 또한 (나)에서도 "국민들이 선출한 대표들의 결정이기 때문에 법률은 당연히 국민 의사의 반영이다"는 문장에서 '국민의 의사'라는 용어는 국민들에 의한 대표들의 선출, 즉 다수결로 정해진 국민의 의사를 의미한다.

---

119 ▸ ⑤

접근 방법

1. 권리 행사의 제한에 대한 갑과 을의 주장이 어떠한지를 비교, 정리하자. 갑은 '법적 안정성'의 측면에서, 을은 '정의'의 측면에서 견해를 펼치고 있음을 파악하면 문제를 풀기가 수월해진다.
2. 을은 전체적으로 권리행사를 옹호하는 입장이므로 ⑤처럼 권리행사에 반대하는 진술은 주의하자.
3. 선지 구성상 을에 대한 선지가 3개이므로 을의 입장을 먼저 파악하여 선지를 판단하면 효율적이다.

선택지 해설

① (○) 갑은 권리를 행사할 수 있었던 사람이 오랜 시간이 흐른 후에야 비로소 권리를 행사하는 것은 부당하다고 주장한다. 따라서 갑의 주장에 따르면 아무런 권리주장 없이 일정 기간이 지나면 손해배상청구권을 행사할 수 없을 것이다.
② (○) 불법구금상태에서 고문을 당한 후 정치·사회적 상황 상 손해배상을 청구하지 못한 것은 권리를 행사하는 것이 사실상 불가능한 상태에 놓여 있었기 때문이라고 볼 수 있다. 따라서 이 경우 을의 주장에 따라 오랜 시간이 지났더라도 손해배상 청구를 인정할 수 있다.
③ (○) 교통사고로 인해 혼수상태에 빠진 사람은 권리의 존재여부를 알았다 하더라도 사실상 행사가 불가능했던 경우라고 볼 수 있다. 따라서 을의 주장에 따르면 이 경우 오랜 시간이 지났더라도 권리를 행사할 수 있도록 해야 한다.
④ (○) 국가에 의해 재산권이 침해당하였으나 법규정이 없어 보상을 받지 못했다면 이는 재산권을 침해당한 당시에는 보상청구권이 없었음을 의미한다. 이는 권리를 행사하는 것이 법률상 불가능한 경우라고 볼 수 있다. 따라서 오랜 시간이 지나 법규정의 흠결이 재산권을 보장하고 있는 헌법에 합치되지 않는다는 헌법재판소의 결정이 내려진다면 갑의 주장에 따르더라도 보상청구권을 행사할 수 있을 것이다.
⑤ (×) 을의 주장에 따르면 선지의 경우에 손해배상청구권을 행사할 수 있다. 을은 권리행사가 법률상 가능했던 경우여도 권리의 존재 여부를 알지 못했다면 그 권리는 보호할 필요가 있다고 주장한다. AIDS가 발병한 후 자신의 병이 20년 전 투여 받은 HIV 감염 혈액제제 때문이라는 것을 알게 된 사람은 (해당 사실을 알게 되기 전까지는) 권리의 존재 여부를 알지 못했던 경우라고 볼 수 있다.

---

120 ▸ ④ 【 정답률 59% 】

접근 방법

1. ㉠과 ㉡에 들어가는 내용이 무엇인지 계산한 후, A, B, C가 어떤 처벌을 받는지 파악한다.
2. 〈사법관리들의 논의〉를 〈상황〉, 〈관련법률〉보다 먼저 살펴봄으로써 시간을 절약할 수도 있다. 즉 갑과 을의 입장을 파악한 후 선지를 보는 것이다.

	범행	대응	관련법률
A (평민)	술 폭행(상해)	자백	제50조 (공무집행방해죄) → ⓛ+20대 + 갑 : 금주에 관한 왕령 → ⊙대 을 : 제10조 (왕령위반죄) → 60대
B (평민)	술	침묵	제50조 (공무집행방해죄) → ⓛ대
C (관리)	술	자백	제10조 (왕령위반죄) → 60대

갑 : 관리와 달리 평민이 금주기간에 술을 마셨다면 '금주에 관한 왕령'에 따라 처벌해야 한다.

을 : 금주기간에 술을 마셨다면 관리뿐만 아니라 평민도 '일반형사령 제10조'
　　에 따라 처벌해야 한다.

B의 선택에서 '일반 형사령 제10조'에 따른 형량보다 '일반 형사령 제50조'로 인한 형량이 더 적다는 것을 알 수 있다. 따라서 60 > ⓛ이다.

평민이 금주기간에 술을 마셨다면 '금주에 관한 왕령'에 따라 처벌해야 한다고 주장하는 갑이 'B의 경우만 하더라도 만약 술을 마셨다고 자백했다면, 공무집행방해죄에 의해 처벌받는 것보다 유리하였을 것입니다.'라고 하는 것을 통해, '금주에 관한 왕령'의 처벌(⊙)이 '공무집행방해죄'의 처벌(ⓛ)보다 가볍다는 것을 알 수 있다. 따라서 60 > ⓛ > ⊙이다.

제92조에서 곤장형은 최하 40대부터 최고 120대까지이며, 10대 단위로 부과하므로 ⊙은 40, ⓛ은 50임을 알 수 있다.

① (×) 국왕이 갑의 판단에 따르는 경우, C는 관리로서 왕령위반죄를 저질러 60대를 맞는다. 반면, A는 제91조에 의해 2개의 죄에 대한 형을 합산하므로, 제50조와 금주에 관한 왕령의 위반에 대해 $(50+20)+40=110$대를 맞을 것이다. 그러므로 A가 C보다 곤장을 더 많이 맞게 된다.

② (×) 국왕이 갑의 판단에 따르는 경우, B가 처음부터 술을 마셨다고 자백하면 '금주에 대한 왕령'에 따라 처벌받게 되므로 40대를 맞게 된다. 그러나 C는 제10조 위반에 대하여 60대를 맞을 것이므로 C가 B보다 많이 맞게 된다.

③ (×) 국왕이 을의 판단을 따르는 경우, B가 처음부터 술을 마셨다고 자백하면 C와 같이 제10조에 따라 처벌을 받게 되므로 B와 C가 같은 대수의 곤장을 맞을 것이다.

④ (○) A의 경우 갑의 판단을 따르면 곤장 $(50+20)+40=110$대를, 을의 판단을 따르면 곤장 $(50+20)+60=130$대를 맞게 된다. 따라서 국왕이 갑의 판단을 따르는 경우가 A에게는 유리할 것이다.

⑤ (×) 갑과 을 모두 금주기간에 술을 마신 경우 관리는 '일반 형사령' 제10조에 따라 처벌해야 한다고 본다. 따라서 국왕이 어떤 판단을 따르던 C는 곤장 60대를 맞게 된다.

〈상황〉 및 <사법관리들의 논의>는 세종실록 25권(세종6년 1424년 8월 21일)을 기반으로 한 것이고, 〈관련법률〉은 대명률 제서유위조를 활용한 것이다.

---

121 ▸ ④

1. '과학적 증거'를 승인하는 주체에 따른 (가)와 (나)의 입장에 대해 선지가 어떤 입장에 유리한지를 판단하자.
2. 선지가 지지하는 과학적 증거를 승인하는 주체가 법원인지 과학자 집단인지를 구분하는 것이 문제를 해결하는 데 도움이 된다.

핵심 정보

	(가)	(나)
승인 여부 판단 주체	과학자 집단	법원
절차	특정 주장 오랜 시간 검토하며 가능한 모든 반론 탐색 → 차후 소송 쟁점 효과적으로 검토 가능	과학적 타당성 결정 후 당해 사건의 진실 규명과 법적 판단에 도움 주는 것만 증거로 채택
형성되는 가치	기준의 일관성과 신뢰성	법적 판단의 독립성

선택지 해설

① (○) 과학적 증거의 타당성을 평가하고 확정하는 일이 법관에게 과중한 책임을 부과한다고 보는 견해는 과학적 증거의 타당성을 평가하고 확정하는 일을 법원보다는 관련 과학자 집단에 맡기는 것을 지지할 것이므로 (가)에 유리할 것이다.

② (○) 특정 약물이 기형아 출산을 일으킬 수 있는지 여부에 대한 관련 과학자 집단의 의견이 어떤 과학자 집단을 기준으로 판단하는지에 따라 달라질 수 있다면 (가)에서 과학적 진단의 판단을 따름으로써 기준의 일관성과 증거의 신뢰성을 확보할 수 있다는 말을 반박할 수 있다. 따라서 이 견해는 (가)에 불리하다.

③ (○) 특정 사실 주장이 법정에서 증거로 수용될지 여부에 대한 판단에서 제출된 사실의 '과학적 타당성에 대한 판단'과 그것의 '사건 관련성에 대한 판단' 모두 법원이 수행하는 것이 효율적이라는 견해는 (나)의 법관이 사실 주장의 과학적 타당성을 스스로 결정할 수 있으며 그 중에서 당해 사건에 도움을 줄 수 있는 것을 채택할 수 있다는 견해와 궤를 같이 한다. 따라서 해당 견해는 (나)에 유리하다.

④ (×) 기법이 올바로 적용되었는지 여부와 미숙련자에 의해 분석이 수행되었는지 여부도 법원이 판단해야 한다는 견해는 법원이 과학적 증거의 승인 여부를 판단해야 한다는 (나)에 유리할 것이다.

⑤ (○) 관련 과학자 집단이 일반적으로 승인(입증)하지 않는 증거라도 법원의 판단을 우선시하여 과학적 증거를 승인하고 연탄 공장의 손해배상책임을 인정할 수 있다는 견해이다. 따라서 법원이 과학적 증거의 승인 여부를 판단해야 한다는 (나)에 유리할 것이다.

---

122 ▶ ①

접근 방법

각 견해의 핵심 키워드를 파악하면, 법문의 의미가 내재적으로 고정되어 있다는 선지 ㄹ은 B나 C의 견해와는 맞지 않음을 알 수 있다.

핵심 정보

P : 법 해석 시, 누구의 표상을 기준으로 법문의 의미를 한정할 것인지가 주제.
A : '입법자의 의도'를 최우선의 기준으로 파악한다고 밝힌다.
B : 법문의 해석이 문제되는 상황과 시점에서 법 공동체 구성원의 대다수가 표상하는 바를 법문의 의미로 보는 것이 옳다고 본다.
C : '다수의 표상(B의 견해)'이 아닌 '당대의 시대정신을 구현하는 표상'이 법문의 의미 결정 기준이라고 한다.

선택지 해설

ㄱ. (○) A는 입법자의 의도를 중요시하므로, 국회 속기록과 입법 이유서를 통하여 입법자의 의도를 파악하는 것을 중요하다고 볼 것이다. 참고로, 국회 속기록과 입법 이유서는 발화 내용에서 제시된 내용은 아니므로, 이러한 선지가 맞는지 파악하기 위해서는 나름의 추론 과정이 필요하다. 입법이라는 과정이 국회에서 진행되며, 이러한 논의 과정이 국회 속기록에 담겨 있을 것이라는 점, 입법 이유서는 입법을 하게 된 입법자가 생각한 당시의 이유를 담은 문서일 것이라는 점에서, 이러한 추론이 타당하다고 판단할 수 있다.

ㄴ. (○) A와 B의 주장을 바탕으로 이러한 반박이 성립할 수 있기 위해서는 두 가지 조건을 검토해야 한다. 우선, B

가 법문의 해석에서 시점과 상황 변화를 고려하고 있어야 한다. 그리고 A는 시점과 상황 변화를 고려치 않는 입장이어야만 한다. B는 '법문의 해석이 문제시되는 상황과 시점'에서 공동체 구성원에 따라 법문의 의미가 결정된다고 보기 때문에 상황과 시점에 따라 법문의 의미가 달라질 수 있다고 본다. 이에 반해 A가 중요시하는 입법자의 의사는 상황이나 시점에 따라 달라지는 것이 아니므로, A는 B에게 이와 같이 반박할 수 있다.

ㄷ. (×) 인간이 누구나 이성을 갖고 있고, 이성에 의해 시대적 상황에 부합하도록 파악된 것이 시대정신이라면, 누구나 이성을 가지고 있다면 이성적인 다수의 인간이 표상하는 바는 이성에 의해 파악된 시대정신이 구현하는 표상과 유사해질 수밖에 없다. 따라서 오히려 B와 C 사이의 차별성이 모호해진다.

ㄹ. (×) B와 C는 모두 법문을 해석하는 '당시'의 표상을 중요시한다. 이는 법문의 의미가 내재적으로 고정되어 있지 않다는 전제 하에서만 타당하다.

---

123 ▸ ④

접근 방법

1. 〈사안〉과 쟁점을 읽고 각 〈주장〉과 〈사실〉이 원고 측과 피고 측에서 어떻게 이용되는지를 적용하자.
2. 〈주장〉과 〈사실〉의 경우 깊이 해석을 하는 것보다 실제 선지에서 해당 주장과 사실이 어떻게 쓰였다는 것인지를 파악하는 게 중요하므로, 주장과 사실 독해에서 시간을 너무 많이 할애하기보다는 선지 검토에서 시간을 할애하는 것이 중요하다.
3. 선지에서 전제를 검토할 때, 어떻게 해야 주장이 쟁점에 잘 활용될 수 있는지를 생각해보면 해당 전제가 필요한지가 명료해진다.

핵심 정보

〈주장〉
(가) 포털 제공 서비스 화면에 오르게 하는 것 = 원문 그대로 전재해도 재공표에 해당
(나) (기사 배치 or 제목 요약) = 원문 수정 ×
(다) 포털이 모든 게시물 내용 통제할 수 있는 지위 ×
(라) 포털에 게시물 감시/삭제 의무 부과 → 개인 이익보다 더 큰 공익 침해

선택지 해설

① (○) 원고 측이 쟁점(1)과 관련하여 (가)를 옹호의 논거로 사용하려면, 원문 전재가 실제적 의미에서 전파 내지 재공표에 해당하고 그것이 편집권 행사와 연결된다는 주장을 하게 될 것이다.
② (○) 피고 측이 쟁점(1)과 관련하여 (나)를 옹호의 논거로 사용하려면, 기사 배치나 간결한 요약 등은 원문의 수정이 아니므로 포털 사업자인 피고가 편집권을 행사한 것이 아니라고 하게 될 것이다.
③ (○) 피고 측이 쟁점(2)와 관련하여 (다)를 옹호의 논거로 사용하려면, 피해자의 명시적 삭제 요구가 없는 이상 하루에 수만 건씩 게재되는 게시물 내용을 포털이 다 알 수 없기 때문에 피고는 책임이 없다고 하게 될 것이다. 즉 피고의 책임이 성립하려면 게시물의 존재와 내용을 피고가 알고 있었어야 한다는 전제가 필요하다.
④ (×) 피고 측이 쟁점(2)와 관련하여 (라)를 옹호의 논거로 사용하려면, 개인의 이익보다 더 큰 공익이 침해되기 때문에 피해자의 명시적 삭제 요구 없이는 포털의 삭제 의무가 발생하지 않는다고 하게 될 것이다. 이는 개인의 이익이 공익보다 우선한다는 설명과는 배치된다.
⑤ (○) 피고 측이 쟁점(2)와 관련하여 (마)를 옹호의 논거로 사용하려면, 명문 규정 없이는 어떤 일을 할 의무가 없다고 주장할 것이다. 따라서 원고는 명문의 법률규정 없는 의무가 있을 수 있다고 이 주장을 반박하여야 할 것이다.

---

124 ▸ ⑤

접근 방법

각 쟁점별로 법안의 반대 측인 갑과 찬성 측인 을의 주장이 어떠한지를 논쟁의 맥락을 검토하여 잘 비교 정리하자.

핵심 정보

갑₁과 을₁ : 약물요법이 처벌인지에 관하여 논쟁
갑₂와 을₂ : '재범의 위험성'이라는 미래 행위에 대한 예측을 근거로 약물요법을 시행하는 것이 타당한지에 관하여
    논쟁
갑₃과 을₃ : 효율성 측면에서 갑은 재정을, 을은 재범률 감소를 근거로 삼고 있다.

선택지 해설

① (○) 을₁도 약물요법이 신체 기능을 잠정적으로 제한하는 것은 인정한다. 다만, 신체기능이 영구적으로 제한되는
    것은 아니라는 이유로 신체기능의 훼손이 아니라고 주장한 것이다. 따라서 신체 기능을 잠정적으로 제한하
    는 것도 신체 기능의 훼손이라면 을₁의 주장은 약화된다.

② (○) 을₂은 약물요법이 재범의 위험성이 높은 자의 재범률을 낮추기 때문에 당사자의 이익을 위한 것이라는 이유
    로 처벌이 아니라고 주장한다. 이러한 논리라면, 징역형도 당사자의 교화를 돕고 재범률을 낮추기 때문에 당
    사자의 이익이 되고 따라서 처벌이 아니라고 주장할 여지가 생긴다. 따라서 반대 측인 갑 입장에서 충분히
    을₂의 논리를 반박하기 위해 사용할 수 있는 논리이다.

③ (○) 을₂는 표면적으로 우리 사회가 많은 위험성 예측을 근거로 작동한다는 일반적 진술로 보인다. 하지만 대화의
    맥락에서 파악해 볼 때, 을₂는 인간의 미래 행위에 대한 판단으로 처벌을 하는 것이 부당하다는 갑₂를 반박
    하기 위해, 즉 위험성을 예측하는 것이 합당한 일이라고 주장하기 위해 이러한 진술을 한 것임을 알 수 있
    다. 인간의 미래 행위에 대한 예측이 더욱 정확해진다면, 미래 행위에 대한 판단으로 처벌을 하는 것이 보다
    설득력을 얻을 수 있으므로, 을₂는 강화될 것이다.

④ (○) 약물요법에 대해 을₃은 약물요법이 실효성 있는 성폭력 재범 방지책이므로 이를 시행하는 것이 국가의 책무
    라고 본다. 이는 약물요법의 효과성에 대한 진술이다. 이에 비해 갑₃은 약물요법이 실효성 있는 성폭력 재범
    방지책이지만, 예산이 한정되어 있고 비용 대비 효율성의 관점에서 온당치 않다고 주장한다. 즉 약물요법이
    효과적이라는 진술을 수용하더라도, 비용이 이러한 효과에 비해 과다하는 전제가 반박 당하지 않는다면, 갑
    은 갑₃을 여전히 고수할 수 있다.

⑤ (×) 을₃이 언급한 실험에서 약물 투여자가 대부분 초범이고 비투여자가 대부분 재범이었다면, 이 실험의 결과가
    약물 투여 여부가 아닌 초범인지 여부에 따라 달라졌을 수 있다. 즉 실험 결과의 차이를 약물 투여 여부가
    아닌 초범–재범 여부로 설명할 수 있다. 따라서 실험 결과의 차이를 약물 투여 여부로 설명하는 을₃은 약화
    된다.

---

125 ▸ ③

접근 방법

글의 중심 내용을 파악한 후 선지 ㄱ, ㄹ을 골라낼 수 있다.

핵심 내용

A : 독점적 이익의 보장도 중요하지만 기술의 사회적 이용 확보를 더 중시한다.
B : 기술 개발 완성 이전 단계부터 독점적 이익을 보장하고 개선 단계에서의 경쟁도 제한함으로써 사회적 손실을 줄
    여야 한다고 본다.

선택지 해설

ㄱ. (×) A는 특허법이 기술 발전을 촉진해야 하지만 독점적 특허권은 기술의 사회적 이용을 가로막아 사회 전체의 효율성을 감소시킬 수 있으므로 이를 제한해야 한다는 입장이므로, 기술 발전을 통한 사회 전체의 효율성 증대가 특허법의 목적이라고 본다. B 역시 특허법은 기술 발전을 촉진하여 사회적 이익을 증대하기 때문에 반드시 요구된다고 본다. 그와 동시에 그로 인해 발생하는 사회적 손실을 최소화할 필요가 있다고 주장하는 점에서, 특허법의 목적이 사회적 효율성의 증대에 있다고 유추할 수 있다.

ㄴ. (○) A의 반박이 합당하기 위해서는 이러한 반박이 B의 의견에 대한 적절한 비판을 담고 있어야 하고, A의 논지와 일치해야 한다. B는 최초 발명가가 독점적 특허권을 확보할 경우 중복 투자의 발생 가능성을 줄일 수 있으므로 사회적 비용이 감소할 것이라고 예측하였다. 그러나 최초 발명이 가져다주는 독점적 이익을 얻기 위한 특허 경쟁은 더 치열해진다면 사회적 비용은 줄지 않을 수 있으므로 이는 B의 의견에 대한 적절한 비판이 될 수 있다. 또한 이는 독점적 특허권이 사회 전체의 효율성을 감소시킬 수 있으므로 기술의 사회적 이용을 활성화하여 사회적 효율성을 증대시켜야 한다는 A의 입장과도 일치하는 주장이다.

ㄷ. (○) 최초의 아이디어가 상업화 단계에 이르기 위해서 너무 오랜 시간과 많은 비용이 든다면 B가 사회적 손실로 지목한 특허 경쟁이 너무 오랫동안 지속될 것이고 그에 비례하여 사회적 손실이 과도하게 커지게 된다. 따라서 아직 기술 개발이 완료되지 않았어도 장래 혁신적인 것으로 개발될 가능성이 있는 발명에 대해 독점적 특허권을 부여해야 한다는 B의 설득력은 높아진다.

📖 서울대 로스쿨 합격생의 풀이법

'상업화 단계'를 '개발이 충분히 완료된' 단계로 본다면 쉽게 풀 수 있다. 즉 B는 글에서 특허법이 개발이 충분히 완료된 기술이어야 함을 요구한다면 특허 경쟁은 오랫동안 지속될 수밖에 없고 그에 비례하여 사회적 손실은 커지게 된다고 말하고 있다. 상업화 단계에 이르기 위해서는 개발이 충분히 완료되어야 함을 고려한다면, 상업화 단계에 이르기 위해 너무 오랜 시간과 많은 비용이 든다는 사실은 B가 자신의 주장의 논거로 지목하는 사회적 손실의 크기가 상당함을 뒷받침한다.

ㄹ. (×) B는 특허법의 기술발전을 촉진시키는 순기능을 인정하면서도, 불필요한 경쟁과 중복투자를 줄이기 위해 기술발명가의 조정 권한을 광범위하게 인정하는 등의 조치가 필요하다고 주장하였다. 하지만 선지에 제시되었듯 생명공학 분야에서 발명가의 조정권한을 광범위하게 인정할 경우 혁신적 신제품이 시장에 등장하는 속도가 늦어진다면, 이는 기술 발전을 저해하는 결과를 낳는 것이므로, 그만큼 B의 설득력이 낮아진다.

---

126 ▸ ⑤

접근 방법

각 주장의 핵심 내용을 찾아 표시하고, 사례에서 정당화되지 않는다고 보는 것을 먼저 정답에서 제외하거나 각 사례의 내용을 먼저 분석해서(예컨대 일반 사면인지 특별 사면인지) 주장에 대입하여 풀 수 있다. 둘 중 자신에게 효율적인 것을 찾아보자.

핵심 정보

〈주장〉

	일반 사면	특별 사면
갑	정적을 포용하는 대승적 차원에서만 가능	
을	폭넓게 인정	(정적이나 측근에 대한) ×
병	남용될 가능성 낮아 큰 문제없음	'헌정 질서 파괴 또는 교란, 뇌물 수수'의 경우 ×
정	'심의 과정+국회 동의'를 통해 가능	

〈사례〉

(가) 특별사면 – 헌정 질서 교란죄, 정적(야당 대표), 절차적 정당성 ○

(나) 특별사면 – 대통령 측근, 간통죄, 절차적 정당성 × (국회 동의 ×)

(다) 일반사면 – 절차적 정당성 ○

선택지 해설

(가) 갑은 정적을 포용하는 차원에서만 사면이 정당화된다고 보았으므로, 정치적으로 대립 중인 야당 대표 A에 대하여 사면을 내린 것은 정당하다고 보았을 것이다. 정은 어떠한 경우의 사면이든 관련 심의 기관의 심의 과정을 거치고 국회의 동의를 받아야 정당화가 가능하다고 주장하였는데, (가)에서 관련 심의 기관의 심의를 거치고 국회의 동의를 받아 사면을 내렸으므로 이를 정당하다고 보았을 것이다.

그러나 을은 정적에 대한 특별 사면은 정당화될 수 없다고 보았으므로 대통령의 정적인 야당 대표 A에 대한 사면이 정당하지 않다고 보았을 것이다. 병은 헌정 질서를 파괴 또는 교란하는 행위에 대해 특별 사면을 허용할 수 없다고 보는데, A는 헌정 질서를 교란한 죄로 형을 선고받은 것이기 때문에 사면이 정당하지 않다고 보았을 것이다.

(나) 병은 특별 사면의 경우 제한이 필요하다고 주장하면서 헌정 질서를 파괴 또는 교란하는 행위를 한 자, 뇌물 수수를 한 범죄자의 경우 허용할 수 없다고 주장하였다. 대통령이 최측근인 B가 간통죄로 처벌 받은 것에 대해 사면을 한 것은 이러한 경우에 해당하지 않으므로 병은 정당하다고 평가할 것이다.

그러나 갑은 이러한 사면이 정적을 포용하는 대승적 차원의 사면이 아니라는 점에서, 정은 관련 심의 기관의 심의를 거쳤지만 국회의 동의를 받지는 않았다는 점에서 각각 정당하지 않다고 평가할 것이다. 한편 을은 해당 사면이 대통령의 측근인 B에 대한 사면이라는 점에서 사면권 남용의 적나라한 모습이므로 정당하지 않다고 평가할 것이다.

(다) 일반 사면의 경우로, 을은 폭넓게 인정될 수 있다고 보았으므로 정당하다고 평가할 것이다. 병 또한 일반사면이 남용될 가능성이 낮다고 보았으므로 정당하다고 평가할 것이다. 정은 관련 심의 기관의 심의 과정을 거치고 국회 동의를 받았다는 점에서 역시 이를 정당하다고 평가할 것이다.

그러나 갑은 일반 사면 또한 정적을 포용하는 대승적 차원에서만 허용된다고 주장하므로 경기 활성화의 차원에서 이뤄진 해당 사면이 정당하지 않다고 평가할 것이다.

그러므로 정답은 ⑤번이다.

---

127 ▶ ③

접근 방법

1. 〈논쟁〉에서 A는 X와 Y의 소유권을 분리하지 않는 반면, B의 경우에는 특수한 경우에 X의 소유권이 인정되지 않더라도 Y의 소유권을 인정한다(B의 마지막 문장). 이를 파악한 후 선지를 소거하자. 즉 1) 〈법률〉의 기간인 2년이 지나지 않은 경우 → ①,③,⑤ / 2) 매수한 다음 수태 → ③,⑤ / 3) 출산까지 도품 사실 모름 → ③의 과정을 통해 답을 찾는다.

2. A는 Y는 항상 X의 일부로 봐야 한다고 한다. 한편, B는 특정한 경우만은 X와 Y의 소유를 별개로 봐야 한다고 주장한다(B의 마지막 문장). 그리고 그 특정한 경우란 "〈법률〉의 기간이 지나지 않은 경우/ 매수한 다음 수태 / 태어날 때까지 도품인 줄 모름"의 세 조건을 충족하여야 한다. 이를 파악한 후 선지에 대입해 소거해나가면 정답을 쉽고 빠르게 찾을 수 있다.

선택지 해설

① (×) 아직 기간이 지나지 않았으므로, A는 Y가 을의 소유라고 볼 것이다. B 역시 매수 이전에 Y의 수태가 발생했으므로, X의 소유권자와 Y의 소유권자가 같다고 평가할 것이므로 Y가 을의 소유라고 볼 것이다.

② (×) 기간이 지났으므로 A는 Y가 병의 소유라고 볼 것이다. B 역시 기간이 지났으므로 Y가 병의 소유라고 볼 것이다.

③ (○) 아직 기간이 지나지 않았으므로, A는 Y가 을의 소유라고 볼 것이다. 그런데 B는 매수 이후에 수태가 발생하였고, X가 도품이라는 것을 병이 출산 이후에 알았으므로 Y가 예외적으로 병의 소유라고 볼 것이다.

④ (×) 기간이 지났으므로 A는 Y가 병의 소유라고 볼 것이다. B 역시 기간이 지났으므로 Y가 병의 소유라고 볼 것이다.

⑤ (×) 아직 기간이 지나지 않았으므로, A는 Y가 을의 소유라고 볼 것이다. B 역시 매수 이전에 Y의 수태가 발생했지만, X가 도품이라는 것을 병이 출산 이전에 알았으므로 Y가 을의 소유라고 볼 것이다.

📖 서울대 로스쿨 합격생의 풀이법

각 선지에 나오는 수태/도품 인지/매수 이후 경과를 각 조문에서 따지는 것이 정석적인 풀이다. 그러나 시간절약을 위해 아래와 같이 풀 수도 있다.

이 문제는 Y의 소유권자에 대해 A와 B의 판단이 일치하지 않는 경우를 묻는 문제이며, A와 B의 의견 차이는 B의 마지막 문장, "X와 Y의 소유를 별개로 생각해야 한다"에서만 드러나며, B는 "이 경우만은"이라는 말을 쓰고 있다. "이 경우"란 앞에서 말한 "(병이 X를 소유할 수 있을 정도로 법률이 정한 기간이 지나지 않은 경우) 병이 X를 매수한 다음 Y가 수태되었고, Y가 태어날 때까지 X가 도품인 줄 병이 몰랐다면"이다. 이를 선지에 맞춰 정리하면 "X가 Y를 수태한 것이 매수 이후/Y의 출산 이후 X가 도품임을 병이 알았음/병에게 소유권이 넘어갈 정도의 기간이 지나지 않음(=매수 이후 2년이 지나지 않음)"이다. 그리고 ③이 정답임을 알 수 있다.

---

128 ▸ ③ 【 정답률 74% 】

접근 방법

갑, 을, 병 각각이 피고인을 살인범으로 보고 있는지, 그렇지 않다면 어떤 점에서 피고인이 살인범이 아닐 수 있는지를 정확히 파악하여 문제에 적용하자.

선택지 해설

ㄱ. (○) 갑은 "피해자가 사망했을 것은 확실해."라고 명시적으로 말하고 있고, 병도 "모든 증거는 피고인이 살인을 저지른 자가 분명함을 말하고 있어."라고 하므로 갑과 병 모두 피고인이 살인자라고 보고 있다. 피고인이 살인자라는 결론을 내리기 위해서는 피해자가 사망했을 것이라는 전제를 수용해야만 한다. 따라서 '피해자가 사망했다는 것은 확실하다'는 견해에 갑과 병은 동의할 것이다.

ㄴ. (×) 을의 경우에는 피고인이 피해자를 살해하지 않았을 가능성이 있다고 보고 있다. 따라서 을은 '피고인이 살인 사건의 범인이라고 판결을 내리는 것이 옳다'는 견해에 동의하지 않을 것이다. 병의 경우에는 피고인이 살인을 저지른 자가 분명하다고 보았지만, 시체를 발견하지 못한 사건이므로 살인 사건 자체가 성립할 수 없다고 보고 있다. 성립하지 않은 살인 사건에서 범인이 있을 수 없으므로, 병 역시 '피고인이 살인 사건의 범인이라고 판결을 내리는 것이 옳다'는 견해에 동의하지 않을 것이다.

ㄷ. (○) 갑은 살해된 시체가 발견되지 않더라도 피고인이 살인범이라는 점에 대해 확실하다고 보고 있다. 피해자가 살해된 시체로 발견되었을 때에도 그러한 의견을 견지할 것이다. 을은 피해자가 살해당하지 않았을 수 있다는 가능성이 있지만, 피해자가 누군가에게 살해당했다면 그 범인은 피고인이라고 본다. 따라서 피해자의 살해된 시체가 발견된다면, 피해자의 살해 사실이 밝혀지므로, 그 범인은 피고인이라고 볼 것이다. 병은 시체의 부재로 살인 사건이 성립하지 않는다고 보지만, 피고인이 살인을 저지른 자라는 점은 분명하다고 본다. 따라서 시체를 발견하면 살인 사건이 성립하게 되므로, 피고인이 살인범이 될 모든 조건을 충족할 것이라고 볼 것이다.

129 ▸ ② 【 정답률 75% 】

접근 방법

인도적 개입 문제의 허용성에 대한 각 견해의 차이를 염두에 두고 각 문단의 중심 문장을 체크하자. 특히 B나 C는 '최소한의 도덕적 인권', '보편적 법적 권리' 등을 이유로 인도적 군사개입을 정당화할 수 있다고 보는 반면 A는 '주권국가의 자율성'을 이유로 정당화될 수 없다고 보므로, 선지의 '보편적 인권' 부분에 관한 판단을 먼저 해보자.

핵심 정보

	인권	인도적 군사개입
A	보편적 인권 : 침략 위한 이데올로기	정당화 ×
B	인권 : 개별국가의 구체적 산물 but 최소한의 도덕적 인권 존재	최소한의 도덕적 인권 위해 인정
C	인권 : 보편적인 법적 권리	국제법의 요건과 한계 준수시만 인정

선택지 해설

ㄱ. (×) A는 보편적 도덕으로서의 인권이념이 강대국의 약소국 침략을 정당화하는 기제로 작용했다고 보아 보편적 인권을 부정하고 있다. 그러나 B는 '모든 주권국가들이 보호해야 하는 최소한의 도덕적 인권'을 강조함으로써 보편적 인권을 인정하고 있다. 한편 C는 인권을 보편적인 법적 권리로 바라봄으로써 보편적 인권을 인정하고 있다.

ㄴ. (×) C는 국제법상 요건과 한계를 준수할 것을 조건으로 인도적 군사개입을 인정하고 있다. 따라서 '다른 규정에 정한 바가 없을 경우' 침략을 금지하는 규정이 있다고 하더라도 인도적 군사개입의 요건과 한계를 규정에 정한다면 C의 주장은 여전히 설득력을 가질 수 있다.

ㄷ. (○) B는 주권국가는 고유의 문화적, 도덕적 가치에 따라 인권의 구체적 모습을 발전시킬 권한을 갖기 때문에 국제사회는 개별국가의 고유한 인권을 존중해야 할 의무가 있다고 했다. 따라서 종교적 가치에 따라 사상이나 표현의 자유를 억압하는 것 역시 해당 국가 고유의 문화적 혹은 도덕적 가치에 포함될 수 있으므로 인도적 군사개입을 할 수 없다고 볼 것이다. 아울러 이 내용만으로는 B가 개입의 근거로 주장하는 최소한의 도덕적 인권이 침해되었다고 보기는 어려우므로 군사개입의 근거는 더욱 부족하다 할 것이다. 또한 C는 인도적 군사개입은 국제법으로 정한 요건과 한계를 준수하였을 때에만 인정할 수 있다고 하였다. 따라서 그러한 요건과 한계를 충족하였는지에 대해서 불분명한 선택지의 내용만으로는 곧바로 인도적 군사개입을 정당화할 수 없다 할 것이다.

---

130 ▸ ⑤ 【 정답률 75% 】

접근 방법

1. 법의 해석에서 견해 대립은 대부분 구체적인 규정이 없기 때문에 나타난다. 글의 '인간다운 생활을 할 권리' 또한 '인간다운 생활'이 무엇인지, '권리'가 무엇인지 등에 대해 헌법 규정은 아무런 설명을 하고 있지 않으므로 견해 대립이 나타나는 것이다. '인간다운 생활'과 같이 구체적 내용을 확정하기 어려운 것을 권리로 승인할 수 있는지, 그리고 이를 근거로 구체적으로 어떤 주장을 할 수 있는지에 대한 견해 대립임을 염두에 두고 문제를 풀이하자.

2. 사회적 기본권은 추상적으로 규정되어 있어 법률로 구체화된 다음에야 실현되는 경우가 많다. 따라서 이와 같은 문제는 기본권의 실현 방식에 대한 견해 대립이 존재할 수 있음을 염두에 두고 문제를 풀이한다.

선택지 해설

① (○) 헌법 제34조가 "모든 국민은 … 권리를 가진다"고 하였는데도 학설이 이를 국민 개개인의 권리가 아니라 법률 제정의 방침에 불과하다고 보는 것은 A가 헌법 문언(文言)에 반한다고 비판할 수 있다.

📖 서울대 로스쿨 합격생의 풀이법

헌법 제34조가 "모든 국민은 … 권리를 가진다"고 하고 있고, B, C, D의 견해는 이를 바탕으로 하여 권리를 어떻게 실현할 수 있는지에 초점을 맞추어 견해를 서술하고 있다. 그러나 A는 이와 달리 권리를 부여하는 것이 아니라고 하며 법률 제정의 방침에 불과하다고 본다. 이는 권리를 부여한다고 서술한 헌법 제34조의 문언 자체에 반하는 해석이다.

② (○) B는 "입법부가 그 권리의 내용을 법률로 구체화한 다음에라야" 국민이 국가기관에 권리를 주장하여 실현할 수 있다고 본다. 따라서 국가가 이를 법률로 구체화하지 않은 상태에서 국민이 국가기관을 상대로 구체적인 요구를 할 수는 없다.

③ (○) C에 따르면 국민이 구체적인 사태에서 다른 권리나 의무와의 충돌가능성, 그 해결 방법, 그리고 사실적인 장애 요소 등을 고려하여 법적 권리의 확정적인 내용을 판단할 수 있다고 한다. 즉 개별 사안마다, 그리고 이를 주장하는 사람마다 주관적 판단이 개입될 수 있는 만큼 권리의 내용이 불안정할 수밖에 없다.

④ (○) D는 '인간다운 생활을 할 권리'에서 '최소한의 물질적 생존 조건'이 어떤 경우에도 구체적인 권리의 내용이라고 보면서 사회의 여건에 따라 이를 넘어서는 구체적 법적 권리도 인정된다고 한다. 여기서 '최소한의 물질적 생존 조건'이 무엇을 의미하는지에 관한 해석이 달라진다면, 국민이 구체적 권리로 주장하는 '인간다운 생활을 할 권리'가 실현될지 여부가 사회 여건에 따라 달라진다는 결론이 도출될 수 있다.

⑤ (×) A는 헌법 제34조가 법률 제정의 방침에 불과하다는 점에서, B는 추상적인 권리라는 점에서 헌법 제34조를 직접 근거로 '인간다운 생활을 할 권리'를 주장하지는 못한다고 본다. 그러나 C에 따르면 '권리의 확정적인 내용은 국민이나 국가기관'이 판단하고 이렇게 확정된 권리를 국가기관에 주장하여 실현할 수 있다. 즉 국가의 다른 조치가 없어도 국민의 판단에 의해 권리가 확정될 수 있고, 이를 근거로 법원에 구체적인 권리 주장을 할 수 있는 가능성이 여전히 존재함을 알 수 있다.

📖 서울대 로스쿨 합격생의 풀이법

C는 '국민'이 국가의 조치 없이도 스스로 판단하여 확정된 권리를 국가기관에 주장하여 실현할 수 있다고 본다는 점이 중요하다.

---

131 ▸ ③ 【정답률 67%】

접근 방법

1. 이혼 후 이혼 상대방과 연금 수령자에게 연금을 어떻게 분할할지에 대해 A~D 기준들을 파악한다.
2. 글을 모두 읽고 선택지를 보기보다 A만 읽고 선지 ㄱ을 확인하고, B와 C를 읽고 선지 ㄷ을 확인하는 것도 좋은 방법이다.

핵심 정보

	분할 대상	지급 시기
A	이혼 전 퇴직하여 이미 받은 연금만	이혼일
B	퇴직 후 받게 될 연금총액을 현재 가치로 산정한 후 그 금액에 대해서만	이혼일
C	실제 받게 될 연금총액 중 이혼일에 정했던 기여율만큼 지급(이혼일에는 이혼 상대방의 연금형성 기여율만을 결정)	퇴직일
D	(이혼일에는 연금 수령자가 그날에 사퇴한다면 받게 될 연금액 중 이혼 상대방의 연금형성 기여율에 해당하는 금액만을 결정) 이 금액에 물가상승률을 반영하여 지급	퇴직일

선택지 해설

ㄱ. (○) A에 따르면 이혼 전 퇴직하여 이미 받은 연금만이 분할 대상이 된다. 이 경우 연금 수령자가 연금을 받기 전에 이혼을 한다면 이혼 상대방은 연금에 대해 재산분할을 청구할 수 없다. 따라서 이혼 상대방이 연금형 성에 기여했음에도 불구하고 연금분할여부가 이혼절차가 종결시점에 따라 결정되는 것은 불합리하다면 A는 약화된다고 볼 수 있다.

ㄴ. (○) B와 D는 모두 이혼일에 이혼 상대방에게 줄 금액을 계산하므로 연금 전액을 수령하지 못한 것은 연금수령 자가 받을 연금총액에만 영향을 미칠 뿐 이혼 상대방에게는 영향을 미치지 못한다. 따라서 B와 D에 대해 이혼 상대방에게 줄 금액을 비교하면 된다. 이 경우 B는 퇴직 시 받게 될 연금 총액을 기준으로, D는 이혼 일에 사퇴한다면 받게 될 연금액을 기준으로 현재 가치를 산정하므로 B가 D보다 금액이 크다는 것을 알 수 있다. 따라서 연금 수령자에게는 B보다 D가 더 유리하다.

ㄷ. (×) 이혼 상대방이 받을 금액에 대해 B는 퇴직 후 받게 될 연금총액을 현재 가치로 산정한 금액 기준으로 계산 하고 C는 퇴직 후 실제 받게 될 연금총액을 기준으로 계산한다. 선지의 경우 이혼 시 예상했던 것보다 더 많은 연금을 받게 되므로 B의 경우에는 이혼 상대방이 받을 금액에는 변화가 없지만, C의 경우 이혼 상대 방이 받을 금액이 증가한다. 따라서 이 경우 이혼 상대방에게는 C가 B보다 유리하다고 볼 수 있다.

---

132 ▸ ④

접근 방법

1. 각 쟁점별로 성매매에 대해 반대하는 입장인 갑과 찬성하는 입장인 을의 주장이 어떠한지 논쟁의 맥락을 검토하 여 잘 비교, 정리하자.
2. 갑, 을의 논거로 사용된 핵심 단어를 찾아 대조적으로 비교하며 분석한다면 선택지의 내용을 비교적 쉽게 추론할 수 있다.

핵심 정보

편의상 순서대로 갑$_1$, 을$_1$~갑$_3$, 을$_3$이라 한다.
갑$_1$과 을$_1$: 인간의 존엄성에 관한 논쟁
갑$_2$와 을$_2$: 마약복용을 예시로 성매매에 대한 선택의 자유가 타당한지에 관한 논쟁
갑$_3$과 을$_3$: 여성상의 측면에서 갑은 성매매가 생산하는 종속적 여성상을, 을은 다른 제도와 관행들 역시 고정된 성 정체성을 재생산함을 근거로 삼고 있다.

선택지 해설

① (○) 갑$_1$은 성판매자의 인신에 대한 사용권한을 매수자에게 준다는 점에서 인간 존엄성 원칙에 위배된다고 주장 한다. 그러나 유모가 자신의 인신에 대한 사용권한을 매수자에 준다고 해서 비난 받지 않는 사실은 갑$_1$의 입 장을 약화한다. 반대로 직업선택의 자유를 보장하는 것이 인간 존엄성의 중요한 내용을 이룬다는 을$_1$의 입장 은 강화시킨다.

② (○) 을$_1$은 직업선택의 자유를 보장하는 것이 인간 존엄성의 중요한 내용을 이룬다고 주장한다. 이러한 논리라면, 성매매의 불법화로 인해 성판매자가 범죄자로 취급받는 적대적 환경 때문에 자신의 권리조차 행사할 수 없 게 된다는 주장은 인간의 존엄성을 해친다고 볼 수 있다. 따라서 찬성 측인 을의 입장에서 충분히 갑을 반박 하기 위해 사용할 수 있는 논리이다.

③ (○) 갑$_2$는 모든 선택의 자유가 인정되는 것은 아니며, 자율적 선택에 기인하더라도 국가의 개입이 가능하다는 관 점이다. 이에 비해 을$_2$는 정상적인 인지능력을 가진 성인들 간에 이루어지는 선택이라면 스스로 위험을 감수 한다고 본다. 자발적 선택으로 노예가 되기로 계약했다고 하더라도 노예노동이 금지되고 있다는 사실은 정 상적인 인지능력을 가지고 위험을 감수한 선택이라도 인간의 존엄성을 지키기 위해 국가가 개입할 수 있다 는 것을 지지하므로 갑$_2$의 입장을 강화한다.

④ (×) 마약복용에 대해 을$_2$는 이를 성매매와 같이 볼 수 없다고 주장한다. 뒤의 서술에서 이는 해악을 끼치거나 정

상적인 인지능력을 가진 성인들 간에 이루어지는 것이 아니기 때문이라고 볼 수 있다. 따라서 마약복용은 행위자가 인지능력을 발휘하지 못하는 상태에서 행해진다는 주장은 갑의 입장을 강화하는 것이 아니라 을의 입장을 강화한다.

⑤ (○) 을₃은 우리 사회의 다양한 제도와 관행들이 여성의 고정된 성정체성을 재생산하는데, 유독 성매매만 법적으로 금지하는 것은 설득력이 없다고 주장한다. 미스 코리아 대회가 여성의 고정된 성정체성을 확대 재생산함에도 불구하고 시행되고 있다는 점은 을₃의 주장에 대한 예시로써 을의 입장을 강화한다.

---

133 ▸ ④

접근 방법

1. 정당이 정당으로서 등록을 완료하기 전 단계에서 정당과 같은 보호를 부여할 것인지에 관한 견해 대립임을 파악하고, A의 '일반 결사', B의 '정당에 준하는 것'이 서로 대립하는 견해임을 파악한다.
2. C는 '실질적 요건'을 가려서 판단하겠다는 것이므로 이 견해를 다루는 선지인 ④, ⑤를 먼저 살펴보는 것도 하나의 요령이다.

핵심 정보

• X국 헌법 : 정당의 목적이나 활동이 민주적 기본질서에 위배될 때, 정부는 헌법재판소에 그 해산을 제소할 수 있고, 정당은 헌법재판소의 심판에 의해 해산된다. (정당존립의 특권 보장) 반면 '일반 결사'의 경우 법령으로 해산 가능

선택지 해설

① (○) 어떤 결사체가 정당으로 인정되면 '헌법'적 판단을 하는 헌법재판소의 심판으로만 해산될 수 있다. 그런데 등록신청을 하지 않은 창당준비위원회가 '정당법'에 따라 특별한 절차 없이 해산된다는 것은 '헌법'에 의해서 판단하지 않겠다는 법적 의미를 내포하는 것이고 이는 창당준비위원회를 기성 정당으로 인정하지 않는다는 시각을 담고 있는 것이다. 따라서 이는 등록을 완료하지 않은 창당준비위원회를 일반 결사로 보는 A의 설득력을 높인다.

② (○) 집권 여당과 정부가 그 목적이나 활동이 민주적 기본질서에 반하지 않는 반대당의 성립을 등록 이전(창당준비위원회 단계)에 손쉽게 봉쇄할 수 있다면, 정당을 특별히 보호하는 X국 헌법에 위배될 우려가 있다. 이 경우 창당준비위원회를 일반 결사로 보는 A의 입장은 오히려 그러한 우려를 현실화시키는 조치이므로 선지의 내용은 A의 설득력을 낮춘다.

③ (○) 창당준비위원회가 주요 당헌과 당규를 실질적으로 입안한다는 것은 그만큼 창당준비위원회가 갖는 성격이 일반 결사보다 정당에 가까운 것이라고 볼 수 있다. 따라서 정당에 준하는 보호를 하자는 B의 설득력은 높아진다.

④ (×) C에 따르면 정당설립의 실질적 요건을 이미 갖추었으나 정당등록을 진행 중인 창당준비위원회는 정당에 준하는 것으로 본다. 정당설립의 실질적 요건을 갖춘 창당준비위원회에게 정당등록이 통과의례라는 선지의 주장은 정당등록보다 실질적 요건을 중시하고 있다. 즉, 그러한 창당준비위원회를 정당에 준하여 보겠다는 것이므로 C의 설득력을 낮추지 않는다.

⑤ (○) C에 따르면 정당 설립 시기는 실질적 요건을 완비하였을 때가 기준이 되는데, 이 실질적 요건을 엄격하게 보면 볼수록 정당에 준하는 것으로 보는 창당준비위원회는 줄어든다. 따라서 이러한 조치를 가하게 되면, C는 창당준비위원회를 정당으로 보지 않고 일반 결사로 바라보는 A와 비슷한 결론을 내길 것이다.

134 ▸ ④

갑의 경우 '손해의 경중', 을의 경우 '의사의 경중'이 키워드이다. 그러므로 갑에 따르면 같은 결과가 발생한 경우 동일하게 처벌되어야 할 것이다(갑은 '의사가 아닌' 손해의 경중을 범죄의 척도로 삼고 있다). 이에 비해 을은 발생시키려는 범죄의 유형이나 고의/과실 여부 등까지도 추가로 척도로 삼아야 한다는 입장이라는 점에 유의하자.

핵심 정보

갑 : 범죄의 불법성을 판단하는 척도는 손해의 경중. 불법성 판단 척도를 범죄자의 의사에 있다고 보는 것은 잘못. 범죄의 의사는 사람마다 다르고, 한 개인의 입장에서도 시시각각 바뀔 수 있기 때문. 처벌을 의사가 아닌 손해의 경중을 기준으로 차등을 두어야 함.

을 : 범죄자의 '의사'도 몇 가지 기준에 의해 유형화한다면 의사 자체의 경중도 판단 가능. 의도한 범죄의 경중이 기준 → 더 중한 범죄를 행하려는 의사가 중함. 의욕의 정도를 기준 → 결과 발생을 의도한 경우가 부주의보다 중함. 손해뿐만 아니라, 의사의 경중도 고려해서 차등을 두어야 함.

선택지 해설

ㄱ. (×) 갑에 따르면 처벌은 손해의 경중을 기준으로 한다. 상해보다는 살인이 더 중한 손해이므로, 갑은 상해보다는 피해자를 사망케 한 경우가 더 무겁게 처벌되어야 한다고 볼 것이다. 따라서 상해와 사망의 경우를 동일하게 처벌한 법원의 태도는 갑의 주장에 부합하지 않는다.

ㄴ. (○) 갑에 따르면 범죄로 인한 손해가 똑같이 중(重)상해이므로 두 경우 모두 동일하게 처벌받아야 한다. 그리고 을에 따르면 재산을 침해하는 강도의 의사보다는 생명을 침해하는 살인의 의사가 더 중한 의사이다. 따라서 입힌 손해가 동일하더라도 전자보다는 후자가 무겁게 처벌되어야 할 것이다. 즉, 전자를 더 중하게 처벌한 법원의 태도는 갑과 을 모두의 주장에 부합하지 않는다.

ㄷ. (○) 손해의 경중이 기준인 갑에 따른다면 선지에서 '행위에 나아가지 않은 경우'에는 손해가 전혀 없어 처벌 대상이 아니다. 또한, 부주의로 사람을 다치게 한 경우는 손해가 발생하였으므로 처벌해야 한다고 볼 것이다. 한편, 을은 손해와 의사의 경중 모두 판단 기준이 된다는 입장이다. 애초에 행위에 이르지 않은 자는 범죄자가 아니므로 처벌하지 않는다고 판단할 수 있으며, 부주의로 사람을 다치게 한 경우는 처벌할 수 있다. 따라서 선지의 법원의 태도는 갑과 을의 주장 모두에 부합한다.

> **서울대 로스쿨 합격생의 풀이법**
>
> 범죄자의 의사까지 처벌에 고려하면 살인의 의사가 있었으나 행위에 나아가지 않은 경우 처벌해야 하는 것 아닌가 하는 의문을 가질 수 있지만, 을의 주장으로부터 범죄 의사가 있었다고 해서 반드시 처벌해야 한다는 결론을 도출할 수는 없다.

---

135 ▸ ① 【 정답률 72% 】

접근 방법

1. 창작물의 저작권에 대하여 A는 '무한한 재화'라고 보면서 인쇄비용을 제외하면 모두가 자유롭게 향유해야 한다는 입장이고, B는 창작의 대가를 결정하는 것은 개인의 자연적 권리임을 강조하고 있음에 주목하자.
2. A의 '그것'이 '창작의 유인책'이고 B의 '이러한 자연적 권리'는 바로 앞 문장을 받는다는 점을 파악하자.

핵심 정보

A : 창작물의 저작권에 대하여 A는 '무한한 재화'라고 보면서 인쇄비용을 제외하면 모두가 자유롭게 향유해야 한다.
B : 창작의 대가를 결정하는 것은 개인의 자연적 권리

ㄱ. (○) A는 "현재 작가는 최초 출판 후 1년 내에 창작 비용을 충분히 회수할 수 있다."고 하였다. 이러한 내용을 전제로 하여, A는 독점적 출판권을 1년으로 제한하고, 이후에는 모든 출판가에게 작품을 출판할 권리를 주어야 한다고 주장하였다. 그러나 선지의 내용과 같이 창작 비용도 천차만별일 뿐 아니라 그 회수 기간도 일률적으로 정하기 어렵다면 1년 내에 창작 비용을 충분히 회수하지 못하는 책들도 있을 것이므로 A의 주장의 설득력은 크게 떨어질 것이다.

ㄴ. (×) A가 "아무리 소비해도 줄지 않는 재화는 모든 사람이 자유롭게 향유해야 한다."고 하였지만, '희소한 재화'에 대해서는 독점적 권리를 인정할 수 있다고도 하였다. 따라서 어떤 원인으로 재화의 공급이 제한되는 경우에는 독점적 권리를 인정할 수 있다는 주장은 A의 주장과 일치하므로, 이러한 주장이 옳다면 A의 설득력을 낮추지 않는다.

ㄷ. (×) B는 작가가 자유롭게 출판사와 계약을 체결하는 권리를 '자연적 권리'라고 하면서 국가는 자연적 권리를 보호할 의무가 있다고까지 설명한다. 따라서 선지의 내용은 B의 설득력을 낮추지 않을뿐더러 오히려 B의 설득력을 높인다.

A는 창작의 유인책이 제공되지 않으면 문학작품의 공급이 제한될 수 있기 때문에 작가에게 독점적 권리를 인정해야 한다고 보고 있다. 다만 A는 창작비용을 회수할 수 있는 정도에서 독점적 권리를 1년으로 제한해야 한다고 주장하고 있을 뿐이다. 나아가 만약 재화의 공급이 제한된다면, 그 재화는 아무리 소비해도 줄지 않는 재화가 아니라 A가 언급하고 있는 희소한 재화가 된다. A는 공급 제한의 사유로 창작의 유인책이 없는 경우와 인쇄비용이 높을 경우를 예로 들고 있다. A의 입장에서 볼 때, 작가가 1년 이내에 창작비용을 회수할 수 없는 특정한 원인이 발생한다면, 이는 작품의 공급을 제한할 것이기 때문에 독점적 권리의 기간을 확대할 것이라는 점을 추론할 수 있다. 따라서 ㄴ은 틀린 진술이다.

---

136 ▸ ④ 【 정답률 56% 】

1. 갑, 을, 병이 남성 우월주의 표방 단체의 시위에 찬성인지 반대인지를 먼저 추론해본다면 근거를 쉽게 정리할 수 있다.
2. 위해를 '가할' 가능성과 위해를 '받을' 가능성을 구분하자.

갑 : (타인에게 직접적인 물리적 위해를 줄 것이 분명히 예상되는 경우)를 제외 → 어떤 행위도 할 권리 보장 → 시위 찬성

을 : 공동체 구성원 다수가 비도덕적이라고 보는 가치 옹호 행위 → 금지 → 시위 반대
　　 공공연하게 지지할 경우 물리적 위해도 발생 가능. 물리적 충돌이 문제의 핵심 아님

병 : 직접적인 물리적 위해 → ~중요
　　 한 사람의 행동이 다른 사람에게 불쾌하게 받아들여지는지 → 중요 → 시위를 눈에 안 띄게 하면 찬성

ㄱ. (×) 시위자를 공격하는 사람의 행위를 막아야지, 시위 자체를 막아서는 안 된다'는 견해를 갑이 명시적으로 밝힌 것에 비해, 을은 물리적 충돌이 생기는 것은 불행한 일이지만 문제의 핵심은 아니라고 지적하며, 공동체 구성원 다수가 비도덕적이라고 여기는 가치를 지지하는지 여부가 시위 허용 여부를 결정하는 데에 중요한 요소라고 본다. 따라서 둘 모두 시위대가 시민들로부터 물리적 위해를 받을 가능성이 시위 허용 여부를 결정하는 데 중요한 요소가 아니라고 본다.

ㄴ. (○) 시위대의 주장이 대다수 시민의 윤리적 판단에 부합하는지가 시위 허용 여부를 결정하는 데 중요한 요소인

지에 대해서 을은 그렇다고 생각하지만 병은 중요치 않다고 본다. 을은 공동체 구성원 다수가 비도덕적이라고 여기는 가치를 지지하는지 여부가 시위 허용 여부를 결정하는 데에 중요한 요소라고 본다. 하지만 병은 그러한 시위를 하는 행위가 다른 사람들에게 불쾌하게 받아들여지는지 여부가 중요한 요소라고 보았다. 이 때, 다른 사람들 눈에 띄지만 않는다면 시위가 허용될 수 있다는 주장을 하였으므로, 병 입장에서는 시위대의 주장이 대다수 시민의 윤리적 판단에 부합하는지가 시위 허용 여부를 결정하는 데 중요한 요소가 아니라는 것을 알 수 있다.

ㄷ. (○) 나체 시위를 불쾌하게 여길 사람이 시위를 회피할 수 있을 가능성이 시위 허용 여부를 결정하는 데 중요한 요소인지에 대해서 갑은 중요치 않다고 보지만 병은 중요하다고 본다. 갑은 시위대가 타인에게 직접적 물리적 위해를 줄 것이 분명한 경우를 빼면, 어떤 행위도 할 수 있는 권리가 보장되어야 한다고 보았다. 따라서 타인이 시위로 인해 물리적 위해를 받을 가능성만이 시위 허용 여부를 결정하는 중요한 요소이고, 나체 시위를 불쾌하게 여길 사람이 시위를 회피할 수 있을 가능성은 중요한 요소가 아니라고 볼 것이다. 하지만 사람들의 눈에 띄지만 않으면 시위가 허용될 수도 있다는 것은 다시 말해 사람들이 시위를 회피할 수 있는 가능성이 존재한다면 시위가 허용될 수 있다는 점에서 병은 한 사람의 행동이 타인에게 불쾌하게 받아들여지는지 여부가 시위 허용 여부를 결정하는 데 중요한 요소라고 보았으므로, 나체 시위를 불쾌하게 여길 사람이 시위를 회피할 수 있을 가능성이 시위 허용 여부를 결정하는 데 중요한 요소라고 볼 것이다.

---

137 ▸ ⑤

접근 방법

1. A~C에 각각 등장하는 핵심단어를 빠르게 파악하여 선택지와 잘 대응하는 것이 중요하다.
2. A~C가 같은 제재에 대해 비슷한 주장을 전개하고 있으므로, 주장에 해당하는 선택지를 바로 본다면 정확도를 높이며 신속하게 문제를 풀 수 있다. 가령 A의 주장을 보고 ㄱ을 바로 푸는 것이 바람직하다.

핵심 정보

A : 국민의 기본적인 권리를 제한하고 침해하는 행정에 대해서는 법에 근거를 두어야 하지만, 기본적 권리를 제한하지 않고 국민에게 이익이 되는 행정은 법적 근거가 없어도 된다.
B : 국가의 모든 행정작용은 법에 근거해야 한다.
C : 개인과 공공에게 영향을 미치는 중요한 사항에 대해서 입법자가 사전에 그 근거를 법으로 정해야 한다.

선택지 해설

ㄱ. (○) A에 따르면 집회의 자유권을 제한하는 시위진압행위는 '국민의 기본적인 권리를 제한하고 침해하는 행정'이므로 법적 근거가 필요하다. 따라서 행정부는 시위진압행위를 해서는 안 된다.
ㄴ. (○) B에 따르면 법적 근거가 없으면 국가가 재난으로 피해를 입은 국민에게 구호품을 지급할 수 없다.
ㄷ. (○) C에 따르면 초등학교 무상급식 정책이 개인과 공공에 영향을 미치는 중요한 사항이라면, 시행에 앞서 사전에 입법자가 그 근거를 법으로 정해야 할 것이다.

더 알아보기

글에 제시된 원칙은 행정법상 '법률유보의 원칙'이다. 각 견해 다툼은 법률유보의 원칙이 어느 범위까지 적용되는가와 관련한 것이며 A는 침해유보설, B는 전부유보설, C는 중요사항유보설(통설)이다.

138 ▸▸ ⑤

접근 방법

1. 〈보기〉의 모든 진술이 '타인의 문서를 파손한 경우'에 대해 묻고 있다는 것을 간파하자.
2. 규정을 정의하는 적용대상과 행위가 무엇인지에 관해 초점을 맞춰 분석한다. (이 문제의 경우 '문서'/'효용')

핵심 정보

	규정A의 적용범위	규정B의 적용범위
갑	물건의 효용을 해하는 행위＝파손＋은닉	문서를 숨기는 행위＝문서 은닉
을	물건의 효용을 해하는 행위＝파손＋은닉	문서의 효용을 해하는 행위＝문서 파손＋은닉
병	물건의 효용을 해하는 행위＝파손(은닉×)	문서를 숨기는 행위＝문서 은닉

선택지 해설

ㄱ. (○) 갑에 따르면, 타인의 문서를 숨기는 경우에만 B가 적용된다. 그러므로 타인의 문서를 파손한 경우 B가 적용되지 않는다.
ㄴ. (○) 을에 따르면, 타인의 문서를 파손한 경우와 숨기는 경우 모두 B가 적용된다.
ㄷ. (○) 병에 따르면, 파손한 경우 A를 적용하고 숨긴 경우에 B를 적용한다. 선지의 경우 파손한 경우이므로 A가 적용된다.

---

139 ▸▸ ①

접근 방법

'인식·예견 가능했던 사실'과 '객관적으로 존재한 모든 사실'을 잘 구별하여 풀자.

핵심 정보

갑 : '행위 당시 행위자가 인식한 사실' 또는 '행위 당시 행위자 이외의 일반인이 인식·예견 가능했던 사실'에 기초해서 판단
을 : '행위 당시 행위자의 인식 여부 또는 일반인의 인식·예견 유무와 상관없이 그 당시 객관적으로 존재한 모든 사실'에 기초해서 판단
다만, 갑, 을 모두 그 행위에 의해 그 결과가 발생하는 것이 이례적이지 않을 때 인과관계를 인정한다(~이례적 → 인과관계).

선택지 해설

ㄱ. (○) 갑 : 땅콩에 대한 A의 특이체질은 '행위 당시 행위자 X'가 인식한 사실이므로, 갑에 의하면 행위에 의한 결과의 발생이 이례적이지 않아 인과관계가 인정된다.
　　　 을 : 선지에 서술된 모든 내용이 객관적인 사실에 해당하므로, 을에 의하면 행위에 의한 결과의 발생이 이례적이지 않아 인과관계가 인정된다.
ㄴ. (×) 갑 : 행위 당시의 행위자(Y)는 인식하지 못하였지만 '행위 당시 행위자 이외의 일반인들'은 인식했을 것이므로, 갑에 의하면 Y의 행위와 B의 사망 사이의 인과관계가 인정된다.
　　　 을 : Y가 운전하는 트럭이 치고 지나가 B가 즉사한 것은 객관적 사실에 해당하므로, 인과관계가 인정된다.
ㄷ. (×) 갑 : Z 또는 일반인 모두 C에게 고혈압이 있음을 알기 어렵다. 따라서 갑의 경우 '행위 당시 행위자 이외의 일반인이 인식·예견 가능했던 사실'에 기초해서 판단할 때 시속 10km로 충돌이 일어났을 때 이 원인으로 인해 고혈압에 의한 사망에 이르는 결과가 발생한다고 생각하기는 어렵다고(이례적이라고) 판단할 것이다. 그러므로 행위와 결과 사이의 인과관계가 인정된다고 확언하기 어렵다.

을 : 을의 입장에서 시속 10km의 자전거와의 충돌과 뇌출혈 발생 간의 인과관계를 파악하기 위해서는 이 두 사건의 관계가 이례적이지 않은지를 먼저 알아야만 한다. 그러나 주어진 조건만으로는 이를 알 수 없으므로, 을이 인과관계를 인정한다고 단정할 수 없다.

---

140 ▸ ① 【 정답률 44% 】

접근 방법

1. 선지에 언급된 것을 중심으로 각 주장의 요지를 잘 정리하는 것이 중요하다.
2. 선지 ㄱ과 관련하여 전쟁 중 병역 기피 목적으로 자신의 신체를 손상하는 행위가 타인에게 피해를 주느냐 여부를 잘 따지는 것이 중요한 문제였다.

선택지 해설

ㄱ. (×) 을1은 '자신에게만 피해를 주는 행위'를 했다는 이유로 처벌받는 것은 최후의 수단이 되어야 할 형벌의 역할에 맞지 않는다는 입장이다. 선지처럼 '전쟁 중 병역 기피 목적을 위한' 신체 손상은 자신에게만 피해를 주는 것이 아니라, 전쟁 중인 그 국가와 사회에도 피해를 발생시킨다. 그런데 을1은 국가와 사회에 피해를 주는 행위에 대해서는 별다른 주장을 하고 있지 않으므로 선지는 을1의 주장을 약화하지 않는다. 즉 타인에게 피해를 주지 않는다면 처벌 대상이 아니라고 본다고 해도, 타인에게 피해를 주는 행위라면 처벌에 반대하지 않을 것이라는 것을 단언할 수는 없다.

> 📖 서울대 로스쿨 합격생의 풀이법
>
> 선지에서 '전쟁 중'이라는 어구를 넣은 것에서, 자해행위를 통한 병역 기피를 형사처벌하는 A국 정책 사례와 을1이 언급하는 단순히 자신에게만 해를 끼치는 행위를 구분하려 한 출제자의 의도를 간파할 수 있어야 한다.

ㄴ. (○) 갑2는 마약 사용은 단순한 자해행위를 넘어 '타인에게 위해를 가할 위험성'이 있어 처벌해야 한다는 입장이다. 그런데 '타인에게 직접 위해를 가할 때에만' 형사처벌이 정당하고 위해할 '가능성'만으로는 형사처벌이 정당화될 수 없다면, 갑2의 주장은 약화된다. 마약을 단순히 사용한 것만으로는 '타인에게 직접 위해를 가한 것'이 아니기 때문이다.

ㄷ. (×) 중독을 처벌하지 않고 예방을 강조하는 A국 정책은 바로 을2가 주장하는 바이다. 선지는 인터넷 중독, 을2는 마약 중독을 언급함으로써 유추하고 있는 것이다. 따라서 을2의 주장을 오히려 강화한다고 볼 수 있다.

---

141 ▸ ①

접근 방법

1. 제2조는 'A이거나 B이면 C이다.'의 형식으로 되어 있다. 이럴 때에는 주어진 사례에 A 또는 B가 등장하기 마련이고, 반드시 C로 귀결되게끔 출제하는 경향이 있다. 그러므로 주어진 사례에서 '71세 장사신'을 빠르게 찾아서 해당 조항에 포섭할 여지가 있는지 주의하면서 풀이하는 것이 좋다.
2. '유추 적용'에 해당하는 경우와 그렇지 않은 경우를 잘 구분하는 것이 관건이다. 즉 '준비'에 '돕는 것'을 유추하는 것이 옳지 않다는 판단을 하면서 풀어야 실수를 줄일 수 있다.

선택지 해설

ㄱ. (○) '범죄를 준비한 자를 처벌하기 위해서는 법에 정한 바가 있어야 한다'는 것은 신하 B의 주장이다. 그는 은을 '몰래 소지'한 것이 '범죄의 준비'라 할 때, 모반 준비와는 달리 은 밀매 준비에 대한 처벌 규정이 없는 현재로서는 장사신을 처벌할 수 없다고 본다. 즉 이 주장은 '몰래 소지'한 것을 '몰래 판매'한 것과 동일하

게 평가할 수 있다는 신하 A의 주장(㉠)을 약화한다.

ㄴ. (×) '밀매를 준비한 자'를 '밀매를 <u>행한</u> 자'와 같이 처벌하는 것은 <u>한 명의 범죄자를 상정한 경우</u>인데, '모반을 도운 자'를 '모반을 행한 자'와 같이 모반죄로 처벌한 판결은 <u>다수의 범죄자가 있는 경우</u>를 상정한 것이므로 '사안에 들어맞는 유사한 사례를 다룬 판결'이라고 할 수 없다.

> **📖 서울대 로스쿨 합격생의 풀이법**
>
> 다수의 범죄자가 있는 경우를 상정했다는 것을 떠올리지 못했다고 하더라도 '준비'와 '도움'은 시행 여부에서 차이가 나므로 유사한 사례라고 볼 수 없음을 파악할 수 있다.

ㄷ. (×) 국왕의 명령에 의하면, 장사신은 우선 밀매죄의 형(은의 밀매이므로 〈X법〉 제4조 후단에 따라 교형)에서 1단계 감경된 유배형에 처해질 수 있다. 그런데 장사신은 71세이므로 다시 제2조가 적용된다. 감경 횟수는 제한되지 않으므로(제3조), 장사신에게는 최종적으로 속죄금만을 징수한다(제2조).

---

142 ▶ ④

접근 방법

1. 글에서 문제되는 것은 A의 '의도'와 '인식' 그리고 A가 처벌될 수 있는지 여부이다.
2. 제시된 내용을 표로 정리하고 문제를 풀면 실수를 줄일 수 있다.

핵심 정보

	의도의 내용	인식의 내용	A의 처벌가능성
갑	손가락 절단의도 ×	?	×
을	손가락 절단의도 ×	손가락 절단 가능성 ○	○
병	신체 손상의도 ○	손가락 절단 가능성 ×	○

선택지 해설

ㄱ. (○) 갑과 을은 A의 처벌 여부에 대해 다른 의견이나(갑은 처벌 불가, 을은 처벌 가능), A의 의도에 대해서는 의견이 같다. 주의할 것은 을은 A에게 B의 손가락이 잘릴 수도 있다는 인식은 있었다고 보았지만 A가 B의 손가락을 절단하려는 의도는 없었다고 보았다는 점이다.

ㄴ. (○) 을과 병은 모두 A가 처벌받아야 한다고 본다. 그렇지만 을이 A에게 B의 손가락이 잘릴 수도 있다는 인식이 있었다고 본 것과 달리 병은 그런 인식이 없다고 보았다.

ㄷ. (○) 갑의 견해에 따를 때 '손가락을 자를 의도'가 있는 행위는 상해죄로 처벌된다. 이는 '신체에 조금이라도 해를 입힐 의도'에 포함되므로, 갑의 견해에 따를 때 상해죄에 해당하는 행위는 병의 견해에서도 상해죄에 해당한다.

ㄹ. (×) 을의 견해는 손가락 절단 '의도'가 없더라도 손가락이 절단될 수도 있다는 '인식'만으로 상해죄로 처벌할 수 있다는 것이다. 그런데 병은 신체에 조금이라도 해를 입힐 '의도'가 있어야 상해죄로 처벌할 수 있다는 입장이다. 그러므로 신체에 해를 입힐 '의도' 없이 '해를 입힐 수도 있다'는 인식만 있는 경우에는, 을에 따르면 상해죄로 처벌될 수 있지만 병에 따르면 상해죄로 처벌되지 않는다. 이처럼 반례가 존재하므로 옳지 않다.

접근 방법

변호인의 진술을 통해 4등급의 주된 형벌에 부가할 수 있는 '문신형'이 사회봉사보다 무겁다는 것을 추론할 수 있다. 즉 ㉠에 대한 견해 차이에 따라 장애인 갑의 처벌이 '사회봉사(채찍형에서 대체)＋문신형'인지 '사회봉사(채찍형에서 대체)＋사회봉사(문신형에서 대체)'인지 결정된다는 것에 유의하자.

핵심 정보

- 쟁점 : '의심스러울 때는 가볍게 처벌하라'는 원칙의 적용 여부와 그에 따른 형벌 결정
- 검사 : 형의 적용 여부에는 불가. 사회봉사와 문신형
- 변호사 : 형의 적용 여부에도 원칙 적용 가능. 사회봉사

선택지 해설

ㄱ. (○) 증거물이나 알리바이 등 범죄 성립 여부와 관련된 사항에만 ㉠을 적용하여야 한다면, 형량에 대한 규정이 의심스러운 경우에는 ㄱ원칙을 적용할 필요가 없다. 따라서 검사의 견해는 강화된다.

ㄴ. (○) 범죄행위시점에 장애가 있던 것과 달리 갑은 수술을 받아 형벌부과시점에 장애가 없어졌다. 이에 따라 갑에 부과될 형벌은 범죄행위시점과 형벌부과시점에 다르게 되고 형벌부과시점에 부과될 형벌은 범죄행위시점에 비해 과중한 것이다. 그런데 장애의 유무로 형벌의 변경이 있는 경우 유리한 것을 부과한다는 선지에 제시된 A국 형법의 규정에 따르면 판사의 결론은 범죄자에게 유리한 것인 사회봉사로의 대체가 될 것이다. 이는 글에서의 판사의 결론과 같다.

ㄷ. (×) 검사의 주장과 판사의 결론의 차이는 부가된 형벌인 문신형을 사회봉사로 대체해야 하느냐에 있을 뿐, 주된 형벌을 사회봉사로 대체하는 것에 관하여는 의견을 같이 한다. 갑의 경우 사회봉사로 대체된 본래의 주된 형벌은 채찍형인데, 이것이 국적박탈형으로 한 단계 높아지더라도 검사와 판사 모두 이를 사회봉사로 대체해야 한다고 볼 것이다. 또한, 부가형인 문신형은 등급이 없기 때문에 주된 형벌에 1등급을 높이더라도 부가형은 그대로 문신형이다. 따라서 검사는 여전히 문신형을 그대로 집행해야 한다고 주장할 것이고 판사는 사회봉사로 대체해야 한다고 판결할 것이다. 따라서 검사의 주장과 판사의 결론 중 어느 것도 달라지지 않는다.

접근 방법

1. 〈사례〉를 통해 상해죄 처벌 여부에 대한 견해가 주어진다는 것을 빠르게 인지하는 것이 중요하다. 이를 위해 갑, 을, 병의 관계를 도식화하여 이해해보자(가령 '갑→병→을 상해').

2. A에만 甲의 처벌 가능성에 관한 조건이 붙어 있다는 것에 유의한다면 수월하게 문제를 해결할 수 있다.

3. 문제에서는 '상해죄'에 관한 언급만 이뤄지고 있는 반면, 선지 ㄷ에서는 '처벌'을 받지 않을 수 있는지에 관한 판단을 묻고 있다. 즉, 처벌은 상해죄보다 외연이 넓은 개념이므로, 상해죄에 해당하지 않을 수 있다고 할지라도 처벌 그 자체를 받지 않을 수 있다는 것을 인정한다는 것은 그만큼 오답의 가능성이 높은 선지임에 착안하자.

4. 선지 ㄷ의 경우 'A, B, C는 모두'라고 하고 있으므로 어느 한 명만 반례가 생겨도 옳지 않게 된다는 것에 착안하여 우선적으로 검토해보자.

핵심 정보

A : 丙이 甲의 부탁을 거절할 수 없는 상황이어야만 甲 처벌 가능

B : 甲의 부탁으로 丙이 상해죄의 범죄자가 되게 만들었으므로 甲 처벌 가능

C : 상해죄의 법규정이 상해 행위를 직접 하는 경우로 한정하고 있지 않기 때문에 甲이 丙을 이용하여 한 상해 행위에서 甲 처벌 가능

선택지 해설

ㄱ. (○) A는 丙이 甲의 부탁을 거절할 수 없는 상황이었던 경우(타인을 이용하여 상해를 유발한 자가 처벌을 받는 경우는 丙이 甲의 부탁을 거절할 수 없는 상황)에는 丙이라는 타인을 이용하여 상해를 유발한 甲도 丙과 같은 상해죄로 처벌할 수 있다고 본다. C는 상해죄의 법률규정이 상해 행위를 '직접' 하는 경우로 한정하고 있지 않으므로, 甲이 丙에게 부탁하여 상해를 입힌 행위도 상해 행위로 보아 甲을 丙과 같은 상해죄로 처벌하여야 한다고 본다.

ㄴ. (○) A는 丙이 甲의 부탁을 거절할 수 없는 상황이었어야만 甲을 상해죄로 처벌할 수 있다고 본다. 그러므로 丙이 甲의 부탁을 거절할 수 있는 상황이었다면 A는 甲을 처벌할 수 없다고 주장할 것이다. 그러나 C는 상해 행위를 직접 하는 경우로 한정하고 있지 않기 때문에 甲을 상해죄로 처벌할 수 있다고 할 것이다.

ㄷ. (×) A에 따르면 丙이 甲의 부탁을 거절할 수 있었는지에 따라 甲의 처벌 여부가 달라진다. 그러나 B는 甲이 丙을 상해죄의 범죄자로 만들었기 때문에 처벌해야 한다는 입장이고, C는 상해죄의 법률규정이 상해 행위를 직접 하는 경우로 한정하고 있지 않기 때문에 甲을 처벌해야 한다는 입장이다.

---

145 ▸ ② 【 정답률 74% 】

접근 방법

〈사례〉가 비교적 간단하다. 특히, '적절한 공교육의 범위에 관해'라는 부분을 먼저 읽고 쟁점을 파악한 후 〈견해〉를 파악하자.

핵심 정보

	제공되는 기회의 수준	무상으로 지원하는 적절한 공교육의 범위
甲	비장애아동에게 주어진 기회와 상응할 것	1. 자신의 '잠재능력에 비례하는' 성과를 내는 데 차이가 나지 않도록 2. 개별 장애아동에게 필요한 추가적인 학습 과정과 지원 서비스를 무상 제공
乙	'기본적 수준'의 교육 기회에 평등하게 접근할 수 있을 것	1. 수업을 이수하고 과목별 합격 점수를 받아 상급 학년으로 진급할 수 있도록 2. 공교육을 무상 제공(추가적인 학습 과정과 지원 서비스에 대한 언급 없음)

선택지 해설

ㄱ. (×) 상급 학년으로 진급하는 데 어려움이 없는 아동의 경우, 乙에 따르면 기본적 수준의 교육 기회는 평등하다고 할 수 있으므로 수화 통역사를 무상 지원할 필요가 없다고 본다. 그러나 甲에 따르면 그러한 아이도 자신의 잠재능력에 비례한 성과를 얻을 수 있도록 수화 통역사를 무상 제공하여야 한다고 본다.

ㄴ. (○) 乙은 장애아동이 수업을 이수하고 과목별 합격 점수를 받아 상급 학년으로 진급했다면 이미 적절한 공교육이 제공된 것으로 본다. 위 경우의 청각장애 아동들은 이에 해당하므로, 乙은 이미 적절한 공교육이 제공된 것으로 볼 것이다. 따라서 추가적인 요구를 받아들이지 않아도 된다.

ㄷ. (×) 甲은 장애아동이 자신의 잠재능력에 비례한 성과를 내는 데 비장애아동과 차이가 나지 않도록 필요한 추가적인 학습 과정과 서비스를 무상으로 제공해야 한다는 입장이므로 선지의 주장을 받아들이지 않을 것이다. 乙도 기본적 수준의 교육 기회 평등을 고려하면서 상급 학년으로의 진급이라는 학업 성취를 고려하므로 선지의 주장을 받아들이지 않을 것이다.

> 📖 서울대 로스쿨 합격생의 풀이법
>
> 乙이 기본적 수준의 교육 기회에 평등하게 접근할 것을 강조했다고 해서 결과에는 신경쓰지 않아도 된다고 한 것은 아니다. 즉 이 문제는 기회의 평등과 결과의 평등을 대비하는 문제가 나올 경우, 기회의 평등을 강조한 입장을 보고 결과는 신경쓰지 않는다고 섣불리 판단해서는 안 된다.

[접근 방법]

체포된 불법 도박장 종업원 乙, 丙, 丁 중 검사가 乙(지배인)만 기소하였다는 내용을 파악한 후 각 선지에 언급된 각주장의 타당 여부를 검토하자. 이때 각 선지에 주장에 대한 평가가 두 개 있으므로 둘 중 하나만 틀려도 오선지라는 점에 유의하자.

[핵심 정보]

乙만 기소하고 丙과 丁은 기소하지 않은 것에 대한 견해 대립
• A(비판) : 차별적 기소 → 검사의 권한 남용
• B(옹호) : 경미한 범죄 저지른 자의 기소에 대한 검사의 재량권 인정 → 법관이 중요 사건에만 전념 가능 → 사회 전체적 이득
• C(비판) : 기소에 대한 검사의 재량권 인정 → 검사의 권한 독선적 사용or검사에게 압력 행사 배제 불가능
• D(옹호) : 인권 보호에 유리
• E(비판) : 기소된 乙 인권은 충분한 보호 불가능
• F(옹호) : ~(차별적 기소 → 검사의 권한 남용), 부당한 의도&차별적 기소 → 검사의 권한 남용

[선택지 해설]

ㄱ. (×) A는 乙, 丙, 丁 모두 범행에 가담하였는데도 검사가 乙만 기소한 것이 차별적 기소라고 주장하므로, 범행 가담 정도에 따라 기소 여부를 검사가 결정한다는 선지의 근거는 A를 약화한다. 반면 범행 가담 정도에 따라 기소 여부를 결정한다는 근거는 검사가 어떤 부당한 의도를 가지고 기소하지는 않았다는 F의 주장을 강화한다.

ㄴ. (○) B는 범죄의 혐의가 있더라도 검사는 재량으로 기소하지 않을 수 있다고 한다. 그런데 선지에서와 같이 외부 압력에 의해 검사가 기소하지 않은 경우가 많았다는 것은 곧 검사의 기소 재량에 대한 제약이 있다는 것을 의미하므로 B의 입장을 약화한다. 또한 '경미한' 범죄를 저지른 사람을 검사가 재량으로 기소하지 않게 해주면 사회 전체적으로 더 이득이 될 수 있다고 주장한다. 그런데 선지에서처럼 국민들의 신뢰도가 낮아졌다는 것은 곧 사회 전체적 이득에 도움이 되지 않는다는 것이므로 B를 약화할 것이다. 다른 한편 이러한 상황은 검사의 재량을 인정했을 때의 부작용을 우려하는 C의 주장에 부합하는 사례이므로 C를 강화한다.

ㄷ. (○) D와 E는 모두 범죄 혐의자의 인권 보호를 언급하고 있다. 그러나 D는 기소의 필요성이 적어 기소되지 않은 丙과 丁의 인권을 다룬 반면, E는 검사의 권한 남용으로 혼자 기소된 乙의 인권 침해를 염려하고 있으므로 각 주장이 보호하고자 하는 구체적 대상이 다르다.

[접근 방법]

1. 甲은 태아 상태나 유전적 소질을 고지할 때 그 목적이나 대상 등 조건을('무조건' 이라는 표현에서 도출), 乙은 고지의 시기를 논하고 있다. 한편 丙은 태아의 상태를 알려주는 것이 낙태로 이어질 수 있어, 태아의 생명과 존엄성이 경시될 수 있다고 본다.

2. 丙의 경우 '호기심'과 '태아의 생명'의 저울질을 하고 있음에 유의하면 선지 ㄷ을 수월하게 판단할 수 있다.

[선택지 해설]

ㄱ. (○) 甲은 의료인이 임신 여성에게 태아의 상태나 유전적 질환 등을 알려주는 것이 임신 여성의 알 권리를 보호하는 데 필요하다는 입장이다. 즉 유전적 질환 발생이 염려되어 진료 목적상 태아 상태 고지가 필요한 경우 이를 고지할 수 있어야 한다는 것이다.

ㄴ. (○) 임신 말기로 갈수록 낙태 건수가 현저히 줄어든다는 통계는, 낙태가 거의 불가능해지는 시기(임신 말기)가

되면 태아의 유전적 소질을 부모에게 알려주더라도 '선택적 출산'으로 이어지지 않을 개연성을 높이므로 乙의 주장이 강화된다.

ㄷ. (×) 태아의 유전적 소질을 임신 여성이 알게 되면 어떤 시기에서도 낙태의 가능성이 남아 있으므로 태아의 유전적 소질을 알려주어서는 안 된다는 丙은 태아의 생명과 인간의 존엄성을 임신 여성이 태아의 유전적 소질에 대해 알 권리보다 중요하게 생각한다. 즉 장래 가족의 일원이 될 태아의 유전적 우열성을 미리 알고 싶은 호기심의 충족은 태아의 생명보다 중시될 수 없다는 것으로, 丙의 주장을 지지한다.

> 🔲 **서울대 로스쿨 합격생의 풀이법**
>
> 丙의 주장은 '임신 여성의 호기심〈생명과 인간의 존엄성'이고, 선지의 주장은 '호기심의 충족〈태아의 생명'이므로 丙의 견해를 지지한다.

---

148 ▸ ③ 【 정답률 89% 】

접근 방법

〈견해〉 A, B, C의 입장을 간략히 정리하여 그 차이를 파악하면 보다 수월하게 해결할 수 있다.

핵심 정보

	개명 허가 원칙(근거)	예외
A	허가(자신의 의사와 상관없이 결정된 이름을 변경할 권리 보호)	과거 범죄행위를 은폐하여 새로운 범죄행위를 할 위험이 있는 경우
B	제한(사회적 질서나 신뢰에 영향, 범죄 은폐 수단 활용 우려)	독립된 사회생활의 주체라 할 수 없는 아동에게만 제한적으로 허용
C	구체적 기준 필요(법관 개인의 기준에 따라 결과가 달라질 수 있음)	−

선택지 해설

ㄱ. (○) 이름을 결정할 권리는 원칙적으로 자기 고유의 권리이지만 출생 시점에는 부모 등이 예외적으로 행사한다고 보면, 부모 등이 결정한 이름에 불만이 있는 경우 그 이름을 변경할 권리를 보호하여야 한다는 A의 견해를 지지할 수 있다.

ㄴ. (○) 개명을 하더라도 주민등록번호까지 변경되는 것은 아니므로, 범죄자 동일성을 주민등록번호로 식별하는 경우 개명을 범죄를 은폐하는 수단으로 이용할 수 없게 된다. 즉 선지는 B를 약화한다.

ㄷ. (×) A는 범죄에 악용될 우려가 없으면 초등학생은 물론 일반인의 개명도 원칙적으로 자유롭게 허용하여야 한다는 입장이므로 A는 반대한다는 선지의 내용은 옳지 않다. 한편, B는 아동에 대해서는 개명이 제한적으로 허용되어야 한다고 주장하는데, 그 이유는 아동은 독립된 사회생활의 주체라 할 수 없기 때문이다. 따라서 선지에서 나오는 것과 같이 개명 신청서를 법원에 제출하기만 하면 개명을 허용하는 것은, 독립되지 않은 사회생활의 주체가 숙고하지 않고 내린 결정을 법원이 허가해주는 것으로서, B의 찬반 여부는 확실하게 파악할 수는 없지만, 아동에 대해서는 개명을 허용하자는 입장임을 알 수 있다. C와 관련하여 선지에 나온 것은 '초등학생'의 개명에 관한 것이므로, 초등학생이 아닌 일반인의 개명에 관한 지침이 언급되지 않았다고 하여 A가 반대할 것이라고 볼 필요는 없다. C의 경우 구체적인 기준의 도입 자체를 주장하고 있기 때문에 위 지침 시행에 찬성할 것이다.

149 ➡ ③ 【 정답률 51% 】

접근 방법

견해들을 각각 나누어 판단하자. 乙, 丙, 丁은 甲의 구속기소에 관한 것이고, 乙, 丙은 甲의 해고와 관련된 것이다.

핵심 정보

	무죄추정의 원칙에 관한 견해	해고에 관한 견해
乙	형사 절차의 전 과정에서 구속 등 어떠한 형사 절차상 불이익도 입지 않아야 한다는 것만 의미	회사에서의 직원 해고는 무죄추정의 원칙과 무관
丙	명확한 증거가 없는 상태에서 구속기소를 한 것은 무죄추정의 원칙에 위배되고, 구체적 규정이 있을 때 오직 그 경우에만 인정	회사의 해고와 관련한 규정이 없으므로 무죄추정의 원칙이 인정되는 것은 아님
丁	재판 과정에서 검사가 피고인의 유죄를 증명하여야 한다는 의미일 뿐 수사 과정에서는 구속기소 가능	

선택지 해설

ㄱ. (O) 乙은 회사에서 직원(甲)을 해고하는 것은 무죄추정의 원칙에 위배되지 않는다고 본다. 회사에서 직원을 해고하는 것은 무죄추정의 원칙과 상관없다고 주장하기 때문이다. 丙 역시 회사의 해고와 관련해서는 규정이 없으므로 무죄추정의 원칙에 위배되지 않는다고 본다. 그러므로 둘은 서로 결론을 같이한다.

ㄴ. (O) '수사기관이 수사를 행하면서 알게 된 피의 사실을 재판 전에 공개하여 마치 유죄인 것처럼 여론을 형성하는 것'은 '수사 과정'과 관련된 내용이다. 丁은 무죄추정의 원칙은 '재판 과정'에서 검사가 피고인의 유죄를 증명하지 못하는 한 피고인을 처벌할 수 없다는 의미일 뿐이라고 하였으므로, 선지의 내용이 무죄추정의 원칙에 위배되지 않는다고 할 것이다.

ㄷ. (×) 상습절도의 재판에서 절도하지 않았음을 스스로 증명하지 못하는 피고인은 처벌을 받도록 하는 특별법에 대해 乙의 두 번째 부분에서는 '어떠한 형사 절차상 불이익도 입지 않아야 한다'고 하였으므로 무죄추정의 원칙에 위배된다고 주장할 것이다. 丁은 재판과정에서 검사가 피고인의 유죄를 증명하여야 하는데, 오히려 피고인이 절도하지 않았음을 스스로 증명하여야 한다면 역시 무죄추정의 원칙에 위배된다고 볼 것이다.

> **🔖 서울대 로스쿨 합격생의 풀이법**
>
> 乙은 모든 형사절차(재판과정 포함)에 대해 丁은 재판과정에 한해 무죄추정의 원칙을 적용하는 입장이다. 해당 특별법은 재판과정에 대해서도 무죄추정의 원칙을 적용하지 않는 경우에 해당하므로 乙, 丁 모두 반대하는 입장일 것이다.

더 알아보기

형사재판에 있어 유죄의 입증책임은 검사에게 있다는 기본적인 지식을 알고 있었던 경우, 그 입증책임이 누구에게 있는지에 따라 피고인이 유리한지 불리한지 파악할 수 있다.

---

150 ➡ ③ 【 정답률 89% 】

접근 방법

1. 글과 〈견해〉 중 어느 부분에 더 집중할 것인가 살펴본 후 빠르게 판단을 내리도록 한다. 대체적으로 〈견해〉가 더 중요한 양상을 보여주므로 그쪽에 더 비중을 실어 읽는 것이 바람직함을 참고하면 좋다.
2. 갑에 대해서 ①②번이, 병에 대해서 ④⑤번이 말하고 있다는 것에 착안하여 그 부분부터 우선하여 살펴보는 것도 좋은 방법이다.

	국민심사제에 대한 견해
갑	국민심사제는 주권자인 국민이 대법관의 인선을 통제하는 사법 통제 장치로 대법관의 편향적인 사고방식을 억제하는 방법이 될 수 있음
을	X국에서 시행하는 국민심사제(×표시해야 파면 찬성, 나머지는 신임 간주)는 파면의 의사표시를 적극적으로 하지 않으면 파면 반대로 취급되어 투표자의 의사를 반영하지 못하기 때문에, 그대로 도입되면 곧 유명무실해질 우려가 있음
병	개선책이 마련되면 투표자 의사 반영 문제는 개선되겠지만, 궁극적으로는 대법관이 대중적 인기에 연연하게 되어 법관 독립이 저해될 수 있음

선택지 해설

① (○) 대법관이 국회가 아닌 대통령에 의해서 임명되는 경우에는 대법관의 사고방식이 아무리 편향적이라도 억제할 방법이 없다. 이에 더해, Y국 헌법이 종신직으로 그 신분을 보장하고 있다면 대법관의 신분은 더욱 강하게 보장되며 그에 대한 주권자의 통제 필요성은 더욱 커지게 된다. 따라서 국민에 의한 사법 통제 장치를 마련해야 한다는 갑의 견해는 강화된다.

② (○) 법원 판결에 대해 비판이 난무하고 사법부에 대한 국민의 신뢰가 낮아졌다면 대법관 인선을 대통령에게만 맡기지 말고 국민에게도 일정한 통제장치를 부여할 필요가 있다는 갑의 견해가 강화된다.

③ (×) 을의 견해를 약화시키는 것은 'X국 방식의 국민심사제(×표시로 파면 찬성, 기타는 신임 간주)가 투표자의 의사를 제대로 반영한다'는 논증이다. 즉 'X국에서 지난 70년간 파면된 대법관이 없었고 매년 총 투표수의 10% 내외만 파면을 원하였다'는 논증은 을의 견해를 약화시키지 못한다. 위의 논증은 오히려 'X국 방식의 국민심사제가 투표자의 의사를 제대로 반영하지 못해 유명무실해질 수 있다'는 을의 주장을 강화시키는 논증에 가깝다.

📖 서울대 로스쿨 합격생의 풀이법

> 총 투표수의 10% 내외만 파면을 원했다는 사실을 을이 자신의 견해를 지지하는 근거(파면 의사표시를 적극적으로 하지 않아서 벌어진 문제, 실제로는 더 많은 사람들이 파면을 원했을 것임)로 쓸 수 있다는 점에서 을의 견해가 약화되지는 않는다.

④ (○) Y국에서 일부 대법관이 대중적 인기만을 추구해 종전 대법원 판결을 뒤집는 판결을 내려 여러 차례 사회적 혼란을 일으킨 상태에서 국민심사제가 도입된다면 대법관들이 법과 소신보다는 대중적 인기에 연연하게 될 개연성이 더 커진다. 이는 궁극적으로 법관의 독립을 저해할 수 있으므로 병의 견해가 강화된다.

⑤ (○) 대법관별로 판결에 대한 정보보다는 사적 활동을 중심으로 흥미 위주의 보도가 이루어진다면 대법관 신임 여부에 관한 여론이 대중적 인기에 좌우될 우려가 있다. 즉 선지의 설명은 병의 견해를 강화한다.

---

151 ▸ ② 【 정답률 53.4% 】

접근 방법

1. 선택지에 '전제'라는 표현이 나왔을 때에는 그 내용이 반드시 있어야만 하는지 따져보면서 정오를 판단하자. 반드시 없어도 되는 것이라면 전제가 아님에 주의하자.
2. 선지 ㄷ에서 '목적', '방법', '대상'을 각각 따져볼 것을 요구하고 있기에 이 3가지 요소가 다 맞아야 한다. 이렇게 콤마로 연결된 내용들이 나올 때에는 더욱 세심하고 꼼꼼하게 따져보는 습관을 갖자.

핵심 정보

	음란물의 저작물성
갑	도덕성은 저작물의 요건이 아니며, 창작의 장려와 문화의 다양성을 위해 저작물 인정에 있어 가치중립적일 필요가 있음

	음란물의 저작물성
을	형법상 음란물 제작·배포가 금지되는데 음란물이 저작물로 보호된다면 '불법을 저지른 더러운 손'에 권리를 부여하는 것으로 법의 통일성 및 형평의 원칙에 반함
병	사회적 해악성이 명백히 확인되면 저작물성을 부정하고 그 외에는 저작물성을 인정함으로써 음란물 규제로 인한 표현의 자유와 재산권 침해를 최소화해야 함

선택지 해설

ㄱ. (×) 갑은 저작물 인정은 가치중립적이어야 한다는 것을 전제로, 음란한 표현물도 창의성만 있으면 저작물이 될 수 있다는 견해를 취한다. 음란한 표현물의 창의성을 인정하더라도, 갑과 같은 결론을 도출할 수 있기 때문이다.

ㄴ. (○) 을은 '불법을 저지른 더러운 손'에 권리를 부여하는 것이 법의 통일성 및 형평의 원칙에 반한다는 견해이다. 따라서 법적으로 금지된 장소에 그려진 벽화나 국가보안법에 위반하여 대중을 선동하는 작품은 불법행위의 결과물이라는 점에서는 음란물과 같은 지위에 놓인다. 그런데 을은 불법행위의 결과물을 저작권법의 보호대상으로 보지 않는 입장이므로 옳다.

ㄷ. (×) 병의 의견 내용 중 배포의 목적, 방법, 대상과 연관성을 지닌 내용이 없다. 즉 병의 의견은 영상물의 내용에 따라 사회적 해악성 여부를 따지는 것으로, 해당 의견만으로는 배포의 목적, 방법, 대상에 따라 음란성에 대한 법적 평가가 달라질 수 있다는 내용은 확인할 수 없다. 이는 배포의 목적, 방법, 대상에 따라 음란성에 대한 법적 평가가 달라질 수 있다는 것이 아니라, 사회적 해악성에 따라 음란물의 저작물성에 대한 평가가 달라질 수 있다는 것이다. 음란성에 대한 법적 평가 변동은 논하지 않는다.

서울대 로스쿨 합격생의 풀이법

ㄷ과 관련하여 '음란성'에 대한 법적 평가와 음란물을 저작물로 인정할지 여부는 다른 문제이다.

---

152 ▶ ③ 【 정답률 18.7% 】

접근 방법

각 입장으로 주어진 A와 B의 결론만 보기보다는 밑줄과 그 주변을 잘 읽어보아야 한다. 특히 갑이 '실제로 고속도로에서 과속 운전을 하였다'는 것이 문제를 풀기 위해 반드시 유의해야 하는 내용이었다.

선택지 해설

ㄱ. (○) ㉠이 거짓이라면 경찰은 갑이 오늘 고속도로에서 과속하리라는 것을 알지 못한다. 한편 A의 견해는 잘못이 행해진다는 것이 '알려진 한' 처벌의 시점이 중요하지 않고 사전 처벌도 정당화된다는 것이어서 ㉠이 참이라면 ㉠→A라고 할 수 있다. 그러나 A는 잘못이 행해진다는 것이 '알려지지 않은' 경우는 설명하지 않는다. 따라서 ㉠이 거짓이라면 A의 결론은 따라 나오지 않는다.

ㄴ. (○) B에 따르면 갑에게는 마지막 순간에 마음을 고쳐먹어 과속을 하지 않을 능력이 있다. 그런데 행위자가 어떤 행위를 하느냐 마느냐를 결정할 능력이 있다면 그가 그 행위를 할지 타인이 미리 아는 것은 불가능하다는 선지의 견해가 옳다면, 과속 여부를 결정할 능력이 있는 갑이 그 행위를 할지 타인인 경찰이 아는 것은 불가능하다. 이러한 결론은 ㉠의 내용과 모순되므로 선지의 견해가 옳다면 B는 ㉠과 양립 불가능하다.

ㄷ. (×) A에 따르면 잘못이 행해진다면 그에 상응하는 처벌의 시점은 중요하지 않다는 입장이다. 즉 처벌이 있고 잘못이 있거나, 잘못을 하고 처벌을 받거나 두 경우 모두 그 처벌이 정당화될 수 있다는 것이다. 그러나 선지의 테러리스트 사례는 처벌을 미리 함으로써 공격을 막는데 성공했다. 즉 잘못이 발생하지 않는 것이다. 따라서 선지의 경우는 A에서 말하는 정당화 사례와 부합하지 않는다.

접근 방법

1. 〈견해〉에 주어진 갑, 을, 병의 입장을 정리한 후 '법의 발견'('축소해석')과 '법의 형성'('목적론적 축소') 중 어디에 해당하는지 파악하자(이때, 글에 주어진 '법의 발견' 중 하나인 '축소해석'이라는 표현과 '법의 형성' 중 하나인 '목적론적 축소'라는 표현을 통해 주어진 갑, 을, 병의 입장이 반드시 '축소해석'이나 '목적론적 축소' 중 하나가 아닐 수 있음을 개념적으로 인지하면 좋다). 그 후 선지의 각 개념이 '적극적 후보, 중립적 후보, 소극적 후보' 중 어디에 속하는지 정리하자.
2. 선지 ㄷ과 관련하여, 글에 '차'는 동력장치가 있는 이동수단을 의미할 뿐이고, 소유관계에 대한 언급은 없음을 간파하자. 즉 자기 소유의 승용차를 판단할 때 '승용차'라는 부분에만 초점을 맞추면 된다.

핵심 정보

	'법의 발견' 또는 '법의 형성'에 대한 입장
갑	'동력장치가 없는 자전거'는 X국에서 '차'에 명백히 해당할 수 없으므로 '소극적 후보'이다. 그런데 소극적 후보를 법의 적용 대상에 포함시키는 것은 법률 문언에는 반한다. 따라서 갑의 입장은 '법의 형성'이라고 할 수 있다('법의 형성'에 해당하지만, '목적론적 축소'에는 해당하지 않는다.).
을	X국에서 '차'는 동력장치가 있는 이동수단으로서 승용차, 버스 등이 그에 해당하므로 버스는 적극적 후보이다. 그런데 을은 버스를 '차'라는 법률 문언에 포함되지 않는 소극적 후보로 보고 있으므로, 을의 입장은 '법의 형성' 중 '목적론적 축소'에 해당한다.
병	'동력장치가 있는 자전거'는 '차'라는 법률 문언에 해당되거나 그에서 제외되는지 분명하지 않으므로 중립적 후보이다. 즉 '동력장치가 있는 자전거'를 '차'에서 제외한 병의 입장은 법률 문언의 적용범위에서 중립적 후보를 제외하며 적극적 후보로 좁히는 '축소해석'에 해당한다.

선택지 해설

ㄱ. (✕) '동력장치가 없는' 자전거를 '동력장치가 있는' 이동수단인 '차'에 포함시킨 갑도 법률 문언에 반하고, '승용차, 버스 등'이 '차'에 해당하는 X국에서 버스를 제외시킨 을도 법률 문언에 반한다. 즉, 갑과 을의 견해 모두 법률 문언에 반하지만 법률의 목적을 실현하기 위한 법 획득 방법인 '법의 형성'에 해당한다. 따라서 갑과 을의 견해 모두 법률 문언에 반하여 목적을 실현할 필요가 있어야 정당화된다.

ㄴ. (✕) '동력장치가 있는 자전거'는 '차'라는 법률 문언에 해당되거나 그에서 제외되는지 분명하지 않으므로 중립적 후보이다. 그러나 병은 중립적 후보를 법의 적용 대상에서 제외하고 있을 뿐 법률 문언에 반하는 해석은 하지 않고 있다. 즉 병의 접근 방식은 중립적 후보를 법의 적용 대상에서 제외하여 적용범위를 적극적 후보로 좁히는 '축소해석'으로 '법의 형성'이 아닌 '법의 발견'에 해당한다.

ㄷ. (○) X국에서 승용차는 '차'에 해당한다고 했기 때문에, 자기 소유의 승용차는 적극적 후보이다. 그런데 주차공간을 확보하기 위하여 집 앞에 설치하는 '주차금지' 팻말의 '차'의 적용범위에서 자기 소유의 승용차를 제외하는 것은, 주차공간 확보라는 목적에 따라 적극적 후보를 소극적 후보로 만드는 것이어서 '목적론적 축소'에 해당한다. 한편 X국에서 '차'는 동력장치가 있는 이동수단으로서 승용차, 버스 등이 그에 해당하므로 버스는 적극적 후보이다. 그런데 을은 버스를 '차'라는 법률 문언에 포함되지 않는 소극적 후보로 보고 있으므로, 을의 입장은 '법의 형성' 중 '목적론적 축소'에 해당한다. 따라서 양자의 법 획득 방법은 같다.

더 알아보기

김영환 교수님의 〈법철학의 근본문제(제3판)〉에서 '법의 발견'과 '법의 형성'을 다음과 같이 분류하고 있음을 참고하면 좋다.

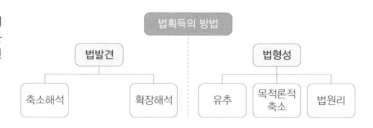

154 ▸ ① 【 정답률 63% 】

접근 방법

1. 갑의 언급에 주어진 ㉠의 원리를 꼼꼼하게 읽고 각 선지에 잘 적용해야 한다. 이때 문제에 없는 조건(예컨대 A가 받을 배상액이 B에게 상속된다는 등)은 고려하지 않아야 한다.
2. 글에 주어진 배상의 '원리'와 '원인'을 명확히 구분하자.

선택지 해설

ㄱ. (○) 갑은 잘못된 것 X에 의해서 피해자의 삶의 수준이 '악화된 경우에만' 배상이 이루어져야 한다고 본다. 즉 80년 전 K섬의 무단 점유가 없었던 경우 B가 오히려 더 낮은 수준의 삶을 누렸을 것이라고 하면, K섬의 무단 점유가 B의 삶의 수준을 악화시킨 것이 아니어서 배상이 이루어질 필요가 없다. 따라서 갑은 B에게 배상이 이루어져야 한다는 주장에 동의하지 않을 것이다.

ㄴ. (×) ㉠의 원리는 잘못된 것 X에 대해 사람 S에게 배상을 한다는 것이, X가 일어나지 않았더라면 S가 누렸을 만한 삶의 수준이 되도록 S에게 혜택을 제공하는 것임을 뜻한다. 즉 ㉠에 따라 B에게 배상을 하려면 B가 존재해야 한다는 것이 기본 전제이다. B가 존재하지 않는다면 B가 누렸을 만한 삶의 수준이라는 개념도 존재하지 않기 때문이다. 그런데 을에 따르면 K섬의 무단 점유가 없었더라면 B는 아예 존재하지 않았을 것이라고 한다. 따라서 을이 ㉠의 원리를 받아들이더라도 B에게 배상이 이루어져야 한다는 주장에는 동의하지 않을 것이다.

ㄷ. (×) B에게 배상이 이루어져야 한다는 점에는 갑과 병이 의견을 같이한다. 갑은 ㉠에서 '잘못된 것 X'를 K섬의 무단 점유로 보는 반면, 병은 '잘못된 것 X'를 K섬의 무단 점유가 아니라 B가 태어난 후 어느 시점에서 K섬의 무단 점유에 대해 A에게 배상이 이루어지지 않았다는 사실로 본다는 차이가 있을 뿐이다. 하지만 병은 ㉠의 원리에 동의하지 않는지 글에서는 알 수 없다(명시적으로 반대하지 않았을 뿐이다).

155 ▸ ② 【 정답률 58.4% 】

접근 방법

핵심은 [규정]의 취지를 평가하는 〈검토의견〉에 있다. 이를 빠르게 파악하기 위해 선지를 미리 살펴보고 각 〈검토의견〉과 연결하는 것도 좋은 방법이다.

선택지 해설

ㄱ. (×) 미성년자가 다른 미성년자의 보호·감독자가 되는 사회적 관계 유형이 증가하고 있다는 연구 결과는 A를 뒷받침하지 못한다. 이 연구 결과에 따르면 미성년자도 아동학대의 행위주체에 포함될 수 있다고 보는 것이 타당하겠지만, A는 보호의무자를 '성인'으로 한정하는 입장이기 때문이다.

ㄴ. (×) B의 목적은 [규정]의 학대행위로부터 학대피해자를 두텁게 보호하려는 데 있으므로 오히려 가해자와 피해자의 엄격한 구분이 필요하다. 따라서 선지의 연구 결과는 B를 뒷받침하지 않는다.

ㄷ. (○) '미성년자 간의 성적 요구행위 역시 학대로 보아 처벌할 필요성이 크다'는 연구 결과는, 미성년자도 아동학대의 가해자가 될 수 있음을 보여준다. 따라서 학대가해자를 철저히 처벌하여 학대피해자인 아동을 두텁게 보호하기 위해 [규정]의 행위주체를 '누구든지'로 유지해야 한다는 B를 뒷받침한다. 한편 '미성년자 간 성적 요구에 대하여 아무 부끄러움이나 불쾌감 없이 응한 경우'라고 하더라도 처벌할 필요성이 크다는 선지의 연구 결과는 성적 수치심을 야기하는지 여부와 관계없이 성적 아동학대 행위를 처벌하여야 한다는 C도 뒷받침한다.

> 📖 서울대 로스쿨 합격생의 풀이법
>
> A, B, C의 의견은 두 문장으로 이루어져 있고, 모두 (1) 규정에 대한 이해, (2) 개정에 대한 의견으로 나눌 수 있다. 이때 (1)과 (2)의 의미관계를 잘 연결하는 것이 핵심이다. 이처럼 A와 B를 읽으며 무엇이 다른지 이해하고 넘어가면 선지를 좀 더 올바르게 판단할 수 있다.

156 ▸ ③ 【 정답률 89.3% 】

접근 방법

1. 쟁점이 '법적으로 소유가 금지된 물품이 재물인지'와 '거래가 되지 않는 물건도 재물인지'에 있음을 파악하자. 이를 빠르게 파악하기 위해 선지 내용을 미리 보는 것도 한 방법이다.
2. 갑, 을, 병의 입장을 간략히 정리하자. 이때 표를 활용하는 것도 좋다.

핵심 정보

	금전적 교환가치 필요 여부	소유 및 거래의 적법성 인정 여부
갑	○	×
을	×	×
병	○	○

선택지 해설

ㄱ. (○) 갑은 형법상 재물에 물건의 소유 및 거래의 적법 여부를 묻지 않으므로, 마약밀매상이 가지고 있는 법적으로 소유가 금지된 마약을 형법상 재물로 본다.

ㄴ. (○) 을은 형법상 재물의 조건으로서 금전적 교환가치 유무를 묻지 않을 뿐 아니라 소유 및 거래의 적법성도 묻지 않는다. 따라서 마약밀매상이 가지고 있는 법적으로 소유가 금지된 마약은 물론, 연예인이 소중히 보관하고 있지만 거래는 되지 않는 팬레터도 형법상 재물로 본다.

ㄷ. (×) 병은 형법상 재물의 개념요소인 재산적 가치가 인정되려면 금전적 교환가치가 있어야 하며, 소유 및 거래의 적법성이 인정되어야 한다는 입장이다. 따라서 마약밀매상이 가지고 있는 법적으로 소유가 금지된 마약은 형법상 재물로 보지 않으며, 연예인이 소중히 보관하고 있지만 거래는 되지 않는 팬레터도 금전적 교환가치가 없으므로 형법상 재물로 보지 않는다.

---

157 ▸ ① 【 정답률 96.5% 】

접근 방법

각 견해의 차이를 중심으로 각 선지에서 '근로자' 해당 여부를 판단하자.

핵심 정보

'근로자'의 범위
갑 : 1) 사용자와 계약 맺기 2) 근로의 대가로 계속적·정기적인 금품을 받을 것
을 : 2)와 관련하여 계속적·정기적인 금품 외에 인센티브를 받는 경우도 근로자
병 : 1)과 관련하여 사용자와의 계약이 없는 경우도(일시적 실업 상태나 구직 중) 근로자

선택지 해설

ㄱ. (×) 헬스장 사업자와 계약을 맺고 헬스장 회원들의 요청이 있으면 개인 레슨을 제공하고 회원들로부터 수수료를 받아 생활할 경우, 그 수수료는 사용자로부터 받는 금품이 아닐 뿐만 아니라 계속적·정기적인 금품이라고도 볼 수 없다. 그러므로 갑에 따르면 노동조합에 가입할 수 없다. 한편 병에 따를 경우 헬스장 회원들로부터 받는 수수료가 A법 제2조 제1항에서 말하는 '임금·급료 기타 이에 준하는 수입'에 해당하는지 여부를 확인할 수 없으므로 노동조합에 가입할 수 없다고 단정한 내용은 옳지 않다.

ㄴ. (○) '근로자'의 범위와 관련하여 갑은 근로의 대가로 사용자로부터 계속적·정기적인 금품을 받을 것을 요구하는 반면, 을은 계속적·정기적인 금품 외에도 성과에 따른 수수료(인센티브)를 받으면 근로자로 인정한다.

따라서 선지와 같은 경우 근로의 대가로 계속적·정기적인 금품을 받지 않는다는 점에서 갑에 따르면 노동조합에 가입할 수 없다. 그러나 수강생 모집 실적에 따라 학원으로부터 받는 수수료가 바로 사용자로부터의 인센티브를 의미한다는 점에서, 을에 따르면 노동조합에 가입할 수 있다.

ㄷ. (✕) 을에 따르면 A법에서 말하는 근로자는 사용자와의 계약이 있어야 하므로, 원치 않는 해고를 당한 경우라도 노동조합에는 가입할 수 없다. 그러나 병에 따르면 원치 않는 해고를 당해 일시적으로 실업 상태에 있더라도 노동3권을 보장할 필요성이 있는 한 A법에서 말하는 근로자에 포함되므로 노동조합에 가입할 수 있다.

---

158 ▶ ⑤ 【 정답률 70.6% 】

[A법]을 바탕으로 〈주장〉의 결론 및 논거를 간략히 정리하자.

핵심 정보

〈주장〉의 결론
A법 제2조(대법원은 상고 신청의 이유가 적절하지 않다고 인정되는 때에는 재판을 열지 않고 판결로 상고를 기각한다)는 그 합리성이 충분히 인정되며, 이를 실현하기 위한 절차적 규정인 제3조(제2조에 따라 상고를 기각하는 판결에는 이유를 기재하지 않을 수 있다)도 그 취지가 정당하다.

〈주장〉에서 든 근거
1) A법 제2조는 대법원에 상고가 남용되는 상황을 예방하고 사건에 대한 신속한 처리를 통하여 적절한 신청 이유를 가진 당사자의 재판 받을 권리를 충실히 보장하기 위한 규정이다.
2) 상고기각 판결에 이유를 기재하는 것은 대법원에 불필요한 부담만 가중하고 정작 재판이 필요한 사건에 할애해야 할 시간을 낭비하는 것이다.
3) 판결이유의 기재는 법원이 그 여부를 선택할 수 있는 사항이다.
4) 대법원이 존재한다고 하여 모든 사건에 대해 대법원에서 재판받을 기회가 보장되어야 하는 것은 아니기 때문에, 판결이유 기재를 비롯한 대법원의 재판에 대한 구체적인 제도의 내용은 대법원의 재량범위에 속한다.

선택지 해설

ㄱ. (○) 〈주장〉에 따르면 대법원이 존재한다고 하여 모든 사건에 대해 대법원에서 재판받을 기회가 보장되어야 하는 것은 아니며, 판결이유 기재 또한 대법원의 재량범위에 속한다. 그러나 선지에 따르면 재판이라는 국가적 행위를 청구하면 국가는 그 청구에 응할 의무와 성실히 답할 의무가 있다. 따라서 대법원 또한 청구된 재판에 대해 법원의 판단 이유를 납득시키는 판결이유를 통해 성실히 답할 의무를 진다는 점에서 선지는 〈주장〉의 반대 논거가 된다.

ㄴ. (○) 선지는 〈주장〉의 반대 논거가 되는데, 그 이유는 다음과 같다. 첫째, 〈주장〉은 적절한 상고 신청 이유가 없는 경우 대법원에서 재판을 받을 기회를 보장하지 않더라도 그 합리성을 충분히 인정할 수 있다고 판단한다. 그러나 선지는 '재판을 받을 권리'가 재판절차에의 접근성 보장을 주된 내용으로 하는 기회 보장적 성격을 가진다고 보기 때문에 두 견해는 서로 상반된다고 판단할 수 있다. 둘째, 〈주장〉은 판결이유 기재를 대법원의 재량범위에 속한다고 보며 불필요한 부담을 가중시켜서는 안 된다는 점을 들어 A법 제3조 제3항을 정당화한다. 그러나 선지에 따르면 법원 판결의 정당성은 그 판결에 대한 근거제시에 의해 좌우된다. 따라서 이유가 기재되지 않은 판결은 정당성을 가질 수 없으므로 정당한 판결을 위해서는 판결이유가 반드시 기재되어야 한다. 이는 판결이유의 기재가 대법원이 선택할 수 있는 사항이라는 〈주장〉의 근거를 반박한다.

ㄷ. (○) 〈주장〉에 따르면 상고 신청의 이유가 적절하지 않아서 판결로 상고를 기각할 때에도 기각 판결에 이유를 기재하게 하는 것은 정작 재판이 필요한 사건에 할애해야 할 시간을 낭비하는 것이다. 그러나 '재판이 필요한 사건'에 대한 판단을 대법원이 수행하는 A법의 구조 하에서는, 대법원 판결이 국민이 유사한 사안을 해석하고 규범적 평가를 내리는 사실상의 판단기준으로 기능하기 어렵다.

📖 서울대 로스쿨 합격생의 풀이법

선지의 논지는 대법원 '판결'의 결론과 논증 과정이 국민들의 판단기준으로서 기능한다는 것이다. 즉, 재판을 하지 않기로 판결을 내리는 것 역시 판단기준으로 삼을 수 있는 사항에 해당된다. 대법원 판결의 결론이 아닌 논증 과정을 확인할 수는 없다.

---

159 ▸ ④ 【 정답률 53.1% 】

접근 방법

갑, 을, 병 각각의 언급의 양이 상당하므로, 놓치는 문장이 없도록 주의를 기울여 읽어내야 한다. 다만, 각 주장은 형사절차에서 추구해야 하는 진실의 종류와 이를 위해 판사가 가져야 할 태도로 요약할 수 있다.

핵심 정보

갑 : 형사절차에서 '객관적 진실'을 추구하기 위해 판사의 적극적인 진실발견 활동과 개입이 필요하다.

을 : '객관적 진실'의 도달은 불가능하며 형사절차에서 추구해야 할 진실은 '절차를 통한 진실'이라 주장한다. '절차를 통한 진실'을 위해서는 사건 당사자들에겐 공정한 기회가 보장되어야 하므로 판사는 중립적인 위치에서 절차를 공정하고 엄격하게 해석, 적용, 준수하여야 한다.

병 : 갑과 동일하게 형사절차에서 '객관적 진실'을 추구해야 한다고 주장한다. 그러나 '객관적 진실'의 발견은 전적으로 사건 당사자들의 입증에 맡겨야 하고 판사는 중립적인 판단자의 역할을 수행해야 한다고 보는 점에서는 을과 같다. 동시에 병은 형사절차 진행 과정에서의 인권침해에 대해 이야기하며 이에 한해서는 적극적인 판사의 역할과 의무를 요구한다는 점에서 갑과 을 모두와 차이를 보인다.

선택지 해설

ㄱ. (×) 갑이 주장한 것은 '객관적 진실'을 위해 판사의 적극적인 진실발견의 활동과 개입이 필요하다는 것이지 피고인을 때려잡아서라도 진실을 추구해야 한다는 것은 아니다. 병은 객관적 진실은 중요하나 인권침해를 방지하는 판사의 역할을 강조한다. 따라서 갑, 병 모두 법률개정안에 찬성하지 않을 것이다.

ㄴ. (○) 적법한 절차를 위반하여 수집된 증거는 예외 없이 유죄의 증거로 사용할 수 없다. 이는 진실발견을 위해 필요한 경우 중대한 절차 위반이 없다면 판사가 직접 증거를 수집하거나 조사하는 것도 허용하는 갑의 입장과는 상반된다. 그러나 을은 형사절차에서 '절차를 통한 진실'을 추구해야 한다는 입장이어서 절차를 공정하고 엄격하게 해석, 적용, 준수하여야 한다고 주장하므로 해당 법원칙에 찬성할 것이다.

ㄷ. (○) '피고인이 재판에 출석하지 아니한 때에는 특별한 규정이 없으면 재판을 진행하지 못한다'는 법원칙은 사건 당사자인 피고인이 법정에서 진실을 다툴 수 있는 공정한 기회를 보장하기 위한 것이다. 따라서 을은 해당 법원칙에 찬성할 것이다. 한편 피고인이 재판에 출석하지 않은 경우에도 재판이 진행된다면 사건 당사자 중 일방인 피고인의 증거제출과 입증이 보장되지 않을 수 있다는 점에서 피고인의 인권이 침해될 것이다. 병은 인권침해를 통해서 얻어낸 객관적 진실은 정당성을 획득할 수 없다는 점에서 해당 법원칙에 찬성할 것이다.

---

160 ▸ ② 【 정답률 56.5% 】

접근 방법

1. 견해1에 따르면 「범죄처벌법」 제2조의 반복범 기간 2년은 형의 집행 종료일 다음날부터 형의 집행 종료일의 2년 후 당일까지가 된다. 그러나 견해2에 따를 경우 반복범 기간 2년은 형의 집행 종료일 당일부터 형의 집행 종료일

의 2년 후 전날까지가 된다. 따라서 견해1에 따르면 형집행 종료 후 만 2년이 되는 날에 다시 절도죄를 범한 〈사례〉에서 「범죄처벌법」 제2조가 적용될 여지가 생겨 견해A나 견해B에 따라 판단해야 할 수 있다. 반면, 견해2에 따르면 그럴 여지가 없으므로 어느 견해에 따르더라도 결론이 동일해진다. 즉 견해A나 견해B의 대립은 「범죄처벌법」 제2조가 적용될 수 있는 경우에만 의미가 있다.

2. 선지에서 징역 30년 이하는 「절도범죄처벌특별법」 제1조의 형의 기간 상한인 20년의 1.5배라는 점에 주목하자. 즉 징역 30년은 「절도범죄처벌특별법」에 「범죄처벌법」 제2조가 적용된다고 보는 견해B에서만 가능하다.

3. 〈사례〉의 갑은 절도죄로 두 번 이상의 징역형을 받은 자가 다시 절도죄를 범한 경우이다. 따라서 어떤 견해를 따르더라도 「절도범죄처벌특별법」의 대상이 되기 때문에 'n년 이상~n년 이하' 조건이 붙어야 한다. 이를 통해 ④번이 옳지 않다는 걸 바로 파악할 수 있다.

선택지 해설

① (×) 견해1에 따르면 「범죄처벌법」 제2조의 반복범 기간은 형 집행 종료 다음날부터 형 집행 종료일 2년 후 당일까지가 된다. 따라서 갑의 경우 반복범 기간은 2017. 9. 18.부터 2019. 9. 17.까지이므로 갑은 「범죄처벌법」 제2조의 반복범에 해당한다. 그런데 여기서 견해A에 따르면 「절도범죄처벌특별법」 제1조는 「범죄처벌법」 제2조와 별개의 규정이므로 절도반복범은 「절도범죄처벌특별법」이 따로 규정한 범위에서만 형벌이 부과되어야 한다. 따라서 갑에게 부과될 형벌은 징역 2년 이상 20년 이하이다.

② (○) 견해1에 따르면 「범죄처벌법」 제2조의 반복범 기간은 형 집행 종료 다음날부터 형 집행 종료일 2년 후 당일까지가 된다. 따라서 갑의 경우 반복범 기간은 2017. 9. 18.부터 2019. 9. 17.까지이므로 갑은 「범죄처벌법」 제2조의 반복범에 해당한다. 그런데 여기서 견해B에 따르면 「절도범죄처벌특별법」의 절도반복범이 「범죄처벌법」의 반복범에도 해당하면 「범죄처벌법」에 따라 다시 가중처벌해야 한다. 따라서 갑에게 부과될 형벌의 상한은 징역 20년(「절도범죄처벌특별법」상 절도반복범의 형의 기간 상한)의 1.5배인 30년이 되어, 징역 2년 이상 30년 이하가 된다.

③④⑤ (×) 견해2에 따르면 「범죄처벌법」 제2조의 반복범 기간은 형 집행 종료일 당일부터 형 집행 종료일 2년 후 당일의 전날까지가 된다. 따라서 갑의 경우 반복범 기간은 2017. 9. 17.부터 2019. 9. 16.까지이므로 갑은 「범죄처벌법」 제2조의 반복범에 해당하지 않는다. 따라서 견해A와 견해B 중 어느 견해에 따르더라도 「절도범죄처벌특별법」상 절도반복범에 해당하는 갑에게 부과되는 형의 범위는 징역 2년 이상 20년 이하가 된다.

서울대 로스쿨 합격생의 풀이법

①②③⑤ 모두 '징역 2년 이상 30년 이하'를 주장하므로 이를 가능하게 하는 견해의 조합을 찾으면 된다. 견해1과 견해2의 해석에 따라 「범죄처벌법」 제2조의 적용 여부가 달라지며, 「범죄처벌법」 제2조가 적용되는 경우 견해A와 견해B에 따라 아래 표와 같이 형의 상한값이 달라진다.

견해1	견해A	징역 2년 이상 20년 이하
	견해B	징역 2년 이상 30년 이하
견해2	견해A	징역 2년 이상 20년 이하
	견해B	징역 2년 이상 20년 이하

형의 상한값이 30년이 되기 위해서는 「범죄처벌법」 제2조가 적용되고 가중처벌이 허용되어야 하므로 견해1과 견해B가 적용된 ②가 정답이다.

161 ▸ ② 【 정답률 85.2% 】

접근 방법

1. 가장 먼저 〈사례〉에서 쟁점이 되는 것이 무엇인지를 빠르게 파악하는 것이 문제 해결의 열쇠이다.

2. 어떤 견해의 강화나 약화를 판단하려면 그 견해의 논지를 정확히 파악하는 작업이 선행되어야 하며, 어떤 견해를 약화한다고 하려면 그 견해를 직접 반박하는 것이어야 한다.

[규정]에 따르면 의약품 제조업자는 제조한 의약품을 의약품 제조업자나 의약품 판매업자에게 판매할 수 있는데(제2조 단서), 〈사례〉에서 P회사는 [규정]에 따른 의약품 제조업자의 지위에서 의약품 판매 정지 처분을 받았으므로 의약품 판매업자에게 '판매'를 할 수 없게 되었다. 여기서 P회사가 의약품 제조업자의 지위와 동시에 가지고 있는 의약품 판매업자의 지위를 판매행위의 상대방으로 볼 수 있는지가 문제된다.

선택지 해설

ㄱ. (×) 견해1에 따르면 의약품 회사가 제조업과 도매상 허가를 모두 취득하였더라도 의약품이 제조업자로부터 도매상으로 이동한 경우는 그 지위가 구분되는 상대방과의 거래로 볼 수 있다. 여기서 의약품 판매업과 의약품 제조업의 허가권자가 다르다는 규정만으로 의약품 도매상과 제조업자의 지위가 구분된다는 견해1이 강화되는지는 분명하지 않으나, 적어도 이러한 규정이 견해1을 약화하지는 않는다.

ㄴ. (×) 견해2에 따르면 의약품 제조업자의 지위에서 출고하여 의약품 도매상의 지위에서 입고한 행위는 동일한 회사 내에서의 이동으로 '판매'가 아니다. 그러나 선지에 따르면 물건 자체의 이전이 수여에 해당하고, 수여는 곧 판매에 포함되는 개념이므로 〈사례〉에서의 행위는 '판매'에 해당한다. 따라서 견해2는 약화된다.

ㄷ. (○) 견해2에 따르면 독립한 거래 상대방이 존재하지 않는다면 판매에 해당하지 않으며, 제조업자로서 제조한 의약품을 도매상으로서 입고하는 것은 동일한 회사 내 이전으로 본다. 규정의 판매 개념이 대중에게 의약품이 유통되는 것을 의미한다면 P사의 경우는 일반 대중에게 의약품이 유통되지 않으므로 판매로 볼 수 없고, 이는 견해2와 일치한다. 따라서 견해2는 강화된다.

---

162 ▸ ③ 【 정답률 64.8% 】

접근 방법

1. 〈견해〉의 각 주장의 핵심을 그룹별 합산과세와 회사별 개별과세로 빠르게 파악하자.
2. '~인 경우는 없다'와 같은 선지에서는 반례를 상정해보자.
3. '차라리 ~것이 옳다(견해2의 마지막 문장)'와 같은 표현을 통해 견해의 주장을 파악할 수 있고 선지 ㄷ을 해결할 수 있다.

핵심 정보

견해1 : P그룹의 회사 갑, 회사 을에 대해 분석하며 회사별 개별과세와 그룹별 합산과세의 예시를 비교하여 경제공동체 단위의 과세를 주장
견해2 : P그룹과 Q일가의 경우를 비교하며 견해1의 주장에는 문제점이 있기 때문에 차라리 회사별로 개별과세하는 것이 낫다고 주장

선택지 해설

ㄱ. (○) P에 속한 회사들의 부동산 합산 가격이 5억 원 이하라면, 각 회사별 보유 부동산 가격도 5억 원 이하일 수밖에 없다. 이때 견해1에 따라 합산과세할 경우에도 세율은 0.5%이고, 견해2에 따라 개별과세할 경우에도 세율은 0.5%이다. 따라서 어느 견해에 따르더라도 과세 총액이 달라지지 않는다.

ㄴ. (×) P에 속한 각 회사들의 보유 부동산 가격이 모두 20억 원을 초과하는 경우를 생각할 수 있다. 이 경우 견해1에 따른 합산과세 시 세율은 3.5%이지만, 견해2에 따르더라도 각 회사 소유 부동산에 대하여 3.5%가 과세된다. 따라서 과세 총액이 같아지는 경우가 있다.

📖 서울대 로스쿨 합격생의 풀이법

"갑이 100억 원의 부동산을 가지고 있고 을은 하나도 가지고 있지 않으면?"이라는 극단적인 반례의 가정을 해보자.

ㄷ. (○) 견해2는 과세가 경제공동체 단위로 이루어지는 것이 바람직하다고 본다는 점에서 합산과세 자체를 반대하지는 않는다고 볼 수 있다. 다만 기업등록부에 등록된 그룹에 대해서만 부동산보유세 합산과세를 할 경우, 실질적으로 경제공동체의 속성을 가지고 있음에도 기업등록부에 등록되었는지에 따라 부과할 세금이 달라져 불공평한 결과가 초래된다는 문제점을 지적하고 있을 뿐이다. 따라서 Q 등의 실질적인 경제공동체를 기업등록부에 등록된 그룹으로 보는 세법 개정이 이루어질 경우, 기업등록부에 그룹으로 등록되지 않았다 하더라도 Q가 P와 마찬가지로 경제공동체 단위가 된다. 그리고 이렇게 되면 합산과세를 하더라도 기업등록부 등록 여부에 따른 차이가 없어진다. 따라서 선지와 같이 세법이 개정되면 견해2는 P에 대한 부동산보유세 합산과세에 반대하지 않을 것이다.

---

163 ▸▸ ④ 【 정답률 70.36% 】

접근 방법

핵심은 '수리비 전액'이 배상됨으로써 무상 수리가 가능해졌고, 그로 인해 불법행위 발생 전의 상태로 물건이 완전하게 회복되었다는 점이다. 따라서 ㉠의 사례는 배상액이 불법행위로 인해 파괴된 본래 가치를 회복하는 것을 '넘어선 것'이 아니라, 본래 가치를 회복한 상황임을 알 수 있다.

핵심 정보

구분	불법행위의 본질	불법행위법의 목표
A	본래 존재하던 정의로운 상태 또는 형평상태를 파괴하는 행위	피해자의 관점에서 불법행위로 파괴된 본래 상태를 불법행위 이전의 상태로 완전히 회복하는 것
B	사람이 고의나 과실로 저지르는 위법행위	손해 회복 및 불법행위의 예방을 목표로 하며, 사회 구성원들에게 행위지침을 제시하는 것

선택지 해설

ㄱ. (×) A에 따르면 불법행위법은 불법행위로 인하여 파괴된 본래 상태를 회복하여 피해자를 구제하는 시스템이다. 선지의 상황은 '수리비 전액'이 배상됨으로써 무상 수리가 가능해졌고, 그로 인해 불법행위 발생 전의 상태로 물건이 완전하게 회복된 상황이다. 그러므로 X국 법원의 판결은 A를 강화한다.

> **🔖 서울대 로스쿨 합격생의 풀이법**
>
> A를 약화하기 위해서는 배상액이 파괴된 본래 상태를 회복하기에 부족한 액수여야 할 것인데 해당 선지는 이에 부합하지 않는다. 따라서 선지가 A를 약화한다고 볼 수 없다.

ㄴ. (○) B에 따르면 불법행위법은 불법행위로 말미암은 손해의 회복과 더불어 불법행위의 예방을 목표로 하여야 한다. 회사의 영업비밀 자료를 경쟁사에 넘겨 이득을 취했으나 회사에는 현실적인 손해가 발생하지 않은 경우, A에 따르면 회복되어야 할 피해는 없으므로 손해배상 또한 필요하지 않을 것이다. 반면 B에 따르면 회복되어야 할 피해가 없음에도 불구하고 해당 행위의 위법성을 사회 전체에 강조하기 위해 가해자의 부당이득을 손해배상 형태로 피해 회사에 지급하도록 할 수 있으므로, 해당 판결은 B를 강화한다.

ㄷ. (○) A에 따르면 진정한 피해자 구제는 '가해자나 제3자가 아닌 피해자의 관점'에서 불법행위 이전의 상태로 완전하게 회복될 때 가능하다. 따라서 X국 법원이 사회의 자유로운 토론을 저해한다는 이유로 '제3자'에게 배상하도록 판결하였다면 피해자의 회복을 추구하는 A는 약화된다. 한편 B에 따르면 X국 법원의 판결은 '비하적 표현을 반복적으로 사용하여 명예를 훼손하는 것은 사회의 자유로운 토론을 저해하므로 해서는 안 된다'는 메시지를 가해자를 포함한 공동체 구성원 전원에게 발신한 것으로 볼 수 있다. 따라서 B는 강화된다.

📖 서울대 로스쿨 합격생의 풀이법

A는 피해자의 관점에서의 회복을 강조하므로, 손해배상을 받아야 하는 쪽은 피해자일 것이다. 그러나 판결은 피해자가 아니라 제3자에게 배상하도록 하고 있으므로 이는 A의 견해와 상충하고 이는 A를 약화한다.

---

164 ▶ ③ 【 정답률 49.75% 】

접근 방법

A, B, C의 견해를 먼저 정리하고 이를 충족하지 못하는 선지를 소거하자.

핵심 정보

구분	내용
A	자율은 그 자체에 가치가 있는 것 당사자 일방이 의도했던 의사가 다르게 표시되어 상대방이 그 표시대로 믿었더라도 표시보다는 당사자 일방이 의도한 의사를 존중
B	자율이 당사자에게 가져다주는 효용에 주목 자율을 제한함으로써 당사자에게 발생하는 비용(−)의 절댓값이 당사자에게 발생하는 효용(+)의 절댓값보다 작으면, 자율에 대한 제한은 정당화
C	자율이 사회 전체에 가져다주는 효용에 주목 다만, 자율을 제한함으로써 당사자에게 발생하는 비용(−)의 절댓값이 당사자에게 발생하는 효용(+)의 절댓값보다 큰 경우 그 차액만큼 국가 등이 보상해주어야 자율을 제한할 수 있으며, 보상된 만큼 당사자의 효용은 증가된 것으로 봄(→ 당사자에게 비용(−)과 효용(+)의 합은 언제나 0 이상)

선택지 해설

① (○) A에 따르면 표시보다는 당사자 일방이 의도한 의사를 존중하여야 한다. 따라서 당사자 일방이 의도했던 의사가 ㉮라면 실수로 ㉯로 표시하여 상대방이 ㉯로 인식한 경우에도 당사자 일방의 의사를 ㉮로 본다.

② (○) B에 따르면 자율을 제한함으로써 당사자에게 발생하는 비용(−)의 절댓값이 당사자에게 발생하는 효용(+)의 절댓값보다 작으면 자율에 대한 제한은 정당화된다. 따라서 이때 비용(−)과 효용(+)의 합은 항상 양(+)이다.

③ (×) C에 따르면 자율을 제한하려면 당사자에게 발생하는 비용(−)의 절댓값이 당사자에게 발생하는 효용(+)의 절댓값보다 큰 경우에는 그 차액만큼 국가 등이 보상해주어야 하며, 보상된 만큼 당사자의 효용은 증가된 것으로 본다. 즉 당사자의 비용(−)과 효용(+)의 합이 음(−)인 경우에는 국가 등이 차액만큼 보상해주어야 하고 그 경우 당사자의 효용이 증가하므로, 비용(−)과 효용(+)의 합이 양(+)이거나 0일 수는 있어도 음(−)일 수는 없다.

④ (○) A에 따르면 국가의 후견적 관여는 자율의 행사가 오히려 자율 그 자체를 본질적으로 침해하는 정도에 이르러야 비로소 정당화된다. 따라서 당사자의 비용(−)과 효용(+)의 합이 양(+)이 되더라도 자율 그 자체를 본질적으로 침해하는 정도가 아니라면 자율 제한은 정당화되지 않는다. C에 따르면 당사자의 비용(−)과 효용(+)의 합이 양(+)이 되더라도, 자율이 사회 전체에 가져다주는 효용이 자율을 제한함으로써 발생하는 비용에 미치지 못한다면 자율을 제한할 수 없다.

⑤ (○) X국 규제기본법이 "사회 전체에 창출되는 효용의 총합이 자율을 제한하여 발생하는 비용을 초과하는 경우에만 당사자의 자율을 제한한다."라고 규정한다면, 이는 자율이 사회 전체에 가져다주는 효용을 고려한 것이다. 따라서 X국 규제기본법은 자율이 당사자에게 가져다주는 효용을 중시하는 B보다는 C에 따라 입법되었다고 할 수 있다.

📖 서울대 로스쿨 합격생의 풀이법

(②에서는 자율을 '정당'하게 제한한다는 단서가 있는 반면) ③에서는 '정당'이라는 키워드가 없이 당사자의 자율을 제한한다고만 되어 있어, C가 주장하는 방식이 아닌 잘못된 자유의 제한이라는 상황에서는 당사자의 비용과 효용의 합이 음일 수도 있겠다는 생각을 할 수 있다. 그러나 C에서는 차액에 대한 국가 보상이 이루어져야 자율 제한이 가능하다고 보므로, '정당'이라는 별도의 키워드 없이도 해당 선지가 의미하는 바가 C가 주장하는 자율 제한의 방식임을 독해했다면 좋았을 것이다.

---

165 ▶ ③ 【 정답률 65.78% 】

접근 방법

[규정]보다는 〈견해〉가 다소 복잡하여, A와 B의 견해가 갈리는 지점을 정확히 파악하는 것이 관건이다.

핵심 정보

타인의 주거 내부를 외부에서 무단으로 촬영한 행위에 대해 A는 거주자가 누리는 사생활의 안전감을 침해하여 주거 내부의 정보를 알아낸다는 점에 주목하여 '탐지'라고 해석하였고, B는 사람이나 물건을 발견하기 위하여 일정한 장소를 조사한다는 의미에서 '수색'이라고 보았다.

선택지 해설

ㄱ. (○) A는 비밀탐지죄에서 탐지에 녹화 또는 조망의 방식이 포함된다고 보았다. 그런데 선지에 언급된 X국 법원의 판결은 '육안으로' 타인의 주거를 들여다보는 것(조망)만으로는 '탐지'가 아니라고 보았다. 따라서 A의 견해는 직접 반박되어 약화된다.

ㄴ. (×) 타인의 주거에 위법하게 들어가 정보를 획득하는 행위가 적법하게 들어가 정보를 획득하는 행위보다 더 위법하다는 것이 [규정] 제1조와 제2조의 형량을 다르게 정한 입법 취지라면, 형량이 높은 제1조는 타인의 주거에 위법하게 들어가 정보를 획득하는 행위를, 형량이 낮은 제2조는 적법하게 들어가 권한 없이 정보를 획득하는 행위를 각 처벌하는 것이라고 할 수 있다. 결국 제1조와 제2조 모두 타인의 주거에 들어간 것을 전제로 하는 처벌규정이어서, '건조물 밖'에서 그 내부를 권한 없이 수색한 사람도 처벌할 수 있다고 보는 B의 견해를 강화하지 않는다.

ㄷ. (○) 경찰이 수배자 갑을 찾기 위해 드론으로 영장 없이 을의 주거를 외부에서 촬영한 행위는 타인의 주거 내부를 외부에서 무단으로 촬영한 행위(㉠)에 해당한다. 여기서 X국 법원은 경찰의 행위가 사생활의 안전감을 침해하지는 않았다고 판결하였다. 그런데 사생활의 안전감을 침해하지 않았다면 A의 견해에 따를 때 '탐지'에 해당하지 않아 '비밀탐지죄에 해당한다는' A의 견해는 약화된다(자기모순). 한편, X국 법원의 판결과 같이 위법한 수색에 해당한다면 불법수색죄에 해당할 것이므로 B의 견해는 강화된다.

---

166 ▶ ① 【 정답률 93.94% 】

접근 방법

1. 주어진 글은 갑과 을 논쟁의 형태로 제시되었다. 이런 때에는 갑의 주장의 결론과 을의 주장의 결론이 무엇인지 빠르게 파악하도록 하자.
2. 갑의 견해와 을의 견해가 어느 지점에서 갈리는지를 명확하게 인지함으로써 강화도 약화도 될 수 없는 보기를 골라낼 수 있다.

핵심 정보

X국의 「병역법」상 의무복무기간 : 사병 3년, 부사관 7년, 장교 10년

「병역법」개정안 : 사병, 부사관, 장교 모두 3년

갑 : 개정안 반대(현행 의무복무기간 유지)

을 : 개정안 지지

선택지 해설

ㄱ. (○) 정보기술의 발달로 군의 자동화 및 첨단화가 빠르게 진행되어 직무역량 강화를 위한 시간과 비용이 예전보다 대폭 절감되었다는 것은, 갑이 예시로 든 "공군 조종사나 기술적 전문성을 요하는 부사관은 고가의 전문 장비에 대한 장기간 교육을 받아야 해."에 대한 반박의 논거로 작용하게 되므로 갑의 견해는 약화된다.

ㄴ. (×) 의무복무의 이행방식은 본인의 의사에 따라 사병, 부사관, 장교 중에서 선택할 수 있다는 「병역법」의 내용과 장교와 부사관은 지원자 중 적격자만 선발된다는 사실은 직업의 자유 및 행복추구권을 과도하게 침해한다고 볼 수 없으므로 을의 견해를 약화한다.

ㄷ. (×) 갑과 을의 논쟁의 핵심은 사병의 의무복무기간이 아니라, 부사관과 장교의 의무복무기간을 현행대로 유지할 것인가, 사병과 같은 기간으로 줄일 것인가에 대한 것이다. 그러므로 사병의 의무복무기간을 3년으로 정한 「병역법」규정이 헌법에 반하지 않는다고 X국의 헌법재판소가 판단하였다고 하더라도 갑의 견해를 강화하거나 을의 견해를 약화한다고 볼 수 없다.

---

167 ▶ ① 【 정답률 88.01% 】

접근 방법

A, B의 주장 및 근거가 무엇인지 파악한 뒤, 선지에서 제시된 상황이 각 주장 및 근거에 부합하는지 확인한다.

핵심 정보

A : 정보비대칭은 계약 당사자 간 정보 불균형으로 시장실패를 초래하므로, 이를 해결하기 위해 계약 통제와 관련 정보 제공이 필요하다.

B : '당사자 일방은 미성년자이고 상대방은 성년자인 경우'나 '당사자 일방만이 국가인 경우처럼 역학적 불균형 상태에서 체결된 계약'은 통제되어야 한다.

선택지 해설

ㄱ. (○) A에 의하면, 갑이 자기 소유의 물건에 관한 모든 정보가 적힌 설명서를 을에게 교부한 후 을과 매매계약을 체결하였으므로 정보비대칭은 해소되었다. 정보비대칭이 해소된 계약에 대한 통제는 A에 의해서는 정당화되지 않는다. B에 의하면, 갑은 성년자이지만 을은 미성년자이므로 역학적 불균형 상태에서 계약이 체결되었다. 역학적 불균형 상태에서 체결된 계약은 당사자 일방의 자기결정권만 보장하므로 이 계약에 대한 통제는 B에 의해서는 정당화된다.

ㄴ. (×) A에 의하면, 병이 자신이 소유한 자전거를 시장가격보다 훨씬 낮은 가격으로 정에게 매도하였으므로 정보비대칭에 의한 시장실패가 발생하지 않았다. 정보의 열위에 있는 자가 위험을 모두 부담하는 경우여야, 즉 정이 시장가격보다 높은 가격으로 자전거를 매입하는 경우여야 정보비대칭으로 인한 시장실패가 발생한 것인데 이 경우에는 정이 시장가격보다 낮은 가격으로 자전거를 매입하였기 때문이다. 따라서 이 계약에 대한 통제는 A에 의해서는 정당화되지 않는다. B에 의하면, 당사자 일방만이 성년자이므로 역학적 불균형 상태에서 체결된 계약이다. 따라서 이 계약에 대한 통제는 B에 의해서도 정당화된다.

ㄷ. (×) A에 의하면, 무와 국가 X가 어떤 토지에 관한 모든 정보를 알고 그 토지에 대한 매매계약을 체결하였으므로 정보비대칭은 해소되었다. 이 계약에 대한 통제는 A에 의해서는 정당화되지 않는다. B에 의하면, 당사자 일방만이 국가인 경우이므로 이 계약은 역학적 불균형 상태에서 체결된 계약이다. 역학적 불균형 상태에서 체결된 계약은 당사자 일방의 자기결정권만 보장하므로 이 계약에 대한 통제는 B에 의해서는 정당화된다.

접근 방법

두 가지 견해가 제시되었으므로 각 견해의 핵심 주장 및 두 견해 간의 공통점과 차이점을 빠르게 파악한다.

선택지 해설

ㄱ. (○) A에 의하면 국가는 공공재의 관리를 민영화할 수 있지만 국민이 공공재를 국가가 직접 관리하는 경우에 자기가 부담하는 비용을 초과하여 부담하지 않도록 해야 한다. 따라서 이 조건을 만족시키기 위해서는 민영화 이후 이용가격이 국가가 직접 관리하였다면 국민이 부담하였을 이용가격보다 오른 경우, 국가가 초과된 부분을 국민이 부담하게 해서는 안 된다.

ㄴ. (○) B에 의하면 시민사회의 협치가 실패하면 공공재가 관리되지 않는 상태가 된다. 공공재는 관리가 안 되면 필연적으로 그 가치가 감소하게 되고 이는 편익 감소를 의미한다(1문단). 즉, 시민사회의 협치가 실패하면 편익이 감소한다. B에 의하면 국가는 편익 감소를 막아야 하는 경우를 제외하고는 공공재의 관리에 직접 관여해서는 안 되는데, 시민사회의 협치가 실패하는 경우는 편익이 감소하는 경우이므로 국가가 공공재의 관리에 직접 관여할 수 있다.

ㄷ. (○) A에 의하면 국가는 효율적으로 공공재를 관리하여 이용가격에 합당한 서비스 품질을 보장하기 위해 공공재의 관리를 민영화할 필요가 있다. 따라서 민영화를 하는 경우에 국가가 공공재 이용가격을 통제하면서 서비스의 질적 저하를 막을 수 있다는 연구 결과는 A를 강화한다. 한편, B에 의하면 민영화는 국가가 관리하던 공공재 서비스 이용가격의 인상이나 종전 가격 대비 서비스의 질적 하락을 가져온다. 그러나 해당 연구 결과는 민영화가 이루어지더라도 이용가격의 인상과 서비스의 질적 하락을 모두 막을 수 있다는 점을 뒷받침하므로 B를 약화한다.

> **📖 서울대 로스쿨 합격생의 풀이법**
>
> 1문단을 간과하기 쉽지만 논쟁의 배경이나 문제를 해결하는 데 중요한 정보가 담겨 있는 경우가 있다. 주의 깊게 보는 습관을 기르자.

PSAT

169 ▸ ④

접근 방법

법과 예시가 동시에 나오는 문제의 경우 법은 빠르게 훑고 넘어가고 예시에 맞춰서 다시 발췌독을 하는 것이 유리하다. 법 항목의 경우 처음에 정독을 하더라도 정확히 기억하기 힘들기 때문이다.

선택지 해설

ㄱ. (×) 쟁점 1에서 A를 비거주자로 확정짓기 모호한 이유는 제1항 제2호에서 일시 귀국하여 체제한 기간을 어떻게 산정하는지 명확하게 제시되지 않았기 때문이다. 이것이 선지와 같이 귀국할 때마다 체재한 기간의 합으로 확정된다면, A는 1년에 4개월씩 국내에 체재한 것이므로 △△국 주거법에 의해 A가 일시 귀국한 기간은 외국에 체재한 기간에 포함되지 않는다. 결국 A는 2년 미만으로 외국에 체재하고 있으므로 A는 비거주자로 취급되지 않는다. 따라서 갑의 주장은 그르고 을의 주장이 옳다.

ㄴ. (○) 쟁점 2에서 B를 비거주자로 확정짓기 모호한 이유는 복수 국적인 B를 △△국 국민으로 볼 때와 외국인으로 볼 때 적용되는 법 항목이 다르기 때문이다. B를 △△국 국민으로 취급한다면, B는 현재 외국에서 영업활동에 종사하고 있으므로 제1항 제1호에 의해 비거주자로 취급된다. 반면 B를 외국인으로 본다면, B가 출국하여 외국에 체재한지 1개월밖에 되지 않았으므로 제2항에 의해 비거주자로 보기 힘들다. 따라서 갑은 B를 △△국 국민이라 생각한 반면, 을은 외국인이라 생각했다고 본다면 갑과 을의 주장 불일치를 설명할 수 있다.

ㄷ. (○) 쟁점 3에서 D를 비거주자로 확정짓기 모호한 이유는 D의 길거리 음악 연주활동을 영업활동이라 보기 모호하기 때문이다. D의 연주가 영업활동이라면, 현재 외국에서 영업활동을 하고 있는 △△국 국민이기 때문에 제1조 제1항에 의해 비거주자로 취급된다. 반면, 길거리 연주활동을 영업활동이라 보지 않는다면 D는 외국인과 혼인하여 배우자의 국적국에 체재하고 있으나 현재 5개월째이므로 제1항 제3호를 보아도 비거주자로 볼 수 없다. 따라서 D의 길거리 음악 연주가 영업활동이 아니라면, D는 비거주자로 볼 수 없기 때문에 갑의 주장은 그르고 을의 주장이 옳다.

---

170 ▸ ③ 【정답률 67.2%】

접근 방법

<보기>의 선지들이 '~하면(가정) ~하다(결과)'의 형태이다. 이러한 경우 주어진 논쟁의 쟁점들에서 갑과 을의 의견이 불일치하는 이유들을 직접적으로 조문을 분석함으로써 도출해내기보다는, 선지의 가정을 조문과 쟁점에 직접 적용해보고 그 당부를 확인해본다.

선택지 해설

ㄱ. (○) 갑이 위원으로서 임기가 종료되면 위원장으로서의 자격도 없는 것으로 생각한다면, 갑의 입장에서 쟁점1의 A는 위원의 한 차례 연임 기간이 끝나고 나서(임기가 종료된 후에도) 자격 없이 위원장으로서 활동하고 있으므로 규정을 위반하고 있다. 즉, 위원을 연임하던 마지막 해에 위원장으로 선출되었다고 하더라도, 위원의 임기가 끝나는 다음 해에 위원장의 자격 역시 없어진다고 보는 것이다. 반면 을이 만약 위원장이 되는 경우 그 임기나 연임 제한이 새롭게 산정되는 것이라 생각한다면, 을의 입장에서 쟁점1의 A는 위원장으로 선출됨으로써 임기나 연임 제한이 새롭게 산정되는 것이기 때문에 규정을 위반함이 없게 된다. 따라서 ㄱ의 가정으로 갑과 을 사이의 주장 불일치를 설명할 수 있다.

ㄴ. (○) 갑이 만약 위원장이 부적법한 절차로 당선되었더라도 그것이 연임 횟수에 포함된다고 생각한다면, 갑의 입장에서 쟁점2의B는 비록 부적법하게 당선되어 추후 직위가 해제되었더라도 한 차례 연임한 것으로 계산되므로 이후의 보선에 출마할 수 없다. 반대로 을이 부적법한 절차로 위원장으로 당선된 것은 연임 횟수에 포함되지 않는다고 생각한다면, 을의 입장에서 쟁점2의 B는 부적법한 투표 절차로 위원장으로 당선된 것이 연임 횟수에 포함되지 않기 때문에 이후 보선에 출마하여도 규정을 어기지 않는 것이 된다. 따라서 ㄴ의 가정으로 갑과 을 사이의 주장 불일치를 설명할 수 있다.

ㄷ. (×) 쟁점3에 따르면 C가 위원장을 한 차례 연임한 이후에 D가 다음 위원장으로 선출되었다. 따라서 만약 위원장 연임 제한의 의미가 '단절되는 일 없이 세 차례 연속하여 위원장이 되는 것만을 막는다'는 것으로 확정된다면, C가 그 후에 보선 선거에서 선출된다고 하더라도 이는 단절 없이 세 차례 연속하여 위원장이 되는 것에 해당하지 않아 규정을 어기지 않는다. 따라서 C가 선출되면 규정을 어기게 된다는 갑의 주장은 그르고, 그렇지 않다는 을의 주장은 옳다.

---

171 ▸ ⑤ 【정답률 54%】

접근 방법

법률 규정이 매우 복잡하기 때문에 글을 통독하기보다는 선지를 읽고 관련 규정을 찾아 사례에 적용하는 것이 문제를 해결하는 데에 도움이 된다.

핵심 정보

'청탁금지법'
1) 공직자가 부정 청탁을 받은 경우

① 명확히 거절 의사 표현
② (상대가 이후 동일한 청탁을 한다면) 소속 기관 장에게 신고
2) 공직자가 금품이나 접대(향응)를 받는 경우
① 동일인으로부터 명목에 상관없이 1회 100만원∨매 회계연도 300만원 초과할 수 없음
② 직무 관련성 있는 경우 대가성과 무관히 처벌
3) 동일인의 기준
(받는 사람을 기준으로) 부정 청탁을 하려던 여러 사람의 출처가 같은 경우
4) 동일 행위의 기준
여러 행위가 계속성∨시간적·공간적 근접성이 있다고 판단되는 경우

선택지 해설

① (×) X회사로부터 받은 접대가 시간적·공간적 근접성으로 보아 합쳐서 1회로 간주되더라도 대가성 및 직무관련성이 없는 접대이고, 90명×0.8만원=72만원이므로 1회 100만원 제한에 미치지 않아 청탁금지법을 위반하지 않는다.
② (×) Y회사로부터 받은 제안은 향응이 아닌 100만원의 금품이다.
③ (×) 여러 사람이 청탁을 하는 경우 '동일인'은 한 공직자에게 여러 사람이 동일한 부정 청탁을 하며 금품을 제공하려 했고, 이들의 출처가 같다고 볼 수 있을 때 인정된다. A의 접대는 대가성과 직무 관련성이 없는 것인 반면, C가 제시한 금품은 'X회사 공장 부지 용도 변경'이라는 대가성 및 직무 관련성을 지닌다. 따라서 양자가 동일한 부정 청탁이라 할 수 없어 A와 C는 동일인으로 인정되지 않는다.
④ (×) 직무 관련성이 없다 하더라도 C가 제시한 200만원은 1회 100만원을 초과하는 금액이므로 청탁금지법상 허용 한도를 벗어난다.
⑤ (○) A와 C가 동일인으로 인정되지 않으므로 C의 청탁은 최초의 부정 청탁이며, 갑은 명확히 거절 의사를 표현해야 한다. 그러나 C가 이후에 다시 동일한 부정 청탁을 해 온다면 갑은 소속 기관의 장에게 신고해야 한다. 따라서 빈칸에 들어갈 내용으로 적절하다.

---

172 ▸ ① 【 정답률 26.82% 】

접근 방법

1. 글을 이해하고 빈칸에 알맞은 선지를 찾는 유형으로, 선지를 읽으면서 관련 내용이 있는 글에서 부합 및 적절성 여부를 확인하자.
2. 수식이 등장하므로 표를 그려 풀어보자.
3. 선지를 읽을 때 '현재', '올 한 해' 등 기간에 주의하여 알 수 있는 정보와 알 수 없는 정보를 구분한다.

핵심 정보

1) 조례 제정 과정 : 법률에서 조례 제정 위임 → 입법 예고 → 제정

2) 조례 제정 비율 $= \dfrac{\text{시의회에서 조례로 제정한 사항}}{\text{법률에서 조례를 제정하도록 위임한 사항}}$

3) 조례 제정 상황

	위임	입법 예고	제정
작년 (1.1~12.31)	15건		9건
올해 (1.1~7.10)	10건	2건	7건

선택지 해설

(갑의 첫 번째 발언은 갑1의 형태로 표시)

① (○) 현재 법률에서 위임된 10건 중 7건은 이미 제정되었고, 2건은 입법 예고 중이므로 조례로 제정하기 위해 입법 예고가 필요한 것은 남은 한 건임을 알 수 있다.

② (×) 올 한 해의 조례 제정 비율을 구하기 위해 1월 1일~12월 31일까지 조례 제정 위임 건수 및 조례 제정 건수가 필요하다. 글에서는 올해 7월 10일까지의 조례 제정 위임 건수 및 조례 제정 건수만 주어져 있어 올 한 해의 조례 제정 비율을 구할 수 없다.

③ (×) 올해 7월 10일 후 조례 제정 위임 건수 및 제정 건수를 알 수 없어 올 한 해 9건의 조례가 제정된다고 단정할 수 없다. 또한 갑4는 현재 제정된 7건의 조례 외 입법 예고 중인 2건의 조례 제정 가능성 역시 단정할 수 없다고 언급한다.

④ (×) 현재 시점을 기준으로 조례 제정 위임 건수는 10건, 조례 제정 건수는 7건이므로 조례 제정 비율은 70%가 된다.

⑤ (×) 올해 7월 10일 후 조례 제정 위임 건수를 알 수 없어 올 한 해 법률에서 조례를 제정하도록 위임 받은 사항이 작년보다 줄어든다고 단정할 수 없다.

---

173 ▸ ⑤

접근 방법

1. 규정보다 (가),(나)를 먼저 분석하고, 관련된 선지를 판단하자. 즉 (가)(나)가 제시된 ③④⑤번 위주로 파악하자.
2. 법률문제에서 ⑤번처럼, "~하더라도 ~면" 형태의 추론형 문장은 정답이 될 확률이 높다는 것을 참고하자.

선택지 해설

순서대로 제1조~제2조라 한다.

① (○) 특허권에 의하여 인정된 배타적 권리를 제한하는 예외적 규정을 둘 수 있으며, 그 경우에 특허권자의 정당한 이익을 불합리하게 저해해서는 안 된다(제1조). 따라서 공중의 건강이라는 공익을 위해서는 합리적인 범위 내에서 특허권자의 사익을 제한할 수 있을 것이다.

② (○) 국가 비상사태, 극도의 긴급상황 또는 공공의 비상업적 사용의 경우에는 특허권자로부터 승인을 얻기 위해 상당한 기간 동안 노력하지 않아도 된다(제2조 제2호 단서). 따라서 국가 비상사태의 경우에는 특허권자로부터 사용 승인을 얻기 위한 노력을 하지 않아도 의약품 특허권에 대한 강제실시를 할 수 있다.

③ (○) (가)는 의약품 특허권의 취지는 발명자의 독점적 이익 보장과 일반 공중의 발명의식 고취와 기술 개발, 산업 발전을 촉진하는 것이라고 본다. 따라서 빈번한 의약품 특허권에 대한 강제실시는 당연히 국내 특허제도에 대한 불신으로 이어질 수 있다.

④ (○) (나)는 의약품 특허의 독점권 부여로 인해 의약품에 대한 접근성이 제한되어 인간의 생명 및 건강을 위협할 수 있다고 한다. 이에 의약품 특허권 강제실시는 이러한 독점적 권한을 줄이는데 기여할 것이므로 적정 수준의 의약품 공급을 도모할 수 있다고 생각할 것이다.

⑤ (×) (가)의 입장만을 가지고는 약값의 인하로 적정 수준의 의약품 공급이 보장될지에 대해서는 알 수 없다. 한편, (나)는 의약품 특허로 인해 의약품 가격이 상승하게 되어 접근성이 제한된다고 했으므로, 의약품 특허권 강제실시 없이 의약품의 가격이 강제적으로 인하된다면, 적정 수준의 의약품의 공급이 보장된다고 생각할 것이다.

LEET

174 ▸ ③ 【 정답률 61% 】

접근 방법

판결문 문제에서는 권리와 권리 아닌 것, 보호받을 수 있는 이익과 침해당하는 이익 등의 구분이 필요하다. 각 개념을 혼동되지 않게 파악한 뒤 선지와 비교해보며 글의 구체적 판결로부터 일반적으로 적용 가능한 법리를 추론하는 것이 중요하다.

선택지 해설

ㄱ. (○) 사회통념상 이웃 사이에 참고 받아들여야 할 정도를 넘는 경우 등이 '특별한 사정'이라고 할 수 있다. 그러나 해당 선지에서 '특별한 사정이 없는 한'이라고 일반적인 경우에 한하여서 말을 하고 있으므로 이 경우 글에서 말한 바와 같이, 고층건물 허용 지역에서 고층건물 B의 신축 등 예상 가능한 상황 변화에 의한 조망의 변용은 제약할 수 없다.

ㄴ. (○) '설령 원고의 주장과 같이 A 아파트가 한강 조망에 관하여 특별한 가치를 가지고 있다고 가정하더라도, B 아파트로 인하여 원고가 한강을 볼 수 없게 된 것이 사회통념상 이웃 사이에 참고 받아들여야 할 정도를 넘는다고 볼 수 없다. 그러므로 어느 모로 보나 원고의 손해배상 청구는 이유 없다(8번째 문장).'를 통하여 조망에 관한 특별한 가치가 있고, 인접 토지 건물 신축으로 인하여 조망의 이익이 침해된 경우에도 손해배상청구권은 인정되지 않을 수 있다는 점을 추론할 수 있다. 즉, 인접 토지에 건물이 신축된 것이 사회통념상 이웃 사이에 참고 받아들여야 할 정도를 넘는다는 등의 조건이 없는 한 손해배상청구권이 인정된다는 보장이 없다.

ㄷ. (✕) 글에 의하면 한강의 경관은 '법적으로 보호받는 조망의 대상'이 될 만큼 아름답다고 되어 있다(1번째 문장). 즉 명시적으로 조망의 이익은 기본적으로 법적 보호의 대상이 된다는 것을 밝히고 있다.
(참고로, 판결문의 핵심은 고층건물 허용 지역 내에서 타 고층 아파트의 신축으로 인하여 조망이 변화되었다는 이유로는 조망권에 대한 손해배상 청구가 힘들다는 것이다. 이를 기본적인 조망의 이익에 대한 법적 권리를 인정하지 않는 것과 동치로 둘 수 없다. 해당 지역에 고층건물이 신축될 수 있다는 점을 예상할 수 없었고, 신축 건축물로 인해 조망이 제한된 것이 사회통념상 수인한도를 넘는다면 원고는 조망의 이익이라는 법적 권리를 내세워 손해배상 청구를 할 수 있을 것이다.)

더 알아보기

대법원 2007. 6. 28. 선고 2004다54282 판결(한강조망이익침해사건)을 소재로 구성한 글이다. 이 사건에서 조망의 대상과 그에 대한 조망의 이익을 누리는 건물 사이에 있는 타인 소유의 토지에 건물이 건축되어 있지 않거나 저층의 건물만이 건축되어 있어 그 타인의 토지를 통한 조망의 향수가 가능하였던 경우, 그 토지상의 건물 신축으로 인한 조망이익의 침해가 인정되는지 여부에 대해 판단하였는데, 5층짜리 아파트의 뒤에 그보다 높은 10층짜리 건물을 세움으로써 한강 조망을 확보한 경우와 같이 보통의 지역에 인공적으로 특별한 시설을 갖춤으로써 누릴 수 있게 된 조망의 이익은 법적으로 보호받을 수 없다고 하였다. 이는 가해건물 신축 후 피해건물의 일조시간이 감소하였으나 그 피해건물이 서향인데다가 종전부터 다른 기존 건물로 인하여 일조를 방해받고 있던 점, 가해건물 신축으로 인하여 추가된 일조방해시간이 전체 일조방해시간의 1/4에 미달하고, 종전부터 있던 일조방해시간의 1/3에 미달하는 점 등에 비추어, 가해건물의 신축으로 인한 일조 침해의 정도가 수인한도를 초과한다고 보기 어렵다고 한 것이다.

175 ▸ ④

접근 방법

〈보기〉를 먼저 읽으면 〈을의 논거〉만을 읽고도 풀이가 가능하다는 것을 알 수 있다.

선택지 해설

ㄱ. (×) 갑과 을의 견해 차이는 생물학적 혈통이 아닌 부성주의에서 기인한다. 갑은 관습적으로 부성주의가 성립되어 왔고, 제도를 유지시켜도 개인의 구체적인 권리를 침해하는 것이 아니라는 입장을 취하고 있다. 이에 반해 을은 부성주의가 남녀평등에 어긋나는 제도이며 관습적으로 성립된 제도라고 해도 현대의 헌법이념에 부합해야만 정당성을 가진다고 주장한다.

> 📖 **서울대 로스쿨 합격생의 풀이법**
>
> 갑과 을의 견해 차이는 생물학적 혈통 반영의 충실도가 아닌 부성주의에서 기인한다. 갑과 을은 모두 성을 사용해야 한다는 점, 즉 생물학적 혈통을 반영해야 한다는 점 자체에는 동의한다. 부와 모 중 누구의 성을 따르느냐는 생물학적 혈통을 얼마나 충실히 반영하느냐와 관계가 없다.

ㄴ. (○) 〈을의 논거〉 (마)에서 부성주의가 역사적으로 오랜 기간 유지되어 온 가족제도라고 해도 헌법이념에 반하지 않아야 한다고 주장하고 있으므로 사회 일반이 인식하는 것보다 헌법이념을 우선적으로 생각해야 함을 내세우고 있다. 따라서 사회 일반이 성을 부성으로 인식하고 있음이 밝혀진다고 해도 을의 논거는 유지될 수 있다.

ㄷ. (×) 〈을의 논거〉 (바)에서 자녀의 성 결정을 부모가 합의를 통해 결정하는 방식이 합리적이라고 주장한다. 자녀에게 성 선택권을 부여하는 제도는 그와는 별개인 자녀의 인격권 문제로 (바)를 통해서는 을이 이를 지지할 것이라고 추론하기는 어렵다. 더욱이 보기에서는 '부모 외에 제3의 성을 포함한 성 선택권'을 주장하는데 을은 부모 외의 제3의 성에 대해서는 오히려 반대할 수도 있다.

> 📖 **서울대 로스쿨 합격생의 풀이법**
>
> 〈을의 논거〉 (바)에서 자녀의 성 결정을 부모가 합의를 통해 결정하는 방식이 합리적이라고 주장한다. 자녀에게 성 선택권을 부여하는 제도는 그와는 별개인 자녀의 인격권 문제로 (바)를 통해서 을이 이를 지지할 것이라고 추론하는 것은 확대해석이다. 더욱이 을은 부모의 결정권을 중시하므로 부모 외의 제3의 성에 대해서는 오히려 반대할 수도 있다.

ㄹ. (○) "자녀는 부의 성을 따른다. 다만, 부모가 혼인신고 시 모의 성을 따르기로 합의한 경우에는 모의 성을 따른다."라는 조항은 부의 성을 우선하고 모의 성을 부차적으로 보기 때문에 여전히 〈을의 논거〉 (라)에 반한다.

출제기관의 이의제기에 대한 답변

을의 논거에서는 부모간의 양성평등(합의방식)만을 읽을 수 있습니다. 그런데 성인이 된 자녀의 성 선택권은 그와는 별개인 자녀의 인격권 문제입니다. 전자에 관한 견해로부터 후자의 견해를 추론하기 어렵습니다.

그리고 부모의 자녀 성 선택권과 자녀의 자기 성 선택권은 충돌할 수 있습니다. 을의 논거는 부모의 자율적 결정을 존중하자는 것인데, 을의 입장에서 자녀의 자율권보다 자녀에 대한 부모의 권리와 책임을 더 중시하는 태도를 택할 수 있습니다. 더욱이 〈보기〉 ㄷ은 "부모 외의 제3의 성을 포함한 성 선택권"이라고 하고 있습니다. 이러한 제3의 성에는 부모양성을 병행하는 성뿐만 아니라 부모의 성과는 전혀 무관한 성도 포함될 수 있습니다. 그러므로 을은 부모 외의 제3의 성 선택권을 오히려 반대할 수 있습니다. 따라서 〈보기〉 ㄷ은 틀린 진술입니다.

더 알아보기

대법원 2005. 12. 22, 2003헌가5·6을 소재로 구성한 글이다. 관련 조문은 아래와 같다.

민법 제781조(자의 성과 본) ① 자는 부의 성과 본을 따른다. 다만, 부모가 혼인신고시 모의 성과 본을 따르기로 협의한 경우에는 모의 성과 본을 따른다.

헌법 제36조 ① 혼인과 가족생활은 개인의 존엄과 양성의 평등을 기초로 성립되고 유지되어야 하며 국가는 이를 보장한다.

접근 방법

갑의 판단 내용은 전형적인 법적 추론의 과정을 보여주고 있다. 어디까지가 대전제(법규)이고, 어디까지가 소전제(사태)인지를 잘 구분하고, 소전제를 대전제에 어떻게 포섭시키는지, 결론이 무엇인지를 구분하여 판단하자.

선택지 해설

① (○) 2(a)가 일반적 행동자유권에 의해 '개인의 생활방식과 취미에 대한 사항'이 보호된다는 일반적 명제의 설정이라면, 2(b)는 '개인의 생활방식과 취미에 대한 사항'에 '좌석안전띠 착용'이라는 구체적 행동유형을 포섭시키고 있다.

② (×) 2는 좌석안전띠를 매지 않을 권리에 대한 법적 근거를 제시하고, 1은 2의 권리를 제한할 수 있는 법적 근거를 제시하고 있다. 1과 2가 합쳐져서 3에 대한 근거로 사용되고 있으며, 그 순서가 바뀌어도 논증의 결론인 3에 도달하는데 아무런 영향을 미치지 않으므로 2는 1에 앞설 수 없다는 것은 옳지 않다.

③ (○) A조항이 위헌이라는 근거는 헌법 제10조에서 보장하는 일반적 행동자유권의 보호영역에 좌석안전띠를 매지 않을 자유가 속하기 때문이다. 때문에 좌석안전띠 착용에 대한 제제를 정당화시키기 위해 갑은 헌법 제37조 제2항을 근거로 3과 4의 판단을 끌어낸다. 하지만 좌석안전띠를 매지 않을 자유가 일반적 행동자유권의 보호영역에 속하지 않는다고 판단하였다면, 애초에 헌법 제37조 제2항이 적용되지 않아 자유를 제한하는 데 한계가 없어 A 조항이 위헌이라는 근거가 없어진다. 따라서 갑은 3, 4의 판단을 생략하고 곧바로 A조항이 헌법에 위반되지 않는다는 6의 결론에 도달할 수 있다.

④ (○) 갑은 자신의 주장을 정당화시키기 위해서 헌법 제37조 제2항을 근거로 두고 있고, 이 조항에는 법률로서만 제한할 수 있다고 했으므로 정상대로라면 갑은 A조항에 의한 규제를 '법률로써' 하는 제한에 해당한다는 판단을 했을 것이다.

⑤ (○) 갑이 좌석안전띠 미착용에 대한 제재방법인 범칙금이 적정성을 넘어서는 과중한 처벌이어서 입법의 한계를 벗어났다고 판단한다면, 입법자의 판단이 잘못되었다고 생각할 것이고 결론인 6이 달라질 것이다.

관련 판례

도로교통법 제118조 위헌확인 판결(2003. 10. 30. 2002헌마518)을 소재로 구성한 글이다. 사건의 배경은 도로교통법은 자동차의 운전자가 자동차를 운전할 때 좌석안전띠를 맬 의무를 부과하고, 위 의무를 어겼을 경우에는 범칙금을 납부할 것을 통고하도록 규정하고 있는 가운데, 청구인은 좌석안전띠를 착용하지 않고 승용차를 운전하던 중 경찰관에게 적발되어 범칙금 30,000원의 납부통고를 받자, 위 법률조항들이 청구인의 일반적 행동자유권, 사생활의 비밀과 자유 및 양심의 자유 등을 침해한다고 주장하면서 이 사건 헌법소원심판을 청구한 것이다. 결정의 주요내용은 다음과 같다.

1) 일반적 행동자유권의 보호영역에는 위험한 생활방식으로 살아갈 권리도 포함되고, 좌석안전띠를 매지 않을 자유는 헌법 제10조의 행복추구권에서 나오는 일반적 행동자유권의 보호영역에 속한다.

2) 교통사고로부터 국민의 생명 또는 신체에 대한 위험과 장애를 방지·제거하고 교통사고로 인한 사회적 부담을 줄이며 교통질서를 유지함으로써 사회공동체의 상호이익을 보호하기 위한 것이므로 입법목적의 정당성이 인정된다.

3) 달성하고자 하는 공익이 침해되는 청구인의 사익보다 크다.

접근 방법

1. 배아의 법적 지위에 대한 규정과 헌법재판소 결정을 각 견해와 비교하며 분석하자.
2. 옳지 않은 것을 고르는 문제를 풀 때에는 선택지 5개의 양립가능 여부를 통해 정답을 고르는 방법도 있다. 이 문제에서는 ①②④⑤가 양립가능한 선지라 할 수 있다.

핵심 정보

'인간 배아의 법적 지위'와 관련한 견해들을 정리하면 아래와 같다.

* 제1견해 : 완전한 인간으로 인정해야 한다.
* 제2견해 : 단순한 세포덩어리로서 인간성을 인정할 수 없는 물질에 불과하다.
* 제3견해 : 제1견해와 제2견해의 절충적 입장

* A국의 생명윤리법 : "임신 목적으로 생성된 배아의 보존기간은 5년으로 하고, 보존기간이 경과한 잔여배아는 폐기하여야 한다. 다만 잔여 배아는 발생학적으로 원시선이 나타나기 전까지에 한하여 체외에서 동의권자의 동의를 전제로 연구 목적으로 이용할 수 있다."

* A국의 헌법재판소 : '배아생성자의 자기결정권'과 '배아에 대한 부적절한 이용가능성을 방지해야 할 공익적 필요'의 비교

선택지 해설

① (○) 'A국의 헌법재판소'의 결정인 "배아에 대한 부적절한 이용가능성을 방지하여야 할 공익적 필요성의 정도가 배아생성자의 자기결정권이 제한됨으로 인한 불이익의 정도에 비해 작다고 볼 수 없으므로, 생명윤리법 규정이 헌법에 위반된다고 볼 수 없다."를 통해 알 수 있듯이 'A국의 헌법재판소'은 배아에 대한 '배아생성자의 권리'와 배아가 부적절한 연구 목적으로 부당하게 사용되는 것을 방지해야 할 '공익'을 서로 비교하고 있다.

② (○) A국의 생명윤리법은 단서에서 '다만 잔여 배아는 발생학적으로 원시선이 나타나기 전까지에 한하여 체외에서 동의권자의 동의를 전제로 연구 목적으로 이용할 수 있다'라고 규정하고 있다. 이는 원시선이 나타나기 전까지의 잔여 배아는 연구자로 임의로 처분할 수 있는 대상이 아니며 동의권자의 동의가 있어야 함을 의미한다.

③ (×) 헌법재판소의 판단은 배아생성자의 결정권을 헌법에서 도출되는 권리로 보며, 배아의 법적 보호를 위해서 배아생성자의 권리를 제한하더라도, 그 본질적 내용을 침해하지 않는 범위 내에서만 그러한 제한이 가능하도록 하였다. 이러한 판단은 배아의 권리보다 배아 생성자의 권리가 보호할 만한 가치가 크다는 전제 하에서 이루어진 것이라고 볼 수 있다.

④ (○) '제1견해'에 따르면 배아를 '완전한 인간'으로 인정해야 한다. 그러므로 '착상 전 배아'에 손상을 주는 연구는 '제1견해'에 따르면 원칙적으로 금지된다.

⑤ (○) 'A국의 헌법재판소 결정'은 '출생 전 형성 중에 있는 생명인 배아'를 제한적으로나마 법적으로 보호할 수 있다는 입장이므로 '배아는 성장하면서 점차 도덕적 지위를 얻게 될 뿐 인간과 완전히 동등한 존재 내지 생명권의 주체로서 인격을 지니는 존재는 아니다.'라는 입장의 '제3견해'와 부합한다.

더 알아보기

생명윤리 및 안전에 관한 법률 제13조 제1항 등 위헌확인 판결(헌재 2010. 5. 27. 2005헌마346)을 소재로 구성한 글이다.

판결의 결정요지는 심판대상조항이 배아에 대한 5년의 보존기간 및 보존기관 경과 후 폐기의무를 규정한 것은 그 입법목적의 정당성과 방법의 적절성이 인정되며, 입법목적을 실현하면서 기본권을 덜 침해하는 수단이 명백히 존재한다고 할 수 없는 점, 5년 동안의 보존기간이 임신을 원하는 사람들에게 배아를 이용할 기회를 부여하기에 명백히 불합리한 기간이라고 볼 수 없는 점, 배아 수의 지나친 증가와 그로 인한 사회적 비용의 증가 및 부적절한 연구목적의 이용가능성을 방지하여야 할 공익적 필요성의 정도가 배아생성자의 자기결정권이 제한됨으로 인한 불이익의 정도에 비해 작다고 볼 수 없는 점 등을 고려하면, 이 사건 심판대상조항이 피해의 최소성에 반하거나 법익의 균형성을 잃었다고 보기 어렵다고 판시하였다.

접근 방법

갑과 을의 견해가 갈리는 부분이 무엇인지 확인하는 것이 필요하다. 즉 공통점과 차이점을 파악하는 것이 중요하다.

핵심 정보

갑 : (행정소송에서 무효확인소송＝민사소송에서의 확인소송) → 무효확인소송 제기하려면 '보충성의 원칙' 필요
    ※ 보충성의 원칙 : 민사소송에서의 확인소송에 적용 / 확인 판결을 받는 것이 원고의 불안이나 위험을 제거하는
        데에 실효성이 있고, 다른 소송방법으로는 효과적 권리구제가 힘든 경우만 확인소송을 인정
을 : (민사소송과 행정소송의 주체 간 관계와 심판대상 차이 & 행정소송에서 무효확인소송 판결은 그 자체로 실효성
    존재) → 따라서 다른 소송수단이 있어도 무효확인소송 제기 가능(＝민사소송과 달리 보충성 원칙 불요)

선택지 해설

ㄱ. (×) 을은 행정소송에서 무효확인소송은 민사소송의 확인소송과는 다르기 때문에 보충성의 원칙이 요구되지 않
    는다는 입장이다. 이는 민사소송에서의 확인소송에는 보충성의 원칙이 요구된다는 것을 전제하고 있는 것
    이다.
ㄴ. (×) 을은 행정소송이 "행정청의 위법한 처분 등을 취소하거나 그 효력 유무 등을 확인"하는 소송이라고 제시한
    다. 이때, 여러 행정 소송 중 효력이 없음을 확인하는 소송이 무효확인소송이므로, 을은 무효확인소송의 성
    질이 확인소송임을 부정하지 않고 있다. 다만, 행정소송의 경우, 무효확인소송이 여러 특수한 효력을 추가
    적으로 갖기 때문에 보충성의 원칙에 대한 결론이 다르게 나타나는 것이다.
ㄷ. (○) 을은 갑과는 달리 행정소송에서 무효확인소송은 민사소송의 확인소송과는 다르기 때문에 보충성의 원칙이
    요구되지 않는다는 입장이다. 이러한 주장의 전제는 보충성의 원칙이 민사소송에서의 확인소송에는 적용된
    다는 것이므로, 확인소송의 보충성의 원칙을 민사소송에만 한정하고자 한다는 진술은 옳다.

더 알아보기

대법원 2008. 3. 20. 선고 2007두6342 전원합의체 판결을 소재로 구성한 글이다. 대법원은 종래 민사소송의 확인소
송처럼 행정소송에서도 위법상태를 제거할 수 있는 다른 구제수단이 있는 경우 무효확인소송을 제기할 수 없다고 보
는 입장에서 판결해 왔다(갑의 입장). 그러나 국민의 권익 구제를 위하여 입장을 변경하여, 무효확인소송을 제기할
수 있다고 판단하였다(을의 입장).

접근 방법

A와 B가 이야기하는 '올빼미'는 사람이 아니므로 올빼미에게 당사자능력을 인정할 수 있는지에 대해 논란이 된다.
따라서 당사자능력을 인정하는 근거를 중심으로 선지를 분석하는 것이 중요하다.

핵심 정보

민사소송에서 당사자가 적법하게 소송을 수행할 수 있으려면 당사자자격을 갖추어야 한다.
당사자자격은 당사자능력, 당사자적격, 소송능력 등을 말한다.

- 당사자능력 : 소송의 주체가 될 수 있는 일반적인 능력(예 : 사람)
- 당사자적격 : 특정한 소송사건에서 정당한 당사자로서 소송을 수행하고 판결을 받기에 적합한 자격
- 소송능력 : 당사자로서 유효하게 소송상의 행위를 하거나 받기 위해 갖추어야 할 능력

A : 자연물인 올빼미는 법에서 명시하는 당사자능력이 없으므로 소송의 주체가 될 수 없다.
B : 올빼미에게는 법으로 보호할 이익이 있으므로 시민단체가 올빼미를 대리하여 소송을 수행할 수 있다.

선택지 해설

ㄱ. (×) A는 법에서 명시적으로 인정하는 자 이외에는 당사자능력을 추가로 인정받을 수 없다고 주장하므로, 침해되는 이익이 있는지 여부는 당사자능력과는 무관하고 오히려 당사자적격에 더 가깝다고 할 수 있다.

서울대 로스쿨 합격생의 풀이법

A는 법에서 명시적으로 인정하는 자 이외에는 당사자능력을 추가로 인정받을 수 없다고 주장하므로, 침해되는 이익이 있는지 여부는 당사자능력과는 상관없다고 볼 것이다. 아울러 오히려 침해되는 이익이 있는지 여부는 당사자적격의 판단에서 고려해야 할 문제이다. A와 B 모두 당사자적격이 아닌 당사자능력의 범위에 대해서 논의하고 있으므로 범위를 벗어난 것이다.

ㄴ. (○) A는 법과 재판의 안정성 확보를 위해 법에서 명시적으로 인정하는 자에게만 당사자능력을 인정해야 한다고 주장한다. 하지만 현행법은 당사자능력을 사람이나 일정한 단체에만 인정하고 있다. 따라서 올빼미의 이익이 침해당하는지 여부와 상관없이 올빼미가 소송을 수행할 수 있으려면, 올빼미의 당사자능력을 인정하도록 현행법이 개정되어야 한다.

ㄷ. (○) B는 자기가 살고 있는 숲이 파괴될 위험에 처한 올빼미에게 법으로 보호받을 자격과 기회를 부여하여야 한다는 입장으로, 법으로 보호받을 자격과 기회를 구체화한 것이 당사자자격이라고 본다. 이는 당사자능력을 사람이나 일정한 단체에만 인정하는 현행법의 명문에 반하여 추가적으로 당사자자격을 인정해야 한다는 입장이므로 법규정의 명문에 반하는 해석이 허용된다면 B는 강화된다.

더 알아보기

대법원 2006. 6. 2.자 2004마1148,1149 결정[공사착공금지가처분]을 소재로 구성한 글이다. 이 판결에서 도롱뇽은 천성산 일원에 서식하고 있는 도롱뇽목 도롱뇽과에 속하는 양서류로서 자연물인 도롱뇽 또는 그를 포함한 자연 그 자체로서는 소송을 수행할 당사자능력을 인정할 수 없다고 한 원심의 판단을 수긍하였고, 환경권에 관한 헌법 제35조 제1항이나 자연방위권 등 헌법상의 권리에 의하여 직접 한국철도시설공단에 대하여 고속철도 중 일부 구간의 공사 금지를 청구할 수 없고, 환경정책기본법 등 관계 법령의 규정 역시 그와 같이 구체적인 청구권원을 발생시키는 것으로 해석할 수 없다고 하였다.

---

180 ▸ ⑤ 【 정답률 68% 】

접근 방법

추가근로수당 미지급분의 청구를 제한 없이 허용할지에 관한 견해대립이다. A는 예외를 인정하고 B는 예외를 인정하지 않으므로 그 근거를 파악하는 것이 중요하다.

핵심 정보

A : 노사관계의 신의에 반하는 경우 근로기준법의 예외로 인정할 수 있다.
B : 노사관계의 신의보다 근로기준법 상의 근로조건을 보호할 필요가 훨씬 크고 기업의 어려움에 대한 내용이 막연하여 그 예외를 인정할 수 없다.

선택지 해설

ㄱ. (○) A는 노동자 측이 '협상 당시' '서로가 전혀 생각하지 못한 사유를 들어' 합의 당시의 임금 수준을 훨씬 초과하는 이익을 추구함으로써 사용자 측에 예측하지 못한 큰 재무부담을 지우게 되는 것을, 예외적으로 추가근로수당 미지급분 청구가 허용되지 않는 '특별한 사정'이라고 보았다. 그런데 임금협상을 할 때 X회사의 노사가 정기상여금이 통상임금에 포함된다는 판결이 나오리라는 사실을 알았다면 이는 '협상 당시' 예상하였던 것이므로 A가 상정하는 예외에 해당한다고 볼 수 없다.

ㄴ. (○) 추가근로수당 지급의 전제(통상임금의 범위)에 관한 판결 이전에 이미 그 판결과 다른 당사자가 합의가 있

는 경우, B는 '(근로자의) 정당한 권리행사를 보호할 필요'를 강조하면서 근로기준법을 당사자 간 합의(노사관계의 자율적인 형성과 발전)보다 우선시 한다. 그러나 A는 당사자의 합의 경위와 함께 기업의 재무상황 등 구체적인 사정을 고려하여 판결 이전에 당사자가 한 합의의 효력을 인정할 여지를 두었다. 따라서 A는 노사관계의 자율적 형성·발전을 B보다 더 중요시한다고 평가할 수 있다.

ㄷ. (○) B는 근로기준법의 예외를 인정하지 않으므로 노동자 측이 '초과근무수당 미지급분'의 지급을 청구할 수 없는 경우는 없다. 그러나 A에 따르면 특별한 사정이 있는 경우 추가근로수당 미지급분 지급을 청구할 수 없다. 따라서 '전혀 생각하지 못한 사유', '예상 외의 이익', '예측하지 못한 큰 재무부담', '중대한 경영사의 어려움이 발생하거나 기업의 존립이 위태로워짐' 등을 이유로 한 법적 분쟁이 발생할 수 있다.

📖 서울대 로스쿨 합격생의 풀이법

B는 예외를 두지 않음으로써 일체의 법적 분쟁의 소지를 차단하고 있으나 A는 예외에 해당하는지를 두고 법적 분쟁이 일어날 여지가 있다. A는 있고 B는 없으니 당연히 분쟁 가능성은 A를 따를 때 더 높다.

더 알아보기

대법원 2013. 12. 18. 선고 2012다89399 전원합의체 판결을 소재로 구성한 글이다. A는 판결의 다수의견, B는 반대의견으로, 대법원은 원심(제2심)이 X회사의 임금협상 실태 등 A가 언급한 '특별한 사정'이 있었는지 여부를 제대로 심리하지 않았다고 보았다.

---

181 ▸ ③

접근 방법

1. 두 견해가 각각 보호하고자 하는 법적 가치(보호법익)가 무엇인지, 어떠한 경우에 '미성년자약취죄'가 구성될 것이라고 보는지를 파악하자.
2. 핵심 단어인 평온, 안전, 동의 자유, 보호 등에 표시를 하며 견해를 분석하고 보기에서 같은 단어 위주로 비교하며 찾으면 어떤 견해와 일치하는지 이해하기 쉬울 것이다.

핵심 정보

K국 형법의 '미성년자약취죄'에서의 약취 : 1) '폭행·협박을 행사'하거나 2) '정당한 권한 없이 사실상의 힘을 사용'하여 미성년자를 생활관계 또는 보호관계로부터 약취행위자나 제3자의 지배하에 옮기는 행위

'정당한 권한 없이 사실상의 힘을 사용'에 대한 견해 대립
• 견해 1 : 보호 법익 – 미성년자의 평온, 안전 / 미성년자의 평온, 안전만 해치지 않는다면 다른 일방의 동의 없어도 사실상의 힘 사용 ×
• 견해 2 : 보호 법익 – 미성년자의 자유와 보호자의 보호·양육권 / 다른 일방의 동의 없다면 사실상의 힘 사용 ○

선택지 해설

ㄱ. (○) 부모 중 일방이 폭행·협박으로 평온한 보호·양육 상태에 있는 자녀를 탈취하여 자기 또는 제3자의 사실상 지배하에 옮긴 경우라면 정당한 권한 없이 사실상의 힘을 사용한 것인지 여부와 상관없이 폭행 및 협박의 행사가 있었고, 미성년자를 생활관계 또는 보호관계로부터 약취행위자나 제3자의 지배하에 옮기는 행위가 있었으므로 미성년자약취죄가 성립한다. 이것은 어느 견해에 따르더라도 마찬가지이다.

ㄴ. (○) 〈견해 1〉은 미성년자약취죄의 요건 중 '정당한 권한 없이 사실상의 힘을 사용하였는지'의 여부는 미성년자의 평온·안전이 깨졌는지 여부로 판단한다. 자녀를 함께 양육하며 동거하던 부모 중 일방이 어떠한 폭행·협박 등 불법적인 힘 없이 자녀를 다른 곳으로 옮겨 그에 대한 보호·양육을 적절히 한 경우, 미성년자의 평온·안전이 깨졌다고 보기는 어렵다. 따라서 미성년자약취죄에 해당하지 않는다.

ㄷ. (×) 모가 자녀를 외국으로 이전하여 그 자녀가 외국에서 부의 보호·양육이 배제된 채 정신적·심리적 충격을

겪는 경우, 〈견해 2〉에 따르면 그 행위는 부의 보호·양육권을 침해했을 뿐만 아니라 명백히 미성년자의 자유를 침해한 행위이므로 미성년자약취죄에 해당한다. 또 〈견해 1〉에 따르더라도 미성년 자녀가 정신적·심리적 충격을 겪는다면 보호법익인 미성년자의 평온·안전이 침해되었다고 볼 수 있으므로 미성년자약취죄에 해당한다.

더 알아보기

대법원 2013. 6. 20. 선고 2010도14328 전원합의체 판결을 소재로 구성한 글이다. 사안에서 A(베트남 국적)는 남편 B의 의사에 반하여 아들 C(생후 약 13개월)를 주거지에서 데리고 나와 약취하고, 이어서 베트남에 함께 입국함으로써 C를 국외에 이송하였다고 하여 국외이송약취 및 피약취자국외이송으로 기소되었다. 대법관들의 의견은 일치하지 않았는데, 〈견해 1〉이 〈견해 2〉(반대의견)보다 우세하여 A에게 약취죄에 대하여 무죄를 선고한 원심(고등법원 판결)을 확정하였다. 대법원은 선지 ㄴ과 같이 판시하면서, "피고인이 C를 데리고 베트남으로 떠난 행위는 어떠한 실력을 행사하여 C를 평온하던 종전의 보호·양육 상태로부터 이탈시킨 것이라기보다 친권자인 모로서 출생 이후 줄곧 맡아왔던 C에 대한 보호·양육을 계속 유지한 행위에 해당하여, 이를 폭행, 협박 또는 불법적인 사실상의 힘을 사용하여 C를 자기 또는 제3자의 지배하에 옮긴 약취행위로 볼 수는 없다."고 판단하였다.

---

182 ▸ ⑤ 【 정답률 70% 】

접근 방법

갑과 을의 의견이 일치하는 부분과 일치하지 않는 부분을 잘 정리한 후 선지에 적용해보자.

핵심 정보

여신상의 행적은 다음과 같으며 이에 대해서는 갑과 을 모두 동의하고 있다.
G국 A시 신전 → F국으로 이동(확인 불가&약탈 의심) → G국의 절도
• 갑 : 적법한 반출 경위 확인 불가 → G국의 A시 소유 정당
• 을 : 약탈 여부 증명 불가 → F국 소유

선택지 해설

ㄱ. (○) 갑의 주장은 'A시는 여신상의 원래 소유자'이고, 여신상이 적법한 반출 경위 확인이 되지 않았다면 약탈당한 것으로 간주하여 그 이후 어떤 사정으로 그 물건의 반환을 청구할 수 있게 된 때에는 원래 소유자의 소유권을 보호하여야 한다는 것이다. 따라서 갑은 F국으로 여신상을 돌려주어야 한다는 견해에 동의하지 않을 것이다. 그러나 을은 여신상이 불법 반출되었을 가능성이 매우 높더라도 불법 반출되었다는 명백한 증거가 존재하지 않으므로 합법적 경로로 반출되었을 가능성은 여전히 존재한다고 볼 것이다. 이와 달리 G국의 절도단에 의한 밀반출은 확실히 불법이기 때문에 을은 여신상을 F국에 돌려줘야 한다고 할 것이다. 따라서 을은 해당 견해에 동의할 것이다.

ㄴ. (○) 갑은 여신상의 적법한 반출 경위를 확인할 수 없다면 약탈당했다고 보자고 주장하므로, 여신상의 불법 반출이 반드시 증명될 필요가 없다. 그러나 을은 여신상이 F국으로 불법반출되었을 가능성이 아무리 높다고 하더라도 증명되지 않는 이상 적법한 반출의 가능성이 남아있다는 것을 근거로 F국으로의 반환을 주장하는 것이므로, 을 입장에서 A시가 여신상을 반환받으려면 여신상의 불법 반출이 증명되어야 한다.

ㄷ. (○) 갑은 A시가 여신상의 당초 소유자임을 전제로 A시가 여신상을 반환받아야 한다고 주장한다. 을 또한 A시가 여신상을 반환받기 위해 당초 여신상을 소유하고 있었다는 것을 전제로 하며, 다만 여신상이 어떤 적법한 원인에 의해 반출되었을 수 있다고 본다.

더 알아보기

서산부석사 불상인도청구사건(대전지방법원 2017. 1. 26. 선고 2016가합102119 판결)을 소재로 구성한 글이다. 2012년 10월 일본 대마도에 소재하던 우리 불상 2점이 도굴꾼에 의해 절취되어 국내로 반입되는 사건이 발생하였다. 이 사건으로 인해 해외로 유출된 우리 문화재의 환수에 대하여 국민들의 관심이 더욱 높아졌다. 일본 정부는 우리 정부

에 반환을 요청하였고, 두 개의 불상 중'금동관음보살상'의 원소유자로 밝혀진 서산 부석사와 불교계는 일본으로 반환하지 말 것을 주장하면서 가처분신청과 유체동산인도소송을 제기하였다. 이에 대하여 대전지방법원은 2013년 2월 26일 부석사측의 신청을 받아들여 일본 관음사가 정당하게 이를 취득했다는 것이 별도로 확정되기 전까지 일본으로 불상의 점유를 이전하는 것을 금지하였다. 그 후 2017. 1. 26에는 유체동산인도를 구하는 본안소송에 대해서도 대한민국정부는 원소유자인 서산 부석사에게 불상을 인도하라는 주문의 원고승소판결을 선고하였다. 그러나 최근 항소심인 대전고등법원 2023. 2. 1. 선고 2017나10570 판결에서 원고패소판결로 결정이 났다.

---

183 ▸ ③ 【 정답률 72% 】

접근 방법

〈규정〉은 '동종 물품'은 국내 생산 물품과 국외에서 수입된 물품을 동등하게 취급하라는 것이다. 여기서 '동종 물품'은 그 물품의 주산지가 아닌 경우에도 적용된다는 점을 파악하는 것이 중요하다.

선택지 해설

ㄱ. (○) '돌고래 세이프 라벨' 조항이 철폐되면 그러한 라벨 규제가 A국은 물론 B국을 비롯한 어느 나라에도 적용되지 않게 된다. 이에 따라 돌고래 생태 환경에 새로운 문제가 생길 수는 있겠지만 적어도 A국에서 '돌고래 세이프 라벨'과 관련된 차별은 발생하지 않게 된다.

ㄴ. (×) 열대성 동태평양 수역 내 B국 어선의 제품에만 '돌고래 세이프 라벨' 규정이 완화된다고 하더라도, 열대성 동태평양이 아닌 다른 곳에서 포획한 참치에는 여전히 이 규정이 적용된다. 즉 〈사실관계〉에 언급된 "B국 어민들은 주로 열대성 동태평양 수역에서 어업을 하여 A국에 수출하고 있었고"에서 알 수 있듯이 초대형 선예망으로 어업을 하는 B국 어선이 열대성 동태평양이 아닌 다른 곳에서 잡은 참치에는 '돌고래 세이프 라벨'을 부착할 수 없다. 나아가 〈사실관계〉에서 '여러 국가의 어부들은 초대형 선예망으로 어업을 한다'라고 하고 있듯이 A국에는 B국뿐 아니라 다른 나라들도 초대형 선예망으로 잡은 참치를 판매하고 있을 것이므로 B국에만 라벨 규정을 완화한다면 B국이 아닌 다른 국가에서 수입되는 참치 제품이 A국에서 생산된 동종 물품 또는 B국에서 생산된 동종 물품보다 불리한 취급을 받는다. 그러므로 〈규정〉에 합치하지 않는다.

서울대 로스쿨 합격생의 풀이법

〈규정〉에서 '그 외의 다른 국가'에 대한 언급이 있었으므로 제3국에 대한 고려가 가능하다는 힌트를 얻을 수 있다. 해당 선지에서 B국에만 완화를 하는 건 제3국에 불리한 처사임을 파악할 수 있다.

ㄷ. (○) 모든 어업 방식에 적용될 수 있도록 상표법의 라벨 규정이 강화된다면 초대형 선예망만을 대상으로 하는 기존 규제와는 달리 돌고래에게 피해를 입힐 수 있는 모든 어업 방식에 라벨을 붙일 수 없게 된 것이므로 차별적인 조치에 해당하지 않게 된다.

더 알아보기

2008년 멕시코가 미국의 '돌고래 안전 라벨' 관련 조치가 멕시코산 참치 상품에 차별적인 대우를 하였다는 이유로 WTO에 미국을 제소한 이른바 〈미국 – 멕시코 참치분쟁 Ⅱ〉 사건을 소재로 구성한 글이다. 한편, 〈규정〉은 세계무역기구(WTO)의 원칙 가운데 하나인 '내국민대우' 원칙이다. 이 사건에는 내국민대우 외에도 여러 가지 쟁점이 있지만, WTO의 분쟁해결기구는 미국의 내국민대우 원칙 위반을 인정하였다.

접근 방법

1. '약관의 효력 유지적 축소 해석' 개념이 글 2문단 뿐 아니라 선지 ㄱ, ㄷ에도 제시되므로 해당 개념을 정확하게 파악하자.
2. 규정 (1)과 ㉠, 규정 (2)와 ㉡이 어떻게 대응되는지를 분석하면서 풀자.

선택지 해설

ㄱ. (○) 규정 (1)에 따르면 보험사의 고의 또는 중대한 과실로 인한 손해배상책임 면제 조항은 무효이다(1문단). 그러나 이는 보험사의 경미한 과실에 따른 손해배상책임 면제 조항이 무효라는 내용까지는 포괄하지 않는다. 따라서 ㉠ 약관조항을 유지하는 축소 해석을 통해, 보험사의 고의나 중대한 과실이 아닌 경미한 과실로 인한 손해배상책임은 유효하게 면제할 수 있다.

ㄴ. (○) 규정 (2)는 제3자의 잘못으로 보험계약자에게 발생한 손해에 대한 보험사의 책임을 '타당한 이유 없이' 면제하는 약관조항을 무효로 한다(1문단). 여기서 보험계약자의 지배와 관리가 불가능한 동안(㉢)에 제3자(무면허운전자=차량 절도범)가 낸 사고에 대하여 보험사의 책임을 면제하는 것은 타당한 이유가 없다(3문단). 그렇다면 이 경우 보험사의 책임은 면제될 수 없으므로 ㉡을 근거로 보험사의 책임을 면제한다면 보험약관법에 위반된다.

ㄷ. (○) 약관조항 전체가 무효가 된다면 보험사는 규정 (1), (2)에 부합하도록 약관조항을 다시 만들어야 한다. 그러나 약관의 효력 유지적 축소 해석이 인정된다면, 약관에 무효 부분이 있는 경우에 약관이 유효 부분에만 적용된다고 축소 해석함으로써 기존 약관을 다시 만들 필요가 없게 한다. 따라서 보험사 입장에서는 굳이 약관조항을 규정 (1), (2)에 부합하도록 만들지 않아도 되므로, 규정 (1), (2)에 부합하는 약관조항을 만들게 하는 유인이 약해질 것이다.

접근 방법

1. 특이성 질환과 비특이성 질환의 차이점을 중심으로 폐암의 특징에 대해 잘 정리하자.
2. 선지를 판단함에 있어서 여러 경우의 수를 모두 따져보아도 동일한 결과가 나오는지 유의해야 한다. 예를 들어 비소세포암 중에서도 편평세포암과 선암이 흡연과 관련성이 높고, 세기관지 폐포세포암은 그 관련성이 현저히 낮다. 즉, 비소세포암이라는 이유만으로 흡연과 관련성이 많거나 적다고 단정할 수 없다.

핵심 정보

비특이성 질환 : 원인과 기전이 복잡하고 다양한 질병으로, 원인을 밝히기 위해서는 역학조사가 필요
폐암 : 비특이성 질환으로 종류에 따라 흡연, 결핵, 폐렴, 바이러스, 대기오염물질 등 다양한 원인을 가짐

	흡연과의 관련성	암 분류	
폐암	높음	소세포암	
	높음	비소세포암	편평세포암 선암 (세기관지 폐포세포암 제외)
	낮음		세기관지 폐포세포암

선택지 해설

ㄱ. (×) 폐암은 비특이성 질환이다(3문단 1번째 문장). 그리고 비특이성 질환은 질환의 발생 원인과 기전이 복잡하고 다양하며, 선천적 요인 및 후천적 요인이 복합적으로 작용하여 발생한다(1문단). 그런데 역학조사 결과 특정 위험인자와 비특이성 진환 사이에 역학적 상관관계가 인정된다고 할 경우, 그 발생의 개연성을 밝혀야

한다(2문단). P는 甲의 폐암은 흡연에 의해 유발되었을 개연성이 낮다고 주장하는데, 흡연에 노출되지 않은 집단에서 폐암이 발병할 확률이 甲이 포함된 흡연자 집단에서 폐암이 발병할 확률보다 낮은 것으로 확인되었다면 흡연과 폐암의 상관관계를 지지하므로 P의 주장을 약화한다.

ㄴ. (×) 소세포암은 흡연과 관련성이 높으나 비소세포암 중에서는 편평세포암과 선암이 흡연 관련성이 높고, 세기관지 폐포세암은 선암의 일종이지만 흡연과의 관련성이 현저히 낮기에 甲의 폐암이 비소세포암으로 판명되었다면 그것이 편평세포암이나 선암인 경우에는 흡연과 관련성이 높으므로 P의 주장이 약화할 수 있으나 세기관지 폐포세암의 경우는 흡연과의 관련성이 현저히 낮으므로 P의 주장을 약화한다고 할 수 없다.

ㄷ. (○) 甲은 흡연 때문에 폐암이 발생하였다고 주장하고 있는데 소세포암은 일반적으로 흡연과 관련성이 높은 폐암으로서, 조직검사 결과 甲의 폐암이 소세포암으로 판명되었다면 甲의 주장을 강화한다.

더 알아보기

대법원 2014.4.10.선고 2011다22092판결을 소재로 구성한 글이다. 이 판결에서 원고들은 1957년에서 1968년 사이에 담배를 피우기 시작하였는데, 담배로 인하여 폐암 또는 후두암에 걸렸다고 주장하면서 담배를 제조·판매하였던 대한민국 정부와 현재 담배를 제조·판매하고 있는 주식회사 KT&G를 상대로 하여 손해배상청구 소송을 제기하였다. 원고들 중 일부는 소송계속 중 암으로 인하여 사망하였다. 1심과 원심은 모두 원고들의 청구를 기각하였고, 대법원도 원고들의 상고를 기각하였다.

PSAT

186 ▸▸ ③ 【 정답률 87.6% 】

접근 방법

1. 헌법재판소의 입장변경 취지를 파악하는 것이 핵심이다.
2. '국회의원 지역선거구 평균인구 기준 상하 50%'이라는 내용에 유의하자. 해당 내용에 따라 인구편차에 관한 범위를 판단하면 평균인구 기준 최대 150%~최소 50%라는 범위를 설정할 수 있으며, 비례식으로 표현할 경우 (150:50 = 3 : 1)이 된다. 즉 가장 큰 선거구와 가장 작은 선거구(= 인구편차의 허용기준)가 인구비례 3 : 1 수준이라는 것이다.

선택지 해설

ㄱ. (×) (2)에 따르면 국회를 구성함에 있어서 국회의원의 지역대표성이 고려되어야 할지라도 투표가치의 평등보다 우선시될 수 없으며, 특히 현재는 지방자치제도가 정착되어 있으므로 지역대표성을 이유로 헌법상 원칙인 투표가치의 평등을 완화할 필요성이 예전에 비해 작다는 점을 파악할 수 있다. 선지에서는 지방자치제도가 정착되었기 때문에 국회의원의 지역대표성을 더욱 강화해야 한다고 하지만, 이는 글의 내용과 정반대의 내용에 해당한다.

ㄴ. (○) 최근 헌법재판소는 국회의원 지역 선거구별 인구편차 기준에 대해 가장 큰 선거구와 가장 작은 선거구가 인구비례 3 : 1을 넘지 않아야 한다는 입장에서 인구비례 2 : 1을 넘지 않아야 한다는 입장으로 입장을 변경하였다(1문단). 이는 인구편차의 허용기준을 보다 엄격하게 적용한 것으로서, 이러한 입장변화에 대한 근거로 (4)에서 인구편차의 허용기준을 엄격하게 하는 것이 외국의 판례와 입법추세라는 점을 제시하고 있다. 선지에서 제시된 인구가 '최대인 선거구의 인구'를 '최소인 선거구의 인구'로 나눈 숫자가 2 이상이 되지 않는다는 것이 외국의 판례와 입법추세에 해당된다면 선지는 1문단의 내용과 (4)의 내용을 통해 헌법재판소의 입장에 관한 충분한 근거로서 사용될 수 있다.

ㄷ. (×) 헌법재판소는 인구편차의 허용기준을 엄격하게 적용해야 한다는 입장이며(1문단), (3)에 따르면 인구편차의 허용기준을 완화하면 할수록 과대대표되는 지역과 과소대표되는 지역이 생길 가능성이 높아지고 지역정당구조를 심화시키는 부작용을 야기할 수 있음을 파악할 수 있다. 선지에서 제시한 평균인구 기준 상하 66.6%는 범위로 파악할 경우 최대 166.6%~최소 33.4%로서, 인구비례로는 약 5 : 1에 해당한다. 이는 인구편차의 허용기준을 완화하는 것으로, 헌법재판소의 입장에 배치되는 내용이다.

ㄹ. (○) (1)에 따르면 종래 인구편차의 허용 기준(3 : 1)을 적용할 경우 1인의 투표가치가 다른 1인의 투표가치에 비하여 세 배가 되는 경우가 발생하며 이는 투표가치의 지나친 불평등이라는 점을 파악할 수 있다. 한편, ㄹ에서 제시된 바와 같이 선거구별 인구의 차이가 커진다는 것은 평균인구 기준 상하 비율이 더 커진다는 내용으로 이해할 수 있으며 이에 따라 인구비례는 오히려 3 : 1보다 더 완화된 4 : 1, 5 : 1 등으로 변화하며, 인구가 많은 선거구에 거주하는 사람의 투표가치는 인구가 적은 선거구에 거주하는 사람의 투표가치보다 줄어들게 되어 (1)의 상황보다 더 심한 투표가치의 불평등이 발생하게 된다. 이러한 선지의 내용은 (1)의 내용과 유사한 내용에 해당하며 이에 따라 종래 인구비례 3 : 1에서 2 : 1로 변경한 헌법재판소의 입장을 뒷받침할 수 있는 근거로 사용될 수 있다.

더 알아보기

공직선거및선거부정방지법 [별표1] '국회의원지역선거구구역표' 위헌확인 결정(헌법재판소 2001. 10. 25. 2000헌마 92)을 소재로 구성한 글이다. 이 결정에서는 "앞으로 상당한 기간이 지난 후에는 인구편차가 상하 33⅓% 또는 그 미만의 기준에 따라 위헌 여부를 판단하여야 할 것이다."라고 인구편차의 허용기준에 관한 내용을 제시한 바 있다.

---

187 ▶ ① 【 정답률 49.62% 】

접근 방법

1. 글을 이해하고 해당 내용과 양립할 수 없는 것을 고르는 유형으로, 글에서 말하고자 하는 바와 그 근거를 명확히 파악한다.
2. 양립할 수 없는 것을 고르는 문제이므로, 사실상 5개 선지 중 4개는 양립할 수 있다는 말이 된다. 따라서 나머지 선지들과 상충하는 내용을 가진 선지를 정답으로 고를 수 있다.

핵심 정보

국민이 결집을 이루어 헌법을 수호하는 역할을 일정한 시점에서 담당할 경우에는 이러한 국민의 결집을 적어도 그 기간 중에는 헌법기관에 준하여 보호하여야 한다. 하지만 이들을 '헌법에 의하여 설치된 국가기관'에 해당하는 것이라고 말하기는 어려우므로 원심의 조치는 허용될 수 없다.

선택지 해설

① (×) 헌법상의 지위와 소임을 다하려고 시위하는 국민들을 헌법기관에 준하여 보호할 수는 있지만 헌법기관으로 보는 것은 허용되지 않는다. 그러므로 판결문과 양립할 수 없다.
② (○) "국민이 결집을 이루어 헌법을 수호하는 역할을 일정한 시점에서 담당할 경우 … 국민의 결집을 강압으로 분쇄한 행위는 헌법기관을 강압으로 분쇄한 것과 마찬가지로 국헌문란에 해당한다(1문단)."고 하였다. 따라서 선지의 내용은 판결문과 같은 주장을 하고 있으며 양립할 수 있다.
③ (○) 판결문에 따르면 국민이 결집을 이루어 헌법을 수호하는 역할을 일정한 시점에서 담당할 경우에는 이러한 국민의 결집을 적어도 그 기간 중에는 헌법기관에 준하여 보호하여야 한다. 따라서 선지의 내용은 판결문과 같은 주장을 하고 있으며 양립할 수 있다.
④ (○) 판결문에 따르면 "민주주의 국가의 국민은 주권자의 입장에 서서 헌법을 제정하고 헌법을 수호하는 가장 중요한 소임"을 가진다. 따라서 선지의 내용은 판결문과 같은 주장을 하고 있으며 양립할 수 있다.
⑤ (○) 판결문에 따르면 국민이 결집을 이루어 헌법을 수호하는 역할을 일정한 시점에서 담당할 경우에는 이러한 국민의 결집을 적어도 그 기간 중에는 헌법기관에 준하여 보호하여야 한다. 하지만 이들을 '헌법에 의하여 설치된 국가기관'에 해당하는 것이라고 말하기는 어렵다. 따라서 선지의 내용은 판결문과 같은 주장을 하고 있으며 양립할 수 있다.

더 알아보기

대법원 1997. 4. 17. 선고 96도3376 전원합의체 판결을 소재로 구성한 글이다.

188 ▶ ④

접근 방법

1. 판결문 형식의 글로 판결에 적용되는 **법리**, 그 법리와 소송에서 일어난 사실과의 일치정도를 판단하는 **근거**, 이를 토대로 한 **판결**이 나와 있다. 각각에 해당하는 부분을 글에서 찾아 판결문의 전개과정을 파악한다.
2. 글의 결론은 '헌법에 위반된다고 할 수 없다'는 것이고 이를 기준으로 빠르게 선지의 약화 여부를 파악할 수 있다.

선택지 해설

ㄱ. (×) 글에서는 대등한 두 헌법상의 기본권의 충돌이 발생했고, 그 충돌을 해결하기 위해 비교되는 두 항을 계량하였다. 그 결과 피고의 손을 들어주었음을 알 수 있다. 하지만 청구인의 권리가 헌법상 기본권에 해당하지 않고 사실상의 불이익에 불과하다면, '대학의 자율성'이라는 헌법상의 기본권이 청구인의 사실상의 불이익보다 더 중요한 가치라고 판단할 수 있다. 즉, 이 사건 인가처분이 헌법에 위반하지 않는다는 판결의 내용을 바꾸지 못하므로, 논지를 약화하지 않는다.

ㄴ. (○) 청구인 A는 구체적 자연인이다. 글에서는 이러한 구체적 자연인 A와 학교법인 B의 권리를 비교하면서 어느 한쪽을 우선적으로 고려하고 있지 않음을 알 수 있다(2문단). 그러므로 권리를 향유할 주체가 구체적 자연인인 경우의 기본권은 그 주체가 무형의 법인인 경우보다 우선하여 고려되어야 한다면(즉 자연인의 경우 법인보다 우선인 관계로 본다면) 논지를 약화한다.

ㄷ. (○) "청구인 A가 이 인가처분으로 인해 받는 직업선택의 자유의 제한 정도가 어느 정도인지 산술적으로 명확하게 계산하기는 어렵지만(2문단)"을 통해 '직업선택의 자유'라는 권리와 '대학의 자율성'이라는 권리라는 서로 다른 법리(기본권)를 공통의 기준 없이 이익형량을 하고 있음을 알 수 있다. 하지만 공통의 기준을 먼저 제시하고 비교해야 한다는 것에 대해 글에서는 공통의 기준을 제시하고 있지 않으므로 논지를 약화시킬 수 있다.

더 알아보기

법학전문대학원 설치인가 중 입학전형계획 위헌확인 등 결정(헌법재판소 2001. 10. 25. 2000헌마92)을 소재로 구성한 글이다.

189 ▶ ①

접근 방법

'성별정정'의 허가에 대해 (가), (나)는 '법적 안정성' 측면에서, (다), (라)는 '미성년 자녀의 보호' 측면에서 근거를 들며 주장을 하고 있다. 이때, 각 측면에서 주장과 근거의 논리 관계를 파악하는 것에 중점을 두고 글을 읽자. 특히 필요/충분조건이 있는지, 예외사항인지 파악하자.

선택지 해설

① (○) (가)의 입장에서 보면 (나)는 동성혼을 인정하지 않는 법적 안정성을 유지하기 위해 혼인 중인 성전환자의 성별정정을 허가하지 않음으로써, 그들의 인간으로서의 존엄성이나 행복추구권의 본질적 부분을 침해할 수 있는 주장을 하고 있다고 볼 수 있다. 따라서 존엄성을 더 중요시하는 (가)에 동의한다면, 법적 안정성을 더 중요시하는 (나)에 동의할 수 없으므로 옳다.

② (×) 성별정정에 대해 (나)는 법적 안정성, (다)는 미성년자인 자녀의 보호라는 서로 다른 측면을 검토하고 있기에 서로가 필요/충분조건이 될 가능성이 낮다. (나)에 동의하면서 미성년자인 자녀가 있는 경우 성전환을 허용하면 사회에 부정적인 영향을 미쳐 무조건 불허해야 한다고 생각하는 경우, (다)에 동의하지 않을 것이다. 따라서 (나)에 동의하면 (다)에 동의해야 한다는 선지는 옳지 않다.

③ (×) 미성년자인 자녀가 있을 때 성별 정정의 허가 여부에 대해 (다)는 무조건 불허하는 것에 반대, (라)는 무조
건 불허라는 대립되는 의견을 가지고 있다. (다)에 동의한다면, 성별정정에 대한 자녀가 동의할 경우 성별정
정을 허용할 수 있다고 주장할 것이므로 무조건적으로 성별정정을 허용하지 않아한다는 (라)에 동의하지 않
을 것이다. 따라서 (다)에 동의하면 (라)에 동의해야 한다는 선지는 옳지 않다.

④ (×) (가)의 결론을 뒷받침하는 근거는 성전환자의 인간으로서의 존엄성이나 행복추구권이 법적 안정성보다 중요
하다는 것이다. (다)의 결론을 뒷받침하는 근거는 미성년 자녀가 있는 모든 성전환자의 성별정정이 사회에
부정적 영향을 주는 것은 아니라는 것이다. 즉, (가)의 논리는 존엄성이 법적 안정성보다 중요하다는 우선순
위의 논리이고, (다)의 논리는 절대적 금지보다 더 좋은 방법이 있다는 논리이다. 따라서 이들의 결론을 뒷
받침하는 근거가 동일하다고는 할 수 없다.

⑤ (×) (나)의 결론을 뒷받침하는 근거는 동성혼을 인정하면 법적 안정성이 깨진다는 것이고, (라)의 결론을 뒷받침
하는 근거는 부모의 성별정정이 미성년자인 자녀에게 큰 혼란을 가져오기 때문이다. 즉, (나)는 법적 안정성
을, (라)는 미성년자인 자녀의 보호 측면에서 이야기하고 있으므로 이들의 결론을 뒷받침하는 근거가 동일
하다고는 할 수 없다.

> 📖 서울대 로스쿨 합격생의 풀이법
>
> (가)와 (나), (다)와 (라)로 내용이 묶인 것을 파악한다. 이처럼 묶여있는 글이 나와 있는 선지를 우선적으로 판
> 단하자.

더 알아보기

대법원 2011. 9. 2.자 2009스117 전원합의체 결정을 소재로 구성한 글이다. 참고로 이 결정은 이후 대법원 2022. 11.
24.자 2020스616 전원합의체 결정에 의해 폐기되었다.

PART 6. **계산형**

LEET

190 ▸ ① 【 정답률 66% 】

접근 방법
1. 재해 보상금 및 휴업 보상금 각각의 산정기준(기준값/일수 등)을 명확히 파악하자. 또한 재해 보상금과 휴업 보상금 모두 '전년도'를 기준으로 하고 있는데, 〈사례〉에서는 전년도와 당해 연도 모두 주어졌으므로 구분해서 적용해야 한다.
2. 불필요한 정보(가령 갑의 월평균 수입, 2016년 산업체 월평균임금, 2016년 도시 및 농가가계비 평균)가 눈에 들어올 때 부정의 표시를 함으로써 실수를 줄일 수 있다.
3. 〈X법〉을 적용할 때 갑이 앞으로 '지급받을 수 있는' 보상금의 총합이다. 따라서 이미 '지급받은' 보상금까지 여기에 포함시켜서는 안 된다. 보상금을 '지급받을 수 있다'는 것은 아직 보상금을 지급받지 않았음이 전제되어 있기 때문이다.

핵심 정보

(단, 같은 종류의 보상금을 국가의 부담으로 받는다면 그만큼 액수가 차감된다.)

갑이 지급받을 수 있는 보상금의 총합(제1조) : 재해 보상금 + 휴업 보상금 - 다른 법령에 따른 동종 보상금

선택지 해설

1. 재해 보상금(제2조)
   갑은 2016년 훈련을 하다가 장애등급 6급을 받았으므로 사망 보상금의 1/2를 받는다. 따라서 다음과 같이 계산된다(제2조 제1항).
   (사망 보상금) = (2015년 전체 산업체 월평균 임금총액) × 36 = 240 × 36 = 8,640
   ∴ (장애등급 6급 보상금) = 8,640 × 1/2 = 4,320

2. 휴업 보상금(제3조)
   (2015년 도시 및 농가가계비 평균) × 60% ÷ 30일 × (생업에 종사하지 못한 기간의 일수) = 100 × 0.6 ÷ 30 × 60 = 120

3. 다른 법령에 따른 동종 보상금
   갑은 다른 법령에 따라 국가로부터 '재해' 보상금 400만원을 받았다.

갑이 받을 수 있는 보상금 총액은 4,320 + 120-400 = 4,040(만 원)이며, 정답은 ①번이다.

접근 방법

1. 〈규정〉 (3)에서 취득할 수 있는 최대 코인 개수를 비교하여 그 중 최저치로 하고 이 기준을 (4)에도 적용한다고 하였으므로 이에 주의한다.
2. 〈규정〉 (3)의 단서조항에 유의하자. 또한 규정 (3)과 (4)에 제시된 '경우'로 되어 있는 부분이 선지의 사례에 어떻게 포섭되는지 파악한다.
3. 규정 (4)에 제시된 '거래자의 총보유량'과 '같은 날 0시 총 보유량'을 잘 구분하여 풀자.

선택지 해설

〈규정〉 (1)~(4)를 각각 규정1~규정4라 한다.
ㄱ. (×) 1개월간 코인 구매 총한도는 1인당 1,000만 원이므로(규정2), 계정을 2개 가지고 있다고 하여도 1,200만 원 (=600만 원×2)의 코인을 구매할 수는 없다.
ㄴ. (×) 규정4의 '구매한도액(1,000만 원, 규정2)으로 취득할 수 있는 최대 코인 개수'는 코인 종류별로 취득할 수 있는 최대 코인 개수 중 최저치로(규정3), 가장 가격이 높은 C 코인의 최대 코인 개수를 파악하면 4,000개다. 따라서 거래 정지 요건인 코인 감소 개수는 4,000개의 5분의 1인 800개 초과이다(규정4). 선지에서 2019년 6월 26일 19시에 코인 1,000개를 보유한 채 그날의 거래를 시작하였다는 것은 '같은 날 0시 총 보유량'도 1,000개였음을 의미한다(거래를 19시에 시작하였다는 것은 0시부터 19시까지는 코인의 수를 늘리거나 줄이기 위한 거래를 하지 않았음을 의미. 0시 총보유량도 거래 시작 시점의 보유량과 같을 수밖에 없게 되는 것). 그리고 같은 날 20시에 총보유량이 300개가 되었으므로 700개 감소한 것이어서 거래 정지 요건을 위반하지 않고 거래가 정지되지 않는다.
ㄷ. (○) '구매한도액(1,000만 원)으로 취득할 수 있는 최대 코인 개수'는 코인 종류별로 취득할 수 있는 최대 코인 개수 중 최저치로(규정3) 그 개수는 C 코인의 최대 취득 개수인 4,000개이다. 1회 코인 구매 한도는 구매한도액으로 취득할 수 있는 최대 코인 개수의 10분의 1을 초과할 수 없다고 했으므로, 400개를 초과할 수 없다.
ㄹ. (○) 거래 정지 요건인 코인 감소 개수는 4,000개의 5분의 1인 800개 초과이다. 한편 거래 정지 여부를 판단하는 비교 시점은 0시인데, 0시 이전에 600개를 지급에 사용하고 0시 이후에 300개가 감소하였다면 어느 쪽도 800개를 초과하지 않는다. 그러므로 그 시점에 코인 사용은 정지되지 않는다.

접근 방법

1. 각 선지에 있는 사례를 읽고 A공식 적용 여부를 판단하자. 이 부분에서 선지 ㄱ을 골라낼 수 있다. 그리고 A공식을 적용하는 선지 ㄴ과 ㄷ의 경우 대응하는 값을 찾아 해결하자.
2. A공식에서 b는 측정대상자에게 가장 유리한 시간당 0.008%로 확정된다는 점(단위시간당 추가되는 수치가 가장 낮아 측정대상자에게 가장 유리함), A공식이 혈중알코올농도 하강기에 발생한 경우에만 적용된다는 점, A공식으로 확인하고자 하는 혈중알코올농도는 교통사고 시점이라는 점 등을 염두에 두고 풀이하자.

선택지 해설

ㄱ. (×) 20:00까지 술을 마신 후 21:00에 교통사고가 발생하였다면 '상승기 시간'에 해당한다(4문단). A공식은 하강기에 발생한 경우에만 적용될 수 있다고 하였으므로(2문단) A공식이 적용되지 않는다(2문단). 따라서 면허가 취소된다고 단정할 수 없다.
ㄴ. (○) 20:00까지 술을 마신 후 23:30에 측정한 혈중알코올농도가 0.012%였다고 할 때, 법원이 혈중알코올농도가 최고치였다고 보는 21:30의 혈중알코올농도는 다음과 같이 계산된다(4문단). $C = 0.012 + 0.008 \times 2 = 0.028$ 혈중알코올농도 최고치 0.028%는 면허취소 기준인 0.03%(1문단)에 미치지 못하므로, 이후 사고시간이 밝혀

지더라도 면허가 취소되지 않는다.

ㄷ. (○) 교통사고 시점인 22:30의 혈중알코올농도는 다음과 같이 계산된다. C＝0.021＋0.008×1＝0.029
교통사고 당시의 혈중알코올농도(0.029%)가 면허취소 기준(0.03%)에 미치지 못하므로 면허가 취소되지 않는다.

---

193 ▸ ④ 【 정답률 28.3% 】

접근 방법

1. 제3조에 따른 체결가능수량이 특정 '호가'에 대한 것임을 이해하고, 각 호가별로 체결가능수량을 구하는 것이 포인트다.
2. [규정] 제3조를 정확히 이해하는 것이 문제의 핵심이다.
3. 실수를 줄이기 위해 〈사례〉에 있는 표 옆에 호가별로 '체결가능수량' 칸을 하나 더 만들어 정리해놓고 풀면 좋다.

핵심 정보

제3조는 다음의 순서로 '체결가능수량'을 결정하는 데에 활용된다.
1) ①에 따라 해당 호가 이상의 매수주문 주식 수의 총합을 구한다.
2) ②에 따라 해당 호가 이하의 매도주문 주식 수의 총합을 구한다.
3) 둘 중 적은 것을 해당 호가의 체결가능수량으로 결정한다.

선택지 해설

ㄱ. (×) ㉠이 17,000이고 갑이 10,500원에 4,000주 추가 매수주문을 냈다면 아래와 같다.

매도·매수 / 호가	매도주문 수량(주)	매수주문 수량(주)	체결가능수량
10,550원 이상	0	0	−
10,500원	20,000	12,400	12,400
10,450원	14,000	17,000	14,000
10,450원 이하	0	0	−

이때 체결가능수량이 최대인 10,450원이 가격이 되고, 따라서 10,450원에 14,000주 전량이 체결된다.

ㄴ. (○) 갑이 10,500원에 8,000주 추가 매수주문을 내면 아래와 같다.

매도·매수 / 호가	매도주문 수량(주)	매수주문 수량(주)	체결가능수량
10,550원 이상	0	0	−
10,500원	20,000	16,400	16,400
10,450원	14,000	(㉠)	14,000과 ㉠+16400 중 작은 수량
10,450원 이하	0	0	−

이때 체결가능수량을 비교해 보면 16,400〉(14000과 ㉠＋16,400 중 작은 수량)이므로 ㉠에 관계없이 체결가능수량이 가장 많은 가격은 10,500원이고 이때 체결가능수량은 16,400이다.

ㄷ. (○) 갑이 10,450원에 10,000주 추가 매도주문을 내고 10,450원에 매도주문된 24,000주 전량이 체결되었다면, 가격은 10,450원이 되고 체결가능수량은 최소한 24,000이 된다.

매도·매수 호가	매도주문 수량(주)	매수주문 수량(주)	체결가능수량
10,550원 이상	0	0	—
10,500원	20,000	8,400	8,400
10,450원	24,000	(㉠)	24,000과 ㉠+8,400 중 작은 수량
10,450원 이하	0	0	0

체결가능수량이 24,000 이상이므로 24000≦(24000과 ㉠+8400 중 작은 수량)이고, 결국 24,000≦㉠+8400
이다. 계산해 보면 15,600≦㉠이 되어 ㉠은 15,700이 될 수 있다.

📖 **서울대 로스쿨 합격생의 풀이법**

㉠에 15,700주를 넣어보고 24,000주가 체결가능한지 확인하는 방법을 사용할 수 있다.

---

194 ▸ ③ 【 정답률 57.25% 】

접근 방법

1. 주어진 계산식에 따라 꼼꼼하게 따져보는 것이 관건이다.
2. [규정]에서 괄호나 단서 그리고 〈계산식〉 등은 출제 의도와 상대적으로 가깝다는 점을 고려하자.

선택지 해설

ㄱ. (○) 1,000㎡의 대지가 상업지역 600㎡와 주거지역 400㎡로 걸치는 경우 제2조 제1호에 해당한다. 용적률과 건
폐율은 다음과 같다.
용적률 : $(600\text{m}^2 \times 1{,}500\% + 400\text{m}^2 \times 500\%) \div 1{,}000\ \text{m}^2 = 1{,}100(\%)$
건폐율 : $(600\text{m}^2 \times 90\% + 400\ \text{m}^2 \times 70\%) \div 1{,}000\ \text{m}^2 = 82(\%)$

ㄴ. (○) 1,000㎡의 대지가 상업지역 550㎡와 주거지역 450㎡로 걸치고 대지 위 건축물이 고도지구와 경관지구에
걸치는 경우 제2조 제2호 단서에 해당한다. 따라서 대지의 절반은 경관지구로, 나머지 절반은 고도지구로
보고 전체 대지의 용적률과 건폐율을 계산한다. 계산 결과는 다음과 같다.
용적률 : $(500\text{m}^2 \times 100\% + 500\text{m}^2 \times 200\%) \div 1{,}000\text{m}^2 = 150(\%)$
건폐율 : $(500\text{m}^2 \times 60\% + 500\text{m}^2 \times 50\%) \div 1{,}000\text{m}^2 = 55(\%)$

ㄷ. (×) 1,000㎡의 대지가 주거지역 550㎡와 상업지역 450㎡로 걸쳐 있었는데 관할관청의 용도변경으로 주거지역
400㎡와 상업지역 600㎡로 걸치게 되는 경우에는 두 값을 비교해야 한다(제2조 제1호 단서). 용도변경 전에는
더 넓은 면적이 속하는 주거지역(550㎡)에 관한 규정이 적용되므로(제2조) 대지의 용적률은 500%], 건폐율은
70%]이다. 용도변경 후에는 주거지역이 400㎡가 되므로 〈계산식〉을 이용하여 용적률과 건폐율을 계산해보
자.
용적률 : $(600㎡ \times 1{,}500\% + 400㎡ \times 500\%) \div 1{,}000㎡ = 1{,}100(\%)$
건폐율 : $(600㎡ \times 90\% + 400㎡ \times 70\%) \div 1{,}000㎡ = 82(\%)$
<u>용적률과 건폐율이 모두 증가하므로 〈계산식〉에 따른 결과값을 적용하여야 하며 이때 용적률은 1,100%, 건폐
율은 82%이다.</u>

📖 **서울대 로스쿨 합격생의 풀이법**

선지 ㄷ을 판단할 때, 선지 ㄱ을 판단하면서 수행한 계산(상업지역 600㎡, 주거지역 400㎡인 경우의 용적률 및
건폐율 계산)을 상기하여 불필요한 계산을 줄일 수 있다.

PSAT

PART 5. 법률 (세로쓰기)

195 ▸ ⑤

접근 방법

글에 제시된 '비례안분액'의 개념에 주의하자. 특히 "부동산 전부를 경매하여 매각 대금을 동시에 배당하는 때에는 공동저당권자의 채권액을 각 부동산의 매각대금(경매대금)의 비율로 나누어 채권의 분담을 정한다"는 문장이 핵심이며, 이에 따라 배당과정을 정리하면 된다.

선택지 해설

부동산 X, Y, Z의 매각대금(경매대금)이 A~D에게 배당되는 과정은 아래와 같다.

1순위 저당권자인 A는 부동산 X, Y, Z의 매각대금 비율인 3 : 2 : 1(2억 4천 : 1억 6천 : 8천 = 3 : 2 : 1)에 따라 각 부동산의 매각금액에서 자신의 채권액인 3억 6천만원을 배당받을 수 있으며, 각 부동산의 매각금액 중 남은 매각대금을 B, C, D가 배당받게 된다.

채권자		1순위	2순위		
		A	B	C	D
채권액		3억 6천만 원	1억원	6천만원	6천만원
1순위	X 2억 4천만 원	1억 8천만 원	6천만 원		
2순위	Y 1억 6천만 원	1억 2천만 원		4천만 원	
3순위	Z 8천만 원	6천만 원			2천만 원
배당액		3억 6천만 원	6천만 원	4천만 원	2천만 원

그러므로 정답은 ⑤번이다.

더 알아보기

공동저당은 동일한 채권을 담보하기 위해 수개의 부동산 위에 저당권을 설정하는 것을 말한다(민법 제368조). 예를 들면, 채권자 갑(甲)에게 300만원을 빌리면서 X(시가 300만원), Y(시가 200만원), Z(시가 100만원)라는 3개의 부동산을 모두 저당한 경우에(공동저당을 '총괄저당'이라고도 한다), 갑(甲)은 X, Y, Z의 어느 것에 대해서도 우선변제를 받을 수 있다. 이처럼 채권자 갑(甲)이 저당목적물의 멸실·훼손, 가격의 하락 등에 대비하여 여러 개의 목적물에 위험을 분산시킬 수 있는 이점이 있다.

---

196 ▸ ①

접근 방법

1. 체납된 납부금에 대한 가산금을 구할 때 연간 총매출액을 기준으로 계산하는 것이 아니라 납부금 징수비율에 따라 계산된 납부금을 기준으로 계산이 이루어져야 한다.
2. 납부금 징수비율에 관한 규정2, 규정3에 제시된 '1천만원'과 '4억 6천만 원'은 각각 이전 규정에 따른 납부금의 최대치라는 점을 이해할 필요가 있다.

핵심 정보

〈납부금 징수비율〉의 항목 순서대로 규정1~규정3으로 정의한다.

A 1) 납부금 : 甲의 연간 총매출액은 10억으로 〈납부금 징수비율〉에서 규정1이 적용된다. → 10억 원×1/100=1,000만 원

 2) 체납된 납부금에 대한 가산금 : 납부금이 1,000만 원인 상황에서 납부금 전액을 체납한 경우이므로 체납금 1,000만원을 기준으로 체납된 납부금에 대한 가산금을 구해주어야 한다. → 1,000만 원×3/100=<u>30만 원</u>

B 1) 납부금 : 乙의 연간 총매출액은 90억으로 〈납부금 징수비율〉에서 규정2가 적용된다. → 1,000만 원+(80억 원×5/100)=4억 1,000만 원

 2) 체납된 납부금에 대한 가산금 : 납부금이 4억 1,000만 원인 상황에서 기한 내 납부금으로 납부된 4억을 제외한 체납금 1,000만원을 기준으로 체납된 납부금에 대한 가산금을 구해주어야 한다. → 1,000만 원×3/100=<u>30만 원</u>

C 1) 납부금 : 丙의 연간 총매출액은 200억으로 〈납부금 징수비율〉에서 규정3이 적용된다. → 4억 6,000만 원+(100억 원×10/100)=14억 6,000만 원

 2) 체납된 납부금에 대한 가산금 : 납부금이 14억 6,000만 원인 상황에서 기한 내 납부금으로 납부된 14억을 제외한 체납금 6,000만원을 기준으로 체납된 납부금에 대한 가산금을 구해주어야 한다. → 6,000만 원×3/100=<u>180만 원</u>

그러므로 정답은 ①번이다.

더 알아보기

문제에 등장하는 〈납부금 징수비율〉은 누진세 중에서 단계적 누진법과 관련된 방식이다. 누진세란 경제력의 격차를 발생시키는 소득 간 불평등을 보정하기 위한 것으로 고소득자에게는 높은 세금을, 저소득자에게는 낮은 세금을 거두자는 의도에서 능력에 따른 부담을 원칙으로 하여 실시되는 것으로, 소득세·상속세·재산세 등의 직접세가 누진세에 속한다. 이러한 누진세를 구하는 방법은 크게 3가지로 나뉜다.
- 단순누진 : 1개의 과세물건에 대해 하나의 세율을 부과하는 방식
- 단계적 누진법(초과누진) : 1개의 과세물건을 몇 단계로 분할하여 각 단계를 초과하는 부분에 점차 높은 세율을 부과하고 그 합계를 1개의 과세물건에 대한 세액으로 삼는 방식
- 제한적 누진법 : 세율의 누진을 일정 한도까지만 적용시키고 그 이상의 수량에 대해서는 비례세율을 적용하는 방식

---

197 ▶ ④

접근 방법

1. 노령기초연금을 받는 경우와 그렇지 않은 경우로 나누어 파악하자.
2. ①부터 순차적으로 풀기보다는 노령기초연금을 받는 경우와 그렇지 않은 경우로 나누어 ①,⑤ 이후 ④(순서를 변경하여 파악해도 좋다.)을 파악해 주는 것이 선지를 반복해서 보는 횟수를 줄임으로써 풀이속도를 높일 수 있다.

선택지 해설

노령기초연금을 받는 경우 : 갑, 무

	갑	무
노령기초연금	65세 차상위계층 →60,000원	80세 차상위계층 →80,000원
장애수당	2급 장애인 차상위계층 노령기초연금 수령 / 16일 이후 신청(26일에 신청) →120,000×0.5×0.5=30,000원	6급 장애인 차상위계층 노령기초연금 수령 / 16일 이후 신청(18일에 신청) →60,000×0.5×0.5=15,000원
합계	90,000원	95,000원

노령기초연금을 받지 않는 경우 : 을, 병, 정

	을	병	정
장애수당	3급 장애인 수급자 16일 이후 신청(16일에 신청) → 100,000×0.5 = 50,000원	3급 장애인 차상위계층 16일 이후 신청(18일에 신청) → 80,000×0.5 = 40,000원	4급 장애인 수급자 15일 이전 신청 (8일에 신청) → 100,000
합계	50,000원	40,000원	100,000원

장애수당을 신청한 장애인 중 2009년 5월분으로 가장 많은 금액(장애수당과 노령기초연금의 합산액)을 받은 사람은 '정'이라고 할 수 있다.
그러므로 정답은 ④번이다.

📖 서울대 로스쿨 합격생의 풀이법

제2조 단서조항인 "기초노령연금을 받고 있는 자에게는 해당 월분에 대한 장애수당의 100분의 50을 지급한다." 와 제3조에 나온 "16일 이후이면 해당 월분에 대한 수당의 100분의 50을 지급한다."에 주의해야 했다. 이러한 단서조항을 유심히 보았다면 기초노령연금을 받지 않으면서 16일 이후에 장애수당 지급을 신청한 사람이 가장 많은 금액을 받을 가능성이 적을 것임을 포착하여 이 두 가지를 모두 충족키는 을과 병은 가장 많은 금액을 받기 어려울 것임을 미리 예측하여 문제를 보다 빠르게 해결할 수 있다.

198 ▶ ⑤

접근 방법
1. 주어진 규정이 조-항-호-목의 체계로 제시되어 있을 때에는 '호'나 '목'이 중요하므로 〈상황〉을 해당 호와 목에 정확히 적용하자.
2. 제1항에 제시된 '계상'과 제2항에 제시된 '총액'을 잘 구분하여 〈상황〉에 적용하자.
3. 총액 20억 원을 거의 다 지급하는 것이 바람직하지 절반 정도만 지급하지는 않으리라 생각한 후 ④,⑤ 중 답이 있을 것임에 착안하여 C만 계산하는 방식으로 풀 수도 있다.

핵심 정보
순서대로 제1항~제2항이라 한다.
제1항 : 여성추천보조금 = 선거권자 총수×100원
제2항 : 여성추천보조금 총액 = 제1항에 의해 계상된 금액의 50%
제1호 : 전국지역구총수의 30% 이상 추천한 정당에 적용
총액의 50%는 지급 당시 정당별 국회의석수의 비율만큼 배분·지급
총액의 50%는 직전 실시한 임기만료에 의한 국회의원선거에서의 득표수의 비율만큼 배분·지급
제2호 : 전국지역구총수의 30% 미만 추천한 정당에 적용
가목 : 전국지역구총수의 15% 이상~30% 미만 추천한 정당에 적용
　　　제1호의 기준에 따라 배분·지급
나목 : 전국지역구총수의 5% 이상~15% 미만 추천한 정당에 적용
총액의 30%는 지급 당시 정당별 국회의석수의 비율만큼 배분·지급
총액의 30%는 직전 실시한 임기만료에 의한 국회의원선거에서의 득표수의 비율만큼 배분·지급
제2항 제1호에 적용되는 정당이 없으므로 모든 정당에 제2항 제2호가 적용됨을 알 수 있다.
즉 제2항 제2호 가목에 A당과 B당이 해당되고, 제2항 제2호 나목에 C당이 해당된다.

계상 : 제1항에 〈상황〉1의 선거권자 총수를 적용하면, 4,000만 명×100원 = 40억 원이 여성추천보조금으로 계상된다.
총액 : 제2항에 따라 여성추천보조금 총액은 4억 원×0.5 = 20억 원이 된다.

선택지 해설

A : 제2호 가목에 의해 제1호의 기준에 따라 배분 지급된다. 국회의석수에 따른 비율은 (20억 원×0.5×0.5)이고, 임기만료에 의한 선거 득표수에 따른 비율은 (20억 원×0.5×0.4)이어서 합산하면 지급받을 금액은 총 9억 원이다.

B : 제2호 가목에 의해 제1호의 기준에 따라 배분 지급된다. 국회의석수에 따른 비율은 (20억 원×0.5×0.4)이고, 임기만료에 의한 선거 득표수에 따른 비율은 (20억 원×0.5×0.4)이어서 합산하면 지급받을 금액은 총 8억 원이다.

C : 제2항 제2호 나목에 의해 배분 지급된다. 국회의석수에 따른 비율은 (20억 원×0.3×0.1)이고, 임기만료에 의한 선거 득표수에 따른 비율은 (20억 원×0.3×0.2)이어서 합산하면 지급받을 금액은 총 1억 8천만 원이다.

그러므로 정답은 ⑤번이다.

더 알아보기

글은 정치자금법 제26조의 내용을 바탕으로 구성되었다.

---

199 ▸ ③

접근 방법

1. 甲을 제외한 乙과 丙이 담보물권자보다 우선하여 변제받을 수 있는 금액의 합을 구해야 한다. 이때, 〈상황〉과 법조문이 복잡한 문제이므로 등장인물 간 관계를 도식화하여 풀이하는 것이 좋다.
2. 乙과 丙이 담보물권자보다 우선하여 변제받을 수 있는 금액을 파악하기 위해 법조문에 제시된 자격요건을 갖추었는지 여부를 먼저 검토하자. 이때, 판단에 필요한 자격요건이 제2조에 위치하여 이를 놓치기 쉬우나, 정확한 판단을 위해서는 놓치지 않아야 한다.
3. 불필요한 조건은 읽지 않고 넘어가면 문제를 빨리 풀 수 있다. 가령 수도권 중 과밀억제권역에 있는 건물 임차인이므로 광역시, 그 밖의 지역에 해당하는 규정은 읽지 않아도 된다.

선택지 해설

순서대로 제1조, 제2조로 정의한다.

- 1단계[자격요건 검토]
  제1조 제1항 : 임차인은 주택에 대한 경매신청의 등기 전에 주택의 인도와 주민등록을 마쳐야 한다. → 乙, 丙 모두 주택에 대한 경매신청 등기 전에 주택의 인도와 주민등록을 마친 상황이다.
  제2조 제1호 : 수도권정비계획법에 따른 수도권 중 과밀억제권역 : 6,000만 원 → 乙, 丙 모두 서울특별시(수도권 중 과밀억제권역)에서 거주중이며, 이들의 보증금은 각각 2,000만 원·1,000만 원이다.

- 2단계[우선변제 한도파악]
  제1조 제2항 : 수도권 중 과밀억제권역은 2,000만원까지가 우선변제를 받을 보증금 중 일정액 범위에 해당한다. → 乙, 丙의 보증금은 각각 2,000만원·1,000만 원 이므로 해당 금액이 그대로 보증금 중 일정액에 해당하게 된다.(甲의 경우 2,000만 원을 초과하므로 2,000만 원까지가 보증금 중 일정액에 해당한다.)
  제1조 제3항 : 임차인의 보증금 중 일정액이 주택가액의 2분의 1을 초과하는 경우에는 주택가액의 2분의 1에 해당하는 금액까지만 우선변제권이 있다. → 甲, 乙, 丙의 보증금 중 일정액을 합산하면 5,000만 원으로 주택가액의 2분의 1을 초과하므로 주택가액의 2분의 1에 해당하는 4,000만 원 까지만 우선변제권이 있다.

- 3단계[우선변제 금액확정]
  제1조 제4항 : 임차인이 2명 이상이고 각 보증금 중 일정액을 합한 금액이 주택가액의 2분의 1을 초과하는 경우, 각 보증금 중 일정액을 모두 합한 금액에 대한 각 임차인의 보증금 중 일정액의 비율로 그 주택가액의 2분의 1에 해당하는 금액을 분할한 금액을 각 임차인의 보증금 중 일정액으로 본다. → 각 보증금

중 일정액을 합한 금액 5,000만 원에서 각 임차인 별 보증금 중 일정액의 비율은 2000:2000:1000＝2:2:1이며, 주택가액의 2분에 1에 해당한 금액인 4,000만 원을 해당 비율로 분할해 주게 되므로 乙은 1,600만 원·丙은 800만 원을 각 임차인의 보증금 중 일정액으로 보게 된다.

따라서 乙과 丙이 담보물권자보다 우선하여 변제받을 수 있는 금액의 합은 2,400만 원이므로 정답은 ③번이다.

더 알아보기

글은 주택임대차보호법 제8조의 내용을 바탕으로 구성되었다.

제8조(보증금 중 일정액의 보호) ① 임차인은 보증금 중 일정액을 다른 담보물권자(擔保物權者)보다 우선하여 변제받을 권리가 있다. 이 경우 임차인은 주택에 대한 경매신청의 등기 전에 제3조 제1항의 요건을 갖추어야 한다.
  ② 제1항의 경우에는 제3조의 2 제4항부터 제6항까지의 규정을 준용한다.
  ③ 제1항에 따라 우선변제를 받을 임차인 및 보증금 중 일정액의 범위와 기준은 제8조의 2에 따른 주택임대차위원회의 심의를 거쳐 대통령령으로 정한다. 다만, 보증금 중 일정액의 범위와 기준은 주택가액(대지의 가액을 포함한다)의 2분의 1을 넘지 못한다.

---

200 ▸ ③ 【 정답률 44.94% 】

접근 방법

1. 문두에 제시된 상황을 〈법조문〉 제00조 제3항에 대입하는 방식으로 접근하면 보다 수월하게 해결할 수 있다.
2. 乙이 수령한 금액은 1,200만 원이다. 그런데 ①과 ②는 각각 이보다 낮은 760만 원과 1,000만 원을 최종적인 변제금액으로 제시하였으므로 우선적으로 소거할 수 있다.

핵심 정보

甲이 乙에게 빌려주기로 약정한 금액은 2,000만 원이지만 선이자 800만 원을 공제한 후 '채무자가 실제 수령한 금액'은 1,200만 원이다.
이를 기준으로 제00조 제1항에 제시된 금전소비대차에 관한 계약상의 최고이자율인 30%에 따라 계산한 금액은 360만 원이다.
이러한 내용을 제00조 제3항에 대입하면 다음과 같다.

  ③ 약정금액(당초 빌려주기로 한 금액)[2,000만 원]에서 선이자[800만 원]를 사전 공제한 경우, 그 공제액[800만 원]이 '채무자가 실제 수령한 금액[1,200만 원]'을 기준으로 하여 제1항에서 정한 최고이자율[30%]에 따라 계산한 금액을[360만 원] 초과하면 그 초과부분[440만 원]은 약정금액의 일부를 변제한 것으로 본다.

선택지 해설

약정금액인 2,000만 원 중 이미 변제된 것으로 볼 수 있는 440만 원을 제외한 1,560만 원이 乙이 갚기로 한 날짜에 甲에게 변제하여야 할 금액이라고 할 수 있다(제00조 제3항).

더 알아보기

해당 문제는 이자의 최고한도와 사전공제에 관한 이자제한법 제2조, 제3조의 내용을 바탕으로 구성되었다. '선이자'란 '채무자가 지급하여야 할 이자를 미리 계산해서, 이를 약정의 원본액에서 공제한 잔액만을 교부하는 경우, 미리 계산해서 약정원본에서 공제되는 이자'를 말한다. 가령 100만원을 3개월간 빌리는 경우 이자 10만원을 약정원본액 100만원에서 미리 공제해서, 실제로는 90만원을 채무자에게 빌려주고 3개월 후에 100만원을 반환받는 경우다. 선이자를 사전 공제한 경우 그 공제액의 채무자가 실제로 수령한 금액을 원본으로 하여 이자제한법 제2조 제1항에서 정한 최고이자율(연 30%)에 따라 계산한 금액을 초과하는 때에는 그 초과부분은 원본에 충당한 것으로 본다(이자제한법 제3조).

접근 방법

1. 분할납부에 관한 규정 중 '국가·지방자치단체 및 공공기관의 분할납부의 횟수는 2회로 한다'는 부분을 놓치지 않아야 한다. 해당 부분을 놓칠 경우, 선지 ③에서 생태계보전협력금으로 도출된 2.25억 원을 분할납부 횟수 3회로 나누는 실수를 범할 수 있기 때문이다.
2. 공통적으로 곱해야 하는 단위면적($1m^2$)당 부과금액 250원을 생략하고, 분할납부의 기준과 총 부과금액 상한선을 각각 250으로 나눠 계산에 반영할 수 있다. 이렇게 하면 2억/250＝80만, 10억/250＝400만을 기준으로 하게 된다.

핵심 정보

'생태계 훼손면적×단위면적당 부과금액×지역계수'라는 생태계보전협력금액산정공식에 따라 생태계보전협력금액의 총 부과금액을 구한다.

	생태계 훼손면적	단위면적당 부과금액	지역계수	총 부과금액
①	35만㎡		2(상업지역)	1.75억
②	20만㎡		4(농림지역)	2억
③	30만㎡	250원	3(녹지지역)	2.25억
④	20만㎡ + 20만㎡		1(주거지역) 3(녹지지역)	2억
⑤	25만㎡ + 25만㎡		1(주거지역) 5(자연환경보전지역)	3.75억

총 부과금액에 따른 분할납부 횟수는 다음과 같다.

	①	②	③	④	⑤
분할납부 횟수	2회	2회	2회 (공공기관)	2회 (지자체)	3회

선택지 해설

① 甲의 분할납부금액 : 1.75억 원÷2회＝0.875억 원/1회
② 乙의 분할납부금액 : 2억 원÷2회＝1억 원/1회
③ 丙의 분할납부금액 : 2.25억 원÷2회＝1.125억 원/1회
④ 丁의 분할납부금액 : 2억 원÷2회＝1억 원/1회
⑤ 戊의 분할납부금액 : 3.75억 원÷3회＝1.25억 원/1회
생태계보전협력금의 1회분 분할납부금액이 가장 적은 것은 ①번이다.

🕮 서울대 로스쿨 합격생의 풀이법

계산과정을 최소화할 필요가 있다. 즉 ①~⑤의 내용 중 1회분 분할납부금액이 가장 적은 것을 찾는 문제이므로 계산과정에서 공통적으로 사용되는 단위면적당 부과금액(250원)을 생략하여 계산과정을 최소화할 수 있다. 이를 적용하여 생태계보전협력금의 총 부과금액을 계산한다면 '생태계훼손면적×지역계수' 공식에 따라 해당 금액을 구할 수 있으며, 분할납부의 기준 역시 2억 원이 아닌 80만 원이 되어 보다 용이하다.

	총 부과금액	분할납부 횟수	1회분 분할납부금액
①	35만㎡×2＝70만 원	2회	35만 원
②	20만㎡×4＝80만 원	2회	40만 원
③	30만㎡×3＝90만 원	2회(공공기관)	45만 원
④	(20만㎡×1)+(20만㎡×3)＝80만 원	2회	40만 원
⑤	(25만㎡×1)+(25만㎡×5)＝150만 원	3회	50만 원

---

202 ▸ ② 【 정답률 54.7% 】

접근 방법

1. 〈상황〉에 등장한 기업들이 과징금의 면제 또는 감경 대상이 되는지 여부를 규정된 요건에 따라 파악하되, 제1항 제3호에 해당되어 과징금의 면제 또는 감경 대상에서 제외되는 기업이 어느 기업인지를 〈상황〉의 내용을 통해 우선적으로 파악해 줄 필요가 있다.
2. 〈각 기업별 매출액 현황〉 도표를 적극적으로 활용하자. 과징금의 면제 또는 감경 대상이 되는지 여부를 '면제', '감경' 또는 기호를 사용해 표시하고 최종 과징금까지 도표 주변의 여백을 이용해 계산해 줌으로써 내용파악에 소요되는 시간 및 불필요한 시선 이동으로 인한 소요시간을 최소화할 수 있다.

핵심 정보

〈상황〉의 내용을 근거로 甲~戊 중 과징금 면제 또는 감경의 대상이 되는 기업이 어느 기업인지를 파악하자.

• 甲 : 2013년 1월 3일에 담합사실을 자진신고하여 과징금 면제의 대상이 되지만(제1항 제1호), 戊가 담합행위에 참여하도록 강요했기 때문에 과징금을 면제받지 못한다(제1항 제3호).
• 乙 : 2013년 1월 4일에 담합사실을 신고하여 과징금 감경 대상이 되지만(제1항 제2호), 甲이 면제대상에서 제외되었기 때문에(제1항 제3호) 甲의 신고 순서를 승계 받게 되어 과징금을 면제받게 된다(제3항).
• 丙 : 자진신고 및 담합을 입증하는데 필요한 증거를 제출하였으나 담합행위를 중단하지 않았기 때문에 부당한 공동행위의 중단이라는 요건을 충족시키지 못했다고 할 수 있다(제1항 제1호 다목). 따라서 과징금의 면제 또는 감경 대상이 되지 않는다.
• 丁 : 2013년 1월 9일에 담합사실을 신고하여 신고 순서로는 네 번째이지만 앞선 신고자인 甲과 丙이 과징금의 면제 또는 감경 대상에서 제외되었기 때문에 이전 신고자의 순위를 승계 받아(제3항) 적용 대상이 된다(제1항 제2호). 따라서 과징금의 100분의 50을 감경 받게 된다.
• 戊 : 甲으로부터 담합행위 참여를 강요받은 사실이 있으나 담합사실에 대하여 자진신고를 하지 않았기 때문에 과징금의 면제 또는 감경대상에 해당되지 않는다.

선택지 해설

각 기업의 과징금을 도출해 보면 다음과 같다.

기 업	甲	乙	丙	丁	戊
신고순서	1 (1/3)	2 (1/4)	3 (1/7)	4 (1/9)	×
매출액(억 원)	2,000	3,000	700	1,500	900
과징금의 면제/감경여부		면제		감경 (50%)	
과징금(억 원)	200	0	70	75	90

따라서 각 기업들이 납부해야 할 과징금이 큰 순서대로 기업을 나열하면 甲 〉戊 〉丁 〉丙 〉乙이다.

---

203 ▸ ① 【 정답률 67.6% 】

접근 방법

1. 글을 잘 정리한 다음에 〈상황〉에 적용하는 것이 효율적이다. 특히 과실상계보다 상대적으로 덜 알려진 법률용어인 손익상계에 대하여 잘 정리하자.
2. 손해배상의 책임 원인과 무관한 이익, 예컨대 사망했을 때 별도 가입한 생명보험금은 손익상계 시 공제되지 않는다는 것에 주의하자.

핵심 정보

과실상계와 손익상계는 다음과 같이 정리된다.
1. 과실상계 : 피해자의 과실 비율을 손해액에서 참작하여 손해액을 산정하는 것
2. 손익상계 : 손해배상 청구권자가 손해를 본 것과 같은 원인에 의하여 이익도 보았을 때, 손해에서 그 이익을 공제하는 것

또한, 유족보상금은 손익상계로 공제되지만 별도 가입한 보험계약에 따라 받은 생명보험금은 손익상계로 공제되지 않으므로, 甲의 경우 유족보상금 3억 원은 손익상계로 공제되지만 생명보험금 6천만 원은 공제되지 않는다.

선택지 해설

甲의 과실 비율을 A라고 하면, 甲이 받을 배상액은 다음과 같다.
{6억 원×(100−A)%}−3억 원＝1억 8,000만 원
이를 풀면 A＝20(%)이 되고, 따라서 B＝80(%)이다.

더 알아보기

해당 지문은 과실상계에 관한 민법 제396조와 대법원 1990. 5. 8. 선고 89다카29129 판결 등을 바탕으로 구성한 것이다. 민법 제396조는 일반 채무불이행 책임에 대한 규정이지만, 민법은 제763조에서 불법행위에 대하여 제396조를 준용한다. 한편 별도로 가입한 보험계약에 따른 생명보험금이나 부의금 등이 손익상계로 공제되지 않는 이유는 다음과 같다. 즉 생명보험금의 경우 피보험자가 사망하면 면책사유가 없는 한 보험계약에 따라 지급되는 것이므로 손해배상의 책임과는 관계가 없기 때문이다. 그리고 조문객의 부의금은 피해자의 사망을 위로하기 위하여 도의상 지급하는 것이지 '공무수행 중 불법행위로 사망'하였기 때문에 그에 대한 책임을 지기 위하여 지급하는 것은 아니기 때문이다.

---

204 ▶ ④ 【 정답률 80.68% 】

접근 방법

1. 송달료 납부기준을 정확히 파악하는 것이 관건이다. 다만, 글에 등장하는 송달이 무엇인지 송달료가 무엇인지에 관한 내용은 이러한 납부기준 파악 및 송달료 합계 계산에 직접적인 영향을 끼치지 않기 때문에 제시된 텍스트와 〈상황〉에서 송달과 송달료의 설명부분, 구체적인 사실관계를 적시한 부분은 읽지 않아도 무방하다.
2. 〈상황〉에 따르면 甲은 항소를 제기한 상황이므로 납부해야 할 송달료의 합계를 구할 때, 민사 1심 소액사건 부분 및 민사 항소사건과 관련된 송달료를 각각 구해서 합하는 방식으로 문제를 해결하자.
3. 〈상황〉에서 항소를 제기했다는 부분만 보고 민사 항소사건의 송달료만 구할 수 있으나 이로 인해 출제자가 설치해 둔 함정(①번)에 빠질 수 있으므로 이에 주의하자.

선택지 해설

• 민사 1심 소액사건의 송달료
  민사 1심 소액사건의 송달료를 구하는 공식인 '당사자 수×송달료 10회분'에 따라 최종적으로 64,000원이 도출된다. (2명×3,200원×10＝64,000원)
• 민사 항소사건의 송달료
  민사 항소사건의 송달료를 구하는 공식인 '당사자 수×송달료 12회분'에 따라 최종적으로 76,800원이 도출된다. (2명×3,200원×12＝76,800원)

따라서 甲이 납부하는 송달료의 합계는 140,800원(64,000원＋76,800원)이 된다.

205 ▸ ② 【 정답률 57.2% 】

접근 방법

1. 각 단위의 상대비를 파악하고(1쿠말=2젖소=4온스), 영주와 주교의 명예가격이 동일하다는 부분을 통해 1쿠말, 젖소 2마리, 은 4온스는 같은 금액이라는 것을 파악한다.
2. 영주의 아내는 영주의 보호를 받기에 그에 따른 명예가격도 지불해야 한다는 점을 유념해야 한다.
3. 선지가 온스 기준으로 물어보고 있기 때문에, 지문에 등장하는 모든 단위를 온스를 기준으로 변환시켜 처음부터 계산하는 것이 좋다. 또한, 주어진 〈상황〉에 '/' 표시를 하며 놓치지 않도록 계산하는 것이 좋다. 선지 구성이 끝 자리가 '9'이므로 빼먹었을 시 검산에 활용할 수 있다.

핵심 정보

글과 선택지를 고려하여, 쿠말, 젖소, 은을 '은 1온스' 기준으로 통일한다.

젖소 1마리	은 2온스
1쿠말	은 4온스
은 1온스	은 1온스

글의 내용을 고려하여 〈상황〉에 나와 있는 사람에 대한 배상금을 표시한다.
① 주교의 목숨
② 영주 부상
③ 영주의 아내 부상
④ 하인 10명 딸린 부유한 농민 2명 목숨

	영주·주교	하인 10인 딸린 부유한 농민×2	영주의 아내
명예가격	은 20온스	은 15온스	은 20온스
목숨에 대한 배상	은 40온스	은 40온스	은 40온스
부상에 대한 배상	은 8온스	은 4온스	은 1온스

① 주교의 목숨 : 은 20온스＋은 40온스＝은 60온스
② 영주 부상 : 은 20온스＋은 8온스＝은 28온스
③ 영주의 아내 부상 : 은 20온스＋은 1온스＝은 21온스
④ 하인 10명 딸린 부유한 농민 2명 목숨 : (은 15온스＋은 40온스)×2＝은 110온스
모두 합하면 은 219온스가 도출된다.

선택지 해설

〈상황〉을 정리하면 A가 죽인 사람이 3명, 상해를 입힌 사람은 영주와 영주의 아내로 2명이다.
죽은 사람이 3명이므로 목숨에 대한 배상금은 30쿠말이고, 영주와 영주의 아내의 부상에 대한 배상금은 2쿠말 1온스 이다.
또한 A는 이들에 대한 명예가격도 지급해야 하는데 영주, 주교, 영주의 아내에 대해 각각 5쿠말씩, 부유한 농민 2명 에 대해 각각 젖소 7.5마리씩이다.

- 목숨에 대한 배상금＝10쿠말×3＝30쿠말
- 부상에 대한 배상금＝2쿠말 1온스
- 명예가격＝(5쿠말×3)＋(젖소 7.5마리×2)＝15쿠말＋젖소 15마리

영주의 명예가격은 주교의 명예가격과 같다는 본문의 내용을 통해 5쿠말은 젖소 10마리 또는 은 20온스와 가치가 같다는 사실을 알 수 있다.
즉, 1쿠말은 젖소 2마리 또는 은 4온스와 같은 가치이다. 또 젖소 1마리는 은 2온스와 같다.

- 목숨에 대한 배상금＝120온스

- 부상에 대한 배상금=9온스
- 명예가격=90온스

그러므로 A가 지급하여야 하는 총액은 은 219온스이다.

---

206 ▸ ⑤ 【 정답률 48.1% 】

접근 방법

1. 보조금 계상단가를 우선적으로 구해 준 이후 '경상보조금'과 '선거보조금'을 차례로 구하는 일련의 과정에 따라 해결하자.
2. 법조문과 〈상황〉에 제시된 내용 중에서 문제 해결을 위해 필요한 부분과 그렇지 않은 부분을 빠르게 구별하자(해당 부분에 지나치게 매몰되어 불필요한 시간낭비를 하지 않도록 주의해야 한다.). 이 문제에서는 법조문에서는 제4항이, 〈상황〉에서는 2017년에 치러질 선거에 관한 부분이 문제 해결과 직접적인 연관이 없는 부분이었다.

핵심 정보

〈상황〉
- 최근 실시한 임기만료에 의한 국회의원 선거권자 총수 : 3천만 명
- 2015년 국고보조금 계상단가 : 1,000원
- 전국소비자물가 변동률을 적용하여 산정한 보조금 계상단가는 전년 대비 매년 30원씩 증가
- 2016년에 치러질 선거 : 5월 대통령선거, 8월 임기만료에 의한 동시지방선거

선택지 해설

2016년 정당에 지급할 국고보조금의 총액은 다음과 같이 구할 수 있다.
- 1단계[보조금 계상단가]
  제3항에 따르면 보조금 계상단가는 전년도 보조금 계상단가에 전전년도와 대비한 전년도 전국소비자가물가 변동률을 적용하여 산정한 금액임 → 〈상황〉의 내용에 따르면 2015년 국고보조금 계상단가는 1,000원이며 전국소비자물가 변동률을 적용하여 산정한 보조금 계상단가는 전년 대비 매년 30원씩 증가하므로, 2016년 보조금 계상단가는 1,030원이 된다.

- 2단계[경상보조금]
  제1항에 따르면 국가는 정당에 대한 보조금으로 최근 실시한 임기만료에 의한 국회의원선거의 선거권자총수에 보조금 계상단가를 곱한 금액을 매년 예산에 계상함 → 〈상황〉의 내용에 따르면 최근 실시한 임기만료에 의한 국회의원 선거권자 총수는 3천만 명이며, 앞서 보조금 계상단가는 1,030원으로 구했으므로 2016년 정당에 지급할 경상보조금은 309억 원이 된다.(3천만 명×1,030)

- 3단계[선거보조금]
  제2항에 따르면 대통령선거, 임기만료에 의한 국회의원선거 또는 동시지방선거가 있는 연도에는 각 선거마다 보조금 계상단가를 추가한 금액을 제1항의 기준에 의하여 예산에 계상함 → 〈상황〉의 내용에 따르면 2016년에는 5월 대통령선거와 8월 임기만료에 의한 동시지방선거가 있으므로 각 선거별로 제1항의 기준에 따른 금액이 지급되며 이에 따라 2016년 정당에 지급할 선거보조금은 618억 원이 된다.(309억원×2)

따라서 2016년 정당에 지급할 국고보조금 총액은 927억 원이 된다.

더 알아보기

해당 규정은 정치자금법 제25조(보조금의 계상)의 내용을 바탕으로 구성되었다. 또한 이와 관련한 최근 판례(헌법재판소 2015. 12. 23. 자 2013헌바168 결정)가 있다.

207 ▸▸ ⑤ 【 정답률 76.5% 】

접근 방법

1. 보증금을 구하기 위해 필요한 내용이 글의 중간에 등장하지만, 단순히 '10분의 1'이라는 수치만 보고 甲의 매수가격인 2억 5천만 원×0.1(10분의 1)＝2천 5백 만 원을 보증금으로 판단하는 실수를 범하지 않도록 주의하자.
2. ㉠을 해결하기 위해서는 글의 단서규정 부분인 "다만 차순위매수신고는 매수신고액이 최고가매수신고액에서 보증금을 뺀 금액을 넘어야 할 수 있다."에 유의할 필요가 있다. 乙의 매수신고액이 최소한 甲이 신고한 최고가매수신고액에 보증금을 뺀 금액을 넘어야 차순위매수신고를 할 수 있다.
3. 최저가매각가격과 매수신고액의 구별이 문제의 핵심이다.

선택지 해설

1) 甲이 신고한 '최고가매수신고액'과 보증금 계산
   〈상황〉의 내용에 따르면 甲이 신고한 최고가매수신고액은 2억 5천만 원임을 확인할 수 있으며, 글의 내용에 따라 해당 A주택의 보증금은 2천만 원임을 확인할 수 있다.(A주택의 최저가매각가격 2억 원×0.1(＝10분의 1)＝2천만 원)

2) 최고가매수신고액에서 보증금을 뺀 금액 계산
   甲이 신고한 최고가매수신고액 2억 5천만 원에서 앞서 계산에 따른 보증금 2천만 원을 제외하면 최고가매수신고액에서 보증금을 뺀 금액은 2억 3천만 원임을 확인할 수 있다.

정리된 내용을 〈상황〉의 괄호 안에 대입하면 다음과 같다.

甲과 乙은 법원이 최저가매각가격을 2억 원으로 정한 A주택의 경매에 입찰자로 참가하였다. 甲은 매수가격을 2억 5천만 원으로 신고하여 최고가매수신고인이 되었다. 甲이 지정된 기일까지 대금을 납부하지 않은 경우, 乙이 차순위매수신고를 하기 위해서는 乙의 매수신고액이 최소한 (2억 3천만 원)을 넘어야 한다.

따라서 정답은 ⑤번이다.

---

208 ▸▸ ⑤ 【 정답률 80.1% 】

접근 방법

1. 규정에서 계산식이 주어진 경우 이를 빨리 정리하는 것이 중요하다. 이 문제의 경우 (증권거래세)＝(과세표준 : 주당 양도금액×주권 수)×((탄력)세율)이다.
2. ②에서 '세액'을 구하는 근거규정을 찾지 못했을 때 '증권거래세'와 '세율'의 관계를 따져 보자. 그리고 ⑤도 '세액'에 대한 내용이 있으므로 함께 풀이하자.

선택지 해설

순서대로 제1조~제5조라 한다.
① (×) 甲은 금융투자업자 乙을 통하여 주권을 양도하였으므로 증권거래세는 금융투자업자인 乙이 납부한다(제2조 단서).
② (×) 각 주식의 증권거래세를 계산한다.
   (A회사)＝30,000원×100주×(1.5/1000) : 탄력세율(제5조 제1호))＝4,500원
   (B회사)＝10,000원×200주×(3/1000) : 탄력세율(제5조 제2호))＝6,000원
   (C회사)＝50,000원×200주×(5/1000) : 세율(제4조))＝50,000원
   따라서 증권거래세액 총합은 60,500원이다.
③ (×) X증권시장 및 Y증권시장을 통하지 않고 양도한 C회사 주권의 경우 탄력세율을 적용받지 못한다(제5조).

④ (×) (과세표준)＝(주당 양도금액)×(주권 수)이므로(제3조) 30,000원×100주＝300만 원이다.

⑤ (○) C회사 주권 200주를 주당 50,000원에 양도하면 과세표준은 1천만 원이다(제3조). 여기서 Y증권시장을 통하면 세율이 1천분의 2(1천분의 5-1천분의 3)만큼 줄어들게 되므로(제5조 제2호), 감소하는 세액은 1천만 원×2/1000＝2만 원이다.

📖 서울대 로스쿨 합격생의 풀이법

(당초 세액)＝50,000원×200주×{5/1000 : 세율(제4조)}＝50,000원
(Y증권시장을 통할 경우 세액)＝50,000원×200주×{3/1000 : 탄력세율(제5조 제2호)}＝30,000원
따라서 2만 원 감소한다.

---

209 ▸ ④ 【 정답률 45.2% 】

접근 방법

1. 규정에 나타난 과태료 부과기준을 표로 정리하면서 각 상황을 그 표에 대입해본다. 특히 '해태기간' 계산은 신고기간 만료일의 다음 날부터 기산하여 신고를 하지 않은 기간이라는 규정에도 유의한다.
2. '이상', '이하', '초과', '미만'과 같은 단어에 유의한다.

핵심 정보

과태료 부과기준을 표로 나타내면 다음과 같다.
제1항(신고를 게을리 한 경우)

실제거래가격　　　　　　　해태기간	1개월 이하	1개월 초과
3억 원 미만	50만 원	100만 원
3억 원 이상	100만 원	200만 원

제2항 제1호(부동산의 실제 거래가격을 거짓으로 신고한 경우)

실제거래가격　　　　　　신고가격과 차액	20% 미만	20% 이상
5억 원 이하	취득세의 2배	취득세의 3배
5억 원 초과	취득세의 1배	취득세의 2배

제2항 제2호(부동산을 취득할 수 있는 권리를 거짓으로 신고한 경우)

신고가격과 차액	20% 미만	20% 이상
과태료	실제 거래가액의 100분의 2 (＝2%)	실제 거래가액의 100분의 4 (＝4%)

선택지 해설

甲은 신고를 게을리 하고 거짓으로 신고하였으므로 과태료가 병과된다.
1) 해태기간 관련, 신고기간 만료일은 2018. 1. 15.부터 60일 후인 2018. 3. 16.이다. 따라서 2018. 3. 17.부터 기산할 때 2018. 4. 2.는 1개월 내이므로 해태기간은 1개월 이하이다. 따라서 甲에게 부과된 과태료는 100만 원이다(실제 거래가격은 5억 원으로 3억 원 이상).
2) 거짓 신고 관련, 甲은 부동산 자체의 매도가격을 3억 원으로 거짓 신고한 것이고 실제 거래가격 5억 원과의 차액 2억 원은 실제 거래가격의 20% 이상이다. 따라서 甲에게 부과된 과태료는 취득세의 3배, 즉 (실제 거래가격 5억 원)×1/100×3＝1,500만 원이다.

乙은 거짓 신고만 하였고 그 대상이 입주권이므로 위 제2항 제2호의 표만 정리하면 된다. 즉 실제 거래가격(2억 원)과 신고가격(1억 원)의 차액 1억 원은 실제 거래가격의 20% 이상이므로, 乙에게 부과된 과태료는 (실제 거래가격 2억 원)×4/100＝800만 원이다.

따라서 甲과 乙에게 부과된 과태료의 합은 100＋1,500＋800＝2,400만 원이다.

---

210 ▸ ②

[접근 방법]

글에 제시된 과실상계에 대해 정확히 이해하는 것이 중요하다. 특히, 과실상계 후 법원이 피해자에게 얼마의 지급을 명해야 하느냐에 관하여 두 학설이 존재하므로 이들의 차이점에 주의한다.

[핵심 정보]

외측설 : 피해자가 손해배상을 청구하는 과정에서 과실상계를 한번 거쳤다고 본다.
안분설 : 청구한 손해배상액을 기준으로 과실상계를 거쳐야 한다고 본다.

[선택지 해설]

ㄱ. (○) 외측설에 의하면, 우선 손해 전액(5,000만원)을 산정하여 그로부터 과실상계(40% 감액)한 뒤에 남은 잔액(3,000만원)과 청구액(4,000만원) 중 적은 금액을 승소금액으로 하므로 승소금액은 3,000만원이 된다.

ㄴ. (○) 안분설에 의하면, 청구한 금액(4,000만원)에서 과실상계(40% 감액)한 나머지(2,400만원)가 승소금액이므로 옳다.

ㄷ. (×) 안분설의 경우, 피해자가 자신의 과실비율만큼 감액하고 남은 금액, 즉 손해 전체가 아닌 일부만을 청구한다고 보면, 이 청구액에서 자신의 과실상계만큼 또 감액하므로 자신의 의도와 달리 이중으로 감액하게 된다.

---

211 ▸ ②

[접근 방법]

1. T가 음주종료시점부터 교통사고발생시점까지의 시간이 아니라는 것이 큰 함정이다. 공식이 나올 때는 항상 변수가 어떤 것을 의미하는지 유의하자.

2. 시간당 알코올 분해량은 실무에서 대법원 판례에 따라 피고인에게 가장 유리한 수치를 적용한다는 대목을 읽으면서, 0.030%로 계산하면 된다는 사실을 바로 표시해두자.

[선택지 해설]

주어진 공식의 변수를 계산하면 다음과 같다.

- A＝1,000×0.2×0.8×0.7＝112
- P＝70(kg), R＝1, T＝2(시간, 혈중알코올농도 최고치 시간은 음주종료시점 후 90분이므로 11시 반이다. 따라서 이때부터 교통사고발생시점인 새벽 1시 반까지는 2시간)
- B＝0.03%(시간당 알코올 분해량이 클수록 알코올농도가 낮게 측정되어 피고인에게 유리하므로 피고인에게 가장 유리한 큰 수치를 적용해야 한다)
- C＝$\frac{112}{70\times1\times10}$＝0.16(%)

  혈중알코올농도＝0.16추리－(2×0.03)＝0.1

'0.09 이상~0.12 미만' 구간에 해당하는 6개월 이하 징역 또는 300만원 이하 벌금인 ②번이 정답이다.

접근 방법

1. 글과 <상황>의 내용을 정리하여 차근차근 계산하자. 이때 각 항목에 번호를 매기는 것도 효율적인 풀이에 도움이 될 것이다.
2. '다만' 이하의 내용은 출제 의도와 상대적으로 가깝기 때문에 더욱 신경 써서 읽는 것이 좋다.

핵심 정보

건물과 토지의 양도세는 다음과 같다.
(건물) ① 주택 : 양도세 면제 / 상가 : 가격의 10%
　　　 ② 주택과 상가가 섞여 있으면 면적 비율
　　　 ③ 다만, 주택이 50% 초과 시 전체를 주택으로 봄
(토지) ④ 가격의 10%
　　　 ⑤ 주택(③의 경우 포함) 부속 토지는 주택면적의 5배까지 면세
　　　 ⑥ 주택과 상가가 섞여 있으면 면적 비율
(공통) ⑦ 거래대상 건물이나 토지 일부분의 가격
　　　 ＝해당 부분이 차지하는 면적비율×전체 건물/토지 가격

선택지 해설

<상황>을 정리하면 다음과 같다.
건물 X(주택 600㎡, 상가 400㎡)
주택이 60%이므로 ③에 따라 전체가 주택으로 간주
양도세는 다음과 같다.
(건물) 면제(①)
(토지) 10,000㎡ 중 1,000×5＝5,000㎡는 면세(⑤, ⑥)
　　　 나머지 5,000㎡에 대해서는 다음과 같이 계산된다.
　　　 100억원×10%×5,000/10,000＝5억원(④, ⑦)
건물 Y(주택 2,000㎡, 상가 3,000㎡)
양도세는 다음과 같다.
(건물) 1,000억원×3,000/5,000×10%＝60억원(①, ②)
(토지) 25,000㎡ 중 2,000×5＝10,000㎡는 면세(⑤)
　　　 나머지 15,000㎡에 대해서는 다음과 같이 계산된다.
　　　 1,000억원×10%×15,000/25,000＝60억원(④, ⑦)
甲이 납부하여야 할 양도세의 총액은 125억원이다.

접근 방법

1. 선지와 글의 키워드를 연결하여 풀이 시간을 단축할 수 있다. 예컨대 생태계보전부담금 부과대상이 아닌 사업을 검토 대상에서 제외할 수 있다.
2. 금액 산정 방식의 단서에 따른 감면비율도 놓쳐서는 안 된다. 예컨대 감면비율이 80%라면 부과되는 금액은 20%이다.

ㄱ. (○) 개간 및 공유수면 매립사업은 생태계보전부담금 부과대상 사업이고 甲의 사업은 농림지역에서 추진되었으며 훼손된 자연환경을 복원하기 위한 시설을 설치한 것이므로 금액은 다음과 같이 계산된다.

8,000(m^2)×300(원)×3(농림지역)×50%(훼손된 자연환경 복원) = 3,600,000(원)

ㄴ. (×) 국방군사 시설 설치사업은 생태계보전부담금 부과대상 사업이고 甲의 사업은 녹지지역에서 추진되었으며 군사작전에 필요한 시설을 설치하는 사업이므로 금액은 다음과 같이 계산된다.

6,000(m^2)×300(원)×2(녹지지역)×20%(군사작전 필요 시설)=720,000(원)

ㄷ. (×) 丙이 채굴계획 인가면적이 80,000m^2인 광업을 자연환경보전지역에서 추진하였다. 그런데 광업 관련 생태계보전부담금 부과대상 사업은 채굴계획 인가면적이 10만 제곱미터 이상인 경우이다. 즉 丙의 사업은 생태계보전부담금 부과대상이 아니므로, 납부기한이나 납부금액 등도 문제되지 않는다.

LEET

214 ▸ ④

접근 방법

1. 문두의 조건과 〈형벌 규정〉을 정확하게 매칭하고 나아가 〈처벌 사례〉를 통하여 유추 적용하자.
2. 〈형벌 규정〉은 '양민이 양민을 물건으로 구타'하는 경우에 적용하는 것이다. 즉 '노비'인 흥에게 직접 적용하는 규정은 아니므로 유추 적용의 여지 즉 가중하는 조건이 있는 경우다. 또한 해당 사안은 단순 상해가 아니라, 공범과 자수가 혼합되어 있는 복잡한 사안이어서 감경조건이 있다. 감경조건을 먼저 살펴보고 가중조건을 살펴보도록 하자.

핵심 정보

〈형벌 규정〉의 첫 번째 내용을 통해서 아래와 같은 등급을 정할 수 있고, 문두에 제시된 노비 '흥'의 손가락 3개를 부러뜨린 행위를 〈형벌 규정〉의 두 번째 내용에 적용하면 '도형 1년 반'에 처해질 것임을 알 수 있다.

선택지 해설

1. 감경조건
   〈형벌 규정〉의 세 번째 내용은 등급을 감하는 조건이다. 즉 '여럿이 함께 사람을 구타하여 상해'한 경우이므로 1등급을 감한다. 또한 범인인 흥이 자수를 하였으므로 2등급을 다시 감한다. 그리고 같이 범행을 저지른 범인을 붙잡아 자수하였으므로 다시 1등급을 감한다. (3명 중 1명만을 붙잡아 자수하였으므로 '반수 이상을 붙잡아 자수'한 경우는 적용하지 않는다) 그렇다면 감경조건을 통하여 총 4등급이 감해짐을 알 수 있다.

2. 가중조건
   〈형벌 규정〉의 네 번째 내용은 등급을 가중하거나 감하는 조건이다. 주의할 것은 주어진 신분의 고하가 '양민 − 부곡(상급천민) − 노비(하급천민)' 순이라는 것이다. 이 사례는 노비가 양민을 상해하였으므로 가하는 조건에 해당한다. 또한 피해자가 양민인 주인의 친족인 경우이므로 이를 파악하기 위해 주어진 〈처벌 사례〉를 살펴보고 유추 적용의 근거로 삼아야 한다.
   첫 번째 〈처벌 사례〉 중 앞부분 "양민 갑의 노비 을이 양민 병과 싸우다 양민 병의 치아를 하나 부러뜨린" 경우 〈형벌 규정〉에 따라 도형 1년에 처해야 하는데 '도형 2년'에 처해졌다는 것은, 갑과 을의 신분이 2등급 차이가 나는 탓에 을에게 주어지는 형벌을 2등급 가하였음을 파악하여 이를 노비 흥에게 적용해야 한다.
   첫 번째 〈처벌 사례〉 중 뒷부분 "병의 부곡 정이 양민 갑과 싸우다 양민 갑의 치아를 2개 부러뜨린" 경우 〈형벌 규정〉에 따라 도형 1년 반에 처해야 하는데 '도형 2년'에 처해졌다는 것은, 갑과 을의 신분이 1등급 차이가 나는 탓에 을에게 주어지는 형벌을 1등급 가하였음을 파악하여 이를 노비 흥에게 적용해야 한다.
   두 번째 〈처벌 사례〉 중 앞부분 "양민 갑의 노비 을이 양민 갑의 숙부인 양민 무와 싸우다 양민 무를 벽돌로 쳐서 상해를 입힌" 경우 〈형벌 규정〉 중 물건으로 상해한 경우에 해당하여 장형 80대에 처해야 하는데 '도형 1년'에 처해졌다는 것은, 을과 무의 신분이 2등급 차이가 날 뿐만 아니라 주인의 친족이 포함된 경우 다시 1등급을 차등적으로 가하였음을 파악하여 이를 노비 흥에게 적용해야 한다.

두 번째 〈처벌 사례〉 중 뒷부분 "(양민 갑의 숙부인) 양민 무가 노비 을의 늑골을 부러뜨린" 경우 〈형벌 규정〉에 의해 도형 2년에 처해야 하는데 '장형 100대'에 처해졌다는 것은, 을과 무의 신분이 2등급 차이가 날 뿐만 아니라 주인의 친족이 포함된 경우 다시 1등급을 차등적으로 감한 경우였음을 파악하여 이를 노비 흥에게 적용해야 한다. 결국 노비 흥은 장형 80대에서 3등급을 차등적으로 가하여 도형 '1년'의 처벌을 받았을 것임을 알 수 있다.

---

215 ▸▸ ④ 【 정답률 41% 】

접근 방법

글의 첫 번째 부분과 두 번째 부분은 '규정'이라 할 수 있는데 이를 먼저 살펴보기보다는, 세 번째 부분 즉 주어진 인물관계 즉 가족관계를 파악해야 한다.

핵심 정보

3문단을 통해서 파악할 수 있는 가계도는 아래와 같다.

- 갑 : 부모와 세 가족의 자녀를 모두 면제시키려 한다.
- 을 : 자신의 가족 4인과 형제의 부인들을 모두 면제시키려 한다.
  (즉 '자신의 가족 4인'에는 을 자신도 포함된다.)
- 병 : 형제가 가진 '작'으로 가능한 한 많은 인원을 면제시키려 한다.

선택지 공통적으로 글의 조건인 "본인을 포함하여 동거하고 있는 직계 가족과 배우자의 형벌 면제를 위해서는 1인 당 '작' 1급씩, 동거하고 있지 않은 부모, 형제와 그 배우자 및 자녀의 형벌 면제를 위해서는 1인당 '작' 2급씩 반납해야 함"과 "비동거인의 형벌면제에 필요한 '작'의 개수가 더 많이 요구되므로 제한된 '작'의 개수로 최대한 많은 인원의 면제를 위해서는 각각 자기 자신의 가족의 형벌의 면제를 충족시키는 것이 최적의 결과를 야기할 수 있음"을 염두에 두고 갑, 을, 병의 세 가족을 각각 따로 살펴보자. 형제 모두가 만족할 수 있는 상황은 아래와 같다(결과적으로 면제받은 사람은 음영표시 처리).

선택지 해설

① (○) 갑은 부모와 부인, 자녀 둘을 면제시켜야 한다. 그러므로 4급에 해당하는 작이 있어야 한다. 이를 위해 4급으로 승급하려면 적의 장교 1명을 포로로 잡는 전공이 요구되었으므로 옳다.

② (○) 을은 자신과 부인, 자녀 둘을 면제시켜야 한다. 그러므로 3급에 해당하는 작이 있어야 한다. 이를 위해 3급으로 승급하려면 전투에서 취해 온 적의 수급을 3개 이상 취해왔을 것이라는 내용은 옳다.

③ (○) 병은 부인과 자녀 둘을 면제시켜야 한다. 그러므로 2급에 해당하는 작이 있어야 한다. 이를 위해 2급으로 승급하려면 전투에서 취해 온 적의 수급을 2개 이상 취해왔을 것이라는 내용은 옳다.

④ (×) 9개의 '작'으로 최대한 면제시킬 수 있는 인원은 12명이다. 형제 모두가 만족할 수 있는 방안에 따르면 갑과 병 중 어느 누구도 면제받을 수 없다.

⑤ (○) 9개의 '작'으로 갑, 을, 병의 자녀 중 각각 1명씩 총 3명을 면제시켜 형제 모두가 만족할 수 있는 방안을 실현시킬 수 있다. 글의 조건인 "부모 중 1인이 면제되면 미성년 자녀 중 1인이 같이 면제될 수 있었다. 단 미성년자의 형벌 면제는 가족당 1인으로 제한되었으며, 미성년자의 기준은 신장 5척 미만에 12세 이하였다."에 의하여 갑의 부인, 을이나 을의 부인, 병의 부인이 면제될 때 자녀 중 1명이 같이 면제되어야 하며, 그러기 위해서는 5척 미만에 12세 이하인 미성년 자녀가 적어도 세 집안에 한 명씩 있어야 한다.

---

216 ▸▸ ④ 【 정답률 52.1% 】

접근 방법

1. (1)~(6) / (7)~(9)로 규정에서의 조건이 이원화되어 있다. 그러므로 (7)~(9)의 적용 여부를 계속 따져보자.
2. 〈사례〉를 읽고 각각 어디에 해당하는지를 분석하여 해결한다. 이때 1~3등급에서 형을 감경하는 경우 (7)에 따라 3등급과 4등급이 하나의 등급으로 취급된다는 점, 그리고 (8)에 따라 3~6등급에서 형을 가중할 경우 2등급이 상한이라는 점을 명심해야 한다.
3. 〈규정〉 (8)에서 말하는 가중의 상한은 3~6등급에서 시작하는 경우를 말하므로, 2등급에서는 1등급으로 가중될 수 있다는 것을 놓치지 않도록 주의하자.

선택지 해설

갑이 을을 때려 재물을 빼앗는 동안 → 갑은 (2)에 해당 [3등급]

병은 갑을 위하여 망을 보아주었다. → 병은 (3)에 해당 [갑의 3등급보다 한 등급 감경, (7)에 따라 3, 4등급은 하나의 등급으로 취급하므로 3등급에서 한 등급을 감경하면 5등급]

도망쳐 숨어 지내던 병은 포졸 정의 눈에 띄어 체포될 위기에 처하자 그를 때려 상해를 입히고 달아났다. → (4)에 해당 [네 등급 가중되나, 5등급에서 가중되므로 (8)에 따라 상한인 2등급까지 가중됨]

이후 병은 관아에 자수하고 → (6)에 해당 [세 등급 감경]

갇혀 있던 중 탈옥하였다. → (5)에 해당 [세 등급 가중]

여기서 (5)가 먼저 적용되므로, 2등급에서 세 등급을 가중하더라도 형벌 자체가 1등급이 상한이므로 1등급이 된다. 이후 (6)이 적용되면, 1등급에서 세 등급이 감경되어 (7)에 따라 <u>5등급</u>이 된다.

그러므로 정답은 ④ 노역 3년 6개월 이다.

---

217 ▸▸ ③ 【 정답률 58.02% 】

접근 방법

조정 규칙에서 언급되지 않는 부분이 어디인지를 파악하면 시간을 절약할 수 있다.

선택지 해설

ㄱ. (○) [선발 규칙] 1안에 따르면 공대 출신은 1,200명, 비공대 출신은 400명이 선발된다. 여기서 [조정 규칙] 1안에 따르면 추가 선발되는 비공대 출신 100명(=400명의 4분의 1) 중 경력자는 50명, 비경력자는 50명이 된다. 따라서 우선 선발된 1,600명 전원이 경력자라고 하더라도 선발되는 경력자는 총 1,650명이므로 옳다.

ㄴ. (×) [선발 규칙] 2안에 따르면 출신과 경력에 따라 다음과 같이 나눌 수 있다.

	공대 출신	비공대 출신
경력자	a	b
비경력자	c	b

이때 공대 출신과 비공대 출신이 3:2이므로 a+c=960, 2b=640 → b = 320이다.
마찬가지로 a+b=960, b+c=640이므로 a=640, c=320이다.
이를 정리하면 다음과 같다.

	공대 출신	비공대 출신
경력자	640	320
비경력자	320	320

[조정 규칙] 2안에 따라 조정하는 경우 추가 선발되는 경력자는 960×1/2=480명이다.
이 중 공대 출신은 240명, 비공대 출신도 240명이 된다.
따라서 최종 선발된 신입사원은 공대 출신 1,200명, 비공대 출신 880명이어서 공대 출신의 수는 비공대 출신의 수의 1.5배를 초과하지 않는다.

ㄷ. (○) [선발 규칙] 3안에 따른 출신 및 경력별 선발 인원은 다음과 같다.

	공대 출신	비공대 출신
경력자	400	400
비경력자	400	400

여기서 [조정 규칙] 1안은 비공대 출신 중 경력자와 비경력자를 추가 선발하는 안이고, 2안은 경력자 중 공대 출신과 비공대 출신을 추가 선발하는 안이다. 즉 [조정 규칙]에서 언급되지 않은 공대 출신 비경력자는 추가 선발 인원이 없다. 그러므로 [조정 규칙] 1안 → 2안 순으로 조정하든 2안 → 1안 순으로 조정하든 최종 선발된 공대 출신 비경력자의 수는 같다.

📖 서울대 로스쿨 합격생의 풀이법

ㄱ. 아래와 같이 표를 그려 간단하게 정오를 파악할 수도 있다.

	공대(3)	비공대(1)
경력자	1200	400 (+50)
비경력자		(+50)

ㄴ. 아래와 같이 그려서 파악한다면 정오를 쉽게 파악할 수도 있다.

	공대(3)	비공대(2)
경력자(3)	☺☺	☺
비경력자(2)	☺	☺
추가	☺	☺

ㄷ. [조정 규칙] 1안과 [조정 규칙] 2안은 각각 비공대 출신, 경력자를 추가로 선발하는 것이다. 그러므로 1안을 먼저 적용하고 2안을 나중에 적용하든, 2안을 먼저 적용하고 1안을 나중에 적용하든 '공대 출신 비경력자'의 수와는 아무 상관이 없음을 간파하면 계산 없이도 빠르게 판단할 수 있다.

접근 방법

1. [규칙] 2에서 '사촌간이라면 다른 돌림변을 사용한다'는 내용은 이름을 두 글자로 짓는 경우에만 해당한다. 따라서 (상황 2)에서 사촌인 정과 무의 이름을 한 글자로 짓는 경우 그 글자의 왼쪽 부수가 같더라도 [규칙]을 위반한 것이 아님에 유의하자.
2. 이름을 두 글자로 짓는 경우에는 [규칙] 2가, 한 글자로 짓는 경우에는 [규칙] 3이 서로 배타적으로 적용된다는 것을 파악하자.
3. <사례>에 제시된 갑~무에 대한 가계도를 그린 다음 형제간인지 사촌간인지 파악한 후에 선지의 정오판단을 하자.

핵심 정보

돌림자는 같은 한자이며 돌림변은 한자 왼쪽에 붙은 부수를 뜻한다.
한편, (돌림자와 달리) 돌림변의 경우 굳이 오행을 포함하거나 순서를 맞출 필요가 없다.

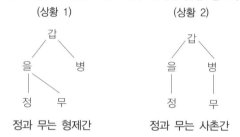

선택지 해설

ㄱ. (✕) 이름을 한 글자로 짓는 경우 [규칙] 3이 적용된다. 을과 병은 형제(같은 항렬에 있는 세대)이므로 같은 돌림변을 사용한다. 돌림변은 한자 왼쪽에 붙는 부수이고, 仁과 信은 왼쪽에 붙은 부수가 동일하므로 을과 병의 이름으로 가능하다.

ㄴ. (○) (상황 1)에서 정과 무는 을의 아들이며 둘은 형제간이다. '종인(鍾仁)'과 '종근(鍾根)'은 두 글자 이름에 해당하므로, 정과 무에 대해서는 [규칙] 2가 적용된다.
 ① 을의 세대가 두 글자로 이름을 지었다면 金을 부수로 하는 돌림자를 사용하였어야 하므로 그 아들 세대의 이름을 두 글자로 짓는 경우 水를 부수로 하는 돌림자를 사용하여야 한다([규칙] 2).
 ② 을의 세대가 한 글자로 이름을 지었다면 정과 무의 세대가 두 글자로 이름을 짓는 경우 돌림자의 부수는 金을 사용하여야 한다([규칙] 3). 정과 무 모두 돌림자의 부수가 金이긴 하나, 둘은 형제 사이이므로 돌림자 아닌 글자의 돌림변은 같아야 하는데 각각 왼쪽에 붙은 부수가 亻과 木으로 다르다([규칙] 2). 그러므로 두 경우 모두 규칙을 위반한다.

ㄷ. (✕) '근(根)'과 '식(植)'은 한 글자 이름에 해당하므로, 정과 무에 대해서는 [규칙] 3이 적용된다. (상황 2)에서 정과 무는 사촌간이다. 이름을 한 글자로 짓는 경우 돌림변을 사용하므로([규칙] 3) 사촌형제간(같은 항렬에 있는 세대)인 정과 무가 같은 돌림변을 사용한 것은 규칙을 준수한 것이며 정과 무의 이름은 '근(根)'과 '식(植)'일 수 있다.

접근 방법

1. 가급적 <사례>를 먼저 파악한 뒤에 [규칙]을 확인함으로써 갑, 을, 병, 정, 무 각각에게 어떤 규정이 적용되는
   지 파악한다.
2. <사례>에 제시된 갑~무와 각 선지에 등장하는 갑~무의 배우자가 [규칙]의 어느 부분에 해당하는지 주의하면
   서 살펴보자.
3. 시간을 절약하기 위해 먼저 [규칙]의 내용을 눈에 바르는 느낌으로 간단히 확인하고, 바로 선지 판단으로 넘어가
   서 해당 선지와 관계된 [규칙]의 내용을 꼼꼼히 확인하는 전략이 필요하다.

선택지 해설

① (×) 갑은 내란죄로 사형에 처해졌다. 이때 [규칙] (1)에 의해 갑의 배우자는 유배한다. 갑에 대해 사면이 선포되
   면 [규칙] (3)에 의해 갑은 유배형에 처한다. [규칙] (3)의 단서에 의해 갑의 배우자는 자원하지 않더라도 갑
   과 함께 유배한다.
② (×) 을은 살인죄로 사형에 처해졌다. 이때 [규칙] (1)에 의해 을의 배우자는 유배한다. 을에 대해 사면이 선포되
   면 [규칙] (3)에 의해 을은 유배형에 처한다. 을의 배우자가 자원하면 함께 유배한다. [규칙] (4)에 의해 을
   과 을의 배우자는 같은 곳에 유배한다. 을의 배우자는 [규칙] (3)에 의해 자원하는 경우에 을과 함께 유배된다.
③ (○) 병은 살인죄로 사형에 처해졌다. 이때 [규칙] (1)에 의해 병의 배우자는 유배한다. 병에 대해 사면이 선포되
   면 [규칙] (3)에 의해 병은 유배형에 처한다. 병의 배우자가 자원하면 함께 유배한다. [규칙] (4)에 의해 병
   과 병의 배우자는 같은 곳에 유배한다. 병이 유배지로 이송되던 중 병에 대해 추가로 사면이 선포되면 [규
   칙] (6)에 의해 병을 석방한다. 병의 배우자가 병과 함께 이송 중이었다면 병의 배우자도 석방한다.
④ (×) 정은 강도죄로 유배형에 처해졌다. 이때 [규칙] (2)에 의해 정의 배우자가 자원하면 함께 유배한다. [규칙]
   (4)에 의해 정과 정의 배우자는 같은 곳에 유배한다. 유배지로 이송되던 중 정이 도망한 경우, 정의 배우자
   가 함께 이송 중이었다면 [규칙] (5)에 의해 정의 배우자는 계속 이송한다. 유배지로 이송되던 중 정이 도망
   한 경우, [규칙] (6)의 단서에 의해 정에 대해 사면이 선포되었더라도 정과 정의 배우자는 석방하지 않는다.
⑤ (×) 무는 강도죄로 유배형에 처해졌다. 이때 [규칙] (2)에 의해 무의 배우자가 자원하면 함께 유배한다. [규칙]
   (4)에 의해 무와 무의 배우자는 같은 곳에 유배한다. 유배지로 이송되던 중 무가 도망한 경우, 무의 배우자
   가 함께 이송 중이었다면 [규칙] (5)에 의해 무의 배우자는 계속 이송한다. 유배지로 이송되던 중 무가 도망
   한 경우, [규칙] (6)의 단서에 의해 무에 대한 사면이 선포되었더라도 무와 무의 배우자는 석방하지 않는다.
   무가 사면이 선포된 후에 사망한 것으로 확인되는 경우, 무의 배우자가 자원하여 유배되었다면 [규칙] (7)에
   의해 무의 배우자는 석방한다.

PSAT

접근 방법

1. <기준>의 4개로 되어 있고, 이것이 각각 <사례>에 제시된 갑~정에 대응될 수 있겠다는 생각을 하면서 풀어
   보자.
2. X국과 Y국 중 어느 국가의 거주자인지 결정하는 것이므로 Z국의 경우는 이에 해당하지 않는다는 것에 주의한다.
3. 1문단의 내용 중 'X국과 Y국 중 어느 국가의 거주자인지 결정하고자 한다.'라는 것과 '네 명 모두 X국과 Y국에서
   만 소득을 얻는다'라는 부분에 주의한다.

핵심 정보

<기준>을 조건화하면 다음과 같다.

조건1. 1주소 → 거주자

조건2. 2주소 → 중요한 이해관계 거주자

조건3. ~주소∨~중요한 이해관계 → 통상거주 거주자(50%초과)

조건4. ~통상거주 → 국적 거주자

1) 갑은 어느 나라에도 영구적인 주소가 없으므로 조건3에 해당한다. 따라서 통상적으로 거주하는 국가의 거주자가 된다. 갑은 1년에 3개월은 X국, 9개월은 Y국에 거주하므로 거주국은 Y국이다.

2) 을은 유일하게 X국에 주소를 두고 있으므로 조건1에 따라 X국 거주자가 된다.

3) 병은 X국과 Y국에 영구적인 주소를 가지고 있으므로 조건2에 따라 중요한 이해관계를 가지는 국가의 거주자가 된다. X국에 더 중요한 이해관계를 가진다고 하므로 X국 거주자가 된다.

4) 정은 조건1~조건3이 모두 적용되지 않으므로 조건4에 따라 국적 거주자가 된다. 따라서 정은 Y국 거주자이다.

선택지 해설

① (×) 갑은 Y국, 병은 X국 거주자로 결정된다.

② (×) 갑~정은 모두 거주국이 결정된다.

③ (×) 국적이 Z국인 을은 X국 거주자가 된다.

④ (×) Z국에 영구적인 주소를 가지는 정은 Y국 거주자가 된다.

⑤ (○) X국 거주자의 수는 을, 병으로 2명, Y국 거주자의 수는 갑, 정으로 2명이므로 옳다.

📖 서울대 로스쿨 합격생의 풀이법

> 〈기준〉에 해당하는 '~경우'인지를 〈사례〉에서 추출하여 〈기준〉을 순차적으로 차근차근 적용한다면 의외로 쉽게 풀 수 있는 문제였다. 문제에 주어진 〈기준〉을 먼저 잘 이해하고 접근하는 것이 필요하다.

---

221 ▸ ①

접근 방법

경우의 수에 주의해서 풀어야 함에 유의하자.

핵심 정보

(가) 현대식 : 유무죄 결정 후 유죄이면 형 부과

(나) 로마식 : 가장 무거운 형 검토, 차례로 가벼운 형 검토

선택지 해설

현대식 : '유무죄 결정 후 유죄이면 형 부과'이므로 유무죄 여부부터 판단하자면, 'A 유죄(사형) B 유죄(종신형) C 무죄'이므로 다수결에 의해 유죄가 된다. 유죄라는 결정에 입각하여 형을 부과하면 'A 사형 B 종신형 C 사형'으로 다수결에 의해 사형이 된다.

	A	B	C
1	사 형	종신형	무 죄
2	종신형	무 죄	사 형
3	무 죄	사 형	종신형

그런데 B는 사형을 가장 잘못된 선택으로 여기는데 유죄로 판결하면 최악의 경우인 사형이 되고 최선의 경우인 종신형도 불가능해진다는 것을 예상할 수 있으므로, 차라리 무죄를 결정함으로써 'A 유죄 B 무죄 C 무죄'가 되게 함으로써 다수결에 의해 '무죄'가 선고되는 결론을 선호할 것이다.

	A	B	C
1	사 형	종신형	무 죄
2	종신형	무 죄	사 형
3	무 죄	사 형	종신형

참고로 이를 다음과 같은 표로 이해할 수도 있다.

	판사의 선호에 따른 결과 예측		2차적 결정
	유무죄여부	1차적 부과 예상	
A	유죄	사형	사형(유죄)
B	유죄	종신형	무죄
C	무죄	사형	무죄
결과	유죄	무죄	무죄

- 로마식 : 가장 무거운 형인 사형을 선고할 수 있는가를 검토하면 'A 찬성 B 반대 C 반대'이므로 이 경우는 성립하지 않음을 알 수 있다.

	A	B	C
1	사 형	종신형	무 죄
2	종신형	무 죄	사 형
	무 죄	사 형	종신형

두 번째로 무거운 형인 종신형을 선고할 수 있는가를 검토하면 'A 찬성 B 찬성 C 반대'이므로 다수결에 의해 종신형이 선고된다.

	A	B	C
1	사 형	종신형	무 죄
2	종신형	무 죄	사 형
3	무 죄	사 형	종신형

하지만 종신형은 C가 보기에 가장 잘못된 선택이다. 그러므로 C는 차라리 사형에 대한 찬성으로 의견을 바꾸어 'A 사형찬성 B 사형반대 C 사형찬성'으로 다수결에 의한 사형 선고를 선호할 것이다.

	A	B	C
1	사 형	종신형	무 죄
2	종신형	무 죄	사 형
3	무 죄	사 형	종신형

그러므로 정답은 ①번이다.

222 ▶ ① 【 정답률 15.2% 】

접근 방법

1. 선지 ㄱ이 비교적 쉬웠는데 선지의 구조상 선지 ㄴ만 살펴봐도 정답이 나오는 문제였기에 이것만 판단한 후 정답을 고르면 된다.
2. 연역논리를 묻는 퀴즈임을 간파했다면 좋았을 문제이다. 특히 '후건긍정의 오류'를 염두에 두어야 한다.

순서대로 조건1~조건4라 했을 때, 조건2, 조건3을 다음과 같이 기호화한다.

조건2. 봄   → 물

　　　　여름 → 불

　　　　가을 → 돌

　　　　겨울 → 눈

조건3. 수컷 → 물

　　　　암컷 → 불

선택지 해설

ㄱ. (○) 선택지에 주어진 양은 (겨울, 암컷)이다. 겨울이면 눈이고(조건2), 암컷이면 불이므로(조건3), 붙일 수 있는 두 글자 이름은 '눈불', '불눈'의 두 가지 조합이다.

ㄴ. (×) 선택지의 앞부분을 보면, 양의 이름은 '물불'이고 여름에 태어났다면 수컷인가에 대해 판단해야 한다. 여름에 태어나면 '불'이 들어가야 하는데(조건2) 이름이 '물불'이라고 해도 '수컷이면 물'이라는 것이지(조건3) '물이면 수컷이다'라고 단정할 수 없기에 앞부분은 옳지 않다.

　　한편 뒷부분을 보면, 양의 이름은 '물불'이고 봄에 태어났다면 암컷인가에 대해 판단해야 한다. 봄에 태어나면 '물'이 들어가야 하는데(조건2) 이름이 '물불'이라고 해도 '봄이면 물'이라는 것이지(조건2) '불이면 암컷이다'라고 단정할 수 없기에 뒷부분도 옳지 않다.

📖 서울대 로스쿨 합격생의 풀이법

반례를 생각해볼 수 있다. '물불'로 가능한 것으로 '여름에 태어난 암컷'을 떠올리거나, '봄에 태어난 수컷'을 떠올리면 된다.

ㄷ. (×) 양의 이름을 짓는 것에 있어 '물', '불', '돌', '눈' 중 한 개 이상의 글자를 사용하여 이름을 짓는다고 되어 있기에(조건1), 한 글자만으로 되어 있는 이름을 반례로 떠올릴 수 있다면 간단히 해결되는 문제였다. 가령 봄에 태어난 수컷은 '물'로 지을 수 있고, 여름에 태어난 암컷도 '불'로 지을 수 있다.